제4판

헌 법

심 경 수

法 文 社

제4판 머리말

이번 제4판도 기본적으로 'complexity'를 지양하고 'simplicity'를 추구해 책의 볼륨을 줄이고자 했던 초판의 방침에 따르고자 했다. 책의 내용이 지나치게 방대하지 않게 함으로써 산만함을 피했고, 그러면서도 필요한 내용은 빠짐없이 수록하였을 뿐 아니라, 독자들이 쉽게 이해할 수 있도록 기술하려고 노력하였다. 따라서 그동안 논란이 있었던 독일의 헌법관을 서술한 챕터(제1편. 제1장. 제1절. V.헌법학의 성립과 발전)도 삭제했다.

이 책이 헌법학의 입문서이자 기본서로서뿐 아니라 각종 수험서로서도 다양하게 활용될 수 있도록 수정・보완하였음은 물론 그동안 개정된 법령 및 변호사시험 등 국가시험에서 출제된 관련 판례들을 최대한 반영하였다.

끝으로 이 책이 출간되는 데 많은 도움을 주신 동료 교수님들과 제자들 그리고 무엇보다도 본서의 출간을 위해 애써주신 법문사 관계자 여러분에게 깊은 감사를 드린다.

2024. 1.

심 경 수

제3판 머리말

올해로 변호사시험은 10회를 넘어서게 되었다. 이 책의 활용법은 독자들의 개인적 사정에 따라 달라질 수 있겠으나 해를 거듭할수록 어려워지는 변호사시험에 조금이나마 도움이 되고자 하는 마음으로 임하였다. 개정판에서는 오탈자를 바로잡고 2020년판 이후의 변호사시험 기출판례와 법전원 모의고사 시험을 새로이 추가하였다. 또한 국적법, 국회법 등 개정된 일부 법률 규정들도 수정하여 보완하였다. 헌법 과목에 대한 학습 분량에 대한 부담을 줄이면서도 필요한 내용은 최대한 수록하려고 노력하였다. 지난 10년간 실시된 변호사시험과 2000년 이후의 사법시험에서 출제된 주요한 판례들을 빠르게 학습할 수 있도록 구성함으로써 실질적인 도움이 될 수 있도록 고려하였다.

'독서백편의자현'(讀書百遍義自見)이라는 성어(成語)는 우리에게 깊은 울림을 준다. '책 속에 길이 있다'라는 말과 비슷한 뜻으로 책을 많이 읽다 보면 스스로 깨우치게 된다는 뜻이다. 항상 끈기를 가지고 목표를 향하여 정진하고 노력한다면 목적하는 바를 반드시 이룰 수 있을 것으로 기대한다. 끝으로 본서의 출간을 위해 애써주신 법문사 영업부의 장지훈 부장과 편집부의 김용석 과장, 그리고 관계자 여러분에게 깊은 감사를 드리는 바이다.

2022. 1.
심 경 수

제2판 머리말

2020년 작금의 정치권에 대한 국민들의 불신과 실망은 더욱 커지고 있다. 그런 와중에 봉준호 감독의 '기생충'이 미국 아카데미상 4개 부문(작품상, 감독상, 각본상, 국제장편영화상)을 휩쓸면서 한국은 물론 전 세계 영화 관객을 놀라게 했다. 봉 감독의 쾌거는 아시아를 뛰어넘어 세계의 영화역사를 새로 쓴 대사건으로 기록될 것이다. 이번 아카데미상 수상을 계기로 그동안 서구의 햇빛(日光)을 받아 반사하던 달빛(月光)문화에서 벗어나, 이제부터는 다른 분야에서도 대한민국이 태양처럼 스스로 빛나는 발광체(發光體)가 되어야 할 전기가 마련되었다. 이런 기운이 법학계에도 이어지기를 소망해 본다.

이번 개정판에서는 개정된 법률과 새로운 판례를 반영하고 그동안 미흡했던 부분을 충실히 보완했다. 갈수록 헌법재판소 판례의 중요성이 강조됨에 따라 판례의 활용도를 더욱 높였다. 특히 법전원 학생들이 변호사시험을 준비하는 데 편리하도록 2000년 이후의 사법시험과 변호사시험을 분석하여 본문에 반영하였다.

이번 개정판이 출간되는 데 도움을 주신 동료 교수님들과 제자들 그리고 법문사 관계자 여러분에게 깊은 감사를 드린다.

2020. 2. 19.

심 경 수

머 리 말

근대국가 이후 국가 공동체의 법적 기초와 규범체계의 종합예술을 의미하는 헌법은 언제나 국가와 사회, 권력과 자유의 문제가 그 중심에 자리해 왔다. 또한 정치 공동체의 미래 청사진을 의미하는 헌법은 그 사회의 정치적 존재양식에 대한 가치적 선택과 결단을 의미하기도 했다.

금년(2018)은 제헌헌법 탄생 70주년이 되는 해이다. 9차례 개헌과정을 거친 우리의 헌정사는 정치적 시행착오의 반복이었다. 그것은 어쩌면 근대사회의 경험을 갖지 못한 대한민국이 자유민주주의 헌법에 대한 밀린 빚을 갚는 과정이었는지도 모른다.

대통령에 대한 탄핵과 구속으로 이어지는 작금의 사태는 경험해보지 못한 또 하나의 헌정사를 의미한다. 광장의 촛불에서 시작된 정치적 혼란을 탄핵이라는 헌법절차에 따라 종결시킨 과정은 헌법현실과 헌법규범의 근접을 나타낸 것이다.

“한결 같음으로 세상의 모든 변화에 대처한다”는 “불변응만변(不變應萬變)”이라는 말도 있으나, 시대가 바뀌면 헌법도 바뀔 수밖에 없다. 이번 개헌논의는 국가와 사회, 권력과 자유, 이념과 가치, 중앙과 지방, 성장과 분배 등 대한민국의 미래를 종합적으로 아우르는 5G헌법으로 거듭나야 할 것이다.

금번 출간은 개인적인 사정으로 시간이 부족하여 만족할 만한 단계에 이르지 못했다. 개헌논의가 이루어지는 시점에 헌법책을 출간한다는 것도 부담이었다. 그러나 완벽을 추구하기보다는 점진적으로 계속 보완하여 발전시키면서 보다 간결하면서도 내용이 충실한 알기 쉬운 헌법교과서로 만들어 나갈 필요성을 느꼈고, 그에 역점을 두어 본서를 출간하기에 이르렀다.

이 책은 “필요한 말은 빼지 않고, 불필요한 것은 넣지 않아야 한다”는 원칙에서 ‘복잡함(complexity)’을 지양하고 ‘간결함(simplicity)’을 추구해 책의 볼륨을 줄였다. 그리고 다음 사항에 중점을 두었다.

첫째, 헌법에 관심이 있는 일반시민과 법학전문대학원 및 대학에서 법학을 전공하는 학생들을 대상으로 하여 기본적인 개념에 충실을 기하였다. 또한 헌법에서 사용되는 개념과 헌법이론정립에 있어서 헌법재판소 판례를 많이 활용하였다.

둘째, 헌법에 관한 논의는 헌법규정에서 출발해야 한다는 점에서 조문들을 그 내용과 함께하여 기초개념과 이론을 서술하였고, 헌법재판소 및 대법원의 중요 판례를 해당 관련내용에 제시하였다.

셋째, 외국 이론을 수입해 우리 실정에 맞지 않는 논리의 구사는 가급적 피하려고 노력하였다.

넷째, 헌법기본서의 입장에서 가독성을 높이기 위해 각주를 없애고, 본문에 판례번호 등을 표기했다.

이 책이 출간되는 데 많은 도움을 주신 동료 교수님들과 제자들 그리고 법문사 관계자 여러분에게 감사의 뜻을 전한다.

2018. 3.

심 경 수

차 례

제1편 헌법총론

제1장 헌법 일반이론

제2장 대한민국헌법 총설

제 2 편 기본권론

제 1 장 기본권 총설

제3편 권력구조론

제1장 권력구조의 기본원리

제2장 국 회

제4장 법 원

제 5 장 헌법재판소

참고문헌

강경근, 헌법, 법문사, 2002.

갈봉근, 유신헌법론, 한국헌법학회출판부, 1976.

_____, 헌법논집, 세종출판사, 2002.

권영설, 헌법이론과 헌법담론, 법문사, 2006.

권영성, 헌법학원론, 법문사, 2010.

_____, 독일헌법론(상), 법문사, 1976.

계희열, 헌법학(상)(중), 박영사, 2004, 2005.

_____, 헌법의 해석, 고려대학교 출판부, 1993.

구병삭, 신헌법원론, 박영사, 1997.

김계환, 헌법학정해, 박영사, 1997.

김기범, 한국헌법, 교문사, 1973.

김백유, 헌법학(Ⅰ)(Ⅱ), 조은, 2010.

김승대, 헌법학강론, 법문사, 2014.

김철수, 헌법학(상)(하), 박영사, 2008.

김학성, 헌법학원론, 피앤씨미디어, 2017.

문홍주, 제6공화국 한국헌법, 해암사, 1997.

_____, 미국헌법론, 일조각, 1956.

_____, 기본적 인권연구, 해암사, 1991.

박일경, 제6공화국 신헌법, 법경출판사, 1990.

성낙인, 헌법학, 법문사, 2019.

_____, 프랑스헌법학, 법문사, 1995.

안용교, 한국헌법, 고시연구사, 1989.

양 건, 헌법강의, 법문사, 2018.

_____, 헌법연구, 법문사, 1995.

유진오, 신고헌법해의, 일조각, 1953.
윤명선, 헌법학, 대명출판사, 2002.
윤세창, 신헌법, 일조각, 1983.
이관희, 한국민주헌법론(Ⅰ)(Ⅱ), 박영사, 2008.
이승우, 헌법학, 두남, 2013.
이준일, 헌법학강의, 홍문사, 2013.
장영수, 헌법학, 홍문사, 2013.
정종섭, 헌법학원론, 박영사, 2015.
전광석, 한국헌법론, 집현재, 2018.
정영화, 헌법, 일조사, 2011.
정재황, 신헌법입문, 박영사, 2015.
조병윤, 헌법학원리, 성광사, 2010.
최대권, 헌법학강의, 박영사, 1998.
최용기, 헌법원론, 대명출판사, 2002.
한수웅, 헌법학, 법문사, 2019.
한태연, 헌법학, 법문사, 1985.
______, 헌법학, 법문사, 1977.
______, 헌법과 정치체제, 법문사, 1987.
허 영, 한국헌법론, 박영사, 2015.
______, 헌법이론과 헌법, 박영사, 2004.
헌법재판소, 헌법재판실무제요, 1998.
홍성방, 헌법학, 박영사, 2011.

제 1 편

헌법총론

제 1 장

헌법 일반이론

제 1 절 헌법의 개념 · 분류 · 특성

Ⅰ. 헌법의 개념

1. 헌법의 의의

헌법憲法 Constitutional Law, Verfassungsrecht, Droit constitutionnel은 국민적 합의에 의해 제정된 국민의 기본권 보장에 관한 원칙과 국가의 구성 · 조직 · 작용을 정한 기본법이다(헌재 1989.9.8. 88헌가6). 헌법은 국가적 공동생활의 형태와 기본적 가치질서 등에 관한 국민적 합의를 법규범화한 것이다. 즉 국가의 법질서는 헌법을 최고법규로 하여 그 가치질서에 의하여 지배되는 통일체를 형성하는 것이며, 헌법은 그러한 통일체 내에서 상위규범으로서 하위규범의 효력근거가 되는 동시에 해석근거가 된다(헌재 1989.7.21. 89헌마38). 헌법은 국가의 통치 질서를 정하는 법이기 때문에 국민상호간의 생활관계를 규정하는 '사법'과는 달리 '공법'의 영역에 속한다.

헌법은 인간의 존엄성을 최고이념으로 삼으며, 국가의 조직과 창설 그리고 국가와 국민의 관계를 주된 규율대상으로 한다. 헌법은 최고규범으로 모든 국가작용은 국민의 기본권적 가치를 실현하기 위한 수단이라는 한계를 반드시 지켜야 한다. 헌법재판소는 헌법의 수호와 국민의 기본권 보장을 사명으로 하는 국가기관이다. 정치적 결단에 의하여 행해지는 국가작용이라고 할지라도 그것이 국민의 기본권 침해와 직접 관련되는 경우에는 당연히 헌법재판소의 심판대상이 될 수 있다(헌재 1996.2.29. 93헌마186).

2. 헌법 개념의 역사적 발전

(1) 고유한 의미의 헌법

고유한 의미의 헌법은 역사성이 배제된 개념으로 국가의 법체계・법질서 등과 최고기관의 조직 및 작용에 관하여 가장 기본적인 사항을 규정하고 있는 국가의 기본법을 의미한다. 즉 어느 시대이든지 성문・불문의 형식을 불문하고 국가가 존재하는 한 반드시 존재하는 헌법이다.

(2) 근대 입헌주의적 헌법近代 立憲主義的 憲法

근대 입헌주의적 헌법은 개인의 자유와 권리를 최대한 보장하고 권력분립에 의하여 국가권력의 남용을 제한하기 위하여 근대 시민혁명의 전개과정에서 나타난 성문헌법 제정의 요구(형식적 법치주의 강조)에 따라 정립된 것으로, 고유한 의미의 헌법의 내용 이외에 국민의 기본권보장과 권력분립의 원리를 추가한 헌법 개념이다. "권리의 보장이 확립되지 아니하고 권력분립이 규정되어 있지 아니한 사회는 헌법을 가진 것이라 할 수 없다"는 1789년 프랑스 인권선언 제16조는 근대 입헌주의적 의미의 헌법을 가장 단적으로 표현하고 있다. 근대 입헌주의는 18세기에 만개한 근대자연법론, 사회계약론, 계몽주의 등에 기초하고 있다. 자유주의적 이데올로기의 산물이며, 대의제를 통한 피치자의 정치과정에의 참여를 보장하고 있다.

근대 입헌주의적 헌법은 절대군주의 권력에 제한을 가하고 국민의 자유와 권리의 보장을 위하여 ① 국민주권주의, ② 기본권보장, ③ 권력분립주의, ④ 의회주의, ⑤ 형식적 법치주의, ⑥ 성문헌법주의 등을 기본원리로 하고 있다.

외견적 입헌주의

외견적 입헌주의헌법은 표면상 입헌주의의 형태를 취하고 있는 것 같으면서 사실상 입헌주의를 부정하는 헌법으로, 1871년 독일의 프로이센·비스마르크헌법이 대표적 예에 속한다.

(3) 현대 사회국가(복지주의)적 헌법

현대 사회국가적 헌법은 형식적 법치주의를 강조한 근대 입헌주의 헌법에 대한 반성으로 국민주권의 실질화를 위한 보통선거제와 권력분립의 수정에 따른 기능적 권력분립 및 실질적 법치주의를 강조하는 사회국가 내지는 복지국가의 원리를 바탕으로 하는 헌법 개념이다. 주권자의 의사를 상시적으로 반영하고 법률에 대한 헌법의 우위를 확보하기 위하여 민주적 정당제도와 위헌법률심판제도를 수용하고 있다. 현대 입헌주의 헌법은 헌법재판제도를 핵심요소 중의 하나로 하고 있는바, 이는 실질적 법치주의의 확립과 헌법의 규범력 제고에 기여한다. 근대 자본주의의 구조적 모순에 의한 부의 편재와 노사 간의 대립은 심각한 사회문제를 야기시켰고, 연이은 세계대전은 국제평화의 제도적 보장을 절실히 요구하게 되었다. 이러한 배경 하에 사회적 부조리 제거, 국민의 생존배려 등을 위해 등장한 헌법으로 현대 복지주의 헌법이라고도 한다.

현대 사회국가적 헌법은 ① 국민주권의 실질화, ② 보통선거제의 확대, ③ 실질적 법치주의, ④ 실질적 평등보장, ⑤ 권력분립의 수정, ⑥ 기능적 권력분립, ⑦ 사회적 기본권의 보장, ⑧ 재산권의 상대화, ⑨ 사회적 시장경제질서, ⑩ 헌법재판제도, ⑪ 국제평화주의 등을 기본원리로 하고 있다.

3. 형식에 따른 개념

(1) 형식적 의미의 헌법

실질적 헌법내용과 상관없이 헌법전에 성문화된 법규범들을 의미한다. 형식적 의미의 헌법은 법의 존재형식이라는 외형적인 특징을 기초로 하여 국가의 법질서에서 최고의 형식적 효력을 갖는 성문의 법 또는 헌법전이라는 형식을 가진 것만을 가리킨다. 오늘날 대부분의 국가는 일반 법률보다 개정이 곤란하고 효력이 우월한 것을 특질로 하는 형식적 의미의 헌법을 가지고 있다. 토크빌A. Tocqueville이 "영국에는 헌법이 없다"고 한 것은 형식적 의미의 헌법을 가지고 있지 않다는 것을 강조한 것이다.

⑵ 실질적 의미의 헌법

실질적으로 국가 통치기관의 조직과 작용, 기관 상호간의 관계 및 그 구성원인 국민과의 관계에 관한 기본원칙을 정하는 법규범의 전체를 의미한다. 즉 실질적 의미의 헌법은 헌법의 존재형식을 묻지 않는다. 성문의 헌법전 형태인 성문헌법으로 존재할 수도 있으며, 헌법전 이외의 형태인 법률·명령·규칙·관습법·조리 등의 불문헌법으로도 존재할 수 있다. 실질적 의미의 헌법을 인정하는 것은 헌법의 법원(法源)의 확장을 가져옴을 알 수 있다. 영국과 같이 성문헌법이 없는 불문헌법국가도 실질적 의미의 헌법은 가지고 있다. 즉 영국은 형식적 헌법전이 없을 뿐이지 법률 등의 실질적 헌법관련 문서는 존재한다. 예를 들어, A국에서는 성문의 헌법은 없으나 정부조직 등을 법률로 규정하고 있고, 입법부인 국회의 권한 등은 관습법에 따라 인정되고 있다고 한다면, A국은 형식적 의미의 헌법은 없고 실질적 의미의 헌법은 있음을 의미한다.

⑶ 양자의 관계

형식적 의미의 헌법과 실질적 의미의 헌법의 내용은 대체적으로 일치하나 반드시 일치하는 것은 아니다. 즉 ① 실질적 의미의 헌법을 전부 성문화하는 것은 입법기술상 불가능하며, ② 실질적 의미의 헌법에 속하는 사항일지라도 그 개정을 쉽게 하기 위하여 형식적 의미의 헌법에 규정하지 않는 경우도 있고, ③ 사회변동에 따른 헌법사항의 가변성(시대 변천에 따라 어떤 사항이 실질적 헌법에 해당하는가는 달라질 수 있다)을 부정할 수 없다는 등의 이유로 불일치가 발생하는 경우가 있다. 실질적 의미의 헌법이 아니더라도 형식적 의미의 성문헌법에 규정되어 있는 사항을 개정하려면 반드시 헌법개정절차에 따라야 한다.

형식적 의미의 헌법이 아니지만 실질적 의미의 헌법인 예로는, 정부조직법, 국회법, 정당법을 들 수 있다. 형식적 의미의 헌법이지만 실질적 의미의 헌법이 아닌 예로는, 1999년 개정 이전의 스위스헌법 제25조 제2항 (도살조항) 출혈 전에 마취시키지 아니하고 동물도살 금지, 미국 수정헌법 제18조 (금주조항) 미합중국 내 음용목적의 주류 제조·판매 등 금지를 들 수 있다.

Ⅱ. 헌법의 분류

1. 성문 · 불문헌법成文 · 不文憲法

헌법은 성문화 여부에 따라 성문헌법과 불문헌법으로 분류한다. ① 성문헌법成文憲法은 일정한 헌법제정절차에 따라 문서형식으로 성문화한 형식적 헌법전憲法典을 의미한다. ② 불문헌법不文憲法은 단일 성문헌법전成文憲法典을 가지지 않고 오랜 시일에 걸쳐 확립된 헌법적 관행으로 이루어진 헌법을 의미한다. 영국의 헌법이 이에 해당한다. 불문헌법 국가에서는 법률에 대한 위헌심사제도가 존재할 수 없고 엄격한 헌법개정절차가 존재하지 않는다.

성문헌법 국가에서도 불문헌법이 존재할 수 있는가에 대해서, 헌법재판소는 수도 서울을 관습헌법으로 성립된 불문헌법이라고 인정하면서, 관습헌법慣習憲法도 국민의 헌법적 결단의 의사의 표현이므로 성문헌법과 동등한 효력을 가진다고 판시한 바 있다. 또한 관습헌법의 법적 효력을 변경·소멸하게 하려면 헌법 제130조에 의한 헌법개정 또는 그것을 지탱하고 있는 국민적 합의성이 상실된 경우에 가능하다고 한다(헌재 2004.10.21. 2004헌마554).

신행정수도의 건설을 위한 특별조치법 위헌사건	(헌재 2004.10.21. 2004헌마554등)
관습헌법 인정이유	헌법은 국가의 기본법으로서 간결성과 함축성을 추구하고, 실질적 헌법사항 중에서 일반 법률로 규정하기에 적합하지 않은 국가의 기본적이고 핵심적인 사항이 존재한다.

관습헌법 확정판단	개별적 문제사항에서 헌법적 원칙성과 중요성 및 헌법원리를 통하여 평가하는 구체적 판단에 의하여 확정하여야 한다.
관습헌법 성립요건	첫째, 기본적 헌법사항에 관하여 어떠한 관행이 존재하고(관행의 존재), 둘째, 국민이 그 존재를 인식하고 사라지지 않을 관행이라고 인정할 만큼 충분한 기간 동안 반복 내지 계속되어야 하며(반복·계속성), 셋째, 관행은 지속성을 가져야 하는 것으로서 그 중간에 반대되는 관행이 이루어져서는 아니 되고(지속·항상성), 넷째, 관행은 여러 가지 해석이 가능할 정도로 모호한 것이 아닌 명확한 내용을 가진 것이어야 한다(명료성). 또한 다섯째, 이러한 관행이 헌법관습으로서 국민들의 승인 내지 확신 또는 폭넓은 컨센서스를 얻어 국민이 강제력을 가진다고 믿고 있어야 한다(국민적 합의).
수도 서울 (관습헌법)	서울이 우리나라의 수도인 것은 조선시대 이래 600여 년 간 전통적으로 형성되어있는 계속적 관행이라고 평가할 수 있고(계속성), 이러한 관행은 변함없이 오랜 기간 실효적으로 지속되어 중간에 깨어진 일이 없으며(항상성), 서울이 수도라는 사실은 우리나라의 국민이라면 개인적 견해 차이를 보일 수 없는 명확한 내용을 가진 것이며(명료성), 오랜 세월간 굳어져 와서 국민들의 승인과 폭넓은 컨센서스를 이미 얻어(국민적 합의) 국민이 실효성과 강제력을 가진다고 믿고 있는 국가생활의 기본사항이라고 할 것이다. 즉 서울이 수도라는 점은 관습헌법으로 성립된 불문헌법에 해당한다.
관습헌법 개정방법	관습헌법도 헌법의 일부로서 성문헌법의 경우와 동일한 효력을 가지기 때문에, 그 법규범은 최소한 헌법 제130조에 의거한 헌법개정의 방법에 의하여만 개정될 수 있다.

2. 흠정·민정·협약·국약헌법欽定·民定·協約·國約憲法

헌법은 제정주체에 따라 네 가지로 분류한다. ① 군주에 의해 제정된 '흠정헌법', ② 국민의 의사에 따라 제정된 '민정헌법', ③ 군주와 국민과의 합의에 의해 제정된 '협약헌법', ④ 둘 이상의 국가가 합의하여 연합국가를 구성하면서 제정된 '국약헌법'이 있다.

3. 경성 · 연성헌법硬性 · 軟性憲法

헌법은 개정절차의 강약에 따라 경성헌법과 연성헌법으로 분류한다. ① 헌법의 개정절차가 일반 법률에 비하여 보다 더 엄격한 절차가 요구되는 '경성헌법', ② 일반 법률과 같은 절차로 개정될 수 있는 '연성헌법'이 있다.

뢰벤슈타인의 분류

뢰벤슈타인Loewenstein은 헌법규범과 헌법현실의 일치여부를 기준으로 규범적 헌법, 명목적 헌법, 장식적 헌법으로 분류한다. ① 개인의 자유와 권리의 보장을 최고이념으로 할 뿐 아니라 현실적으로 규범으로서의 실효성을 발휘하고 있는 '규범적 헌법'(헌법규범과 헌법현실이 일치하는 헌법), ② 이상적으로 만들었으나 사회여건이 헌법의 이상을 따를 수 없는 '명목적 헌법'(헌법규범과 헌법현실이 일치하지 않는 헌법), ③ 헌법이 현실을 규율하려는 목적이 아니고 권력자가 권력의 자기정당화 수단으로 삼기 위하여 만든 '장식적 헌법'(장식에 불과한 헌법)이 있다.

Ⅲ. 헌법의 특성

1. 사실적 특성

(1) 정치성政治性

헌법은 경제 · 사회 · 문화의 기본질서도 그 규율대상으로 하지만 정치질서의 규율이 가장 기본적인 것이다. 헌법의 이러한 정치적 성격 때문에 헌법규범은 유동성, 추상성, 개방성, 미완성성 등의 특징을 갖는다.

(2) 이념성理念性

헌법은 단순히 정치적 사실로서의 통치형태나 권력관계를 반영하는 데 그치지 않고, 일정한 가치를 핵심으로 하는 기본원리를 가진다. 자유민주주의 국가에서 헌법 전체를 지배하는 최고 · 궁극의 가치는 인간의 존엄성이며, 이의 제도화 내지 실천을 위하여 자유민주주의·권력분립주의·법치주의·국민주권주의·의회주의 등 헌법의 기본원리들이 논의된다.

⑶ 역사성歷史性

헌법은 그 사회 당시의 그때그때의 역사적 조건과 상황에 의하여 형성된다. 이와 같이 헌법은 역사적 발전단계에 상응하는 이념 또는 가치를 그 내용으로 하고 있다. 그러나 이러한 역사성에도 불구하고, 국민의 기본권보장만은 초역사적 의미를 가지며, 모든 민주헌법의 근본이념이며 가치이다.

2. 규범적 특성

⑴ 최고규범성最高規範性

헌법은 주권자인 국민에 의하여 제정되는 최상위의 법규범이다. 헌법의 최고규범성은 헌법의 내용이 국민적 합의이고 헌법의 제정 주체가 주권자인 국민이라는 것을 근거로 하며, 위헌법령심사제에 의해서 제도적으로 확보된다. 최고규범이므로 입법·행정·사법작용 등의 모든 국가작용을 기속한다. 즉 헌법은 법률·명령·규칙의 입법기준이나 해석기준이 되며, 최고규범성의 확보를 위해 여러 가지 헌법소송제도를 두고 있다. 우리 헌법은 헌법개정의 경성성(제128조, 제129조, 제130조), 위헌법률심사제(제107조 제1항, 제111조 제1항) 등을 통해 이를 인정하고 있다.

⑵ 수권조직규범성授權組織規範性

헌법은 국가권력을 조직하고 이들 기관에게 권한을 부여하는 수권규범이다. 모든 국가기구는 헌법에 의하여 조직되고, 모든 국가작용은 헌법으로부터 위임이 있는 경우에만 발동될 수 있으며, 한 나라의 통치기구와 통치작용은 헌법에 의거한 것일 때에만 민주적 정당성과 절차적 정당성을 갖게 된다.

(3) 권력제한규범성權力制限規範性

수권이라는 것은 수임기관의 권한과 활동을 한정한다는 의미를 가지는 것이므로 헌법의 수권조직규범성은 권력제한규범성도 동시에 있음을 의미한다. 수권조직규범성이 헌법의 적극적 기능이라면 권력제한규범성은 헌법의 소극적 기능이다.

3. 구조적 특성

헌법은 국가생활 전체를 총체적으로 규율하므로 그 구조가 간결하고 미완성적이다(규범의 간결성 · 미완성성). 또 그 규제대상이 유동적인 것이므로 규범내용이 추상적 · 불확정적 · 개방적인 경우가 많다(규범의 추상성 · 불확정성 · 개방성). 헌법은 개방성을 특징으로 하지만, 헌법의 기본원리, 국가의 권력구조, 개방된 사항의 결정을 위한 핵심절차에 대하여는 규정해 두어야 한다. 헌법의 구조적 특성 때문에 헌법은 다른 법령들에 비하여 해석의 요청이 크다.

Ⅳ. 헌법의 해석

1. 의의 및 특성

헌법해석이란 헌법규범의 객관적 의미내용을 확정하는 법 인식 작용을 의미한다. 일반적 법해석방법(문리적 해석, 논리적 해석, 체계적 해석, 역사적 해석, 목적적 해석)이 헌법해석에도 적용된다고 하겠지만, 헌법의 추상성 · 개방성으로 말미암아 헌법해석은 일반 법률해석과는 다른 특성을 가진다.

실질적 국민주권의 보장으로서 헌법해석 (헌재 1989.9.8. 88헌가6)

헌법해석은 헌법이 담고 추구하는 이상과 이념에 따른 역사적, 사회적 요구를 올바르게 수용하여 헌법적 방향을 제시하는 헌법의 창조적 기능을 수행하여 국민적 욕구와 의식에 알맞은 실질적 국민주권의 실현을 보장하는 것이어야 한다.

헌법해석 기준으로서의 헌법의 기본원리 (헌재 1996.4.25. 92헌바47)

헌법의 기본원리는 헌법의 이념적 기초인 동시에 헌법을 지배하는 지도원리로서 … 구체적 기본권을 도출하는 근거로 될 수는 없으나 기본권의 해석 및 기본권제한입법의 합헌성 심사에 있어 해석기준의 하나로서 작용한다.

2. 헌법해석의 방법

(1) 전통적 해석방법

사비니F. C. Savigny는 문리적 해석, 논리적 해석, 체계적 해석, 역사적 해석의 4가지 해석방법을 제시하였고, 라렌츠K. Larenz는 4가지 해석방법에 목적론적 해석을 보충하였다. 법문의 문리적 해석을 한 후, 명확하지 않으면 논리적 해석을 하고, 이후 법문들과의 체계적 해석, 법제정 당시의 입법자의 의도를 밝히는 역사적 해석, 그것으로도 부족하면 법제정의 목적이나 가치를 밝히는 목적론적 해석을 한다. 헌법은 추상성 · 개방성으로 인해 전통적 법률해석의 방법만으로는 그 한계가 있다.

(2) 새로운 헌법해석

스멘트R. Smend는 헌법해석의 특수성을 고려하여 전통적 해석기법에서 벗어난 새로운 헌법해석을 시도하였고 그 내용은 다양하게 발전하였다. 대표적으로 엠케H. Ehmke의 문제변증론에 입각한 헌법해석, 해벌레P. Häberle의 개방적 헌법해석 등을 들 수 있다.

(3) 헌법해석의 원칙

전통적 해석방법과 새로운 해석방법은 각각 상호보완을 통해 규범의 구체화 과정이 이루어져야 할 필요성이 있다. 이를 위하여 헷세Hesse는 헌법의 통일성의 원칙, 실제적 조화의 원칙, 기능적 적정성의 원칙, 통합작용의 원칙, 헌법의 규범력의 원칙 등을 제시한다.

(가) 헌법의 통일성 원칙

헌법의 모든 조문은 서로 밀접한 관련을 가지므로 해석의 대상이 된 개별 헌법 규정만으로 해석할 것이 아니라 헌법 전체의 관련성을 함께 고려하여야 한다. 헌법의 개별 요소들은 상호 관련되고 의존되어 있기 때문에 모든 헌법규범은 상호 모순되지 않게 헌법 전체의 통일적 관점에서 해석하여야 한다.

(나) 실제적 조화의 원칙

헌법이 서로 상반되는 규범을 담고 있는 경우 상반되는 헌법규범을 최대한 조화시켜 해석(규범조화적 해석)해야 한다. 예를 들어, 인격권이 언론의 자유와 충돌하는 경우에는 헌법을 규범조화적으로 해석하여 이들을 합리적으로 조정하여 조화시키기 위한 노력을 하여야 한다(헌재 1991.9.16. 89헌마163).

헌법의 통일성과 실제적 조화의 원칙 (헌재 2010.2.25. 2008헌가23)

헌법은 한편으로는 헌법 제10조에서 인간으로서의 존엄과 가치 등을 규정함으로써 그로부터 도출된 생명권을 최상위의 기본권 즉 모(母) 기본권으로서 선언하면서도, 다른 한편 헌법 제110조 제4항 단서에서는 인간의 생명을 제한하는 사형제를 비록 간접적인 방식이지만 헌법 자체에서 함께 규정하고 있다. 따라서 이러한 경우에는 헌법해석의 방법인 헌법의 통일성의 원칙이나 실제적 조화의 원칙에 따라 위 2개의 법익이 통일적으로, 그리고 실제적으로 가장 잘 조화되고 비례될 수 있도록 해석하는 것이 중요하다.

개방적인 헌법규범의 적용은 개별적인 사안마다 판단의 대상이 되는 구체적인 상황에 비추어 충돌하는 개방적인 헌법규범의 가치를 구체화하고 실현하는 작업이기 때문에, 여기에는 헌법의 통일성 및 실제적 조화의 원칙 등 특유한 헌법해석원칙이 중요한 관점으로 고려되고 있다.

(다) 기능적 적정성의 원칙

헌법해석을 하는 국가기관은 자기에 주어진 권한의 범위 내에서 가능하다. 헌법재판소에게는 통제규범으로, 입법부에는 행위규범으로 기능한다는 것은 이러한 의미이다. 즉 헌법재판소가 마치 입법자가 되는 것처럼 헌법을 해석하는 것은 권력분립의 원칙에 반한다.

(라) 통합작용의 원칙

헌법의 해석은 헌법의 개방성과 미완성성이라는 그 특징으로 생기는 빈틈을 보충하는 작업이므로, 해석으로 이미 달성된 공동체적 합의를 파괴하지 말아야 한다는 사회안정적 요인을 고려하는 해석이 요구된다. 다만, 이러한 통합은 합헌적인 것임을 전제로 한다.

헌법해석은 헌법이 담고 추구하는 이상과 이념에 따른 역사적·사회적 요구를 올바르게 수용하여 헌법적 방향을 제시하는 '헌법의 창조적 기능을 수행'하여 국민적 욕구와 의식에 알맞은 '실질적 국민주권의 실현을 보장'하는 것이므로 헌법의 해석과 헌법의 적용이 우리 헌법이 지향하고 추구하는 방향에 부합하는 것이 아닐 때에는, 헌법적용의 방향제시와 헌법적 지도로써 정치적 불안과 사회적 혼란을 막는 가치관을 설정하여야 한다(헌재 1989.9.8. 88헌가6).

(마) 헌법의 규범력의 원칙

다양한 해석이 가능할 경우 헌법의 규범력을 가장 잘 발휘할 수 있는, 즉 제고할 수 있는 방향으로 해석하여야 한다. 헌법재판소는 혐연권을 흡연권보다 상위의 기본권으로 보아 헌법규범간의 우열관계를 인정한 바 있다(헌재 2004.8.26. 2003헌마457).

헌법의 제 규정 가운데는 헌법의 근본가치를 보다 추상적으로 선언한 것도 있고 이를 보다 구체적으로 표현한 것도 있으므로, 이념적·논리적으로는 규범상호간의 우열을 인정할 수 있는 것이 사실이다. 그러나 그것이 헌법의 어느 특정규정이 다른 규정의 효력을 전면적으로 부인할 수 있을 정도의 개별적 헌법규정 상호간에 효력상의 차등을 의미하는 것이라고는 볼 수 없다(헌재 2001.2.22. 2000헌바38).

3. 합헌적 법률해석合憲的 法律解釋

(1) 의의 및 연혁

합헌적 법률해석은 어떤 법률이 여러 가지 해석가능성을 가지고 있을 때 가능하면 헌법에 합치하는 방법으로 해석하여야 한다는 원칙으로, 법질서의 통일성을 유지하고 권력분립 및 민주적 입법기능을 존중하며 법적 안정성을 유지하기 위하여 필요한 해석방법이다. 합헌적 법률해석은 법률해석이라는 점에서, 헌법해석과는 구별된다. 즉 어떤 법률의 개념이 다의적이고 그 어의의 테두리 안에서 여러 가지 해석이 가능할 때, 헌법을 최고법규로 하는 통일적인 법질서의 형성을 위하여 헌법에 합치되는 해석, 즉 합헌적인 해석을 택하여야 하며, 이에 의하여 위헌적인 결과가 될 해석은 배제하면서 합헌적이고 긍정적인 면은 살려야 한다는 것이 헌법의 일반법리이다(헌재 1990.4.2. 89헌가113).

한 국가의 법질서는 헌법을 최고법규로 하여 그 가치질서에 의하여 지배되는 통일체를 형성하는 것이며 그러한 통일체 내에서 상위규범은 하위규범의 효력근거가 되는 동시에 해석근거가 되는 것이므로, 헌법은 법률에 대하여 형식적인 효력의 근거가 될 뿐만 아니라 내용적인 합치를 요구한다(헌재 2002.11.28. 98헌바101).

미연방 대법원은 법률의 합헌성추정의 원칙을 통해 법률을 합헌적으로 해석해 오고 있고Ogden v. Saunder[1827], 독일 연방헌법재판소는 미국의 법률의 합헌성추정의 원칙을 수용하여 합헌적 법률해석으로 발전시켜 왔다BVerfGE 2, 282. 우리 헌법재판소도 다의적 해석이 가능한 경우 합헌적 법률해석원칙을 수용하고 있다(헌재 1989.7.14. 88헌가5 등).

(2) 규범통제와의 비교

규범통제는 법률이 헌법에 위반하는 경우 그 효력을 제거하는 것으로, 이 역시 헌법의 최고규범성 유지를 근거로 하며 합헌적 법률해석과 함께 헌법질서를 유지하는 기능을 한다.

다만, 합헌적 법률해석은 사법적극주의보다는 사법소극주의와 밀접한 관련이 있는 것으로 법률효력을 유지함을 목적으로 하고 이 경우 헌법이 해석규칙의 기능을 하는 데 반하여, 규범통제는 헌법효력유지를 목적으로 하고 이때 헌법은 법률의 위헌성을 심사하는 심사기준의 기능을 한다는 점에서 차이가 있다. 또한 합헌적 법률해석과 달리 규범통제는 헌법에 명시적 근거규정이 있어야 한다는 점에서 차이가 있다.

헌법재판소의 헌법해석은 헌법이 내포하고 있는 특정한 가치를 탐색·확인하고 이를 규범적으로 관철하는 작업인 점에 비추어, 헌법재판소가 행하는 구체적 규범통제의 심사기준은 (법률제정 당시에 규범적 효력을 가지는 헌법이 아니고) 원칙적으로 헌법재판을 할 당시에 규범적 효력을 가지는 '현행헌법'이다(헌재 2013.3.21. 2010헌바132).

유신헌법 하에서 발령된 대통령긴급조치는 유신헌법 제53조에 근거하여 이루어진 것이지만 그 위헌성을 심사하는 준거규범은 원칙적으로 유신헌법이 아니라, 현행헌법이다(헌재 2013.3.21. 2010헌바132).

국민대표기관인 국회가 제정한 법률에 대하여 위헌 여부를 심사하고 경우에 따라서는 그 효력을 부인할 권한을 헌법재판소가 가지는 데 관하여 민주적 정당성의 관점에서 비판이 제기되나, 헌법에 의하여 제도적으로 정당성이 확보되어 있는 것으로 볼 수 있다.

⑶ 이론적 근거

헌법재판소는 법률의 합헌해석의 이론적 근거로서 ① 헌법을 최고법규(최고규범성)로 하는 통일적인 법질서의 형성(법질서의 통일성), ② 입법부가 제정한 법률의 효력을 최대한 가능하면 유지될 것을 요청하는 권력분립의 정신(권력분립의 정신), ③ 민주주의 입법기능을 최대한 존중하려는 입법권존중의 정신(입법권의 존중), ④ 법적 안정성의 유지(법적 안정성) ⑤ 국가 간의 신뢰보호(국가 간 신뢰보호) 등을 들고 있다(헌재 1990.6.25. 90헌가11).

합헌적 법률해석은 헌법재판소가 헌법과 법률을 해석·적용함에 있어서 입법자의 입법취지대로 해석하여야 한다는 것이 아니라, 입법권에 대한 존중은 헌법이 허용하는 범위 내에서 입법자가 의도하는 바의 최대한이 가능하면 유지될 것을 요청한다(헌재 1990.6.25. 90헌가11).

(4) 방법(유형)

우리 헌법재판소는 합헌적 법률해석을 "…라 해석하는 한 합헌(위헌)이다"라는 한정합헌(위헌)결정으로 구체화하는 경향이 있다. 다만, 대법원은 이러한 변형결정의 기속력을 부정하고 있어 헌법재판소와 대립한다. 즉 헌법재판소에 의하면 한정합헌결정, 한정위헌결정도 기속력을 가진다(헌재 1997.12.24. 96헌마172)고 하지만, 대법원의 판례에 따르면, 한정위헌결정에 의하여 법률이나 법률조항이 폐지되는 것이 아니라 그 문언이 전혀 달라지지 않은 채 그대로 존속하고 있는 것이므로 이는 법률 또는 법률조항의 의미, 내용과 그 적용범위를 정하는 법률해석이라 할 수 있으며, 헌법재판소의 견해를 일응 표명한 것에 불과하여 법원에 전속되어 있는 법령의 해석·적용 권한에 대하여 어떠한 영향을 미치거나 기속력을 가질 수 없다(대판 1996.4.9. 95누11405)고 하여 견해를 달리하고 있다.

헌법불합치결정에 대해서는 넓은 의미의 합헌적 법률해석에 포함된다고 보는 견해와 합헌적 법률해석이 아니라 사법적 자제의 표현이라고 보는 견해가 있다. 헌법불합치결정은 위헌임을 선언하는 것이지만 법적 공백의 혼란 등을 방지하기 위하여 내리는 결정이므로 합헌적 법률해석과 구별할 필요성이 있다. 예를 들어, 위헌으로 선언하지만 2024년 12월 31일까지 입법개정을 하여야 하고 그때까지 잠정적으로 적용한다는 헌법불합치결정의 경우 그 기간을 도과하면 그때부터 그 법률은 효력을 상실한다는 점에서 합헌적 법률해석과 차이가 있다.

(5) 한 계

1) (문의적 한계) 합헌적 법률해석은 무제한 허용될 수는 없으며, 해당 법조문의 문의의 범위 내에서만 가능하다. 즉, 해당 법조문의 문의와 완전히 다른 의미로 변질되어서는 안 된다. 법률에 대한 합헌적 해석의 경우 법률의 목적이나 내용을 본래의 취지보다 다소 제한하거나 보충하는 것은 가능하지만, 전혀 새로운 목적이나 내용을 가지게 하는 것은 허용되지 않는다.

2) (법목적적 한계) 입법권자의 명백한 의지와 입법의 목적에 어긋나는 내용으로 해석되어서도 안 된다. 헌법재판소의 합헌적 법률해석이 입법목적에서 명백하

게 벗어난 경우에는, 입법부의 법률제정권을 침해한 것이라 볼 수 있다.

3) (헌법수용적 한계) 헌법규범의 내용을 지나치게 확대 해석함으로써 헌법규범이 가지는 정상적인 수용한도를 넘어서도 안 된다. 합헌적 법률해석은 해석하고자 하는 법조문만이 아니라 그 해석의 기준이 되는 헌법조문의 해석도 필요한바, 법률의 헌법합치적 해석이 헌법의 법률합치적 해석으로 나아가서는 아니 된다.

헌법재판소에 의하여 한정합헌결정과 한정위헌결정으로 구체화되고 있는 헌법합치적 해석은 가능한 한 법률의 규범적 효력을 유지하고자 하는 것이고 헌법해석과 법률해석은 맞물려 있는 것이므로, 이른바 헌법수용적 한계는 헌법합치적 해석의 한계로 인정할 수 있다.

(6) 관련 판례

* 제헌헌법 이래 신체의 자유 보장규정에서 "구금"이라는 용어를 사용해 오다가 현행 헌법 개정 시에 이를 "구속"으로 바꾸었는데, '국민의 신체와 생명에 대한 보호를 강화'하는 것이 현행헌법의 주요 개정이유임을 고려하면, "구금"을 "구속"으로 바꾼 것은 헌법에 규정된 신체의 자유의 보장 범위를 구금된 사람뿐 아니라 구인된 사람에게까지 넓히기 위한 것으로 해석하는 것이 타당하다(헌재 2018.5.31. 2014헌마346).
* 헌법 제8조 제1항은 정당설립의 자유, 정당조직의 자유, 정당활동의 자유를 포괄하는 정당의 자유를 보장하는 규정이어서, 이와 같은 정당의 자유는 국민이 개인적으로 가지는 기본권일 뿐 아니라 단체로서 정당이 가지는 기본권이기도 하다(헌재 2004.12.16. 2004헌마456).
* 헌법 제16조 후문은 주거에 대한 압수나 수색을 할 때 영장주의에 대한 예외를 명문화하고 있지 않지만, 신체의 자유와 비교할 때 주거의 자유에 대해서도 일정한 요건 하에서는 그 예외를 인정할 필요가 있다는 점 등을 고려하면, 헌법 제16조의 영장주의에 대해서도 그 예외를 인정하되, 그 장소에 범죄혐의 등을 입증할 자료나 피의자가 존재할 개연성이 소명되고, 사전에 영장을 발부받기 어려운 긴급한 사정이 있는 경우에만 제한적으로 허용될 수 있다고 보는 것이 타당하다(헌재 2018.4.26. 2015헌바370).
* 헌법 제32조 제6항의 "국가유공자·상이군경 및 전몰군경의 유가족은 법률이 정하는 바에 의하여 우선적으로 근로의 기회를 부여받는다."라는 규정은 엄격하게 해석할 필요가 있고, 이러한 관점에서 위 조항의 대상자는 조문의 문리해석대로 "국가유공자", "상이군경", 그리고 "전몰군경의 유가족"이라고 봄이 상당하다(헌재 2012.11.29. 2011

헌마533).

* 헌법 제21조 제2항의 집회에 대한 허가금지조항은 처음으로 1960년 개정헌법에서 규정되었으며, 1972년 개정헌법에서 삭제되었다가 현행헌법에서 다시 규정된 것으로, 집회의 허용 여부를 행정권의 일방적·사전적 판단에 맡기는 집회에 대한 허가제를 절대적으로 금지하겠다는 헌법개정권력자인 국민들의 헌법가치적 합의이며 헌법적 결단이라고 보아야 할 것이다(헌재 2009.9.24. 2008헌가25).
* 헌법의 기본원리는 헌법을 지배하는 지도원리로서 입법이나 정책결정의 방향을 제시하며 공무원을 비롯한 모든 국민과 국가기관이 헌법을 존중하고 수호하도록 하는 지침이 되며, 구체적 기본권을 도출하는 근거로 될 수 없으나, 기본권의 해석 및 기본권제한입법의 합헌성 심사에 있어 해석기준의 하나로 작용한다(헌재 1996.4.25. 92헌바47).
* 헌법해석상 특정인에게 구체적인 기본권이 생겨 이를 보장하기 위한 국가의 행위의무 내지 보호의무가 발생하였음이 명백함에도 불구하고 입법자가 아무런 입법조치를 취하지 아니한 경우에는 입법자에게 입법의무가 인정된다(헌재 2003.1.30. 2002헌마358).
* 구 사회보호법 제5조 제1항("보호대상자가 다음 각호의 1에 해당하는 때에는 10년의 보호감호에 처한다. 다만, 보호대상자가 50세 이상인 때에는 7년의 보호감호에 처한다.")은 그 요건에 해당하는 경우에는 법원으로 하여금 감호청구의 이유 유무, 즉 재범의 위험성 유무를 불문하고 반드시 감호의 선고를 하도록 한 것임이 위 조항의 문의임은 물론 입법권자의 의지임을 알 수 있으므로 위 조항에 대한 합헌적 해석은 문의의 한계를 벗어난 것이다(헌재 1989.7.14. 88헌가5).
* 임원과 과점주주에게 연대책임을 부과하는 구 상호신용금고법 제37조의3이 부실경영에 책임이 없는 임원과 과점주주에 대해서까지 책임을 묻는 것으로 해석될 경우에는 위헌이다. 하지만 동 조항을 단순위헌으로 선언할 경우 임원과 과점주주가 금고의 채무에 대하여 단지 상법상의 책임만을 지는 결과가 발생하고 이로써 예금주인 금고의 채권자의 이익이 충분히 보호될 수 없기 때문에 헌법재판소는 합헌적 법률해석에 따라 '부실경영의 책임이 없는 임원'과 '금고의 경영에 영향력을 행사하여 부실의 결과를 초래한 자 이외의 과점주주'에 대해서도 연대채무를 부담하게 하는 범위 내에서 헌법에 위반된다고 한정위헌결정을 내렸다(헌재 2002.8.29. 2000헌가5).
* 군인사법 제48조 제4항 후단의 '무죄의 선고를 받은 때'의 의미와 관련하여, 형식상 무죄판결뿐 아니라 공소기각재판을 받았다 하더라도 그와 같은 공소기각의 사유가 없었더라면 무죄가 선고될 현저한 사유가 있는 이른바 내용상 무죄재판의 경우도 이에 포함된다고 해석함은 법률의 문의적文義的 한계 내의 합헌적 법률해석에 부합한다(대판 2004.8.20. 2004다22377).

제 2 절 헌법의 제정과 개정制定과 改正

Ⅰ. 헌법의 제정制定

1. 의 의

헌법의 제정이란 형식적으로는 헌법제정권자가 새로운 법규범의 확립을 위하여 헌법사항을 성문의 헌법전으로 제정하는 것을 의미하고, 실질적으로는 정치적 통일체인 국가의 법적 기본질서를 마련하는 법창조 행위를 의미한다. 이러한 헌법제정행위는 오늘날 민주적 원칙에 따라 선출된 국민대표자회의가 행하는 것이 보통이다. 그러나 혁명을 일으킨 후 정치권력을 장악하기 위한 회의나 기존의 헌법기관이 소집한 회의가 행하는 경우도 있을 수 있다. 역사적으로는 헌법제정의 주체는 군주가 되기도 하였고 군주와 함께 국민이 그 주체가 되기도 하였으나, 오늘날과 같이 국민주권이 확립된 민주국가에서는 국민만이 헌법을 제정할 수 있다.

2. 헌법제정권력憲法制定權力

(1) 헌법제정권력의 의의 및 이론의 형성과 발전

헌법제정권력(제헌권)은 국가법질서의 근본법인 헌법을 창조하는 힘을 의미한다. 헌법제정권력의 이론을 처음으로 체계화한 사람은 시에스E. J. Siéyès 1748-1836이다. 그는 1789년 프랑스혁명 전야에 “제3계급이란 무엇인가”라는 소책자를 통해 헌법은 헌법제정권력자의 작품이고 그 주체는 어디까지나 국민이며, 국민의 제헌권은 단일 · 불가분의 것으로 실질적으로나 절차상 아무런 법적 제한을 받지 아니한다고 하였다. 독일에서는 오랫동안 법실증주의자들이 헌법제정권력과 헌법개정권력을 구별하지 아니하고 ‘헌법제정권력＝헌법개정권력＝입법권’으로 이해하였으나, 이후 독일의 슈미트C. Schmitt에 의하여 헌법제정권력 이론은 발전을 하게 되었다. 그는 헌법제정권력을 자신의 정치적 통일체의 종류와 형태에 관하여 근본적인 결단을 내리는 실력 또는 권위를 가진 정치의사라고 규정하고, 이 정치적 결단의 소산을 헌법이라고 하였다. 그는 '헌법제정권력 → 헌법 → 헌법개정권력 → 헌법률 → 헌법에 의하여 만들어진 입법권'으로 이어지는 위계질서를 구성하였다.

(2) 헌법제정권력의 본질 및 행사방법

헌법제정권력은 1) 그 성질에 있어 ① 헌법에 의하여 제도화된 것이 아니라 스스로 생성하여 존재하는 '시원성', ② 헌법에 의하여 형성된 국가권력에 의하여 근거되는 것이 아니라 스스로 의도하는 바에 따라 정당화되는 '자율성', ③ 헌법에 의하여 조직된 국가권력의 통일적 기초가 되는 '불가분성', ④ 이미 행사되었다고 소멸하는 것이 아니라 언제나 존재하는 '항구성', ⑤ 국민 이외에 누구에게도 이를 양도하거나 위임할 수 없는 '불가양성'을 지니며, 2) 그 행사에 있어 행사방법을 구속하거나 미리 정할 수 없다.

(3) 헌법제정권력의 한계

헌법제정권력은 어떠한 한계도 없는 권력인지가 문제되는 바, 시에스는 헌법제정권력의 '시원성'으로부터, 슈미트는 '혁명성'으로부터 무한계성을 도출하였다. 그러나 오늘날 대다수는 헌법제정권력의 한계를 인정하고 있다(통설). 헌법제정권력은 1) 절차상의 한계로 시원성·자율성으로 인하여 헌법제정에서의 법형식이나 절차·방법 등에 대하여 스스로 어떠한 절차를 결정할 수 없다. 또한 2) 내용상의 한계로 ① 생명권, 인격불가침의 기본가치 등과 같은 초실정적 자연법에 구속한다는 '자연법적 한계', ② 법적 이성, 정의, 법적 안정성 등과 같은 법 내재적 기본원리에 구속되지 않을 수 없다는 '법원리적 한계', ③ 제헌 당시의 정치적 이념, 즉 자유주의, 민주주의 등과 같은 '정치이념적 한계', ④ 국제평화 등과 같은 국제적 요청에 의한 '국제법적 한계' 등이 그 요인들로 논의되고 있다.

(4) 헌법제정권력과 헌법개정권력의 구별

헌법제정권력이 그 본질에 있어 시원적·창조적 권력, 자율적 권력, 초국가적 권력, 항구적 권력이고, 그 행사방법에 있어 아무런 절차상 제약이 없음에 반해, 헌법개정권력은 헌법에 의하여 제도화된 권력, 타율적·종속적 권력, 국가적 권력, 헌법제정권력의 하위에 있는 권력이라는 본질을 지니고, 그 행사방법도 국민의 헌법제정의사와 헌법에 규정된 개정절차에 따라야 한다는 한계를 가진다. 그러나 우리 헌법재판소는 우리 헌법의 각 개별규정 가운데 무엇이 헌법제정규정이고 무엇이 헌법개정규정인지를 구분하는 것이 가능하지 아니할 뿐 아니라, 각 개별규정에 그 효력상의 차이를 인정하여야 할 형식적인 이유를 찾을 수 없다는 이유로 헌법제정권력과 헌법개정권력의 구별을 부인한다(헌재 1995.12.28. 95헌바3). 즉 헌법재판소 판례에 따르면, 헌법개정의 한계에 관한 규정을 두지 아니하고 있는 현행의 우리 헌법상으로는 과연 어떤 규정이 헌법핵 내지는 헌법제정규범으로서의 상위규범이고 어떤 규정이 단순한 헌법개정규범으로서의 하위규범인지를 구별하는 것이 가능하지 아니하다(헌재 1996.6.13. 94헌바20).

3. 우리나라에서의 헌법제정

1948년 7월 17일 제정·공포된 제헌헌법은 전문에서 "우리들 대한국민은 …우리들의 정당 또는 자유로이 선거된 대표로서 구성된 국회에서 …이 헌법을 제정한다"고 선언하여, 헌법제정권력의 주체가 국민이고 국민은 그 대표기관인 국회를 통하여 헌법을 제정하였음을 천명하였다. 현행 헌법에서도 제1조 제2항에서 "대한민국의 주권은 국민에게 있고 모든 권력은 국민으로부터 나온다"고 규정하여, 주권의 가장 중요한 대표인 헌법제정권력자가 국민임을 천명하고 있다. 헌법재판소도 국민은 대한민국의 주권자이며 동시에 헌법제정권력자임을 밝히고 있다(헌재 2013.3.21. 2010헌바132).

Ⅱ. 헌법의 개정改正

1. 헌법개정의 의의와 기능

(1) 의의 및 구별개념

헌법의 개정이란 헌법이 정한 절차에 따라, 헌법의 기본적 동일성을 파괴하지 않고, 의식적으로 헌법의 조항을 수정하거나 삭제 또는 새로운 조항을 추가하는 것을 말한다. 헌법개정은 ① 헌법의 기본적 동일성이 유지된다는 점에서, 혁명 등에 의하여 기존의 헌법전을 폐기하고 그 헌법의 제정권력까지 배제하는 '헌법의 파괴'와 구별되고, ② 헌법조항의 명시적 변경, 즉 헌법조항의 수정이 있다는 점에서, 특정의 헌법조항의 효력이 위헌임을 알면서 의도적으로 계속되도록 하는 '헌법의 침해' 그리고 조문은 원상태로 존속하면서 그 의미, 내용만이 실질적으로 변화하는 '헌법의 변천'과는 구별되며, ③ 종국적으로 헌법조항의 효력을 변경시키는 점에서, 특정한 헌법조항의 효력을 일시적으로 중단시키는 '헌법의 정지'와 구별된다.

(2) 기 능

헌법개정은 ① 헌법규범과 헌법현실 간의 불일치가 발생한 경우 헌법의 실효성과 적응성을 유지하게 하여 헌법이 살아있는 규범으로 기능하기 위한 수단으로 필요하며, ② 헌법개정을 극단적으로 곤란하게 하면 헌법에 불만을 가진 정치세력들이 헌법을 파괴하는 사태가 발생할 수도 있기 때문에 헌법파괴의 방지를 위하여 필요하고, ③ 헌법의 제정과정에 직접 참여하지 못한 정치집단에게 헌법형성에 참여할 기회를 부여하기 위한 헌법정책상의 이유에서 불가피하게 필요하다.

2. 헌법개정의 형식 · 방법

(1) 형 식

헌법개정의 형식은 ① 미국과 같이 기존의 조항은 그대로 둔 채 수정조항만을 추가해 나가는 증보 형식을 취하는 유형amendment이 있고, ② 우리 헌법처럼 기존의 조항들을 수정 또는 삭제하거나 새로운 조항을 신설하는 형식을 취하는 유형revision이 있다. 또한 헌법개정은 ① 일부개정과 ② 전면개정이 있는데, 일반적으로는 일부개정의 형식을 취하지만, 전면개정이 이루어진다면 이전의 헌법과 전혀 다른 모습을 갖게 되므로 헌법제정과 구별하기 어려운 점이 있다. 그러나 전면개정이 헌법제정과 다른 점은 이전 헌법의 기본적인 동일성과 연속성을 유지한다는 점에 있다. 대표적 예로, 우리 헌법의 경우 1962년 헌법은 의원내각제로 전면개정에 해당한다고 할 수 있지만, 제헌헌법의 동일성과 연속성을 유지한다는 점에서 헌법제정은 아니다.

(2) 방 법

헌법개정의 방법으로는 ① 통상의 입법기관인 의회에 의한 개정(독일 · 헝가리 · 오스트레일리아 · 스웨덴 · 한국의 제헌헌법 등), ② 국민투표에 의한 개정(오스트리아 · 스위스 · 필리핀 · 덴마크 · 한국의 현행헌법 등), ③ 주정부의 동의에 의한 개정(미국 · 스위스), ④ 헌법개정특별회의의 심의에 의한 개정(벨기에 · 노르웨이 · 네덜란드 등)이 있다.

3. 헌법개정의 한계

(1) 개정무한계설

헌법의 개정절차에 따르기만 하면 어떠한 조항의 개정도 한계가 없이 가능한지와 관련하여, 개정무한계설(법실증주의적 헌법관)은 ① 헌법의 현실적응성의 요청, ② 헌법제정권력과 개정권력의 구별 부인, ③ 헌법조항을 개정할 수 없는 상위규범과 개정할 수 있는 하위규범으로 구분하는 것은 이론적 근거가 없다고 하여, 모든 헌법규범의 가치는 동일하다는 헌법규범등가론 등을 근거로 헌법개정의 한계는 없으며, ④ 명문으로 개정을 금지하고 있는 사항의 개정도 가능하다는 견해이다.

⑵ 개정한계설

개정한계설은 ① 헌법제정권력과 헌법개정권력은 구별되는 것이며, ② 실정헌법의 상위에는 자연법원리가 존재하고 있고, ③ 헌법조항 상호간에도 위계질서가 있으며, ④ 헌법의 본질적 내용을 훼손하는 개정은 금지하는 헌법내재적인 한계, ⑤ 헌법자체가 명문으로 특정 조항의 개정을 금지하는 실정헌법상의 한계, ⑥ 헌법규정상의 절차법상의 한계 등을 근거로 헌법개정에는 한계가 있다고 보는 견해이다. 개정한계설(한계긍정설)에 따르면, 헌법 제1조 제1항의 민주공화국은 헌법개정의 대상이 되지 않는다. 또한 이전 헌법과 동일성이 유지되는 헌법개정이라고 하더라도 헌법이 정하는 개정절차에 따르지 않는 경우 위헌적 헌법개정이다.

⑶ 헌법재판소의 입장

헌법재판소는 “현행헌법에는 헌법개정의 한계에 관한 규정도 없고 어느 규정이 헌법핵 내지 헌법제정규범으로서의 상위규범이고 어느 규정이 단순한 헌법개정규범으로서의 하위규범인지 구별하는 것이 불가능하여 효력차이를 인정할 수 없다”고 하여, 헌법제정권력과 헌법개정권력의 구별을 부인하면서, “헌법의 개정에 한계가 있는지 여부에 관하여 학설상 대립이 있지만, 현실적으로 그 한계를 무시한 개헌이 이루어지는 경우, 위헌법률심판이나 헌법소원 어느 절차에 의하여도 그 헌법규정에 대한 위헌심사가 가능하지 않다”고 판시하였다(헌재 1996.6.13. 94헌바20). 즉 헌법개정의 한계를 넘어선 개정 헌법조항에 대하여 적용중지를 명할 권한이 헌법재판소에 없다고 보는 것이다. 헌법제정권과 헌법개정권의 구별론이나 헌법개정한계론은 그 자체로서의 이론적 타당성 여부와 상관없이 헌법재판소가 헌법의 개별규정에 대하여 위헌심사를 할 수 있다는 논거로 원용될 수 없다고 한다.

4. 우리나라의 헌법개정

(1) 절차상의 한계

우리 헌법은 경성헌법으로 헌법의 개정에는 일반 법률보다 엄격한 요건과 신중한 절차를 거치도록 규정하고 있다(헌법 제128조 내지 제130조). 현행 헌법상 헌법개정절차는 ① 제안(국회의원 재적과반수 또는 대통령), ② 공고(대통령이 20일 이상), ③ 의결(공고된 날로부터 60일 이내에 국회재적의원 3분의 2 이상의 찬성으로 의결), ④ 국민투표에 의한 확정(국회의결 이후 30일 이내 국민투표에서 국회의원선거권자 과반수의 투표와 투표자 과반수의 찬성으로 확정), ⑤ 공포(대통령이 즉시 공포)의 순으로 되어 있다.

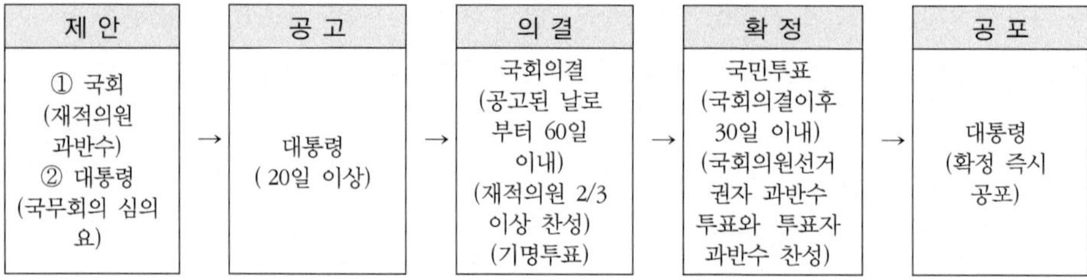

헌법개정안은 대통령이 제안한 경우에는 국무회의 심의를 거쳐야 하며(헌법 제89조 제3호), 국회의결은 무기명투표가 아닌 기명투표로 표결하여야 한다(국회법 제112조 제4항).

법률개정과는 달리 헌법개정은 20일 이상의 공고제도를 두고 있으므로, 현행 헌법의 해석상 헌법개정안은 국회에서 수정 의결할 수 없다. 수정 의결은 공고제도의 취지에 반한다.

국민투표의 효력에 관하여 이의가 있는 투표인은 투표인 10만인 이상의 찬성을 얻어 중앙선거관리위원회 위원장을 피고로 하여 투표일로부터 20일 이내에 대법원에 제소할 수 있다(국민투표법 제92조).

절차상의 한계 (헌재 2013.11.28. 2012헌마166)

성문헌법의 개정은 헌법의 조문이나 문구의 명시적이고 직접적인 변경을 내용으로 하는 헌법개정안의 제출에 의하여야 하고, 하위규범인 법률의 형식으로 일반적인 입법절차에 의하여 개정될 수는 없다.

⑵ 내용상의 한계

이러한 개정절차에 의하더라도 헌법개정권력은 헌법제정권력에 의하여 만들어진 권력이기 때문에 헌법핵은 개정할 수 없다는 헌법 내재적 개정한계가 있다. 즉 ① 민주공화국 · 국민주권의 원리 · 자유민주적 기본질서 · 사회복지국가주의 등 한국헌법의 정치적 기초, ② 인간의 존엄과 가치 및 행복추구권 · 평등권과 평등의 원칙 · 생명 및 신체의 자유 · 양심 및 종교, 학문의 자유와 언론의 자유 등 핵심적 기본권, ③ 사유재산제도 · 시장경제의 원리 등 사회적 시장경제질서, ④ 국제평화주의 및 복수정당제 등은 개정의 대상이 되지 아니한다.

⑶ 현행 헌법상 헌법개정금지조항의 유무

1954년의 제2차 개정헌법 제98조 제6항에서는 "국민주권 · 민주공화국가 · 국민투표에 관한 규정은 개폐할 수 없다"고 규정하여 명시적으로 헌법개정금지조항을 두었다. 또한 1960년 제3차 개정헌법에서도 제1조, 제2조, 제7조의2의 규정을 개폐할 수 없다는 헌법개정금지조항을 두었다. 그러나 이후 개정헌법 및 현행헌법에서는 명시적인 헌법개정금지조항이 없다는 것이 일반적인 견해이다.

⑷ 헌법 제128조 제2항의 개정문제

현행 헌법은 제128조 제2항에서 대통령의 임기연장 또는 중임변경을 위한 헌법개정은 그 헌법개정 제안 당시의 대통령에 대하여는 효력이 없도록 규정하고 있는데, 이 조항의 해석과 관련하여 견해의 대립이 있으나, 현행 헌법 제128조 제2항의 대통령의 임기연장 또는 중임변경을 위한 헌법개정을 하지 못한다는 의미는 실정헌법상의 개정한계조항이 아니라, 대통령의 임기연장 또는 중임변경을 위한 헌법개정도 가능하지만 대통령의 장기집권을 방지하기 위하여 헌법개정 제안 당시의 대통령에 대해서만 개정의 효력을 배제한다는 헌법개정효력의 적용대상 제한조항이라는 것이 통설이다.

Ⅲ. 헌법의 변천變遷

1. 의 의

헌법의 변천이란 특정의 헌법조문은 원상태로 존속하면서 그 의미·내용만이 실질적으로 변화하는 경우를 의미한다. 헌법조문 자체가 개폐되지 않지만 실질적으로 헌법개정이 행하여지는 것과 같은 법적 효과가 발생한다. 다만, 헌법의 변천은 위헌법률심사제가 확립되어 있는 나라에서는 이를 통하여 헌법규범에 부합하지 않은 헌법현실 또는 위헌적인 사실행위의 가능성이 줄어들므로, 헌법변천의 가능성은 그만큼 줄어든다.

2. 인정여부

헌법변천을 인정할 것인가에 대해서, 법실증주의적 헌법관은 ① 헌법과 모순되는 국가행위가 사실상 관습으로 국민의 법적 확신에 이르게 된 경우 '사실의 규범적 효력'에 의하여 헌법변천을 인정하여야 한다는 입장G. Jellinek, ② 비록 국민다수의 지지를 얻는다고 할지라도 헌법규범과 헌법현실 사이의 불일치는 헌법개정으로 해결하여야 하는 것으로 헌법변천은 인정할 수 없다는 입장Kelsen 등이 있다. 통합론적 헌법관에 의하면, 국가는 통합과정에 해당하고 이는 끊임없이 새롭게 형성되기 때문에 이를 규율하려는 헌법도 동태적이고 유동적인 현실적응력을 필요로 하므로, 그 수단으로 헌법변천과 헌법개정 모두 포함된다. 다만, 헌법변천의 가능성이 다한 경우에 비로소 헌법개정의 문제가 발생하는 것은 아니라고 한다.

3. 기능과 한계

헌법변천으로 인해 헌법규범과 헌법현실 사이의 불일치를 좁혀 헌법의 규범성을 높일 수 있고 잦은 헌법개정의 부담도 줄일 수 있다. 그러나 지나친 헌법변천의 유용은 법적 안정성을 해칠 수 있으므로 헌법개정과의 관계설정이 중요하다. 헌법개정은 헌법변천의 한계적 기능을 한다.

4. 헌법변천의 실례

(1) 헌법변천의 예

① 미연방헌법에서 부여하지 않은 미국 연방대법원의 위헌법률심사권 행사 Marbury v. Madison 및 대통령 간선제의 직선제적 운용

② 영국 국왕의 실질적 권한상실 및 수상에 의한 내각 지배

③ 일본헌법의 육 · 해 · 공군 기타의 전력은 보유하지 않는다는 평화조항에 반하는 자위대에 의한 군사력 보유

④ 노르웨이 국왕의 법률안거부권의 형식화

⑤ 우리나라의 1952년 헌법 하에서 양원제를 단원제로 운용한 것, 1962년 헌법에서 지방의회를 구성하지 않고 관치행정으로 운용한 것

(2) 현행 헌법상 헌법변천이 문제되는 예

우리 헌법 제3조의 영토조항과 제4조의 평화통일 조항의 모순 · 충돌 관계를 헌법변천으로 해결하려는 견해가 있고, 이는 단순한 국가의 대북정책의 변화에 지나지 않는 것이며 북한을 불법단체로 보는가 여부는 영토의 범위와 하등의 관계가 없다고 하는 견해가 있다.

제 3 절 헌법의 보장(수호)保障(守護)

Ⅰ. 헌법보장(수호)의 의의

1. 의 의

헌법의 보장이란 헌법의 핵심적 내용이 변질되거나 훼손되지 아니하도록 헌법에 대한 침해행위를 사전에 예방하거나 사후에 배제하는 것을 의미한다. 헌법도 다른 법과 마찬가지로 자체의 안전성과 실효성이 요청된다. 헌법의 수호는 국가의 존립형식, 즉 헌법에 의하여 정해진 국가형태, 정치형태, 기본적 가치질서 등을 수호하는 것으로, 외부의 적으로부터의 공격을 방어하기 위한 국가의 수호와는 차이가 있다.

2. 기 능

헌법의 개정을 엄격하게 하면 헌법보장의 기능을 높이지만, 헌법의 경직성이 높으면 높을수록 규범을 현실에 합치시키기 어려우며, 헌법은 사문화되고 비합법적인 수단에 의한 변혁이 기도되기도 한다. 헌법에 강력한 영속성과 탄력성을 부여함으로써 헌법규범의 실효성을 확보하기 위한 헌법보장의 필요성이 제기된다. 헌법의 보장은 그 위기상황에서 누가 헌법의 수호자이며, 어떠한 수단으로 헌법을 수호할 것인가라는 문제로 나타난다.

Ⅱ. 헌법의 수호자 논쟁

헌법의 수호자가 누구인가라는 문제에 대하여, 독일에서는 대통령이 헌법수호자라는 견해C. Schmitt와 대통령 · 의회 · 헌법재판소가 헌법수호자라는 견해H. Kelsen

가 있었으며, 영국에서는 국왕이라는 견해A. B. Keith와 내각이라는 견해H. Laski의 논쟁이 있었으나, 오늘날 특정의 국가기관만을 헌법의 수호자라고 하는 견해는 그 의미를 상실하였다. 즉 헌법의 제1차적 수호자는 모든 국가기관과 그 공무원이지만, 궁극적인 최후의 수호자는 국민이다.

Ⅲ. 우리 헌법상의 헌법보장(수호)제도

1. 평상시의 통상적 헌법보장

평상시의 통상적 헌법보장은 사전적·예방적 보장과 사후적·교정적 보장으로 크게 나눌 수 있다.

1) 사전적·예방적 보장에는 ① 합리적인 정당정치의 구현, 국민의 헌법의식의 고양, 선거민에 의한 국정통제 등의 '정치적 보장'과 ② 헌법수호의무의 선서, 권력의 분립, 경성헌법, 정당과 관련한 방어적 민주주의의 채택, 공무원 및 군의 정치적 중립성 준수 등의 '법적 보장'이 있다.

2) 사후적·교정적 보장에는 ① 헌법재판소에 의한 위헌법률심판·헌법소원심판·탄핵심판·위헌정당해산심판, ② 명령·규칙·처분에 대한 대법원의 최종심사제, ③ 국무총리·국무위원 해임건의제, ④ 대통령의 긴급명령 등에 대한 국회의 승인제, ⑤ 국회의 계엄해제요구제, ⑥ 국회의 국정감사·조사제, ⑦ 공무원의 책임제 등이 있다.

2. 비상시의 특별한 헌법보장

(1) 국가긴급권

(가) 의 의

국가긴급권이란 전쟁·내란 등과 같이 국가의 존립과 안전을 위태롭게 하는 비상사태가 발생한 경우, 국가의 존립과 헌법질서를 보전하기 위하여 필요한 조치를 취할 수 있는 비상·예외적 권한을 의미한다.

국가긴급권과 저항권 (헌재 1994.6.30. 92헌가18)

국가긴급권의 인정은 일면 국가의 위기를 극복하여야 한다는 필요성 때문이기는 하지만 그것은 동시에 권력의 집중과 입헌주의의 일시적 정지로 말미암아 입헌주의 그 자체를 파괴할 위험을 초래하게 된다. 따라서 헌법에서 국가긴급권의 발동기준과 내용 그리고 그 한계에 관해서 상세히 규정함으로써 그 남용 또는 악용의 소지를 줄이고 심지어는 국가긴급권의 과잉행사 때는 저항권을 인정하는 등 필요한 제동장치도 함께 마련해 두는 것이 현대의 민주적인 헌법국가의 일반적인 태도이다.

(나) 유 형

헌법상의 근거유무를 기준으로 합헌적 국가긴급권과 초헌법적 국가긴급권으로 나눌 수 있다. ① '합헌적 국가긴급권'은 헌법에서 비상사태를 예상하여 입헌주의를 일시적으로 정지하여 독재적 권력행사를 인정한다. 즉 비상사태를 합법적으로 처리할 수 있고 헌법의 파괴를 막을 수 있으며, 발동의 조건 · 기간 · 형식을 정하여 긴급권의 남용을 방지할 수 있다. ② '초헌법적 국가긴급권'은 비상사태수습을 위하여 헌법을 무시한 독재적 조치를 강구하는 것으로, 우리 헌법재판소는 반입헌주의 · 반법치주의로 위헌이라고 보아 그 허용을 부인한다.

초헌법적 국가긴급권의 부인 (헌재 1994.6.30. 92헌가18)

국가보위에 관한 특별조치법은 그 법이 공포 · 시행된 당시의 제3공화국 헌법(제73조, 제75조)이나 현행 헌법(제76조, 제77조)이 국가안전보장에 관계되는 비상사태수습을 위하여 대통령에게 부여한 국가긴급권 이외에 또 하나의 국가긴급권을 대통령에게 부여한 법률이고 그 발동요건이나 국회에 의한 사후 통제면에서는 헌법이 정한 세 가지의 국가긴급권보다 강력한 권한을 대통령에게 부여하고 있다. 이러한 특별조치법은 초헌법적인 국가긴급권을 대통령에게 부여하고 있다는 점에서 이는 헌법을 부정하고 파괴하는 반입헌주의, 반법치주의의 위헌법률이다.

(다) 발동요건과 한계

1) 국가긴급권의 발동요건은 ① 국가비상사태 하에서 ② 국가존립이나 안전을 회복할 목적으로 ③ 긴급권 발동권자가 누구인가가 확정된 상태에서 ④ 예외적으로만 발동될 수 있다.

2) 그 한계로는 ① 잠정적이어야 한다는 '기한적 한계', ② 불가피한 비상상태이어야 한다는 '상황적 한계', ③ 최후수단이어야 한다는 '수단적 한계', ④ 과잉금지의 원칙을 지켜야 한다는 '비례적 한계'가 있다.

(라) 한국 헌법상의 국가긴급권

현행 헌법은 대통령에게 긴급명령권(제76조 제2항), 긴급재정경제처분・명령권(제76조 제1항), 계엄선포권(제77조)을 인정하고 있다. 한국 헌법상 국가긴급권의 개정내용은 아래의 표와 같다.

구 분	국가긴급권	발령권자
제헌헌법 (1948.7.17)	① 긴급명령권, ② 긴급재정처분권, ③ 계엄선포권	대통령
제1차 개헌 (1952.7.7)	상동	상동
제2차 개헌 (1954.11.29)	상동	상동
제3차 개헌 (1960.6.15)	① 긴급재정처분권, ② 긴급재정명령권, ③ 계엄선포권	①, ③ 대통령 ② 국무총리
제4차 개헌 (1960.11.29)	상동	상동
제5차 개헌 (1962.12.26)	① 긴급명령권, ② 긴급재정경제처분・명령권, ③ 계엄선포권	대통령
제6차 개헌 (1969.10.21)	상동	상동
제7차 개헌 (1972.12.27)	① 긴급조치권, ② 계엄선포권	상동
제8차 개헌 (1980.10.27)	① 비상조치권, ② 계엄선포권	상동
제9차 개헌 (1987.10.29)	① 긴급명령권, ② 긴급재정경제처분・명령권, ③ 계엄선포권	상동

(2) 저항권抵抗權

(가) 의 의

저항권은 국가권력에 의하여 헌법의 기본원리에 대한 중대한 침해가 행해지고 그 침해가 헌법의 존재 자체를 부인하는 것이어서 다른 합법적인 구제수단으로는 목적을 달성할 수 없을 때에 국민이 자기의 권리·자유를 지키기 위하여 실력으로 저항할 수 있는 권리(헌재 1997.9.25. 97헌가4)를 의미한다.

(나) 구별개념

시민불복종권은 단순히 정의에 반하는 개별법령 등에 대하여도 행사될 수 있고, 개별법령 등의 변혁을 목적으로 하며, 원칙적으로 비폭력적일 것이 요구되며, 보충성의 제약을 받지 않는다는 점에서 저항권과 구별된다. 대법원은 시민불복종 운동은 헌법상 기본권 행사의 유형으로 인정한다. 다만, 시민단체의 낙선운동이 시민불복종권인지 여부에 대해서는 공직선거 및 선거부정방지법에 의한 선거운동 제한규정을 위반한 것으로 허용할 수 없다고 판시한 바 있다(대판 2004.4.27. 2002도315).

(다) 저항권의 본질과 인정여부

저항권의 본질을 초실정법적 자연권이라고 보는 학설은 저항권에 관한 헌법상의 명문규정의 유무를 불문하고 저항권을 당연히 보장되어야 할 권리라고 본다.

헌법재판소는 국민의 권리이자 헌법수호제도로서 저항권을 인정하지만(헌재 2014.12.19. 2013헌다1), 다만 "입법과정의 하자는 저항권행사의 대상이 되지 않는다"고 판시하였다(헌재 1997.9.25. 97헌가4).

대법원은 "실정법이 아닌 자연법에만 근거를 둔 저항권을 재판규범으로 원용할 수는 없다" "헌법 및 법률에 저항권에 관하여 아무런 규정 없는 우리나라의 현 단계에서는 저항권이론을 재판의 근거규범으로 채용, 적용할 수 없다"고 하여 저항권을 명시적으로 부인한 바 있다(대판 1980.5.20. 80도306).

1948년 이래 우리 헌법에서는 저항권을 인정하는 명문규정이 없었으나, 현행 헌법 전문의 "불의에 항거한 4·19민주이념을 계승하고"라는 문구를 저항권의 헌법상 근거규정으로 볼 수 있을 것이다.

(라) 행사요건 및 방법

저항권은 ① 민주적 기본질서 또는 기본권보장체계가 전면적으로 부정되고, ② 공권력 행사의 불법성이 객관적으로 명백하며, ③ 다른 일체의 구제수단이 유효할 수 없을 때 최후의 수단으로만 행사될 수 있다(보충성 요건).

입헌주의 헌법체계를 유지・수호하기 위한 것이지 사회개혁을 위해 사용될 수 없으며, 가능한 한 평화적 방법으로 행하여야 하고 필요한 경우 폭력행사도 가능하지만 최소한의 정도에 머물러야 한다(헌재 2014.12.19. 2013헌다1).

3. 방어적 민주주의防禦的 民主主義

(1) 의 의

방어적 민주주의란 민주주의의 이름으로 민주주의 그 자체를 파괴하려는 민주적 헌법질서의 적으로부터 민주주의가 자신을 방어하고 그와 투쟁하기 위한 자기방어적・자기수호적 민주주의를 의미한다. 방어적 민주주의는 독일 바이마르공화국의 가치중립적・가치상대주의적 민주주의가 나치즘을 불러왔다는 역사적 반성에서 비롯된 것이다. 전투적 민주주의 또는 투쟁적 민주주의로 불리기도 하며, 핵심적 보호법익은 자유민주적 기본질서이다.

(2) 방어적 민주주의의 성격과 기능

방어적 민주주의는 가치구속적・가치지향적 민주주의관의 산물로 민주주의와 기본권의 본질을 수호하는 기능을 한다. 또한 민주국가에서 헌법의 최고규범성을 보장하기 위하여 헌법에 대한 적대적 시도로부터 헌법을 사전예방적으로 수호하는 기능을 한다.

우리 헌법은 자유민주적 기본질서의 보호를 그 최고의 가치로 인정하고 있고, 그 내용은 다수의 의사에 의한 국민의 자치, 자유・평등의 기본원칙에 의한 법치주의적 통치질서를 말한다. 구체적으로는 기본적 인권의 존중, 권력분립, 의회제도, 복수정당제도, 선거제도, 사유재산과 시장경제를 골간으로 한 경제질서 및 사법권의 독립 등을 의미한다(헌재 2001.9.27. 2000헌마238).

⑶ 방어적 민주주의의 한계

방어적 민주주의를 지나치게 확대 적용할 경우 오히려 민주주의를 저해할 위험이 있으므로 일정한 한계가 있다. 즉 방어적 민주주의가 오히려 민주주의의 본질을 침해하는 것이어서는 안 되며, 헌법원리의 본질을 침해하는 것이어서도 안 된다. 또한 정치적 기본권 등을 부당하게 제한하기 위한 수단으로 악용되어서는 안 된다. 그 행사는 어디까지나 소극적・방어적인 것으로 적극적・공격적이어서는 안 된다.

⑷ 한국헌법과 방어적 민주주의

우리 헌법 제8조 제4항은 방어적 민주주의의 한 요소로 반민주적 위헌정당해산제도를 수용하고 있다. 반면에 독일은 위헌정당해산제도 외에도 기본권 실효제도를 인정하고 있다.

헌법재판소는 "정당의 해산에 관한 헌법규정(제8조 제4항)은 민주주의를 파괴하려는 세력으로부터 민주주의를 보호하려는 소위 '방어적 민주주의'의 한 요소"라고 판시하여, 방어적 민주주의를 인정하고 있다(헌재 1999.12.23. 99헌마135; 헌재 2014.12.19. 2013헌다1).

정당해산심판제도의 본질 (헌재 2014.12.19. 2013헌다1)

정당해산심판제도의 본질은 그 목적이나 활동이 민주적 기본질서에 위배되는 정당을 국민의 정치적 의사 형성과정에서 미리 배제함으로써 국민을 보호하고 헌법을 수호하기 위한 것이다. …엄격한 요건 아래 위헌정당으로 판단하여 해산을 명하는 것은 헌법을 수호한다는 방어적 민주주의 관점에서 비롯되는 것이다.

제 2 장

대한민국헌법 총설

제 1 절 대한민국헌법의 제정과 개정

Ⅰ. 헌법의 제정

우리나라 제헌헌법은 1948년 5월 10일 미군정 하에서 실시된 국회의원선거에서 198명의 의원을 선출하여, 국민투표에 의하지 아니하고 이들로 구성된 제헌국회에서 제정하여 동년 7월 17일에 공포하였다. 제헌헌법의 주요 내용은 다음과 같다.

1948년 제헌헌법의 주요 내용

① 대통령제
- 대통령과 부통령 – 4년 임기(1차 중임), 국회가 선출하는 간선제(무기명투표, 재적의원 2/3 이상의 출석과 출석의원 2/3 이상 찬성)
- 국무총리 – 대통령 임명, 국회 승인을 요구
- 국무위원 – 대통령 임명

  (특징) 부통령과 국무총리 동시에 존재

  (특징) 국무원 설치 – 의결기관(1960년 헌법까지 존재, 이후 1962년 헌법부터 국무회의 심의기관으로)
- 정부의 법률안제출권 · 대통령의 법률안거부권(현행 헌법까지 인정)

② 단원제 국회
- 국회의원 임기 4년, 제헌국회의원 임기만 2년(부칙 제102조)
- 제주 4·3사건으로 북제주군 2명 선거무효, 198명 출범, 1년 후 재선거로 200명
- 국회의 국정감사권 인정, 국정조사권 없음(1980년 헌법에서 신설).

③ 헌법재판 – 헌법위원회 이외에 탄핵재판소를 둠
(특징) 부통령이 헌법위원회의 위원장
④ 심계원 – 회계검사, 감찰위원회 – 직무감찰
⑤ 형사피고인의 형사보상청구권 인정
(특징) 형사피의자의 형사보상청구권(현행헌법 신설내용) 없음
⑥ 영리목적 사기업 – 근로자 이익분배균점권 인정
⑦ 근로자의 단결, 단체교섭과 단체행동의 자유의 법률유보조항
⑧ '경제'의 장과 '재정'의 장을 별도로 규정
(특징) 경제와 재정의 의미를 강조
(특징) 통제경제체제 – 개인의 경제상 자유보다 사회정의의 실현과 균형 있는 국민경제의 발전이 우선임을 규정
⑨ 부칙 – 1945.8.15. 이전의 반민족행위를 처벌하는 특별법 제정 근거규정을 둠

Ⅱ. 헌법의 개정

우리나라 헌법은 9차례에 걸쳐 개정이 이루어졌다. 그 특징은 ① 대통령의 임기·권한과 관련된 경우가 많은 점, ② 개헌처리과정이 변칙적이었던 점, ③ 개헌주체가 집권여당이었던 점 등이다. 다만, 현행 헌법은 여·야 간의 합의로 개정된 헌법이란 점에서 헌정사적 의의가 있다.

주요 기관의 구성 및 권한의 변화과정을 보면, 다음과 같다.

(1) 대통령의 선출방식은 1948년 제헌헌법 간선제(제헌국회) → 1952년 헌법 직선제 → 1960년 헌법 간선제(의원내각제국회) → 1962년 헌법 직선제 → 1972년 헌법 간선제(통일주체국민회의) → 1980년 헌법 간선제(대통령선거인단) → 1987년 현행헌법 직선제로 변화되어 왔다.

즉 제헌국회(1948년), 의원내각제국회(1960년), 통일주체국민회의(1972년), 대통령선거인단(1980년)만 간선제 대통령 선출이었다.

(2) 대통령의 임기는 1948년 제헌헌법(임기 4년, 1차 중임허용) → 1960년 헌법(임기 5년, 1차 중임허용, 의원내각제) → 1962년 헌법(임기 4년, 1차 중임허용) → 1969년 헌법(임기 4년, 3선제한 폐지, 3기 연임가능) → 1972년 헌법(임기 6년, 연임제한 폐지) → 1980년 헌법(임기 7년, 단임) → 1987년 현행헌법(임기 5년, 단임)으로 변화되어 왔다.

1960년 헌법 간선제(의원내각제국회) 대통령 임기 5년(1차중임), 1972년 유신헌법 간선제(통일주체국민회의) 대통령 임기 6년(연임제한 폐지), 1980년 헌법 간선제(대통령선거인단) 대통령 임기 7년(단임)은 임기가 1년씩 연장되었다. 현행헌법은 직선제 대통령이지만 임기 5년(단임)이다.

(3) 부통령과 국무총리는 1948년 제헌헌법(부통령과 국무총리 동시 존재) → 1954년 헌법(부통령, 국무총리 폐지) → 1960년 헌법(부통령, 국무총리 부활, 의원내각제) → 1962년 헌법(부통령 폐지, 국무총리) 이후로는 현행헌법까지 변화가 없다.

(4) 국회는 1948년 제헌헌법(단원제) → 1952년 헌법(양원제) → 1962년 헌법(단원제) 이후로 현행헌법까지 변화가 없다.

(5) 국회의 국정감사 · 조사제도는 1948년 제헌헌법(국정감사) → 1972년 유신헌법(국정감사 폐지) → 1980년 헌법(국정조사) → 1987년 현행헌법(국정감사 부활, 국정조사 유지)로 변화되어 왔다. 즉 국정감사권과 국정조사권이 함께 규정되는 시기는 현행 헌법이다.

국정조사권은 1972년 유신헌법에서 국정감사를 폐지한 후 3년이 지난 1975년 국회법개정으로 헌법상 명문규정이 없어도 국회의 보조적 권한으로 국정조사제도를 법률상 도입하였으나, 1980년 헌법에서 처음으로 헌법상 명문으로 규정되었다.

(6) 헌법재판은 1948년 제헌헌법(헌법위원회 · 탄핵재판소) → 1960년 헌법(헌법재판소) → 1962년 헌법(대법원 · 탄핵심판위원회) → 1972년 헌법(헌법위원회) → 현행헌법(헌법재판소)로 변화되어 왔다.

(7) 회계검사와 직무감찰은 1948년 제헌헌법은 심계원(회계검사), 감찰위원회(직무감찰)를 분리해서 관장하였으나, 이후 1962년 헌법은 이를 통합하여 감사원을 설치하여 함께 관장하도록 하였고 현행헌법까지 변함이 없다.

구 분	입법부 · 행정부 · 사법부 주요내용	특 징
제헌헌법 (1948.7.17)	① 대통령 · 부통령제(간선제)(임기 4년 1차 중임) ② 국회(단원제)	
제1차 개헌 (1952.7.7)	① 정 · 부통령제(직선제) ② 국회(양원제) ③ 국무원 불신임제 ④ 국무위원 임명시 국무총리 제청권	발췌개헌 (공고절차 및 토론의 자유 침해)
제2차 개헌 (1954.11.29)	① 초대 대통령 3선제한 철폐, ② 국무총리제 폐지 ③ 국무위원의 개별적 불신임제 ④ 대통령궐위시 부통령이 잔여임기 지위승계	사사오입개헌 (의결정족수 미달)
제3차 개헌 (1960.6.15)	① 의원내각제 채택, 대통령(간선제)(임기 5년 1차 중임) ② 정당조항 신설, ③ 헌법재판소 설치, ④ 대법관선거제 ⑤ 중앙선거관리위원회 처음 도입	제2공화국 의원내각제
제4차 개헌 (1960.11.29)	① 특별재판부 · 특별검찰부 설치	부칙개정
제5차 개헌 (1962.12.26)	① 대통령제(직선제)(임기 4년 1차 중임) ② 국회(단원제), ③ 정당국가화(국회의원 임기 중 소속 정당에서 탈당한 경우 의원직 상실) ④ 경제과학심의회 · 국가안전보장회의 신설 ⑤ 헌법재판소 폐지 ⑥ 대법원에 위헌법률심사권 부여 ⑦ 개헌에 대한 국민투표제 도입	제3공화국
제6차 개헌 (1969.10.21)	① 대통령제(직선제)(임기 4년 3선 연임허용) ② 국회의원의 정수 증원, ③ 국회의원 겸직 인정 ④ 대통령 탄핵소추요건 강화	3선 개헌 (3선 제한 폐지)
제7차 개헌 (1972.12.27)	① 대통령(간선제)(임기 6년, 연임제한규정 폐지) ② 대통령의 긴급조치권 · 국회해산권 신설 ③ 통일주체국민회의 설치, ④ 국회의 국정감사권 삭제 ⑤ 헌법위원회 설치 ⑥ 대통령의 모든 법관 임명	제4공화국
제8차 개헌 (1980.10.27)	① 대통령(간선제)(임기 7년, 단임제) ② 대통령의 긴급조치권을 삭제하고 비상조치권 인정 ③ 대통령선거인단 ④ 국회의 국정조사권 인정 ⑤ 정당보조금지급 ⑥ 국정자문회의 · 평화통일정책자문회의 신설 ⑦ 대법원장에 일반법관 임명권 부여	제5공화국
제9차 개헌 (1987.10.29)	① 대통령(직선제)(임기 5년, 단임제) ② 대통령의 비상조치권을 삭제하고 긴급명령권과 긴급재정 · 경제처분 및 명령권 인정, ③ 대통령의 국회해산권 삭제 ④ 국회의 국정감사권 부활 ⑤ 헌법재판소 부활(헌법소원 신설), ⑥ 대법관 아닌 법관은 대법관회의의 동의를 얻어 대법원장이 임명	제6공화국

구 분	기본권 조항 주요내용	특 징
제헌헌법 (1948.7.17)	① 자유권, 평등권, 사회적 기본권(근로자 이익분배균점권 인정), 청구권적 기본권 등 ② 언론·출판·집회·결사의 자유의 개별적 법률유보 ③ 일반적 법률유보에 의한 기본권제한(질서유지·공공복리, 법률로써, 필요한 경우)	제1공화국
제3차 개헌 (1960.6.15)	① (신설) 기본권의 본질적 내용의 침해금지조항, 민주적 정당보호조항 및 반민주적 위헌정당해산조항, 언론 등의 허가와 검열 금지 ② 언론·출판·집회·결사의 자유의 개별적 법률유보 삭제	제2공화국
제5차 개헌 (1962.12.26)	① (신설) 인간의 존엄과 가치, 인간다운 생활을 할 권리, 소급입법에 의한 참정권 제한 또는 재산권의 박탈 금지, 직업선택의 자유, 고문 금지와 자백의 증거능력제한, 비상계엄하 군사재판 단심 ② 근로자의 이익분배균점권 삭제 ③ 재산권 수용시 상당보상을 정당보상으로 변경	제3공화국
제7차 개헌 (1972.12.27)	① (신설) 군인·군속·경찰공무원 등의 국가배상청구에 있어서 이중배상금지, 일반적 법률유보에 의한 기본권제한(질서유지, 공공복리 이외에 국가안전보장 신설) ② 자유권에 개별적 법률유보를 규정 ③ 언론 등의 허가 및 검열 금지규정 삭제 ④ 체포·구속적부심사제 폐지 ⑤ 자백의 증거능력제한 규정 삭제 ⑥ 재산권 수용시 정당보상을 법률유보보상으로 변경	제4공화국
제8차 개헌 (1980.10.27)	① (신설) [행복추구권, 사생활의 비밀과 자유, 소비자보호운동, 환경권, 혼인 및 가족생활 보장, 형사피고인의 무죄추정, 연좌제 금지, 적정임금보장, 평생교육의 권리, 기본권 불가침성과 보장의무 ② 체포·구속적부심제의 부활 ③ 재산권 수용시 법률유보보상을 이익형량보상으로 변경	제5공화국
제9차 개헌 (1987.10.29)	① (신설) 범죄피해자구조청구권, 제헌헌법 이후 형사피고인에게 인정하던 형사보상청구권을 처음으로 형사피의자에게 인정, 최저임금제도 ② 언론 등의 허가 및 검열 금지규정 부활 ③ 체포·구속적부심사청구권의 법률유보규정 삭제 ④ 민간인의 군사법원 재판관할에서 군사시설에 관한 죄 부분을 삭제 ⑤ 재산권 수용시 이익형량보상을 정당보상으로 변경 ⑥ 여자복지·권익향상, 재해로부터 국민보호	제6공화국

※ 재산권 수용시 보상: 제헌헌법(상당보상) → 1962년 헌법(정당보상) → 1972년 헌법(법률유보보상) → 1980년 헌법(이익형량보상) → 현행헌법(정당보상)

	제헌헌법 1948년 제1공화국	제1차 개정 1952년	제2차 개정 1954년	제3차 개정 1960년 제2공화국	제4차 개정 1960년
정부형태	• 대통령제: 간선제, 4년 • 부통령간선 • 국무총리 (국회승인) • 국무원(의결기관) • 긴급명령권	• 대통령제: 직선제, 4년 • 부통령직선	• 대통령제: 직선제, 3선 개헌 • 부통령의 대통령직 승계 명시 • 국무총리제 폐지	• 의원내각제: 형식적 대통령 간선, 5년 • 부통령제 폐지 • 국무총리제 부활	
국회	• 단원제	• 양원제 • 국무원 불신임	• 국무위원 개별불신임	• 양원제(52년 헌법~60년 헌법까지 존재)	
법원	• 대법원장 국회동의→대통령 임명 • 대법관 법률위임 • 일반법관 법률위임		• 군법회의의 헌법적 근거	• 대법원장/대법관 법관자격선거인단 선거제→대통령 확인	
헌법재판	• 헌법위원회 • 탄핵재판소			• 헌법재판소 (탄핵재판소 폐지)	
기본권	• 개별적 법률유보 +일반적 법률유보			• 개별적 법률유보 조항삭제 • 본질내용침해 금지 조항 신설	
헌법개정	• 대통령·국회의원 제안 • 확정 국회의결		• 헌법개정한계 명시 • 헌법개정 국민발안제 신설(민의원선거권자 50만 이상)	• 헌법개정한계 명시	
국민투표			• 주권제약/영토변경개헌 국민투표 신설		
정당기타				• 민주적 정당보호 • 위헌정당해산제도	• 부칙조항—부정선거관련자/반민주행위자/부정축재자·소급처벌의 헌법적 근거 마련

	제5차 개정 1962년 제3공화국	제6차 개정 1969년	제7차 개정 1972년 제4공화국	제8차 개정 1980년 제5공화국	제9차 개정 1987년 제6공화국
정부형태	• 대통령제: 직선제, 4년 • 국무총리제 지속 • 국무회의(심의기관)	• 대통령제: 직선제, 4년, 3선 제한 폐지	• 대통령제: 간선제(통일주체국민회의), 6년, 연임제한 폐지 • 긴급조치권 • 국회해산권	• 대통령제: 간선제(선거인단), 7년 단임 • 비상조치권 • 국해해산권	• 대통령제: 직선제, 5년 단임 • 긴급명령권 • 국회해산권 폐지
국회	• 단원제 부활 • 해임건의권	• 단원제 지속	• 해임의결권 • 국정감사권 폐지	• 해임의결권 • 국정조사권 신설	• 해임건의권 • 국정감사권 부활 • 국정조사권 지속
법원	• 대법원장 법관추천회의 제청 → 국회동의 → 대통령 임명 • 대법관 대법원장 제청 → 법관추천회의 동의 → 대통령 임명 • 일반법관 대법원장 임명		• 대법원장 국회동의 → 대통령 임명 • 대법관/일반법관 대법원장 제청 → 대통령 임명	• 일반법관 대법원장 임명	• 대법관 국회동의 → 대통령 임명 • 군사법원
헌법재판	• 대법원 • 탄핵심판위원회		• 헌법위원회 (탄핵심판위원회 폐지)		• 헌법재판소
기본권	• 인간의 존엄과 가치 명시		• 본질내용침해금지조항 삭제 • 체포구속적부심사제도 폐지 • 언론 등의 허가검열금지규정 삭제	• 본질내용침해금지조항 부활 • 체포구속적부심사제도 부활 • 행복추구권 • 사생활의 비밀자유 • 환경권 • 혼인가족제 • 무죄추정 • 연좌제금지	• 적법절차 • 형사피의자 보상청구권 신설(제헌헌법이후 – 형사피고인 보상청구만 규정) • 언론 등의 허가검열금지규정 부활
헌법개정	• 국민발안(국회의원선거권자 50만 이상) • 대통령 제안 삭제 • 국회의원 제안 • 국회의결 + 국민투표		• 국민발안 폐지 • 대통령 제안 → 국민투표 확정 • 국회제안 · 의결 → 통일주체국민회의 확정	• 대통령/국회의원 제안 • 국회의결 + 국민투표	
국민투표	• 주권제약/영토변경개헌 국민투표 삭제 • 헌법개정 국민투표 신설		• 국가중요정책 국민투표 신설 • 대통령제안 헌법개정에만 국민투표	• 외교 · 국방 · 통일 기타 국가안위에 관한 중요정책 • 헌법개정 국민투표	
정당기타	• 정당국가화(대통령 후보자 · 국회의원 후보자 소속정당 추천요구)			• 정당 국고보조금 • 대통령 임기연장/중임변경 헌법개정 → 당해 대통령 효력 없음	• 국군의 정치적 중립성

제 2 절 대한민국의 국가형태와 구성요소

Ⅰ. 대한민국의 국가형태國家形態

1. 국가의 의의

국가란 일정한 지역을 기초로 하여 존립하는 사회의 조직화된 단체로서, 그 구성원의 질서유지·평화유지·생존배려 등 공동이익의 증진을 목적으로 한다. 또한 국가는 동일 지역 내에 존재하는 모든 사회조직에 우월하는 최고 권력을 보유하고 있다는 데 그 특징이 있다.

2. 국가형태의 분류

(1) 국가형태의 역사적 개념

국가형태란 국가의 전체적 성격과 그 기본질서가 어떤 것인가를 기준으로 한 국가의 유형을 말한다. 1) 고전적인 국가형태론은 국가를 군주국과 민주국platon, 군주국·귀족국·민주국Aristoteles, 군주국과 공화국Machiavelli으로 분류하였고, 2) 근대적인 국가형태론은 국가를 군주국과 공화국Jellinek, 국가형태·통치형태Rehm로 구분하였다. 3) 현대적인 국가형태론은 ① 군주의 유무를 기준으로 군주국·공화국, ② 통치권의 단일성을 기준으로 단일국가·연방국가, ③ 국민주권의 유무를 기준으로 민주적 공화국·전제적 공화국으로 분류하는 것이 일반적이다. 오늘날 국가형태의 분류는 단일국가, 연방국가, 국가연합으로 구별하여 논의된다.

(2) 단일국가·연방국가·국가연합單一國家·聯邦國家·國家聯合

단일국가單一國家란 국가의 구성이 단일한 집권적인 국가를 의미하고, 연방국가聯邦國家란 각 주州가 국가의 성격을 가지며 각 주가 연방에 가입하여 전체국가를 형성하는 국가를 의미한다. 연방국가의 주州는 독자적인 헌법을 제정하고 입법부·행정부·사법부라는 국가와 동일한 모습의 권력구조를 취하면서 독자적인 법률을 제정할 수 있다는 점에서 단일국가에서의 지방자치단체와 구별된다. 연방국가의 대표적 예로는 미국, 독일, 캐나다, 호주, 멕시코, 브라질, 인도 등을 들 수 있다.

국가연합國家聯合은 주권국가들이 조약을 체결하여 잠정적으로 정치적 결합체를 형성하는 경우를 의미한다. 국가연합은 ① 국가 간 정치적 연합이므로 그 자체가 국가가 아니라는 점, ② 국가가 아니므로 국제법상 주체가 될 수 없다는 점, ③ 잠정적·한시적 결합체라는 점, ④ 병력보유 및 통치권을 각 구성국이 보유한다는 점에서 연방국가와 구별된다. 그 예로는 현재의 유럽연합, 아프리카연합을 들 수 있고, 과거에는 미합중국(1778-1787), 스위스연합(1815-1848), 독일연합(1815-1866)을 들 수 있다.

3. 대한민국의 국가형태國家形態

> 제 1 조 ① 대한민국은 민주공화국이다.

(1) 민주공화국의 함의民主共和國

헌법 제1조 제1항은 우리나라의 국가형태가 민주공화국임을 밝히고 있다. 여기에서 "민주공화국"이란 비군주국이라는 의미뿐만 아니라 자유국가, 국민국가, 반독재국가라는 의미도 함께 가지고 있다. 즉 어떠한 명목으로도 군주제를 도입할 수 없으며 인민공화제나 독재공화제는 부인된다.

(2) 민주공화국의 규범성

헌법 제1조 제1항은 헌법제정권자의 근본가치이며, 우리 헌법의 핵이므로 헌법개정절차에 의해서도 이를 개정할 수 없다. 민주공화국인 국가형태를 위협하거나 변형시키려 할 때에는 규범통제의 대상이 된다. 또한 민주공화국의 정치적 내용으로는 대의제를 원칙으로 하면서 직접민주제를 가미하고 있으며, 정당제 민주정치를 채택하고 있다.

Ⅱ. 대한민국의 구성요소

우리 헌법은 제1조 제2항에서 주권과 국가권력을, 제2조에서 국민을, 제3조에서 영역을 규정함으로써 전통적 국가이론인 국가 3요소설에 입각하고 있다.

1. 주 권主權

(1) 주권의 개념

주권의 개념은 다의적이지만, 헌법학에서는 주로 국정에 관한 최고결정권의 의미로 사용하는 경우가 많다. 입법권·행정권·사법권을 총칭하는 국가의 통치권은 주권과 구별해서 사용하는 것이 일반적이다. 즉 헌법상 주권의 개념은 국가의사를 결정하는 최고의 원동력으로 모든 권력에 상위上位하는 근원적인 힘이며, 대내적으로 최고이며 대외적으로 독립인 권력을 의미한다. 일반적으로 헌법제정권력과 동의어로 사용된다. 헌법제정권력에 의해 조직된 권력의 총체인 통치권과는 구별된다. 주권의 특성은 ① 최고성·독립성, ② 불가분성·단일성, ③ 불가양성, ④ 항구성, ⑤ 시원성, ⑥ 절대성, ⑦ 유일성, ⑧ 자율성 등이다.

(2) 국민주권주의國民主權主義

> **헌법 제1조** ② 대한민국의 주권은 국민에게 있고, 모든 권력은 국민으로부터 나온다.

우리 헌법 제1조 제2항의 "대한민국의 주권은 국민에게 있고"라는 규정에서 '주권'은 국정에 관한 최고결정권을 의미한다. "모든 권력은 국민으로부터 나온다"는 규정의 '권력'은 국가권력(국가의 통치권) 그 자체(입법권·행정권·사법권 등)를 의미한다. 즉 '주권'은 국가의사를 결정하는 최고의 원동력 또는 국가권력의 최고 독립성을 의미하고, '모든 권력'은 주권에 의하여 조직된 국가권력, 즉 통치권을 의미한다.

국민주권과 국민적 합의에 의한 국가권력 조직 (헌재 1989.9.8. 88헌가6)

헌법 제1조는 …국민적 합의로 국가권력을 조직하고 …국민주권론의 원칙을 채택하여 …헌법전문은 각인의 기회를 균등히 보장하고 자유민주적 기본질서를 더욱 확고히 하는 헌법을 국민이 제정하고 그 헌법을 국민투표에 의하여 개정한다고 밝히고 있다.

국민주권의 원리는 근대시민혁명 이후 국가통치의 근본원리로서 오늘날에는 일반적으로 국가의사를 전반적·최종적으로 결정할 수 있는 최고의 권력인 주권을 국민이 보유한다는 것과 모든 국가권력의 정당성의 근거를 국민에게서 찾아야 한다는 것을 내용으로 하는 민주국가적 헌법원리를 의미한다.

우리 헌법 제1조 제2항에서의 '주권'은 헌법제정권력 및 국가의사의 최고결정권을 의미하며, '국민'은 이념적 통일체로서의 전체 국민을 의미한다. 국민주권의 구현방법으로는 간접민주제(의회주의와 선거제도)의 원칙하에 직접민주제(국민투표제도)의 방식을 예외적으로 채택한다. 기본권보장, 정당제도, 직업공무원제 등도 국민주권원리의 구현에 해당한다.

국민주권주의의 최고 가치규범성 (헌재 1989.9.8. 88헌가6)

우리 헌법의 전문과 본문의 전체에 담겨 있는 최고 이념은 국민주권주의와 자유민주주의에 입각한 입헌민주헌법의 본질적 기본원리에 기초하고 있다. 기타 헌법상의 제원칙도 여기에서 연유되는 것이므로 이는 헌법전을 비롯한 모든 법령해석의 기준이 되고, 입법형성권 행사의 한계와 정책결정의 방향을 제시하며, 나아가 모든 국가기관과 국민이 존중하고 지켜가야 하는 최고의 가치규범이다.

(3) nation(국민)주권론과 peuple(인민)주권론

프랑스에서는 시민혁명기에 군주주권을 부정하고 새로운 입헌주의헌법의 주권원리로, nation 주권을 취할 것인가, peuple 주권을 취할 것인가에 대한 다툼이 있었다. 이는 제2차 대전 후의 헌법에까지 영향을 미쳤다. 우리나라에서도 이에 대한 논의가 있었다.

그러나 오늘날 순수한 국민주권론이나 인민주권론만을 정치적 구성 원리로 하고 있는 헌법은 거의 없으며 양자의 유기적인 조화를 정치적 구성 원리의 기본 틀로 하고 있는 경우가 대부분이다.

〈국민(nation)주권과 인민(peuple)주권의 비교〉

구 분	국민(nation)주권	인민(peuple)주권
주권의 주체	관념적·추상적인 전체국민, 국적보유자 전체	현실적·구체적인 유권적 시민의 총체
주권의 성격	전체국민에게 속하는 불가분성	유권적 시민에게 속하는 가분성
정치형태	대의제(간접민주제)	직접민주제
주권의 주체와 행사자	주권의 주체와 행사자의 분리	일치
주권의 위임방법	무기속 자유위임	강제위임 내지 명령위임
선거제도	보통선거가 아닌 제한·차등선거도 가능 (프랑스 시민혁명 당시)	보통·평등선거(제한선거는 인민의 주권의 제한으로 간주)
선거권의 성격	국민의 의무(권리가 아닌 공무)	인민의 권리, 유권자 개인의 권리
권력구조	권력분립주의	권력통합주의
주장자	Locke, Montesquieu, A. Siéyès	Rousseau

2. 국 민國民

> 제2조 ① 대한민국의 국민이 되는 요건은 법률로 정한다.
> ② 국가는 법률이 정하는 바에 의하여 재외국민을 보호할 의무를 진다.

(1) 국민의 개념과 요건

국민이란 헌법의 효력이 미치는 국적을 보유하는 자 또는 그 집합체를 의미한다. 국민은 외국국적을 가지거나 무국적자인 외국인과 구별된다. 법률에서 외국인이라고 표기할 때에는 무국적자를 포함한 의미로 사용한다. 국민은 국가를 전제로 하는 법적인 개념이라는 점에서, 사회를 전제로 하는 사회구성원을 의미하는 인민people과 구별된다.

1) 국 적國籍

국적은 국민이 되는 법적 자격을 의미한다. 헌법은 제2조 제1항에서 법률에 위임하고 있는데 그 법률이 바로 국적법이다. 국적법은 평등원칙과 같은 헌법상의 일정한 제한을 받는다. 국적법은 속인주의(혈통주의), 부모양계父母兩系혈통주의 등을 원칙으로 하고 있다. 즉 국적은 국가의 생성과 더불어 발생하고 국가의 소멸은 바로 국적의 상실 사유인 것이다. 국적은 성문의 법령을 통해서가 아니라 국가의 생성과 더불어 존재하는 것이므로, 국적법은 헌법의 위임에 따라 제정되나, 그 내용은 국가의 구성요소인 국민의 범위를 구체화하는 헌법사항을 규율한다(헌재 2000.8.31. 97헌가12).

대한민국 정부수립 이전의 조선인의 국적과 관련하여 헌법과 국적법에는 명시적 규정이 없다. 또한 우리나라는 국적 단행법주의를 채택하고 있으며, 국적법에는 대한민국 성립이전의 국민의 국적보유에 대한 경과규정은 없다. 북한주민 등의 대한민국 국적 여부에 대해서, 대법원 판례에 의하면, 1945.8.15. 이전에 조선인을 부친으로 하여 출생한 자는 남조선과도정부법률 제11호 국적에관한 임시조례에 의하여 조선의 국적을 가졌다가 1948.7.17. 제헌헌법의 공포와 동시에 대한민국 국적을 취득한 것이므로, 도중에 중국주재 북한대사관으로부터 해외공민증을 발급받은 적이 있다 하더라도 대한민국의 국적을 유지함에 아무런 영향이 없다고 하였다(대판 1996.11.12. 96누1221). 즉 미군정하의 조선 국적의 보유자는 대한민국 국적을 취득하였다고 보며, 북한이탈주민도 일정한 요건을 갖추어 법무부장관의 허가를 얻어 국적회복을 하는 것이 아니라 대한민국 국민이라고 보고 있다.

(가) 국적의 취득

국적의 취득에는 선천적 취득과 후천적 취득이 있다. 선천적 취득은 출생에 의한 국적취득을 의미하고, 후천적 취득에는 인지, 귀화, 국적회복 등이 있다. 선천적 취득에는 부모의 국적을 취득하는 혈통주의(속인주의: 독일 · 호주 · 스위스 · 일본 · 한국)와 출생지 소속국가의 국적을 취득하는 출생지주의(속지주의: 미국 · 영국·중남미국가)의 두 원칙이 있는데 우리나라는 속인주의(혈통주의)를 원칙으로 하고 예외적으로 속지주의를 인정하고 있다(동법 제2조). 구 국적법은 부계혈통주의를 취하였으나, 헌법재판소는 가족생활에 있어서 양성의 평등원칙을 위반하였다고 판시하였다(헌재 2000.8.31. 97헌가12). 현행 국적법은 부모양계혈통주의를 규정한다.

현행 국적법(2018.12.20. 시행)은 출생에 의한 국적 취득(제2조), 인지에 의한 국적 취득(제3조), 귀화에 의한 국적 취득(제4조), 일반귀화(제5조), 간이귀화(제6조), 특별귀화(제7조), 수반 취득(제8조), 국적회복에 의한 국적 취득(제9조), 국적 취득자의 외국 국적 포기 의무(제10조), 국적의 재취득(제11조), 복수국적자의 법적 지위(제11조의2), 복수국적자의 국적선택의무(제12조) 등을 규정하고 있다.

① 출생出生에 의한 국적취득國籍取得

제2조 ① 다음 각 호의 어느 하나에 해당하는 자는 출생과 동시에 대한민국 국적(國籍)을 취득한다.
1. 출생 당시에 부(父)또는 모(母)가 대한민국의 국민인 자
2. 출생하기 전에 부가 사망한 경우에는 그 사망 당시에 부가 대한민국의 국민이었던 자
3. 부모가 모두 분명하지 아니한 경우나 국적이 없는 경우에는 대한민국에서 출생한 자

② 대한민국에서 발견된 기아(棄兒)는 대한민국에서 출생한 것으로 추정한다.

② 인지認知에 의한 국적취득

제3조 ① 대한민국의 국민이 아닌 자(이하 "외국인"이라 한다)로서 대한민국의 국민인 부 또는 모에 의하여 인지(認知)된 자가 다음 각 호의 요건을 모두 갖추면 법무부장관에게 신고함으로써 대한민국 국적을 취득할 수 있다.
1. 대한민국의 「민법」상 미성년일 것
2. 출생 당시에 부 또는 모가 대한민국의 국민이었을 것

② 제1항에 따라 신고한 자는 그 신고를 한 때에 대한민국 국적을 취득한다.

③ 귀화歸化에 의한 국적취득

제4조 ① 대한민국 국적을 취득한 사실이 없는 외국인은 법무부장관의 귀화허가(歸化許可)를 받아 대한민국 국적을 취득할 수 있다.

② 법무부장관은 귀화허가 신청을 받으면 제5조부터 제7조까지의 귀화 요건을 갖추었는지를 심사한 후 그 요건을 갖춘 사람에게만 귀화를 허가한다.
③ 제1항에 따라 귀화허가를 받은 사람은 법무부장관 앞에서 국민선서를 하고 귀화증서를 수여받은 때에 대한민국 국적을 취득한다. 다만, 법무부장관은 연령, 신체적·정신적 장애 등으로 국민선서의 의미를 이해할 수 없거나 이해한 것을 표현할 수 없다고 인정되는 사람에게는 국민선서를 면제할 수 있다.
④ 법무부장관은 제3항 본문에 따른 국민선서를 받고 귀화증서를 수여하는 업무와 같은 항 단서에 따른 국민선서의 면제 업무를 대통령령으로 정하는 바에 따라 지방출입국·외국인관서의 장에게 대행하게 할 수 있다.

구 국적법 제4조 제3항은 "귀화허가를 받은 자는 법무부장관이 그 허가를 한 때에 대한민국 국적을 취득한다"고 하였으나, 현행 국적법 제4조 제3항은 "귀화허가를 받은 사람은 법무부장관 앞에서 국민선서를 하고 귀화증서를 수여받은 때에 대한민국 국적을 취득한다"고 개정하였다.

④ 일반귀화一般歸化 요건

제 5 조 외국인이 귀화허가를 받기 위해서는 제6조(간이귀화)나 제7조(특별귀화)에 해당하는 경우 외에는 다음 각 호의 요건을 갖추어야 한다.
1. 5년 이상 계속하여 대한민국에 주소가 있을 것
1의2. 대한민국에서 영주할 수 있는 체류자격을 가지고 있을 것
2. 대한민국의 「민법」상 성년일 것
3. 법령을 준수하는 등 법무부령으로 정하는 품행 단정의 요건을 갖출 것
4. 자신의 자산(資産)이나 기능(技能)에 의하거나 생계를 같이하는 가족에 의존하여 생계를 유지할 능력이 있을 것
5. 국어능력과 대한민국의 풍습에 대한 이해 등 대한민국 국민으로서의 기본 소양(素養)을 갖추고 있을 것
6. 귀화를 허가하는 것이 국가안전보장 · 질서유지 또는 공공복리를 해치지 아니한다고 법무부장관이 인정할 것

⑤ 간이귀화簡易歸化 요건

제 6 조 ① 다음 각 호의 어느 하나에 해당하는 외국인으로서 대한민국에 3년 이상 계속하여 주소가 있는 사람은 제5조제1호 및 제1호의2의 요건을 갖추지 아니하여도 귀화허가를 받

을 수 있다.

1. 부 또는 모가 대한민국의 국민이었던 사람
2. 대한민국에서 출생한 사람으로서 부 또는 모가 대한민국에서 출생한 사람
3. 대한민국 국민의 양자(養子)로서 입양 당시 대한민국의 「민법」상 성년이었던 사람

② 배우자가 대한민국의 국민인 외국인으로서 다음 각 호의 어느 하나에 해당하는 사람은 제5조제1호 및 제1호의2의 요건을 갖추지 아니하여도 귀화허가를 받을 수 있다.

1. 그 배우자와 혼인한 상태로 대한민국에 2년 이상 계속하여 주소가 있는 사람
2. 그 배우자와 혼인한 후 3년이 지나고 혼인한 상태로 대한민국에 1년 이상 계속하여 주소가 있는 사람
3. 제1호나 제2호의 기간을 채우지 못하였으나, 그 배우자와 혼인한 상태로 대한민국에 주소를 두고 있던 중 그 배우자의 사망이나 실종 또는 그 밖에 자신에게 책임이 없는 사유로 정상적인 혼인 생활을 할 수 없었던 사람으로서 제1호나 제2호의 잔여기간을 채웠고 법무부장관이 상당(相當)하다고 인정하는 사람
4. 제1호나 제2호의 요건을 충족하지 못하였으나, 그 배우자와의 혼인에 따라 출생한 미성년의 자(子)를 양육하고 있거나 양육하여야 할 사람으로서 제1호나 제2호의 기간을 채웠고 법무부장관이 상당하다고 인정하는 사람

⑥ 특별귀화特別歸化 요건

제7조 ① 다음 각 호의 어느 하나에 해당하는 외국인으로서 대한민국에 주소가 있는 사람은 제5조제1호·제1호의2·제2호 또는 제4호의 요건을 갖추지 아니하여도 귀화허가를 받을 수 있다.

1. 부 또는 모가 대한민국의 국민인 사람. 다만, 양자로서 대한민국의 「민법」상 성년이 된 후에 입양된 사람은 제외한다.
2. 대한민국에 특별한 공로가 있는 사람
3. 과학·경제·문화·체육 등 특정 분야에서 매우 우수한 능력을 보유한 사람으로서 대한민국의 국익에 기여할 것으로 인정되는 사람

⑦ 수반 취득隨伴 取得

제8조 ① 외국인의 자(子)로서 대한민국의 「민법」상 미성년인 사람은 부 또는 모가 귀화허가를 신청할 때 함께 국적 취득을 신청할 수 있다.

② 제1항에 따라 국적 취득을 신청한 사람은 부 또는 모가 대한민국 국적을 취득한 때에 함께 대한민국 국적을 취득한다.

구 국적법 제8조 제2항은 "법무부 장관의 허가를 요건"으로 하였으나, 현행 국적법 제8조 제2항은 "부 또는 모가 대한민국 국적을 취득한 때에 함께 대한민국 국적을 취득"하도록 하였다.

⑧ **국적회복國籍回復에 의한 국적 취득**

제9조 ① 대한민국의 국민이었던 외국인은 법무부장관의 국적회복허가(國籍回復許可)를 받아 대한민국 국적을 취득할 수 있다.
② 법무부장관은 국적회복허가 신청을 받으면 심사한 후 다음 각 호의 어느 하나에 해당하는 사람에게는 국적회복을 허가하지 아니한다.
1. 국가나 사회에 위해(危害)를 끼친 사실이 있는 사람
2. 품행이 단정하지 못한 사람
3. 병역을 기피할 목적으로 대한민국 국적을 상실하였거나 이탈하였던 사람
4. 국가안전보장·질서유지 또는 공공복리를 위하여 법무부장관이 국적회복을 허가하는 것이 적당하지 아니하다고 인정하는 사람

③ 제1항에 따라 국적회복허가를 받은 사람은 법무부장관 앞에서 국민선서를 하고 국적회복증서를 수여받은 때에 대한민국 국적을 취득한다. 다만, 법무부장관은 연령, 신체적·정신적 장애 등으로 국민선서의 의미를 이해할 수 없거나 이해한 것을 표현할 수 없다고 인정되는 사람에게는 국민선서를 면제할 수 있다.
④ 법무부장관은 제3항 본문에 따른 국민선서를 받고 국적회복증서를 수여하는 업무와 같은 항 단서에 따른 국민선서의 면제 업무를 대통령령으로 정하는 바에 따라 재외공관의 장 또는 지방출입국·외국인관서의 장에게 대행하게 할 수 있다.

구 국적법 제9조 제3항은 "법무부장관이 허가를 한 때에 대한민국 국적을 취득"하도록 하였으나, 현행 국적법 제9조 제3항은 "국적회복허가를 받은 사람은 법무부장관 앞에서 국민선서를 하고 국적회복증서를 수여받은 때에 대한민국 국적을 취득한다"고 개정하였다.

'품행', '단정' 등 용어의 사전적 의미 (헌재 2016.7.28. 2014헌바421)

심판대상조항은 외국인에게 대한민국 국적을 부여하는 '귀화'의 요건을 정한 것인데, … 입법취지와 용어의 사전적 의미 및 법원의 일반적인 해석 등을 종합해 보면, '품행이 단정할 것'은 '귀화신청자를 대한민국의 새로운 구성원으로서 받아들이는 데 지장이 없을 만한 품성과 행실을 갖춘 것'을 의미하고, 구체적으로 이는 귀화신청자의 성

별, 연령, 직업, 가족, 경력, 전과관계 등 여러 사정을 종합적으로 고려하여 판단될 것임을 예측할 수 있다. 따라서 심판대상조항은 명확성원칙에 위배되지 아니한다.

(나) 국적상실國籍喪失 및 복수국적複數國籍의 제한적 허용

① 국적상실과 국적의 재취득

대한민국 국민이 자진하여 외국국적을 취득한 때에는 국적을 상실한다(동법 제15조). 대법원은 "대한민국 국민이 자진하여 미국의 시민권을 취득하는 경우 그 시민권은 국적과 그 법적 성격이나 기능이 거의 동일하다고 할 것이어서 대한민국과 미국의 복수국적자가 되기 때문에, 국적법 규정에 따라 국적선택을 하지 않거나 법무부장관의 허가를 얻어 대한민국의 국적을 이탈하여야 비로소 대한민국의 국적을 상실하게 되는 것은 아니다"라고 판시한 바 있다(대판 1999.12.24. 99도3354).

대한민국 국민으로서 다음 각 호의 어느 하나에 해당하는 자는 그 외국 국적을 취득한 때부터 6개월 내에 법무부장관에게 대한민국 국적을 보유할 의사가 있다는 뜻을 신고하지 아니하면 그 외국 국적을 취득한 때로 소급하여 대한민국 국적을 상실한 것으로 본다.

i) 외국인과의 혼인으로 그 배우자의 국적을 취득하게 된 자
ii) 외국인에게 입양되어 그 양부 또는 양모의 국적을 취득하게 된 자.
iii) 외국인인 부 또는 모에게 인지되어 그 부 또는 모의 국적을 취득하게 된 자
iv) 외국 국적을 취득하여 대한민국 국적을 상실하게 된 자의 배우자나 미성년의 자(子)로서 그 외국의 법률에 따라 함께 그 외국 국적을 취득하게 된 자

② 국적 취득자의 외국 국적 포기의무

대한민국 국적을 취득한 외국인으로서 외국 국적을 가지고 있는 자는 대한민국 국적을 취득한 날부터 1년 내에 그 외국 국적을 포기하여야 한다(동법 제10조). 다만, 대한민국 국적을 취득한 외국인으로서 법률에서 규정한 일정한 사람(예컨대 혼인관계를 유지하고 있는 결혼이민자, 대한민국에 특별한 공로가 있거나 우수외국인재로서 특별귀화한 자 등)은 외국 국적을 행사하지 않겠다는 서약을 하고 기존 국적과 대한민국 국적을 보유할 수 있도록 허용한다. 그러나 복수국적자가 관

계법령에 따라 외국국적을 보유한 상태에서 직무를 수행할 수 없는 분야에 종사하려면 외국국적을 포기하여야 한다(동법 제10조, 제11조의2).

대한민국 국적을 상실한 자가 그 후 1년 내에 그 외국 국적을 포기하면 법무부장관에게 신고함으로써 대한민국 국적을 재취득할 수 있다(동법 제11조). 또한 복수국적을 제한적으로 허용하고 있다.

③ 복수국적자의 국적선택의무

만 20세가 되기 전에 복수국적자가 된 자는 만 22세가 되기 전까지, 만 20세가 된 후에 복수국적자가 된 자는 그 때부터 2년 내에 하나의 국적을 선택하여야 한다(동법 제12조 제1항). 병역준비역에 편입된 자는 편입된 때부터 3개월 이내에 하나의 국적을 선택하거나, 다음의 어느 하나에 해당하는 때부터 2년 이내에 하나의 국적을 선택하여야 한다(동법 제12조 제2항).

i) 현역 · 상근예비역 · 보충역 또는 대체역으로 복무를 마치거나 마친 것으로 보게 되는 경우
ii) 전시근로역에 편입된 경우
iii) 병역면제처분을 받은 경우

다만, 위 국적법 제12조 제2항은 국적이탈의 자유와 관련하여 헌법불합치 결정이 있었다(헌재 2020.9.24. 2016헌마889, 헌법불합치).

국적이탈의 자유와 국적선택 (헌재 2020.9.24. 2016헌마889, 헌법불합치)

입법목적은 병역준비역에 편입된 사람이 병역의무를 면탈하기 위한 수단으로 국적을 이탈하는 것을 제한하여 병역의무 이행의 공평을 확보하려는 것이다. … 구체적 사정에 따라서는 … 법률조항이 정하는 기간 내에 국적이탈 신고를 할 것으로 기대하기 어려운 사유가 인정될 여지가 있다. … 예외적으로 국적이탈을 허가하는 방안을 마련할 여지가 있다. … 청구인의 국적이탈의 자유를 침해한다. … 헌법불합치결정을 선고하되, 2022. 9. 30.을 시한으로 개선입법이 이루어질 때까지 잠정적으로 적용하기로 한다.

이를 위하여 동법 제14조의2를 신설하여 병역준비역에 편입된 때부터 3개월 이내에 대한민국 국적을 이탈한다는 뜻을 신고하지 못한 경우 법무부장관에게 대

한민국 국적의 이탈 허가를 신청할 수 있도록 하였다(동법 제14조의2 제1항).

> **국적법 제14조의2(대한민국 국적의 이탈에 관한 특례)** ① 제12조제2항 본문 … 에도 불구하고 다음 각 호의 요건을 모두 충족하는 복수국적자는 「병역법」 제8조에 따라 병역준비역에 편입된 때부터 3개월 이내에 대한민국 국적을 이탈한다는 뜻을 신고하지 못한 경우 법무부장관에게 대한민국 국적의 이탈 허가를 신청할 수 있다.
>
> 1. 다음 각 목의 어느 하나에 해당하는 사람일 것
>   가. 외국에서 출생한 사람(직계존속이 외국에서 영주할 목적 없이 체류한 상태에서 출생한 사람은 제외한다)으로서 출생 이후 계속하여 외국에 주된 생활의 근거를 두고 있는 사람
>   나. 6세 미만의 아동일 때 외국으로 이주한 이후 계속하여 외국에 주된 생활의 근거를 두고 있는 사람
> 2. 제12조제2항 본문 및 제14조제1항 단서에 따라 병역준비역에 편입된 때부터 3개월 이내에 국적 이탈을 신고하지 못한 정당한 사유가 있을 것

외국인의 국적선택 (헌재 2006.3.30. 2003헌마806)

개인의 국적선택에 대하여는 나라마다 그들의 국내법에서 많은 제약을 두고 있는 것이 현실이므로, 국적은 아직도 자유롭게 선택할 수 있는 권리에는 이르지 못하였다고 할 것이다. … "이중국적자의 국적선택권"이라는 개념은 별론으로 하더라도, 일반적으로 외국인인 개인이 특정한 국가의 국적을 선택할 권리가 자연권으로서 또는 우리 헌법상 당연히 인정된다고는 할 수 없다고 할 것이다.

2) 재외국민의 보호

재외국민보호에 대한 헌법규정은 제5공화국 헌법(제8차 개헌)에서 처음으로 도입되었다. 그 당시에는 "재외국민은 국가의 보호를 받는다"는 소극적 규정만 두었다가, 현행 헌법에서 "국가는 법률이 정하는 바에 의하여 재외국민을 보호할 의무를 진다"(헌법 제2조 제2항)는 적극적 보호의무를 규정하고 있다. 이에 따라 재외국민보호의 실효성을 높이기 위해 재외국민등록제도를 운영하고 있다.

① 재외국민在外國民

재외국민이란 대한민국 국적을 가지고 외국에 거주하는 자를 말하는데, 법률에 따라 용어상 차이가 있다. 재외국민등록법은 "외국의 일정한 지역에 계속하여

90일 이상 거주 또는 체류할 의사를 가지고 당해 지역에 체류하는 대한민국국민은 이 법에 의하여 등록을 하여야 한다”(법 제2조)고 규정한다.

② **재외동포**在外同胞

재외동포는 재외국민보다 넓은 개념이다. 재외동포법(재외동포의 출입국과 법적 지위에 관한 법률)에 의하면, “대한민국의 국민으로서 외국의 영주권을 취득한 자 또는 영주할 목적으로 외국에 거주하고 있는 자”(재외국민) 및 “대한민국의 국적을 보유하였던 자(대한민국정부 수립 이전에 국외로 이주한 동포를 포함한다) 또는 그 직계비속으로서 외국국적을 취득한 자 중 대통령령이 정하는 자”(외국국적동포)를 합하여 재외동포라 한다.

재외국민보호에 관한 주된 헌법적 문제는 재외국민의 기본권 제한, 특히 국내거주 국민보다 더 많은 기본권을 제한하는 것이 합헌인지의 여부이다. 헌법재판소는 “대한민국 정부수립 이전에 국외로 이주한 동포와 그 이후 국외로 이주한 동포를 구분하여 국외로 이주한 시기가 대한민국 정부수립 이전인가 이후인가는 결정적인 기준이 될 수 없는데도, 합리적 이유 없이 정부수립이전이주동포를 차별하는 것은 평등원칙에 위배한다”고 판시한 바 있다(헌재 2001.11.29. 99헌마494).

3. 영　역領域

> 제 3 조　대한민국의 영토는 한반도와 그 부속도서로 한다.

영역이란 국가의 통치권이 배타적으로 행사되는 공간을 말하며, 영토 · 영해 · 영공으로 이루어진다. 영토는 한 국가의 존립기반으로서 해당 국민이 실효적으로 지배하고 있는 육지(좁은 의미의 영토)에만 국한하는 것이 아니라, 수평으로는 육지의 연안 · 도서 및 도서의 인접 해역(영해)에 이르는 범위까지, 수직으로는 영토와 영해의 항공(영공) 및 해저와 그 하층토까지를 포함하는 것이다(헌재 2009.2.26. 2007헌바35).

(1) 영역의 범위

① 영토는 우리 헌법 제3조에서 한반도와 그 부속도서임을 규정하고 있지만, 영해와 영공에 대하여는 명문의 규정이 없다. 영토조항만을 근거로 하여 독자적으로는 헌법소원을 청구할 수 없는 국민의 개별적 기본권이 아니라 할지라도, 기본권 보장의 실질화를 위하여서는 모든 국가 권능의 정당성의 근원인 국민의 기본권 침해에 대한 권리구제를 위하여 그 전제조건으로서 영토에 관한 권리를, 이를테면 영토권이라 구성하여, 이를 헌법소원의 대상인 기본권의 하나로 간주하는 것은 가능하다(헌재 2001.3.21. 99헌마139). 영토조항은 우리나라의 공간적인 존립기반을 선언하는 것인바, 영토변경은 우리나라의 공간적인 존립기반에 변동을 가져오고, 또한 국가적 법질서에도 변화를 가져옴으로써, 필연적으로 국민의 주관적 기본권에도 영향을 미치지 않을 수 없다(헌재 2001.3.21. 99헌마139).

② 영해는 영해 및 접속수역법(약칭 영해법)의하여 한반도와 그 부속도서에 접속한 12해리까지로 규정한다(법 제1조).

접속수역은 24해리까지 이르는 수역에서 대한민국의 영해를 제외한 수역이지만, 관세 · 재정 · 출입국관리 · 보건 · 위생에 관한 대한민국의 법규에 위반하는 행위를 방지하거나 제재할 수 있다(법 제3조의2).

배타적 경제수역은 해양법에 관한 국제연합 협약에 의하여 배타적 경제수역 및 대륙붕에 관한 법률(약칭 배타적 경제수역법)에서 영해법 제2조에서 정하는 기선으로부터 그 외측 200해리에 이르는 수역에서 대한민국의 영해를 제외한 수역으로 규정한다(법 제2조 제1항).

③ 영공은 지배 가능한 범위의 영토와 영해의 수직적 상공에 한한다.

독도가 중간수역으로 된 어업협정의 영토권 침해 여부 (헌재 2001.3.21. 99헌마139등)

대한민국과 일본국 간의 어업에 관한 협정에서의 중간수역이란 한일 양국이 배타적 경제수역에 관한 합의가 없으면 각자의 중간선보다 양국이 각각 자국측 배타적 경제수역 쪽으로 서로 양보하여 설정한 것으로 … 독도가 중간수역에 속해 있다 할지라도 …위 협정으로 영토권이 침해된 것은 아니라 할 것이다.

(2) 영토조항嶺土條項과 평화통일조항

1) 상반구조의 문제

헌법 제3조의 영토조항은 분단을 부정하는 규정이고 제4조의 평화통일조항은 분단의 현실을 전제로 하므로 논리적으로 모순된다. 대법원은 "헌법 제3조상 한반도 지역에는 대한민국의 주권과 부딪히는 어떠한 국가단체도 인정할 수 없다"고 한다(대판 1990.9.25. 90도1451). 헌법재판소는 "북한은 평화적 통일을 위한 대화와 협력의 동반자임과 동시에 반국가단체라는 성격도 함께 갖고 있음이 엄연한 현실인 점에 비추어, 남북교류협력에관한법률 등이 공포·시행되었다 하여 국가보안법의 필요성이 소멸되었다거나 북한의 반국가단체성이 소멸되었다고는 할 수 없다"고 하여 헌법 제3조와 제4조의 상반구조를 규범조화적으로 해석한다(헌재 1996.10.4. 95헌가2).

2) 남북합의서의 성격과 남북의 관계

남북합의서의 성격은 나라와 나라 사이의 관계가 아닌 통일을 지향하는 과정에서 잠정적으로 형성되는 특수관계임을 전제로 일종의 공동성명 또는 신사협정에 준하는 성격을 가짐에 불과하여 조약이 아니다(헌재 1997.1.16. 92헌바6). 남·북한이 유엔UN에 동시 가입하였다고 하더라도, 그것만으로 곧 다른 가맹국과의 관계에 있어서도 당연히 상호간에 국가승인이 있었다고 볼 수 없다(헌재 1997.1.16. 92헌바6). 다만, 남북관계 발전에 관한 법률에서는 대통령은 남북합의서를 비준하기에 앞서 국무회의의 심의를 거쳐야 하며. 국회는 국가나 국민에게 중대한 재정적 부담을 지우는 남북합의서 또는 입법사항에 관한 남북합의서의 체결·비준에 대한 동의권을 가진다(법 제21조 제2항·제3항)고 규정하고 있다.

헌법상의 여러 통일관련 조항들은 국가의 통일의무를 선언한 것이기는 하지만, 그로부터 국민 개개인의 통일에 대한 기본권이 도출된다고 볼 수 없다(헌재 2000.7.20. 98헌바63).

제 3 절 대한민국 헌법의 전문과 기본원리

Ⅰ. 헌법전문憲法前文

전문

유구한 역사와 전통에 빛나는 우리 대한국민은 3·1운동으로 건립된 대한민국임시정부의 법통과 불의에 항거한 4·19민주이념을 계승하고, 조국의 민주개혁과 평화적 통일의 사명에 입각하여 정의·인도와 동포애로써 민족의 단결을 공고히 하고, 모든 사회적 폐습과 불의를 타파하며, 자율과 조화를 바탕으로 자유민주적 기본질서를 더욱 확고히 하여 정치·경제·사회·문화의 모든 영역에 있어서 각인의 기회를 균등히 하고, 능력을 최고도로 발휘하게 하며, 자유와 권리에 따르는 책임과 의무를 완수하게 하여, 안으로는 국민생활의 균등한 향상을 기하고 밖으로는 항구적인 세계평화와 인류공영에 이바지함으로써 우리들과 우리들의 자손의 안전과 자유와 행복을 영원히 확보할 것을 다짐하면서 1948년 7월 12일에 제정되고 8차에 걸쳐 개정된 헌법을 이제 국회의 의결을 거쳐 국민투표에 의하여 개정한다.

1987년 10월 29일

1. 의 의

현행 헌법의 전문은 헌법의 본문 앞에 있는 서문序文으로서 헌법의 구성부분을 이룬다. 다만, 헌법전문의 유형은 각국의 헌법마다 다양하며 대부분의 국가에서는 헌법에 전문을 두고 있으나, 전문이 없는 헌법도 있다.

2. 헌법전문의 법규성 인정여부

우리나라의 헌법전문 및 본문 전체에 담겨있는 최고이념은 국민주권주의와 자유민주주의에 입각한 입헌민주헌법의 본질적 기본원리에 기초하고 있다. 기타 헌법상의 제諸원칙도 여기에서 연유되는 것이므로 이는 헌법전을 비롯한 모든 법령해석의 기준이 되고, 입법형성권 행사의 한계와 정책결정의 방향을 제시하며, 나아가 모든 국가기관과 국민이 존중하고 지켜나가야 하는 최고의 가치규범이다(헌재 1996.4.25. 92헌바47).

3. 한국헌법전문의 내용과 규범적 효력

우리 헌법전문은 ① 대한민국 임시정부의 법통 계승, ② 3・1운동과 4・19민주이념의 계승, ③ 조국의 민주개혁과 평화적 통일 지향, ④ 정의・인도・동포애의 구현, ⑤ 사회적 폐습과 불의 타파, ⑥ 자율과 조화를 바탕으로 한 자유민주적 기본질서 확립, ⑦ 각인의 기회균등과 국민생활의 균등한 향상, ⑧ 국제평화주의 등을 그 내용으로 선언하고 있다.

이러한 헌법전문은 대한민국 법질서 중 최고규범임을 확인하고, 모든 법령의 해석기준인 동시에 입법의 지침이 되며(헌재 1989.1.25. 88헌가7), 국가의 헌법적 보호의무에 속한다(헌재 2005.6.30. 2004헌마859). 또한 우리 헌법재판소는 헌법전문의 재판규범성을 인정하여 법률이 헌법전문에 위반하는 경우 위헌무효임을 인정하고 있다(헌재 1992.3.13. 92헌마37). 다만, 헌법전문에 기하여 곧바로 국민의 개별적 기본권성을 도출할 수는 없다(헌재 2001.3.21. 99헌마139). 헌법재판소는 “헌법전문은 3.1운동으로 건립된 대한민국임시정부의 법통을 계승한다고 선언하고 있으므로, 국가는 독립유공자와 그 유족에 대하여 응분의 예우를 할 헌법적 의무가 있다”고 판시한 바 있다(헌재 2005.6.30. 2004헌마859).

헌법전문의 정신 위반여부 (헌재 2015.12.23. 2013헌바11)

사할린 지역 강제동원 희생자의 범위를 1990. 9. 30.까지 사망 또는 행방불명된 사람으로 제한하고, 대한민국 국적을 갖고 있지 않은 유족을 위로금 지급대상에서 제외한 것은 합리적 이유가 있어 입법재량의 범위를 벗어난 것으로 볼 수 없으므로, 심판대상조항이 ‘정의・인도와 동포애로써 민족의 단결을 공고히’ 할 것을 규정한 헌법전문의 정신에 위반된다고 볼 수 없다.

Ⅱ. 헌법의 기본원리基本原理

헌법의 기본원리는 헌법의 이념적 기초인 동시에 지도원리로 입법이나 정책결정의 방향을 제시하며 공무원을 비롯한 모든 국민·국가기관이 헌법을 존중하고 수호하도록 하는 지침이 되며, 구체적 기본권을 도출하는 근거로 될 수는 없으나, 기본권의 해석 및 기본권제한입법의 합헌성 심사에 있어 해석기준의 하나로서 작용한다(헌재 1996.4.25. 92헌바47).

1. 민주주의 원리民主主義 原理

(1) 헌법규정

우리 헌법전문에서 '민주이념', '민주개혁' 그리고 '자유민주적 기본질서'를, 제1조에서 '민주'공화국의 국가형태를, 제4조에서 '자유민주적 기본질서'에 입각한 평화적 통일정책의 수립과 추진을, 제8조 제4항에서 '민주적 기본질서'에 정당의 목적이나 활동이 위배되지 말 것을, 제32조 제2항에서는 '민주주의 원칙'에 따라 근로의 내용과 조건을 규정하도록 명시적으로 민주주의에 관해 규정하고 있고, 제119조에서 '경제의 민주화'를 규정하고 있다. 이외에도 민주주의의 내용을 규정한 헌법 조문들은 상당히 많이 있다.

다수결의 원리에 의한 의사결정 (헌재 2010.12.28. 2008헌라7)

다수결의 원리는 의사형성과정에서 소수파에게 토론에 참가하여 다수파의 견해를 비판하고 반대의견을 밝힐 수 있는 기회를 보장하여 다수파와 소수파가 공개적이고 합리적인 토론을 거쳐 다수의 의사로 결정한다는 데 그 정당성의 근거가 있는 것이다. 따라서 입법과정에서 소수파에게 출석할 기회조차 주지 않고 토론과정을 거치지 아니한 채 다수파만으로 단독 처리하는 것은 다수결의 원리에 의한 의사결정이라고 볼 수 없다.

(2) 의 의

민주주의는 국민의 정치참여에 의해서 자유·평등·정의라는 인류사회의 기본가치를 실현시키려는 국민의 통치형태, 즉 국가권력이 창설되고 작동하는 정치과정을 지배하는 질서의 지도원리를 의미한다. 이러한 민주주의는 정치적 의사형성을 위한 민주주의에 고유한 절차와 이 절차의 공개를 통해 절차적 정당성을 부여한다. 즉 민주주의 원리는 정당한 목적의 추구와 함께 수단 내지 절차의 존중을 기본적인 요소로 하므로, 적법절차가 무시되는 조치라면 추구하는 목적과 관계없이 공권력의 남용이요, 자의밖에는 될 수 없으며 합헌화될 수 없다(헌재 1993.7.29. 89헌마31).

(3) 국민주권주의國民主權主義

1) 헌법상의 국민주권주의

우리 헌법 제1조 제2항은 "대한민국의 주권은 국민에게 있고 모든 권력은 국민으로부터 나온다"고 규정하여 국민주권주의를 천명하고 있다. 국민주권의 원리는 일반적으로 어떤 실천적인 의미보다는 국가권력의 정당성이 국민에게 있고 모든 통치권력의 행사를 최후적으로 국민의 의사에 귀착시킬 수 있어야 한다는 등 국가권력 내지 통치권을 정당화하는 원리로 이해되고, 선거운동의 자유의 근거인 선거제도나 죄형법정주의 등 헌법상의 제도나 원칙의 근거로 작용하고 있다(헌재 2009.3.26. 2007헌마843). 즉 헌법상의 국민주권론은 전체 국민이 이념적으로 주권의 근원이라는 전제 아래 형식적인 이론으로 만족할 수 있으나, 현실적으로는 구체적인 주권의 행사는 투표권 행사인 선거를 통하여 이루어지는 것이다(헌재 1989.9.8. 88헌가6).

국민이 국정에 참여하는 참정권은 국민주권의 상징적 표현으로서 국민의 가장 중요한 기본적 권리의 하나이며 다른 기본권에 대하여 우월적 지위를 가진다. 따라서 이러한 국민주권이 현실적으로 행사될 때에는 국민 개인이 가지는 불가침의 기본권으로 보장된다. 헌법상 주권자인 국민에게 부여된 효과적 무기는 대통령과 국회의원을 선출하고 누구나 입후보자가 되어 국정에 참여할 수 있는 참정권 그리고 헌법 제72조와 제130조에 의한 국민투표권이다(헌재 1989.9.8. 88헌가6).

2) 국민주권주의와 민주주의

국민주권주의와 자유민주주의에 입각한 입헌민주주의는 우리 헌법의 본질적 기본원리이므로 기타 헌법상의 제원칙도 여기에서 연유하며, 헌법전을 비롯한 모든 법령해석의 기준이 되고 입법형성권 행사의 한계와 정책결정방향을 제시하는 최고의 가치규범이다(헌재 1989.9.8. 88헌가6).

근대국가에서의 직접민주제는 대의제가 안고 있는 문제점과 한계를 극복하기 위하여 예외적으로 도입된 제도라 할 것이므로, 법률에 의하여 직접민주제를 도입하는 경우에는 기본적으로 대의제와 조화를 이루어야 하고, 대의제의 본질적인 요소나 근본적인 취지를 부정하여서는 안 된다는 내재적인 한계를 지닌다(헌재 2009.3.26. 2007헌마843). 즉 국민주권원리는 국민이 국가의사의 형성에 직접적으로 참여하는 특정한 방식으로만 국가권력을 행사할 것을 요구하는 것이 아니며 헌법은 국민이 직접 국민투표를 제안할 권리를 인정하고 있지 않음을 고려할 때, 주민발안권의 인정 여부나 구체적 범위가 국민주권원리의 한 내용을 이루고 있다고는 볼 수 없다(헌재 2009.7.30. 2007헌바75).

국민주권·민주주의 원리는 공권력의 종류와 내용에 따라 구현방법이 상이할 수 있다. 국회·대통령과 같은 정치적 권력기관은 헌법규정에 따라 국민으로부터 직선된다. 그러나 지방자치기관은 중앙과 지방 간 권력의 수직적 분배라고 하는 지방자치단체의 권력분립의 속성상, 중앙정치기관 구성과는 다소 상이한 방법으로 국민주권원리·민주주의 원리가 구현될 수 있다. 교육부문에 있어서의 국민주권·민주주의의 요청도 국가교육권의 특수성으로 말미암아 정치부문과는 다른 모습으로 구현될 수 있다(헌재 2009.9.24. 2007헌마117).

(4) 헌법상 자유민주적 기본질서自由民主的 基本秩序

1) 자유민주적 기본질서와 그 내용

우리 헌법은 전문에 "자율과 조화를 바탕으로 자유민주적 기본질서를 더욱 확고히 하여……"라고 선언하고, 제4조에 "자유민주적 기본질서에 입각한 평화적 통일정책을 수립하고 이를 추진한다"고 규정함으로써 자유민주주의 실현을 헌법의 지향이념으로 삼고 있다. 즉 국가권력의 간섭을 배제하고, 개인의 자유와 창의를 존중하며 다양성을 포용하는 자유주의와 국가권력이 국민에게 귀속되고, 국민에 의한 지배가 이루어지는 것을 내용적 특징으로 하는 민주주의가 결합된 개념인 자유민주주의를 헌법질서의 최고 기본가치로 파악하고, 이러한 헌법질서의 근간을 이루는 기본적 가치를 '기본질서'로 선언한 것이다(헌재 2001.9.27. 2000헌마238등).

헌법상 자유민주적 기본질서는 1949년 독일기본법 제18조(기본권실효조항)와 제21조 제2항(위헌정당해산조항)에서 처음으로 규정하였고, 독일 연방헌법재판소가 1952년 사회주의국가당(SRP) 해산심판에서 개념 정의를 내린 적이 있다. 즉 "자유민주적 기본질서란 모든 폭력의 지배나 자의적 지배를 배제하고, 그때그때의 다수의 의사에 따른 국민의 자기결정 그리고 자유와 평등에 기초하는 법치국가적 통치질서를 말한다. 이 질서의 최소한의 구성요소로 헌법에 구현된 기본권, 특히 생명권과 인격의 자유로운 발현권의 존중, 국민주권, 권력분립, 정부의 책임성, 행정의 합법률성, 사법권의 독립, 복수정당제의 원리와 헌법상 야당활동의 자유를 보장하는 정당의 기회균등을 들 수 있다"BVerfGE 2, 1[12f.].

우리 헌법재판소도 독일의 판례를 원용하여 "우리 헌법은 자유민주적 기본질서의 보호를 그 최고의 가치로 인정하고 있고, 그 내용은 모든 폭력적 지배와 자의적 지배 즉 반국가단체의 일인독재 내지 일당독재를 배제하고 다수의 의사에 의한 국민의 자치, 자유·평등의 기본원칙에 의한 법치주의적 통치질서를 말한다. 구체적으로는 기본적 인권의 존중, 권력분립, 의회제도, 복수정당제도, 선거제도, 사유재산과 시장경제를 골간으로 한 경제질서 및 사법권의 독립 등을 의미한다"고 천명한 바 있다(헌재 1990.4.2. 89헌가113). 즉 중심적인 개념요소로는 ① 인간의 존엄과 인격존중을 기본으로 하는 인권보장, ② 권력분립 원리, ③ 의회제도 원리, ④ 복수정당제도 원리, ⑤ 선거제도 원리, ⑥ 사유재산제와 시장경제를 골간으로 하는 경제질서, ⑦ 사법권의 독립 등을 들 수 있다.

따라서 헌법상 자유민주적 기본질서는 ① 우리 헌법의 최고규범으로서 최고의 효력을 가지며, ② 헌법개정금지의 대상이며, ③ 모든 법해석의 기준이 되며, 모든 국가작용의 타당성 근거가 되고, ④ 헌법상 기본권의 제한근거가 되며 동시에 제한의 한계로서의 역할을 한다.

2) 자유민주적 기본질서의 보장방법

헌법상 자유민주적 기본질서를 보장하기 위한 방법에는 적극적 방법과 소극적 방법이 있다. ① 적극적 방법으로는 자유민주적 질서형성을 위하여 자유로운 의사발표의 보장과 정치과정의 공개가 보장되어야 한다. 즉 양심의 자유, 언론·출판·집회·결사의 자유, 의회주의 등이 보장되어야 한다. ② 소극적 방법으로는 위헌정당해산제도, 탄핵제도, 해임건의, 징계, 위헌법률심사제, 저항권, 형법·국가보안법 및 행정법규에 의한 보장 등을 들 수 있다.

3) 민주적 기본질서와의 관계

헌법 전문, 제4조의 "자유민주적 기본질서"와 제8조 제4항의 정당해산요건에서의 "민주적 기본질서"는 같은 의미인지 여부가 문제다. 인민민주주의를 제외한 모든 유형의 민주주의는 그 본질에 있어서는 동일하다고 볼 때, '민주적 기본질서'와 '자유민주적 기본질서'는 같은 의미로 해석하는 것이 옳다고 본다.

헌법재판소도 같은 견해를 갖고 있다. "우리 헌법은 정당에 대하여도 민주적 기본질서를 해하지 않는 범위 내에서의 정당활동을 보장하고 있다. 즉 헌법 제8조 제2항 및 제4항에 "정당은 그 목적·조직과 활동이 민주적이어야 하며……", "정당의 목적이나 활동이 민주적 기본질서에 위배될 때에는 ……헌법재판소의 심판에 의하여 해산된다"고 명시하고 있다. 따라서 어떠한 정당이 외형상 민주적 기본질서를 추구한다고 하더라도 그 구체적인 강령 및 활동이 폭력적 지배를 추구함으로써 자유민주적 기본질서를 위반하는 경우 우리 헌법 질서에서는 용인될 수 없는 것이다.

한편 우리 헌법은 자유민주적 기본질서의 일부인 시장경제 및 사유재산권의 보장에 대하여도 제23조 제1항 전문에서 "모든 국민의 재산권은 보장된다", 제119조 제1항에서 "대한민국의 경제질서는 개인과 기업의 경제상의 자유와 창의를 존중함을 기본으로 한다"고 각 규정하고 있다. 우리 재판소도 이를 구체화하여

"우리 헌법은 사유재산제도와 경제활동에 관한 사적자치의 원칙을 기초로 하는 자본주의 시장경제질서를 기본으로 하고 있음을 선언하고 있다. 국민 개개인에게 자유스러운 경제활동을 통하여 생활의 기본적 수요를 스스로 충족시킬 수 있도록 하고 사유재산의 자유로운 이용·수익과 그 처분 및 상속을 보장해 주는 것이 인간의 자유와 창의를 보장하는 지름길이고 궁극적으로는 인간의 존엄과 가치를 증대시키는 최선의 방법이라는 이상을 배경으로 하고 있다"고 밝힌 것이다(헌재 1997.8.21. 88헌가19등).

물론 우리 헌법은 그 전문에서 "모든 영역에 있어서 각인의 기회를 균등히 하고 ……안으로는 국민생활의 균등한 향상을 기하고"라고 천명하고, 제23조 제2항과 여러 '사회적 기본권' 관련 조항, 제119조 제2항 이하의 경제질서에 관한 조항 등에서 모든 국민에게 그 생활의 기본적 수요를 충족시키려는 이른바 사회국가의 원리를 동시에 채택하여 구현하려 하고 있다. 그러나 이러한 사회국가의 원리는 자유민주적 기본질서의 범위 내에서 이루어져야 하고, 국민 개인의 자유와 창의를 보완하는 범위 내에서 이루어지는 내재적 한계를 지니고 있다 할 것이다. 우리 재판소도 "우리 헌법은 자유민주적 기본질서 및 시장경제질서를 기본으로 하면서 위 질서들에 수반되는 모순을 제거하기 위하여 사회국가원리를 수용하여 실질적인 자유와 평등을 아울러 달성하려는 근본이념을 가지고 있다"라고 판시한 것은 이러한 맥락에서 이루어진 것이다(헌재 1998.5.28. 96헌가4등, 헌재 1996.4.25. 92헌바47 참조).

따라서 우리 헌법은 폭력적, 자의적인 지배 즉 일인 내지 일당독재를 지지하거나, 국민들의 기본적 인권을 말살하는 어떠한 지배원리도 용인하지 않는다. 형식적으로는 권력분립·의회제도·복수정당제도·선거제도를 유지하면서 실질적으로는 권력집중을 획책하여 비판과 견제기능을 무력화하고, 자유·비밀선거의 외형만을 갖춰 구성된 일당독재를 통하여 의회제도를 형해화하거나, 또는 헌법상 보장된 기본권을 인정하지 아니함으로써 사유재산 및 시장경제질서를 부정하는 공산주의를 신봉하는 정당이나 집단은 우리 헌법의 이념과 배치되고, 이러한 이념을 추구한 정당 또는 단체와 그 구성원들의 활동도 헌법과 법률에 의하여 보호되지 아니한다고 할 것이다.

결국 우리 국민들의 정치적 결단인 자유민주적 기본질서 및 시장경제원리에 대한 깊은 신념과 준엄한 원칙은 현재뿐 아니라 과거와 미래를 통틀어 일관되게 우리 헌법을 관류하는 지배원리로서 모든 법령의 해석기준이 되므로 이 법의 해석 및 적용도 이러한 틀 안에서 이루어져야 할 것이다(헌재 2001.9.27. 2000헌마238 등).

4) 관련 판례

* 국민주권·민주주의 원리는 그 작용영역, 즉 공권력의 종류와 내용에 따라 구현방법이 상이할 수 있다. 국회·대통령과 같은 정치적 권력기관은 헌법 규정에 따라 국민으로부터 직선된다. 그러나 지방자치 기관은 그것도 정치적 권력기관이긴 하지만, 중앙·지방간 권력의 수직적 분배라고 하는 지방자치제의 권력분립적 속성상, 중앙정치기관의 구성과는 다소 상이한 방법으로 국민주권·민주주의 원리가 구현될 수도 있다. 또한 교육부문에 있어서의 국민주권·민주주의의 요청도, 문화적 권력이라고 하는 국가교육권의 특수성으로 말미암아, 정치부문과는 다른 모습으로 구현될 수 있다(헌재 2000.3.30. 99헌바113).
* 헌법 제8조 제4항은 그 목적이나 활동이 자유민주적 기본질서를 부정하고 이를 적극적으로 제거하려는 정당까지도 국민의 정치적 의사형성에 참여하는 한 '정당설립의 자유'의 보호를 받는 정당으로 보고 오로지 헌법재판소가 그의 위헌성을 확인한 경우에 만 정치생활의 영역으로부터 축출될 수 있음을 규정하여 정당설립의 자유를 두텁게 보호하고 있다(헌재 2014.1.28. 2012헌마431 등).
* 민주적 의사형성과정의 개방성을 보장하기 위하여 정당설립의 자유를 최대한으로 보호하려는 헌법 제8조의 정신에 비추어, 정당의 설립 및 가입을 금지하는 법률조항은 이를 정당화하는 사유의 중대성에 있어서 적어도 '민주적 기본질서에 대한 위반'에 버금가는 것이어야 한다(헌재 1999.12.23. 99헌마135).
* 자유민주적 기본질서에 위해를 준다 함은 모든 폭력적 지배와 자의적 지배 즉 반국가 단체의 일인독재 내지 일당독재를 배제하고 다수의 의사에 의한 국민의 자치, 자유·평등의 기본원칙에 의한 법치주의적 통치질서의 유지를 어렵게 만드는 것이다(헌재 1990.4.2. 89헌가113).
* 헌법상 통일관련 규정들은 통일의 달성이 우리의 국민적·국가적 과제요 사명임을 밝힘과 동시에 자유민주적 기본질서에 입각한 평화적 통일원칙을 천명하고 있는 것이다. 따라서 우리 헌법에서 지향하는 통일은 대한민국의 존립과 안전을 부정하는 것이 아니고, 또 자유민주적 기본질서에 위해를 주는 것이 아니라 그것에 바탕을 둔 통

일이다(헌재 2000.7.20. 98헌바63).

* 국가보안법 제7조 제1항의 "국가의 존립 · 안전이나 자유민주적 기본질서를 위태롭게 한다는 정을 알면서"라는 구성요건은, 그 소정의 행위가 국가의 존립 · 안전이나 자유민주적 기본질서에 해악을 끼칠 명백한 위험성이 있는 경우에만 적용되어야 한다(헌재 1996.10.4. 95헌가2).

2. 법치주의 원리法治主義 原理

(1) 의 의

법치주의法治主義란 모든 국가적 활동과 국가공동체적 생활은 국민의 대표기관인 의회가 제정한 법률에 근거를 두고 법률에 따라 이루어져야 한다는 헌법원리를 의미한다. 법치주의를 국민의 대표가 만든 '법률'에 의한 통치의 원리로 이해할 때, '법률'은 적극적으로는 국가권력 발동의 근거로서의 기능을 수행하고, 소극적으로는 국가권력을 제한하고 통제하는 기능을 수행한다. 자유민주국가에서의 법치주의는 국민의 자유와 권리의 실현을 위해 국가권력의 제한과 통제기능에 보다 더 큰 비중을 두고 있다.

(2) 형식적 법치주의와 실질적 법치주의

근대의 법치주의는 행정과 재판이 법률에 적합하도록 행해질 것을 요청할 뿐 그 법률의 목적이나 내용을 문제 삼지 아니하는 형식적 법치주의를 의미했다. 그러나 오늘날의 법치주의는 국민의 권리의무에 관한 사항을 법률로써 정해야 한다는 형식적 법치주의에 그치는 것이 아니라 그 법률의 목적과 내용 또한 기본권 보장의 헌법이념에 부합되어야 한다는 실질적 법치주의를 의미한다(헌재 1998.2.27. 94헌바13).

(3) 내용과 한계

법치국가의 내용은 헌법의 최고규범성, 권력에 의해 침해되지 않는 개인의 인권, 법의 내용 · 절차의 공정을 요청하는 적정절차, 권력의 자의적 행사를 통제하는 법원의 역할에 대한 존중 등이다. 법률에 의한 행정, 법률에 의한 재판이어야 하며, 구체적으로는 성문헌법주의, 기본권과 적법절차의 보장, 위헌법률심사제의 확립, 포괄위임금지의 원칙, 권력분립의 확립, 법적 안정성 및 신뢰보호의 원칙 등에 의해 구현되고 있다. 국가긴급사태를 극복하고 헌법을 보호하려는 대통령의 합헌적 국가긴급권 행사도 긴급입법으로 법치주의의 내용에 해당한다.

법치주의는 특히 행정작용에 국회가 제정한 형식적 법률의 근거가 요청된다는 법률유보를 그 핵심적 내용으로 한다. 이러한 법률유보원칙은 단순히 행정작용이 법률에 근거를 두기만 하면 충분한 것이 아니라, 국가공동체와 그 구성원에게 기본적이고도 중요한 의미를 갖는 영역, 특히 국민의 기본권 실현과 관련된 영역에 있어서는 국민의 대표자인 입법자가 그 본질적 사항에 대해서 스스로 결정하여야 한다는 요구까지 내포하고 있다(헌재 2012.2.23. 2011헌가13). 즉 입법자가 형식적 법률로 스스로 규율하여야 하는 사항이 어떤 것인가는 일률적으로 획정할 수 없고 구체적 사례에서 관련된 이익 내지 가치의 중요성, 규제 내지 침해의 정도와 방법 등을 고려하여 개별적으로 결정할 수 있을 뿐이지만, 적어도 헌법상 보장된 국민의 자유나 권리를 제한할 때에는 그 제한의 본질적인 사항에 관한 한 입법자가 법률로써 스스로 규율하여야 한다(헌재 2009.12.29. 2008헌바48).

⑷ 체계정당성體系正當性의 원리와 법치주의

체계정당성의 원리는 동일 규범 내에서 또는 상이한 규범 간에 그 규범의 구조나 내용 또는 규범의 근거가 되는 원칙면에서 상호 배치되거나 모순되어서는 안 된다는 하나의 헌법적 요청이며, 국가공권력에 대한 통제와 이를 통한 국민의 자유와 권리의 보장을 이념으로 하는 법치주의원리로부터 도출되는데, 체계정당성 위반은 그 자체가 바로 위헌이 되는 것은 아니고 비례의 원칙이나 평등의 원칙 등 일정한 헌법의 규정이나 원칙을 위반하여야만 비로소 위헌이 되며, 체계정당성의 위반을 정당화할 합리적인 사유의 존재에 대하여는 입법 재량이 인정된다(헌재 2005.6.30. 2004헌바40).

⑸ 자기책임自己責任의 원리와 법치주의

자기책임의 원리는 자기결정권의 한계논리로 책임부담의 근거로 기능하는 동시에 자기가 결정하지 않은 것이나 결정할 수 없는 것에 대하여는 책임을 지지 않고 책임부담의 범위도 스스로 결정한 결과 내지 그와 상관관계가 있는 부분에 국한됨을 의미하는 책임의 한정원리이다. 이러한 자기책임의 원리는 인간의 자유와 유책성, 그리고 인간의 존엄성을 진지하게 반영한 원리로서 그것이 비단 민사법이나 형사법에 국한된 원리라기보다는 근대법의 기본이념으로서 법치주의에 당연히 내재하는 원리로 볼 것이고 헌법 제13조 제3항(연좌제의 금지)은 그 한 표현에 해당하는 것으로서 자기책임의 원리에 반하는 제재는 그 자체로서 헌법위반을 구성한다(헌재 2009.6.25. 2007헌마40).

(6) 신뢰보호信賴保護의 원칙과 법치주의

1) 국민의 신뢰보호

신뢰보호의 원칙은 법치국가원리에 근거를 두고 있는 헌법상의 원칙으로 특정한 법률에 의하여 발생한 법률관계는 그 법에 따라 판단되어야 하고 과거의 사실관계가 그 뒤에 생긴 새로운 법률의 기준에 따라 판단되지 않는다는 국민의 신뢰를 보호하기 위한 것이다(헌재 2015.2.26. 2012헌마400). 신뢰보호원칙은 법률이나 그 하위법규뿐만 아니라 국가관리의 입시제도와 같이 국·공립대학의 입시전형을 구속하여 국민의 권리에 직접 영향을 미치는 제도운영지침의 개폐에도 적용된다(헌재 1997.7.16. 97헌마38).

2) 법적 안정성의 주관적 측면

법치주의 원리가 요구하는 법적 안정성은 객관적 요소로서 법질서의 신뢰성·항구성·법적 투명성과 법적 평화를 의미하고, 이와 내적인 상호연관관계에 있는 법적 안정성의 주관적 측면은 한번 제정된 법규범은 원칙적으로 존속력을 갖고 자신의 행위기준으로 작용하리라는 개인의 신뢰보호원칙이다(헌재 1996.2.16. 96헌가2).

3) 헌법상 신뢰보호의 한계

사회환경이나 경제여건의 변화에 따른 필요성에 의하여 법률이 신축적으로 변할 수밖에 없고, 변경된 새로운 법질서와 기존의 법질서 사이에 이해관계의 상충이 불가피한 경우가 있다. 즉 국민이 가지는 모든 기대 내지 신뢰가 헌법상 권리로서 보호되는 것은 아니다. 신뢰의 근거 및 종류, 상실된 이익의 중요성, 침해의 방법 등에 비추어 종전 법규·제도의 존속에 대한 개인의 신뢰가 합리적이어서 권리로서 보호될 필요성이 인정되어야 한다(헌재 2015.2.26. 2012헌마400).

4) 소급입법금지원칙遡及立法禁止原則과 예외적 허용

기존의 법에 의하여 형성되어 이미 굳어진 개인의 법적 지위를 사후입법을 통하여 박탈하는 것 등을 내용으로 하는 진정소급입법은 개인의 신뢰보호와 법적 안정성을 내용으로 하는 법치국가원리에 의하여 헌법적으로 허용되지 않는 것이 원칙이다. 다만, 특단의 사정이 있는 경우, 즉 기존의 법을 변경하여야 할 공익적 필요는 심히 중대한 반면에 그 법적 지위에 대한 개인의 신뢰를 보호하여야 할 필요가 상대적으로 정당화될 수 없는 경우에는 예외적으로 허용될 수 있다(헌재 1996.2.16. 96헌가2). 신뢰보호 원칙의 위배 여부를 판단하기 위해서는 한편으로는 침해받은 이익의 보호가치, 침해의 중한 정도, 신뢰가 손상된 정도, 신뢰침해의 방법 등과 다른 한편으로는 새 법령을 통해 실현하고자 하는 공익적 목적을 종합적으로 비교·형량하여야 할 것이다(대판 2007.10.29. 2005두4649).

헌법재판소의 판례에 의할 때, 진정소급효의 입법으로 재산권을 제한할 수 있는 경우로는 다음과 같다(헌재 1998.9.30. 97헌바38).

i) 일반적으로 국민이 소급입법을 예상할 수 있었던 경우
ii) 법적 상태가 불확실하고 혼란스러웠거나 하여 보호할 만한 신뢰이익이 적은 경우
iii) 소급입법에 의한 당사자의 손실이 없거나 아주 경미한 경우
iv) 신뢰보호의 요청에 우선하는 심히 중대한 공익상의 사유가 소급입법을 정당화하는 경우

진정소급입법과 부진정소급입법 (헌재 2003.9.25. 2001헌마194)

헌법 제13조 제2항은 "모든 국민은 소급입법에 의하여 …재산권을 박탈당하지 아니한다"고 규정하고 있다. 진정소급입법과 부진정소급입법으로 나눌 수 있고, 진정소급입법은 헌법적으로 허용되지 않는 것이 원칙이며 특단의 사정이 있는 경우에만 예외적으로 허용될 수 있는 반면, 부진정소급입법은 원칙적으로 허용되지만 소급효를 요구하는 공익과 신뢰보호의 요청 사이의 교량과정에서 신뢰보호의 관점이 입법자의 형성권에 제한을 가하게 된다.

신법이 피적용자에게 유리한 경우, 즉 이른바 시혜적인 소급입법은 가능하다. 그러한 소급입법을 할 것인지 여부는 그 일차적인 판단이 입법기관에 맡겨져 있으므로 입법자는 입법목적, 사회실정, 법률의 개정이유나 경위 등을 참작하여 결정할 수 있고, 그 판단이 합리적 재량의 범위를 벗어나 현저하게 불합리하고 불공정한 것이 아닌 한 헌법에 위반된다고 할 수는 없다(헌재 2012.8.23. 2011헌바169).

법률에 따른 개인의 행위가 단지 법률이 반사적으로 부여하는 기회의 활용을 넘어서 국가에 의하여 일정 방향으로 유인된 것이라면, 특별히 보호가치가 있는 신뢰이익이 인정될 수 있고 이러한 개인의 신뢰보호가 국가의 법률개정이익에 우선된다고 볼 여지가 있다(헌재 2002.11.28. 2002헌바45).

5) 관련 판례

① 소급입법금지원칙

* 진정소급입법이라 할지라도 예외적으로 국민이 소급입법을 예상할 수 있었던 경우와 같이 소급입법이 정당화되는 경우에는 허용될 수 있다. 친일재산의 취득 경위에 내포된 민족배반적 성격, 대한민국임시정부의 법통 계승을 선언한 헌법 전문 등에 비추어 친일반민족행위자측으로서는 친일재산의 소급적 박탈을 충분히 예상할 수 있었고, 이러한 소급입법의 합헌성을 인정한다고 하더라도 이를 계기로 진정소급입법이 빈번하게 발생할 것이라는 우려는 충분히 불식될 수 있다(헌재 2011.3.31. 2008헌바141).
* 특정 범죄자에 대한 위치추적 전자장치 부착 등에 관한 법률에 의한 전자감시제도는 성폭력범죄로부터 국민을 보호함을 목적으로 하는 일정의 보안처분이다. 전자감시제도의 목적과 성격, 그 운영에 관한 위 법률의 규정 내용 및 취지 등을 종합해 보면,

범죄행위를 한 자에 대한 응보를 주된 목적으로 책임을 추궁하는 사후적 처분인 형벌과 구별되어 본질을 달리하므로, 형벌에 관한 소급입법금지의 원칙이 그대로 적용되지 않는다(대판 2011.7.28. 2011도5813).

* 보안처분이라 하더라도 형벌적 성격이 강하여 신체의 자유를 박탈하거나 박탈에 준하는 정도로 신체의 자유를 제한하는 경우에는 소급입법금지원칙이 적용된다(헌재 2012.12.27. 2010헌가82).

* 법 시행일 이후에 이행기가 도래하는 퇴직연금에 대하여 소득과 연계하여 그 일부의 지급을 정지할 수 있도록 한 「공무원연금법」 조항을 이미 확정적으로 연금수급권을 취득한 자에게도 적용하도록 한 것은, 이미 발생하여 이행기에 도달한 퇴직연금수급권 내용을 변경함이 없이 단지 신법이 발효된 이후의 법률관계, 즉 장래의 이행기가 도래하는 퇴직연금수급권 내용만을 변경하는 것에 불과하여 이미 완성 또는 종료된 과거의 사실관계 또는 법률관계에 새로운 법률을 소급적으로 적용하여 과거를 법적으로 새로이 평가하는 것이 아니므로 소급입법에 의한 재산권 침해가 아니다(대판 2014.6.12. 2014다12270).

② 신뢰보호의 원칙

* 정부가 1976년부터 자도소주구입제도를 시행한 것을 고려할 때, 주류판매업자로 하여금 매월 소주류 총구입액의 100분의 50 이상을 당해 주류판매업자의 판매장이 소재하는 지역과 같은 지역에 소재하는 제조장으로부터 구입하도록 명하는 자도소주구입명령 제도에 대한 소주제조업자의 강한 신뢰보호이익이 인정되지만, 이러한 신뢰보호도 "능력경쟁의 실현"이라는 보다 우월한 공익에 직면하여 종래의 법적 상태의 존속을 요구할 수는 없다(헌재 1996.12.26. 96헌가18).

* 1953년부터 시행된 "교사의 신규채용시 국립 또는 공립 교육대학 · 사범대학의 졸업자를 우선하여 채용하여야 한다"는 「교육공무원법」 조항에 대한 헌법재판소의 위헌결정 당시의 국 · 공립 사범대학 등의 재학생과 졸업자의 주관적 신뢰가 있지만, 위헌적 상태를 제거해야할 법치국가적 공익과 비교형량해 보면 공익이 신뢰이익에 대하여 원칙적으로 우위를 차지하므로, 위헌적 법률에 기초한 신뢰이익을 보장받기 위한 법률을 제정하지 않은 부작위는 헌법에 위반하지 않는다(헌재 2013.8.23. 2011헌마408).

* 법령 시행일 이전에 적법하게 설치한 기존의 노래연습장 시설을 이전 또는 폐쇄하도록 규정한 것은 학교환경위생정화구역과 관련되어 유해환경으로부터 청소년 학생을 보호하기 위한 것으로서 5년간의 유예기간을 주는 등의 경과조치를 두었으므로 신뢰보호의 원칙에 위배되지 않는다(헌재 1999.7.22. 98헌마480).

* 무기징역의 집행 중에 있는 자의 가석방 요건을 종전의 '10년 이상'에서 '20년 이상' 형 집행 경과로 강화하면서 「형법」 개정 당시에 이미 10년 이상 수용 중인 사람에게도 적용하도록 하는 「형법」 부칙규정은 법 개정 당시에 무기징역의 집행 중에 있는 자의 가석방 요건에 대한 청구인의 신뢰를 헌법상 권리로 보호할 필요성이 있다고 보기 어렵다(헌재 2013.8.23. 2011헌마408).
* 기존에 자유업종이었던 인터넷 컴퓨터게임시설 제공업에 대하여 등록제를 도입하면서 1년 이상의 유예기간을 둔 「게임산업진흥에 관한 법률」 조항은 신뢰보호원칙에 위배되지 않는다(헌재 2009.9.24. 2009헌바28).
* 1년 이상의 유예기간을 두고 기존에 자유업종이었던 인터넷 컴퓨터게임시설 제공업에 대하여 등록제를 도입하고 등록하지 않으면 영업을 할 수 없도록 하는 것은 신뢰보호의 원칙에 위배된다고 할 수 없다(헌재 2009.9.24. 2009헌바28).
* 의료기관 시설의 일부를 변경하여 약국을 개설하는 것을 금지하는 조항을 신설하면서, 이에 해당하는 기존 약국 영업을 개정법 시행일로부터 1년까지만 허용하고 유예기간 경과 후에는 약국을 폐쇄하도록 한 약사법 부칙 조항은, 개정법 시행 이전부터 의료기관 시설의 일부를 변경한 장소에서 약국을 운영해 온 기존 약국개설등록자의 신뢰이익을 침해하는 것이 아니다(헌재 2003.10.30. 2001헌마700).
* 실제 평균임금이 노동부장관이 고시하는 한도금액 이상일 경우 그 한도금액을 실제 임금으로 의제하는 최고보상제도 제도 시행 이전에 이미 재해를 입고 산재보상수급권이 확정적으로 발생한 청구인들에 대하여 그 수급권의 내용을 일시에 급격히 변경하여 가면서까지 적용할 수 있는 것은 아니라고 할 것이므로, 신뢰보호원칙에 위배한다(헌재 2009.5.28. 2005헌바20).
* 국세청 경력공무원에 대하여 세무사자격을 부여해 왔던 종전의 세무사법을 개정하여 더 이상 이들 경력공무원에 대하여 세무사자격을 부여하지 아니하도록 한 세무사법 규정은 충분한 공익적 목적이 인정되지 아니함에도 관련자들의 신뢰이익을 과도하게 침해한다(헌재 2001.9.27. 2000헌마152).
* 국세관련 경력공무원에 대한 세무사자격 부여제도는 약 40여년간 줄곧 시행되어 오면서 제도 자체의 합리성과 합목적성이 폭넓게 인정되어 왔다. 청구인들의 신뢰이익을 침해하면서까지 시급하게 폐지하여야 할 긴절하고도 급박한 사정이 없거니와 충분한 공익적 목적이 인정되지 아니함에도 청구인들의 기대가치 내지 신뢰이익을 과도하게 침해한 것으로서 헌법에 위반된다(헌재 2001.9.27. 2000헌마152).
* 국가는 조세·재정정책을 탄력적·합리적으로 운용할 필요성이 있기 때문에, 납세의무자로서는 구법질서에 의거하여 적극적인 신뢰행위를 하였다든가 하는 사정이 없는 한 원칙적으로 세율 등 현재의 세법이 과세기간 중에 변함없이 유지되리라고 신뢰하

고 기대할 수는 없다(헌재 2003.4.24. 2002헌바9).

* 한약학과 졸업이라는 새로운 한약사 국가시험의 응시자격 요건을 그 시행령 시행 전에 입학한 원고들에게 적용하는 것은 한약사 분야에서의 보건의료인 양성체계에 맞게 한약사 국가시험의 응시자격을 즉시 정비할 공익적 필요가 있다는 점을 고려하더라도 원고들의 위와 같은 신뢰를 과도하게 침해하는 것으로서 신뢰보호의 원칙에 위반된다고 할 것이다(대판 2007.10.29. 2005두4649).
* 퇴직연금수급권의 성격상 그 급여의 구체적인 내용은 불변적인 것이 아니므로 그 신뢰가치가 크다고는 할 수 없는 반면, 연금재정의 파탄을 막고 공무원연금제도를 건실하게 유지하는 것은 긴급하고도 대단히 중요한 공익이므로, 공무원연금의 조정에 관한 경과조치규정은 헌법상 신뢰보호의 원칙에 위배되지 않는다(헌재 2005.6.30. 2004헌바42).
* 택지소유상한에관한법률 시행 이전부터 택지를 소유하고 있는 개인에 대하여 택지를 소유하게 된 경위나 그 목적 여하에 관계없이 일률적으로 소유상한을 적용하도록 한 것은 신뢰보호의 원칙에 위배된다(헌재 1999.4.29. 94헌바37).
* 신고로만 영업이 가능하였던 폐기물재생처리신고업에 대하여 일정한 경우 폐기물중간처리업으로 허가를 받아야만 영업이 가능하도록 그 요건을 강화하였다면 그 허가를 얻어야 하는 기간으로 법 개정일로부터 1년 6월 이내의 유예기간을 두었다고 하면 신뢰보호의 원칙을 위반하지 않는다(헌재 2000.7.20. 99헌마452).
* 개발이익환수에 관한 법률 시행 전에 개발에 착수하였지만 아직 개발을 완료하지 않은 사업, 즉 개발이 진행 중인 사업에 개발부담금을 부과하더라도 법 시행일까지의 기간에 상응하여 안분되는 개발이익부분을 부과기준에서 제외하는 등의 조치를 하였다면 신뢰보호의 원칙에 위배되지 않는다(헌재 2001.2.22. 98헌바19).
* 공무원의 임용 당시에는 연령정년에 관한 규정만 있었는데 사후에 계급정년규정을 신설하여 이를 소급적용하였다 하더라도 구 법질서에 대하여 기대했던 당사자의 신뢰보호 내지 신분관계의 안정이라는 이익을 지나치게 침해하지 않는 한 헌법에 위반되지 않는다(헌재 1994.4.28. 91헌바15).

3. 사회국가 원리社會國家 原理

(1) 의 의

사회국가는 경제 · 사회 · 문화의 모든 영역에서 정의로운 사회질서의 형성을 위하여 국가가 사회현상에 관여하고 간섭하고 분배하고 조정하는 국가를 의미한다. 현대 민주주의 국가에 이르러서는 모든 공무원들에게 직무환경을 최대한으로 개선해 주고, 공직수행에 상응하는 생활부양을 해 주며, 퇴직 후나 재난, 질병에 대처한 사회보장의 혜택을 마련해 주는 등 사회국가 원리에 입각한 공직제도의 중요성이 특히 강조되고 있다(헌재 2010.6.24. 2008헌바128). 특히 장애인과 같은 사회적 약자의 경우에는 개인 스스로가 자유행사의 실질적 조건을 갖추는 데 어려움이 많으므로 국가가 이들에 대하여 자유를 실질적으로 행사할 수 있는 조건을 형성하고 유지해야 한다(헌재 2002.12.18. 2002헌마52).

⑵ 헌법적 근거

우리 헌법은 헌법의 전문, 사회적 기본권의 보장(헌법 제31조 내지 제36조), 경제 영역에서 적극적으로 계획하고 유도하고 재분배하여야 할 국가의 의무를 규정하는 경제에 관한 조항(헌법 제119조 제2항 이하) 등과 같이 사회국가원리의 구체화된 여러 표현을 통하여 사회국가원리를 수용하고 있다(헌재 2004.10.28. 2002헌마328). 다만, 사회국가원리에 근거하여 실업방지 및 부당한 해고로부터 근로자를 보호하여야 할 국가의 의무를 도출할 수는 있을 것이나, 국가에 대한 직접적인 직장존속보장청구권을 근로자에게 인정할 헌법상 근거는 없다(헌재 2002.11.28. 2001헌바50). 사회부조에 관하여는 입법부 내지 입법에 의하여 위임을 받은 행정부에게 사회보장, 사회복지의 이념에 명백히 어긋나지 않는 한 광범위한 형성의 자유가 부여된다(헌재 2004.10.28. 2002헌마328).

⑶ 사회적 시장경제질서社會的 市場經濟秩序(경제적 기본질서)

1) 의 의

사회적 시장경제질서란 사유재산제를 바탕으로 하고 자유경쟁을 존중하는 자유시장 경제질서를 기본으로 하면서도 이에 수반되는 갖가지 모순을 제거하고 사회복지, 사회정의를 실현하기 위하여 국가적 규제와 조정을 용인하는 경제질서를 의미한다(헌재 2005.12.22. 2003헌바88).

2) 우리 헌법상의 경제질서

우리 헌법의 경제체제는 재산권 보장에 관한 헌법 제23조, 경제질서에 관한 헌법 제119조의 각 규정에서 볼 때, 사유재산제를 바탕으로 하면서 법치주의에 입각한 재산권의 사회성·공공성을 강조하는 사회적 시장경제체제임을 알 수 있다(헌재 1996.4.25. 92헌바47).

헌법 제119조 제1항에 비추어 보더라도, 개인의 사적 거래에 대한 공법적 규제는 되도록 사전적·일반적 규제보다는 사후적·구체적 규제방식을 택하여 국민의 거래자유를 최대한 보장하여야 한다. 고의나 과실로 타인에게 손해를 가한 경우에만 그 손해에 대한 배상책임을 가해자가 부담한다는 과실책임 원칙은 헌법 제119조 제1항의 자유시장 경제질서에서 파생된 것이다. 자유시장결제질서를 기본으로 하면서도 사회국가 원리를 수용하고 있는 우리 헌법의 이념에 비추어 일반 불법행위책임에 관하여는 과실책임 원칙을 기본원칙으로 하면서, 특수한 불법행위책임에 대하여는 위험책임의 원리를 수용하는 것은 입법정책에 관한 사항으로 입법자의 재량에 속한다(헌재 2016.4.28. 2015헌바230).

헌법 제119조 제2항에 규정된 '경제주체간의 조화를 통한 경제민주화'의 이념은 경제영역에서 정의로운 사회질서를 형성하기 위하여 추구할 수 있는 국가목표로서 개인의 기본권을 제한하는 국가행위를 정당화하는 헌법규범이다(헌재 2003.11.27. 2001헌바35).

헌법 제119조 이하의 경제에 관한 장은 국가가 경제정책을 통하여 달성하여야 할 공익을 구체화하고, 동시에 헌법 제37조 제2항의 기본권 제한을 위한 일반적 법률유보에서의 공공복리를 구체화하고 있는 것이다(헌재 2004.10.28. 99헌바91).

헌법에서 규정하고 있는 사회적 시장경제를 위한 기본정책은 다음과 같다.

① 중요 천연자원의 사회화(제120조 제1항)
② 농지소작제의 원칙적 금지와 농지의 임대차·위탁경영 예외적 허용(제121조)
③ 국토의 효율적 이용과 개발·보전(제122조)
④ 농·어촌 종합개발계획의 수립(제123조 제1항)

⑤ 지역경제의 육성(제123조 제2항)

⑥ 중소기업의 보호·육성(제123조 제3항)

⑦ 농·어민의 이익보호(제123조 제4항)

⑧ 농·어민 및 중소기업의 자조조직의 육성과 발전(제123조 제5항)

⑨ 소비자보호운동의 보장(제124조)

⑩ 대외무역의 육성 및 규제·조정(제125조)

⑪ 사영기업의 국·공유화의 원칙적 금지(제126조)

⑫ 과학기술의 혁신과 정보·인력개발(제127조 제1항)

⑬ 국가표준제도의 확립(제127조 제2항)

3) 사회적 경제질서의 한계

사회적 경제원리의 도입은 무제한적으로 인정되는 것은 아니다. 자유시장경제질서의 근간을 이루는 사적자치의 기본은 유지되어야 하고, 경제에 관한 규제와 조정은 법치국가적 원리에 따라 행해져야 하며, 개인의 재산권을 침해하는 경우에도 그 본질적 내용을 침해해서는 안 된다. 또 자본주의의 테두리 안에서 행해지는 경제계획은 허용되지만 사회주의적 계획경제 내지 전면적 사회화는 허용되지 아니한다. 즉 우리 헌법에서 추구하고 있는 경제질서는 개인과 기업의 경제상의 자유와 창의를 최대한도로 존중·보장하는 자본주의에 바탕을 둔 시장경제질서이므로, 국가적인 규제와 통제를 가하는 것도 보충의 원칙에 입각하여 자본주의 내지 시장경제질서의 기초라고 할 수 있는 사유재산제도와 아울러 사적자치의 원칙이 존중되는 범위 내에서만 허용될 뿐이다(헌재 1999.7.22. 98헌가3).

(4) 관련 판례

* 입법자는 경제현실의 역사와 미래에 대한 전망, 목적달성에 소요되는 경제적·사회적 비용, 당해 경제문제에 관한 국민 내지 이해관계인의 인식 등 제반 사정을 두루 감안하여 시장의 지배와 경제력의 남용 방지, 경제의 민주화 달성 등의 경제영역에서의 국가목표를 이루기 위하여 가능한 여러 정책 중 필요하다고 판단되는 경제정책을 선택할 수 있고, 입법자의 그러한 정책판단과 선택은 그것이 현저히 합리성을 결여한 것이라고 볼 수 없는 한 경제에 관한 국가적 규제·조정권한의 행사로서 존중되어야

한다(헌재 2003.7.24. 2001헌가25).

* 운송수입금 전액관리제로 인하여 청구인들이 기업경영에 있어서 영리추구라고 하는 사기업 본연의 목적을 포기할 것을 강요받거나 전적으로 사회·경제정책적 목표를 달성하는 방향으로 기업활동의 목표를 전환해야 하는 것도 아니고, 그 기업경영과 관련하여 국가의 광범위한 감독과 통제 또는 관리를 받게 되는 것도 아니며, 더구나 청구인들 소유의 기업에 대한 재산권이 박탈되거나 통제를 받게 되어 그 기업이 사회의 공동재산의 형태로 변형된 것도 아니므로, … 헌법 제126조에 위반된다고 볼 수 없다(헌재 1998.10.29. 97헌마345).
* 어떤 분야의 경제활동을 사인간의 사적 자치에 완전히 맡길 경우 심각한 사회적 폐해가 예상되는데도 국가가 아무런 관여를 하지 않는다면 공정한 경쟁질서가 깨어지고 경제주체간의 부조화가 일어나게 되어 오히려 헌법상의 경제질서에 반하는 결과가 초래될 것이므로, 경제주체간의 부조화를 방지하고 금융시장의 공정성을 확보하기 위하여 마련된 위 법률조항은 우리 헌법의 경제질서에 위배되는 것이라 할 수 없다(헌재 2003.2.27. 2002헌바4).
* 소비자보호운동의 일환으로서, 구매력을 무기로 소비자가 자신의 선호를 시장에 실질적으로 반영하려는 시도인 소비자불매운동은 모든 경우에 있어서 그 정당성이 인정될 수는 없고, 헌법이나 법률의 규정에 비추어 정당하다고 평가되는 범위에 해당하는 경우에만 형사책임이나 민사책임이 면제된다고 할 수 있다. 우선, ⅰ) 객관적으로 진실한 사실을 기초로 행해져야 하고, ⅱ) 소비자불매운동에 참여하는 소비자의 의사결정의 자유가 보장되어야 하며, ⅲ) 불매운동을 하는 과정에서 폭행, 협박, 기물파손 등 위법한 수단이 동원되지 않아야 하고, ⅳ) 특히 물품 등의 공급자나 사업자 이외의 제3자를 상대로 불매운동을 벌일 경우 그 경위나 과정에서 제3자의 영업의 자유 등 권리를 부당하게 침해하지 않을 것이 요구된다. 이 경우 제3자의 정당한 영업의 자유 기타 권리를 부당하게 제한하거나 위축시키는지 여부는, 불매운동의 취지나 목적, 성격에 비추어 볼 때, 제3자를 불매운동 대상으로 선택해야 할 필요성이 있었는지, 또한 제3자를 대상으로 이루어진 불매운동의 내용과 그 경위 및 정도와 사이에 긴밀한 상관관계가 존재하는지를 기준으로 결정될 수 있을 것이다(헌재 2011.12.29. 2010헌바54).
* 국가에 대하여 경제에 관한 규제와 조정을 할 수 있도록 규정한 헌법 제119조 제2항이 보유세 부과 그 자체를 금지하는 취지로 보이지 아니하므로 주택 등에 보유세인 종합부동산세를 부과하는 그 자체를 헌법 제119조에 위반된다고 보기 어렵다(헌재 2008.11.13. 2006헌바112).
* 헌법 제119조 제2항은 국가가 경제영역에서 실현하여야 할 목표의 하나로서 “적정한

소득의 분배"를 들고 있지만, 이로부터 반드시 소득에 대하여 누진세율에 따른 종합과세를 시행하여야 할 구체적인 헌법적 의무가 조세입법자에게 부과되는 것이라고 할 수 없다(헌재 1999.11.25. 98헌마55).

* 자동차운수사업법상의 운송수입금 전액관리제로 인하여 청구인들이 기업경영에 있어서 영리추구라고 하는 사기업 본연의 목적을 포기할 것을 강요받거나 전적으로 사회·경제정책적 목표를 달성하는 방향으로 기업활동의 목표를 전환해야 하는 것도 아니고, 그 기업경영과 관련하여 국가의 광범위한 감독과 통제 또는 관리를 받게 되는 것도 아니며, 더구나 청구인들 소유의 기업에 대한 재산권이 박탈되거나 통제를 받게 되어 그 기업이 사회의 공동재산의 형태로 변형된 것도 아니므로, 사기업의 국공유화를 금지한 헌법 제126조에 위반된다고 볼 수 없다(헌재 1998.10.29. 97헌마345).
* 현행 헌법이 보장하는 소비자보호운동은 2인 이상이 의사를 합치하여 조직적 활동을 벌인 것이라면 소비자보호법상 등록된 소비자단체에 한정되지 않으며, 잠재적으로 소비자가 될 가능성이 있다면 누구나 운동의 주체가 될 수 있다(헌재 2011.12.29. 2010헌바54 등).
* 헌법 제119조 제2항에 규정된 '경제주체간의 조화를 통한 경제민주화'의 이념도 경제영역에서 정의로운 사회질서를 형성하기 위하여 추구할 수 있는 국가목표로서 개인의 기본권을 제한하는 국가행위를 정당화하는 헌법규범이다(헌재 2003.11.27. 2001헌바35).
* 헌법 제119조 제2항이 국가가 경제영역에서 실현하여야 할 목표의 하나로서 '적정한 소득의 분배'를 들고 있다고 하여, 입법자가 사회·경제정책을 시행함에 있어서 이에 대하여 정책적으로 항상 최우선적인 배려를 해야 하는 것은 아니다(헌재 1999.11.25. 98헌마55).
* 헌법 제34조에 의하여 장애인의 복지를 위하여 노력하여야 할 의무가 있다는 것은 국가의 일반적 의무를 뜻하는 것이지, 이 조항으로부터 장애인을 위하여 저상버스를 도입해야 한다는 구체적 내용의 의무가 나오는 것은 아니다(헌재 2002.12.18. 2002헌마52).
* 국가의 경쟁정책은 시장경제가 제대로 기능하기 위한 전제조건으로서의 가격과 경쟁의 기능을 유지하고 촉진하려고 하는 것인바, 독과점규제의 목적이 경쟁의 회복에 있다면 이 목적을 실현하는 수단 또한 자유롭고 공정한 경쟁을 가능하게 하는 방법이어야 한다(헌재 1996.12.26. 96헌가18).
* 국가는 지역간의 균형있는 발전을 위하여 지역경제를 육성할 의무를 지며 중소기업을 보호, 육성하여야 한다. 중소기업의 보호는 넓은 의미의 경쟁정책의 한 측면을 의

미하므로, 원칙적으로 경쟁질서의 범주 내에서 경쟁질서의 확립을 통하여 이루어져야 한다(헌재 1996.12.26. 96헌가18).

* 허가받지 않은 지역의 의료기관이 더 가까운 경우에도 허가 받은 지역의 의료기관으로 환자를 이송할 수밖에 없도록 강제하고 있는 「응급의료에 관한 법률」 조항은 응급의료의 질을 높임과 동시에 응급이송자원이 지역 간에 적절하게 분배·관리 될 수 있도록 하여 국민건강을 증진하고 지역주민의 편의를 도모하기 위한 것으로 헌법상 경제질서에 위배되지 않는다(헌재 2018.2.22. 2016헌바100).
* 오늘날 조세는 국민이 공동의 목표로 삼고 있는 일정한 방향으로 국가사회를 유도하고 그러한 상태를 형성한다는 적극적인 목적을 가지고 부과되는 경향이 있는바, 이러한 조세의 유도적·형성적 기능은 국가로 하여금 경제에 관한 규제와 조정을 할 수 있도록 한 헌법 제119조 제2항 등 규정에 의하여 헌법적으로 정당성이 뒷받침되고 있다(헌재 1994.7.29. 92헌바49).
* 중계유선방송사업자가 방송의 중계송신업무만 할 수 있고, 보도·논평·광고는 할 수 없도록 제한하고 이를 위반한 경우 과징금 등의 제재를 가하도록 한 것은 '시장의 지배와 경제력의 남용을 방지하며, 경제주체간의 조화를' 도모하기 위한 것으로서(헌법 제119조 제2항) 헌법상 경제질서를 위반한 것이 아니다(헌재 2001.5.31. 2000헌바43).
* 국산영화의무상영제는 외국영화의 수입업과 이를 상영하는 소비시장만이 과도히 비대해지는 것을 방지하고 균형있는 영화산업의 발전을 위한 것으로 헌법상 경제질서에 반하지 않는다(헌재 1995.7.21. 94헌마125).
* 자경농지의 양도소득세 면제대상자를 '농지소재지에 거주하는 거주자'로 제한하는 것은 외지인의 농지투기를 방지하고, 조세부담을 덜어주어 농업, 농촌을 활성화하기 위한 것이므로, 경자유전의 원칙에 위배되는 것은 아니다(헌재 2003.11.27. 2003헌바2).
* 헌법 제123조 제5항은 국가에게 "농·어민의 자조조직을 육성할 의무"와 "자조조직의 자율적 활동과 발전을 보장할 의무"를 아울러 규정하고 있는데, 이러한 국가의 의무는 자조조직이 제대로 활동하고 기능하는 시기에는 그 조직의 자율성을 침해하지 않도록 하는 후자의 소극적 의무를 다하면 된다고 할 수 있지만, 그 조직이 제대로 기능하지 못하고 향후의 전망도 불확실한 경우라면 단순히 그 조직의 자율성을 보장하는 것에 그쳐서는 아니 되고, 적극적으로 이를 육성하여야 할 전자의 의무까지도 수행하여야 한다(헌재 2000.6.1. 99헌마553).

4. 평화국가 원리平和國家 原理

(1) 현행 헌법상의 규정

양차 대전의 체험을 계기로 제2차 세계대전 이후에는 각국이 전쟁을 방지하고 평화를 유지하기 위한 각별한 노력을 기울여 왔으며, 여러 국제조약과 각국의 헌법에서도 국제평화주의를 선언하고 침략전쟁을 금지하는 평화조항을 두게 되었다. 우리 헌법도 이를 위하여 평화적 통일의 지향(전문, 제4조, 제66조 제3항, 제69조), 침략적 전쟁의 부인(제5조 제1항), 국제법질서의 존중과 외국인의 법적 지위의 보장(제6조) 등을 규정하고 있다.

평화주의 이념 (헌재 1991.7.22. 89헌가106)

우리 헌법은 헌법에 의하여 체결 공포된 조약은 물론 일반적으로 승인된 국제법규를 국내법과 마찬가지로 준수하고 성실히 이행함으로써 국제질서를 존중하여 항구적 세계평화와 인류공영에 이바지함을 기본이념의 하나로 하고 있다.

(2) 국제평화주의와 국제법질서의 존중

(가) 침략전쟁의 부인

헌법은 정복을 위한 전쟁·국제분쟁해결을 위한 수단으로서의 전쟁은 부인하나, 자위전쟁과 제재전쟁은 허용하고 있다. 자위전쟁은 외국으로부터의 급박하고 불법적인 공격을 받은 경우 이를 격퇴하여 국민과 국토를 방위하기 위한 전쟁으로서 이는 UN헌장에서도 용인되고 있다(UN헌장 제51조). 제재전쟁은 국제경찰군으로서 UN군이 무력공격을 감행한 침략군을 제재하고 국제평화와 안전의 유지를 위해 필요한 병력을 동원하는 적법전쟁을 의미한다.

(나) 국제법 존중주의

① 국제법과 국내법의 관계

헌법은 "헌법에 의하여 체결·공포된 조약과 일반적으로 승인된 국제법규는 국내법과 같은 효력을 가진다"고 규정함으로써 국제법질서의 존중을 명시하고 있다(제6조 제1항). 국제법과 국내법의 관계에 대해서, 헌법재판소는 "헌법 제6조 제1항의 국제법 존중주의가 조약이나 국제법규가 국내법에 우선한다는 것을 의미하지는 않는다"고 판시하였다(헌재 2001.4.26. 99헌가13).

② 조 약條約

조약이란 조약·협약·협정·규약 등 명칭을 불문하고 관계당사자를 구속하는 국제법 주체 상호간의 서면형식으로 체결되고 국제법에 의하여 규율되는 합의를 의미한다(헌재 2008.3.27. 2006헌라4). 일종의 공동성명 또는 신사협정에 준하는 성격의 남북합의서는 조약으로 볼 수 없다(헌재 2000.7.20. 98헌바63). 헌법 제73조에서 조약의 체결·비준은 대통령의 권한이다. 헌법 제60조 제1항에 열거하는 조약의 체결은 국회의 동의를 얻도록 하고 있다. 국회동의를 필요로 하는 조약에 대하여 국회의 동의절차를 거치지 아니하면 국회의 심의표결권을 침해한다. 헌법 제89조 제3호에 의하여 국회동의불요·필요조약과 상관없이 모든 조약안은 국무회의의 심의를 거쳐야 한다.

국회동의 필요조약은 다음과 같다.

i) 상호원조 또는 안전보장에 관한 조약
ii) 중요한 국제조직에 관한 조약
iii) 우호통상항해조약
iv) 주권의 제약에 관한 조약
v) 강화조약
vi) 국가나 국민에게 중대한 재정적 부담을 지우는 조약
vii) 입법사항에 관한 조약

조약이 유효하게 성립하고 공포된 경우에는 국내법과 동일한 효력을 갖는다. 위헌조약까지 국내법적 효력을 인정한 것이라고 볼 수 없기 때문에, 조약과 헌법이 충돌할 경우 헌법이 우선한다. 조약이 헌법에 위반될 경우에 사법심사의 대상이 될 수 있다(헌재 2001.9.27. 2000헌바20).

마라케쉬협정도 적법하게 체결되어 공포된 조약이므로 국내법과 같은 효력을 갖는 것이어서 그로 인하여 새로운 범죄를 구성하거나 범죄자에 대한 처벌이 가

중된다고 하더라도 이것은 국내법에 의하여 형사처벌을 가중한 것과 같은 효력을 갖게 되는 것이다(헌재 1998.11.26. 97헌바65).

③ 일반적으로 승인된 국제법규

일반적으로 승인된 국제법규는 국제사회의 보편적 규범으로서 세계 대다수 국가가 승인하고 있는 법규를 의미한다. 대표적 예로, 성문의 국제법규(포로에 관한 제네바협정, 집단학살금지협정 등)와 불문의 국제관습법(포로의 학살금지와 인도적 처우, 대사·공사의 국제법상 지위에 관한 원칙 등)을 들 수 있다.

일반적으로 승인된 국제법규의 효력은 헌법에 의하여 국내법적 효력을 가지므로 헌법이 우선한다. 일반적으로 승인된 국제법규에 대한 사법심사와 관련해서는 헌법재판소에 제청하여야 한다.

국제노동기구(ILO) 제105호 조약의 효력 (헌재 1998.7.16. 97헌바23)

강제노동의 폐지에 관한 국제노동기구(ILO)의 제105호 조약은 우리나라가 비준한 바가 없고, 헌법 제6조 제1항에서 말하는 일반적으로 승인된 국제법규로서 헌법적 효력을 갖는 것이라고 볼 만한 근거가 없다.

세계인권선언의 효력 (헌재 2008.12.26. 2005헌마971)

세계인권선언은 모든 국민과 모든 나라가 달성하여야 할 공통의 기준으로 선언하는 의미는 있으나, 그 선언내용인 각 조항이 바로 보편적인 법적 구속력을 가지거나 국제법적 효력을 갖는 것으로 볼 것은 아니다.

(다) 외국인의 법적 지위의 보장

헌법은 제6조 제2항에서 "외국인은 국제법과 조약이 정하는 바에 의하여 그 지위가 보장된다"고 하여 상호주의에 입각한 외국인의 법적 지위를 보장하고 있다. 즉 인간으로서의 권리는 외국인에게도 보장되지만 모든 권리를 언제나 외국인에게 동일하게 대우하는 것은 아니다.

(라) 평화적 통일의 지향

우리 헌법은 평화적 통일을 지향하기 위하여 관련규정을 두고 있다. 즉 조국의 평화적 통일의 사명(헌법 전문), 평화통일정책 수립(제4조), 조국의 평화적 통일을 위한 성실한 의무(제66조 제3항), 조국의 평화통일을 위한 노력(제69조의 대통령의 취임선서), 민주평화통일자문회의(제92조) 등이 그것이다.

(3) 관련 판례

* 미군기지의 이전은 공공정책의 결정 내지 시행에 해당하는 것으로서 인근 지역에 거주하는 사람들의 삶을 결정함에 있어서 사회적 영향을 미치게 되나, 개인의 인격이나 운명에 관한 사항은 아니며 각자의 개성에 따른 개인적 선택에 직접적인 제한을 가하는 것이 아니다. 따라서 그와 같은 사항은 헌법상 자기결정권의 보호범위에 포함된다고 볼 수 없다(헌재 2006.2.23. 2005헌마268).
* 외교관계에 관한 비엔나협약에 의하여 외국의 대사관저에 대해 강제집행이 불가능하게 된 경우 국가가 강제집행신청인의 손실을 보상할 입법의무는 발생하지 않는다(헌재 1998.5.28. 96헌마44).
* 한미자유무역협정의 경우 헌법 제60조 제1항에 의하여 국회의 동의를 필요로 하는 우호통상항해조약의 하나로서 법률적 효력이 인정되므로, 규범통제의 대상이 됨은 별론으로 하고, 그에 의하여 성문헌법이 개정될 수는 없다(헌재 2013.11.28. 2012헌마166).
* 우리나라가 가입한 개정 교토협약이 국내법과 같은 효력을 가진다고 하더라도, 곧 헌법적 효력을 갖는 것이라고 볼 만한 근거는 없는바, 동 협약이 법률조항의 위헌성 심사척도가 될 수는 없다(헌재 2015.6.25. 2013헌바193).
* 소송비용담보제공명령에 관한 법률규정은, 우리나라에 효력이 있는 국제법과 조약 중 국내에 주소 등을 두고 있지 아니한 외국인이 소를 제기한 경우에 소송비용담보제공명령을 금지하는 것을 찾아볼 수 없으므로, 헌법 제6조 제2항에 위배되지 아니한다(헌재 2011.12.29. 2011헌바57).

5. 문화국가 원리文化國家 原理

우리 헌법은 문화국가 원리를 구현하기 위하여 헌법전문에 "문화의 모든 영역에 있어서 각인의 기회를 균등히"라고 규정함과 아울러 제9조에 "전통문화의 계승·발전과 민족문화의 창달을 위한 국가의 노력"을 규정하고 있고, 제69조에는 대통령의 취임 선서에서 "민족문화의 창달에 노력할 대통령의 책무"를, 제31조

제5항에는 "국가의 평생교육진흥의무"를 규정하고 있다.

문화란 인간생활의 다양한 외적·내적인 모습이나 양식 표준이라고 할 수 있다. 헌법이 정하고 있는 것은 국민의 문화형성에 대해 자유와 창의를 존중하는 것이다. 국가는 국민의 생활양식과 이를 형성하는 요소들을 적극적으로 조성하거나 변경하거나 통제할 수 없다. 국가가 문화를 육성하는 것도 국민의 문화활동을 보장하는 것에 그치며, 특정한 문화를 적극적으로 만들어 유포하거나 수용하기를 강제하는 것은 허용되지 않는다.

오늘날 문화국가에서의 문화정책은 그 초점이 문화 그 자체에 있는 것이 아니라 문화가 생겨날 수 있는 문화풍토를 조성하는 데 두어야 한다. 문화국가원리의 이러한 특성은 문화의 개방성 내지 다원성의 표지와 연결되는데, 국가의 문화육성의 대상에는 원칙적으로 모든 사람에게 문화창조의 기회를 부여한다는 의미에서 모든 문화가 포함된다. 따라서 엘리트문화뿐만 아니라 서민문화, 대중문화도 그 가치를 인정하고 정책적인 배려의 대상으로 하여야 한다(헌재 2004.5.27. 2003헌가1).

전통·전통문화의 정당성 (헌재 2011.2.24. 2009헌바89)

헌법 전문과 제9조에서 말하는 "전통", "전통문화"란 역사성과 시대성을 띤 개념으로서 헌법의 가치질서, 인류의 보편가치, 정의와 인도정신 등을 고려하여 오늘날의 의미로 포착하여야 하며, 가족제도에 관한 전통·전통문화란 적어도 그것이 가족제도에 관한 헌법이념인 개인의 존엄과 양성의 평등에 반하는 것이어서는 안 된다는 한계가 도출되므로, 전래의 어떤 가족제도가 헌법 제36조 제1항이 요구하는 개인의 존엄과 양성평등에 반한다면 헌법 제9조를 근거로 그 헌법적 정당성을 주장할 수는 없다.

헌법 제9조의 헌법적 보호법익 (헌재 2003.1.30. 2001헌바64)

헌법 제9조의 규정취지와 민족문화유산의 본질에 비추어 볼 때, 국가가 민족문화유산을 보호하고자 하는 경우 이에 관한 헌법적 보호법익은 '민족문화유산의 존속' 그 자체를 보장하는 것이고, 원칙적으로 민족문화유산의 훼손 등에 관한 가치보상(價値補償)이 있는지 여부는 이러한 헌법적 보호법익과 직접적인 관련이 없다.

제 4 절 대한민국 헌법의 기본제도

Ⅰ. 제도적 보장制度的 保障

1. 의 의

제도적 보장이란 객관적 제도를 헌법에 규정하여 당해 제도의 본질을 유지하려는 것으로서 헌법제정권자가 특히 중요하고도 가치가 있다고 인정되고 헌법적으로도 보장할 필요가 있다고 생각하는 국가제도를 헌법에 규정함으로써 장래의 법 발전, 법 형성의 방침과 범주를 미리 규율하려는 것을 말한다. 이러한 제도적 보장은 주관적 권리가 아닌 객관적 범규범이라는 점에서 기본권과 구별되기는 하지만 헌법에 의하여 일정한 제도가 보장되면 입법자는 그 제도를 설정하고 유지할 입법의무를 지게 될 뿐만 아니라 헌법에 규정되어 있기 때문에 법률로써 이를 폐지할 수 없고, 비록 내용을 제한하더라도 그 본질적 내용을 침해할 수 없다(헌재 1997.4.24. 95헌바48).

헌법에 의하여 일정한 제도가 보장되면 입법부는 그 제도를 설정하고 유지할 입법의 의무를 지게 될 뿐만 아니라 그 제도를 법률로써 폐지하거나 그 본질을 훼손할 수 없는 구속을 받게 된다. 따라서 이는 제도 자체의 보장일 뿐만 아니라 간접적으로 입법부의 일방적 · 자의적 입법으로 훼손될 수 있는 기본적 인권을 수호하는 기능을 하여 인권보장의 강화에 기여하는 것이 된다. 다만, 기본권 보장은 "최대한 보장의 원칙"이 적용됨에 반하여, 제도적 보장은 그 본질적 내용을 침해하지 아니하는 범위 안에서 입법자에게 제도의 구체적 내용과 형태의 형성권을 폭넓게 인정한다는 의미에서 "최소한 보장의 원칙"이 적용될 뿐이다(헌재 1997.4.24. 95헌바48).

〈제도적 보장과 기본권 보장〉

구 분	제도적 보장	기본권 보장
대상	헌법제정권자가 형성한 제도	자연권으로서의 천부인권 강조
법적 성격	객관적 법규범	객관적 법규범<재판규범성> + 주관적 공권성<소권성>
보장의 정도 · 대원칙	최소한의 보장원칙 (제도의 본질적 내용 침해금지)	최대한의 보장원칙
재판규범성 여부	긍정	긍정
소권訴權성 (구체적 소송으로 주장 가능한지 여부)	부정 (제도적 보장만을 근거로 헌법소원 등의 소송을 제기할 수 없음)	긍정
법적 효력	모든 국가권력을 구속하나, 헌법개정권력은 구속하지 못함	모든 국가권력과 헌법개정권력을 구속

2. 제도적 보장의 성격

제도적 보장에서 보장의 직접적인 대상은 특정의 객관적 제도이다. 제도적 보장은 집행권과 사법권은 물론 입법권까지 구속한다는 점에서 직접적 효력을 갖는 재판규범이다. 그러나 그와 결부된 기본권의 침해를 이유로 하여 헌법소원을 제기하는 것은 별론으로 하더라도, 제도적 보장의 침해만을 이유로 헌법소원을 제기할 수는 없다는 것이 일반적인 입장이다. 헌법재판소는 “지방자치단체를 폐지하고 병합하는 법률을 제정할 수 있으나, 지방자치단체의 폐지 · 병합은 지방자치단체의 자치권의 침해문제와 더불어 그 주민의 헌법상 보장된 기본권의 침해문제도 발생할 수 있다”고 하여 제도적 보장과 기본권 관련성이 인정되는 경우에는 헌법소원심판을 청구할 수 있다고 판시한다(헌재 1995.3.23. 94헌마175). 그러나 “지방자치제도가 제도적으로 보장하는 것은 어디까지나 지방자치단체의 자치권”이라고 판시한다(헌재 1994.12.29. 94헌마201).

3. 제도적 보장의 내용

제도적 보장의 대상은 헌법규정에 의하여 비로소 창설되는 제도가 아니라 국가적 공동체 내에서 역사적으로 형성되어 온 기존의 전통적 제도를 말한다. 그러나 제도적 보장은 전前 국가적인 것은 아니므로 그 구체적 내용은 법률에 의하여 규율된다. 그리고 제도적 보장에 있어서 헌법이 보장하려는 것은 특정 제도의 본질적 내용이다. 따라서 제도적 보장에는 최소한 보장의 원칙이 적용되어 제도의 본질적 내용을 훼손하지 아니하는 범위 내에서 법률로써 그 제도의 내용을 자유로이 형성할 수 있다.

4. 제도적 보장과 기본권 보장의 관계

제도적 보장과 기본권 보장은 원칙적으로 서로 구별된다고 보는 견해가 다수설이다. 그러나 제도적 보장은 기본권을 보호·강화·보충하는 기능을 가진다는 점에서 기본권 보장과 밀접한 관련성이 있다. 즉 제도적 보장은 기본권과 결부되는 것을 배격하지 않으며, 특정한 제도적 보장은 기본권 보장과 결부되어 상호 보충적으로 기능하기도 한다는 점에 있다.

5. 현행 헌법과 제도적 보장

우리 헌법상 규정되고 있는 제도적 보장으로는 ① 직업공무원제(제7조 제2항), ② 복수정당제(제8조 제1항), ③ 사유재산제(제23조 제1항), ④ 교육의 자주성·전문성·정치적 중립성과 대학자치제(제31조 제4항), ⑤ 혼인과 가족제도(제36조 제1항), ⑥ 지방자치제(제117조 제1항), ⑦ 국군의 정치적 중립성(제5조 제2항) 등이 있다.

헌법재판소는 지방자치제도, 복수정당제도, 혼인제도, 직업공무원제도, 의무교육제도 등을 제도적 보장으로 해석하고 있다(헌재 1994.4.28. 91헌바15,19; 헌재 1991.2.11. 90헌가27).

Ⅱ. 정당제도政黨制度

> 제8조 ① 정당의 설립은 자유이며, 복수정당제는 보장된다.
> ② 정당은 그 목적·조직과 활동이 민주적이어야 하며, 국민의 정치적 의사형성에 참여하는 데 필요한 조직을 가져야 한다.
> ③ 정당은 법률이 정하는 바에 의하여 국가의 보호를 받으며, 국가는 법률이 정하는 바에 의하여 정당운영에 필요한 자금을 보조할 수 있다.
> ④ 정당의 목적이나 활동이 민주적 기본질서에 위배될 때에는 정부는 헌법재판소에 그 해산을 제소할 수 있고, 정당은 헌법재판소의 심판에 의하여 해산된다.

1. 의　의

헌법 제8조에 의하여 보장되는 정당제도에 있어서 정당은 국민의 이익을 위하여 책임 있는 정치적 주장이나 정책을 추진하고 공직선거의 후보자를 추천 또는 지지함으로써 국민의 정치적 의사형성에 참여함을 목적으로 하는 국민의 자발적 조직을 의미한다(헌재 1991.3.11. 91헌마21). 헌법 제8조의 정당조항은 헌법 제21조의 일반결사조항의 특별규정이다. 정당에 대해서는 헌법 제8조가 우선적으로 적용되며 헌법 제8조에 의한 정당설립의 자유와 복수정당제의 보장은 민주적 기본질서의 핵심질서이다.

정당의 공적기능 (헌재 2009.10.29. 2008헌바146등)

정당은 정치적 결사로서 국민의 정치적 의사를 적극적으로 형성하고 각계 각층의 이익을 대변하며, 정부를 비판하고 정책적 대안을 제시할 뿐 아니라, 국민 일반이 정치나 국가작용에 영향력을 행사하는 매개체의 역할을 수행하는 등 현대의 대의제 민주주의에 없어서는 안 될 중요한 공적기능을 수행하고 있다.

2. 대의민주주의에서 정당제 민주주의로의 변화

19세기의 민주주의는 국민주권의 원리, 국가권력의 분립, 의원의 국민대표성과 독립성, 민주적 선거제도 등을 기본적인 헌법원리로 하는 대의제적·의회적 민주주의를 의미하였으나, 20세기에 이르러 보통선거제의 실시로 선거권이 확대되면서 대중의사의 집약적 중개기관인 정당이 필요하게 되었고 이러한 정당의 등장과 역할증대에 따라 기존의 대의민주주의는 크게 변질되고 있다. 정당제 민주주의에 의해서 국민은 정당이라는 중개매체를 통해서 실질적이고 현실적인 행동통일체로서 기능하게 되었고, 집권당에 의해 국가권력이 통합되기 시작했다. 또한 의원의 정당기속이 당연한 것으로 간주되면서 무기속위임의 원칙이 명목적인 것이 되었으며 대표를 선출한다는 종래의 선거의 기능도 정부선택을 위한 국민투표적 성격으로 변화되어 왔다.

3. 정당의 헌법상 지위와 법적 성격

오늘날과 같은 대중민주주의 국가에 있어서는 정당은 국가로부터 자유롭고 공개적인 의사형성과 공동체의 정치적 구성에 있어서 필수불가결한 기능을 수행하고, 정당이 국민과 국가통치체제 사이에 개입되지 않고서는 오늘날 대중은 정치나 국가작용에 영향력을 행사하기가 어렵다(헌재 1995.11.30. 94헌마97). 정당은 자발적 조직이기는 하지만 다른 집단과는 달리 그 자유로운 지도력을 통하여 무정형적이고 무질서적인 정치적 의사를 집약하여 정리하여 구체적인 진로와 방향을 제시하며 국정을 책임지는 공권력으로까지 매개하는 중요한 공적 기능을 수행하기 때문에 헌법은 정당의 기능에 상응하는 지위와 권한을 보장함과 동시에 그 헌법질서를 존중해 줄 것을 요구하고 있다(헌재 1991.3.11. 91헌마21)

정당의 법적 성격은 민법상 법인격 없는 사단의 일종으로, 공권력 행사의 주체는 아니고, 정당의 지구당도 단순한 중앙당의 하부조직이 아니라 어느 정도의 독자성을 가진 단체로서 역시 법인격 없는 사단에 해당한다(헌재 1993.7.29. 92헌마262).

4. 정당의 권리와 의무

(1) 정당의 권리

정당은 일반결사에 대해 특별법적 지위에 있기 때문에 그 설립·활동·존립에서 특권을 지니는데, 정당은 헌법재판소의 심판에 의하여 해산되는 경우를 제외하고는 강제해산 당하지 아니한다(헌법 제8조 제4항). 또한 정당은 각종 공직선거에서 후보자를 추천하고 그들의 당선을 위한 선거운동상의 특권을 가지며, 법률이 정하는 바에 의하여 그 운영에 필요한 자금을 국가로부터 보조받을 수 있는 재정·경제상의 특권도 누린다.

정당의 보호 (헌재 1997.5.29. 96헌마85)

우리 헌법은 정당제 민주주의에 바탕을 두고 정당설립의 자유와 복수정당제를 보장하고(헌법 제8조 제1항), 정당의 목적·조직·활동이 민주적인 한 법률이 정하는 바에 의하여 국가가 이를 보호하며, 정당운영에 필요한 자금을 보조할 수 있도록 하는 등(헌법 제8조 제2항 내지 제4항) 정당을 일반결사에 비하여 특별히 두텁게 보호하고 있다.

(2) 정당의 의무

정당은 일정한 조직을 갖추어야 하며, 그 활동이 민주적이어야 한다. 특히 그 내부조직이 민주적일 것을 요구하는데, 이를 당내 민주주의라고 한다. 또한 정당은 그 재원을 공개할 의무가 있는데 이는 정치자금에 관한 법률에서 규정하고 있다.

헌법 제8조 제2항의 의미 (헌재 2009.10.29. 2008헌바146등)

헌법 제8조 제2항은 헌법 제8조 제1항에 의하여 정당의 자유가 보장됨을 전제로 하여, 그러한 자유를 누리는 정당의 목적·조직·활동이 민주적이어야 한다는 요청, 그리고 그 조직이 국민의 정치적 의사형성에 참여하는데 필요한 조직이어야 한다는 요청을 내용으로 하는 것이다.

정당이 그 소속 국회의원을 제명하기 위해서는 당헌이 정하는 절차를 거치는 외에 그 소속 국회의원 전원의 2분의 1 이상의 찬성이 있어야 한다(정당법 제33조).

5. 정당의 조직·운영 및 해산

(1) 정당의 조직

정당의 등록요건에 대해서는 정당법에서 규정하고 있다. 정당은 수도에 소재하는 중앙당과 특별시·광역시·도에 각각 소재하는 시·도당으로 구성한다(동법 제3조). 또한 정당은 5이상의 시·도당을 가져야 하고(동법 제17조), 시·도당은 1천인 이상의 당원을 가져야 하며(동법 제18조 제1항), 그 당원은 시·도당의 관할구역 안에 주소를 두어야 한다(동법 동조 제2항). 정당의 창당활동은 발기인으로 구성된 창당준비위원회가 하게 되는데, 창당준비위원회는 중앙당의 경우 200인 이상, 시·도당의 경우에는 100인 이상의 발기인으로 구성한다(동법 제5·6조). 외국인은 당원이 될 수 없다(동법 제22조 제2항). 즉 외국인인 국립대학교 교수는 정당의 당원이 될 수 있다. 자연인이 아닌 단체나 법인도 당원이 될 수 없다. 또한 2 이상의 정당의 당원이 될 수 없다(동법 제42조 제2항).

(2) 정당의 운영

정당의 운영은 크게 당비, 후원금, 기탁금, 국고보조금으로 이루어진다. 정당은 소속 당원으로부터 당비를 받을 수 있다(정치자금법 제4조). 당비란 명목 여하에 불구하고 정당의 당헌·당규 등에 의하여 정당의 당원이 부담하는 금전이나 유가증권 그 밖의 물건을 말한다(동법 제3조 제3호). 후원금은 후원회의 회원이 후원회에 기부하는 금전이나 유가증권 그 밖의 물건이고, 기탁금은 정치자금을 정당에 기부하고자 하는 개인이 선거관리위원회에 기탁하는 금전이나 유가증권 그 밖의 물건을 말한다(동법 제3조 제4호 및 제5호). 보조금이란 정당의 보호·육성을 위하여 국가가 정당에 지급하는 금전이나 유가증권을 말한다(제3조 제6호).

정치자금법은 정치자금의 기부를 통하여 정치활동하는 것을 방지하기 위해 사회단체의 정치자금기부를 금지하고 있다(제31조).

⑶ 정당의 해산

(가) 자진해산

정당이 대의기관의 결의로써 해산하는 경우로 그 대표자는 당해 선거관리위원회에 신고하여야 한다(정당법 제45조 제1 · 2항).

(나) 등록취소

정당이 정당법 소정의 요건 중 다음 각 호의 어느 하나를 구비하지 못하게 된 때, 당해 선거관리위원회가 정당의 등록을 취소한다(정당법 제44조).

1. 제17조의 법정시 · 도당수(5 이상의 시 · 도당) 및 제18조의 시 · 도당의 법정당원수(1천인 이상의 시 · 도당 당원수)의 요건을 구비하지 못하게 된 때. 다만, 요건의 흠결이 공직선거의 선거일 전 3월 이내에 생긴 때에는 선거일 후 3월까지, 그 외의 경우에는 요건흠결시부터 3월까지 그 취소를 유예
2. 최근 4년간 임기만료에 의한 국회의원선거 또는 임기만료에 의한 지방자치단체의 장선거나 시 · 도의회의원선거에 참여하지 아니한 때
3. 임기만료에 의한 국회의원선거에 참여하여 의석을 얻지 못하고 유효투표총수의 100분의 2 이상을 득표하지 못한 때

(다) 정당의 강제해산(위헌정당해산)

① 위헌정당해산 조항의 의의

헌법 제8조 4항은 “정당의 목적이나 활동이 민주적 기본질서에 위배될 때에는 정부는 헌법재판소에 그 해산을 제소할 수 있고, 정당은 헌법재판소의 심판에 의하여 해산된다”라고 규정하고 있다. 우리나라는 1960년 헌법에서 신설하였다.

위헌정당해산조항의 의의 (헌재 1999.12.23. 99헌마135)

정당의 해산에 관한 위 헌법규정은 민주주의를 파괴하려는 세력으로부터 민주주의를 보호하려는 소위 ‘방어적 민주주의’의 한 요소이고, 다른 한편으로는 헌법 스스로가 정당의 정치적 성격을 이유로 하는 정당금지의 요건을 엄격하게 정함으로써 되도록 민주적 정치과정의 개방성을 최대한으로 보장하려는 것이다.

② 위헌정당해산의 실질적 요건

정당의 목적과 활동이 '민주적 기본질서'에 위배될 때에 한하여 해산되는데, 헌법 제8조 제4항의 엄격한 요건 하에서만 정당설립의 자유에 대한 예외를 허용하고 있다. 국민의 정치적 의사형성에 참여하는 한, '정당의 자유'의 보호를 받는 정당에 해당하며, 헌법재판소가 그의 위헌성을 확인한 경우에만 정당은 정치생활의 영역으로부터 배제될 수 있다(헌재 1999.12.23. 99헌마135).

'민주적 기본질서'의 의미 (헌재 2014.12.19. 2013헌다1)

헌법 제8조 제4항이 의미하는 '민주적 기본질서'는, 개인의 자율적 이성을 신뢰하고 모든 정치적 견해들이 각각 상대적 진리성과 합리성을 지닌다고 전제하는 다원적 세계관에 입각한 것으로서, 모든 폭력적·자의적 지배를 배제하고, 다수를 존중하면서도 소수를 배려하는 민주적 의사결정과 자유·평등을 기본원리로 하여 구성되고 운영되는 정치적 질서를 말하며, 구체적으로는 국민주권의 원리, 기본적 인권의 존중, 권력분립제도, 복수정당제도 등이 현행 헌법상 주요한 요소라고 볼 수 있다.

③ 위헌정당해산의 절차적 요건

정당의 목적이나 활동이 민주적 기본질서에 위배될 때에는 정부는 국무회의의 심의를 거쳐 헌법재판소에 정당해산심판을 청구할 수 있다(헌재법 제55조). 위헌정당해산결정에는 재판관 9인 중 6인 이상의 찬성이 필요하다(헌법 제113조 제1항). 정당의 해산을 명하는 헌법재판소의 결정은 중앙선거관리위원회가 정당법에 따라 집행한다(헌재법 제60조). 해산결정의 통지를 받은 당해 선거관리위원회는 그 정당의 등록을 말소하고 지체없이 그 뜻을 공고하여야 한다(정당법 제47조). 정당해산심판 절차에는 헌법재판소법에 특별한 규정이 있는 경우를 제외하고는 헌법재판의 성질에 반하지 아니하는 한도에서 민사소송에 관한 법령을 준용한다(헌재법 제40조 제1항). 헌법재판소는 정당해산심판의 청구를 받은 때에는 직권 또는 청구인의 신청에 의하여 종국결정의 선고 시까지 피청구인의 활동을 정지하는 결정을 할 수 있다(헌재법 제57조).

정당해산심판절차에 적용되는 법령 (헌재 2014.12.19. 2013헌다1)

정당해산심판절차에 관하여 민사소송에 관한 법령을 준용하도록 한 헌법재판소법 제40조 제1항은 헌법상 재판을 받을 권리를 침해하지 아니하므로, 정당해산심판절차에는 헌법재판소법과 헌법재판소 심판규칙, 그리고 헌법재판의 성질에 반하지 않는 한도 내에서 민사소송에 관한 법령이 적용된다.

④ 위헌정당해산의 효과

정당의 해산을 명하는 결정이 선고된 때에는 그 정당은 해산된다(헌재법 제59조) 위헌정당해산 결정은 창설적 효력을 가진다. 따라서 해산결정을 선고받은 정당은 선고와 동시에 정당으로서의 모든 특권을 잃고 불법결사가 된다. 위헌결정된 정당은 해산된 정당의 대표자나 간부는 해산된 정당의 강령과 동일하거나 유사한 대체정당을 창당하지 못하며, 해산된 정당의 명칭과 같은 명칭도 다시 사용하지 못한다. 또 해산된 정당의 잔여재산은 국고로 귀속된다(정당법 제40 · 41 · 48조).

해산된 정당 소속 국회의원의 자격상실 문제는 이에 대한 명문 규정이 없으나, 헌법재판소는 해산정당 소속 국회의원의 의원직 상실은 위헌정당해산 제도의 본질로부터 인정되는 기본적 효력이므로 위헌정당해산심판을 통하여 정당이 강제해산되는 경우 지역구와 비례대표를 불문하고 해당 정당소속 국회의원은 모두 자격이 상실된다고 한다(헌재 2014.12.19. 2013헌다1).

해산된 정당 소속 지방의회의원의 자격에 대해서는, 헌법재판소는 공직선거법 제192조 제4항의 의미를 정당이 '자진해산'하는 경우 비례대표 국회의원은 퇴직되지 않는다고 함으로써 중앙선거관리위원회는 위헌정당 소속 비례대표 지방의회의원의 경우에도 의원직을 상실하는 것으로 해석하여 통합진보당 소속 비례대표 지방의회의원 자격을 상실시키는 결정을 내렸다. 하지만, 이러한 중앙선거관리위원회의 결정에 대해 대법원은 국회의원과 달리 비례대표 지방의회의원의 지위는 상실되지 않는다고 판단했다(대판 2021.4.29. 2016두39825). 입법으로 해결할 문제이다.

위헌정당해산의 효과 (헌재 2014.12.19. 2013헌다1)

헌법재판소의 해산결정으로 정당이 해산되는 경우에 그 정당 소속 국회의원이 의원직을 상실하는지에 대하여 명문의 규정은 없으나, 정당해산심판제도의 본질은 민주적 기본질서에 위배되는 정당을 정치적 의사형성과정에서 배제함으로써 국민을 보호하는 데에 있는데 해산정당 소속 국회의원의 의원직을 상실시키지 않는 경우 정당해산결정의 실효성을 확보할 수 없게 되므로, … 헌법재판소의 정당해산결정이 있는 경우 그 정당 소속 국회의원의 의원직은 당선 방식을 불문하고 모두 상실되어야 한다.

6. 관련 판례

* 헌법 제8조 제4항의 정당해산심판제도는 정치적 반대세력을 제거하고자 하는 정부의 일방적인 행정처분에 의해서 유력한 진보적 야당이 등록취소되어 사라지고 말았던 우리 현대사에 대한 반성의 산물로서 1960년 제3차 헌법 개정을 통해 헌법에 도입된 것이다(헌재 2014.12.19. 2013헌다1).
* 헌법 제8조 제4항의 민주적 기본질서 개념은 정당해산결정의 가능성과 긴밀히 결부되어 있다. 이 민주적 기본질서의 외연이 확장될수록 정당해산결정의 가능성은 확대되고, 이와 동시에 정당 활동의 자유는 축소될 것이다. 민주 사회에서 정당의 자유가 지니는 중대한 함의나 정당해산심판제도의 남용가능성 등을 감안한다면, 헌법 제8조 제4항의 민주적 기본질서는 최대한 엄격하고 협소한 의미로 이해해야 한다. … 민주적 기본질서를 현행 헌법이 채택한 민주주의의 구체적 모습과 동일하게 보아서는 안 된다(헌재 2014.12.19. 2013헌다1).
* 비례원칙은 우리 헌법재판소가 법률이나 기타 공권력 행사의 위헌 여부를 판단할 때 사용하는 위헌심사 척도의 하나이다. 그러나 정당해산심판제도에서는 헌법재판소의 정당해산결정이 정당의 자유를 침해할 수 있는 국가권력에 해당하므로 헌법재판소가 정당해산결정을 내리기 위해서는 그 해산결정이 비례원칙에 부합하는지를 숙고해야 하는바, 이 경우의 비례원칙 준수 여부는 그것이 통상적으로 기능하는 위헌심사의 척도가 아니라 헌법재판소의 정당해산결정이 충족해야 할 일종의 헌법적 요건 혹은 헌법적 정당화 사유에 해당한다. 이와 같이 강제적 정당해산은 우리 헌법상 핵심적인 정치적 기본권인 정당 활동의 자유에 대한 근본적 제한이므로 헌법재판소는 이에 관한 결정을 할 때 헌법 제37조 제2항이 규정하고 있는 비례원칙을 준수해야만 하는 것이다(헌재 2014.12.19. 2013헌다1).
* 대통령은 국무회의의 의장으로서 회의를 소집하고 이를 주재하지만 대통령이 사고로

직무를 수행할 수 없을 경우에는 국무총리가 그 직무를 대행할 수 있고, 대통령이 해외 순방 중인 경우는 '사고'에 해당되므로, 대통령의 직무상 해외 순방 중 국무총리가 주재한 국무회의에서 이루어진 정당해산심판청구서 제출안에 대한 의결은 위법하지 아니한다(헌재 2014.12.19. 2013헌다1).

* 국회의원선거에 참여하여 의석을 얻지 못하고 유효투표총수의 100분의 2 이상을 득표하지 못한 정당에 대해 그 등록을 취소하도록 한 구 「정당법」 조항은 신생·군소정당으로 하여금 국회의원선거에의 참여 자체를 포기하게 할 우려도 있어 과잉금지원칙에 위반되어 정당설립의 자유를 침해한다(헌재 2014.1.28. 2012헌마431).
* 각 시·도당 내에 1천인 이상의 당원을 획일적으로 요구하고 있는 정당법 제18조 제1항은 국민의 정당설립의 자유에 어느 정도 제한을 가하고 있으나, 그러한 제한은 국민의 정치적 의사형성 과정에 참여해야 한다는 정당의 개념표지를 구현하기 위한 합리적인 제한이라고 할 것이므로 헌법적으로 정당화된다고 할 것이다(헌재 2006.3.30. 2004헌마246).
* 민주적 의사형성과정의 개방성을 보장하기 위하여 정당설립의 자유를 최대한으로 보호하려는 헌법 제8조의 정신에 비추어, 정당의 설립 및 가입을 금지하는 법률조항은 이를 정당화하는 사유의 중대성에 있어서 적어도 '민주적 기본질서에 대한 위반'에 버금가는 것이어야 한다고 판단된다(헌재 1999.12.23. 99헌마135).
* 정당법 제17조에서 정당의 등록요건으로 5 이상의 시·도당을 가져야 한다고 규정한 것은 '정당설립의 자유'라는 기본권에 대한 제한임이 분명하다. 하지만 지역적 연고에 지나치게 의존하는 정당정치풍토의 문제점과 전국정당으로서 국민의 정치적 의사형성에 참여하는데 필요한 조직을 갖추어야 한다는 헌법 제8조 제2항의 취지에 비추어 볼 때 입법자의 판단이 자의적이라고 볼 수 없다(헌재 2006.3.30. 2004헌마246).
* 자유위임은 의회내에서의 정치의사형성에 정당의 협력을 배척하는 것이 아니며, 의원이 정당과 교섭단체의 지시에 기속되는 것을 배제하는 근거가 되는 것도 아니다. 특정 정당에 소속된 국회의원이 정당기속 내지는 교섭단체의 결정에 위반하는 정치활동을 한 이유로 제재를 받는 경우, 국회의원 신분을 상실하게 할 수는 없으나 "정당내부의 사실상의 강제" 또는 소속 "정당으로부터의 제명"은 가능하다(헌재 2003.10.30. 2002헌라1).
* 초·중등학교 교원의 정치활동은 교육수혜자인 학생의 입장에서는 수업권의 침해로 받아들여질 수 있다는 점에서 현시점에서는 국민의 교육기본권을 더욱 보장함으로써 얻을 수 있는 공익을 우선시해야 하므로 초·중등학교 교원의 정당가입금지는 정당화된다(헌재 2004.3.25. 2001헌마710).
* 경찰청장이 퇴직일로부터 2년 이내에는 정당의 발기인이 되거나 당원이 될 수 없도

록 하는 것은 헌법의 정당 설립 및 가입의 자유를 침해한다(헌재 1999.12.23. 99헌마135).

* 정치자금법상 국고보조금 배분에 있어서 교섭단체 구성 여부에 따라 차등을 두는 것은 다수의석을 가지고 있는 원내정당을 우대하고자 하는 것으로 합리적 이유가 있다(헌재 2006.7.27. 2004헌마655).
* 헌법 제8조 제1항은 국민 누구나 국가의 간섭을 받지 아니하고 정당을 설립할 권리를 기본권으로 보장하고 있는바, 입법자는 정당설립의 자유를 최대한 보장하는 방향으로 입법하여야 하고, 헌법재판소가 정당설립의 자유를 제한하는 법률의 합헌성을 심사할 때에는 헌법 제37조 제2항에 따라 엄격한 비례심사를 하여야 한다(헌재 2014.1.28. 2012헌마431).
* 헌법 제8조의 정당조항에서 부여하는 정당의 자유는 국민이 개인적으로 가지는 기본권일 뿐만 아니라 단체로서의 정당이 가지는 기본권이기도 하다(헌재 2006.3.30. 2004헌마246).
* 국회의원 총선거 결과 원내에 진출하지 못하고 득표율이 저조하다는 우연한 결과에 근거하여 해당 정당의 등록을 취소함으로써 정당을 소멸시키는 것은 정당설립의 자유 제한에 있어 비례원칙을 지키지 못하여 헌법상 보장된 정당설립의 자유를 침해한다(헌재 2014.1.26. 2012헌마413).
* 헌법 제8조 제1항 전단의 정당설립의 자유는 정당설립의 자유만이 아니라 누구나 국가의 간섭을 받지 아니하고 자유롭게 정당에 가입하고 정당으로부터 탈퇴할 수 있는 자유를 함께 보장한다(헌재 2006.3.30. 2004헌마246).
* 정당의 설립과 활동의 자유를 보장하는 것은 선거제도의 민주화와 국민주권을 실질적으로 현실화하고 정치적으로 자유민주주의 구현에 기여하는 데 그 목적이 있는 것이지 정치의 독점이나 무소속후보자의 진출을 봉쇄하는 정당의 특권을 설정할 수 있는 것을 의미하는 것이 아니다(헌재 1992.3.13. 92헌마37).
* 정당등록이 취소된 이후에 '등록정당'에 준하는 '권리능력 없는 사단'으로서의 실질을 유지하는 경우, 헌법소원의 청구인 능력을 인정할 수 있다. 이때 정당의 청구인 능력은 정당법상의 등록요건을 구비함으로써 생기는 것이 아니고, 그 법적 성격이 권리능력 없는 사단이라는 점에서 인정되는 것이다(헌재 2006.3.30. 2004헌마246).
* 정당국가적 경향이 강화될수록 정당제 민주주의의 현실과 국회의원의 무기속위임(자유위임)원칙의 충돌문제가 제기된다(헌재 2003.10.30. 2002헌라1).

Ⅲ. 선거제도選擧制度

1. 선거의 개념과 법적 성격

민주국가에 있어서 선거는 국가권력에 대하여 민주적 정당성을 부여하고 국민을 정치적으로 통합하는 중요한 방식이다(헌재 1995.7.21. 92헌마177등). 선거란 국민 또는 지역주민의 대표자를 선출하는 것을 말하며, 그 법적인 성격은 합성행위(선거인에 의한 국민대표 또는 주민대표 선임행위)이다. 선거권이란 선거에 있어 투표에 참여할 수 있는 권리를 말하며, 그 법적 성격은 공무수행인 동시에 참정권의 행사라는 양면성을 가진다. 피선거권이란 선거에 의하여 대통령·국회의원·자치단체장·지방의회의원 등 국가기관 또는 지방자치단체기관의 구성원으로 선출될 수 있는 자격을 말한다.

국민주권의 원리와 선거 (헌재 2003.9.25. 2003헌마106)

민주국가에서의 국민주권의 원리는 무엇보다도 대의기관의 선출을 의미하는 선거와 일정사항에 대한 국민의 직접적 결단을 의미하는 국민투표에 의하여 실현된다. 특히 선거는 오늘날의 대의민주주의에서 주권자인 국민이 주권을 행사할 수 있는 가장 의미 있는 수단이며, 모든 국민이 선거권과 피선거권을 가지며 균등하게 선거에 참여할 기회를 가진다는 것은 민주국가에서 국가권력의 민주적 정당성을 담보하는 불가결의 전제이다.

2. 선거제도의 기능

국가기관의 대표자를 선출하는 것은 민주정치의 성패를 결정하는 요소가 되며, 민의에 의한 정치를 가능하게 하는 것으로 선거는 주권재민을 실현시킬 수 있는 가장 본질적 수단이다. 민주주의 통치의 정당성은 선거에 의하여만 확보되고, 선거는 소수가 다수가 될 수 있는 기회균등을 보장하는 기능을 지닌다. 또한 오늘날 선거는 대표자선출의 성격과 정부정책에 대한 국민투표의 성격을 동시에 지니고 있다. 즉 올바른 선거제도의 확립과 선거의 공정성 확보는 현대 대의민주주의의 중핵이다.

선거제도의 목적 (헌재 1989.9.8. 88헌가6)

민주주의의 기본적 가치라고 할 수 있는 주권재민의 원리(헌법 제1조)가 현실적인 제도로 구체적으로 현출되는 것이 선거제도이고 선거법이다. 권력원리, 주권원리를 그 실질성과 구체성이 배제된 단편적인 자연법론에 따른 형식적 추상적 국민주권론의 입장에서만 파악하여 선거법을 다룰 것이 아니라, 유권자에게 사회발전에 부응해 갈 수 있도록 주권의 행사를 실질적으로 할 수 있게 제도와 권리를 보장하여 새로운 정치질서를 형성해 갈 수 있게 하는 것이 우리 헌법상의 국민주권을 실질화하는 것이다.

3. 선거의 기본원칙

선거제도의 원리는 그 개인의 민주주의적 정치 참여의 실현을 기하는 정치원리로 국민 각자의 인격주의에 바탕을 두고 있다. 즉 현대 선거제도를 지배하는 보통, 평등, 직접, 비밀, 자유선거의 다섯 가지 원칙은 국민 각자의 인격의 존엄성을 인정하고 그 개인을 정치적 단위로 모든 사람에게 자유로운 선거와 참여의 기회를 균등하게 헌법이 보장하는 데에 기초를 두고 있다. 이러한 선거제도의 근본원칙은 선거인, 입후보자와 정당은 물론 선거절차와 선거관리에도 적용되며, 선거법을 제정하고 개정하는 입법자의 입법형성권 행사에도 당연히 준수하여야 한다(헌재 1989.9.8. 88헌가6).

(1) 보통선거普通選擧

보통선거는 제한선거에 대응하는 개념으로서 재력이나 납세액 · 사회적 신분 · 인종 · 신앙 · 성별 · 교육 등을 요건으로 하지 아니하고, 일정한 연령에 달한 자에게 원칙적으로 선거권을 인정하는 것을 말한다. 우리 헌법은 제24조에서 "모든 국민은 법률이 정하는 바에 의하여 선거권을 가진다"고 규정하고 제41조 제1항(제67조 제1항)은 "보통 · 평등 · 직접 · 비밀선거"를 선거의 기본원칙으로 규정하고 있다.

보통선거의 의미 (헌재 2001.6.28. 2000헌마111)

보통선거라 함은 개인의 납세액이나 소유하는 재산을 선거권의 요건으로 하는 제한선거에 대응하는 것으로, 이러한 요건뿐만 아니라 그밖에 사회적 신분 · 인종 · 성별 · 종교 · 교육 등을 요건으로 하지 않고 일정한 연령에 달한 모든 국민에게 선거권을 인정하는 제도를 말한다. 보통선거제도를 채용하고 있는 모든 국가들은 연령에 의한 선거권의 제한을 인정하고 있다. 이와 같이 연령에 의하여 선거권을 제한할 수밖에 없는 것은 국정 참여수단으로서의 선거권행사는 일정한 수준의 정치적인 판단능력이 전제되어야 하기 때문이다.

헌법은 제24조에서 모든 국민은 '법률이 정하는바'에 의하여 선거권을 가진다고 규정함으로써 선거권 연령의 구분을 입법자에게 위임하고 있다. 보통선거에서 선거권 연령을 몇 세로 정할 것인가의 문제는 입법자가 그 나라의 역사, 전통과 문화, 국민의 의식수준, 교육적 요소 등 여러 가지 사항을 종합하여 결정하는 것으로, 입법자가 선택한 수단이 현저하게 불합리하고 불공정한 것이 아닌 한 재량에 속한다(헌재 2001.6.28. 2000헌마111). 다만 보통선거에 대한 예외는 부득이한 경우에 제한적으로만 허용되어야 하며 그것도 불가피한 최소한의 정도에 그쳐야 한다(헌재 1999.1.28. 97헌마253 등).

현행 공직선거법(2019.12.27. 개정)은 제15조에서 선거연령을 18세 이상으로 개정하여 참정권의 범위를 확대하였다(※ 2022.12.27. 신설된 행정기본법 제7조의2에 의하여 2023년 6월 28일(시행일)부터 행정에 관한 연령은 '만 나이'로 통일되었다). 이는 사실상 고등학생들 중 선거연령에 달한 자의 직접적 참여권을 인정하는 기준을 마련한 것인데, 국공립학교 · 사립학교에서의 선거운동에 대한 해석의 문제는 남아 있다.

수형자와 집행유예자의 선거권제한 (헌재 2014.1.28. 2012헌마409 · 510)

범죄자가 저지른 범죄의 경중을 전혀 고려하지 않고 수형자와 집행유예자 모두의 선거권을 제한하는 것은 침해의 최소성원칙에 어긋난다. 특히 집행유예자는 집행유예 선고가 실효되거나 취소되지 않는 한 교정시설에 구금되지 않고 일반인과 동일한 사회생활을 하고 있으므로, 그들의 선거권을 제한해야 할 필요성이 크지 않다.

헌법재판소는 선거법상 요구되는 기탁금이 지나치게 고액이면 이는 실질적으로 피선거권의 기회를 박탈하는 결과가 되므로 보통선거의 원칙에 반하여 위헌이라고 하였다(헌재 1989.9.8. 88헌가6).

⑵ 평등선거平等選擧

차등선거 또는 불평등선거에 대응하는 개념으로서, 여기에는 투표의 수적 평등(1인 1표의 원칙)과 성과가치의 평등(1표의 투표가치가 평등할 뿐 아니라 그 표로써 대표자선정에 기여한 정도도 평등하여야 한다는 원칙)을 포함한다. 다시 말해, 평등선거의 원칙은 헌법 제11조 제1항 평등의 원칙이 선거제도에 적용된 것으로서 투표의 수적 평등, 1인 1표 원칙one man, one vote과 투표의 성과가치의 평등, 1표의 투표가치가 대표자선정이라는 선거의 결과에 대하여 기여한 정도에 있어서도 평등하여야 한다는 원칙one vote, one value을 그 내용으로 할 뿐만 아니라(헌재 1995.12.27. 95헌마224등), 일정한 집단의 의사가 정치과정에서 반영될 수 없도록 차별적으로 선거구를 획정하는 이른바 '게리맨더링'에 대한 부정을 의미하기도 한다(헌재 2001.10.25. 2000헌마92등). 또한 평등선거는 정당의 평등과 선거참여자의 평등을 요구한다.

정당의 평등 (헌재 1989.9.8. 88헌가6)

정당추천 후보자와 무소속 후보자의 기탁금에 1,000만원과 2,000만원의 차등을 둔 것은 정당인과 비정당인을 불합리하게 차별하는 것으로 헌법 제41조의 선거원칙에 반하고 헌법 제11조의 평등보호규정에 위배된다.

평등선거의 원칙과 관련하여 가장 문제되는 것이 선거구 획정의 문제이다. 합리적인 선거구의 획정 내지 분할에 의해서만 국민의 의사가 정확하게 반영될 수 있으며 나아가 평등선거의 실현이 가능한 것은 두말할 나위가 없으나, 전 선거구의 인구가 완전히 균등할 것을 요구하는 것은 현실적으로 불가능하기 때문에 발생하는 문제인 것이다.

헌법재판소는 이에 대해서 1995년의 1차 결정에서는 전국선거구 평균인구수를 기준으로 상하 60%(최대선거구와 최소선거구의 인구수 비율이 4 : 1)의 인구편차를 허용한도로 하였으나(헌재 1995.12.27. 95헌마224), 2001년 2차 결정에서는 상하 50%를 기준(최대선거구와 최소선거구의 인구수 비율이 3 : 1)으로 위헌 여부를 판단하면서 앞으로 상당한 기간이 지난 후에는 상하 33.3% 또는 그 미만의 기준에 따라 위헌 여부를 판단할 것이라고 하였다(헌재 2001.10.25. 2000헌마92). 그러나 그 이후 헌법재판소는 '최대선거구와 최소선거구의 인구비율이 2 : 1'이 넘는 선거구획정에 대해 헌법에 합치되지 않는다고 보았다(헌재 2014.10.30. 2012헌마190등). 이에 비해서 헌법재판소는 지방의회의원선거에서는 4 : 1의 인구편차를 합헌으로 결정하였다.

(3) 직접선거直接選擧

간접선거에 대응하는 것으로 일반선거인이 대표자를 직접 선출하는 선거원칙을 말한다. 즉 직접선거의 원칙은 선거결과가 선거권자의 투표에 의하여 직접 결정될 것을 요구하는 원칙이다. 국회의원선거와 관련하여 보면, 국회의원의 선출이나 정당의 의석획득이 중간선거인이나 정당 등에 의하여 이루어지지 않고 선거권자의 의사에 따라 직접 이루어져야 함을 의미한다. 그러므로 비례대표제를 채택하는 한 직접선거의 원칙은 의원의 선출뿐만 아니라 정당의 비례적인 의석확보도 선거권자의 투표에 의하여 직접 결정될 것을 요구한다(헌재 2001.7.19. 2000헌마91등).

중간선거인을 선출하여 대표자를 선출하는 것은 불허되며 투표가 끝난 후에 비례대표 후보의 순위를 바꾸거나 사람을 바꾸는 것도 직접선거의 원칙에 반한다. 헌법재판소는 종래 비례대표의원명부에 투표하지 않았던 1인 1표제도 정당의 명부작성행위가 최종적·결정적 의미를 지니므로 직접선거의 원칙에 반한다고 판시하였다.

1인1표제 하의 비례대표제와 직접선거의 원칙 (헌재 2001.7.19. 2000헌마91등)

비례대표제 하에서의 직접선거의 원칙은 정당의 비례적인 의석확보도 선거권자의 투표에 의하여 직접 결정될 것을 요구한다. 비례대표의원의 선거는 지역구의원의 선거와는 별도의 선거로서 이에 관한 유권자의 별도의 의사표시, 즉 정당명부에 대한 별도의 투표가 있어야 한다. 그런데 1인 1표 제도는 정당명부에 대한 투표가 따로 없으므로 결국 비례대표의원의 선출에 있어서는 정당의 명부작성행위가 최종적·결정적인 의의를 지니게 되고, 선거권자들의 투표행위로써 비례대표의원의 선출을 직접·결정적으로 좌우할 수 없기 때문에 직접선거의 원칙에 위배된다.

고정명부식 비례대표제와 직접선거의 원칙 (헌재 2001.7.19. 2000헌마91등)

고정명부식 비례대표제는 비례대표후보자명단과 그 순위, 의석배분방식은 선거시에 이미 확정되어 있고, 투표 후 후보자명부의 순위를 변경하는 것과 같은 사후개입은 허용되지 않는다. 그러므로 비록 후보자 각자에 대한 것은 아니지만 선거권자가 종국적인 결정권을 가지고 있으며, 선거결과가 선거행위로 표출된 선거권자의 의사표시에만 달려 있다고 할 수 있다. 따라서 고정명부식을 채택한 것 자체가 직접선거원칙에 위반된다고는 할 수 없다.

(4) 비밀선거秘密選擧

공개선거에 대응하는 것으로서 선거인이 누구에게 투표하였는가를 제3자가 알지 못하게 하는 것을 말한다. 이 원칙은 선거권자가 타인의 간섭을 받지 않고 독자적인 판단에 의하여 선거를 할 수 있도록 기능한다. 비밀투표의 전형은 무기명투표에 의한 용지 비밀투표제와 투표용지 관급제 및 투표내용에 관한 진술거부권이다. 투표의 비밀을 침해하지 않는 범위 내의 출구조사는 비밀선거 위반이 아니다.

공직선거법 제167조에서도 투표의 비밀은 보장되어야 하며(제1항), 선거인은 투표한 후보자의 성명이나 정당명을 누구에게도 또한 어떠한 경우에도 진술할 의무가 없으며, 누구든지 선거일의 투표 마감시각까지 이를 질문하거나 그 진술을 요구할 수 없도록 규정한다. 다만, 텔레비전방송국·라디오방송국·「신문 등의 진흥에 관한 법률」 제2조 제1호 가목 및 나목에 따른 일간신문사가 선거의 결과를 예상하기 위하여 선거일에 투표소로부터 50미터 밖에서 투표의 비밀이 침해되지 않는 방법으로 질문하는 경우에는 그러하지 아니하며 이 경우 투표마감 시각까지 그 경위와 결과를 공표할 수 없다(제2항). 또한 선거인은 자신이 기표한 투표지를 공개할 수 없으며, 공개된 투표지는 무효로 한다(제3항).

(5) 자유선거自由選擧

강제선거에 대응하는 것으로 선거권자가 외부로부터 간섭 없이 자유롭게 후보자를 선택할 수 있는 선거원칙을 말한다. 이는 선거에 참여하지 않을 내용도 포함한다. 우리 헌법은 명문의 규정을 두고 있지 않으나 일반적으로 자유선거는 헌법에 내재하는 당연한 선거원칙으로 해석하고 있다. 즉 자유선거의 원칙은 비록 우리 헌법에 명시되지는 않았지만 민주국가의 선거제도에 내재하는 법원리인 것으로서 국민주권의 원리, 의회민주주의의 원리 및 참정권에 관한 규정에서 그 근거를 찾을 수 있다(헌재 1999.9.16. 99헌바5).

선거운동의 자유 (헌재 2009.3.26. 2006헌마526)

선거운동의 자유는 널리 선거과정에서 자유로이 의사를 표현할 자유의 일환이므로 표현의 자유의 한 태양이기도 하다. 표현의 자유, 특히 정치적 표현의 자유는 선거과정에서의 선거운동을 통하여 국민이 정치적 의견을 자유로이 발표·교환함으로써 비로소 그 기능을 다하게 된다 할 것이므로, 선거운동의 자유는 헌법에 정한 언론·출판·집회·결사의 자유 보장 규정에 의한 보호를 받는다.

4. 대표제와 선거구제代表制와 選擧區制

(1) 대표제와 선거구제의 의의

대표제란 대표 결정방식 또는 의원정수 배분방식을 말하고, 선거구제라 함은 선거인단을 지역단위로 분할하는 방식을 말한다. 대표제와 선거구제는 대체로 표리관계에 있다. 선거제도의 중요한 요소인 선거구를 획정함에 있어서도 1인 1표와 투표가치 평등의 원칙을 고려한 선거구간의 인구의 균형뿐만 아니라, 그 나라의 행정구역, 지세, 교통사정, 생활권 내지 역사적, 전통적 일체감 등 여러 가지 정책적·기술적 요소가 고려될 수 있을 것이다(헌재 1998.11.26. 96헌마74등).

선거구획정에 관하여 국회의 광범한 재량이 인정되지만 평등선거의 실현이라는 헌법적 요청에 의하여 일정한 한계가 있다. 첫째, 선거구획정에 있어서 인구비례원칙에 의한 투표가치의 평등은 헌법적 요청으로서 다른 요소에 비하여 기본적이고 일차적인 기준이기 때문에, 합리적 이유 없이 투표가치의 평등을 침해하는 선거구획정은 자의적인 것으로서 헌법에 위반된다. 둘째, 특정 지역의 선거인들이 자의적인 선거구획정으로 인하여 정치과정에 참여할 기회를 잃게 되었거나, 그들이 지지하는 후보가 당선될 가능성을 의도적으로 박탈당하고 있음이 입증되어 특정 지역의 선거인들에 대하여 차별하고자 하는 국가권력의 의도와 그 집단에 대한 실질적인 차별효과가 명백히 드러난 경우, 즉 게리맨더링에 해당하는 경우에는, 그 선거구획정은 입법재량의 한계를 벗어난 것으로서 헌법에 위반된다(헌재 2001.10.25. 2000헌마92등).

⑵ 대표제의 유형

다수대표제란 다수자만이 대표를 낼 수 있고 소수자는 대표를 내는 것이 불가능한 대표제를 말한다. 이에는 과반수의 득표와 같은 일정한 득표수를 요구하는 절대다수대표제와 상대적 다수를 요하는 상대다수대표제가 있다. 이에 대하여 소수대표제라 함은 한 선거구에서 2인 이상의 대표를 선출하는 제도를 말하며 소수당도 대표자를 낼 수 있는 대표제이다. 다수대표제가 소선거구제와 결합하면 양당제의 형성에 기여하여 정국의 안정을 기할 수 있는 장점이 있으나 유효소수표가 대표관계에 반영되지 아니하고 사표가 되는 단점이 있다.

비례대표제란 각 정당에게 득표수에 비례하여 의석을 배분하는 대표제를 말하며 가장 전형적인 것이 정당명부식비례대표제이다. 우리나라에서도 헌법재판소의 기존의 1인 1표제에 대한 위헌결정에 따른 공직선거법의 개정으로 후보자와 정당에 대해 각각 1표씩을 투표하는 1인 2표제가 채택되었다.

⑶ 선거구제의 유형

1선거구에서 1명의 대표자를 선출하는 제도를 소선거구제라고 한다. 군소정당의 출현이 방지되고 선거경비의 절약 및 선거운동과 대표선택의 용이라는 장점이 있는 반면 사표가 많고 당리당략적인 선거구 획정의 위험이 없지 아니하다. 중선거구제는 한 선거구에서 2명 내지 3명의 대표자를 선출하는 선거구제인데 지역구의 과대와 과소에 따른 모순과 결함을 완화할 수 있는 장점이 있으나, 선거인들이 후보자를 선택하는 데 어려움이 있고 선거비용이 과다하게 소요되는 단점이 있다. 대선거구제는 한 선거구에서 3명 또는 4명 이상의 대표자를 선출하는 제도이다. 소선거구제와 정반대의 장・단점을 가지는 선거구제로 사표가 적고 선거의 공정을 기하기에는 용이하지만 정국이 불안정하게 되기 쉽고 보궐선거와 재선거의 실시가 곤란한 단점이 있다.

5. 대한민국의 선거제도(공직선거법의 주요내용)

(1) 선거권과 피선거권選擧權과 被選擧權

(가) 18세 이상의 국민은 대통령선거권과 국회의원선거권을 가진다. 18세 이상의 국민으로서 선거인명부 작성기준일 현재 당해 지방자치단체의 관할구역 안에 주민등록이 되어 있는 자는 지방자치단체의 장과 지방의회의원의 선거권을 가진다(공직선거법 제15조).

참고

2022.12.27. 신설된 행정기본법 제7조의2에 의하여 2023년 6월 28일(시행일)부터 행정에 관한 연령은 '만 나이'로 통일되었다. 공직선거법상의 연령도 만 나이로 해석하여야 한다.

행정기본법 제7조의2(행정에 관한 나이의 계산 및 표시) 행정에 관한 나이는 다른 법령등에 특별한 규정이 있는 경우를 제외하고는 출생일을 산입하여 만(滿) 나이로 계산하고, 연수(年數)로 표시한다. 다만, 1세에 이르지 아니한 경우에는 월수(月數)로 표시할 수 있다. [본조신설 2022.12.27.][시행 2023.6.28.]

다만, 금치산선고를 받은 자, 1년 이상의 징역 또는 금고의 형의 선고를 받고 그 집행이 종료되지 아니하거나 그 집행을 받지 아니하기로 확정되지 아니한 자(다만, 그 형의 집행유예를 선고받고 유예기간 중에 있는 사람은 제외), 선거범으로서 100만원 이상의 벌금형의 선고를 받고 그 형이 확정된 후 5년 또는 형의 집행유예의 선고를 받고 그 형이 확정된 후 10년을 경과하지 아니하거나 징역형의 선고를 받고 그 집행을 받지 아니하기로 확정된 후 또는 그 형의 집행이 종료되거나 면제된 후 10년을 경과하지 아니한 자, 법원의 판결 또는 다른 법률에 의하여 선거권이 정지 또는 상실된 자는 선거권이 없다(동법 제18조).

(나) 대통령은 현재 5년 이상 국내에 거주하고 있는 40세 이상의 국민, 국회의원은 25세 이상의 국민, 지방의회의원·단체장은 선거일 현재 계속하여 60일 이상 당해 지방자치단체의 관할구역 안에 주민등록이 되어 있는 주민으로서 25세 이상의 국민에 한하여 피선거권을 가진다(동법 제16조).

⑵ 선거일

대통령의 임기가 만료되는 때에는 임기만료 70일 내지 40일전에 후임자를 선거한다(헌법 제68조 제1조).

공직선거법 제34조는 선거일을 법정화하고 있다. 이는 선거가 누구에게 유리함이 없이 공정하게 진행되기 위함이다. 임기만료에 의한 선거의 선거일은 다음과 같다(공직선거법 제34조 제1항).

1. 대통령선거는 그 임기만료일전 70일 이후 첫번째 수요일
2. 국회의원선거는 그 임기만료일전 50일 이후 첫번째 수요일
3. 지방의회의원 및 지방자치단체의 장의 선거는 그 임기만료일전 30일 이후 첫번째 수요일

위 규정에 의한 선거일이 국민생활과 밀접한 관련이 있는 민속절 또는 공휴일인 때와 선거일전일이나 그 다음날이 공휴일인 때에는 그 다음 주의 수요일로 규정한다(공직선거법 제34조 제2항).

⑶ 후보자추천 및 기탁금

(가) 후보자 추천

비례대표국회의원선거 및 비례대표지방의회의원선거를 제외하고 관할선거구안에 주민등록이 된 선거권자는 각 선거별로 정당의 당원이 아닌 자를 당해 선거구의 후보자(무소속후보자)로 추천할 수 있다(제48조 제1항).

무소속후보자가 되고자 하는 자는 관할선거구선거관리위원회가 후보자등록신청개시일 전 5일(대통령의 임기만료에 의한 선거에 있어서는 후보자등록신청개시일전 30일, 대통령의 궐위로 인한 선거 등에 있어서는 그 사유가 확정된 후 3일)부터 검인하여 교부하는 추천장을 사용하여 다음 각 호에 의하여 선거권자의 추천을 받아야 한다.

1. 대통령선거: 5 이상의 시 · 도에 나누어 하나의 시 · 도에 주민등록이 되어 있는 선거권자의 수를 700인 이상으로 한 3천500인 이상 6천인 이하
2. 지역구국회의원선거 및 자치구 · 시 · 군의 장 선거: 300인 이상 500인 이하
3. 지역구시 · 도의원선거: 100인 이상 200인 이하
4. 시 · 도지사선거: 당해 시 · 도안의 3분의 1 이상의 자치구 · 시 · 군에 나누어 하나의 자치구 · 시 · 군에 주민등록이 되어 있는 선거권자의 수를 50인 이상으로 한 1천인 이상 2천인 이하
5. 지역구자치구 · 시 · 군의원선거: 50인 이상 100인 이하. 다만, 인구 1천인 미만의 선거구에 있어서는 30인 이상 50인 이하

무소속입후보자의 선거권자 추천 (헌재 1996.8.29. 96헌마99)

무소속후보자의 입후보에 선거권자의 추천을 받도록 하고 있는 것은 국민인 선거권자의 추천에 의한 일정한 자격을 갖추게 하여 후보자가 난립하는 현상을 방지하는 한편, 후보자등록 단계에서부터 국민의 의사가 반영되도록 함으로써 국민의 정치적 의사가 효과적으로 국정에 반영되도록 하기 위한 것이다.

기초자치단체의원선거의 후보자는 정당의 지지나 추천을 받을 수 없다는 공선법 규정에 대해서는 1999년의 1차 결정에서는 지방자치의 제도적 보장을 위한 합헌적 규정이라고 판시하였으나(헌재 1999.11.25. 99헌바28), 2003년 2차 결정에서는 정당 및 후보자의 선거운동의 자유를 침해하는 위헌적인 규정이라고 판례를 변경하였다(헌재 2003.1.30. 2001헌가4).

정당 및 후보자의 선거운동의 자유 (헌재 2003.1.30. 2001헌가4)

후보자에 대한 정당의 지지·추천 여부는 유권자들이 선거권을 행사함에 있어서 중요한 참고사항이 될 수밖에 없는데도 불구하고, …이러한 점들을 종합할 때, 정당표방을 금지함으로써 얻는 공익적 성과와 그로부터 초래되는 부정적인 효과 사이에 합리적인 비례관계를 인정하기 어려워, 법익의 균형성을 현저히 잃고 있다고 판단된다.

(나) 기탁금寄託金

후보자등록을 신청하는 자는 등록신청 시에 후보자 1명마다 다음 각 호의 기탁금을 중앙선거관리위원회규칙으로 정하는 바에 따라 관할선거구선거관리위원회에 납부하여야 한다(동법 제56조 제1항).

1. 대통령선거는 3억원
2. 국회의원선거는 1천500만원
3. 시·도의회의원선거는 300만원
4. 시·도지사선거는 5천만원
5. 자치구·시·군의 장 선거는 1천만원
6. 자치구·시·군의원선거는 200만원

기탁금은 체납처분이나 강제집행의 대상이 아니다(동법 제56조 제2항).

관할선거구선거관리위원회는 다음 각 호의 구분에 따른 금액을 선거일 후 30일 이내에 기탁자에게 반환한다. 이 경우 반환하지 아니하는 기탁금은 국가 또는 지방자치단체에 귀속한다(제57조 제1항).

1. 대통령선거, 지역구국회의원선거, 지역구지방의회의원선거 및 지방자치단체의 장 선거
   가. 후보자가 당선되거나 사망한 경우와 유효투표총수의 100분의 15 이상을 득표한 경우에는 기탁금 전액
   나. 후보자가 유효투표총수의 100분의 10 이상 100분의 15 미만을 득표한 경우에는 기탁금의 100분의 50에 해당하는 금액
   다. 예비후보자가 사망하거나 제57조의2 제2항 본문에 따라 후보자로 등록

될 수 없는 경우에는 제60조의2 제2항에 따라 납부한 기탁금 전액

2. 비례대표국회의원선거 및 비례대표지방의회의원선거
   당해 후보자명부에 올라 있는 후보자중 당선인이 있는 때에는 기탁금 전액. 다만, 제189조 및 제190조의2에 따른 당선인의 결정 전에 사퇴하거나 등록이 무효로 된 후보자의 기탁금은 제외한다.

과도한 기탁금 반환기준 (헌재 2001.7.19. 2000헌마91 등)

지역구국회의원선거에 있어 후보자의 득표수가 유효투표총수를 후보자수로 나눈 수 이상이거나 유효투표총수의 100분의 20이상인 때에 해당하지 않으면 기탁금을 반환하지 아니하고 국고에 귀속시키도록 하고 있는데, 이러한 기준은 과도하게 높아 진지한 입후보희망자의 입후보를 가로막고 있으며, … 결국 이들의 정치참여 기회를 제약하는 효과를 낳게 된다 할 것이므로 위 조항은 국민의 피선거권을 침해하는 것이다.

(4) 선거운동選擧運動

(가) 선거운동의 개념

공직선거법에서 '선거운동'이라 함은 당선되거나 되게 하거나 되지 못하게 하기 위한 행위를 말한다. 다만, 다음 각 호의 어느 하나에 해당하는 행위는 선거운동으로 보지 아니한다(제58조 제1항).

1. 선거에 관한 단순한 의견개진 및 의사표시
2. 입후보와 선거운동을 위한 준비행위
3. 정당의 후보자 추천에 관한 단순한 지지·반대의 의견개진 및 의사표시
4. 통상적인 정당활동
5. 설날·추석 등 명절 및 부처님 오신 날·기독탄신일 등에 하는 의례적인 인사말을 문자메시지로 전송하는 행위

누구든지 자유롭게 선거운동을 할 수 있다. 그러나 이 법 또는 다른 법률의 규정에 의하여 금지 또는 제한되는 경우에는 그러하지 아니하다(제58조 제2항).

공직선거법은 '선거운동을 할 수 없는 자'를 규정하고 있는데, 특히 정당의 당원이 될 수 없는 공무원은 선거운동을 할 수 없다. 다만, 공무원이 후보자의 배우

자인 경우에는 그러하지 아니하다(제60조 제1항).

선거운동의 의의 (헌재 1994.7.29. 93헌가4등)

선거운동이라 함은 특정 후보자의 당선 내지 이를 위한 득표에 필요한 모든 행위 또는 특정 후보자의 낙선에 필요한 모든 행위 중 당선 또는 낙선을 위한 것이라는 목적의사가 객관적으로 인정될 수 있는 능동적, 계획적 행위를 말하는 것으로 풀이할 수 있다. 즉, 단순한 의견개진 등과 구별되는 가벌적 행위로서의 선거운동의 표지로 당선 내지 득표(반대후보자의 낙선)에의 목적성, 그 목적성의 객관적 인식가능성, 능동성 및 계획성이 요구된다 할 것이다.

(나) 선거운동의 자유의 헌법적 근거

① 선거운동의 자유와 정치적 표현의 자유

선거운동의 자유는 널리 선거과정에서 자유로이 의사를 표현할 자유의 일환이므로 표현의 자유의 한 태양이기도 하다. 표현의 자유, 특히 정치적 표현의 자유는 선거과정에서의 선거운동을 통하여 국민이 정치적 의견을 자유로이 발표·교환함으로써 비로소 그 기능을 다하게 된다 할 것이므로 선거운동의 자유는 헌법에 정한 언론·출판·집회·결사의 자유 보장규정에 의한 보호를 받는다(헌재 2000.3.30. 99헌바113).

② 선거권

우리 헌법은 참정권의 내용으로 모든 국민에게 법률이 정하는 바에 따라 선거권을 부여하고 있는데, 선거권이 제대로 행사되기 위해서는 후보자에 대한 정보의 자유교환이 필연적으로 요청된다 할 것이므로, 선거운동의 자유는 선거권 행사의 전제 내지 선거권의 중요한 내용을 이룬다고 할 수 있다(헌재 1999.9.16. 99헌바5).

③ 자유선거의 원칙

자유선거의 원칙은 비록 우리 헌법에 명시되지는 아니하였지만 민주국가의 선거제도에 내재하는 법원리로 국민주권의 원리, 의회민주주의의 원리 및 참정권에 관한 규정에서 그 근거를 찾을 수 있다. 이러한 자유선거의 원칙은 선거의 전 과정에 요구되는 선거권자의 의사형성의 자유와 의사실현의 자유를 말하고, 구체적으로는 투표의 자유, 입후보의 자유 나아가 선거운동의 자유를 뜻한다(헌재 1999. 9.16. 99헌바5).

(다) 선거운동의 자유와 선거의 공정성의 문제

선거가 국민의 의사를 정확하게 반영하기 위해서는 자유로운 선거운동이 보장되어야 하나, 다른 한편 선거의 공정성을 확보하기 위해서는 일정한 규제가 필요하다. 선거운동이 자유롭게 전개됨으로써 모든 정보가 공개되고 이로 인해 선거가 공정해질 수 있으며, 또 선거가 공정해야 선거운동의 자유가 실질적으로 보장될 수 있는 상호보완관계에 있다. 따라서 선거의 공정을 위한 선거운동의 규제가 지나치게 선거의 자유를 침해함으로써 선거의 자유가 형해화하여서도 안 될 것이며, 선거의 자유를 지나치게 보장함으로써 선거의 공정성을 침해해서도 안 될 것이다.

선거운동의 자유와 선거의 공정성 (헌재 2000.3.30. 99헌바113)

선거운동의 자유가 보장된다고 하여 무제한적이고 과열된 선거운동까지 헌법상 용인되는 것은 아니다. … 선거의 공정성 확보를 위해서는 어느 정도 선거운동에 대한 규제가 행하여지지 아니할 수 없고, … "자유"와 "공정"의 두 이념이 적절히 조화를 이루도록 하여야만 하는 것이다.

(라) 선거운동의 제한과 규제

① 제한과 규제 일반

현행 공직선거법은 선거운동의 제한과 규제방법을 종전의 포괄적 제한·금지의 방식에서 개별적 제한·금지의 방식으로 전환하여, 선거법 또는 다른 법률의 규정에 의하여 금지되거나 제한되지 아니한 선거운동은 모두 허용함으로써 선거운동의 자유를 최대한 확대하였다. 선거운동의 자유는 곧 정치적 표현의 자유를 의미하므로 선거운동의 법적 규제는 헌법상 표현의 자유의 제한 법리에 의해 그 한계가 명백히 설정되지 않으면 안 될 것이다. 헌법재판소도 선거운동을 제한하는 입법에 대해서는 엄격한 심사기준이 적용된다고 판시하고 있다.

선거운동 제한입법에 대한 엄격한 심사기준 (헌재 1994.7.29. 93헌가4 등)

선거의 공정성은 선거운동의 자유에 못지 않게 선거에 있어 매우 소중한 가치인데, 선거의 공정성 확보를 위해서는 어느 정도 선거운동에 대한 규제가 행하여지지 아니할 수 없고, 따라서 선거에 관한 입법을 함에 있어서는 "자유"와 "공정"의 두 이념이 적절히 조화를 이루도록 하여야만 하는 것이다.

② 시간적 제한

시간적 제한으로서 선거운동은 후보자의 등록이 끝난 때부터 선거일 전일까지만 할 수 있다(동법 제59조). 사전선거운동이 금지되는데 대해 헌법재판소는 선거의 관리곤란 및 과열방지 등을 이유로 일관되게 합헌론을 개진하고 있다. 즉 선거운동의 기간제한은 그 입법목적, 제한의 내용, 우리나라에서의 선거의 태양, 현실적 필요성 등을 고려할 때 선거운동의 자유를 과도하게 제한하는 것으로 볼 수 없다는 것이다(헌재 1995.11.30. 94헌마97). 다만, 새로운 정치세력의 등장을 원초적으로 봉쇄하는 조항이며, 선거과열은 선거비용의 규제로 해결할 수 있다는 비판이 제기되기도 한다.

③ 인적 제한

인적 제한으로는 미성년자, 외국인 등 일정한 자의 선거운동을 금하고 있는데, 이 중 단체의 선거운동의 금지가 줄곧 문제되었다. 종래에는 노동조합을 제외한 모든 단체의 선거운동을 전면금지하였고, 헌법재판소는 이에 대해 합헌이라고 판시하였으나(헌재 1999.11.25. 98헌마141), 이에 대한 비판이 제기되면서, 공직선거법을 개정하여 일정규모 이상 단체는 선거운동을 할 수 있도록 개정하였다.

④ 방법적 제한

선거운동을 위한 사조직의 설치와 이용, 옥외대중집회(대통령선거의 경우), 호별방문, 서명운동, 음식물제공, 기부행위, 비방 등은 금지된다. 또한 선거운동 기간 중에는 각종 모임의 개최도 제한되며 문서·도화에 의한 운동에도 제약이 있다. 이 중 호별방문금지에 대해서는 호별방문이 생활에 밀착된 기초적인 선거운동수단이라는 점에서 이에 대한 전면적이고 무조건적인 금지는 위헌의 소지가 있다는 견해가 유력하다. 그리고 문서와 도화 등에 의한 선거운동의 금지와 집회개최 금지규정에 대해서도 헌법재판소는 폐해의 우려가 큼을 이유로 합헌이라고 하였지만(헌재 1994.7.29. 93헌가4), 국민 스스로가 선거라는 정치적 공간을 통하여 적극적으로 정치의사를 형성하고 그것을 후보자와 정당에 반영시키는 통로를 봉쇄하는 규정이라는 비판이 있다.

⑤ 비용상 제한

공직선거법은 선거의 부패를 방지하기 위하여 선거운동을 위한 비용의 액수 및 공개 등에 대해 상세히 규정하고 있으며, 선거운동의 자유의 확대에 따라 선거비용의 제한을 비용별 제한방식에서 총액 제한방식으로 전환하였다. 대법원은 제3자의 낙선운동이 공직선거법 제58조의 선거운동에 포함되는지 여부에 대하여, 확성장치 사용, 연설회 개최, 불법행렬, 서명날인운동, 선거운동기간 전 집회 개최 등의 방법으로 특정 후보자에 대한 낙선운동을 함으로써 공직선거법에 의한 선거운동제한 규정을 위반한 각 행위는 위법한 행위로서 허용될 수 없는 것이고, 피고인들의 위 각 행위가 시민불복종운동으로서 헌법상의 기본권 행사 범위 내에 속하는 정당행위이거나 형법상 사회상규에 위반되지 아니하는 정당행위 또는 긴급피난의 요건을 갖춘 행위로 볼 수는 없다고 하였다(대판 2004.4.27. 2002도315).

(5) 선거범죄와 당선무효

(가) 선거비용의 초과지출로 인한 당선무효(제263조)

선거비용제한액의 200분의 1 이상을 초과지출한 이유로 선거사무장, 선거사무소의 회계책임자가 징역형 또는 300만원 이상의 벌금형의 선고를 받은 때에는 그 후보자의 당선은 무효로 한다. 다만, 다른 사람의 유도 또는 도발에 의하여 당해 후보자의 당선을 무효로 되게 하기 위하여 지출한 때에는 그러하지 아니하다(제263조 제1항). 정치자금법 제49조(선거비용관련 위반행위에 관한 벌칙) 제1항 또는 제2항 제6호의 죄를 범함으로 인하여 선거사무소의 회계책임자가 징역형 또는 300만원 이상의 벌금형의 선고를 받은 때에는 그 후보자(대통령후보자, 비례대표국회의원후보자 및 비례대표지방의회의원후보자를 제외한다)의 당선은 무효로 한다. 이 경우 제1항 단서의 규정을 준용한다(제263조 제2항).

(나) 당선인의 선거범죄로 인한 당선무효(제264조)

당선인이 당해 선거에 있어 이 법에 규정된 죄 또는 정치자금법 제49조의 죄를 범함으로 인하여 징역 또는 100만원 이상의 벌금형의 선고를 받은 때에는 그 당선은 무효로 한다. 헌법재판소는 공직선거법 당선무효 및 비용반환조항이 공무담임권을 침해하는지 여부에 대하여, 선거의 공정성을 확보하고, 불법적인 방법으로 당선된 국회의원에 의한 부적절한 공직수행을 차단하기 위한 것인 점, 공직선거법을 위반한 범죄는 공직선거의 공정성을 침해하는 행위로서 국회의원으로서의 직무 수행에 대한 국민적 신임이 유지되기 어려울 정도로 비난가능성이 큰 점 등을 종합하면, 당선무효조항을 전제로 한 비용반환조항은 헌법에 반하지 않는다(헌재 2011.12.29. 2009헌마476).

(다) 선거사무장등의 선거범죄로 인한 당선무효(제265조)

선거사무장·선거사무소의 회계책임자(선거사무소의 회계책임자로 선임·신고되지 아니한 자로서 후보자와 통모하여 당해 후보자의 선거비용으로 지출한 금액이 선거비용제한액의 3분의 1 이상에 해당되는 자를 포함한다) 또는 후보자(후보자가 되려는 사람을 포함한다)의 직계존비속 및 배우자가 해당 선거에 있어서 제230조(매수 및 이해유도죄)부터 제231조(재산상의 이익목적의 매수 및 이해유도죄), 제232조(후보자에 대한 매수 및 이해유도죄), 제233조(당선인에 대한 매수 및 이해유도죄), 제234조(당선무효유도죄)까지, 제257조 제1항(기부행위의 금지제한 등 위반죄) 중 기부행위를 한 죄 또는 정치자금법 제45조 제1항의 정치자금 부정수수죄를 범함으로 인하여 징역형 또는 300만원 이상의 벌금형의 선고를 받은 때(선거사무장, 선거사무소의 회계책임자에 대하여는 선임·신고되기 전의 행위로 인한 경우를 포함한다)에는 그 선거구 후보자(대통령후보자, 비례대표국회의원후보자 및 비례대표지방의회의원후보자를 제외한다)의 당선은 무효로 한다. 다만, 다른 사람의 유도 또는 도발에 의하여 당해 후보자의 당선을 무효로 되게 하기 위하여 죄를 범한 때에는 그러하지 아니하다.

(6) 선거쟁송

선거에 관한 쟁송은 주관적 권리보호 외에 선거의 적법성이나 공정성 담보의 객관적 질서를 위한 일종의 민중소송이다. 이는 선거소송과 당선소송으로 구별할 수 있다. 이에 관해 공직선거법에서 자세히 규정하고 있는데, 대통령과 국회의원 선거에 관한 소송은 당해 선거구 관리위원장을 피고로 대법원에 제기한다. 그리고 지방의회의원 및 자치단체장 선거에 있어서 선거의 효력 및 당선의 효력을 다투는 경우에는 우선 선거소청을 제기해야 하고 결정에 불복 시에 비례대표 시도의원 선거 및 시도지사 선거는 대법원에, 지역구 시도의원선거와 자치구 선거는 선거구를 관할하는 고등법원에 선거소송을 제기할 수 있다.

그리고 당선소송에서는 선거소송과는 달리 선거인에게는 원고적격을 인정하고 있지 않다(제223조, 제222조). 이는 주관적 권리보호의 측면이 강조된 결과이다. 선거쟁송에 있어서 선거에 관한 규정에 위반된 사실이 있는 경우에도 이것이 선거의 결과에 영향을 미쳤다고 인정하는 때에 한하여 선거의 전부나 일부의 무효 또는 당선의 무효를 결정하거나 판결한다(제224조).

6. 관련 판례

* 새마을금고에서 발행하는 선거공보 제작 및 배부, 금고에서 개최하는 합동연설회에서의 지지 호소, 전화 및 컴퓨터통신을 이용한 지지 호소의 방법을 통한 선거운동만을 허용함으로써, 임원 선거에 출마하는 후보자가 자신이 원하는 방법으로 자신의 선거공약 등을 자유롭게 표현할 자유를 제한한다(헌재 2018.2.22. 2016헌바364).
* 새마을금고 임원 선거에 있어서 법률에서 정하고 있는 방법 이외의 방법으로 선거운동을 할 수 없도록 하고, 이를 위반하여 선거운동을 한 사람을 처벌하는 심판대상조항은 단체의 내부적 활동을 스스로 결정하고 형성하고자 하는 결사의 자유를 제한한다. … 결사의 자유에 포함되는 단체활동의 자유는 단체 외부에 대한 활동뿐만 아니라 단체의 조직, 의사형성의 절차 등 단체의 내부적 생활을 스스로 결정하고 형성할 권리인 단체 내부 활동의 자유를 포함한다(헌재 2018.2.22. 2016헌바364).
* 헌법 제24조에 의하여 보장되는 선거권이란 국민이 공무원을 선거하는 권리를 의미하는 것으로, 사법인적인 성격을 지니는 새마을금고의 임원 선거에서 임원을 선출하거나 선거운동을 하는 것은 헌법에 의하여 보호되는 선거권의 범위에 포함되지 아니

한다(헌재 2018.2.22. 2016헌바364).

* 입법자가 국회의원선거에 관한 사항을 법률로 규정함에 있어서 폭넓은 입법형성의 자유를 가진다고 하여도, 선거구에 관한 입법을 할 것인지 여부에 대해서는 입법자에게 어떤 형성의 자유가 존재한다고 할 수 없으므로, 피청구인에게는 국회의원의 선거구를 입법할 명시적인 헌법상 입법의무가 존재한다 할 것이다(헌재 2016.4.28. 2015헌마1177 등).
* 공적인 역할을 수행하는 결사 또는 그 구성원들이 기본권의 침해를 주장하는 경우 과잉금지원칙 위반 여부를 판단함에 있어, 순수한 사적인 임의결사의 기본권이 제한되는 경우에 비하여 완화된 기준을 적용할 수 있다. 다만, 앞서 살펴본 바와 같이 새마을금고는 설립목적과 목적 사업이 법률에 직접 규정되어 있는 공공성이 강한 특수법인이므로, 이 사건에서 과잉금지원칙 위반 여부를 심사함에 있어 새마을금고의 특수법인으로서의 성격과 임원 선거 관리의 공공성을 고려하여야 할 것이다(헌재 2018.2.22. 2016헌바364).
* 대의기관의 선출주체가 곧 대의기관의 의사결정에 대한 승인주체가 되는 것은 당연한 논리적 귀결이므로, 국민투표권자의 범위는 대통령선거권자·국회의원선거권자와 일치하여야 한다(헌재 2014.7.24. 2009헌마256).
* 국립대학의 장 후보자 선정을 직접선거의 방법으로 실시하기로 해당 대학 교원의 합의가 있는 경우 그 선거관리를 선거관리위원회에 의무적으로 위탁시키는 「교육공무원법」 조항은, 선거의 공정성과 선거에 관한 모든 사항을 선거관리위원회에 위탁하는 것이 아니라 선거관리만을 위탁하는 것이고 그 외 선거권·피선거권·선출방식 등은 여전히 대학이 자율적으로 정할 수 있는 점 등을 고려할 때 대학의 자율의 본질적인 부분을 침해하였다고 볼 수 없다(헌재 2006.4.27. 2005헌마1047).
* 사법적인 성격을 지니는 농업협동조합의 조합장선거에서 조합장을 선출하거나 조합장으로 선출될 권리, 조합장선거에서 선거운동을 하는 것은 헌법에 의하여 보호되는 선거권의 범위에 포함되지 않는다(헌재 2012.2.23. 2011헌바154).
* 대통령선거와 국회의원선거에서 확성장치의 사용과 관련하여 확성장치의 수만 규정하고 있을 뿐 확성장치의 소음규제기준을 마련하고 있지 아니한 「공직선거법」 조항은 '과소보호금지원칙'에 위배되어 건강하고 쾌적한 환경에서 생활할 권리를 침해한다(헌재 2019.12.27. 2018헌마730).
* 선거구 획정에 있어서 인구편차 상하 33⅓%, 인구비례 2:1의 기준을 넘어 인구편차를 완화하는 것은 지나친 투표가치의 불평등을 야기하는 것으로, 이는 대의민주주의의 관점에서 바람직하지 아니하고, 국회를 구성함에 있어 국회의원의 지역대표성이 고려되어야 한다고 할지라도 이것이 국민주권주의의 출발점인 투표가치의 평등보다

우선시 될 수는 없다(헌재 2014.10.30. 2012헌마190).

* 일부 개표소에서 동시계표 투표함 수에 비하여 상대적으로 적은 수의 개표참관인이 선정될 수 있다는 사정만으로 실질적인 개표감시가 이루어지지 않는다거나 개표절차 및 계표방법에 관한 입법자의 선택이 현저히 불합리하거나 불공정하여 선거권이 침해되었다고 볼 수는 없다(헌재 2013.8.29. 2012헌마326).
* 사법적인 성격을 지닌 농협의 조합장선거에서 조합장을 선출하거나 조합장으로 선출될 권리, 조합장선거에서 선거운동을 하는 것은 헌법에 의하여 보호되는 선거권의 범위에 포함되지 않는다(헌재 2012.2.23. 2011헌바154).
* 선거공영제의 내용은 우리의 선거문화와 풍토, 정치문화 및 국가의 재정상황과 국민의 법감정 등 여러 가지 요소를 종합적으로 고려하여 입법자가 정책적으로 결정할 사항으로서 넓은 입법형성권이 인정되는 영역이다(헌재 2012.2.23. 2010헌바485).
* 헌법 제118조 제1항 및 제2항은 지방의회의 설치와 지방의회의원선거를 규정함으로써 주민들이 지방의회의원을 선출할 수 있는 선거권 및 주민들이 지방의회의원이라는 선출직공무원에 취임할 수 있는 공무담임권을 기본권으로 보호하고 있다(헌재 2013.2.28. 2012헌마131).
* 집행유예자는 집행유예 선고가 실효되거나 취소되지 않는 한 교정시설에 구금되지 않고 일반인과 동일한 사회생활을 하고 있으므로, 그들의 선거권을 제한해야 할 필요성이 크지 않다. 따라서 심판대상조항은 청구인들의 선거권을 침해하고, 보통선거원칙에 위반하여 집행유예자와 수형자를 차별취급하는 것이므로 평등원칙에도 어긋난다(헌재 2014.1.28. 2012헌마409).
* 시각장애인은 의무적으로 시행되는 여러 선거방송을 통하여 선거에 관한 정보를 충분히 얻을 수 있다. 인터넷을 이용한 음성정보전송 방식의 선거운동이 특별한 제한 없이 허용되고 있고, 음성을 이용한 인터넷 정보 검색이 가능하며, 인터넷상의 문자정보를 음성으로 전환하는 기술이 빠르게 발전하고 있는 현실에 비추어 보면, 점자형 선거공보의 작성 여부를 후보자의 임의사항으로 규정하고 그 면수를 책자형 선거공보의 면수 이내로 한정하고 있더라도,시각장애인의 선거권과 평등권을 침해한다고 볼 수 없다(헌재 2014.5.29. 2012헌마913).
* 대한민국 국외의 구역을 항해하는 선박에 장기 기거하는 선원들이 선거권을 행사할 수 있는 방법을 마련하지 않은 「공직선거법」 조항은 위와 같은 선원들의 선거권을 침해한다(헌재 2007.6.28. 2005헌마772).
* 시·도의원 지역선거구를 획정할 때 인구 외에 행정구역·지세·교통 등 여러 가지 조건을 고려하여야 하며, 시·도 선거구 평균인구수로부터 상하 60%의 편차를 넘는 선거구 획정은 그 지역 선거권자의 평등권과 선거권을 침해한다(헌재 2009.3.26.

2006헌마67).

* 공직선거법상 부재자투표 개시시간을 오전 10시부터로 정한 것은 일과시간 이전에 투표소에 가서 투표할 수 없게 하므로 부재자투표자의 선거권을 침해한다(헌재 2012.2.23. 2010헌마601).
* 대통령은 행정부의 수반으로서 공정한 선거가 실시될 수 있도록 총괄·감독해야 할 의무가 있으므로, 당연히 선거에서의 중립의무를 지는 공직자에 해당하는 것이고, … 공선법 제9조의 '공무원'에 포함된다(헌재 2004.5.14. 2004헌나1).
* 범죄자에 대한 형벌의 내용으로 선거권을 제한하는 경우에도 선거권 제한 여부 및 적용범위의 타당성에 관하여 보통선거원칙에 입각한 선거권 보장과 그 제한의 관점에서 헌법 제37조 제2항에 따라 엄격한 비례심사를 하여야 한다(헌재 2014.1.28. 2012헌마409).
* 선거결과가 선거권자의 투표에 의하여 직접 결정될 것을 요구하는 직접선거의 원칙은 다수대표제하에서는 중간선거인의 부정을 의미하는 것으로 충분하나, 비례대표제하에서는 의원의 선출뿐만 아니라 정당의 비례적인 의석확보도 선거권자의 투표에 의하여 직접 결정될 것을 요구한다(헌재 2001.7.19. 2000헌마91등).
* 정당이 비례대표국회의원의 후보자명부를 확정하는데 있어 투표에 의한 당내경선의 방법을 채택한 경우에는 선거권을 가진 당원들의 직접·평등·비밀투표 등 일반적인 선거원칙이 그대로 적용된다(헌재 2001.7.19. 2000헌마91).
* 선거운동기간 중 공개장소에서 비례대표국회의원후보자의 연설·대담을 금지하는 공직선거법 조항은 전국을 하나의 선거구로 하는 정당선거로서의 성격을 가지는 비례대표 국회의원선거의 취지를 살리고 그 특성에 맞는 선거운동방법을 규정한 것으로서 비례대표 국회의원후보자의 선거운동의 자유를 침해한다고 할 수 없다(헌재 2013.10.24. 2012헌마311).
* 배우자가 그와 함께 다니는 1명을 지정함에 있어 아무런 범위의 제한을 두지 아니하는 것은, 명함 본래의 기능에 부합하지 아니할 뿐만 아니라, 명함교부의 주체를 배우자나 직계존·비속 본인에게만 한정하고 있는 규정은 …배우자의 유무라는 우연적인 사정에 근거하여 합리적 이유 없이 배우자 없는 예비후보자와 배우자 있는 예비후보자를 지나치게 차별취급하여 평등권을 침해한다(헌재 2013.11.28. 2011헌마267).
* 기초의회 의원선거 후보자로 하여금 특정 정당으로부터의 지지·추천받음을 표방하지 못하게 하는 것은, 기초의회의원 후보자만을 광역의회의원선거 등 다른 지방선거의 후보자에 비해 불리하게 차별하고 있으므로 평등원칙에 위배된다(헌재 2003.5.15. 2003헌가9·10(병합)).
* 선거에서 중립성이 요구되는 공무원은 원칙적으로 좁은 의미의 직업공무원은 물론이

고, 적극적인 정치활동을 통하여 국가에 봉사하는 정치적 공무원을 포함하지만, 국회의원과 지방의회의원은 위 공무원의 범위에 포함되지 않는다(헌재 2004.5.14. 2004헌나1).

* 헌법 제24조는 모든 국민은 '법률이 정하는 바에 의하여' 선거권을 가진다고 규정함으로써 법률유보의 형식을 취하고 있지만, 이것은 국민의 선거권이 '법률이 정하는 바에 따라서만 인정될 수 있다'는 포괄적인 입법권의 유보하에 있음을 의미하는 것이 아니다. 국민의 기본권을 법률에 의하여 구체화하라는 뜻이며 선거권을 법률을 통해 구체적으로 실현하라는 의미이다(헌재 2007.6.28. 2004헌마644등).
* 국내거주 재외국민에 대해 그 체류기간을 불문하고 지방선거 선거권을 전면적・획일적으로 박탈하는 규정은 국내거주 재외국민의 평등권과 지방의회 의원선거권을 침해한다(헌재 2007.6.28. 2004헌마644등).
* 선거일 전 180일부터 선거일까지 인터넷상 일정한 내용의 정치적 표현 내지 선거운동을 전면적으로 금지하는 공직선거법 조항은 헌법에 위반된다(헌재 2011.12.29. 2007헌마1001).
* 주민등록이 되어 있는지 여부에 따라 선거인명부에 오를 자격을 결정하여 그에 따라 선거권 행사 여부가 결정되도록 함으로써 엄연히 대한민국의 국민임에도 불구하고 주민등록법상 주민등록을 할 수 없는 재외국민의 선거권 행사를 전면적으로 부정하고 있는 규정은 재외국민의 선거권과 평등권을 침해하고 보통선거원칙에도 위반된다(헌재 2007.6.28. 2004헌마644등).
* 선거기간이 개시된 후에 한하여 국회의원의 의정활동보고나 정당의 각종 집회를 금지하거나 제한하였다고 하더라도 그를 통하여 국회의원이 아니거나 정당원이 아닌 예비후보자에게는 금지되어 있는 사전선거운동을 허용하는 것이 아닌 한 이를 일컬어 명백히 자의적인 입법이라고 할 수 없다(헌재 1996.3.28. 96헌마18,37,64,66(병합)).
* 비례대표선거제의 도입으로 선거권자에 의하여 직접 결정되어야 할 선거결과가 의원의 선출뿐만 아니라 정당의 의석확보도 포함함으로 직접선거의 원칙이 내용상 변화를 겪게 되었다(헌재 2001.7.19. 2000헌마91등)
* 특정 후보자를 당선시킬 목적의 유무에 관계없이 당선되지 못하게 하기 위한 행위 일체를 선거운동으로 규정하여 이를 규제하는 것은 헌법에 합치된다(헌재 2001.8.30. 2000헌마121등).
* 지방자치단체의 장으로 하여금 당해 지방자치단체의 관할구역과 같거나 겹치는 선거구역에서 실시되는 지역구 국회의원선거에 입후보하고자 하는 경우 당해 선거의 선거일 전 180일까지 그 직을 사퇴하도록 강제하는 것은 위헌이지만, 120일 전까지 그

직을 사퇴하도록 강제하는 것은 합헌이다(헌재 2006.7.27. 2003헌마758).

* 지역구 국회의원선거에 있어 후보자에 대한 기탁금 반환기준을 유효투표총수의 100분의 20이상으로 정하는 것은 위헌이지만, 유효투표총수의 100분의 15이상으로 정하는 것은 합헌이다(헌재 2003.8.21. 2001헌마687).

Ⅳ. 공무원제도公務員制度

> 제7조 ① 공무원은 국민전체에 대한 봉사자이며, 국민에 대하여 책임을 진다.
> ② 공무원의 신분과 정치적 중립성은 법률이 정하는 바에 의하여 보장된다.

1. 공무원의 개념 및 현행 헌법규정

공무원이란 직접 또는 간접으로 국민에 의하여 선출되거나 임용되어 국가나 공공단체에 공법상의 근무관계를 맺고 공공적 임무를 담당하는 자를 말한다. 우리 헌법 제7조는 제1항에서 "공무원은 국민전체에 대한 봉사자이며, 국민에 대하여 책임을 진다"고 규정하고, 제2항에서는 "공무원의 신분과 정치적 중립성은 법률이 정하는 바에 의하여 보장된다"고 규정하여 공무원의 지위・책임・신분과 정치적 중립성에 관하여 명확히 하고 있다.

2. 공무원의 헌법상 지위

(1) 국민전체에 대한 봉사자로서의 지위

국민전체에 대한 봉사자란 국민주권주의의 표현으로서 공무원이 특정집단의 이익을 대변해서는 안 되고 주권자인 국민전체의 이익을 위하여 봉사하여야 함을 의미한다. 국민전체에 대한 봉사자로서 공무원은 가장 넓은 의미의 공무원을 말한다. 일반직공무원은 물론 특정직공무원과 특수경력직공무원 등을 포함하며 공무원의 신분은 갖지 않았지만 공무를 위탁받아 이에 종사하는 모든 사람도 여기서 말하는 공무원에 해당한다. "공무원은 국민전체에 대한 봉사자이다"라고 할 때의 공무원과 국민의 관계는 정치적 의미에서의 대표관계라고 할 수 있지만, 그 관계가 단순한 노무적·사무적 관계를 의미하는 것이 아니라, 공복적公僕的 봉사관계를 의미한다.

⑵ 국민에 대하여 책임을 지는 공무원

국민에 대한 공무원의 책임은 국민전체에 대한 봉사자로서의 책임, 국가이념을 대표할 책임, 헌법과 법률에 따라 직무를 성실히 수행해야 할 책임 등을 그 내용으로 한다. 공무원의 국민에 대한 책임은 국민의 공무원 파면권이 인정되지 아니하는 현행헌법의 경우에는 기본적으로 윤리적·정치적 책임을 의미하고, 법적 책임을 의미하는 경우는 예외적이라 할 수 있다.

3. 직업공무원제도職業公務員制度

⑴ 직업공무원제도의 의의

직업공무원제도란 일관성 있는 공무수행의 독자성을 유지하고, 정권교체에 따른 국가작용의 중단과 혼란을 예방하기 위하여 공무원의 신분이 보장되는 공직구조에 관한 제도를 말한다. 신분이 보장되는 공무원에게 국가의 정책집행을 담당케 함으로써 국가기능의 측면에서 정치적 안정을 유지하고, 전문성과 연속성이 요구되는 공무의 차질 없는 수행을 보장한다. 또한 이로 인해 공무원의 정치적 중립성이 지켜지고 통치권 행사의 절차적 정당성이 확보되며, 기능적 권력통제에 기여하게 된다(헌재 1992.11.12. 91헌가2).

⑵ 직업공무원제도의 범위

우리나라는 직업공무원제도를 채택하고 있는데, 이는 공무원이 집권세력의 논공행상의 제물이 되는 엽관제도獵官制度를 지양하고 정권교체에 따른 국가작용의 중단과 혼란을 예방하고 일관성 있는 공무수행의 독자성을 유지하기 위하여 헌법과 법률에 의하여 공무원의 신분이 보장되는 공직구조에 관한 제도이다. 헌법 제7조 제2항에서 말하는 공무원은 국가 또는 공공단체와 근로계약을 맺고 이른바 공법상 특별권력관계에서 공무를 담당하는 것을 직업으로 하는 협의의 공무원, 즉 경력직공무원만을 말한다. 정치적 공무원이라든가 임시적 공무원은 포함되지 않는다(헌재 1989.12.18. 89헌마32등).

기능직 공무원과 공익근무요원 (헌재 2010.11.25. 2009헌바27)

기능직 공무원의 복무이탈의 경우 형벌을 부과하지 아니하고 징계의 제재를 가함에 반하여, 공익근무요원의 경우 정당한 사유 없이 통산 8일 이상의 기간 복무를 이탈하거나 해당분야에 복무하지 아니한 경우 3년 이하의 징역에 처하도록 하는 것은, 일반 기능직 공무원과 공익근무요원 간에 본질적인 동일성이 존재하지 않으므로, 공익근무요원에 대한 차별적 취급이 아니다.

(3) 직업공무원제도의 내용

(가) 정치적 중립성

공무원의 정치적 중립성이란 공무원의 정치적 활동 금지, 구체적으로는 정당에 가입하거나 어떤 정당을 위한 활동을 금지하는 소극적 중립을 말한다. 다만 정치적 중립을 이유로 공무원이 국민으로서 당연히 누려야 할 정치적 기본권의 전부를 부정하여서는 안 된다.

(나) 공무원의 신분보장

공무원의 신분보장이란 정권교체시나 동일한 정권하에서도 정당한 이유없이 해임당하지 아니하는 것을 의미한다. 국가공무원법 및 지방공무원법에도 "공무원은 형의 선고, 징계처분 또는 동법에 정하는 사유에 의하지 아니하고는 그 의사에 반하여 휴직·강임 또는 면직당하지 아니한다."고 규정하고 있다(국가공무원법 제68조). 그러나 직제와 정원의 개폐 또는 예산의 감소 등에 따라 폐직廢職 또는 과원過員이 되었을 때, 휴직 기간이 끝나거나 휴직 사유가 소멸된 후에도 직무에 복귀하지 아니하거나 직무를 감당할 수 없을 때 등 직권면직 해당사유를 규정하고 있다(동법 제70조 제1항).

공무원의 신분과 정치적 중립성의 보장은 공무원이 집권세력의 논공행상의 제물이 되는 엽관제도를 지양하고, 정권교체에 따른 국가작용의 중단과 혼란을 예방하며 일관성 있는 공무수행의 독자성 및 영속성을 유지하기 위하여 헌법과 법률로써 공무원의 신분을 보장하려는 공직구조에 관한 제도이다. 그러한 보장이 있음으로 해서 모든 공무원은 어떤 특정정당이나 특정상급자를 위하여 충성하는 것이 아니고 국민전체에 대한 공복으로서(헌법 제7조 제1항) 법에 따라 그 소임을 다할 수 있게 되는 것으로서, 이는 당해 공무원의 권리나 이익의 보호에 그치지 않고 국가통치 차원에서의 정치적 안정의 유지에 기여할 수 있게 되는 것이다"고 하였다(헌재 1992.11.12. 91헌가2).

(다) 실적주의

실적주의란 인사행정에 있어 정치적·정실적 요인을 배제하고 자격이나 능력을 기준으로 하여 공무원을 임용하는 원칙을 말한다. 국가공무원법은 "공무원의 임용은 시험성적·근무성적 기타 능력의 실증에 따라 행한다"(제26조)라고 하여 실적주의를 명시하고 있다. 즉 선거직공직과 달리 직업공무원에게는 정치적 중립성과 더불어 효율적으로 업무를 수행할 수 있는 능력이 요구되므로, 직업공무원으로의 공직취임권에 관하여 규율함에 있어서는 임용희망자의 능력·전문성·적성·품성을 기준으로 하는 이른바 능력주의 또는 성과주의를 바탕으로 하여야 한다. 따라서 공직자선발에 관하여 능력주의에 바탕한 선발기준을 마련하지 아니하고 해당 공직이 요구하는 직무수행능력과 무관한 요소, 예컨대 성별·종교·사회적 신분·출신지역 등을 기준으로 삼는 것은 국민의 공직취임권을 침해하는 것이 된다(헌재 1999.12.23. 98헌마363).

능력주의의 예외 (헌재 1999.12.23. 98헌마363)

헌법의 기본원리나 특정조항에 비추어 능력주의원칙에 대한 예외를 인정할 수 있는 경우가 있다. 그러한 헌법원리로는 우리 헌법의 기본원리인 사회국가원리를 들 수 있고, 헌법조항으로는 여자·연소자근로의 보호, 국가유공자·상이군경 및 전몰군경의 유가족에 대한 우선적 근로기회의 보장을 규정하고 있는 헌법 제32조 제4항 내지 제6항, 여자·노인·신체장애자 등에 대한 사회보장의무를 규정하고 있는 헌법 제34조 제2항 내지 제5항 등을 들 수 있다. 이와 같은 헌법적 요청이 있는 경우에는 합리적 범위 안에서 능력주의가 제한될 수 있다.

⑷ 관련 판례

* 초・중등 교원인 교육공무원에 대한 정당가입 금지조항은 국가공무원이 정당에 가입하는 것을 금지함으로써 공무원이 국민 전체에 대한 봉사자로서 그 임무를 충실히 수행할 수 있도록 정치적 중립성을 보장하고, … 당파적 이해관계의 영향을 받지 않도록 교육의 중립성을 확보하기 위한 것이므로, … 초・중등학교 학생들에 대한 교육기본권 보장이라는 공익은 공무원들이 제한받는 사익에 비해 중대하므로 법익의 균형성 또한 인정된다(헌재 2020.4.23. 2018헌마551).

* 초・중등학교 교원에 대해서는 정당가입의 자유를 금지하면서 대학의 교원에게 이를 허용한다 하더라도, 이는 기초적인 지식전달, 연구기능 등 양자 간 직무의 본질과 내용, 근무 태양이 다른 점을 고려한 합리적인 차별이므로 평등원칙에 위배되지 않는다(헌재 2020.4.23. 2018헌마551).

* 공무원의 정당가입이 허용된다면, 공무원의 정치적 행위가 직무 내의 것인지 직무 외의 것인지 구분하기 어려운 경우가 많고, 설사 공무원이 근무시간 외에 혹은 직무와 관련 없이 정당과 관련된 정치적 표현행위를 한다 하더라도 공무원의 정치적 중립성에 대한 국민의 기대와 신뢰는 유지되기 어렵다(헌재 2020.4.23. 2018헌마551).

* 초・중등학교의 교육공무원이 정치단체의 결성에 관여하거나 이에 가입하는 행위를 금지한 국가공무원법 제65조 제1항 중 '국가공무원법 제2조 제2항 제2호의 교육공무원 가운데 초・중등교육법 제19조 제1항의 교원은 그 밖의 정치단체의 결성에 관여하거나 이에 가입할 수 없다.'는 규정 중 '그 밖의 정치단체'에 관한 부분은 엄격한 기준의 명확성원칙에 부합하여야 한다. 민주주의 국가에서 국가 구성원의 모든 사회적 활동은 '정치'와 관련된다. … '정치단체'와 '비정치단체'를 구별할 수 있는 기준을 도출할 수 없다. … 명확성원칙에 위배되어 나머지 청구인들의 정치적 표현의 자유 및 결사의 자유를 침해한다(헌재 2020.4.23. 2018헌마551).

* 공무원의 집단행위를 금지하고 있는 국가공무원법 제78조 제1항 제1호의 '이 법' 부분 중 제66조 제1항 본문의 '공무 외의 일을 위한 집단 행위' 부분은 언론・출판・집회・결사의 자유를 보장하고 있는 헌법 제21조 제1항과 국가공무원법의 입법취지, 국가공무원법상 공무원의 성실의무와 직무전념의무 등을 종합적으로 고려할 때, '공익에 반하는 목적을 위하여 직무전념의무를 해태하는 등의 영향을 가져오거나, 공무에 대한 국민의 신뢰에 손상을 가져올 수 있는 공무원 다수의 결집된 행위'를 말하는 것으로 한정 해석되므로 명확성원칙에 위반된다고 볼 수 없다(헌재 2014.8.28. 2011헌바32).

* 공무원연금제도는 공무원을 대상으로 퇴직 또는 사망과 공무로 인한 부상・질병 등

에 대하여 적절한 급여를 실시함으로써 공무원 및 그 유족의 생활안정과 복리향상에 기여하는 데 그 목적이 있으며, 사회적 위험이 발생한 때에 국가의 책임 아래 보험기술을 통하여 공무원의 구제를 도모하는 사회보험제도의 일종이다(헌재 2002.7.18. 2000헌바57).

* 「공무원연금법」상의 퇴직급여 등 각종 급여를 받을 권리, 즉 연금수급권은 재산권의 성격과 사회보장수급권의 성격이 불가분적으로 혼재되어 있는데, 입법자로서는 연금수급권의 구체적 내용을 정함에 있어 어느 한 쪽의 요소에 보다 중점을 둘 수 있다(헌재 1999.4.29. 97헌마333).
* 일사부재리 또는 이중처벌금지의 원칙에 있어서 처벌이라고 함은 원칙적으로 범죄에 대한 국가의 형벌권 실행으로서의 과벌을 의미하는 것이고 국가가 행하는 일체의 제재나 불이익처분이 모두 그에 포함된다고는 할 수 없으므로 이 사건 법률조항에 의하여 급여를 제한한다고 하더라도 그것이 헌법이 금하고 있는 이중적인 처벌에 해당하는 것은 아니라고 할 것이다(헌재 2002.7.18. 2000헌바57).
* 공무원 또는 공무원이었던 자가 재직 중의 사유로 금고 이상의 형을 받은 때 퇴직급여 및 퇴직수당의 일부를 감액하여 지급하도록 한 「공무원연금법」 조항은 공무원의 신분이나 직무상 의무와 관련 없는 범죄인지 여부 등과 관계없이 일률적·필요적으로 퇴직급여를 감액하는 것으로서 재산권을 침해한다(헌재 2007.3.29. 2005헌바33).
* 공무원의 직무와 관련이 없는 범죄라 할지라도 고의범의 경우에는 공무원의 법령준수의무, 청렴의무, 품위유지의무 등을 위반한 것으로 볼 수 있으므로 이를 퇴직급여의 감액사유에서 제외하지 아니하더라도 헌법에 위반되지 않는다(헌재 2013.8.29. 2010헌바354).
* "공무원은 집단·연명으로 또는 단체의 명의를 사용하여 국가 또는 지방자치단체의 정책을 반대하거나 국가 또는 지방 자치단체의 정책 수립·집행을 방해해서는 아니된다"는 「지방공무원 복무규정」 조항은 국가 또는 지방자치단체의 정책에 대한 반대·방해행위가 일회적이고 우연한 것인지 혹은 계속적이고 계획적인 것인지 등을 묻지 아니하고 금지하는 것으로 해석되므로 명확성원칙에 위배되지 않는다(헌재 2012.5.31. 2009헌마705등).
* 금고 이상의 형의 선고유예시 공무원의 당연 퇴직규정에 대해서는 오늘날 누구에게나 위험이 상존하는 교통사고 관련 범죄 등 과실범의 경우마저 당연퇴직의 사유에서 제외하지 않고 있으므로 최소침해성의 원칙에 반한다(헌재 2002.8.29. 2001헌마788 등).
* 5급 이상의 공무원이 제반 주요정책을 결정하고 그 소속 하위직급자들을 지휘·명령하여 분장사무를 처리하는 역할을 하는 공무원의 업무수행 현실, 6급 이하의 공무원

중에서도 '지휘감독권 행사자' 등은 '항상 사용자의 이익을 대표하는 자'의 입장에 있거나 그 업무의 공공성·공익성이 큰 점 등을 고려하여 위 공무원들을 노동조합 가입대상에서 제외한 규정은 입법자에게 부여하고 있는 형성적 재량권의 범위를 일탈하여 단결권을 침해한다고 볼 수 없다(헌재 2008.12.26. 2005헌마971·1193, 2006헌마198(병합)).

* 경찰공무원은 그 직무 범위와 권한이 포괄적인 점, 특히 경사 계급은 현장수사의 핵심인력으로서 직무수행과 관련하여 많은 대민접촉이 이루어지므로 민사 분쟁에 개입하거나 금품을 수수하는 등의 비리 개연성이 높다는 점 등에 비추어, 대민접촉이 거의 전무한 교육공무원이나 군인 등과 달리 비교적 하위직급인 경사 계급까지 재산등록의무를 부과한 것은 합리적인 이유가 있다(헌재 2010.10.28. 2009헌마544).
* 형사사건으로 기소되면 직위를 부여하지 않도록 규정한 법률조항은 벌금형이나 무죄가 선고될 가능성이 큰 사건인 경우까지도 당해 공무원에게 일률적으로 직위해제처분을 하지 않을 수 없도록 한 것으로, 비례의 원칙에 위반되어 직업의 자유를 과도하게 침해하고 무죄추정의 원칙에도 위반된다(헌재 1998.5.28. 96헌가12).
* 직업군인이 자격정지 이상의 형의 선고유예를 받은 경우에 군공무원직에서 당연히 제적하도록 한 법률조항은, 당연제적의 사유로서 범죄의 종류와 내용을 가리지 않고 있으며 또한 과실범의 경우마저 당연제적의 사유에서 제외하지 않고 있으므로 최소침해성의 원칙에 반하여 공무담임권을 침해하는 것이다(헌재 2003.9.25. 2003헌마293 등).
* 공무원임용을 위한 면접전형에 있어서 임용신청자의 능력이나 적격성 등에 관한 판단은 면접위원의 고도의 교양과 학식, 경험에 기초한 자율적 판단에 의존하는 것으로서 오로지 면접위원의 자유재량에 속하고, 그와 같은 판단이 현저하게 재량권을 일탈내지 남용한 것이 아니라면 이를 위법하다고 할 수 없다(대법원 1997.11.28. 97누11911).
* 공무원의 정년제도, 금융기관의 임·직원의 수재행위를 공무원의 뇌물죄로 처벌케 한 것, 정부관리기업체의 간부직원을 수뢰죄 적용에 있어 공무원으로 본 것은 합헌이다(헌재 1995.9.28. 93헌바50).

Ⅴ. 지방자치제도地方自治制度

> 第117조 ① 지방자치단체는 주민의 복리에 관한 사무를 처리하고 재산을 관리하며, 법령의 범위 안에서 자치에 관한 규정을 제정할 수 있다.
> ② 지방자치단체의 종류는 법률로 정한다.
>
> 第118조 ① 지방자치단체에 의회를 둔다.
> ② 지방의회의 조직·권한·의원선거와 지방자치단체의 장의 선임방법 기타 지방자치단체의 조직과 운영에 관한 사항은 법률로 정한다.

1. 지방자치제도 개관

(1) 지방자치의 이념

지방자치란 일정한 지역을 단위로, 그 지역주민이 자신의 사무를, 자기책임 하에, 자신이 선출한 기관을 통하여 직접 처리하는 것을 의미한다. 이와 같은 지방자치는 자유민주주의 이념구현에 이바지하고, 권력분립원리의 지방차원에서의 실현과 정치적 다원주의를 실현시켜 주며, 지방의 균형 있는 발전과 참정권 등의 기본권 신장을 도모하는 역할을 담당한다. 지방자치는 국민자치를 지방적 범위 내에서 실현하는 것이므로 지방시정施政에 직접적인 관심과 이해관계가 있는 지방주민으로 하여금 스스로 다스리게 한다면 자연히 민주주의가 육성·발전될 수 있다는 소위 "풀뿌리 민주주의"를 그 이념적 배경으로 하고 있다(헌재 1991.3.11. 91헌마21).

(2) 지방자치의 기능

지방자치는 현대 입헌민주국가의 통치원리인 권력분립 및 통제·법치주의·기본권보장 등의 제원리를 주민의 직접적인 관심과 참여 속에서 구현시킬 수 있어 자유와 책임을 중시하는 자유민주주의 이념에 부합되므로 국민(주민)의 자치의식과 참여의식만 제고된다면 권력분립원리의 지방차원에서의 실현(지방분권)을 가져다 줄 수 있을 뿐 아니라 지방의 개성 및 특징과 다양성을 국가전체의 발전으로 승화시킬 수 있고, 나아가 헌법상 보장되고 있는 선거권·공무담임권(피선거권) 등 국민의 기본권 신장에도 기여할 수 있게 된다(헌재 1991.3.11. 91헌마21).

⑶ 지방자치의 필요성

지방자치제도는 민주정치의 요체이며 현대의 다원적 복합사회가 요구하는 정치적 다원주의를 실현시키기 위한 제도적 장치로서 주민의 자발적인 참여·협조로 지역 내의 행정관리·주민복지 등 그 지방의 공동관심사를 자율적으로 처결處決해 나간다면, 국가의 과제課題도 그만큼 감축되고 주민의 자치역량도 아울러 배양되어 국민주권주의와 자유민주주의 이념구현에 크게 이바지할 수 있다(헌재 1991.3.11. 91헌마21).

민주주의의 본질은 국가권력의 형성 및 행사의 근거를 국민적 합의에 두므로 지방자치가 진실로 민주정치의 발전에 기여할 수 있기 위하여서는 무엇보다도 지방의회의 구성이 당해 지역주민 각계각층의 의견이 민주적이고도 합리적으로 수렴된 유루遺漏없는 합의에 의하여 이루어질 수 있도록 제도화되어야 할 필요가 있는 것이다(헌재 1999.11.25. 99헌바28).

제헌헌법은 지방자치제도를 처음 도입하였는데, 최초의 지방의회가 구성된 것은 1952년 헌법이었고, 1972년 유신헌법 부칙에서 조국통일이 이루어질 때까지 지방의회를 구성하지 아니한다고 규정하였다.

⑷ 지방자치의 통제

자방자치도 국가적 법질서의 테두리 안에서만 인정되는 것이고, 지방행정도 중앙행정과 마찬가지로 국가행정의 일부이므로 지방자치단체가 어느 정도 국가적 감독, 통제를 받는 것은 불가피하다. 즉, 지방자치단체의 존재 자체를 부인하거나 각종 권한을 말살하는 것과 같이 그 본질적 내용을 침해하지 않는 한 법률에 의한 통제는 가능하다. 즉 지방자치의 본질상 자치행정에 대한 국가의 관여는 가능한 한 배제하는 것이 바람직하지만, 지방자치도 국가적 법질서의 테두리 안에서만 인정되는 것이므로, 지방자치단체의 존재 자체를 부인하거나 각종 권한을 말살하는 것과 같이 그 본질적 내용을 침해하지 않는 한 법률에 의한 통제는 가능하다(헌재 2008.5.29. 2005헌라3).

(5) 지방자치의 유형

지방자치제에는 일정한 지역의 주민이 그 지역 내의 행정사무를 스스로 처리하는 주민자치제와 일정한 지역을 기초로 하는 공법인인 지역단체가 그 지역의 사무를 자주적으로 처리하는 단체자치제가 있다. 주민자치제에 의하면 자치권은 자연법상의 고유권한이며, 지방자치단체의 기관은 국가의 지방행정청이며, 지방행정청은 의결기관인 동시에 집행기관이며, 고유사무와 위임사무의 구별은 없고, 지방자치단체는 국회의 감독 하에 있다는 것을 특징으로 한다. 이에 반해 단체자치제에 의하면 자치권은 전래된 권한으로 실정법상의 권리이며, 지방자치단체가 국가로부터 독립되어 있고, 지방자치단체의 집행기관과 의결기관이 분리되어 있고, 고유사무와 위임사무의 구별이 분명하고, 지방자치단체는 중앙행정기관의 감독 하에 있다는 것을 특징으로 한다.

(6) 헌법상 지방자치의 제도적 보장

지방자치의 헌법적 보장은 ① 자치권을 포함하는 자치기능의 보장, ② 지방자치단체의 통・폐합은 가능하지만 모든 지방자치단체의 폐지는 금지되는 자치단체보장, ③ 지방자치단체로 하여금 오로지 국가의 위임사무만을 처리케 함으로써 국가의 집행기관으로 기능케 하는 것을 허용치 않는 자치사무보장을 본질적 내용으로 한다.

중앙정부와 지방정부의 조화 (헌재 1998.4.30. 96헌바62)

지방자치의 본질적 내용인 핵심영역은 어떠한 경우라도 입법 기타 중앙정부의 침해로부터 보호되어야 한다는 것을 의미한다. 중앙정부의 권력과 지방자치단체간의 권력의 수직적 분배는 서로 조화가 요청되고 그 조화과정에서 지방자치의 핵심영역은 침해되어서는 안 되는 것이다.

2. 현행 헌법과 지방자치제도

(1) 헌법규정

우리 헌법은 제8장에서 지방자치를 두고 2개조의 규정을 두어 지방자치를 헌법상 보장함과 아울러 지방자치의 방향성을 제시하고 있다. 헌법 제117조 제1항에서 “지방자치단체는 주민의 복리에 관한 사무를 처리하고 재산을 관리하며, 법령의 범위 안에서 자치에 관한 규정을 제정할 수 있다.”고 하여 지방자치단체가 그에 속하는 사무에 관하여 광범한 자치권을 가져야 할 것임을 명시하며, 동조 제2항에서는 “지방자치단체의 종류는 법률로 정한다.”고 하여 지방자치의 존중과 그 기본원칙을 선언하고 있다. 또한 제118조 제1항에서는 “지방자치단체에 의회를 둔다”라고 하고 동조 제2항에서는 “지방의회의 조직·권한·의원선거와 지방자치단체의 장의 선임방법 기타 지방자치단체의 조직과 운영에 관한 사항은 법률로 정한다”라고 의사기관 및 집행기관의 선임방법을 규정하여 지방자치단체의 기관의 민주화를 도모하고 있다.

(2) 지방자치단체의 사무

지방자치단체의 사무에는 고유사무·단체위임사무·기관위임사무가 있다. ① 고유사무는 지방자치단체의 존립목적이 되는 사무로서 지방자치단체가 자신의 의사와 책임 하에 처리한다. 주민의 복리증진에 관한 사무가 핵심을 이루며, 고유사무에 대한 국가의 감독은 소극적 감독만 허용된다. ② 단체위임사무는 법령에 의하여 국가 또는 상급지방자치단체로부터 위임된 사무를 말한다. 지방자치법 제9조 제1항의 “법령에 의하여 지방자치단체에 속하는 사무”가 단체위임사무로서 이에 대한 국가의 감독은 소극적 감독 외에 합목적성 감독까지 허용되며, 단체위임사무의 소요경비는 당해 지방자치단체와 국가가 분담한다. ③ 기관위임사무는 전국적으로 이해관계가 있는 사무로서 국가 또는 광역자치단체로부터 지방자치단체의 집행기관에 위임된 사무를 말한다. 이 사무를 위임받은 집행기관은 국가의 하급기관과 동일한 지위에서 사무를 처리하며 소요경비는 전액을 국고에서 부담하는 것이 원칙이다.

지방자치권한의 범위와 자치사무 (헌재 2009.5.28. 2006헌라6)

헌법 제117조, 제118조는 '지방자치단체의 자치'를 제도적으로 보장하고 있는바, 그 보장의 본질적 내용은 자치단체의 보장, 자치기능의 보장 및 자치사무의 보장이다. 이와 같이 헌법상 제도적으로 보장된 자치권 가운데에는 자치사무의 수행에 있어 다른 행정주체(특히 중앙행정기관)로부터 합목적성에 관하여 명령·지시를 받지 않는 권한도 포함된다고 볼 수 있다. 다만, 이러한 헌법상의 자치권의 범위는 법령에 의하여 형성되고 제한된다. 그러나 지방자치단체의 자치권은 헌법상 보장을 받고 있으므로 비록 법령에 의하여 이를 제한하는 것이 가능하다고 하더라도 그 제한이 불합리하여 자치권의 본질을 훼손하는 정도에 이른다면 이는 헌법에 위반된다. 자치사무는 지방자치단체가 주민의 복리를 위하여 처리하는 사무이며(헌법 제117조 제1항 전단) 법령의 범위 안에서 그 처리 여부와 방법을 자기책임 아래 결정할 수 있는 사무로서 지방자치권의 최소한의 본질적 사항이므로 지방자치단체의 자치권을 보장한다고 한다면 최소한 이 같은 자치사무의 자율성만은 침해해서는 안 된다.

(3) 조례제정권

(가) 의의 및 근거

지방자치단체의 권능은 자치입법권·자치행정권·자치재정권으로 나눌 수 있는데, 그중 자치입법권, 특히 조례제정권이 중요하다. 지방자치단체가 조례를 제정할 수 있는 근거는 헌법 제117조 제1항과 이에 의거한 지방자치법 제22조이다. 지방자치법 제22조에서는 "지방자치단체는 법령의 범위 안에서 그 사무에 관하여 조례를 제정할 수 있다"라고 규정하여 조례제정권의 범위가 "지방자치단체의 사무"에 관한 것이어야 함과 아울러 "법령의 범위 안에서" 제정되도록 하고 있다.

(나) 법률유보의 원칙과 조례

① 자치법규인 조례와 법률유보의 관계를 둘러싸고 헌법 제117조 제1항에서는 "법령의 범위 안에서"라는 제한규정을 두고 있는 데 반해 지방자치법 제22조 단서에서는 "주민의 권리 또는 의무부과에 관한 사항이나 벌칙을 정한 때에는 법률의 위임이 있어야 한다"라고 규정하고 있다. 즉 법령의 우위만을 규정한 헌법 제

117조와는 달리 지방자치법은 법률의 위임을 반드시 요구하고 있다.

② 법률의 위임이 필요한 경우 법률의 위임정도가 문제된다. 즉 법규명령에 대한 위임처럼 구체적이고 개별적인 위임이 필요한 것인지 아니면 포괄적인 위임만으로도 족한지가 논의된다. 대법원은 "주민의 권리·의무에 관한 사항에 관하여 구체적으로 아무런 범위도 정하지 아니한 채 조례로 정하도록 포괄적으로 위임하였다 하더라도, 행정관청의 명령과는 달리 조례도 주민의 대표기관인 지방의회의 의결로 제정되는 지방자치단체의 자주법인 만큼, 지방자치단체가 법령에 위반되지 않는 범위 내에서 주민의 권리·의무에 관한 사항을 조례로 제정할 수 있다"라고 하여 법률의 위임의 구체성을 완화하려는 태도를 보이고 있다(대판 1991.8.27. 90누6613).

조례제정권의 한계 (헌재 1995.4.20. 92헌마264등)

조례의 제정권자인 지방의회는 선거를 통해서 그 지역적인 민주적 정당성을 지니고 있는 주민의 대표기관이고 헌법이 지방자치단체에 포괄적인 자치권을 보장하고 있는 취지로 볼 때, 조례에 대한 법률의 위임은 법규명령에 대한 법률의 위임과 같이 반드시 구체적으로 범위를 정하여 할 필요가 없으며 포괄적인 것으로 족하다.

(다) 기본권의 보장과 조례규제

지방자치단체의 조례는 법령의 하위에 있는 것이므로 국법체계의 정점에 위치하는 최고법규로서의 헌법에 위반되어서는 안 된다.

① 조례와 평등원칙

조례도 헌법의 원칙인 평등의 원칙의 지배를 받으며, 각 조례 상호 간의 내용의 차이가 헌법상 평등의 원칙에 위배되는 경우에는 위헌의 문제가 발생하게 된다. 다만 조례제정권은 각 지방자치단체마다 가지므로 일정사항과 관련하여 각각의 지방자치단체마다 사정이 동일하지 않으므로 상이한 규율을 가할 수 있다. 이 경우 각 지방자치단체가 그 지역의 특수한 실정 기타 합리적인 근거에 따라 상이한 조례를 제정할 수 있는 가능성은 헌법상의 평등의 원칙에 반하는 것이라 할 수 없다. 다만 하나의 지방자치단체 내부에서 불균형이 초래되는 조례는 동등한 사실관계는 동등하게, 상이한 사실관계는 상이하게 정하도록 하는 헌법상 평등의 원칙에 위배되는 것이다(헌재 1995.4.20. 92헌마264, 279).

② 조례와 직업수행 및 영업자유의 제한

직업수행의 자유는 직업결정의 자유에 비하여 상대적으로 그 침해의 정도가 작다고 할 것이므로 이에 대하여는 공공복리 등 공익상의 이유로 비교적 넓은 법률상의 규제가 가능하지만 그 경우에도 헌법 제37조 제2항에서 정한 한계인 과잉금지의 원칙은 지켜져야 한다. 이는 지방의회의 조례입법에 의한 기본권제한의 경우에도 준수되어야 할 것이다. 대표적 예로, 성인출입업소를 제외한 모든 장소에서 담배자동판매기설치를 제한하는 조례의 규정은 담배소매인의 직업수행의 자유를 과도하게 침해하는 것이라고 주장하나, 성인출입업소를 제외한 모든 장소에 대하여 자판기의 설치·사용을 제한하지 않는 한 그 실효성이 의문시될 뿐 아니라 무엇보다도 미성년자보호법의 취지를 관철하기 어렵다고 할 것이므로 직업선택의 자유를 침해하였다고 볼 수 없다(헌재 1995.4.20. 92헌마264,279).

③ 조례와 죄형법정주의

대법원은 구 지방자치법 제15조 단서(현행 지방자치법 제28조 단서)는 지방자치단체가 법령의 범위 안에서 그 사무에 관하여 조례를 제정하는 경우에 벌칙을 정할 때에는 법률의 위임이 있어야 한다고 규정하고 있는데, 불출석등의 죄, 의회모욕의 죄, 위증 등의 죄에 관하여 형벌을 규정한 조례안에 관하여 법률에 의한 위임이 없었을 뿐만 아니라, 지방자치단체는 조례로써 조례위반에 대하여 1,000만원 이하의 과태료만 부과할 수 있도록 규정하고 있으므로, 조례위반에 형벌을 가할 수 있도록 규정한 조례안 규정들은 구 지방자치법 제20조에 위반되고, 적법한 법률의 위임 없이 제정된 것이 되어 구 지방자치법 제15조 단서에 위반되고, 나아가 죄형법정주의를 선언한 헌법 제12조 제1항에도 위반된다고 판시한 바 있다(대판 1995.6.30. 93추113).

④ 조례와 조세법률주의

헌법재판소에서는 "구 지방자치법 제126조(현행 지방자치법 제152조)는 지방자치단체는 법률이 정하는 바에 의하여 지방세를 부과·징수할 수 있다고 하고, …

지방세법이 지방세의 부과와 징수에 관하여 필요한 사항을 조례로 정할 수 있도록 한 것은 지방세법은 그 규율대상의 성질상 어느 정도 요강적 성격을 띨 수밖에 없기 때문이라고 해석된다. 왜냐하면 비록 국민의 재산권에 중대한 영향을 미치는 지방세에 관한 것이라 하더라도 중앙정부가 모든 것을 획일적으로 확정하는 것은 지방자치제도의 본래의 취지를 살릴 수 없기 때문이다. 더구나 지방세법의 규정에 의거하여 제정되는 지방세부과에 관한 조례는 주민의 대표로 구성되는 지방의회의 의결을 거치도록 되어 있으므로 법률이 조례로써 과세요건 등을 확정할 수 있도록 조세입법권을 부분적으로 지방자치단체에 위임하였다 하더라도 조세법률주의의 바탕이 되고 있는 "대표 없이 과세 없다"는 사상에 반하는 것도 아니다"라고 판시하고 있다(헌재 1996.10.26. 94헌마242).

(라) 법령과 조례의 관계

지방자치단체의 조례는 헌법 제117조 및 지방자치법 제28조에 의하여 "법령의 범위 안"에서 규정할 수 있다. "법령"은 법률·대통령령·부령 등의 법형식을 의미하나, 이러한 법령의 명시적 위임에 의한 행정규칙(훈령·고시 등)과 국내법적 효력이 인정되는 국제법규도 포함된다. 다만 조례도 형식적 효력에 있어서 성질상 법률의 하위에 있는 하위입법으로 국가의 법령과 모순 또는 저촉되어서는 안 된다.

조례와 법령우위의 원칙 (대판 1997.4.25. 96추244)

조례가 법령과 별도의 목적에 기하여 규율함을 의도하는 것으로서 그 적용에 의하여 법령의 규정이 의도하는 목적과 효과를 전혀 저해하는 바가 없는 때, …그 조례가 국가의 법령에 위반되는 것은 아니라고 보아야 할 것이다.

⑷ 지방자치단체 주민의 권한

주민은 선거권과 피선거권을 행사함으로써 당해 지방자치단체의 구성에 참여할 수 있고, 공공시설을 이용할 수 있으며, 조례의 제정·개폐청구권, 감사청구권, 주민투표권 등으로 자치단체업무에 직접 참여도 할 수 있다.

⑸ 지방자치단체에 대한 국가의 감독

국회는 지방자치단체의 조직 · 운영에 관한 사항을 법률로 규정함은 물론, 국회의 조사권을 행사함으로써 자치단체를 감독하며(입법적 감독), 법원도 자치단체의 선거쟁송, 자치단체의 장과 의회 간 기관소송 등의 관할권을 가짐으로써 자치단체를 감독하고(사법적 감독), 중앙행정기관이나 상급자치단체는 감독 · 명령 · 취소 등의 방법으로 자치단체를 감독한다(행정적 감독).

주민투표권의 주관적 공권성 (헌재 2005.12.22. 2004헌마530)

주민투표권을 헌법상 보장되는 기본권이라고 하거나 헌법 제37조 제1항의 "헌법에 열거되지 아니한 권리"의 하나로 보기 어렵다. 지방자치법이 주민에게 주민투표권(제13조의2), 조례의 제정 및 개폐청구권(제13조의3), 감사청구권(제13조의4) 등을 부여함으로 주민이 지방자치사무에 직접 참여할 수 있는 길을 일부 열어 놓고 있지만 어디까지나 입법에 의하여 채택된 것일 뿐 헌법에 의하여 보장되고 있는 것은 아니다.

지방의회의 재의결 (대판 2005.8.19. 2005추48)

지방의회의원이 지방자치단체의 장이 조례안으로서 제안한 행정기구를 종류 및 업무가 다른 행정기구로 전환하는 수정안을 발의하여 지방의회가 의결 및 재의결하는 것은 지방자치단체의 장의 고유 권한에 속하는 사항의 행사에 관하여 사전에 적극적으로 개입하는 것으로서 허용되지 아니한다.

⑹ 관련 판례

* 주민투표권이나 조례제정 · 개폐청구권은 헌법상 기본권으로 보기 어려우므로, 주민투표권 조항 및 조례제정 · 개폐청구권 조항에 대한 청구는 이 조항들로 인한 청구인들의 기본권 침해 가능성이 인정되지 않아 부적법하다(헌재 2014.4.24. 2012헌마287).
* 지방자치단체는 헌법상 자치입법권이 인정되고, 법령의 범위 안에서 그 권한에 속하는 모든 사무에 관하여 조례를 제정할 수 있다는 점과 조례는 선거를 통하여 선출된 그 지역의 지방의원으로 구성된 주민의 대표기관인 지방의회에서 제정되므로 지역적인 민주적 정당성까지 갖고 있다는 점을 고려하면, 조례에 위임할 사항은 헌법 제75조 소정의 행정입법에 위임할 사항보다 더 포괄적이어도 헌법에 반하지 않는다고 할

것이다(헌재 2004.9.23. 2002헌바76).

* 공유수면에 대한 지방자치단체의 관할구역 경계획정은 명시적인 법령상의 규정이 존재한다면 그에 따르고, 명시적인 법령상의 규정이 존재하지 않는다면 불문법상 해상경계에 따라야 한다. 불문법상 해상경계마저 존재하지 않는다면, … 권한쟁의심판권을 가지고 있는 헌법재판소가 형평의 원칙에 따라 합리적이고 공평하게 해상경계선을 획정하여야 한다(헌재 2021.2.25. 2015헌라7).
* 공유수면의 관할 귀속과 매립지의 관할 귀속은 그 성질상 달리 보아야 한다. 매립공사를 거쳐 종전에 존재하지 않았던 토지가 새로이 생겨난 경우 동일성을 유지하면서 단순히 바다에서 토지로 그 형상이 변경된 것에 불과하다고 보기는 어렵다. … 공유수면의 관할권을 가지고 있던 지방자치단체이든 그 외의 경쟁 지방자치단체이든 새로 생긴 매립지에 대하여는 중립적이고 동등한 지위에 있다 할 것이다(헌재 2020.7.16. 2015헌라3).
* 지방자치단체의 구역은 주민·자치권과 함께 지방자치단체의 구성요소로서 자치권을 행사할 수 있는 장소적 범위를 말하며, 자치권이 미치는 관할 구역의 범위에는 육지는 물론 바다도 포함되므로, 공유수면에 대한 지방자치단체의 자치권한이 존재한다(헌재 2006.8.31. 2003헌라1).
* 국가기본도에 표시된 해상경계선은 그 자체로 불문법상 해상경계선으로 인정되는 것은 아니나, 관할 행정청이 국가기본도에 표시된 해상경계선을 기준으로 하여 과거부터 현재에 이르기까지 반복적으로 처분을 내리고, 지방자치단체가 허가, 면허 및 단속 등의 업무를 지속적으로 수행하여 왔다면 국가기본도상의 해상경계선은 여전히 지방자치단체 관할 경계에 관하여 불문법으로서 그 기준이 될 수 있다(헌재 2021.2.25. 2015헌라7).
* 법률이 행정부가 아니거나 행정부에 속하지 않는 공법적 기관의 정관에 자치법적 사항을 위임한 경우에는 포괄적인 위임입법의 금지는 원칙적으로 적용되지 않는다(헌재 2006.3.30. 2005헌바31).
* 조례에 대한 법률의 위임은 법규명령에 대한 법률의 위임과 같이 반드시 구체적으로 범위를 정하여 할 필요가 없으며 포괄적인 것으로 족하다(헌재 1995.4.20. 92헌마264).
* 헌법은 국민투표권을 규정하고 있을 뿐 주민투표권을 규정한 바 없고, 헌법상 지방자치단체의 자치의 내용도 자치단체의 설치와 존속과 같은 자치권의 본질적 사항에 관한 것이므로 주민투표권을 헌법상 보장되는 기본권이라고 볼 수 없다(헌재 2005.12.22. 2004헌마530).
* 특정 지방자치단체의 존속을 보장하는 것은 헌법상 지방자치제도 보장의 핵심적 영역 내지 본질적 부분이 아니므로 현행법상의 지방자치단체의 중층구조를 계속 존속

하도록 할지 여부는 입법자의 입법형성권 범위 안에 있다(헌재 2006.4.27. 2005헌마1190).

* 지방의회의원으로 하여금 지방공사 직원을 겸직하지 못하도록 한 것은 지방공사 직원과 지방의회의원으로서의 지위가 충돌하여 직무의 공정성이 훼손될 가능성이 존재하며, 지방의회의 활성화라는 취지에 비추어 볼 때 지방의회의원의 직업선택의 자유를 침해하지 않는다(헌재 2012.4.24. 2010헌마605).
* 지방자치단체가 자치조례를 제정할 수 있는 사항은 지방자치단체의 고유사무인 자치사무와 개별법령에 의하여 지방자치단체에 위임된 단체위임사무에 한하는 것이고, 국가사무가 지방자치단체의 장에게 위임된 기관위임사무는 원칙적으로 자치조례의 제정범위에 속하지 않는다 할 것이고, 다만 기관위임사무에 있어서도 그에 관한 개별법령에서 일정한 사항을 조례로 정하도록 위임하고 있는 경우에는 위임받은 사항에 관하여 개별법령의 취지에 부합하는 범위 내에서 이른바 위임조례를 정할 수 있다(대법원 2000.5.30. 99추85).
* 구 폐기물관리법 제43조 제1항에 의한 행정기관의 감사가 과다감사 및 중복감사에 해당하여 감사대상의 영업의 자유를 침해할 소지가 있지만, 환경보전과 쾌적한 생활환경 유지라는 동 조항의 입법목적에 비추어 행정기관은 민원이 있는 경우 다시 감사할 수 있다(헌재 2003.12.18. 2001헌마754).
* 지방자치단체의 폐치廢置·분합分合에 관한 법률은 지방자치단체의 대상지역주민들의 기본권과도 관련이 있으므로 헌법소원심판의 대상이 될 수 있다(헌재 1995.3.23. 94헌마175).
* 국회가 지방선거의 선거비용을 지방자치단체가 부담하도록 공직선거법을 개정한 것은 지방자치단체의 자치권한을 침해한 것이 아니다(헌재 2008.6.26. 2005헌라7).
* 지방의회의원에 대한 선거권과는 달리 지방자치단체의 장에 대한 선거권을 헌법상 기본권이라 단정하기는 어렵다. 하지만 지방자치단체의 장에 대한 선거권을 법률상의 권리로 본다 할지라도, 비교집단 상호간에 차별이 존재할 경우에 헌법상 기본권인 평등권 심사까지 배제되는 것은 아니다(헌재 2007.6.28. 2004헌마644).
* 주민소환제도를 규범적인 차원에서 정치적인 절차로 설계할 것인지, 아니면 사법적인 절차로 할 것인지는 현실적인 차원에서 입법자가 여러 가지 사정을 고려하여 정책적으로 결정할 사항이라 할 것인바, 「주민소환에 관한 법률」에 주민소환의 청구사유를 두지 않은 것은 입법자가 주민소환을 기본적으로 정치적인 절차로 설정한 것으로 볼 수 있다(헌재 2009.3.26. 2007헌마843).
* 자치단체의 폐지에 대한 이해관계자들의 참여, 즉 의견개진의 기회부여는 문제가 된 사항의 본질적 내용과 그 근거에 관하여 이해관계인에게 고지하고 그에 관한 의견의

진술기회를 부여하는 것으로 족하며, 입법자가 그 의견에 반드시 구속되는 것은 아니다(헌재 2006.4.27. 2005헌마1190).

* 지방자치법이 주민투표의 법률적 근거를 마련하면서 주민투표에 관련된 구체적 절차와 사항에 관하여는 따로 법률로 정하도록 하였다고 하더라도 이로써 주민투표에 관련된 구체적인 절차와 사항에 대하여 입법하여야 할 헌법상 의무가 국회에게 발생하였다고 할 수는 없다(헌재 2001.6.28. 2000헌마735).
* 지방자치법이 주민에게 주민투표권, 조례의 제정 및 개폐청구권, 감사청구권 등을 부여함으로써 주민이 지방자치사무에 직접 참여할 수 있는 길을 일부 열어놓고 있지만 이러한 제도는 어디까지나 입법에 의하여 채택된 것일 뿐 헌법에 의하여 보장되고 있는 것은 아니다(헌재 2001.6.28. 2000헌마735).
* 헌법은 '지방자치단체의 장의 선임방법에 관한 사항은 법률로 정한다'고 규정하고 있으므로 지방자치단체의 장을 선출하기 위한 선거권은 헌법상 기본권이라 볼 수 없다(헌재 2007.6.28. 2004헌마644).
* 조례는 행정관청의 명령과는 달리 주민의 대표기관인 지방의회의 의결로 제정되는 지방자치단체의 자주법인 만큼, 지방자치단체가 법령에 위반되지 않는 범위 내에서 주민의 권리의무에 관한 사항을 조례로 제정할 수 있다(대법원 1991.8.27. 90누6613).
* 주민투표권은 헌법이 보장하는 참정권이 아니므로 이 권리의 침해를 이유로 한 헌법소원심판청구는 부적법하다(헌재 2001.6.28. 2000헌마735).
* 지방자치단체의 장이 유죄 판결을 받았음을 이유로 사회적 비난 내지 부정적 의미의 차별을 가하기 위하여 그를 직무에서 배제하는 것이 아니라, 유죄 판결을 받은 자치단체장에게 그 직무를 계속 수행하도록 방치한다면 자치단체의 운영에 구체적 위험이 생길 염려가 있어 부단체장으로 하여금 권한을 대행하도록 하는 것이다. 권한대행사유를 두더라도 평등원칙에 위반된다고 할 수 없다(대판 1990.6.22. 90마310).

Ⅵ. 교육제도教育制度

1. 교육의 의의

교육이란 인간의 발달과정을 도와 인간의 인격과 능력을 바람직한 방향으로 현실화시켜 주는 작용인 동시에 사회개조를 위한 수단으로서 가정·학교·사회에서 이루어지는 인간가치의 제고를 위한 모든 활동을 말한다(대판 1990.6.22. 90마

310). 근대 자본주의 경제하에서 국가는 교육에 대해 방임주의를 취하여 교육은 일부 상위계급의 특권이었고 이러한 교육의 불평등은 세습되어 악순환이 계속되었다. 오늘날 교육은 소득능력의 기초가 된다는 점에서 과거의 문제를 개선하기 위하여 현대사회 복지국가의 헌법은 국민의 교육받을 권리를 보장하고 있다. 이는 우리 헌법 제31조에서도 마찬가지이고 또 헌법 제34조 제1항의 인간다운 생활을 위한 필수적인 조건이 된다.

2. 현행 헌법과 교육제도

(1) 헌법의 교육조항

헌법은 교육에 관한 기본조항인 제31조에서 사회적 기본권으로서 교육을 받을 권리와 교육의 기본원칙, 대학자치제를 핵심으로 하는 교육제도보장에 관하여 규정하고 있다. 교육의 제도적 보장과 관련해 제31조 제4항에서 교육의 자주성 · 전문성 · 정치적 중립성 등을 교육의 기본원칙으로 명시하고, 동조 제6항에서는 국가에 의한 교육의 자의적인 구제를 배제하기 위하여 교육제도 등의 법정주의를 명시하고 있다.

(2) 교육의 기본원칙

(가) 교육의 자주성

교육의 자주성이란 교육내용과 교육기구가 교육자에 의하여 자주적으로 결정되고, 행정권력에 의한 교육통제가 배제되어야 한다는 의미이다. 교육의 자주성을 확보하기 위하여 교사의 교육시설설치자 · 교육감독권자로부터의 자유, 교육내용에 대한 교육행정기관의 권력적 개입의 배제, 교육관리기구의 공선제 등이 실현되어야 한다.

(나) 교육의 전문성

교육의 전문성이란 교육정책이나 그 집행은 가급적 교육전문가가 담당하거나 적어도 그들의 참여하에 이루어져야 함을 말한다.

(다) 교육의 정치적 중립성

교육의 정치적 중립성이란 교육이 국가권력이나 정치적 세력으로부터 부당한 간섭을 받지 아니할 뿐 아니라, 그 본연의 기능을 벗어나 정치영역에 개입하지 않아야 한다는 것을 말한다. 교육의 정치적 중립성은 교육의 정치적 무당파성, 교육에 대한 정치적 압력의 배제, 교육의 권력으로부터 독립, 교원의 정치적 중립, 교육의 정치에 불간섭 등을 기본내용으로 한다.

(3) 교육제도 등의 법정주의

(가) 교육제도의 법정주의

헌법 제31조 제6항은 교육의 물적 기반이 되는 교육제도와 교육의 인적 기반이 되는 교원의 지위에 관한 기본적 사항을 법률로써 규정하도록 하고 있다. 교육제도의 법정주의는 교육중시주의를 선언한 것이며, 교육의 자주성을 보장하려는 것이기도 하다. 교육제도에 관한 기본법으로는 교육기본법과 교육공무원법 등이 있다.

(나) 교육재정의 법정주의

교육재정이란 국가나 지방공공단체가 교육활동을 지원함에 필요한 재원을 확보하고 배분하며 평가하는 일련의 활동을 말한다. 헌법상의 교육재정법정주의에 근거하여 제정된 법률로는 교육세법, 지방교육양여금법, 지방교육재정교부금법 등이 있다.

(다) 교원지위의 법정주의

헌법 제31조 제6항에서 말하는 교원의 지위는 교원의 직무의 중요성, 교원의 직무수행 능력에 대한 인식의 정도에 따라 부여되는 사회적 대우 또는 존경, 교원의 근무조건·보수 및 그 밖의 물적 급부 등을 포괄적으로 의미하는 것이다. 다만 위 헌법조항을 근거로 하여 제정되는 법률에는 교원의 신분보장, 경제적·사회적 지위보장 등 교원의 권리에 해당하는 사항뿐만 아니라 국민의 교육을 받을 권리를 저해할 우려가 있는 행위의 금지 등 교원의 의무에 관한 사항도 당연히 규정할 수 있는 것이므로 결과적으로 교원의 기본권을 제한하는 사항까지도 규정할 수 있게 되는 것이다(헌재 2003.2.27. 2000헌바26; 헌재 1991.7.22. 89헌가106).

3. 관련 판례

* 국가는 학교에서의 교육목표, 학습계획, 학습방법, 학교조직 등 교육제도를 정하는 데 포괄적 규율권한과 폭넓은 입법형성권을 갖는다. 대학 입학전형자료의 하나인 수능시험은 대학 진학을 위해 필요한 것이지만, 고등학교 교육과정에 대한 최종적이고 종합적인 평가로서 학교교육 제도와 밀접한 관계에 있다. 따라서 국가는 수능시험의 출제 방향이나 원칙을 어떻게 정할 것인지에 대해서도 폭넓은 재량권을 갖는다(헌재 2018.2.22. 2017헌마691).
* 의무교육을 위탁받은 사립학교를 설치·운영하는 학교법인 등과의 관계에서 관련 법령에 의하여 이미 학교법인이 부담하도록 규정되어 있는 경비까지 종국적으로 국가나 지방자치단체의 부담으로 한다는 취지까지 규정한 것으로 볼 수 없다(대판 2015.1.29. 2012두7387).
* 헌법은 국가의 교육권한과 부모의 교육권의 범주 내에서 학생에게도 자신의 교육에 관하여 스스로 결정할 권리, 즉 자유롭게 교육을 받을 권리를 부여하고, 학생은 국가의 간섭을 받지 아니하고 자신의 능력과 개성, 적성에 맞는 학교를 자유롭게 선택할 권리를 가진다(헌재 2012.11.29. 2011헌마827).
* 수시모집 요강이 검정고시 출신자들에게는 정규 고등학교의 학교생활기록부가 없어 초등교사로서의 품성과 자질 등을 다방면에서 평가할 자료가 없다는 이유로 검정고시 출신자로 하여금 피청구인들 대학의 수시모집에 전혀 지원할 수 없도록 하는 것은 불합리하다고 볼 수밖에 없다. … 이 사건 수시모집 요강은 검정고시 출신자인 청구인들을 합리적인 이유 없이 차별하여 청구인들의 교육을 받을 권리를 침해한다고 할 수 있다(헌재 2017.12.28. 2016헌마649).
* 국제연합의 "인권에 관한 세계선언"은 선언적 의미를 가지고 있을 뿐 법적 구속력을 가지는 것은 아니고 국제 문화기구와 국제노동기구가 채택한 "교원의 지위에 관한 권고"는 교육제도의 법정주의에 반드시 배치되는 것이 아니고 또한 직접적으로 국내법적인 효력을 가지는 것이라고 할 수 없다(헌재 1991.7.22. 89헌가106).
* 학령아동의 재능이나 지식 내지 수학능력을 기준으로 취학여부를 정한다면 이는 단순한 지식전달뿐만 아니라, 동일한 연령 아동과의 교제와 단체생활능력, 사회적응력

배양, 사회규범준수훈련, 예절, 윤리교육, 국가관 내지 민족관과 역사의식 함양 등 오늘날의 민주국가, 사회국가, 문화국가를 살아가는 데 필수적인 초등학교 교육의 기능과 이념 및 본질에 부합된다고 보기 어렵다(헌재 1994.2.24. 93헌마192).

* 의무교육제도는 교육의 자주성·전문성·정치적 중립성 등을 지도원리로 하여 국민의 교육을 받을 권리를 뒷받침하기 위한, 헌법상의 교육기본권에 부수되는 제도보장이라 할 것이다(헌재 1991.2.11. 90헌가27).

제 2 편

기본권론

제 1 장

기본권 총설

제 1 절 기본권의 의의와 역사

Ⅰ. 기본권基本權의 개념과 특질

기본권이란 헌법에 의하여 보장된 국민의 제 권리를 의미하며, 인권이란 인간이 인간이기 때문에 당연히 갖는 천부적 권리 또는 자연권을 말한다. 기본권은 인권뿐만 아니라 헌법에 의하여 비로소 구체화되는 권리까지 포함하는 개념이므로, 인권과 기본권의 내용이 반드시 일치하는 것은 아니다.

Ⅱ. 기본권보호의 역사

1. 각국의 인권선언人權宣言

(1) 영 국

영국은 1215년의 마그나카르트Magna Carta, 1628년의 권리청원Petition of Right, 1679년의 인신보호법Habeas Corpus Act을 거쳐 명예혁명의 소산인 1689년의 권리장전Bill of Rights 등을 통하여 영국 국민의 자유와 권리에 대한 개념의식을 싹틔웠다. 영국의 권리장전들에서 보장되는 자유와 권리는 기존의 자유와 권리를 재확인한 것으로 절차적 보장에 역점을 둔 측면이 강하다.

(2) 미 국

1776년 6월 12일 미국의 버지니아 권리장전The Virginia Bill of Rights은 천부적 인권의 불가침의 자연권으로서 행복을 추구할 권리와 생명・자유・재산에 대한 권리 및 저항권 등을 선언하였다. 동년 7월 4일 미국의 독립선언Declaration of Independence에서도 천부적 인권의 불가침성을 강조하였다.

(3) 프랑스

1789년 8월 26일 프랑스 인권선언으로 불리는 인간과 시민의 권리선언Declaration of the Rights of Man and of the Citizen에서 천부적 인권의 불가침・불가양의 자연권으로서의 제諸 권리를 강조하였다. 특히 평등권을 강조하였으며, 소유권을 신성불가침의 권리로 규정하였다. 그 후에는 천부인권사상을 바탕으로 한 인권보장이 약화되었다가 1946년 제4공화국 헌법과 1958년 제5공화국 헌법에서 다시 강화되었다.

(4) 독 일

1849년 프랑크푸르트Frankfurt헌법(국민회의가 제정한 기본권규정은 60개 조항), 1850년 프로이센Preußen헌법, 1871년의 비스마르크Bismark헌법에서 기본권보장은 형식에 그쳤으며, 1919년 바이마르Weimar헌법에 이르러 모든 고전적 기본권을 규정함과 아울러 사회적 기본권을 최초로 규정하였다. 그러나 단순히 입법방침으로만 인식되고 재판규범성이 부인되었기 때문에, 헌법에 규정된 기본권의 공동화를 우려하여 1949년의 독일 기본법에서는 사회적 기본권을 모두 삭제하고 사회국가원리만을 선언하였다.

2. 인권보장의 현대적 경향

(1) 인권선언의 사회화

자유권적 기본권과 사회적 기본권의 조화로운 보장을 도모하여 일련의 사회적 기본권에 관한 규정을 헌법에 신설하는 경향이 1919년 바이마르헌법을 효시로 각국 헌법에 계승되기 시작하였다.

(2) 인권선언의 국제화

1945년 유엔헌장 이래 국제적 차원에서 인권강화의 흐름이 보편화되어, 1948년 세계인권선언, 1950년 유럽인권협약, 1966년 국제연합인권규약, 1987년 고문등의금지에관한협약 등으로 전개되었다.

국제연합 인권선언의 법적 구속력 및 강제력 부여 과정

1) 1966년 12월 16일 국제인권규약(International Covenants on Civil and Political Rights)으로서 경제적 · 사회적 · 문화적 권리에 관한 국제규약(A규약)(International Covenant on Economic, Social and Cultural Rights), 시민적 · 정치적 권리에 관한 국제규약(B규약)(International Covenant on Civil and Political Rights) 및 시민적 · 정치적 권리에 관한 규약에 대한 제1선택의정서(Optional Protocol to the International Covenant on Civil and Political Rights)를 채택

2) 1989년 12월 15일에는 사형폐지를 목표로 하는 시민적 및 정치적 권리에 관한 국제규약의 제2선택의정서(Second Optional Protocol to the International Covenant on Civil and Political Rights, Aiming at the Abolition of the Death Penality) 채택

3) 2008년 12월 10일에는 경제적 · 사회적 · 문화적 권리에 관한 국제규약의 선택의정서(Optional Protocol to International Covenant on Economic, Social and Cultural Rights)를 채택

※ 선택의정서에는 권리침해에 대하여 개인이 직접 감시기관에 통보하고, 협약 당사국들이 침해 사례에 대한 정보를 공유하도록 하는 내용과 침해 사례에 대한 조사 절차 등이 규정되어 있어서, 국제규약에 가입한 국가에서 해당 권리의 침해가 발생하였을 때, 국내 법 체계에서 제대로 다루지 못한 문제를 유엔인권위원회에 제소하여 판결을 받을 수 있다.

우리나라의 국제인권규약 가입현황

1) 1990년 7월 10일 발효

경제적·사회적·문화적 권리에 관한 국제규약(A규약)과 시민적·정치적 권리에 관한 국제규약(B규약) 및 제1선택의정서 중 A규약은 유보 없이 전부 가입하였으나, B규약은 4개 조항을 유보하고 가입하였다. 제14조 제5항 상급심에서 재판을 받을 권리, 제14조 제7항 이중처벌금지, 제23조 제4항 혼인중 또는 이혼시 배우자의 동등한 권리, 제22조 노조설립과 참여의 자유보장이 그것이다.

2) 1991년 3월 15일

B규약 제23조 제4항의 혼인중 또는 이혼시 배우자의 동등한 권리조항에 대한 유보를 철회하였다.

3) 1993년 1월 21일

B규약 제14조 제7항의 이중처벌금지조항의 유보를 철회

4) 2007년 4월 2일

B규약 제14조 제5항의 상급심에서 재판을 받을 권리조항의 유보를 철회. 다만, B규약 제22조 노조설립과 참여의 자유보장조항은 아직 유보철회를 하지 않았다. 이는 우리나라 헌법 제33조 제2항에서 공무원의 노조설립과 참여를 제한하고 있어서이다.

※ 경제적·사회적·문화적 권리에 관한 국제규약의 선택의정서의 가입에 대해서는 아직 논의 중에 있다.

(3) 자연법사상自然法思想의 부활

제2차 세계대전을 거치면서 나치즘, 파시즘, 군국주의에 의해 저질러진 인권유린에 대한 반성으로 인간의 존엄과 가치에 대한 이념이 고조되었다. 전후 각국 헌법은 기본권이 자연권임을 재강조하고, 근대헌법에서 선언적 의미로 수용된 기본권을 실질적이고 직접적인 효력을 갖는 권리로 인식하였다.

1948년 12월 10일 세계인권선언(Universal Declaration of Human Rights)

현대적 인권보장이 갖는 특색들 중의 하나는 자연법사상의 영향을 받은 자연권사상의 부활과 그 강조이다. 1948년 12월 10일의 인권에관한세계선언은 인간의 존엄과 평등 그리고 불가양의 권리를 확인함으로써 전통적인 천부인권론의 이념을 부활시켰다.

⑷ 제3세대 인권

'제1세대 인권'은 프랑스혁명 사상인 자유·평등 등을 이념으로 하는 개인적 차원의 자유권보장을, '제2세대 인권'은 1919년 바이마르 헌법에서 기원하는 국가적 차원의 생존권보장을, '제3세대 인권'은 제2차 세계대전 후의 평화에 대한 권리, 개발에 대한 권리, 환경에 대한 권리 등을 포함하는 국제적 차원의 연대권을 의미한다.

⑸ 새로운 인권

건강권, 일조권, 휴식권, 국민의 알권리, 액세스권, 인격권(성명, 초상, 명예) 등이 새로운 인권으로서 혹은 기존 인권의 한 부류로서 등장하게 되었다. 또한 독일헌법 등 다수 서구헌법에서는 정치적 '망명권' 및 '난민권'을 중요한 헌법상의 기본권의 하나로 규정하고 있다. 우리나라의 경우에는 망명권에 대해서는 대법원은 부정적이다. 독일과 달리 우리 헌법의 명문규정이 없는 우리로서는 헌법해석만으로 외국인의 망명권이나 비호권을 기본권으로 인정하기란 어렵다고 판시한 바 있다(대판 1984.5.22. 84도39). 난민권에 대해서는 우리 헌법에 규정하고 있지 않지만, '난민의 지위에 관한 1951년 협약' 및 '난민의 지위에 관한 1967년 의정서' 등에 따라 난민의 지위와 처우 등에 관한 사항을 정함을 목적으로 「난민법」이 제정되었으며, 외국인의 '난민신청권'을 인정하는 규정을 두고 있다.

제 2 절 기본권의 성격

Ⅰ. 기본권의 자연권적 성격

기본권은 헌법 이전에 존재하는 인간의 권리로 헌법은 이를 확인·선언하고 있는 데 불과하여 기본권의 자연권성自然權性을 인정하는 견해가 통설이다.

i) 헌법 제10조 후문 "국가는 …불가침의 기본적 인권을 확인하고 이를 보장할 의무를 진다"는 의미는 기본적 인권의 자연권성과 국가의 확인과 의무를 강조한 것이다.

ii) 헌법 제37조 제1항 "국민의 자유와 권리는 헌법에 열거되지 아니한 이유로 경시되지 아니한다."는 규정은 기본권의 자연권성을 확인하고 강조하는 것이다.

iii) 헌법 제37조 제2항 단서 "…본질적 내용을 침해할 수 없다."는 의미는 기본권의 자연권성을 강조한 것이다. 자유나 권리의 본질적 부분은 이미 존재하는 것이다.

iv) 헌법의 모든 기본권이 자연권은 아니다. 선거권, 공무담임권과 같은 정치적 기본권, 재판청구권과 같은 청구권적 기본권, 사회적 기본권은 실정법상의 기본권이다.

Ⅱ. 기본권의 이중적 성격二重的 性格

1. 기본권의 이중적 성격의 의의

기본권은 기본적으로 대국가적 효력을 갖는 주관적 공권이지만, 국가의 기본적 법질서의 내용을 규정하는 객관적 법규범으로서 성격도 가진다는 측면을 인정할 수 있느냐가 기본권의 이중적 성격에 관한 문제이다.

2. 기본권의 이중적 성격론의 배경 및 기능

결단주의 헌법관에 의하면 기본권은 초국가적 자연권으로서 그 주관적 공권성이 강조되고 제도적 보장과는 구별된다. 그러나 통합주의적 헌법관에 의하면 기본권은 사회적 통합을 위한 생활양식과 법질서의 바탕이 되는 가치체계인 동시에 국가권력의 정당성으로서 객관적 질서라는 측면이 강조된다.

그러한 의미에서 사회적 통합을 강조하는 통합주의 헌법관에서 비롯된 논의로 특히 기본권의 대사인효를 쉽게 긍정하기 위한 전제가 되며, 헌법소원에 있어서 심판청구의 이익을 더 넓게 인정하기 위한 도구개념으로 사용된다.

3. 기본권의 이중적 성격 인정여부

헌법재판소는 제도적 보장과 기본권 보장을 구별하지만(헌재 1995.3.23. 94헌마175), 기본권의 이중적 성격은 인정한다(헌재 1995.6.29. 93헌바45). 즉 "국민의 기본권은 국가권력에 의하여 침해되어서는 아니 된다는 의미에서 소극적 방어권으로서의 의미를 가지고 있을 뿐만 아니라, 국가권력에 대한 객관적 규범 내지 가치질서로서의 의미를 함께 갖는다."라고 판시하여 기본권의 이중성을 인정하고 있다(헌재 1995.7.21. 94헌마125).

직업선택의 자유 (헌재 1995.7.21. 94헌마125)

헌법 제15조에 의한 직업선택의 자유는 각자의 생활의 기본적 수요를 충족시키는 방편이 되고 개성신장의 바탕이 된다는 점에서 주관적 공권의 성격을 가지면서도 국민 개개인이 선택한 직업의 수행에 의하여 국가의 사회질서와 경제질서가 형성된다는 점에서 사회적 시장경제질서라고 하는 객관적 법질서의 구성요소이기도 하다.

혼인과 가족생활 (헌재 2002.8.29. 2001헌바82)

헌법 제36조 제1항에서는 혼인과 가족생활을 스스로 결정하고 형성할 수 있는 자유를 기본권으로 보장하고, 혼인과 가족제도에 대하여 제도로 보장을 한다.

제 3 절 기본권의 분류방법

기본권을 어떻게 분류할 것인가에 대해서는 수많은 학자들에 의해 다양한 방법으로 논의되었으나 아래에서는 대략 주체 · 성질 · 내용 · 효력에 따른 법적 기준에 따라 분류하기로 한다.

Ⅰ. 주체에 의한 분류

- 인간人間의 권리(모든 인간에 속한 권리)
- 국민國民의 권리(소속 국적을 가진 자만이 누릴 수 있는 권리)

인간의 권리와 국민의 권리

1) 인간의 권리는 모든 인간에게 속하는 권리를 의미한다. 내국인, 외국인을 불문하는 초국가적 · 초실정법적 · 자연법적 권리이다.

2) 국민의 권리는 어느 국가의 국적을 가진 국민만이 보유할 수 있는 권리로서, 외국인에게는 원칙적으로 인정되지 아니하는 권리를 의미한다.

Ⅱ. 성질에 의한 분류

- 초국가적超國家的 기본권(자연법상의 권리)
- 국가내적國家內的 기본권(실정법상의 권리)
- 절대적絕對的 기본권(법률에 의하여 제한될 수 없는 기본권)
- 상대적相對的 기본권(국가질서를 위하여 제한가능한 기본권)

절대적 기본권과 상대적 기본권

1) 절대적 기본권은 양심형성의 자유 등 내심의 자유와 같이 성질상 제한이 불가능한 기본권을 의미한다.

2) 상대적 기본권은 국가안전보장, 질서유지, 공공복리와 같이 요건 하에서 제한 가능한 기본권을 의미한다.

3) 우리 헌법 제37조 제2항은 "국민의 모든 자유와 권리는 국가안전보장·질서유지 또는 공공복리를 위하여 필요한 경우에 한하여 법률로써 제한할 수 있으며, 제한하는 경우에도 자유와 권리의 본질적인 내용을 침해할 수 없다"고 하여 일반적 법률유보조항을 규정하고 있다. 원칙적으로 상대적 기본권을 취하고 있으나, 내심의 자유로서의 신앙의 자유, 양심형성 및 결정의 자유 등은 절대적 기본권으로 제한 할 수 없다.

Ⅲ. 내용에 의한 분류

- 포괄적包括的 기본권(인간의 존엄과 가치·행복추구권)
- 자유권적自由權的 기본권(신체의 자유·사생활의 자유·정신적 자유·경제적 자유 등)
- 사회적社會的 기본권(인간다운 생활권·교육의 권리·근로의 권리·근로3권·환경권 등)
- 청구권적請求權的 기본권(청원권·재판청구권·국가배상청구권·손실보상청구권·형사보상청구권·범죄피해자구조청구권 등)
- 참정권參政權(선거권·피선거권·공무담임권 등)

Ⅳ. 효력에 의한 분류

- 현실적 기본권과 프로그램적 기본권
- 대국가적對國家的 기본권과 대사인적對私人的 기본권

제 4 절 기본권의 주체主體

기본권의 주체란 헌법이 보장하고 있는 기본권의 향유자를 의미한다. 오늘날 민주헌법 국가에서는 국민을 기본권의 주체로 규정하지만, 외국인과 법인에게 현실적으로 어디까지 기본권 주체성을 인정할 것인지 논의의 대상이다.

Ⅰ. 자 연 인自然人

1. 국 민國民

기본권의 주체는 원칙적으로 모든 국민이다. 국민이란 대한민국의 국적을 가진 모든 사람을 의미하며, 미성년자 · 수형자 등도 포함된다. 원칙적으로 국민만이 기본권의 주체이다(헌재 2001.11.29. 99헌마494).

기본권 능력은 헌법상 보장된 기본권을 향유할 수 있는 기본권 주체의 문제이고, 기본권행사능력은 기본권 능력을 갖고 있음을 전제로 한 기본권제한의 문제이다. 즉 기본권 능력과 기본권 행사능력은 구별된다. 예컨대, 미성년자는 기본권 능력과 기본권 행사능력이 있으나, 기본권 행사능력은 일정한 경우에 제한된다(헌재 2004.5.27. 2003헌가1).

2. 외 국 인外國人

(1) 의 의

국민은 영토, 주권과 더불어 국가의 3대 구성요소 중의 하나다. 국적은 국민이 되는 자격 · 신분을 의미하므로 국민이 아닌 자는 외국인(외국 국적자, 복수국적자, 무국적자 포함)이다(헌재 2000.8.31. 97헌가12).

⑵ 외국인의 기본권 주체성

최근 국제화의 추세 속에서 외국인 노동자와 중국교포들의 불법입국 및 취업 문제, 북한동포의 망명 문제 등이 사회적인 이슈로 대두됨으로써 외국인의 기본권이 현실적으로 문제되고 있다. 헌법재판소는 “국민과 유사한 지위에 있는 ‘외국인’은 기본권의 주체가 될 수 있다. …인간의 존엄과 가치, 행복추구권은 대체로 ‘인간의 권리’로서 외국인도 주체가 될 수 있다고 보아야 하고, 평등권도 인간의 권리로서 외국인이 주체가 될 수 있으나 참정권 등에 대한 성질상의 제한 및 상호주의에 따른 제한이 있을 수 있다”고 하여 외국인도 기본권 주체성이 인정될 수 있음을 판시하였다(헌재 2001.11.29. 99헌마494).

외국인의 기본권 주체성으로 인정되는 기본권으로는 ① 인격권으로 당연히 인정되는 것(인간으로서의 존엄과 가치・행복추구권), ② 원칙적으로 인정되나 제한을 받는 것(평등권, 재산권, 직업선택의 자유, 거주・이전의 자유), ③ 원칙적으로 인정되지 않으나 제한된 범위 내에서 인정되는 것(환경권, 보건권), ④ 인정되지 않는 것(참정권) 등이 있다.

⑶ 관련 판례

* 헌법 제14조의 거주・이전의 자유, 헌법 제21조의 결사의 자유는 그 성질상 법인에게도 인정된다(헌재 2000.6.1. 99헌마553; 헌재 2000.12.14. 98헌바104).
* 모든 인간은 헌법상 생명권의 주체가 되며 형성 중의 생명인 태아에게도 생명권 주체성이 인정되어야 한다. 다만, 수정 후 모체에 착상되기 전인 초기배아는 기본권 주체성을 인정하기 어렵다(헌재 2008.7.31. 2004헌바81; 헌재 2010.5.27. 2005헌마346).
* 아동은 인격의 발현을 위하여 어느 정도 부모에 의한 결정을 필요로 하는 아직 성숙하지 못한 인격체이지만, … 아동에게도 자신의 교육환경에 관하여 스스로 결정할 권리가 부여된다(헌재 2004.5.27. 2003헌가1).
* 외국인이 법률에 따라 고용허가를 받아 적법하게 근로관계를 형성한 경우에는 직장선택의 자유에 대한 기본권 주체성을 인정할 수 있다(헌재 2011.9.29. 2007헌마1083).
* 국가기관 또는 공법인은 공권력 행사의 주체이자 기본권의 수범자로서 기본권 주체가 될 수 없다. 다만, 대통령이나 지방자치단체장 등이 개인의 사적인 영역에 있어서는 기본권 주체성이 인정된다(헌재 2009.3.26. 2007헌마843).

* 부모의 자녀에 대한 교육권은 헌법에 명문으로 규정되어 있지는 아니하지만 모든 인간이 국적과 관계없이 누리는 양도할 수 없는 불가침의 인권으로서 외국인도 당연히 그 주체성이 인정된다(헌재 2000.4.27. 98헌가16).
* 출입국관리에 관한 사항 중 외국인의 입국에 관한 사항은 주권국가로서의 기능을 수행하는 데 필요한 것으로서 광범위한 정책재량의 영역이므로, 국적에 따라 사증 발급 신청 시의 첨부서류에 관해 다르게 정하고 있는 조항이 평등권을 침해하는지 여부는 자의금지원칙 위반 여부에 의하여 판단한다(헌재 2014.4.24. 2011헌마474).
* 외국인의 기본권은 원칙적으로 '국민의 권리'가 아닌 '인간의 권리'의 범위 내에서만 인정될 것이다. 근로의 권리의 구체적인 내용에 따라, 국가에 대하여 고용증진을 위한 사회적 · 경제적 정책을 요구할 수 있는 권리는 사회권적 기본권으로서 국민에 대하여만 인정해야 하지만, 근로자가 기본적 생활수단을 확보하고 인간의 존엄성을 보장받기 위하여 최소한의 근로조건을 요구할 수 있는 권리는 자유권적 기본권의 성격도 아울러 가지므로 이러한 경우 외국인 근로자에게도 그 기본권 주체성을 인정할 수 있다(헌재 2007.8.30. 2004헌마670).
* 외국인이 이미 적법하게 고용허가를 받아 적법하게 입국하여 일정한 생활관계를 형성 · 유지하는 등, 우리 사회에서 정당한 노동인력으로서의 지위를 부여받은 상황임을 전제로 하는 이상, 해당 외국인에게도 직장선택의 자유에 대한 기본권 주체성을 인정할 수 있다(헌재 2011.9.29. 2007헌마1083).
* 근로의 권리가 일할 환경에 관한 권리도 내포하고 있으므로 건강한 작업환경, 일에 대한 정당한 보수, 합리적인 근로조건의 보장 등을 요구할 수 있는 권리에 관하여 외국인 근로자의 기본권 주체성은 인정된다(헌재 2007.8.30. 2004헌마670).
* 외국인에게도 주체성이 인정되는 일정한 기본권에 관하여 불법체류 여부에 따라 그 인정 여부가 달라지는 것은 아니기 때문에, 불법체류 중인 외국인들이라 하더라도 신체의 자유, 주거의 자유, 변호인의 조력을 받을 권리, 재판청구권 등에 관하여는 기본권 주체성이 인정된다(헌재 2012.8.23. 2008헌마430).
* 외국인이 국내에서 누리는 직업의 자유는 법률에 따른 정부의 허가에 의하여 비로소 발생하는 권리이다. 외국인이 근로관계가 형성되기 전 단계인 특정한 직업을 선택할 수 있는 권리는 국가정책에 따라 법률로써 외국인에게 제한적으로 허용하는 것이지 헌법상 기본권에서 유래되는 것이 아니다(헌재 2014.8.28. 2013헌마359).
* 고용허가를 받아 국내에 입국한 외국인 근로자의 출국만기보험금을 출국 후 14일 이내에 지급하도록 한 조항은, 출국 후에는 신속하게 이를 지급받을 수 있도록 …출국만기보험금이 빠짐없이 지급될 수 있는 조치들을 강구하고 있으므로, 외국인 근로자의 근로의 권리를 침해한다고 볼 수 없다(헌재 2016.3.31. 2014헌마367).

* 외국인은 참정권과 입국의 자유의 주체가 될 수 없으며, 외국인이 복수 국적을 누릴 자유는 헌법상 보호되는 기본권으로 볼 수 없다(헌재 2014.6.26. 2011헌마502).

* 외국인은 원칙적으로 공무담임권, 국가배상청구권, 범죄피해자구조청구권, 국민투표권 및 사회적 기본권 등을 누릴 수 없거나 제한적으로밖에 향유하지 못한다(헌재 2001.11.29. 99헌마494).

Ⅱ. 법　인法人

1. 법인의 기본권 주체성

(1) 법인의 기본권향유능력

우리 헌법은 법인의 기본권향유능력을 인정하는 명문의 규정을 두고 있지 않지만, 언론·출판의 자유, 재산권의 보장 등과 같이 성질상 법인이 누릴 수 있는 기본권은 법인에게 적용하여야 하는 것으로 그 한계 내에서는 헌법상 보장된 기본권이 침해되었음을 이유로 헌법소원심판을 청구할 수 있다(헌재 1991.6.3. 90헌마56).

(2) 적용범위

기본권의 주체성이 인정되는 법인은 원칙적으로 사법인私法人에 한하며, 사단법인·재단법인 또는 영리법인·비영리법인을 가리지 아니한다(헌재 1991.6.3. 90헌마56). 또한 법인 아닌 사단·재단이라고 하더라도 대표자의 정함이 있고 독립된 사회적 조직체로서 활동하는 때에는 성질상 법인이 누릴 수 있는 기본권을 침해당하게 되면 그의 이름으로 헌법소원심판을 청구할 수 있다(헌재 1991.6.3. 90헌마56). 법인 등 결사체도 그 조직과 의사형성에 있어서, 그리고 업무수행에 있어서 자기결정권을 가지므로 결사의 자유의 주체가 된다(헌재 2000.6.1. 99헌마553).

(3) 법인이 향유할 수 있는 기본권

법인의 활동은 궁극적으로 자연인의 이익을 목적으로 하므로 그 성질에 따라 일정한 범위 내에서 법인도 기본권의 주체로 인정된다. 성질상 법인에게 인정되는 기본권은 ① 평등권, ② 재산권, ③ 직업선택의 자유, ④ 거주·이전의 자유, ⑤ 재판청구권, ⑥ 손실보상청구권, ⑦ 언론출판의 자유 등이다(헌재 2012.8.23. 2009헌가27; 헌재 2010.7.29. 2009헌마149; 헌재 1996.3.28. 94헌바42). 다만, 생명·신체의 안전에 관한 기본권은 성질상 자연인에게만 인정되는 것이므로, 법인은 기본권 행사의 주체가 될 수 없다(헌재 2008.12.26. 2008헌마419).

2. 공법인의 기본권 주체성 인정 여부

(1) 기본권 보호의무자로서의 공법인

공권력의 행사자인 국가, 지방자치단체나 그 기관 또는 국가조직의 일부나 공법인은 기본권의 수범자이지 기본권의 주체가 아니고 오히려 국민의 기본권을 보호 내지 실현해야 할 '책임'과 '의무'를 지니고 있을 뿐이다(헌재 2009.5.28. 2007헌바80). 헌법재판소는 지방자치단체 이외에도 국회노동위원회(헌재 1994.12.29. 93헌마120), 지방의회(헌재 1998.3.26. 96헌마345), 직장의료보험조합(헌재 2000.6.29. 99헌마289), 농지개량조합(헌재 2000.11.30. 99헌마190) 등의 기본권 주체성을 부인하고 있다.

(2) 예외적 인정여부

① 공직자의 사적인 영역

공직자가 국가기관의 지위에서 순수한 직무상의 권한행사와 관련하여 기본권 침해를 주장하는 경우에는 기본권의 주체성을 인정하기 어려우나, 그 외의 사적인 영역에 있어서는 기본권의 주체가 될 수 있다(헌재 2009.3.26. 2007헌마843).

② 공법인이 개인의 기본권 실현에 기여하고 국가로부터 구별되는 실체를 가지고 있는 경우

영조물에 불과한 서울대학교(이후 영조물'법인')가 공권력행사의 주체인 동시에 학문의 자유와 대학의 자율권이라는 기본권의 주체이다(헌재 1992.10.1. 92헌마68). 또한 축협중앙회는 공법인성과 사법인성을 겸유한 특수한 법인으로서 기본권의

주체가 될 수 있다(헌재 2000.6.1. 99헌마553). 헌법재판소는 국립대학인 서울대학교, 축협중앙회에 이외에도 세무대학(헌재 2001.2.22. 99헌마613), 상공회의소(헌재 2006.5.25. 2004헌가1), 문화방송 MBC(헌재 2018.4.26. 2016헌마46) 등의 기본권 주체성을 인정한 바 있다.

③ 정당의 법적 성격과 기본권 주체성

정당은 국민의 정치적 의사형성에 참여하기 위한 조직으로 성격상 권리능력 없는 단체에 속하지만, 구성원과는 독립하여 그 자체로서 기본권의 주체가 될 수 있고, 그 조직 자체의 기본권이 직접 침해당한 경우 자신의 이름으로 헌법소원심판을 청구할 수 있다(헌재 2008.12.26. 2008헌마419).

⑶ 관련 판례

* 사회당은 등록이 취소된 이후에도, 취소 전 사회당의 명칭을 사용하면서 대외적인 정치활동을 계속하고 있고, 대내외 조직 구성과 선거에 참여할 것을 전제로 하는 당헌과 대내적 최고의사결정기구로서 당대회와, 대표단 및 중앙위원회, 지역조직으로 시·도위원회를 두는 등 계속적인 조직을 구비하고 있는 사실 등에 비추어 보면, 청구인은 등록이 취소된 이후에도 '등록정당'에 준하는 '권리능력 없는 사단'으로서의 실질을 유지하고 있다고 볼 수 있으므로 이 사건 헌법소원의 청구인 능력을 인정할 수 있다(헌재 2006.3.30. 2004헌마246).
* 법인도 법인의 목적과 사회적 기능에 비추어 볼 때 그 성질에 반하지 않는 범위 내에서 인격권의 한 내용인 사회적 신용이나 명예 등의 주체가 될 수 있고 법인이 이러한 사회적 신용이나 명예 유지 내지 법인격의 자유로운 발현을 위하여 의사결정이나 행동을 어떻게 할 것인지를 자율적으로 결정하는 것도 법인의 인격권의 한 내용을 이룬다(헌재 2012.8.23. 2009헌가27).
* 헌법재판소법 제68조 제1항 소정의 헌법소원은 기본권의 주체이어야만 청구할 수 있는데, 단순히 '국민의 권리'가 아니라 '인간의 권리'로 볼 수 있는 기본권에 대해서는 외국인도 기본권의 주체가 될 수 있다(헌재 2001.11.29. 99헌마494).
* 대학의 자율성은 헌법 제22조 제1항이 보장하고 있는 학문의 자유의 확실한 보장수단으로 꼭 필요한 것으로서 대학에게 부여된 헌법상의 기본권으로 보고 있다. 그러나 대학자치의 주체를 기본적으로 대학으로 본다고 하더라도 교수나 교수회의 주체성이 부정된다고 볼 수는 없고, 가령 학문의 자유를 침해하는 대학의 장에 대한 관계에서

는 교수나 교수회가 주체가 될 수 있고, 또한 국가에 의한 침해에 있어서는 대학 자체 외에도 대학 전구성원이 자율성을 갖는 경우도 있을 것이므로 문제되는 경우에 따라서 대학, 교수, 교수회 모두가 단독, 혹은 중첩적으로 주체가 될 수 있다고 보아야 할 것이다(헌재 2006.4.27. 2005헌마1047).

* 대통령은 사인으로서의 지위와 국민 모두에 대한 봉사자로서 공익실현의 의무가 있는 헌법기관으로서의 지위를 동시에 갖는데 최소한 전자의 지위와 관련하여는 기본권 주체성을 갖는다고 할 수 있다(헌재 2008.1.17. 2007헌마700).
* 정당이 선거에 있어서 기회균등의 보장을 받을 수 있는 헌법적 권리는 정당활동의 기회균등의 보장과 헌법상 참정권보장에 내포되어 있다고 할 것이다(헌재 1991.3.11. 91헌마21).
* 법인도 법인의 목적과 사회적 기능에 비추어 볼 때 그 성질에 반하지 않는 범위 내에서 인격권의 한 내용인 사회적 신용이나 명예 등의 주체가 될 수 있다(헌재 1991.4.1. 89헌마160).
* 방송사업자의 의사에 반한 사과행위를 강제함으로써 방송사업자의 인격권을 제한한다(헌재 2012.8.23. 2009헌가27).
* 국립대학은 사립대학과 마찬가지로 대학의 자율권이라는 기본권의 보호를 받으므로 인사・학사・시설・재정 등 대학과 관련된 사항들을 자주적으로 결정하고 운영할 자유를 갖는다(헌재 1992.10.1. 92헌마68).

제 5 절 기본권의 효력

Ⅰ. 대국가적 효력對國家的 效力

기본권은 대국가적인 권리로서 모든 국가권력(입법권 · 사법권 · 행정권)을 구속한다. 국가작용은 전통적으로 권력작용, 관리작용, 국고작용으로 구분하는데, 권력작용과 관리작용은 기본권에 직접 기속되지만, 일반 사법관계로서의 국고작용은 공권력으로서의 실질이 없으므로 공권력의 행사 또는 불행사에 해당하지 아니한다. 헌법재판소는 "행정청이 사경제 주체로서 하는 사법상 법률행위는 헌법소원의 대상이 되는 공권력의 행사라고 볼 수 없다"고 판시한 바 있다(헌재 1992.11.12. 90헌마160). 다만, 국고작용 가운데 공법과 사법이 혼재하고 있는 행정사법의 경우에는 순수한 국고작용과는 달리 기본권의 기속을 인정하여야 할 필요성의 여지가 있다.

Ⅱ. 대사인적 효력對私人的 效力(기본권의 제3자적 효력)

1. 의 의

기본권의 제3자적 효력은 오늘날 국가권력만이 아니라 기본권이 사회적 압력단체나 사인私人에 의해서도 침해될 수 있다는 현실적 문제에서 출발한 이론이다. 즉 기본권의 효력을 대국가적인 것에 한정하지 아니하고 대사인적인 것에도 적용하려는 움직임이다. 예컨대, 연예인과 연예기획사 간의 부당한 장기간의 전속계약이 연예인의 직업의 자유 내지 행복추구권을 침해하는 것으로 본다면, 이는 기본권의 대사인적 효력을 적용한 예라고 할 수 있다.

2. 주요 외국의 태도

(1) 독 일

독일에서는 ① 기본권은 대국가적 방어권이므로 국가기관만을 구속하고, 사인에 의한 침해행위로부터 기본권을 보호하는 것은 법률로써도 충분하므로 제3자적 효력을 부정하는 '효력부정설', ② 헌법은 국가적 공동체의 가치질서를 규정한 최고규범이므로 사법관계도 헌법규정에 위반되어서는 안 되는바, 모든 기본권규정이 사인 간의 법률관계에 직접 적용된다는 '직접적용설', ③ 직접적용설은 공·사법의 이원적 체계를 파괴하는 것인바, 직접 적용될 수는 없고 사법상의 일반조항을 통해서 간접적으로 적용되어야 한다는 '간접적용설' 등의 견해가 있다.

(2) 미 국

미국에서는 연방대법원의 판례를 통하여 사적인 행위를 국가행위로 의제하는 국가행위의제이론state action theory이 전개되었다. 대표적 예로, ① 국가의 시설을 임차한 사인이 그 시설을 이용하여 개인의 기본권을 침해한 경우에 그 침해행위를 국가행위와 동일시하여 헌법의 기본권규정을 적용하는 국가재산이론state property theory(Turner v. City of Memphis, Tenn., 369 U.S.350(1962)), ② 국가로부터 재정적 지원이나 기타 공적 원조를 받고 있는 사인의 행위를 국가행위와 동일시하여 거기에 헌법의 기본권규정을 적용하려는 국가원조이론state assistance theory(Steele v. Louisville and Nashville R. R. Co., 323 U.S. 192(1944)), ③ 정당이나 사립대학 등과 같이 실질적으로 공적 기능을 행사하는 사인의 인권침해행위를 국가적 행위로 보고 헌법의 규제에 따르게 하려는 통치기능이론governmental function theory(Smith v. Allwright, 321 U.S. 649(1944); Marsh v. Alabama, 326 U.S. 501(1946); Terry v. Adams, 345 U.S. 461(1953)), ④ 어떤 형태의 사적 인권침해행위가 소송의 대상이 되어 사법이 개입함으로써 그것이 사법적으로 집행될 때에 그 집행을 위헌인 국가적 행위라고 하는 사법집행이론judicial enforcement theory(Shelly v. Kraemer, 334 U.S. 1(1948)) 등이 있다.

3. 우리 헌법상의 대사인적 효력對私人的 效力

(1) 직접 적용되는 기본권규정

특정의 기본권규정을 사인관계에도 적용한다는 헌법의 명시적 규정이 있거나 규정이 없을지라도 그 성질상 직접 적용될 수 있는 기본권은 사인 간의 법률관계에도 직접 적용되는 것으로 본다. 예컨대, 헌법 제33조는 근로3권이 사용자와 근로자의 근로관계에 직접 적용된다고 규정하고 있지는 않지만, 이는 본질적으로 근로관계를 전제로 하고 있는 것이기 때문에 직접 적용할 수 있다는 것이 다수설이다.

(2) 간접 적용되는 기본권규정

기본권규정은 그 성질상 사법관계에 직접 적용될 수 있는 예외적인 것을 제외하고는 사법상의 일반원칙을 규정한 민법 제2조, 제103조, 제750조, 제751조 등의 내용을 형성하고 그 해석기준이 되어 간접적으로 사법관계에 효력을 미치는 것으로 본다(대판 2010.4.22. 2008다38288). 그러나 고문을 받지 않을 권리(제12조 제2항), 변호인의 조력을 받을 권리(제12조 제4항), 구속적부심사청구권(제12조 제6항), 신속한 재판을 받을 권리(제27조 제3항), 형사보상청구권(제28조), 국가배상청구권(제29조 제1항), 죄형법정주의(제12조 제1항), 소급입법의 금지(제13조 제2항), 연좌제금지(제13조 제3항) 등의 규정은 성질상 사인 간에 적용될 수 없다.

제 6 절 기본권의 보호의무

Ⅰ. 국가의 기본권확인과 기본권보장의무

헌법은 제10조 후단에서 "국가는 개인이 가지는 불가침의 기본적 인권을 확인하고 이를 보장할 의무를 진다"고 하여 국가의 기본권확인의무와 기본권보장의무를 규정하고 있다. 국가의 기본권보장의무는 ① 국가가 개인의 기본적 인권을 침해하여서는 안 된다는 소극적 의미 이외에 ② 사인에 의해 기본권이 침해되지 않도록 보호할 의무를 동시에 내포하고 있다(헌재 1997.1.16. 90헌마110등).

Ⅱ. 기본권의 보호의무

1. 의 의

기본권의 보호의무란 사인인 제3자의 위법한 침해로부터 보호하여야 할 국가의 의무를 의미한다. 우리 헌법 제10조 후문은 국가에 대하여 사인에 의한 기본권 침해에 대해서도 이를 보호해 주어야 한다는 기본권 보호의무를 함께 규정하고 있다. 기본권의 대사인적 효력을 부정하는 견해에 의하더라도, 국가의 기본권 보호의무는 헌법 제10조 후문에 의하여 인정된다.

2. 헌법적 근거

헌법 제10조 후문의 "국가는 개인이 가지는 불가침의 기본적 인권을 확인하고 이를 보장할 의무를 진다"는 규정 이외에도 우리 헌법전문의 "우리들과 우리들의 자손의 '안전'과 자유와 행복을 영원히 '확보'할 것을 다짐하며"라는 문구 중 '안전'의 '확보', 헌법 제30조의 생명 · 신체에 대한 범죄피해자에 대한 국가의 구조의무, 헌법 제36조 제1항의 혼인과 가족생활에 대한 국가의 보호의무, 헌법 제124조의 소비자보호 등을 들 수 있다.

3. 기본권 보호의무의 발생요건

(1) 보호의 대상

기본권의 보호의무는 자유권적 기본권에 의하여 보호될 가치가 있는 모든 법익과 관련된다. 그러나 사회적 기본권의 내용이 되는 사회적 급부는 보호의무의 적용대상에서 제외된다. 보호의무는 사인의 위해로부터 보존되는 것을 목표로 하여서이다.

(2) 위험원으로서의 사인

기본권보호의무는 사인인 제3자가 타인이 기본권적 법익에 위법적으로 가해하였거나 그러한 위험이 있는 경우에 발생한다. 즉 기본권보호의무의 경우 항상 사인인 가해자－국가－사인인 피해자의 삼각관계가 형성된다.

(3) 위법성

기본권적 법익에 대한 제약은 위법한 것이어야 한다. 정당한 파업, 시장에서의 공정한 경쟁, 타인의 의사표시에 대한 비판의 경우에서 볼 수 있는 것처럼 사인의 행위가 타인의 기본권적 법익에 제약을 가한다고 하여 항상 보호의무가 발생하는 것은 아니다.

(4) 위해 또는 위해의 위험

사인이 기본권적 법익에 실제로 피해를 입힌 경우에 보호의무가 발생한다. 현실적인 피해가 발생하지 아니하였으나 그러한 피해가 합리적으로 예상되는 경우, 즉 객관적 위험이 존재하는 경우에도 보호의무가 발생한다.

4. 보호의무의 내용

(1) 보호의무의 수범자

국가조직은 기본권 보호의무를 진다. 다만, 국가의 기본권 보호의무의 이행은 궁극적으로 입법자의 입법행위를 통하여 비로소 실현된다(헌재 1997.1.16. 90헌마110등). 즉 입법자는 위험에 대한 보호대책이 아예 없는 경우에는 효과적인 보호대책을 마련하여야 할 규범제정의무가 부과되고, 기존의 보호대책으로는 변화된 상황에서 제기되는 보호의무 요건을 충족시킬 수 없는 경우에는 개선하여야 할 입법개선의무가 부과된다. 다만, 입법자에게는 기본권적 법익의 보호를 위하여 취할 수단의 선택에 있어서는 광범위한 입법형성의 재량이 주어진다(헌재 1997.1.16. 90헌마110등).

(2) 보호의무 이행에 대한 헌법재판소의 통제

국가의 기본권보호의무의 이행은 입법자의 입법을 통하여 비로소 구체화되는 것이고, 제반 여건과 재정사정 등을 감안하여 입법 정책적으로 판단하여야 하는 입법재량의 범위에 속하는 것이다. 다만, 그 보호의무의 이행의 정도와 관련하여 헌법이 요구하는 최소한의 보호수준을 하회하여서는 아니 된다는 과소보호금지의 원칙을 준수하여야 한다. 헌법재판소는 국민의 법익보호를 위하여 적어도 적절하고 효율적인 최소한의 보호조치를 취했는가를 기준으로 심사하여 보호의무의 위반을 확인한다(헌재 2008.7.31. 2004헌바81). 입법자가 과소보호금지의 원칙을 위반하였더라도 권력분립의 원칙상 그에게 특정의 조치를 취할 의무를 부과할 수는 없고, 단지 기본권침해만을 확인할 수 있다는 한계가 있다.

5. 관련 판례

* 국가가 국민의 생명·신체의 안전에 대한 보호의무를 다하지 않았는지 여부를 헌법재판소가 심사할 때에는 국가가 이를 보호하기 위하여 적어도 적절하고 효율적인 최소한의 보호조치를 취하였는가 하는 이른바 '과소보호 금지원칙'의 위반 여부를 기준

으로 삼아, 국민의 생명·신체의 안전을 보호하기 위한 조치가 필요한 상황인데도 국가가 아무런 보호조치를 취하지 않았든지 아니면 취한 조치가 법익을 보호하기에 전적으로 부적합하거나 매우 불충분한 것임이 명백한 경우에 한하여 국가의 보호의무의 위반을 확인하여야 한다(헌재 2008.12.26. 2008헌마419).

* 국가가 국민의 기본권을 적극적으로 보장하여야 할 의무가 인정된다는 점, 헌법 제35조 제1항이 국가와 국민에게 환경보전을 위하여 노력하여야 할 의무를 부여하고 있는 점, 환경침해는 사인에 의해서 빈번하게 유발되므로 입법자가 그 허용 범위에 관해 정할 필요가 있다는 점, 환경피해는 생명·신체의 보호와 같은 중요한 기본권적 법익 침해로 이어질 수 있다는 점 등을 고려할 때, 일정한 경우 국가는 사인인 제3자에 의한 국민의 환경권 침해에 대해서도 적극적으로 기본권 보호조치를 취할 의무를 진다(헌재 2019.12.27. 2018헌마730).
* 선거운동의 자유를 감안하여 선거운동을 위한 확성장치를 허용할 공익적 필요성이 인정된다고 하더라도 정온한 생활환경이 보장되어야 할 주거지역에서 출근 또는 등교 이전 및 퇴근 또는 하교 이후 시간대에 확성장치의 최고출력 내지 소음을 제한하는 등 사용시간과 사용지역에 따른 수인한도 내에서 확성장치의 최고출력 내지 소음 규제기준에 관한 규정을 두지 아니한 것은, 국민이 건강하고 쾌적하게 생활할 수 있는 양호한 주거환경을 위하여 노력하여야 할 국가의 의무를 부과한 헌법 제35조 제3항에 비추어 보면, 적절하고 효율적인 최소한의 보호조치를 취하지 아니하여 국가의 기본권 보호의무를 과소하게 이행한 것이다(헌재 2019.12.27. 2018헌마730).
* 기본권에 대한 국가의 적극적 보호의무는 궁극적으로 입법자의 입법행위를 통하여 비로소 실현될 수 있는 것이기 때문에, 입법자의 입법행위를 매개로 하지 아니하고 단순히 기본권이 존재한다는 것만으로 헌법상 광범위한 방어적 기능을 갖게 되는 기본권의 소극적 방어권으로서의 측면과 근본적인 차이가 있다(헌재 2008.7.31. 2004헌바81).
* 일제강점기에 일본군위안부로 강제 동원되어 인간의 존엄과 가치가 말살된 상태에서 장기간 비극적인 삶을 영위하였던 피해자들의 훼손된 인간의 존엄과 가치를 회복시켜야 할 의무는 대한민국임시정부의 법통을 계승한 지금의 정부가 국민에 대하여 부담하는 가장 근본적인 보호의무에 속한다(헌재 2011.8.30. 2006헌마788).
* 장애인의 복지를 향상해야 할 국가의 의무가 다른 다양한 국가과제에 대하여 최우선적인 배려를 요청할 수 없을 뿐 아니라, 헌법규범으로부터는 장애인을 위한 저상버스의 도입과 같은 구체적인 국가의 행위의무를 도출할 수 없다(헌재 2002.12.18. 2002헌마52).
* 국가가 인간다운 생활을 보장하기 위한 헌법적 의무를 다하였는지의 여부가 사법적

심사의 대상이 된 경우에는, 국가가 생계보호에 관한 입법을 전혀 하지 아니하였다든가 그 내용이 현저히 불합리하여 헌법상 용인될 수 있는 재량의 범위를 명백히 일탈한 경우에 한하여 헌법에 위반된다고 할 수 있다(헌재 2003.7.24. 2002헌마52).

* 미국산 쇠고기 수입의 위생조건에 관한 고시가 개정 전 고시에 비하여 완화된 수입위생조건을 정한 측면이 있다 하더라도, 관련 과학기술과 국제 기준 등에 근거하여 일정 수준의 보호조치를 취하고 있다는 점에서 기본권보호의무를 위반한 것으로 보기는 어렵다(헌재 2008.12.26. 2008헌마419).
* 외국의 대사관저에 대하여 강제집행을 할 수 없다는 이유로 집달관이 청구인들의 강제집행의 신청의 접수를 거부하여 강제집행이 불가능하게 된 경우 국가가 청구인들에게 손실을 보상하는 법률을 제정하여야 할 헌법상의 명시적인 입법위임은 인정되지 아니하고, 헌법의 해석으로도 그러한 법률을 제정함으로써 청구인들의 기본권을 보호하여야 할 입법자의 행위의무 내지 보호의무가 발생하였다고 볼 수 없다(헌재 1998.5.28. 96헌마44).
* 입법부작위에 대한 헌법소원은 헌법에서 기본권보장을 위해 명시적으로 입법위임을 하였음에도 불구하고 입법자가 아무런 입법조치를 하고 있지 않거나, 헌법 해석상 특정인에게 구체적인 기본권이 생겨 이를 보장하기 위한 국가의 입법의무가 발생하였음이 명백함에도 불구하고 입법자가 전혀 아무런 입법조치를 취하지 않고 있는 경우에 헌법소원을 청구할 수 있다(헌재 2003.1.30. 2002헌마358).
* 입법자가 헌법상 입법의무가 있는 어떤 사항에 관하여 입법은 하였으나 그 입법의 내용·범위·절차 등을 불완전·불충분 또는 불공정하게 규율함으로써 입법행위에 결함이 있는 이른바 부진정입법부작위의 경우에는 그 불완전한 규정을 대상으로 하여 그것이 헌법위반이라는 적극적인 헌법소원을 청구할 수 있을 뿐 입법부작위로서 헌법소원의 대상으로 삼을 수 없다(헌재 2003.1.30. 2002헌마358).

제 7 절 기본권의 경합과 충돌

Ⅰ. 기본권의 경합競合

(1) 개 념

기본권의 경합이란 1인의 동일한 기본권 주체가 국가에 대해 동시에 여러 기본권의 적용을 주장하는 경우를 의미한다. 예컨대, 집회에 참석한 사람을 체포·구속하는 경우 당사자는 신체의 자유(제12조)와 집회의 자유(제21조)를 동시에 주장할 수 있다.

(2) 기본권 경합의 해결

1) 특별기본권 중심에 의한 방법

행복추구권과 직업의 자유 경합에서는 직업의 자유가 행복추구권과의 관계에서 특별기본권의 지위를 가지므로, 행복추구권의 침해 여부에 대한 심사는 배제된다(헌재 2010.2.25. 2009헌바38). 직업의 자유와 공무담임권의 경합에서는 공무담임권이 직업의 자유와의 관계에서 특별기본권의 지위를 가지므로, 직업의 자유 침해 여부에 대한 심사는 배제된다(헌재 2009.7.30. 2007헌마991).

2) 사안과 밀접한 주된 기본권 중심에 의한 방법

하나의 규제로 인해 여러 기본권이 동시에 제약을 받는 기본권경합의 경우에는 기본권 침해를 주장하는 자의 의도 및 기본권을 제한하는 입법자의 객관적인 동기 등을 참작하여 사안과 가장 밀접한 관계에 있고 또 침해의 정도가 큰 주된 기본권을 중심으로 그 제한의 한계를 판단한다(헌재 2009.5.28. 2005헌바20등).

Ⅱ. 기본권의 충돌衝突

1. 개 념

기본권의 충돌이란 복수의 기본권 주체가 상호관계에서 충돌하는 권익을 실현하기 위해 국가에 대해 서로 대립되는 기본권의 적용을 주장하는 경우를 의미한다. 기본권의 상충이라고도 한다. 예컨대, TV를 통한 범죄사실의 구체적 보도가 범인의 사회복귀를 위태롭게 하는 경우 언론의 자유(제21조 제1항)와 범인의 인격권(제10조)이 서로 충돌하게 된다. 기본권의 충돌은 한 기본권 주체의 기본권 행사가 다른 기본권 주체의 기본권 행사를 제한시킨다는 데 그 특징이 있다(헌재 2005.11.24. 2002헌바95).

2. 기본권 충돌의 해결

(1) 이익형량에 의한 방법

기본권 상호간에 일정한 위계질서가 있다는 것을 전제로 하고, 특정한 기본권을 보장하기 위해 다른 기본권을 이익형량에 의하여 희생시키는 방법을 의미한다. 그 기준으로 상위기본권 우선의 원칙, 인격적 가치 우선의 원칙, 자유 우선의 원칙 등을 제시한다.

헌법재판소는 흡연권과 혐연권의 관계처럼 상하의 위계질서가 있는 기본권끼리 충돌하는 경우 상위기본권 우선의 원칙에 따라 하위기본권이 제한될 수 있으므로, 흡연권은 혐연권을 침해하지 않는 한에서 인정되어야 한다고 판시한 바 있다(헌재 2004.8.26. 2003헌마457). 또한 수업의 소극적 거부는 피교육자의 교육받을 권리와 정면으로 상충되는 것으로서 교육의 공공성에 비추어 보거나 피교육자인 학생이나 학부모 등 교육제도의 다른 한편의 주체들의 이익과 교량해 볼 때 고의로 수업을 거부할 자유는 어떠한 경우에도 인정되지 아니한다(헌재 1991.7.22. 89헌가106).

(2) 규범조화적 해석에 의한 방법

헌법의 통일성을 유지하기 위하여 상충하는 기본권 모두가 최대한으로 그 기능과 효력을 나타낼 수 있도록 하는 조화로운 방법이 모색되어야 한다는 방법을 의미한다(헌재 1991.9.16. 89헌마165).

상충하는 기본권 모두에게 일정한 제약을 가함으로써 두 기본권 모두의 효력을 양립시키되 두 기본권에 대한 제약은 필요 최소한에 그치도록 하는 방법이다. 헌법재판소는 국민의 알권리(정보공개청구권)와 개인정보 주체의 사생활의 비밀과 자유 중 어느 하나를 상위 기본권이라고 하거나 어느 쪽이 우월하다고 할 수는 없고, 이러한 경우에는 헌법의 통일성을 유지하기 위하여 상충하는 기본권 모두가 최대한으로 그 기능과 효력을 발휘할 수 있도록 조화로운 방법을 모색하여야 한다고 하였다(헌재 2010.12.28. 2009헌바258). 즉 목적을 달성하기 위하여 마련된 수단이 알 권리를 제한하는 정도와 개인정보 자기결정권을 보호하는 정도 사이에 적정한 비례를 유지하고 있는가의 관점에서 심사한다고 하였다(헌재 2011.12.29. 2010헌마293). 또한 정정보도청구권제도는 그 명칭에 불구하고 피해자의 '반론게재청구권'으로 해석되고 이는 언론의 자유와는 비록 서로 충돌되는 면이 없지 아니하나 전체적으로는 상충되는 기본권 사이에 합리적인 조화를 이루고 있는 것으로 판단된다고 하였다(헌재 1991.9.16. 89헌마165).

(3) 대안식 해결방법

과잉금지원칙에 의해 충돌하는 기본권을 조화시킬 수 없는 경우 충돌하는 기본권이 다치지 않는 일종의 대안을 찾아내서 기본권의 상충관계를 해결하는 방법이다. 헌법재판소는 현역입영 또는 소집 통지서를 받은 사람이 정당한 사유 없이 입영일이나 소집일부터 3일이 지나도 입영하지 아니하거나 소집에 응하지 아니한 경우를 처벌하는 병역법 제88조 제1항(처벌조항)은 국가공동체의 안전보장과 국토방위를 수호함으로써, 헌법의 핵심적 가치와 질서를 확보하고 국민의 생명과 자유, 안전과 행복을 지키는 것으로 합헌이라고 하면서도, 병역의 종류를 현역, 예비역, 보충역, 병역준비역, 전시근로역의 다섯 가지로 한정하여 규정하고 양심적 병역거부자에 대한 대체복무제를 규정하지 아니한 병역법 제5조 제1항(병역종류조항)은 대체복무제라는 대안이 있음에도 불구하고 군사훈련을 수반하는 병역의무만을 규정한 병역종류조항은과잉금지원칙을 위반하여 양심적 병역거부자의 양심의 자유를 침해한다고 하여 헌법불합치 결정을 하였다(헌재 2018.6.28. 2011헌바379).

⑷ 헌법의 통일성을 위한 헌법해석

이익형량의 방법만으로 이를 원만하게 해결할 수 없는 것과 마찬가지로, 규범조화적 해석방법만으로도 모든 충돌문제가 무리 없이 풀린다고 보기는 어렵다. 기본권 충돌의 문제에 있어서 충돌하는 기본권의 성격과 태양에 따라서 기본권의 충돌을 해결하기 위해서는 이익형량과 규범조화적 해석방법 등 그때 그때 적절한 해결방법을 선택, 종합하여 해결하여야 한다.

제 8 절 기본권의 제한과 그 한계

Ⅰ. 기본권의 내재적 한계이론

1. 내재적 한계의 의의 및 문제점

기본권의 내재적 한계이론이란 개별적 법률유보 형식을 취한 독일기본법이 종교·양심·학문·예술의 자유 등에 대해서 그 유보조항을 두지 않아 법리적으로 어떠한 제한이 불가함에도 불구하고 현실적으로 제한의 필요가 있는 경우를 해결하기 위해 고안된 이론이다. 하지만 우리 헌법은 일반적 법률유보를 취하고 있어서 어느 기본권이든 그 제한가능성이 인정되기 때문에 과연 이러한 내재적 한계론을 우리 헌법에 적용할 것인지 문제가 된다.

2. 학설과 헌법재판소의 입장

우리 헌법상으로도 기본권의 내재적 한계이론을 기본권 제한의 일반적인 사유로 인정할 수 있느냐에 대해서 ① 국가적 공동생활에서는 타인의 생활영역을 존중해야 하므로 순수한 내심작용을 제외한 그 밖의 자유와 권리는 헌법유보나 법률유보가 없다고 하여 무제한 행사될 수 있는 것이 아니며, 그 내재적 한계 내에서만 행사될 수 있고 내재적 한계 내에서만 보장된다고 하는 긍정설과, ② 기본권의 내재적 한계를 일반적으로 인정하면 우리 헌법이 기본권제한의 최후적 한계로 명시하고 있는 기본권의 본질적 내용에 대한 침해금지를 공동화시킬 소지가 있다고 하는 부정설이 대립하고 있다.

헌법재판소는 개인의 성적 자기결정권은 국가적·사회적 공동생활의 테두리 안에서 타인의 권리, 공중도덕, 사회윤리, 공공복리 등의 존중에 의한 내재적 한계가 있다고 판시한 바 있다(헌재 1990.9.10. 89헌마82). 하지만 우리 헌법은 독일과 달리 일반적 법률유보조항인 제37조 제2항을 두고 있어 기본권의 제한문제는 충분히 해결할 수 있으므로 기본권의 내재적 한계를 별도로 논할 실익은 없어 보인다.

Ⅱ. 기본권의 제한

1. 의 의

기본권은 어떠한 제약도 받지 아니하고 어떠한 경우에도 제한될 수 없는 절대적 기본권인가가 문제되나, 현대 민주국가의 헌법은 기본권의 제약을 명시하는 것이 일반적이다. 그러나 기본권의 제약에 관한 헌법의 명문규정이 없더라도 기본권은 무제한적인 것이 아니고 국가적 공동생활을 위하여 불문율에 따라 제약을 받는 것으로 보고 있다.

2. 기본권제한의 유형

(1) 헌법유보에 의한 제한

헌법이 명문의 규정을 가지고 직접 기본권의 제약을 규정하는 것을 헌법유보라고 하는바, 여기에는 일반적 헌법유보와 개별적 헌법유보의 유형이 있다. 우리 헌법은 일반적 헌법유보에 의한 제한규정이 없으나 개별적 헌법유보(정당의 해산에 관한 제8조 제4항, 언론·출판의 사회적 책임에 관한 제21조 제4항, 군인·군무원의 국가배상청구권의 제한에 관한 제29조 제2항, 공무원의 근로3권 제한에 관한 제33조 제2항, 비상계엄이 선포된 경우 영장제도와 언론, 출판, 집회, 결사의 자유에 대한 특별한 조치를 통하여 기본권 제한을 할 수 있는 헌법 제77조 제3항 등)를 규정하고 있다.

(2) 법률유보에 의한 제한

① 기본권의 제한을 직접 헌법이 규정하지 아니하고 그 제한을 법률에 위임하고 있는 경우를 법률유보라고 한다. 우리 헌법은 기본권전반이 법률에 의하여 제

한될 수 있다고 규정하는 일반적 법률유보(국민의 모든 자유와 권리에 대한 제한의 근거가 되는 일반적 법률유보조항인 헌법 제37조 제2항)와 특정의 기본권에 한하여 법률로써 제한할 수 있다고 하는 개별적 법률유보(신체의 자유에 관한 제12조 제1항, 재산권의 내용과 한계에 관한 제23조 제1항 등)를 규정하고 있다.

② 헌법 제37조 제2항에 기본권의 제한은 법률로써 가능하도록 규정되어 있는바, 이는 기본권의 제한이 원칙적으로 국회에서 제정한 형식적 의미의 법률에 의해서만 가능하다는 것과, 직접 법률에 의하지 아니하는 예외적인 경우라 하더라도 엄격히 법률에 근거하여야 한다는 것을 의미한다(헌재 2000.12.14. 2000헌마659). 즉 헌법 제37조 제2항에 의하면 '국민의 모든 자유와 권리'는 법률로써 제한할 수 있는데, 그 '법률'은 국회가 제정한 형식적 의미의 법률로 명확한 것이어야 한다.

③ 법률유보원칙은 국민의 기본권실현과 관련된 영역에 있어서는 국민의 대표자인 입법자가 그 본질적 사항에 대해서 스스로 결정하여야 한다는 요구까지 내포하고 있다(헌재 1999.5.27. 98헌바70). 이러한 의미에서 법률유보 원칙은 헌법의 기본원리 가운데 하나인 법치국가 원리의 핵심을 이루는 것으로서, 헌법 제37조 제2항의 규정은 기본권 제한입법의 수권授權 규정이지만, 그와 동시에 기본권 제한입법의 한계 규정이기도 하기 때문에, 입법부도 수권의 범위를 넘어 자의적인 입법을 할 수 있는 것은 아니다(헌재 1990.9.3. 89헌가95). 대법원은 지방의회의원에 대하여 유급 보좌 인력을 두는 것은 지방의회의원의 신분지위 및 처우에 관한 현행 법령상의 제도에 중대한 변경을 초래하는 것이므로 국회의 법률로 규정하여야 할 입법사항이라고 판시한 바 있다(대판 2017.3.30. 2016추5087).

3. 일반적 법률유보에 의한 기본권 제한과 한계

(1) 기본권 제한조항의 구조

개별적 법률유보조항이 있는 기본권은 "법률이 정하는 바에 따라" 제한이 가능하다. 그러나 헌법은 특정의 기본권에 대하여 법률에 의한 제한만을 규정하고 있을 뿐 제한의 목적이나 방법은 제37조 제2항에서 "국민의 모든 자유와 권리는 국가안전보장·질서유지 또는 공공복리를 위하여 필요한 경우에 한하여 법률로써 제한할 수 있으며"라고 하여 일반적으로 규정하고 있다.

(2) 제한의 대상이 되는 기본권

헌법 제37조 제2항에 의하여 제한될 수 있는 기본권은 국민의 '모든 기본권'이므로 형식상 제한될 수 없는 기본권은 없다(우리 헌법은 이른바 절대적 기본권이 존재하지 않는다). 그러나 실제로 제한의 대상이 되는 기본권은 그 성질상 제한이 가능한 기본권에 한한다. 즉 헌법 제37조 제2항의 규정에도 불구하고 제한이 불가능·불필요한 절대적 기본권은 해석상 존재한다.

(3) 목적상의 한계

헌법 제37조 제2항 전단에 따라 국가안전보장·질서유지 또는 공공복리라는 목적을 위하여 필요한 경우에 한하여 제한이 가능하다.

① 국가안전보장은 국가의 독립과 영토의 보전, 헌법과 법률의 규범력, 헌법기관의 유지 등 국가적 안전의 확보를 말한다(헌재 1992.2.25. 89헌가104). 국가안전보장을 위하여 기본권을 제한하고 있는 법률로는 형법을 비롯하여 국가보안법(헌재 2000.7.20. 98헌바63), 군사기밀보호법(대판 1999.12.28. 99도4027) 등이 있다.

② 질서유지는 자유민주적 기본질서를 포함하는 헌법적 질서는 물론이고, 그 밖의 사회적 안녕질서를 말한다. 질서유지를 위하여 기본권을 제한하는 법률로는 형법을 비롯하여 경찰법, 집회및시위에관한법률, 도로교통법, 경범죄처벌법 등이 있다(헌재 1995.7.21. 92헌마144).

③ 공공복리는 다의적이고 불확정개념이기 때문에 이것을 기본권제한 사유로 하는 데에는 비판이 없지 않다. 공공복리는 개개인의 사적 이익에 대한 대립적 개념이지만 오늘날 그 개념은 대체로 개개인의 사적 이익에 우월하면서 개개인에게 공통된 이익으로 이해된다.

(4) 형식상의 한계

(가) 법 률

국회가 정당한 절차에 따라 제정한 일반성과 명확성을 갖춘 '형식적인 법률'을 말한다. 법률과 동일한 효력을 갖는 헌법상 체결된 조약이나 일반적으로 승인된 국제법규(헌법 제6조) 및 긴급명령·긴급재정경제명령(헌법 제76조 제1항)도 포함하며, 법률의 구체적 위임을 받은 법규명령(헌법 제75조 및 제95조)으로도 기본권을 제한할 수 있다.

(나) 법률의 일반성과 명확성

① 일반성

법률의 일반성이란 법률이 국민일반을 규율대상으로 삼아야 한다는 의미이며, 그 결과 규율대상이 특정되어 있는 처분적 법률은 권력분립의 원칙이나 평등의 원칙에 위배될 가능성이 있다. 그러나 헌법은 처분적 법률을 금하는 명문의 규정을 두고 있지 않기 때문에 그 자체로 바로 헌법에 위반되는 것은 아니다(헌재 2008.1.10. 2007헌마1468). 헌법재판소는 5·18 민주화운동에관한특별법 제2조 위헌제청 사건에서 "개별사건법률금지의 원칙이 법률제정에 있어서 입법자가 평등원칙을 준수할 것을 요구하는 것이기 때문에, 개별사건법률에 내재된 불평등요소를 정당화할 수 있는 합리적인 이유가 있으므로 헌법에 위반되지 아니한다."고 판시한 바 있다(헌재 1996.2.16. 96헌가2 등).

② 명확성

기본권을 제한하는 법률은 그 내용이 명확하여야 한다. 명확성 원칙은 헌법상 내재하는 법치국가원리로부터 파생할 뿐만 아니라 국민의 자유와 권리를 보호하는 기본권 보장으로 부터도 나온다. 즉 명확성 원칙은 기본적으로 모든 기본권 제한 입법에 대하여 요구된다. 헌법재판소는 기본권을 제한하는 법률은 수범자가 그 내용을 예측할 수 있도록 구체적으로 규정되어야 하며, 예측가능성을 주지 못할 때에는 지나치게 포괄적이고 추상적이어서 법률의 명확성원칙에 위배된다고 판시하였다(헌재 2001.6.28. 99헌바34). 다만, 명확성 원칙은 규율대상이 극히 다양하고 수시로 변화하는 것인 경우에는 그 요건이 완화되어야 하고, 특정 조항의 명확성 여부는 관련 조항을 유기적·체계적으로 종합하여 판단하여야 한다(헌재 1999.9.16. 97헌바73).

③ 관련 판례

* 형사법에서는 불명확한 내용의 법률용어가 허용될 수 없으며, 만일 불명확한 용어의 사용이 불가피한 경우라면 용어의 개념 정의, 한정적 수식어의 사용, 적용한계조항의 설정 등 제반방법을 강구하여 동 법규가 자의적으로 해석될 수 있는 소지를 봉쇄해야 한다(헌재 1992.2.25. 89헌가104).
* 아동·청소년 이용 음란물을 제작한 자를 형사처벌하는 「아동·청소년의 성보호에 관한 법률」 조항 중 '제작' 부분은, 객관적으로 아동·청소년 이용 음란물을 촬영하여 재생이 가능한 형태로 저장할 것을 전체적으로 기획하고 구체적인 지시를 하는 등으로 책임을 지는 것으로 해석되므로 명확성 원칙에 위배되지 않는다(헌재 2019.12.27. 2018헌바46).
* 범죄의 성립과 처벌은 법률에 의하여야 한다는 죄형법정주의 본래의 취지에 비추어 볼 때 정당방위와 같은 위법성 조각 사유 규정에도 죄형법정주의의 명확성원칙은 적용된다(헌재 2001.6.28. 99헌바31).
* 금융투자업자가 '투자권유'를 함에 있어서 '불확실한 사항'에 대하여 '단정적 판단을 제공'하거나 '확실하다고 오인하게 할 소지가 있는 내용을 알리는 행위'를 한 경우 형사처벌하는 「자본시장과 금융투자업에 관한 법률」 조항은, 통상의 주의력을 가진 평균적 투자자를 기준으로 객관적, 규범적으로 그 의미를 판단할 것임이 충분히 예상되므로 명확성원칙에 위배되지 않는다(헌재 2017.5.25. 2014헌바459).
* 다른 사람 또는 단체의 집이나 그 밖의 공작물에 '함부로 광고물 등을 붙이거나 거는 행위'를 한 경우 형사처벌하는 구 「경범죄처벌법」 조항은, 입법취지, 사전적 의미, 옥외광고물 표시·설치 금지 등 관련 법조항과의 관계를 고려하면 '어떤 대상을 널리 알리기 위하여 붙이거나 건 간판·현수막·벽보·전단·포스터 등의 매개체 및 이와 유사한 것'을 의미하는 것임을 알 수 있다. … 죄형법정주의의 명확성원칙에 위배되지 아니한다(헌재 2015.5.28. 2013헌바385).
* 위임입법에 있어 급부행정 영역에서는 기본권 침해 영역보다는 위임의 구체성의 요구가 다소 약화되어도 무방하며, 다양한 사실관계를 규율하거나 사실관계가 수시로 변화될 것이 예상될 때에는 위임의 명확성의 요건이 완화된다(헌재 1997.12.24. 95헌마390).

(5) 방법상의 한계

(가) 과잉금지 원칙

과잉금지의 원칙이란 공익적 목적을 달성하기 위하여 국민의 기본권을 제한해야만 하는 경우 그 제한은 최소한의 범위 내에서만 허용되며, 보호하려는 공익과 제한되는 기본권 사이에는 합리적인 비례관계가 성립되어야 한다는 원칙을 말한다. 헌법 제37조 제2항의 "필요한 경우에 한하여"를 국가가 국민의 기본권을 제한하는 내용의 입법활동을 함에 있어서 준수해야 할 기본원칙 내지 입법활동의 한계를 의미하는 과잉금지의 원칙의 근거규정으로 보고 있다(헌재 1992.12.24. 92헌가8).

① 목적의 정당성

목적의 정당성이라 함은 국민의 기본권을 제한하는 의회의 입법은 그 입법의 목적이 헌법과 법률의 체계 내에서 정당성을 인정받을 수 있어야 한다는 것을 의미한다.

② 방법의 적정성

방법의 적정성이라 함은 국민의 기본권을 제한하는 입법을 하는 경우에 법률에 규정된 기본권제한의 방법이 입법목적을 달성하기 위한 방법으로서 효과적이고 적정한 것이어야 한다는 의미이다.

③ 침해의 최소성

침해의 최소성이라 함은 기본권을 제한할 때 입법권자가 선택한 기본권 제한조치가 입법목적달성을 위해 적절한 것일지라도 보다 완화된 수단이나 방법을 선택해야 한다는 의미이다.

④ 법익의 균형성

법익의 균형성이란 기본권제한에 의하여 달성하려는 공익과 침해되는 사익을 비교형량할 때 보호되는 공익이 제한되는 사익에 비하여 더 크거나 적어도 균형이 유지되어야 한다는 의미이다. 기본권제한에 있어 법익형량의 이론은 실질적 공평의 요청에서 유래한 것으로 분배적 정의의 실현이라고도 할 수 있다.

(나) 이중기준의 원칙

이중기준의 원칙은 기본권을 제한하는 법률의 위헌성을 심사하는 경우 경제적 기본권에 대한 정신적 기본권의 상대적 우월성을 인정하여 정신적 기본권을 제한하는 법률의 위헌성심사기준을 더욱 엄격하게 하여야 한다는 원칙을 의미한다. 이는 정신적 자유권을 경제적 자유권보다 우위에 두는 이론으로 미국에서 발전하였다.

(6) 내용상의 한계(본질적 내용침해금지의 원칙)

(가) 기본권 공동화의 방지

기본권 그 자체가 무의미하여지는 경우에 그 본질적인 요소를 말하는 것으로서, 이는 개별 기본권마다 다를 수 있다. 즉 기본권을 제한하는 법률은 그 내용상 기본권의 본질적인 내용을 침해할 수 없다는 한계가 있다. 기본권의 본질적 내용의 보장은 공권력의 기본권 제한으로 인한 기본권의 공동화를 방지하자는 데에 그 취지가 있다. 예를 들어, 군복무기간 중 입은 손해에 대하여 국가배상을 '전적'으로 배제하는 것은 기본권의 본질적 내용을 침해하는 것이다. 이론상으로는 과잉금지의 원칙에 반하는 것이 아니라도 본질적 내용을 침해하는 기본권의 제한은 위헌이 된다.

(나) 본질적 내용의 의미

① 본질적인 내용의 의미가 무엇인가를 둘러싸고 본질적 내용은 인간의 존엄성, 핵심영역보장 등 고정된 것으로 보는 절대설, 개별사안에서 공익과 사익을 형량한 후에 그 본질 내용의 침해 여부를 확정할 수 있다고 보는 상대설 등의 견해가 있으나, 헌법재판소는 사안에 따라 절대설과 상대설을 취하는 입장이다.

② 인간의 존엄성, 핵심영역보장 등 절대적 본질내용이 존재한다고 보는 절대설은 비례성원칙과는 독립적인 의미를 갖는다는 것을 의미한다. 기본권의 본질적 내용에 관한 상대설은 이를 비례원칙의 다른 표현으로 이해한다. 헌법재판소는 "재산권의 본질적인 내용을 침해하는 경우라고 하는 것은 그 침해로 사유재산권

이 유명무실해지고 사유재산제도가 형해화되어 헌법이 재산권을 보장하는 궁극적인 목적을 달성할 수 없게 되는 지경에 이르는 경우"라는 핵심보장영역을 인정하여 절대설을 취하기도 하였고(헌재 1989.12.22. 88헌가13), "사형이 비례의 원칙에 따라서 최소한 동등한 가치가 있는 다른 생명 또는 그에 못지 아니한 공공의 이익을 보호하기 위한 불가피성이 충족되는 예외적인 경우에만 적용되는 한, 그것이 비록 생명을 빼앗는 형벌이라 하더라도 헌법 제37조 제2항 단서에 위반되는 것으로 볼 수는 없다"는 상대설을 취하여 기본권의 본질적인 내용의 침해 여부를 과잉금지의 원칙에 따라 심사하기도 하였다(헌재 1996.11.28. 95헌바1).

(7) 관련 판례

* 국가작용에 있어서 취해진 어떠한 조치나 선택된 수단은 그것이 달성하려는 사안의 목적에 적합하여야 함은 당연하지만 그 조치나 수단이 목적달성을 위하여 유일무이한 것일 필요는 없다(헌재 1989.12.22. 88헌가13).
* 침해의 최소성의 관점에서, 입법자는 그가 의도하는 공익을 달성하기 위하여 우선 기본권을 보다 적게 제한하는 단계인 기본권 행사의 '방법'에 관한 규제로써 공익을 실현할 수 있는가를 시도하고 이러한 방법으로는 공익달성이 어렵다고 판단되는 경우에 비로소 그 다음 단계인 기본권 행사의 '여부'에 관한 규제를 선택해야 한다(헌재 1998.5.28. 96헌가5).
* 복수조합의 설립을 금지한 구 축산업협동조합법 제99조 제2항은 입법목적을 달성하기 위하여 결사의 자유 등 기본권의 본질적 내용을 해하는 수단을 선택함으로써 입법재량의 한계를 일탈하였으므로 헌법에 위반된다(헌재 1996.4.25. 92헌바47).
* 유치원 및 이와 유사한 교육기관의 학교환경 위생정화 구역 안에서 당구장 시설을 하지 못하도록 기본권을 제한하는 것은 입법목적의 달성을 위하여 필요하고도 적정한 방법이라고 할 수 없어 역시 기본권 제한의 한계를 벗어난 것이다(헌재 1997.3.27. 94헌마196).
* 구 여객자동차운수사업법 명의이용금지조항을 위반한 운송사업자에 대한 불이익 처분을 규정함에 있어, 입법자가 임의적 규정으로도 법의 목적을 실현할 수 있는 경우에 구체적 사안의 개별성과 특수성을 고려할 수 있는 가능성을 일체 배제하는 필요적 규정을 둔다면 이는 비례의 원칙의 한 요소인 최소침해성의 원칙에 위반된다(헌재 2000.6.1. 99헌가11).
* 공직선거법을 위반하여 기부 물품 등을 받은 사람에 대하여 그 기부행위가 이루어진

경위와 방식, 기부행위자와 위반자와의 관계 등을 고려하지 않고 그 기부 물품 등 가액의 50배에 상당하는 과태료를 부과하는 구 공직선거법 조항은 구체적 위반행위의 책임 정도에 상응한 제재라고 할 수 없어 과잉금지원칙에 위반된다(헌재 2009.3.26. 2007헌가22).

* 상업광고는 표현의 자유의 보호영역에 속하지만 사상이나 지식에 관한 정치적, 시민적 표현행위와는 차이가 있고, 한편 직업수행의 자유의 보호영역에 속하지만 인격발현과 개성신장에 미치는 효과가 중대한 것은 아니다(헌재 2005.10.27. 2003헌가3).
* 상업광고 규제에 관한 비례의 원칙 심사에 있어서 '피해의 최소성' 원칙은 같은 목적을 달성하기 위하여 달리 덜 제약적인 수단이 없을 것인지 혹은 입법목적을 달성하기 위하여 필요한 최소한의 제한인지를 심사하기 보다는 '입법목적을 달성하기 위하여 필요한 범위 내의 것인지'를 심사하는 정도로 완화되는 것이 상당하다(헌재 2005.10.27. 2003헌가3).
* 시각장애인에 대한 복지정책이 미흡한 현실에서 안마사가 시각장애인이 선택할 수 있는 거의 유일한 직업이라는 점, 안마사 직역을 비시각장애인에게 허용할 경우 시각장애인의 생계를 보장하기 위한 다른 대안이 충분하지 않다는 점, … 일상생활에서 차별을 받아온 소수자로서 실질적인 평등을 구현하기 위해서 이들을 우대하는 조치를 취할 필요가 있는 점 등에 비추어 최소침해성 원칙에 반하지 아니한다(헌재 2008.10.30. 2006헌마1098).
* 교도관이 마약류관리법 위반 혐의의 미결수용자에게 입감入鑑시 검사의 취지와 방법을 설명하고 반입금지품을 제출하도록 안내한 후, 외부와 차단된 검사실에서 같은 성별의 교도관 앞에 돌아서서 하의 속옷을 내린 채 상체를 숙이고 양손으로 둔부를 벌려 항문을 보이는 방법으로 미결수용자에게 실시한 정밀신체검사는, 미결수용자가 느끼는 모욕감이나 수치심보다 구치소 내의 안전과 질서를 보호하는 공익이 훨씬 크다고 할 것이므로 과잉금지 원칙에 위배한 기본권 침해라고 할 수 없다(헌재 2006.6.29. 2004헌마826).
* 금치처분을 받은 수형자에 대한 절대적인 운동의 금지는 징벌의 목적을 고려하더라도 그 수단과 방법에 있어서 필요한 최소한도의 범위를 벗어난 것으로서, 수형자의 인간의 존엄과 가치 및 신체의 안전성이 훼손당하지 아니할 자유를 포함하는 신체의 자유를 침해한다(헌재 2005.2.24. 2003헌마289).
* 주민투표권이 헌법상 기본권이 아닌 법률상의 권리에 해당한다고 하더라도 비교집단 상호간에 차별이 존재할 경우에 헌법상의 평등권 심사까지 배제하는 것은 아니다(헌재 2007.6.28. 2004헌마643).
* 평화적 생존권은 헌법에 열거되지 않은 기본권으로서 특별히 새롭게 인정할 필요성

이 있다거나 그 권리내용이 비교적 명확하여 구체적 권리로서의 실질에 부합한다고 보기 어려워 헌법상 보장된 기본권 기본권이라고 볼 수 없다(헌재 2009.5.28. 2007헌마369).

* 주민소환을 인정하려는 제도적 고려에서, 서명요청이라는 표현방법을 '소환청구인서명부를 제시'하거나 '구두로 주민소환투표의 취지나 이류를 설명'하는 방법, 두 가지로 엄격하게 제한하고 있다. 이 사건 법률조항이 표현의 자유를 제한함에 있어 과잉금지원칙을 침해하지 않는다(헌재 2011.12.29. 2010헌바368).
* 주민자치제를 본질로 하는 민주적 지방자치제도가 안정적으로 뿌리내린 현 시점에서 지방자치단체의 장 선거권을 지방의회의원 선거권, 나아가 국회의원 선거권 및 대통령 선거권과 구별하여야 하는 법률상의 권리로, 나머지는 헌법상의 권리로 이원화하는 것은 허용될 수 없다. 자방자치단체의 장 선거권 역시 다른 선거권과 마찬가지로 헌법 제24조에 의하여 보호되는 기본권으로 인정하여야 한다(헌재 2016.10.27. 2014헌마797).
* 입법자는 정당설립의 자유를 최대한 보장하는 방향으로 입법하여야 하므로 정당설립의 자유를 제한하는 법률의 합헌성을 심사하는 경우에는 헌법 제37조 제2항에 의하여 엄격한 비례성 심사를 하여야 한다(헌재 2014.1.28. 2012헌마431).
* 평등위반 여부를 심사함에 있어서는 헌법에서 특별히 평등을 요구하고 있는 경우나 차별적 취급으로 인하여 관련 기본권에 중대한 제한을 초래하는 경우에는 엄격한 심사척도가 적용되어야 하지만, 그렇지 않은 경우에는 완화된 심사척도인 자의금지원칙에 의하여 심사하면 족하다(헌재 2007.6.28. 2005헌마1179).
* '법률에 의한 재판청구권'을 보장하기 위해서는 입법자에 의한 재판청구권의 구체적 형성이 불가피하므로 입법자의 광범위한 입법재량이 인정되기는 하나, 그러한 입법을 함에 있어서는 비록 완화된 의미에서일지언정 헌법 제37조 제2항의 비례의 원칙은 준수되어야 한다(헌재 2001.6.28. 2000헌바77).
* 공무원의 신분이나 직무상 관련이 없는 범죄의 경우에도 퇴직급여 등을 제한하는 것은 공무원의 범죄를 예방하고 공무원의 재직중 성실히 근무하도록 유도하는 입법목적을 달성하는데 적합한 수단이라고 볼 수 없다(헌재 2007.3.29. 2005헌바33).

4. 특별권력관계와 기본권의 제한

(1) 의 의

특별권력관계란 법률규정이나 당사자의 동의 등 특별한 법적 원인에 의거하여 일정한 공법상의 목적을 위하여 필요한 한도 내에서 당사자의 일방이 상대방을 포괄적으로 지배하고 상대방은 이에 복종함을 내용으로 하는 공법상의 특수한 법률관계를 말한다.

⑵ 유 형

특별권력관계의 유형으로는 국가와 공무원의 관계(복무관계), 국・공립학교와 재학생의 관계(재학관계), 교도소와 수형자의 관계(수감관계), 국・공립병원과 전염병환자와의 관계(입원관계), 국・공립공원과 이용자의 관계(이용관계) 등을 들 수 있다.

⑶ 특별권력관계와 법치주의

특별권력관계에 있어서도 법치주의가 적용되어야 하므로, 헌법적 근거가 있는 경우를 제외하고는 헌법 제37조 제2항에 따라 법률의 형식으로서, 과잉금지원칙을 준수하고, 기본권의 본질적 내용을 침해하지 않는 범위 내에서 특별권력관계에 있는 당사자의 기본권 제한은 정당화된다. 다만, 기본권 제한의 한계를 검토하는 경우에는 일반권력관계에서와는 다른 완화된 심사기준이 적용될 수 있다.

⑷ 특별권력관계에 있어서 기본권 제한

(가) 헌법에 의한 제한

공무원의 근로3권 제한(헌법 제33조 제2항), 이중배상을 금지한 군인・군무원・경찰공무원의 국가배상청구권 제한(제29조 제2항), 군인・군무원의 군사재판(제27조 제2항), 비상계엄 하에서의 군사재판의 예외적 단심(제110조 제4항) 등이 있다.

(나) 법률에 의한 제한

정당법과 국가공무원법에 정한 공무원의 정당가입・정치활동금지, 공직선거법에서 규정한 공무원의 공직선거입후보규제, 그리고 초・중등교육법・행형법・전염병예방법 등에서 정한 국・공립학교의 학생, 수형자 및 전염병환자 등에 대한 기본권 제한 등이 있다.

(5) 특별권력관계와 사법적 통제

헌법재판소는 "전투경찰대설치법 등에 관한 헌법소원" 사건에서 "경찰공무원을 비롯한 공무원의 근무관계인 이른바 특별권력관계에 있어서도 일반 행정법 관계에 있어서와 마찬가지로……행정소송 등에 의하여 그 위법한 처분 등의 취소를 구할 수 있다고 보아야 할 것이다"라고 판시하여 사법심사를 긍정하는 태도를 보이고 있다(헌재 1995.12.28. 91헌마80). 대법원도 "특별권력관계에서도 위법·부당한 특별권력의 발동으로 인하여 권리를 침해당한 자는 그 위법·부당한 처분의 취소를 구할 수 있다"라고 하여 사법심사를 긍정하였다(대판 1982.7.27. 80누86).

5. 국가비상사태 하에서의 기본권의 제한

헌법 제76조(대통령의 긴급명령, 긴급재정경제명령에 의한 제한) 및 제77조(대통령의 계엄선포에 따른 제한)에 의한 국가긴급권의 경우 법률 외의 형태에 의한 기본권제한이 인정된다. 법률에 의한 기본권제한이 정상적인 헌정질서 내에서 타 법익과의 조화를 꾀한 것이라면, 비상사태 하에서의 기본권제한은 헌법 자체를 수호하기 위한 성격이 강하다. 하지만 법치주의의 예외라고 볼 것은 아니다.

제 9 절 기본권의 침해와 구제

Ⅰ. 입법기관에 의한 침해侵害와 구제救濟

1. 적극적 입법에 의한 침해와 구제

입법기관인 국회가 위헌적인 법률을 제정하여 국민의 기본권을 침해한 경우에 ① 위헌법률심판(제111조 제1항 제1호), ② 헌법소원(제111조 제1항 제5호), ③ 청원(제26조 제1항) 등의 구제수단이 있다.

2. 입법의 부작위에 의한 침해와 구제

(1) 입법부작위立法不作爲의 의의와 유형

입법부작위란 국회가 법률을 제정하지 아니하거나 불충분한 입법을 하는 것을 말한다. 이러한 입법부작위에는 두 가지의 유형이 있다. ① 입법자가 헌법상 입법의무 있는 어떤 사항에 관하여 전혀 입법을 하지 아니함으로써 입법행위의 흠결이 있는 경우(입법권의 불행사), ② 입법자가 어떤 사항에 관하여 입법은 하였으나 그 입법의 내용·범위·절차 등의 당해 사항을 불완전·불충분 또는 불공정하게 규율함으로써 입법행위에 결함이 있는 경우(결함이 있는 입법권 행사)가 있다. 일반적으로 전자를 '진정입법부작위', 후자를 '부진정입법부작위'라고 한다(헌재 1998.7.16. 96헌마246 등).

(2) 권리구제 방법

(가) 단순 입법부작위의 경우

단순 입법부작위의 경우에는 입법부에 헌법상 명시적 입법의무 있는 경우가 아니므로 헌법소원은 인정되지 아니한다. 단순 입법부작위를 대상으로 하여 헌법소원을 제기하려면 헌법에서 기본권보장을 위하여 법령에 명시적인 입법위임을 하였음에도 불구하고 입법자가 상당한 기간 내에 이를 이행하지 아니하거나 또는 헌법의 해석상 특정인에게 구체적인 기본권이 생겨 이를 보장하기 위한 국가의 행위의무 내지 보호의무가 발생하였음이 명백함에도 불구하고 입법자가 아무런 입법조치를 취하지 않고 있는 경우이어야 한다. 이는 권력분립 원칙과 민주주의 원칙에 따라 입법자에게 입법형성의 자유를 보장하기 위해서이다(헌재 1996.10.31. 94헌마108).

(나) 진정입법부작위眞正立法不作爲의 경우

헌법상 입법자에게 명시적으로 입법의무를 부과하고 있거나 헌법의 해석상 입법자에게 국민의 기본권 보호를 위한 입법의무가 인정됨에도 불구하고 입법자가 상당기간 아무런 입법을 하지 아니하고 있다면, 이러한 입법부작위 자체를 대상으로 하여 헌법소원을 청구할 수 있다. 다만, 헌법재판소법 제68조 제2항의 위헌소원형 헌법소원은 법률의 위헌성을 적극적으로 다투는 위헌법률심판제청의 신청기각을 전제로 하므로 법률의 부존재, 즉 진정입법부작위를 다투는 그 자체로 허용되지 않는다(헌재 2001.1.27. 98헌바12).

대체복무제 미규정과 진정입법부작위 여부 (헌재 2018.6.28. 2011헌바379)

병역법 제5조 제1항이 양심적 병역거부자에 대한 대체복무제를 규정하고 있지 않음을 이유로 그 위헌확인을 구하는 헌법소원심판청구가 진정입법부작위를 다투는 청구인지 … 입법자가 병역의 종류에 관하여 입법은 하였으나 그 내용이 양심적 병역거부자를 위한 대체복무제를 포함하지 아니하여 불완전·불충분하다는 부진정입법부작위를 다투는 것이라고 봄이 상당하다.

(다) 부진정입법부작위不眞正立法不作爲의 경우

입법자가 입법을 하고 단지 그 내용이 불충분·불완전한 부진정입법부작위에 대해서는 헌법소원을 제기할 수 없다. 다만, 당해 법률의 불완전 등으로 기본권을 침해당한 경우에는 ① 당해법률이 재판의 전제가 된 경우에는 위헌법률심판을 통하거나, ② 적극적으로 당해 법률 자체가 자신의 기본권을 침해함을 이유로 헌법소원을 청구하여 권리 구제를 받을 수는 있다. 즉 부진정입법부작위를 대상으로 헌법소원을 제기하려면 헌법위반을 내세워 적극적인 헌법소원을 제기하여야 한다(헌재 1996.10.31. 94헌마108).

Ⅱ. 행정기관에 의한 침해와 구제

행정기관에 의한 기본권 침해는 주로 법을 적용하고 집행하는 과정에서 발생하는데, 이 경우 ① 행정심판 · 행정소송 등 구제청구, ② 고충처리위원회 등에 의한 구제, ③ 법원의 명령 · 규칙심사 제도에 의한 구제, ④ 헌법소원 등을 통하여 구제받을 수 있다. 행정작용에 의해 영향을 받는 상대방 기타 이해관계인의 권리 · 자유를 보호하기 위하여 사전에 고지나 청문절차를 행정절차법에서 보장하고 있다.

Ⅲ. 사법기관에 의한 침해와 구제

오판에 의한 침해나 재판의 지연에 의한 침해가 있을 수 있는데, 이러한 경우에는 항소와 상고 같은 상소에 의하여, 그리고 재심 · 비상상고 · 형사보상청구권 등에 의하여 구제받을 수 있다.

Ⅳ. 사인에 의한 침해와 구제

사인에 의한 기본권의 침해에 대해서는 ① 가해자를 고소 · 고발함으로써 형사처벌을 받게 할 수 있고, ② 일정한 경우 범죄피해자구조청구권을 행사할 수 있고, ③ 민사상의 손해배상 · 위자료 등을 구하는 권리보호청구를 할 수 있다. 또한 급박한 기본권 침해는 자력구제도 허용된다 할 것이다.

〈국가인권위원회법〉

제 8 조(위원의 신분보장) 위원은 금고 이상의 형의 선고에 의하지 아니하고는 본인의 의사에 반하여 면직되지 아니한다. 다만, 위원이 장기간의 심신쇠약으로 직무를 수행하기가 극히 곤란하게 되거나 불가능하게 된 경우에는 전체 위원 3분의 2 이상의 찬성에 의한 의결로 퇴직하게 할 수 있다.

제 8 조의2(위원의 책임 면제) 위원은 위원회나 제12조에 따른 상임위원회 또는 소위원회에서 직무상 행한 발언과 의결에 관하여 고의 또는 과실이 없으면 민사상 또는 형사상의 책임을 지지 아니한다.

제10조(위원의 겸직금지) ① 위원은 재직 중 다음 각 호의 직을 겸하거나 업무를 할 수 없다.
1. 국회 또는 지방의회의 의원의 직
2. 다른 국가기관 또는 지방자치단체의 공무원(교육공무원은 제외한다)의 직
3. 그 밖에 위원회 규칙으로 정하는 직 또는 업무

② 위원은 정당에 가입하거나 정치운동에 관여할 수 없다.

제25조(정책과 관행의 개선 또는 시정 권고) ① 위원회는 인권의 보호와 향상을 위하여 필요하다고 인정하면 관계기관등에 정책과 관행의 개선 또는 시정을 권고하거나 의견을 표명할 수 있다.
② 제1항에 따라 권고를 받은 관계기관등의 장은 그 권고사항을 존중하고 이행하기 위하여 노력하여야 한다.
③ 제1항에 따라 권고를 받은 관계기관등의 장은 권고를 받은 날부터 90일 이내에 그 권고사항의 이행계획을 위원회에 통지하여야 한다.
④ 제1항에 따라 권고를 받은 관계기관등의 장은 그 권고의 내용을 이행하지 아니할 경우에는 그 이유를 위원회에 통지하여야 한다.
⑤ 위원회는 제1항에 따른 권고 또는 의견의 이행실태를 확인 · 점검할 수 있다. 〈신설 2022. 1. 4.〉
⑥ 위원회는 필요하다고 인정하면 제1항에 따른 위원회의 권고와 의견 표명, 제4항에 따라 권고를 받은 관계기관등의 장이 통지한 내용 및 제5항에 따른 이행실태의 확인 · 점검 결과를 공표할 수 있다. 〈개정 2022. 1. 4.〉

제 2 장

기본권 각론

제 1 절 인간의 존엄과 가치·행복추구권과 평등

헌법 제10조 모든 국민은 인간으로서의 존엄과 가치를 가지며, 행복을 추구할 권리를 가진다. 국가는 개인이 가지는 불가침의 기본적 인권을 확인하고 이를 보장할 의무를 진다.

헌법 제37조 ① 국민의 자유와 권리는 헌법에 열거되지 아니한 이유로 경시되지 아니한다.

Ⅰ. 인간으로서의 존엄과 가치

1. 의의 및 입법례

헌법 제10조는 "모든 국민은 인간으로서의 존엄과 가치를 가지며…"라고 선언하고 있는데, '인간의 존엄'이란 인간의 본질로 간주되는 인격성과 인격 주체성을 의미하며, '인간의 가치'란 인격에 대한 총체적인 평가를 의미한다. 또한 '인간'이란 인간의 고유한 가치를 유지하면서 사회에 구속되며 사회와 일정한 관계를 가진 인간을 의미한다.

인간으로서의 존엄과 가치는 제2차 세계대전에 대한 반성으로 1949년에 제정된 독일 기본법 제1조에 처음으로 명시되었으며, 우리나라도 1962년 헌법에서 명문화하였다.

2. 법적 성격

헌법 제10조의 규정은 모든 기본권의 종국적 목적(기본이념)이라 할 수 있고 인간의 본질이며 고유한 가치인 개인의 인격권과 행복추구권을 보장하고 있다(헌재 1997.7.16. 95헌가6). 즉 근본규범으로서의 제10조의 규정은 ① 반전체주의적·반군국주의적 성격, ② 인간 우선의 원리, ③ 국가적·국민적 활동의 실천목표성, ④ 법의 해석기준, ⑤ 법의 보완원리, ⑥ 국가작용의 가치판단 기준, ⑦ 헌법개정 금지사항 등의 의미와 내용을 가지고 있다.

3. 주체와 내용

(1) 주 체

인간의 존엄권은 모든 자연인으로서의 인간에게 인정되는 것으로, 국민뿐만 아니라 외국인도 그 주체가 될 수 있다. 법인法人도 법인의 목적과 사회적 기능에 비추어 볼 때, 그 성질에 반하지 않는 한 사회적 신용 및 명예의 주체가 될 수 있고(헌재 2012.8.23. 2009헌가27), 태아胎兒도 존엄한 인간 존재와 그 근원으로서의 생명 가치를 고려할 때 생명권 및 인격권의 주체가 된다(헌재 2010.5.27. 2005헌마346). 사자死者의 사회적 명예와 평가의 훼손은 사자와의 관계를 통하여 스스로의 인격상을 형성하고 명예를 지켜온 그 후손의 인격권을 제한한다(헌재 2010.10.28. 2007헌가23).

(2) 내 용

헌법 제10조의 규정에 포함되는 것으로는 생명권, 인격권, 신체불훼손권, 휴식권, 일조권 등 헌법 제37조 제1항의 열거되지 않은 권리 및 인간의 존엄·가치 및 행복추구를 유지하는 데 필요한 모든 자유와 권리를 그 내용으로 하는 포괄적인 것이다(헌재 2000.4.27. 98헌가16). 인간존엄의 정신에 반하는 대표적인 것으로는 집단추방·대량학살·고문·노예·박해·권리박탈·강제노동·인간실험·잔학하고 가혹한 형벌·형사절차에서 증거수집을 위한 화학적·물리적 수단의 사용

등을 들 수 있다.

4. 침해와 구제

헌법 제10조 후단은 "국가는 개인이 가지는 불가침의 기본적 인권을 확인하고 이를 보장할 의무를 진다"고 규정하여 국가에게 기본권보장의무를 부과·확인하고 있다. 즉 국가는 기본권을 최대한으로 보장하여야 하며 제3자나 국가에 의하여 기본권이 침해되지 않도록 하여야 한다. 헌법 제10조에 대한 침해행위는 불법행위를 구성하므로 국가배상이나 손해배상 또는 청원권·재판청구권·헌법소원 등의 행사를 통하여 구제를 받을 수 있다.

Ⅱ. 행복추구권

1. 행복추구권의 의의

현행 헌법 제10조에서 "모든 국민은 …행복을 추구할 권리를 가진다"라고 하여 행복추구권을 규정하고 있다. 행복추구권은 1980년 헌법에서 신설된 규정으로, 국민이 행복을 추구하기 위하여 필요한 급부를 국가에게 적극적으로 요구할 수 있는 것을 내용으로 하는 것이 아니라, 국민이 행복을 추구하기 위한 활동을 국가권력의 간섭 없이 자유롭게 할 수 있다는 포괄적인 의미의 자유권이다(헌재 1995.7.21. 93헌가14).

2. 행복추구권의 성격

행복추구권은 헌법에 규정된 기본권 중에서 행복추구의 수단이 될 수 있는 기본권은 물론이고 그 외에도 행복을 추구하는데 필요한 것이면 헌법에 열거되지 아니한 자유와 권리까지도 그 내용으로 한다고 볼 것이므로 포괄적 권리이다(헌재 1997.7.16. 95헌가6내지13). 구체적으로는 일반적인 행동자유권과 개성의 자유로운 발현권을 포함한다(헌재 1998.10.29. 97헌마345). 또한 일반적 인격권(인격의 자유로운 발현권 등), 자기결정권 등도 행복추구권으로부터 파생된다(헌재 2000.4.27. 98헌가16; 헌재 1996.12.26. 96헌가18 등).

헌법 제10조의 행복추구권은 국민이 행복을 추구하기 위하여 필요한 급부를 국가에게 적극적으로 요구할 수 있는 것을 내용으로 하는 것이 아니라, 국민이 행복을 추구하기 위한 활동을 국가권력의 간섭 없이 자유롭게 할 수 있다는 포괄적인 의미의 자유권으로서의 성격을 가진다(헌재 2008.10.30. 2006헌바35). 행복추구권과 다른 개별적 기본권이 관련된 경우에는 개별적 기본권을 우선 적용한다. 즉 행복추구권은 다른 개별적 기본권이 적용되지 않는 경우에 한하여 보충적으로 적용되는 기본권이다(헌재 2000.12.14. 99헌마112).

3. 행복추구권의 내용

(1) 일반적 행동자유권

헌법상 보장된 행복추구권의 한 내용에는 일반적 행동자유권이 있다(헌재 1993.5.13. 92헌마80). 일반적 행동자유권에서는 적극적으로 자유롭게 행동을 하는 것은 물론 소극적으로 행동을 하지 않을 자유, 즉 부작위의 자유도 포함되는 것이다(헌재 1991.6.3. 89헌마204). 대법원도 일반적 행동자유권을 행복추구권의 중심으로 삼고 있다(대판 1994.3.8. 92누1728). 헌법재판소는 18세 미만자의 당구를 칠 자유(헌재 1993.5.13. 92헌마80), 사립학교를 자유롭게 운영할 자유(헌재 2001.1.18. 99헌바63), 계약의 자유(헌재 1991.6.3. 89헌마204), 노동조합 가입을 강제하지 않을 자유(헌재 2005.11.24. 2002헌바95), 광장에서 여가활동이나 문화활동을 할 자유(헌재 2005.11.24. 2002헌바95), 결혼식 하객들에게 주류와 음식물을 접대하는 행위 등을 일반적 행동자유권에서 도출되는 권리로 판시하고 있다.

일반적 행동자유권의 보호영역에는 개인의 생활방식과 취미에 관한 사항도 포함되며, 여기에는 위험한 스포츠를 즐길 권리와 같은 위험한 생활방식으로 살아갈 권리도 포함된다(헌재 2003.10.30. 2002헌마518).

일반적 행동자유권은 가치 있는 행동만 그 보호영역으로 하는 것은 아니다.

그 보호영역에는 개인의 생활방식과 취미에 관한 사항도 포함되며, 여기에는 위험한 스포츠를 즐길 권리와 같은 위험한 생활방식으로 살아갈 권리도 포함된다. 술에 취한 상태로 도로 외의 곳에서 운전하는 것을 금지하고 이에 위반했을 때 처벌하도록 하고 있으므로 일반적 행동의 자유를 제한한다(헌재 2003.10.30. 2002헌마518).

휴식권은 헌법상 명문의 규정은 없으나 포괄적 기본권인 행복추구권의 한 내용으로(헌재 2001.9.27. 2000헌마159), 부모의 분묘를 가꾸고 봉제사를 하고자 하는 권리도 행복추구권의 한 내용으로 판시한 바 있다(헌재 2009.9.24. 2007헌마872).

운전 중 휴대전화 사용금지는 전화의 사용으로 인한 교통사고 발생의 위험을 줄여 국민의 생명과 안전, 재산을 보호하고자 하는 것으로서 과잉금지원칙에 반하여 일반적 행동자유권을 침해한다고 볼 수 없다(헌재 2021.6.24. 2019헌바5).

부정 취득한 운전면허를 필요적으로 취소하도록 한 것은 과잉금지원칙에 위반되지 아니하나, 부정 취득하지 않은 운전면허까지 필요적으로 취소하도록 한 것은 과잉금지원칙에 위반된다(헌재 2020.6.25. 2019헌가9).

(2) 일반적 인격권

행복추구권은 일반적인 행동의 자유 이외에 인격의 자유로운 발현권을 포함한다. 헌법재판소는 과외교습금지에 의한 학생의 인격의 자유로운 발현권 침해(헌재 2000.4.27. 98헌가16등), 재소자용 수의착용처분에 의한 인간으로서의 존엄과 가치에서 유래하는 인격권과 행복추구권 침해(헌재 1999.5.27. 97헌마137)를 판시한 바 있다.

일반적 인격권에는 개인의 명예에 관한 권리도 포함한다. 사자死者의 경우에도 인격적 가치에 대한 중대한 왜곡으로부터 보호되어야 하는바, 사자死者에 대한 사회적 명예와 평가의 훼손은 사자死者와의 관계를 통하여 스스로의 인격상을 형성하고 명예를 지켜온 그들의 후손의 인격권, 즉 유족의 명예 또는 유족의 사자死者에 대한 경애추모의 정을 제한하는 것이다(헌재 2010.10.28. 2007헌가23). 또한 일반적 인격권으로부터 나오는 부모의 태아의 성별 정보에 대한 접근을 방해받지 않을 권리도 인정한다(헌재 2008.7.31. 2004헌마1010).

헌법 제10조로부터 도출되는 일반적 인격권에는 개인의 명예에 관한 권리도 포함되는바, 이 때 '명예'는 사람이나 그 인격에 대한 '사회적 평가', 즉 객관적·외부적 가치평가를 말하는 것이지 단순히 주관적·내면적인 명예감정은 법적으로 보호받는 명예에 포함된다고 할 수 없다. 왜냐하면, 헌법이 인격권으로 보호하는 명예의 개념을 사회적·외부적 징표에 국한하지 않는다면 주관적이고 개별적인 내심의 명예감정까지 명예에 포함되어 모든 주관적 명예감정의 손상이 법적 분쟁화될 수 있기 때문이다(헌재 2010.11.25. 2009헌마147).

⑶ 자기결정권

행복추구권에서 '자기결정권'이 파생된다. 자기결정권이란 자기의 사적 영역의 사안에 대하여 국가 등 외부의 간섭 없이 스스로 자유로이 결정할 수 있는 권리로, 보호받아야 할 사적 영역은 다양하게 전개될 수 있다. 헌법재판소는 ① 간통죄 처벌규정(형법 제241조), 동성동본 불혼규정(민법 제809조 제1항)과 관련하여 성적 자기결정권(헌재 2009.11.26. 2008헌바58; 헌재 1997.7.16. 95헌가6 등)을, ② 자도소주 구입명령과 관련하여 소비자의 자기결정권(헌재 1996.12.26. 96헌가18)을 판시하여 왔다. 국가의 교육권한과 부모의 교육권 범주 내에서 아동에게도 자신의 교육환경에 관하여 스스로 결정할 권리가 부여된다(헌재 2004.5.27. 2003헌가1).

또한 환자가 죽음에 임박한 상태에서 인간으로서의 존엄과 가치를 지키기 위하여 미리 의료인 등에게 연명치료 거부, 중단에 관한 의사를 밝히는 등으로 연명치료의 거부, 중단을 결정하는 것은 헌법상 자기결정권의 한 내용이라고 보았다(헌재 2009.11.26. 2008헌마385).

⑷ 자기책임의 원리(자기결정권의 한계)

자기책임의 원리는 이성적이고 책임감 있는 사람의 자기의 운명에 대한 결정·선택을 존중하되 그에 대한 책임은 스스로 부담함을 전제로 하는 자기결정권의 한계를 의미한다. 이러한 자기책임의 원리는 근대법의 기본이념으로서 법치주의에 내재하는 원리이다(헌재 2009.12.29. 2008헌바139). 책임 없는 자에게 형벌을 부과할 수 없다는 형벌에 관한 책임주의는 형사법의 기본원리이지만, 헌법상 법치국가의 원리에 내재하는 원리인 동시에, 헌법 제10조의 취지로부터 도출되는 원리이다(헌재 2010.11.25. 2010헌가88).

헌법재판소는 "음주측정은 음주운전을 단속하기 위한 불가피한 전치적前置的 조치라고 인정되므로 경찰관의 음주측정요구에 응하는 것은 법률이 운전자에게 부과한 정당한 의무라고 할 것이고 법률이 부과한 이러한 정당한 의무의 불이행에 대하여 이 정도의 제재를 가하는 것은 양심의 자유나 행복추구권 등에 대한 침해가 될 수 없다"고 판시하였다(헌재 2004.12.16. 2003헌바87).

4. 행복추구권의 효력

행복추구권은 대국가적 효력과 제3자적 효력을 가진다. 한편 어떠한 자유나 권리에 대하여 다른 기본권과 행복추구권의 적용여부가 동시에 문제될 때, 일반적 행동자유권은 이른바 보충적 자유권이기 때문에 개별 기본권이 적용되는 경우에는 일반적인 행동의 자유는 제한되는 기본권으로 고려되지 않는다(헌재 2006.3.30. 2005헌마598 등).

5. 행복추구권의 제한과 한계

행복추구권은 국가안전보장, 질서유지 또는 공공복리를 위하여 제한될 수 있다(헌재 1995.7.21. 94헌마125). 헌법이 보장하는 행복추구권은 공동체의 이익과 무관하게 무제한 이익의 도모를 보장하는 것이라고 할 수 없다(헌재 1995.7.21. 94헌마125). 운전자에게 좌석 안전띠를 매도록 하는 규정은 일반적 행동자유권을 침해하지 않는다(헌재 2003.10.30. 2002헌마518). 긴급자동차를 제외한 이륜자동차와 원동기장치 자전거에 대하여 고속도로 또는 자동차전용도로의 통행을 금지하고 있는 법률규정은 일반적 행동의 자유를 침해하는 것이라 할 수 없다(헌재 2007.1.17. 2005헌마1111).

6. 관련 판례

* 초등학교 정규교과에서 영어를 배제하거나 영어교육 시수를 제한하는 것은 학생들의 인격의 자유로운 발현권을 제한하나, 이는 균형적인 교육을 통해 초등학생의 전인적 성장을 도모하고 영어과목에 대한 지나친 사교육의 폐단을 막기 위한 것으로 학생들의 기본권을 침해하지 않는다(헌재 2016.2.25. 2013헌마838).
* 기부행위자는 자신의 재산을 사회적 약자나 소외 계층을 위하여 출연함으로써 자기가 속한 사회에 공헌하였다는 행복감과 만족감을 실현할 수 있으므로, 기부행위는 행복추구권과 그로부터 파생되는 일반적 행동자유권에 의해 보호된다(헌재 2014.2.27. 2013헌바106).
* 주방용 오물분쇄기의 판매와 사용을 금지하는 것은 주방용오물분쇄기를 사용하려는 자의 일반적 행동자유권을 제한하나, 현재로서는 음식물 찌꺼기 등이 바로 하수도로 배출되더라도 이를 적절히 처리할 수 있는 사회적 기반시설이 갖추어져 있다고 보기 어렵다는 점 등을 고려하면 이러한 규제가 사용자의 기본권을 침해한다고 볼 수 없다(헌재 2018.6.28. 2016헌마1151).
* 대학수학능력시험의 문항 수 기준 70%를 EBS 교재와 연계하여 출제한다는 대학수학능력시험 시행기본계획은 대학수학능력시험을 준비하는 자의 자유로운 인격발현권을 제한하는데, 이러한 계획이 헌법 제37조 제2항을 준수하였는지 심사하되, 국가가 학교에서의 학습방법 등 교육제도를 정하는 데 포괄적인 규율권한을 갖는다는 점을 감안하여야 한다(헌재 2012.5.31. 2010헌마139).
* 성전환자에 해당함이 명백한 사람에 대해서는 호적의 성별란 기재의 성을 전환된 성에 부합하도록 수정할 수 있도록 허용함이 상당하므로, 성전환자임이 명백한 사람에 대하여 호적정정을 허용하지 않는 것은 인간의 존엄과 가치를 향유할 권리를 온전히 구현할 수 없게 만드는 것이다(대판 2006.6.22. 2004스42 전원합의체).
* 의사의 면허없이 영리를 목적으로 의료행위를 업으로 행하는 자에게 무기 또는 2년 이상의 징역형과 100만 원 이상 1천만 원 이하의 벌금형을 병과하는 것은, 그 법정형이 가혹하여 인간으로서의 존엄과 가치를 규정한 헌법에 위반되는 것으로 볼 수 없다(헌재 2013.6.27. 2010헌마658).
* 체포된 피의자가 경찰서에 수갑을 차고 얼굴을 드러낸 상태에서 조사받는 과정을 기자들로 하여금 촬영하도록 허용하는 행위는 헌법 제10조로부터 도출되는 초상권 및 일반적 인격권을 제한한다(헌재 2014.3.27. 2012헌마652).
* 형법상 자기낙태죄 조항은 태아의 생명을 보호하기 위하여 태아의 발달단계나 독자적 생존능력과 무관하게 임부의 낙태를 원칙적으로 금지하고 이를 형사처벌하고 있

으므로, 헌법 제10조에서 도출되는 임부의 자기결정권, 즉 낙태의 자유를 제한하고 있다(헌재 2012.8.23. 2010헌바402).

* 지역 방언을 자신의 언어로 선택하여 공적·사적인 의사소통과 교육의 수단으로 사용하는 것은 행복추구권에서 파생되는 일반적 행동의 자유의 한 내용이 된다(헌재 2009.5.28. 2006헌마618).
* 타인의 생명보험계약을 체결함에 있어서 계약체결 시 피보험자의 서면동의를 얻도록 하는 개별보험의 일반원칙에서 벗어나 규약으로써 동의에 갈음할 수 있게 함으로써 단체보험의 특성에 따른 운용상의 편의를 부여해 주어 단체보험의 활성화를 돕는다는 것으로 행복추구권을 침해하는 것이라고는 할 수 없다(헌재 1999.9.16. 98헌가6).
* 자유로운 흡연에의 결정 및 흡연행위를 포함하는 흡연권은 물론 흡연하지 아니할 권리 내지 흡연으로부터 자유로울 권리도 행복추구권을 규정한 헌법 제10조에서 근거를 찾을 수 있다(헌재 2004.8.26. 2003헌마457).
* 국가 등의 양로시설에 입소하는 국가유공자에게 일정 요건 하에서 보상금수급권에 대한 지급정지를 규정하고 있는 것은 자유권이나 자유권의 제한영역에 관한 규정이 아니므로 행복추구권을 침해한다고 할 수 없다(헌재 2000.6.1. 98헌마216).
* 균형있는 영화산업의 발전이라는 경제적 고려와 공동체의 이익을 위한 목적에서 비롯된 국산영화의무상영제가 공연장 경영자의 행복추구권을 침해한 것이라고 보기 어렵다(헌재 1995.7.21. 94헌마125).
* 먹는 샘물을 마시는 사람은 유한한 환경재화인 지하수를 소비하는 사람이므로 이들에 대하여 환경보전에 대한 비용을 부담하게 할 수도 있는 것이므로 국민이 마시고 싶은 물을 자유롭게 선택할 권리를 빼앗겨 행복추구권을 침해받는다고 할 수 없다(헌재 1998.12.24. 98헌가1).
* 당연히 의심을 갖고 조사해야 할 중요한 사항에 대하여 조사를 현저히 소홀히 하고, 피의사실을 인정할 수 있는 증거가 될 수 없다는 사실을 인식하고도 자의적인 증거판단에 의하여 청구인에 대하여 기소유예처분을 한 것은 행복추구권을 침해한 것으로 볼 수 있다(헌재 1989.10.27. 89헌마56).
* 학생들에 대한 정서교육의 환경을 보호하기 위하여 학교 부근의 납골시설을 규제하기로 결정한 것은 조상이나 가족 혹은 문중·종중 구성원을 위하여 납골시설을 설치하려는 자의 행복추구권을 침해한다고 보기 어렵다(헌재 2009.7.30. 2008헌가2).
* 국민으로 하여금 건강보험에 강제로 가입하게 하는 것은 … 강제가입으로 인하여 달성되는 공익이 그로 인하여 침해되는 사익에 비하여 월등히 크다. 건강보험에의 강제가입조항은 행복추구권 등을 침해하는 것이라고 볼 수 없다(헌재 2013.7.25. 2010헌바51).
* 기부금품모집행위의 제한이 결사의 자유에 영향을 미칠 수 있다는 것은 인정되나, 결

사의 자유에 대한 제한은 기부금품모집행위를 규제하는 데서 오는 간접적이고 부수적인 효과일 뿐이고, 기부금품모집행위의 규제에 의하여 제한되는 기본권은 행복추구권이다(헌재 1998.5.28. 96헌가5).

* 서울광장인 공물을 사용・이용하게 해달라고 청구할 수 있는 권리는 청구인들의 주장 자체에 의하더라도 청구권의 영역에 속하는 것이므로 이러한 권리가 포괄적인 자유권인 행복추구권에 포함된다고 할 수 없다(헌재 2011.6.30. 2009헌마406).
* 마약반응검사를 위하여 수용자가 법률상 근거 없이 의무도 없는 소변채취를 강요당했다면 헌법 제10조의 인간의 존엄과 가치 및 행복추구권에 의하여 보장되는 일반적 행동의 자유권의 침해여부가 문제될 수 있다(헌재 2006.7.27. 2005헌마277).
* 미결수용자의 변호인이 아닌 자와의 접근교통권의 헌법적 근거는 일반적 행동자유권과 무죄추정의 원칙이다(헌재 2003.11.27. 2002헌마193).
* 심야시간대에 16세 미만 청소년에 대하여 인터넷게임의 제공을 금지하는 것은 인터넷게임을 즐기려는 16세 미만 청소년의 일반적 행동권을 제한하는 것이다(헌재 2014.4.24. 2011헌마659).

Ⅲ. 평 등 권平等權

> **헌법 제11조** ① 모든 국민은 법 앞에 평등하다. 누구든지 성별・종교 또는 사회적 신분에 의하여 정치적・경제적・사회적・문화적 생활의 모든 영역에 있어서 차별을 받지 아니한다.
> ② 사회적 특수계급의 제도는 인정되지 아니하며, 어떠한 형태로도 이를 창설할 수 없다.
> ③ 훈장 등의 영전은 이를 받은 자에게만 효력이 있고, 어떠한 특권도 이에 따르지 아니한다.

1. 평등의 개념과 헌법규정

(1) 개 념

(가) 평등의 연혁

평등의 원칙은 기독교의 '신 앞의 평등'으로부터 유래한 서구적 법의식의 헌법화를 의미한다. '신 앞의 평등'은 근대 합리주의적 자연법 사상의 영향에 의하여 신의 지위에 세속적인 법규가 대체되어 '법 앞의 평등'의 원칙이 성립되었다.

평등의 이념은 인권의 역사에 있어서 자유와 함께 개인존엄의 사상에서 유래하고, 자유와 평등 두 개의 이념이 깊이 결합해서 신분사회를 타파하고 근대 입헌주의를 확립하는 추진력으로 된 것은, 많은 인권선언에서 확인할 수 있으며, 현대 헌법에서도 상호 밀접하게 관련되어 상호 의존하는 원리로서 파악되고 있다. 18세기 후반 이래 버지니아Virginia권리장전과 프랑스 인권선언을 비롯하여 각국 헌법에 평등원칙이 실정화 되었다.

(나) 평등의 함의

평등은 일체의 차별적 대우를 부정하는 절대적 평등을 의미하는 것이 아니라 입법과 법의 적용에 있어서 합리적인 근거가 없는 차별을 해서는 안 된다는 상대적 평등을 의미한다. 따라서 합리적인 근거가 있는 차별 또는 불평등은 평등의 원칙에 반하는 것이 아니다.

(2) 평등원칙平等原則과 평등권平等權

평등원칙은 국민의 기본권 보장에 관한 헌법의 최고원리인 동시에 모든 공동체생활관계에서 어떠한 불합리한 조건으로도 차별하여서는 안 된다는 법원칙이다. 평등원칙은 국가가 입법을 하거나 법을 해석 및 집행함에 있어 따라야 할 기준인 동시에, 국가에 대하여 합리적 이유 없이 불평등한 대우를 하지 말 것과 평등한 대우를 할 것을 요구할 수 있는 근거가 된다. 즉, 평등원칙은 행정권과 사법권 및 입법권까지 구속한다(헌재 1992.4.28. 90헌바24). 헌법 제11조의 평등권이라는 명시적인 규정의 유무와는 상관없이 국가에 의하여 불평등한 취급을 받지 아니함과 동시에 국가에 대해서 평등한 처우를 요구할 수 있는 개인의 주관적 공권을 말하며, 전 국가적 성질을 가지는 생래적 기본권(자연권)이자 근본규범이며, 자유권과는 구별되는 권리이다.

2. 헌법 제11조 제1항의 평등의 의미

(1) 헌법규정

우리 헌법은 제11조 제1항에 "모든 국민은 법 앞에 평등하다. 누구든지 성별·종교 또는 사회적 신분에 의하여 정치적·경제적·사회적·문화적 생활의 모든 영역에 있어서 차별을 받지 아니한다"고 규정하여 평등원칙을 선언하는 한편 제2항에서는 "사회적 특수계급의 제도는 인정되지 아니하며, 어떠한 형태로도 이를 창설할 수 없다"고 규정하고 있고, 제3항에서는 영전에 따른 특권금지를 규정하고 있다. 또한 헌법전문을 비롯하여 교육의 기회균등(제31조 제1항), 여성근로자의 차별금지(제32조 제4항), 양성의 평등(제36조 제1항), 선거와 선거운동에 있어서의 평등(제41조 제1항, 제67조 제1항, 제116조 제1항), 지역 간의 균형 있는 발전(제123조 제2항) 등의 평등권 조항이 있다.

헌법 제11조 제1항에 규정된 차별금지사유와 영역은 예시적 규정이며(통설), 그 외에도 학력·연령·출신지역 등의 사유로 불합리한 차별을 할 수 없다. 아울러 제11조 제2항의 규정(사회적 특수계급제도의 부인)은 역사발전에 역행하는 봉건적 제도(귀족제도·노예제도)는 어떠한 형태로도 창설할 수 없음을 의미하며, 제11조 제3항의 규정(영전일대의 원칙)은 영전의 세습금지는 물론 영전으로 인한 어떠한 특권도 배제하는 것을 의미한다.

⑵ 법 앞에 평등의 의미

법 앞에 평등이란 '법 적용의 평등'에서 끝나지 않고, 더 나아가 입법자에 대해서도 그가 입법을 통해서 권리와 의무를 분배함에 있어서 적용할 가치평가의 기준을 정당화할 것을 요구하는 '법 제정의 평등'을 포함한다. 다만, 헌법상 평등의 원칙은 국가가 합리적인 기준에 따라 능력이 허용하는 범위 내에서 법적 가치의 상향적인 구현을 위한 제도의 단계적 개선을 추진하는 것을 허용한다. 즉 헌법상 평등의 원칙은 국가가 언제 어디서 어떤 계층을 대상으로 하여 기본권에 관한 상황이나 제도의 개선을 시작할 것인지를 선택하는 것을 방해하지 않는다(헌재 1990.6.25. 89헌마107).

법 내용상의 평등 (헌재 2009.3.26. 2007헌마1327등)

헌법이 선언하고 있는 '법 앞에 평등'(헌법 제10조, 제11조 제1항)이란 행정부나 사법부에 의한 법 적용상의 평등을 뜻하는 것 외에도 입법권자에게 정의와 형평의 원칙에 합당하게 합헌적으로 법률을 제정하도록 하는 것을 명령하는 이른바 법 내용상의 평등을 의미한다.

⑶ 상대적 평등과 실질적 평등

(가) 상대적 평등

헌법 제11조 제1항의 평등의 원칙은 일체의 차별적 대우를 부정하는 절대적 평등을 의미하는 것이 아니라 입법과 법의 적용에 있어서 합리적 근거 없는 차별을 하여서는 아니 된다는 상대적 평등(같은 것은 같게, 다른 것은 다르게)을 의미한다. 합리적 근거 있는 차별인가의 여부는 그 차별이 인간의 존엄성 존중이라는 헌법원리에 반하지 아니하면서 정당한 입법목적을 달성하기 위하여 필요하고도 적정한 것인가를 기준으로 판단되어야 한다(헌재 2011.4.28. 2009헌바56).

(나) 실질적 평등

헌법 제11조 제1항의 평등의 원칙은 형식적인 평등만을 의미하지 않고 실질적인 평등까지 요구한다. 현대 헌법에서 평등의 원칙은 어떠한 의미에서건, 형식적 개념에서 실질적 개념으로 바뀌고 있다. 형식적 평등에 대립되는 실질적 평등이란 바로 사회적 평등을 의미한다. 그래서 우리 헌법에서도 사회적 특수계급제도의 금지 및 정치적 평등과 같은 고전적 의미의 평등과 아울러, 평등원칙의 전면적 확대를 의미하는 경제적·사회적·문화적 생활의 모든 영역에서의 평등까지 규정하고 있다(제11조 제1항 후단). 따라서 이러한 의미의 경제적·사회적·문화적 평등은 입법의 평등에 의해서만 가능할 수 있으며, 그 평등의 개념은 필연적으로 실질적 평등을 의미하지 않을 수 없다.

상대적 · 실질적 평등 (헌재 1991.5.13. 89헌가97, 조규광, 변정수, 김양균의 반대의견)

헌법상 평등의 원칙이라는 것은 모든 국민이 모든 경우에 모든 점에서 절대적 · 형식적으로 평등일 것을 요구하는 것이 아니라, 구체적 인간 및 규율대상인 생활관계의 차이 등을 전제로 하고 이러한 차이에 대응하여 상이한 법적취급을 인정할 수 있는 상대적 · 실질적 평등을 말하는 것으로서, "본질적으로 같은 것을 자의적으로 다르게 취급하거나, 본질적으로 다른 것을 자의적으로 같게 취급해서는 아니된다."는 의미이므로, 정당한 입법목적, 규율대상인 생활관계를 고려한 합리적인 차별까지를 배제하는 것은 아니다.

⑷ 평등권의 주체와 법

평등의 원칙은 자연인뿐만 아니라 법인도 그 주체가 될 수 있다. 또한 상호주의 원칙상 외국인도 평등권의 주체가 된다. 다만 외국인의 경우 일정한 영역에 있어서는 평등권이 제한된다. 여기서 '법'은 광의의 법으로서 법률 · 명령 · 조례 · 규칙 및 불문법을 포함한다.

⑸ 비교대상과 차별기준

평등원칙은 행위규범으로서 입법자에게 객관적으로 같은 것은 같게, 다른 것은 다르게 규범의 대상을 실질적으로 평등하게 규율할 것을 요구한다(헌재 1998.9.30. 98헌가7). 어느 표지가 본질적 또는 비본질적인가를 일반적 · 추상적으로 확인할 수는 없다. 그 확인은 무엇을 비교의 관점으로 설정했는가에 따라서 각각 달라진다. 예컨대 '인간'이라는 표지가 본질적인 것으로 간주되면 내국인과 외국인은 평등하게 취급되어야 하지만, '국적'이라는 표지를 본질적인 것으로 볼 때에는 이들의 차별 내지 불평등 대우는 허용된다고 할 것이다.

⑹ 관련 판례

* 배심원으로서의 권한을 수행하고 의무를 부담할 능력과 민법상 행위능력, 선거권 행사능력, 군 복무능력, 연소자 보호와 연계된 취업능력 등이 동일한 연령기준에 따라 판단될 수 없고, 각 법률들의 입법취지와 해당 영역에서 고려하여야 할 제반사정, 대립되는 관련 이익들을 교량하여 입법자가 각 영역마다 그에 상응하는 연령기준을 달

리 정할 수 있다. 따라서 심판대상조항이 우리나라 국민참여재판제도의 취지와 배심원의 권한 및 의무 등 여러 사정을 종합적으로 고려하여 만 20세에 이르기까지 교육 및 경험을 쌓은 자로 하여금 배심원의 책무를 담당하도록 정한 것은 입법형성권의 한계 내의 것으로 자의적인 차별이라고 볼 수 없다(헌재 2021.5.27. 2019헌가19).

* 징집대상자의 범위 결정에 관하여는 입법자의 광범위한 입법형성권이 인정된다는 점에 비추어 이 사건 법률조항이 평등권을 침해하는지 여부는 완화된 심사기준에 따라 판단하여야 한다(헌재 2010.11.25. 2006헌마328).
* 국회의원선거의 예비후보자 및 그 예비후보자에게 후원금을 기부하고자 하는 자와 광역자치단체장선거의 예비후보자 및 이들 예비후보자에게 후원금을 기부하고자 하는 자를 계속하여 달리 취급하는 것은, 불합리한 차별에 해당하고 입법재량을 현저히 남용하거나 한계를 일탈한 것이다(헌재 2019.12.27. 2018헌마301 등).
* "법앞의 평등"은 행정부나 사법부에 의한 법적용상의 평등만을 의미하는 것이 아니고, 입법권자에게 정의와 형평의 원칙에 합당하게 합헌적으로 법률을 제정하도록 하는 것을 명하는 법내용상의 평등을 의미하고 있기 때문에 그 입법내용이 정의와 형평에 반하거나 자의적으로 이루어진 경우에는 평등권 등의 기본권을 본질적으로 침해한 입법권의 행사로서 위헌성을 면하기 어렵다고 할 것이다(헌재 1995.10.26. 92헌바45).
* 사회적 신분이란 사회에서 장기간 점하는 지위로서 일정한 사회적 평가를 수반하는 것을 의미한다 할 것이므로 전과자도 사회적 신분에 해당된다고 할 것이며 … 누범을 가중처벌하는 것은 전범에 대한 형벌의 경고적 기능을 무시하고 다시 범죄를 저질렀다는 점에서 비난가능성이 많고, 누범이 증가하고 있다는 현실에서 사회방위, 범죄의 특별예방 및 일반예방이라는 형벌목적에 비추어 보아, … 이는 합리적 근거 있는 차별이어서 헌법상의 평등의 원칙에 위배되지 아니한다고 할 것이다(헌재 1995.2.23. 93헌바43).
* 부마항쟁보상법에 따라 지급되는 보상금 등 수급권은 부마항쟁보상법에 의하여 비로소 인정되는 권리로서, 그 수급권에 관한 구체적인 사항을 정하는 것은 입법자의 입법형성의 영역에 속한다. … 평등권을 침해하지 아니한다(헌재 2019.4.11. 2016헌마418).
* 청년할당제는 일정 규모 이상의 기관에만 적용되고, 전문적인 자격이나 능력을 요하는 경우에는 적용을 배제하는 등 상당한 예외를 두고 있다. 더욱이 3년 간 한시적으로만 시행하며, 청년할당제가 추구하는 청년실업해소를 통한 지속적인 경제성장과 사회 안정은 매우 중요한 공익인 반면, 청년할당제가 시행되더라도 현실적으로 35세 이상 미취업자들이 공공기관 취업기회에서 불이익을 받을 가능성은 크다고 볼 수 없다.

따라서 이 사건 청년할당제가 청구인들의 평등권, 공공기관 취업의 자유를 침해한다고 볼 수 없다(헌재 2014.8.28. 2013헌마553).

* 애국지사는 일제 국권침탈에 반대하거나 항거한 당사자로서 조국의 자주독립을 위해 직접 공헌하고 희생한 사람이고, 순국선열의 유족은 일제 국권침탈에 반대하거나 항거하다가 사망한 당사자의 유가족으로서, 두 집단은 본질적으로 다른 집단이므로 같은 서훈 등급임에도 애국지사 본인에게 높은 보상금 지급액 기준을 두고 있는 것은 평등권을 침해하지 않는다(헌재 2018.1.25. 2016헌마319).
* 국가가 보훈보상대상자 및 그 유족에게 지급할 구체적인 보상의 내용 등에 관한 사항은 … 국가의 재정부담 능력 등이 허락하는 한도에서 보상금 총액을 일정액으로 제한하되, 그 범위 내에서 적어도 같은 순위의 유족들에게는 생활정도에 따라 보상금을 분할해서 지급하는 방법이 가능하다. … 국가의 재정부담을 늘리지 않으면서도 보훈보상대상자 유족의 실질적인 생활보호에 충실할 수 있는 방안이 존재하는 상황에서, 부모에 대한 보상금 지급에 있어서 예외 없이 오로지 1명에 한정하여 지급해야 할 필요성이 크다고 볼 수 없다(헌재 2018.6.28. 2016헌가14, 헌법불합치 잠정적용).
* 독립유공자 및 그 유족에게 인간다운 생활에 필요한 최소한의 물질적인 수요를 충족시켜 주고, 헌법상의 사회보장, 사회복지의 이념과 독립유공자에 대한 우선적 보호이념에 명백히 어긋나지 않는 한, 입법자는 이를 정함에 있어 광범위한 입법재량권을 행사할 수 있다. 생활수준 등을 고려하여 독립유공자의 손자녀 1명에게 보상금을 지급하도록 하면서 같은 순위의 손자녀가 2명 이상이면 나이가 많은 손자녀를 우선하도록 한 것은 … 입법자의 선택이 명백히 그 재량을 일탈한 것이라고 보기 어려우므로 심판대상조항은 청구인의 평등권을 침해하지 아니한다(헌재 2018.6.28. 2015헌마304).
* 사업주가 제공하거나 그에 준하는 교통수단을 이용하여 출퇴근하던 중에 산업재해보상보험 가입 근로자가 입은 재해를 업무상 재해로 인정하는 것과 달리, 도보나 자기소유 교통수단 또는 대중교통수단 등을 이용하여 출퇴근하는 산업재해보상보험 가입 근로자가 사업주의 지배관리 아래 있다고 볼 수 없는 통상적 경로와 방법으로 출퇴근하던 중에 입은 재해를 업무상 재해로 인정하지 않는 것은 자의적 차별로 평등원칙에 위배된다(헌재 2016.9.29. 2014헌바254, 헌법불합치 잠정적용).
* 어떤 학교를 전기학교로 규정할 것인지 여부는 해당 학교의 특성상 특정 분야에 재능이나 소질을 가진 학생을 후기학교보다 먼저 선발할 필요성이 있는지에 따라 결정되어야 한다. 과학고는 '과학분야의 인재 양성'이라는 설립 취지나 전문적인 교육과정의 측면에서 과학 분야에 재능이나 소질을 가진 학생을 후기학교보다 먼저 선발할 필요성을 인정할 수 있으나, 자사고의 경우 교육과정 등을 고려할 때 후기학교보다

먼저 특정한 재능이나 소질을 가진 학생을 선발할 필요성은 적다. 따라서 이 사건 동시선발 조항이 자사고를 후기학교로 규정함으로써 과학고와 달리 취급하고, 일반고와 같이 취급하는 데에는 합리적인 이유가 있으므로 청구인 학교법인의 평등권을 침해하지 아니한다(헌재 2019.4.11. 2018헌마221).

* 교수 · 연구 분야에 전문성이 뛰어난 교사들로서 교사의 교수 · 연구활동을 지원하는 임무를 부여받고 있는 수석교사를 성과상여금 등의 지급과 관련하여 교장이나 장학관 등과 달리 취급하고 있지만 이는 이들의 직무 및 직급이 다른 것에서 기인하는 합리적인 차별이다. … 평등권을 침해하지 않는다(헌재 2019.4.11. 2017헌마602).
* 보육료 · 양육수당은 영유아가 국내에 거주하면서 국내에 소재한 어린이집을 이용하거나 가정에서 양육되는 경우에 지원이 되는 것으로 제도가 마련되어 있다. 단순한 단기체류가 아니라 국내에 거주하는 재외국민, 특히 외국의 영주권을 보유하고 있으나 상당한 기간 국내에서 계속 거주하고 있는 자들은 주민등록법상 재외국민으로 등록 · 관리될 뿐 '국민인 주민'이라는 점에서는 다른 일반 국민과 실질적으로 동일하므로, 단지 외국의 영주권을 취득한 재외국민이라는 이유로 달리 취급할 아무런 이유가 없어 위와 같은 차별은 청구인들의 평등권을 침해한다(헌재 2018.1.25. 2015헌마1047).
* 주민투표권은 헌법상의 열거되지 아니한 권리 등 그 명칭의 여하를 불문하고 헌법상의 기본권성이 부정된다. 그러나 비교집단 상호간에 주민투표권의 차별이 존재할 경우 헌법상의 평등권의 심사가 가능하다(헌재 2007.6.28. 2004헌마643).
* 경찰공무원과 일반직공무원은 업무의 성격 · 위험성 및 직무의 곤란성 정도가 전혀 유사하지 않으므로, 경찰공무원과 일반직공무원을 보수 책정에 있어서 의미 있는 비교집단으로 보기 어렵다(헌재 2008.12.26. 2007헌마444).
* '군사정전에 관한 협정 체결 이후 납북피해자의 보상 및 지원에 관한 법률'의 납북자의 범위에서 6 · 25 전쟁 중 납북자를 제외하고 있는 것에 대한 평등심사에 있어서, '6 · 25 전쟁 중 납북자'와 '군사정전협정 체결 이후 납북자'는 전시와 정전상태라는 점에서 차이가 있으므로 동일 · 유사한 집단이다(헌재 2009.6.25. 2008헌마393).
* 비교되는 두 사실관계를 법적으로 동일한 것으로 볼 것인지 아니면 다른 것으로 볼 것인지를 판단하기 위하여서는 어떠한 요소가 결정적인 기준이 되는가가 문제되는데, 두 사실관계가 본질적으로 동일한가의 판단은 일반적으로 당해 법률조항의 의미와 목적에 달려 있다(헌재 2003.1.30. 2001헌가4).
* 먹는 샘물 제조업자에 대한 수질개선부담금 부과 사건에서 차별의 비교집단은 먹는 샘물 제조업자와 주류 · 청량음료 제조업자들을 포함한 다른 지하수 사용자들이다(헌재 1998.12.24. 98헌가1).

* 공무원 임용시험의 군필자 가산점 제도의 위헌여부 사건에서 제대군인에 대한 차별의 비교집단은 군복무를 지원하지 아니한 여성, 징병검사 결과 질병 또는 심신장애로 병역면제처분을 받은 남성, 보충역으로 군복무를 마쳤거나 제2국민역에 편입된 남성이다(헌재 1999.12.23. 98헌마363).
* 「재외동포의 출입국과 법적지위에 관한 법률」사건에서 차별의 비교집단은 1948년 대한민국 정부수립 이전에 해외로 이주한 동포와 1948년 대한민국 정부수립 이후에 해외로 이주한 동포이다(헌재 2001.11.29. 99헌마494).
* 지방공사와 지방자치단체, 지방의회와의 관계에 비추어 볼 때, 지방의회의원과 국회의원은 본질적으로 동일한 집단이라고 볼 수 없다(헌재 2012.4.24. 2010헌마605).

3. 평등원칙의 위헌심사기준

'자의심사의 경우'에는 차별을 정당화하는 합리적인 이유가 있는지 만을 심사하기 때문에 그에 해당하는 비교대상간의 사실상의 차이나 입법목적(차별목적)의 발견·확인에 그치는 반면에, '비례심사의 경우'에는 단순히 합리적인 이유의 존부 문제가 아니라 차별을 정당화하는 이유와 차별간의 상관관계에 대한 심사, 즉 비교대상간의 사실상의 차이의 성질과 비중 또는 입법목적(차별목적)의 비중과 차별의 정도에 적정한 균형관계가 이루어져 있는가를 심사한다(헌재 2011.2.24. 2008헌바56).

(1) 자의성 심사기준

일반적인 평등원칙의 위반 내지 평등권의 침해 여부에 대한 헌법재판소의 통상의 심사기준은 입법과 법의 적용에 있어서 합리적인 근거가 없는 자의적 차별이 있는지 여부이다(헌재 1998.9.30. 98헌가7). 헌법에 따른 입법자의 평등실현의무는 헌법재판소에 대하여는 단지 자의금지원칙으로 그 의미가 한정 축소되므로 헌법재판소가 행하는 규범에 대한 심사는 그것이 가장 합리적이고 타당한 수단인가에 있지 아니하고 단지 입법자의 정치적 형성이 헌법적 한계 내에 머물고 있는가 하는 것에 국한될 수밖에 없다(헌재 1997.1.16. 90헌마110·136; 헌재 1998.9.30. 98헌가7등).

(가) 자의금지 원칙에 대한 심사요건

자의금지 원칙에 대한 심사요건은 ① 본질적으로 동일한 것을 다르게 취급하고 있는지에 관련된 차별취급의 존재 여부와, ② 이러한 차별취급이 존재한다면 이를 자의적인 것으로 볼 수 있는지 여부이다. 한편, ①의 요건에 관련하여 두 개의 비교집단이 본질적으로 동일한가의 판단은 일반적으로 관련 헌법규정과 당해 법규정의 의미와 목적에 달려 있고, ②의 요건에 관련하여 차별취급의 자의성은 합리적인 이유가 결여된 것을 의미하므로, 차별대우를 정당화하는 객관적이고 합리적인 이유가 존재한다면 차별대우는 자의적인 것이 아니게 된다(헌재 2003.1.30. 2001헌바64; 헌재 2011.10.25. 2010헌마661).

(나) 관련 판례

* 자기 또는 배우자의 직계존속을 고소하지 못하도록 규정한 「형사소송법」 조항은 친고죄의 경우든 비친고죄의 경우든 헌법상 보장된 재판절차진술권의 행사에 중대한 제한을 초래한다고 보기는 어려우므로, 완화된 자의심사에 따라 차별에 합리적 이유가 있는지를 따져 보는 것으로 족하다(헌재 2011.2.24. 2008헌바56).
* '성별'을 기준으로 병역의무를 달리 부과하도록 한 구 「병역법」 조항은 헌법 제11조 제1항 후문이 예시하는 사유에 기한 차별임은 분명하지만, 이러한 예시사유가 있는 경우 절대적 차별금지를 요구함으로써 입법자에게 인정되는 입법형성권을 제한하는 것은 아니며, 성별에 의한 차별취급이 언제나 엄격한 심사를 요구하는 것도 아니다(헌재 2010.11.25. 2006헌마328).
* 대한민국 국민인 남자에 한하여 병역의무를 부과한 것은 헌법이 특별히 양성평등을 요구하는 경우에 해당하지 않고, 관련 기본권에 중대한 제한을 초래하는 경우로 보기도 어려우므로, 그 평등권 침해 여부는 자의금지원칙에 의하여 심사한다(헌재 2011.6.30. 2010헌마460).
* 교육위원 선거에서 비경력자를 교육경력자에 비하여 차별취급하고 있고, 이로 인하여 비경력자가 다수득표를 하고도 낙선하게 되는 것은 공무담임권에 대한 중대한 제한을 초래하는 것이므로 평등권에 관한 엄격한 기준인 비례성원칙에 따른 심사를 함이 타당하다. 다만, 엄격한 심사기준에 의하여 살펴보더라도 차별취급으로 인한 공익과 침해되는 이익간의 비례성이 있다고 인정된다(헌재 2003.3.27. 2002헌마573).
* 시혜적 법률은 국민의 권리를 제한하거나 새로운 의무를 부과하는 법률과는 달리 입법자에게 보다 광범위한 입법형성의 자유가 인정된다고 할 것이다(헌재 1993.12.23.

89헌마189).

* 산업연수생이 연수라는 명목하에 사업주의 지시·감독을 받으면서 사실상 노무를 제공하고 수당 명목의 금품을 수령하는 등 실질적인 근로관계에 있는 경우에도, … 실질적 근로자인 산업연수생에 대하여 일반 근로자와 달리 근로기준법의 일부 조항의 적용을 배제하는 것은 자의적인 차별이라 아니할 수 없다(헌재 2007.8.30. 2004헌마670).
* 중혼의 취소청구권자로 직계존속과 4촌 이내의 방계혈족을 규정하면서도 직계비속을 제외하는 민법 규정에 대한 평등원칙 위반 여부는 자의금지 원칙 위반 여부의 심사로 족하다(헌재 2010.7.29. 2009헌가8).
* 정치인의 후원회 제도는 각 나라 및 시대의 역사·정치풍토 내지 정치문화에 따라 달리 형성될 수 있는 것이므로, 정치 후원회 및 후원금에 대한 구체적인 제도의 내용과 규제의 정도는 원칙적으로 입법정책의 문제로서 입법자의 입법형성의 자유에 속하는 사항이라고 할 것이다. 후원회 제도의 구체적 규율은 그것이 명백히 재량권의 한계를 벗어난 입법이 아닌 한 입법형성의 자유를 존중하여야 할 것이다(헌재 2009.12.29. 2007헌마1412).
* 뉴스통신사의 권한을 제한하거나 새로이 의무를 부과하는 것이 아니라 국내 뉴스통신시장의 진흥을 위하여 뉴스통신사에 대한 재정지원 등 혜택을 부여하는 것을 내용으로 하는 시혜적 법률의 경우에는 그 입법형성권의 범위가 더욱 넓어진다(헌재 2005.6.30. 2003헌마841).

(2) 완화된 비례성 심사기준

(가) 완화된 비례성 심사척도의 판단

평등권의 침해 여부에 대한 심사는 그 심사기준에 따라 원칙적으로 자의금지 원칙에 의한 심사와 비례의 원칙에 의한 심사로 크게 나누어 볼 수 있지만, 구체적인 비례심사의 과정에서는 헌법에서 특별히 우대할 것을 명령하고 있는 경우에는 완화된 기준을 적용한다(헌재 2001.2.22. 2000헌마25).

(나) 관련 판례

헌법재판소는 국가유공자 가산점 사건에서 "국가유공자와 그 유족 등 취업보호대상자가 국가기관이 실시하는 채용시험에 응시하는 경우에 10%의 가점을 주도록 한 이 사건 가산점제도가 평등권을 침해하는지 여부를 심사함에 있어 적용되는 심사의 기준은 … 헌법 제32조 제6항이 근로의 기회에 있어서 국가유공자 등을 우대할 것을 명령하고 있는 점을 고려하여 보다 완화된 기준을 적용하여야 할 것이다"고 하였다(헌재 2001.2.22. 2000헌마25).

⑶ 엄격한 비례성 심사기준

(가) 엄격한 비례성 심사척도의 판단

평등위반 여부를 심사함에 있어 엄격한 심사척도에 의할 것인지, 완화된 심사척도에 의할 것인지는 입법자에게 인정되는 입법형성권의 정도에 따라 달라지게 될 것이나, 헌법에서 특별히 평등을 요구하고 있는 경우와 차별적 취급으로 인하여 관련 기본권에 대한 중대한 제한을 초래하게 된다면, 입법형성권은 축소되어 보다 엄격한 심사척도가 적용되어야 한다(헌재 1999.12.23. 98헌마363). 엄격한 심사를 한다는 것은 자의금지 원칙에 따른 심사, 즉 합리적 이유의 유무를 심사하는 것에 그치지 아니하고 비례성 원칙에 따른 심사, 즉 차별취급의 목적과 수단 간에 엄격한 비례관계가 성립하는지를 기준으로 한 심사를 행함을 의미한다(헌재 2009.4.30. 2007헌가8).

(나) 관련 판례

* 평등원칙과 결합하여 혼인과 가족을 부당한 차별로부터 보호하고자 하는 목적을 지니고 있는 헌법 제36조 제1항(혼인과 가족생활의 보장)에 비추어 볼 때, 종합부동산세의 과세방법을 "인별 합산"이 아니라 "세대별 합산"으로 규정한 종합부동산세법 규정은 비례원칙에 의한 심사에 의하여 정당화되지 않으므로 헌법에 위반된다(헌재 2008.11.13. 2006헌바112(병합)).
* 중등교사 임용시험에서 복수전공 및 부전공 교원자격증소지자에게 가산점을 부여하고 있는 「교육공무원법」 조항에 의해 복수·부전공 가산점을 받지 못하는 자가 입을 수 있는 불이익은, 공직에 진입하는 것 자체에 대한 제약이라는 점에서 당해 기본권의 중대한 제한이므로 … 엄격한 심사척도를 적용하여야 한다(헌재 2006.6.29. 2005헌가13).
* 헌법원리로부터 도출되는 차별금지의 명령은 헌법 제11조 제1항의 평등원칙과 결합하여 혼인과 가족을 부당한 차별로부터 보호하고자 하는 목적을 지니고 있고, 따라서 특정한 조세 법률조항이 혼인이나 가족생활을 근거로 부부 등 가족이 있는 자를 혼인

하지 아니한 자 등에 비하여 차별 취급하는 것이라면 비례의 원칙에 의한 심사에 의하여 정당화되지 않는 한 헌법 제36조 제1항에 위반된다 할 것이다(헌재 2011.11.24. 2009헌바146).

* 제대군인이 공무원채용시험 등에 응시한 때에 과목별 득점에 과목별 만점의 5% 또는 3%를 가산하는 제대군인가산점제도는, 헌법에서 특별히 평등을 요구하고 있는 경우 및 차별적 취급으로 인하여 관련 기본권에 대한 중대한 제한을 초래하게 된 경우에 해당하므로 비례원칙에 따른 심사를 하여야 한다(헌재 1999.12.23. 98헌마363).

4. 평등권의 제한

(1) 헌법에 의한 제한

① 정당의 특권(제8조 제4항), ② 대통령과 국회의원의 특권(제84조, 제44조 · 제45조), ③ 군사법원에 의한 제한(제27조 제2항), ④ 공무원의 근로3권제한(제33조 제2항), ⑤ 주요방위산업체에 종사하는 근로자의 단체행동권 제한(제33조 제3항), ⑥ 군인 · 군무원 · 경찰공무원 등의 국가배상청구권의 제한(제29조 제2항), ⑦ 현역군인의 문관임명 제한(제86조 제3항, 제87조 제4항) 등을 들 수 있다.

(2) 법률에 의한 제한

① 공무원법에 의한 공무원 겸직금지, 정당가입 제한, 정치활동 제한
② 군사관계법에 의한 군인 · 군무원의 영내거주, 정치활동제한
③ 행형법에 의한 수형자의 서신검열 · 교화 등 통신과 신체의 자유에 대한 제한
④ 공직선거법에 규정된 일정한 전과자 등의 공무담임권 제한
⑤ 외국인토지법에 의한 외국인의 토지소유의 제한
⑥ 출입국관리법에 의한 외국인의 체류와 출국의 제한 등을 들 수 있다.

(3) 긴급명령 등에 의한 제한

평등의 원칙과 구체적 평등권은 헌법 제76조에 의거한 대통령의 긴급명령, 긴급재정경제처분 · 명령으로 제한될 수 있다. 이때의 긴급명령과 긴급재정경제처

분 · 명령은 비록 실질적으로는 법률의 효력을 가진 것이기는 하지만 명령에 의한 평등권의 제한이다.

5. 잠정적 우대조치(적극적 평등실현조치)

적극적 우대조치affirmative action(적극적 평등실현조치)라 함은, 종래 사회로부터 차별을 받아 온 일정집단에 대해 그동안의 불이익을 실질적으로 보상하여 주기 위하여 그 집단의 구성원이라는 이유로 취업이나 입학 등의 영역에서 직 · 간접적으로 이익을 부여하는 조치를 말한다. 잠정적 우대조치의 특징으로는 이러한 정책이 개인의 자격이나 실적보다는 집단의 일원이라는 것을 근거로 하여 혜택을 준다는 점, 기회의 평등보다는 결과의 평등을 추구한다는 점, 항구적 정책이 아니라 구제목적이 실현되면 종료하는 임시적 조치라는 점 등을 들 수 있다(헌재 1999.12.23. 98헌마363). 미국의 경우 1964년의 민권법과 1965년의 L. B. Johnson 대통령의 행정명령을 통하여 채택되었으나, 최근에는 이 조치의 위헌여부가 광범위하게 논의되고 있다. 1997. 11. 미연방대법원은 소수인종과 여성에 대한 특혜를 폐지하는 내용의 캘리포니아 주민발의안 제209호가 합헌이라고 판시한 바 있다. 이 조치와 우선적 처우이론preferential treatment은 밀접한 관련이 있으며, 이 계획에 입각하여 국가가 사회적 약자를 특별히 우대하는 조치를 취함으로써 역차별 내지 역평등의 문제가 제기되었다. 즉 흑인이나 소수자를 우대하는 적극적 평등실현조치는 역으로 백인이나 다수자에 대한 차별이 아니냐 하는 역차별reverse discrimination문제가 제기되기도 했다.

우리나라에서도 미국에서 발전되어온 적극적 평등실현조치에 관련된 법제를 시행하고 있다. 그 예로 여성공천할당제(공직선거법), 장애인고용할당제(장애인 고용촉진 및 직업재활법) 등을 들 수 있다. 헌법재판소는 동일한 자격을 갖춘 경우에 남성 또는 비장애인보다 여성 또는 장애인을 잠정적으로 우대하는 것은 역차별이라고 볼 수 없으므로 헌법위반이 되지 않는다고 판시하였다(헌재 1999.12.23. 98헌마363).

6. 관련 판례

* 「공직선거법」상 기부행위 제한의 적용을 받는 자에 '후보자가 되고자 하는 자'까지 포함하면서 기부행위의 제한기간을 폐지하여 기부행위를 상시 제한하도록 한 것은 '후보자가 되려는 자'를 다른 후보자들과 합리적 이유 있는 차별로 평등권을 침해하지 않는다(헌재 2009.4.30. 2007헌바29).
* 행정관서 요원으로 근무한 공익근무요원과는 달리, 국제협력 요원으로 근무한 공익근무요원을 「국가유공자 등 예우 및 지원에 관한 법률」에 의한 보상에서 제외한 구 「병역법」 조항은 합리적 이유 있는 차별로 평등권을 침해하지 않는다(헌재 2010.7.29. 2009헌가13).
* 국민건강보험공단 직원의 업무가 일반 보험회사의 직원이 담당하는 보험업무와 내용상 크게 다르지 않다 하더라도 그 신분상의 특수성과 조직의 규모, 개인정보 지득의 정도, 선거개입시 예상되는 부작용 등이 사보험업체 직원이나 다른 공단의 직원의 경우와 현저히 차이가 나는 이상 위와 같은 선거운동의 금지는 정당한 차별목적을 위한 합리적인 수단을 강구한 것으로서 합헌이다(헌재 2004.4.29. 2002헌마467).
* 주민투표권 행사를 위한 요건으로 그 지방자치단체의 관할 구역에 주민등록이 되어 있을 것을 요구함으로써 국내거소신고만 할 수 있고 주민등록을 할 수 없는 국내거주 재외국민에 대하여 주민투표권을 인정하지 않은 '주민투표법' 조항은 위와 같은 국내거주 재외국민의 평등권을 침해한다(헌재 2007.6.28. 2004헌마643).
* 이륜차는 운전자가 외부에 노출되는 구조로 말미암은 사고위험성과 사고결과의 중대성 때문에 고속도로 등의 통행이 금지되는 것이므로 구조적 위험성이 적은 일반 자동차와 비교할 때 불합리한 차별이라고 볼 수 없다(헌재 2011.11.24. 2011헌바51).
* 시각장애인 안마시술소 개설 독점제도는 생활전반에 걸쳐 시각장애인에게 가해진 유·무형의 사회적 차별을 보상해 주고 실질적인 평등을 이룰 수 있는 수단이며, … 시각장애인의 생존권 등 공익과 그로 인해 잃게 되는 일반국민의 직업선택의 자유 등 사익을 비교해 보더라도, 공익과 사익 사이에 법익 불균형이 발생한다고 할 수 없다(헌재 2013.6.27. 2011헌가39).
* 다른 전문직에 비하여 변호사는 포괄적인 직무영역과 그에 따른 더 엄격한 직무의무를 부담하고 있는바, 이는 변호사 직무의 공공성 및 그 포괄적 직무범위에 따른 사회적 책임성을 고려한 것으로서, 다른 전문직과 비교하여 차별취급의 합리적 이유가 있다고 할 것이므로, 변호사법 제29조는 변호사의 평등권을 침해하지 아니한다(헌재 2013.5.30. 2011헌마131).

* 국·공립학교와는 달리 사립학교를 설치·경영하는 학교법인 등이 당해 학교에 운영위원회를 둘 것인지의 여부를 스스로 결정할 수 있도록 한 것은 사립학교의 특수성과 자주성을 존중하기 위한 것이므로 합리적이고 정당한 사유가 있는 차별에 해당한다(헌재 1999.3.25. 97헌마130).
* 헌법 제11조 제1항 제2문의 "사회적 신분"이란 사회에서 장기간 점하는 지위로서 일정한 사회적 평가를 수반하는 것을 의미한다고 할 것이므로 전과자도 사회적 신분에 해당한다고 판시하였다(헌재 1995.2.23. 93헌바43).
* 누범을 가중처벌하는 것은 전범에 대한 형벌의 경고적 기능을 무시하고 다시 범죄를 저질렀다는 점에서 사회적 비난가능성이 높고, 누범이 증가하고 있는 추세를 감안하여 범죄예방 및 사회방위의 형사정책적 고려에 기인한 것이어서 합리적 근거 있는 차별이다(헌재 2011.12.29. 2011헌바284).
* 사립학교의 경우에도 국·공립학교와 마찬가지로 학교급식 시설·경비의 원칙적 부담을 학교의 설립경영자로 하는 것은 합리적이라고 할 것이어서, 평등원칙에 위반되지 않는다(헌재 2010.7.29. 2009헌바40).
* 지역구 국회의원선거에서 유효투표수의 100분의 10 이상을 득표한 후보자에게만 선거비용의 전액 혹은 반액을 보전해 주는 것은, 후보자의 난립을 막고 국가 예산을 효율적으로 집행하기 위한 것으로서 위 기준 미만의 후보자는 당선가능성이 거의 없다는 점 등에서 평등권을 침해하지 않는다(헌재 2010.5.27. 2008헌마491).
* 지방자치단체는 기본권의 주체가 될 수 없다는 것이 헌법재판소의 입장이며, 이를 변경해야할 만한 사정이나 필요성이 없으므로 지방자치단체인 춘천시의 헌법소원 청구는 부적법하다(헌재 2006.12.28. 2006헌마312).
* 단독세대주에게만 40제곱미터 이하 주택에 한하여 입주자로 선정 될 수 있도록 제한을 둔 것은 합리적인 이유가 있는 차별이므로 청구인의 평등권이 침해된다고 볼 수 없다(헌재 2010.5.27. 2009헌마338).
* 출생 직후의 자子에게 성姓을 부여할 당시 부父가 이미 사망하였거나 부모가 이혼하여 모母가 단독으로 친권을 행사하고 양육할 것이 예상되는 경우, 혼인 외의 자를 부가 인지하였으나 여전히 모가 단독으로 양육하는 경우 등과 같은 사례에 있어서도 일방적으로 부의 성을 사용할 것을 강제하면서 모의 성의 사용을 허용하지 않고 있는 것은 개인의 존엄과 양성의 평등을 침해한다(헌재 2005.12.22. 2003헌가5·6(병합)).
* 야간에 흉기 기타 위험한 물건을 휴대하여 협박의 죄를 범한 자를 5년 이상의 유기징역에 처하도록 규정한 폭력행위 등 처벌에 관한 법률 제3조 제2항 부분은, 협박의 죄를 범한 자와 행위내용 및 결과불법이 전혀 다른 상해를 가한 자 또는 체포·감금,

갈취한 자를 동일하게 평가하고 있으므로, 형벌 체계상의 균형성을 현저히 상실하여 평등의 원칙에 위배된다(헌재 2004.12.16. 2003헌가12).

* 법원의 재판을 국가인권위원회에의 진정대상에서 제외하는 것은, 법원에 의한 기본권 침해의 가능성이 국회나 행정부에 의한 경우보다 상대적으로 적고, 하급심법원의 재판이 기본권을 침해하는지 여부에 관하여 상급심법원이 다시 심사할 기회가 있다는 점에서, 다른 기관에 의한 기본권 침해의 경우와는 본질적인 차이가 있어 차별을 정당화하므로, 평등의 원칙에 위배된 것이라고 할 수 없다(헌재 2004.8.26. 2002헌마302).
* 사립학교 교원을 근로3권의 행사에 있어서 일반근로자의 경우와 달리 취급하여야 할 합리적인 이유가 있다 할 것이고, 또한 공립학교 교원에게 적용되는 교육공무원법 및 국가 공무원법의 관계규정 보다 반드시 불리한 것으로도 볼 수 없으므로 헌법 제11조 제1항에 정한 평등원칙에 위반되는 것이 아니다(헌재 1991.7.22. 89헌가106).
* 전상군경 등의 보상수급권 발생시기를 보상대상자로 결정·등록된 때로 정하였기 때문에 보상대상인 피해가 발생한 때로 소급하여 보상을 받을 수 없다고 하더라도 평등원칙에 반하지 않는다(헌재 1995.7.21. 93헌가14).
* 1980년 해직공무원의 보상 등에 관한 특별조치법 제4조에서 동법 소정의 해직공무원 중 특별채용대상을 6급 이하의 공무원에 한정시킴으로써 5급이상의 해직공무원을 특별채용대상에서 제외한 것은 공무원 사회의 위계질서와 지휘명령체계를 확립하고 아울러 공직사회의 인적자원의 신진대사와 활성화를 위하여 공익상 부득이한 것이라고 할 것이고, …합리적인 이유가 있는 것으로서 헌법위반이라고까지 단정하기는 어렵다(헌재 1993.9.27. 92헌바21).
* 초·중등학교 교원에 대해서는 교육위원직 겸직을 금지하면서 대학교원에게는 겸직을 허용한다 하더라도 이는 양자 간 직무의 본질이나 내용 그리고 근무태양이 다른 점을 고려할 때 합리적인 차별이라고 할 것이어서 평등권을 침해하는 것이라고 할 수 없다(헌재 1993.7.29. 91헌마69).
* 헌법은 처분적 법률의 제정을 금하는 명문의 규정을 두고 있지 않은 바, 특정규범이 개인대상 또는 개별사건법률에 해당한다고 하여 그것만으로 바로 헌법에 위반되는 것은 아니다(헌재 2005.6.30. 2003헌마841).

제 2 절 자유권적 기본권自由權的 基本權

Ⅰ. 생 명 권生命權

1. 의 의

생명권이란 생명에 대한 모든 형태의 국가적 침해의 배제를 요구할 수 있는 권리로 죽음과 함께 끝이 나며 죽을 권리를 포함하지 않는다. 생명권은 국가를 포함한 타인으로부터 생명을 방어하는 방어권과 국가에 대한 생명보호청구권 및 포기불가성을 내용으로 한다. 이는 인간의 존엄과 가치에서 가장 본질적인 부분으로 모든 기본권의 전제가 되는 권리인 만큼 헌법상 명문 여부를 불문하고 당연히 인정된다.

2. 헌법적 근거

우리 헌법은 생명권에 관한 명문의 규정이 없다. 비록 우리 헌법이 생명권에 대한 권리를 명문으로 규정하고 있지 않지만, 이는 선험적이고 자연법적인 권리로서 헌법에 규정된 모든 기본권의 전제로서 기능하는 기본권 중의 기본권이다(헌재 1996.11.28. 95헌바1). 생명권은 모든 국가권력을 직접 구속하는 효력을 가지고 있을 뿐 아니라 대사인적 효력을 가진다.

3. 법적 성격과 주체

생명권은 대국가적 방어권으로서의 성격과 더불어 생명권을 제3자의 침해로부터 보호하여 줄 것을 요구할 수 있는 보호청구권으로서의 성격을 아울러 가지며, 한편으로는 자유권적 내용(소극적 생명권)과 생존권적 내용(적극적 생명권)을 함께 갖는다. 생명권은 모든 자연인이 주체가 되며, 태아도 생명권의 주체가 된다. 헌법재판소는 태아 성별 고지 금지는 태아의 생명권을 보호하기 위한 것임을 밝힌 바 있다(헌재 2008.7.31. 2004헌마1010).

4. 생명권의 한계와 제한

생명권도 성질상 제한 가능한 기본권이므로 헌법 제37조 제2항에 따라 국가안전보장·질서유지 또는 공공복리를 위하여 제한될 수 있다. 그러나 기본권의 본질적 내용을 침해할 수는 없으므로, 사형제도, 인공임신중절, 안락사 등의 위헌성 여부가 논의된다.

(1) 사형제도死刑制度

(가) 생명권의 제한가능성 여부

생명권을 절대적 기본권으로 보는 견해와 상대적 기본권으로 보는 견해가 대립되고 있으나, 헌법재판소는 사형제도의 위헌소원 사건에서 "생명에 대한 법적 평가가 예외적으로 허용될 수 있다고 할 것이므로, 생명권 역시 헌법 제37조 제2항에 의한 일반적 법률유보의 대상이 될 수밖에 없다 할 것이다"라고 하여 상대적 기본권으로 판시한 바 있다(헌재 1996.11.28. 95헌바1).

(나) 과잉제한 혹은 본질적 내용 침해의 여부

생명권이 상대적 기본권이라면, 사형제도가 헌법 제37조 제2항에 반하여 위헌 여부가 문제된다. ① 대법원은 "여러 사정을 참작하여 죄책이 심히 중대하고 죄형의 균형이나 범죄의 일반 예방적 견지에서도 극형이 불가피하다고 인정되는 경우에 한하여 허용될 수 있다"고 하였고(대판 1992.8.14. 92도1086), ② 헌법재판소도 "헌법상의 비례의 원칙에 반하지 아니한다 할 것이고, 적어도 현행 헌법이 스스로 예상하고 있는 형벌의 한 종류이기도 하므로 아직은 우리의 헌법질서에 반하는 것이라고는 판단되지 아니 한다"고 판시하였다(헌재 1996.11.28. 95헌바1).

⑵ 인공임신중절人工姙娠中絕

㈎ 태아의 생명권과 임신한 여성의 생명권이 충돌하는 경우

현행 모자보건법 제14조 제1항에서는 임신 여성이 우생학적優生學的 또는 유전학적 정신장애나 신체질환이 있는 경우, 전염성 질환이 있는 경우, 보건의학적 이유로 모체의 건강을 심각하게 해치고 있거나 해칠 우려가 있는 경우 등의 경우에는 인공임신중절수술을 허용하고 있다.

㈏ 태아의 생명권과 임신한 여성의 자기결정권이 충돌하는 경우

헌법재판소는 임신한 여성의 자기낙태를 처벌하는 형법 제269조 제1항(자기낙태죄 조항)과 의사가 임신한 여성의 촉탁 또는 승낙을 받아 낙태하게 한 경우를 처벌하는 동법 제270조 제1항(의사낙태죄 조항)에 대해서, 다음의 이유로 헌법불합치 결정을 내렸다.

자기낙태죄 조항은 모자보건법에서 정한 사유에 해당하지 않는다면 결정가능기간 중에 다양하고 광범위한 사회적·경제적 사유를 이유로 낙태갈등 상황을 겪고 있는 경우까지도 예외 없이 전면적·일률적으로 임신의 유지 및 출산을 강제하고, 이를 위반한 경우 형사처벌하고 있다. 자기낙태죄 조항은 필요한 최소한의 정도를 넘어 임신한 여성의 자기결정권을 제한하고 있어 침해의 최소성을 갖추지 못하였고, 태아의 생명 보호라는 공익에 대하여만 일방적이고 절대적인 우위를 부여함으로써 법익균형성의 원칙도 위반하였으므로, 과잉금지원칙을 위반하여 임신한 여성의 자기결정권을 침해한다. 의사낙태죄 조항도 같은 이유에서 위헌이다(헌재 2019.4.11. 2017헌바127).

5. 생명권의 침해에 대한 구제

생명권에 대한 침해행위에 대한 구제방법으로는 공무원이 생명권을 불법적으로 침해한 경우 형사상의 처벌, 국가의 손해배상, 형사보상, 사인이 생명권을 침해한 경우 형사상의 처벌과 민사상의 손해배상책임 등이 있다.

Ⅱ. 신체의 자유身體의 自由

헌법 제12조 ① 모든 국민은 신체의 자유를 가진다. 누구든지 법률에 의하지 아니하고는 체포·구속·압수·수색 또는 심문을 받지 아니하며, 법률과 적법한 절차에 의하지 아니하고는 처벌·보안처분 또는 강제노역을 받지 아니한다.
② 모든 국민은 고문을 받지 아니하며, 형사상 자기에게 불리한 진술을 강요당하지 아니한다.
③ 체포·구속·압수 또는 수색을 할 때에는 적법한 절차에 따라 검사의 신청에 의하여 법관이 발부한 영장을 제시하여야 한다. 다만, 현행범인인 경우와 장기 3년 이상의 형에 해당하는 죄를 범하고 도피 또는 증거인멸의 염려가 있을 때에는 사후에 영장을 청구할 수 있다.
④ 누구든지 체포 또는 구속을 당한 때에는 즉시 변호인의 조력을 받을 권리를 가진다. 다만, 형사피고인이 스스로 변호인을 구할 수 없을 때에는 법률이 정하는 바에 의하여 국가가 변호인을 붙인다.
⑤ 누구든지 체포 또는 구속의 이유와 변호인의 조력을 받을 권리가 있음을 고지 받지 아니하고는 체포 또는 구속을 당하지 아니한다. 체포 또는 구속을 당한 자의 가족 등 법률이 정하는 자에게는 그 이유와 일시·장소가 지체 없이 통지되어야 한다.
⑥ 누구든지 체포 또는 구속을 당한 때에는 적부의 심사를 법원에 청구할 권리를 가진다.
⑦ 피고인의 자백이 고문·폭행·협박·부당한 장기화 또는 기망 기타의 방법에 의하여 자의로 진술된 것이 아니라고 인정될 때 또는 정식재판에 있어서 피고인의 자백이 그에게 불리한 유일한 증거일 때에는 이를 유죄의 증거로 삼거나 이를 이유로 처벌할 수 없다.

헌법 제13조 ① 모든 국민은 행위시의 법률에 의하여 범죄를 구성하지 아니하는 행위로 소추되지 아니하며, 동일한 범죄에 대하여 거듭 처벌받지 아니한다.
② 모든 국민은 소급입법에 의하여 참정권의 제한을 받거나 재산권을 박탈당하지 아니한다.
③ 모든 국민은 자기의 행위가 아닌 친족의 행위로 인하여 불이익한 처우를 받지 아니한다.

1. 의 의

(가) 연 혁

신체의 자유는 법률과 적법절차due process of law에 의하지 아니하고는 신체적 구속을 받지 아니하는 권리를 말한다. 신체의 자유는 정신적 자유와 더불어 헌법이념의 핵심인 인간의 존엄과 가치를 구현하기 위한 가장 기본적인 자유로서 모든 기본권 보장의 전제조건이다(헌재 1992.4.14. 90헌마82). 신체의 자유는 근대헌법이 보장하는 모든 자유의 근간이 되며, 연혁상으로도 다른 기본권에 앞서 가장 먼저 생겼다. 영국의 1215년의 대헌장, 1628년의 권리청원, 1679년의 인신보호법, 1689년의 권리장전, 1776년 미국독립선언, 1789년의 프랑스 인권선언에서도 각각 신체의 자유를 선언하고 있다.

(나) 의 미

신체의 자유란 신체적 거동의 자유로, 적극적으로는 어디든지 원하는 장소로 이동할 수 있는 자유, 즉 현재 있는 장소를 떠나 원하는 어떤 장소든지 방문할 수 있는 자유, 소극적으로는 현재 있는 장소에 머무를 자유, 즉 피하고 싶은 어떤 장소든지 피할 수 있는 자유를 의미한다. 다만, 신체의 자유에 기하여 특정 장소에 출두하거나 머물도록 하는 공권력의 명령을 거부할 수 없다. 예컨대 증인으로 출석하는 것, 행정기관에 신고의 의무를 지우는 것, 교통교양교육에 참여할 의무를 지우는 것 등은 신체의 자유의 침해가 아니다.

(다) 보장의 범위

헌법재판소는 헌법 제12조 제1항 전문에서 "모든 국민은 신체의 자유를 가진다"고 규정하여 신체의 자유를 보장하고 있는 것은, 신체의 안전성이 외부로부터의 물리적인 힘이나 정신적인 위협으로부터 침해당하지 아니할 자유와 신체활동을 임의적이고 자율적으로 할 수 있는 자유를 말하는 것"(헌재 1992.12.24. 92헌가8)이라고 하여, 신체의 자유가 정신적인 위협으로부터 침해당하지 아니할 자유까지도 보장하는 것으로 넓게 이해한다.

신체의 자유의 보장 (헌재 2009.6.25. 2007헌바25)

신체의 안전이 보장되지 아니한 상황에서는 어떠한 자유와 권리도 무의미해질 수밖에 없기 때문에 신체의 자유는 인간의 존엄과 가치를 구현하기 위한 가장 기본적인 최소한의 자유로서 모든 기본권 보장의 전제가 된다. 인간의 자유와 권리의 역사에서 신체의 자유는 주로 통치권력과 지배자의 강압에 의하여 침해받아 왔으므로, 신체의 자유에 대한 보장은 국가공권력으로부터의 보장이 중핵을 이루고 있다.

2. 헌법규정과 내용

(1) 죄형법정주의罪刑法定主義

죄형법정주의란 "법률 없으면 범죄 없다nullum crimen sine lege, 법률 없으면 형벌 없다nulla poena sine lege"는 것으로, 여기에는 ① 형벌법규의 성문법주의, 즉 형법에서 관습법의 배제, ② 형벌법규 불소급, ③ 유추해석금지, ④ 절대적 부정기형 금지 등이 주요 내용을 이룬다(헌재 1997.3.7. 95헌가17).

적법절차의 보장은 고지 · 청문 · 변명 등 방어기회의 제공절차뿐 아니라 일체의 사법절차를 포함하는 개념이다. 적법절차는 처벌 · 보안처분 · 강제노역에 적용됨은 물론, 본인에게 신체적 · 정신적 · 재산적으로 불이익이 되는 일체의 제재에 대하여도 적용되고, 입법 · 행정 · 사법절차에 모두 적용된다(헌재 1992.12.24. 92헌가8).

죄형법정주의의 의의 (헌재 1994.7.29. 93헌가12등)

1) 죄형법정주의는 자유주의, 권력분립, 법치주의 및 국민주권의 원리에 입각한 것으로서 무엇이 범죄이며 그에 대한 형벌이 어떠한 것인가는 반드시 국민의 대표로 구성된 입법부가 제정한 법률로써 정하여야 한다는 원칙을 의미한다.

2) 죄형법정주의의 원칙은 법률이 처벌하고자 하는 행위가 무엇이며 그에 대한 형벌이 어떠한 것인지를 누구나 예견할 수 있고, 그에 따라 자신의 행위를 결정할 수 있게끔 구성요건을 명확하게 규정할 것을 요구한다.

형벌법규의 보장적 기능 (헌재 1995.9.28. 93헌바50)

죄형법정주의는 범죄의 구성요건과 그에 대한 형벌의 내용을 국민의 대표로 구성된 입법부가 성문의 법률로 정하도록 함으로써 국가형벌권의 자의적(恣意的)인 행사로부터 개인의 자유와 권리를 보장하려는 법치국가형법의 기본원칙으로서, 형벌법규의 "보장적 기능"을 수행하는 것이다.

(2) 적법절차의 원칙

헌법 제12조 제1항은 "모든 국민은 신체의 자유를 가진다. 누구든지 법률에 의하지 아니하고는 체포 · 구속 · 압수 · 수색 또는 심문을 받지 아니하며, 법률과 적법한 절차에 의하지 아니하고는 처벌·보안처분 또는 강제노역을 받지 아니한다"고 하여 신체의 자유 일반을 선언함과 아울러 죄형법정주의와 체포·구속 등의 법률주의 및 적법절차를 규정하고 있다.

(가) 개 념

① 의 의

적법절차란 개인의 생명·자유와 재산을 보장하기 위하여 국가권력의 자의적 행사를 금지하는 자유와 정의의 일반원칙으로, 이들 가치를 제한하는 경우에는 적정한 법의 절차를 거치게 함으로써 궁극적으로 인간의 존엄성을 실현하기 위한 법의 지배의 기본원칙을 말한다. 적법절차 원칙은 법치주의의 한 내용이므로 헌법 제12호 제1항은 확인적 의미를 가진다.

② 헌법 제37조 제2항과의 관계

i) 현행 헌법이 명문화하고 있는 적법절차의 원칙은 단순히 입법권의 유보제한이라는 한정적인 의미에 그치는 것이 아니라 모든 국가작용을 지배하는 독자적인 헌법의 기본원리로서 해석되어야 할 원칙이라는 점에서 입법권의 유보적 한계를 선언하는 과잉입법금지의 원칙과는 구별된다(헌재 1992.12.24. 92헌가8).

ii) 적법절차의 원칙은 헌법조항에 규정된 형사절차상의 제한된 범위 내에서만 적용되는 것이 아니라 국가작용으로서 기본권 제한과 관련되든 관련되지 않든 모든 입법작용 및 행정작용에도 광범위하게 적용된다고 해석하여야 할 것이고, 적법절차의 원칙에 입각한 해석원리에 따라 그 적정성과 위헌여부를 판단하여야 한다. 그 다음에는 헌법 제37조 제2항에서 도출되는 비례의 원칙과 과잉입법금지의 원칙이 지켜지고 있는지 여부에 관한 문제로 돌아가 함께 판단해야 한다(헌재 1992.12.24. 92헌가8).

(나) 적법절차適法節次 조항의 법적 성격

헌법재판소는 현행 헌법상 규정된 적법절차의 원칙을 어떻게 해석할 것인가에 대하여 표현의 차이는 있지만 대체적으로 적법절차의 원칙이 독자적인 헌법원리의 하나로 수용되고 있으며 이는 형식적인 절차뿐만 아니라 실질적 의미로 확대해석하고 있다(헌재 1992.12.24. 92헌가8). 즉 헌법상 적법절차의 원칙은 단순히 절차의 적법성뿐만 아니라 절차의 적정성, 나아가 법 그 자체의 합리성과 정당성도 요청한다(헌재 1992.12.24. 92헌가8).

(다) 적법절차의 내용

① '적適'의 의미

여기서 '적'은 '적정한'이라는 의미이다. 적법한 절차는 절차의 적법성만을 의미하는 것이 아니라 절차의 적정성과 정당성까지 요구하는 것이다.

② '법'의 의미

여기서 '법'은 실정법만을 의미하는 것이 아니라 넓은 의미에서의 법규범을 말한다. 형식적 의미의 법률은 물론이고 명령이나 조례 · 규칙 등을 포함한다.

③ '절차'의 의미

여기서 '절차'란 권리의 실질적 내용을 실현하기 위하여 채택하여야 할 수단적 · 기술적 순서나 방법을 말하지만, 고지 · 청문 · 변명 등 방어기회의 제공을 의미한다.

(라) 적법절차의 적용대상

헌법재판소는 적법절차를 신체의 자유에 관계되지 않는 불이익처분, 참정권 등의 경우에까지 확대하여 적용하고 있다. 형사사건으로 공소가 제기된 변호사에 대하여 법무부장관이 일방적으로 그 업무의 정지를 명할 수 있게 규정한 변호사법 제15조에 대하여 "징계절차에 있어서와 같이 당해 변호사가 자기에게 유리한 사실을 진술하거나 필요한 증거를 제출할 수 있는 청문의 기회가 보장되지 아니하며, 이러한 의미에서 적법절차가 존중되지 않았다" 하여 위헌결정을 내렸고(헌재 1990.1.9. 90헌가48), 과다한 고액기탁금과 그 국고귀속을 규정한 국회의원선거법 제33조, 제34조에 대하여 "국민의 정치적 참여를 부당하게 제한하거나 불합리한 선거법을 제정하는 것은 적법절차의 원칙에 반한다"고 판시한 바 있다(헌재 1989.9.8. 88헌가6).

(마) 적법절차의 적용범위

헌법 제12조 제1항 후문과 제3항에 규정된 적법절차의 원칙은 형사절차상의 제한된 범위뿐만 아니라 국가작용으로서 모든 입법 및 행정작용에도 광범위하게 적용된다(헌재 2009.6.25. 2007헌마451).

① **형사절차**刑事節次

적법절차의 원칙은 형사절차에서 특별히 존중되어야 한다. 헌법도 제12조 제1항 제2문 후단에서 형사절차상의 적정을 보호하기 위한 일반적 규정을 두는데 그치지 아니하고, 제12조 제2항 이하에서 개별적 적법절차 조항들까지 규정하고 있다. 헌법재판소는 "중형에 해당하는 사건에 대하여 피고인에게 불출석에 대한 개인적 책임을 전혀 물을 수 없는 경우에까지 궐석재판을 행할 수 있다는 것은 절차의 내용이 심히 적정하지 못하여 적법절차의 원칙에 반한다"고 판시한 바 있다(헌재 1996.1.25. 95헌가5).

② **행정절차**行政節次

처벌이란 본인에게 불이익이 되는 일체의 제재를 의미하고, 행정권력을 적법한 절차의 적용대상에서 제외한다면 헌법상의 기본권 보장은 그 의미가 반감되고 말 것이라는 점에서 행정절차에도 적용되어야 한다. 특히 행정작용에 있어서 절차의 적법성을 보장하기 위하여 행정절차법이 제정되어 있다. 헌법재판소도 "법무부 장관의 일방적 명령에 의하여 변호사 업무를 정지시키는 것은 당해 변호사가 자기에게 유리한 사실을 진술하거나 필요한 증거를 제출할 수 있는 청문의 기회가 보장되지 아니하여 적법절차를 존중하지 아니한 것이 된다"고 판시하여 행정절차에도 적용하고 있다(헌재 1990.11.19. 90헌가48).

③ **입법절차**立法節次

적법절차는 국회의 입법절차에서도 준수되어야 한다. 헌법재판소는 "정치적 타협에 의하여 국민의 정치적 참여를 부당하게 제한하거나 불합리한 선거법을 제정하는 것은 적법절차의 원칙에 반하고, 헌법이 위임한 권한에 벗어나는 것으로 … 적법절차의 원칙에 반하는 입법형성이다"라고 판시하여 이를 분명히 하고 있다

(헌재 1989.9.8. 88헌가6).

④ **보안처분**保安處分

현행 헌법 제12조 제1항에서 보안처분을 적법절차의 적용대상으로 명시하고 있다. 헌법재판소는 "구 사회보호법 제5조 제1항은 전과나 감호처분을 선고받은 사실 등 법정의 요건에 해당되면 재범의 위험성 유무에도 불구하고 반드시 그에 정한 보호감호를 선고하여야 할 의무를 법관에게 부과하고 있으니 헌법 제12조 제1항 후문, 제37조 제2항 및 제27조 제1항에 위반되나, 같은 법 제5조 제2항의 보호감호처분은 재범의 위험성을 보호감호의 요건으로 하고 있고, 감호기간에 관한 7년의 기한은 단순히 집행상의 상한으로 보아야 하므로 헌법 제12조 제1항 후문에 정한 적법절차에 위반되지 아니한다"고 판시한 바 있다(헌재 1989.7.14. 88헌가5).

(바) 적법절차의 침해와 구제

적법절차는 입법·행정·사법 등 모든 국가권력을 구속하므로 국가기관이 적법절차에 위반하여 기본권을 침해할 경우 개인은 구제를 청구할 수 있다. 입법기관에 의한 침해의 경우는 국회가 적법절차에 반하는 법률을 제정할 경우 위헌법률심판이나 헌법소원에 의하여 그 위헌을 주장할 수 있다. 행정기관에 의한 침해의 경우는 행정기관이 적법절차에 반하는 행정처분을 할 경우에는 법원에 행정소송을 제기하여 그 위헌·위법성을 주장할 수 있다. 수사기관에 의한 침해의 경우는 수사기관이 적법절차에 위반하여 구속, 압수, 수색 등 불법수사를 한 경우가 가장 문제인데, 개인은 법원에 준항고準抗告를 제기하거나 헌법소원을 청구할 수 있다. 그리고 이러한 불법수사에 의하여 수집된 증거는 위법수집증거로서 증거능력이 부정된다. 또한 적법절차에 위반한 국가의 행위로 손해를 입은 개인은 국가배상청구를 할 수 있고, 당해 공무원을 직권남용체포·감금(형법 제124조), 가혹행위(형법 제125조) 등으로 고소·고발할 수 있다.

(사) 관련 판례

* 건전한 상식과 통상적인 법감정을 가진 사람은 「군복 및 군용장구의 단속에 관한 법

률」상 판매목적 소지가 금지되는 '유사군복'에 어떠한 물품이 해당하는지 예측할 수 있고, 유사군복을 정의한 조항에서 법 집행자에게 판단을 위한 합리적 기준이 제시되고 있으므로 '유사군복' 부분은 명확성원칙에 위반되지 아니한다(헌재 2019.4.11. 2018헌가14).

* 허가받은 지역 밖에서의 이송업의 영업을 금지하고 처벌하는 「응급의료에 관한 법률」 조항은 영업의 일반적 의미와 위 법률의 관련 규정을 유기적·체계적으로 종합하여 보면 … 처벌행위가 무엇이고 형벌이 어떤 것인지 예견할 수 있으므로 합리적 해석이 가능하므로 명확성원칙에 위배되지 않는다(헌재 2018.2.22. 2016헌바100).
* 선거운동을 위한 호별방문금지 규정에도 불구하고 '관혼상제의 의식이 거행되는 장소와 도로·시장·점포·다방·대합실 기타 다수인이 왕래하는 공개된 장소'에서의 지지 호소를 허용하는 「공직선거법」 조항 중 '기타 다수인이 왕래하는 공개된 장소' 부분은, 해당 장소의 구조와 용도, 외부로부터의 접근성 및 개방성의 정도 등을 종합적으로 고려할 때 '관혼상제의 의식이 거행되는 장소와 도로·시장·점포·다방·대합실'과 유사하거나 이에 준하여 일반인의 자유로운 출입이 가능한 개방된 곳을 의미한다고 충분히 해석할 수 있으므로 명확성원칙에 위반된다고 할 수 없다(헌재 2019.5.30. 2017헌바458).
* 공중도덕상 유해한 업무에 취업시킬 목적으로 근로자를 파견한 사람을 형사처벌하도록 규정한 구 「파견근로자보호 등에 관한 법률」 조항은 그 조항의 입법목적, 위 법률의 체계, 관련조항 등을 모두 종합하여 보더라도 '공중도덕상 유해한 업무'의 내용을 명확히 알 수 없고, 위 조항에 관한 이해관계기관의 확립된 해석기준이 마련되어 있다거나, 법관의 보충적 가치판단을 통한 법문 해석으로 그 의미내용을 확인하기도 어려우므로 명확성원칙에 위배된다(헌재 2016.11.24. 2015헌가23).
* 노역장유치조항의 시행 전에 행해진 범죄행위에 대해서도 공소제기의 시기가 노역장유치조항의 시행 이후이면 이를 적용하도록 하고 있는 부칙조항은 범죄행위 당시 보다 불이익한 법률을 소급하여 적용하도록 하는 것이라고 할 수 있으므로, 헌법상 형벌불소급원칙에 위반된다(헌재 2017.10.26. 2015헌바239).
* 국가기관이 국민과의 관계에서 공권력을 행사함에 있어서 준수해야 할 법원칙으로서 형성된 적법절차의 원칙을 국가기관에 대하여 헌법을 수호하고자 하는 탄핵소추절차에는 직접 적용할 수 없다(헌재 2004.5.14. 2004헌나1).
* 전자우편에 대한 압수수색의 경우에도 급속을 요하는 때에는 이를 참여권자의 통지에 대한 예외사유로 규정하고 있는 이 사건 법률조항이 합리성과 적정성이 없다거나, 피해최소성이나 법익 균형성에 어긋나 과잉금지원칙을 위반한 것이라고 볼 수 없다(헌재 2012.12.27. 2011헌바225).

* 법무부장관이 형사사건으로 공소가 제기된 변호사에 대하여 판결이 확정될 때까지 업무정지를 명하도록 한 변호사법 규정은 적법절차원칙에 위반된다(헌재 1990.11.19. 90헌가48).

* 피치료감호자 측이 신청한 치료감호의 종료청구가 기각될 경우 이에 대한 행정소송이 가능한 점 등을 고려할 때, 이 사건 법률조항이 사회보호위원회에 치료감호의 종료 여부를 결정할 권한을 부여한 것이 적법절차에 위배된다고 할 수 없다(헌재 2005.2.3. 2003헌바1).

* 범죄의 피의자로 입건된 사람이 경찰공무원이나 검사의 신문을 받으면서 자신의 신원을 밝히지 않고 지문채취에 불응하는 경우 그로 하여금 벌금, 과료, 구류의 형사처벌을 받도록 하고 있는 구 경범죄처벌법의 조항은 적법절차원칙에 위배되지 않는다(헌법 2004.9.23. 2002헌가17 · 18(병합)).

* 보안관찰은 신고의무 외에 별다른 의무나 제한을 가하지 않고 최소한의 자유제한적인 의무만을 부과하고 있기 때문에 행정상 의무부과에 가깝다(헌재 1997.11.27. 92헌바28).

* 적법절차의 원칙에 의하여 그 성질상 보안처분의 범주에 드는 모든 처분의 개시 내지 결정에 법관의 판단을 필요로 한다고 단정할 수 없다(헌재 1997.11.27. 92헌바28).

(3) 고문금지拷問禁止와 진술거부권陳述拒否權(묵비권默秘權)

헌법 제12조 제2항은 “모든 국민은 고문을 받지 아니하며, 형사상 자기에게 불리한 진술을 강요당하지 아니한다”고 하여 고문금지와 묵비권의 보장을 규정한다. ‘고문의 금지’는 절대적 금지이므로 어떤 이유로도 허용되지 아니하며, 만일 고문당한 사람이 있다면 국가배상청구를 할 수 있도록 헌법은 이를 인정하고 있다(헌법 제29조 제1항). 형법은 고문을 범죄로 규정하여 형벌적 제재를 가하고 있으며(형법 제125조), 형사소송법도 고문에 의한 자백의 증거능력을 절대적으로 부인하고 있다(형사소송법 제309조).

헌법상 진술거부권의 보호대상이 되는 ‘진술’이란 개인의 생각이나 지식, 경험사실을 정신작용의 일환인 언어를 통하여 표출하는 것을 의미한다. 헌법재판소는 정당의 회계책임자가 불법 정치자금의 수수 내역을 회계장부에 기재한 행위는 당사자가 자신의 경험을 말로 표출한 것의 등가물로 평가될 수 있으므로 진술거부권의 보호대상이 되는 ‘진술’의 범위에 포함된다고 판시하였다(헌재 2005.12.22.

2004헌바25).

진술거부권은 형사절차, 행정절차 또는 국회에서의 질문 등 어디에서나 그 진술이 자기에게 형사상 불리한 경우 이를 강요받지 아니할 국민의 기본권으로 보장된다(헌재 2002.1.31. 2001헌바43).

(4) 영장제도令狀制度

(가) 헌법규정

헌법 제12조 제3항은 "체포·구속·압수 또는 수색을 할 때에는 적법한 절차에 따라 검사의 신청에 의하여 발부한 영장을 제시하여야 한다. 다만, 현행범인 경우와 장기 3년 이상의 형에 해당하는 죄를 범하고 도피 또는 증거인멸의 염려가 있을 때에는 사후에 영장을 청구할 수 있다"고 하여 영장제도와 제12조 제1항의 적법절차를 구체적으로 명시하고 있다.

사전영장주의의 예외로 사후영장청구가 허용되는 경우는 위의 헌법규정 외에 비상계엄의 경우 영장제도에 관하여 특별한 조치(영장제도의 일시 배제)를 할 수 있다.

영장주의 예외 요건 (헌재 2018.4.26. 2015헌바370)

체포영장을 발부받아 피의자를 체포하는 경우에 필요한 때에는 영장 없이 타인의 주거 등 내에서 피의자 수사를 할 수 있다고 규정한 형사소송법 제216조 제1항 제1호 중 '제200조의2' 부분에 대해서는, "수색에 앞서 영장을 발부받기 어려운 긴급한 사정이 인정되지 않는 경우에도 영장 없이 피의자 수색을 할 수 있다는 것이므로, 헌법 제16조의 영장주의 예외 요건을 벗어나는 것으로서 영장주의에 위반된다.

(나) 행정상 즉시강제卽時强制

행정상 즉시강제의 수단으로서 행해지는 수색·압류 등이 동시에 범죄수사로서의 성격을 가지는 경우에는 영장이 필요하나, 행정상 즉시강제가 행정목적의 달성을 위해 불가피하다고 판단될 만한 합리적 이유가 있는 경우에는 영장을 요하지 않는다(헌재 2002.10.31. 2000헌가12).

(다) 수사기관의 피의자에 대한 강제처분强制處分

수사기관의 피의자에 대한 강제처분에 관한 형사소송법 제201조 제1항은 구속영장 재청구에 관련하여 검사로 하여금 판사에게 영장을 청구하도록 하고, 판사가 구체적인 구속사유에 대하여 사전적 심사事前的 審査를 한 다음 그 영장의 발부여부를 결정하도록 규정하고 있기 때문에 형식적으로 '영장주의'에 위배된다고 볼 수 없다(헌재 2003.12.18. 2002헌마593).

(라) 관련 판례

* 행정상 즉시강제는 상대방의 임의이행을 기다릴 시간적 여유가 없을 때 하명 없이 바로 실력을 행사하는 것으로, 그 본질상 급박성을 요건으로 하고 있어 법관의 영장을 기다려서는 그 목적을 달성할 수 없다고 할 것이므로, 원칙적으로 영장주의가 적용되지 않는다(헌재 2002.10.31. 2000헌가12).
* 자료제출요구는 행정조사의 성격을 가지는 것으로 수사기관의 수사와 근본적으로 그 성격을 달리하며, 청구인에 대하여 직접적으로 어떠한 물리적 강제력을 행사하는 강제처분을 수반하는 것이 아니므로 영장주의의 적용대상이 아니다(헌재 2019.9.26. 2016헌바381).
* 체포영장이 발부된 피의자가 타인의 주거 등에 소재할 개연성은 소명되나, 수색에 앞서 영장을 발부받기 어려운 긴급한 사정이 인정되지 않는 경우에도 영장 없이 피의자 수색을 할 수 있다는 것이므로, 헌법 제16조의 영장주의 예외 요건을 벗어나는 것으로서 영장주의에 위반된다(헌재 2018.4.26. 2015헌바370).
* 형벌에 의한 불이익을 부과함으로써 심리적·간접적으로 지문채취를 강요하고 있으므로 피의자가 본인의 판단에 따라 수용여부를 결정한다는 점에서 궁극적으로 당사자의 자발적 협조가 필수적임을 전제로 하므로 물리력을 동원하여 강제로 이루어지는 경우와는 질적으로 차이가 있다. 따라서 이 사건 법률조항에 의한 지문채취의 강요는 영장주의에 의하여야 할 강제처분이라 할 수 없다(헌재 2004.9.23. 2002헌가17등).
* 기지국 수사는 통신비밀보호법이 정한 강제처분에 해당되므로 헌법상 영장주의가 적용된다. 헌법상 영장주의의 본질은 강제처분을 함에 있어 중립적인 법관이 구체적 판단을 거쳐야 한다는 점에 있는바, 이 사건 허가조항은 수사기관이 전기통신사업자에게 통신사실 확인자료 제공을 요청함에 있어 관할 지방법원 또는 지원의 허가를 받도록 규정하고 있으므로 헌법상 영장주의에 위배되지 아니한다. … 과잉금지원칙에 위반되어 개인정보 자기결정권과 통신의 자유를 침해한다(헌재 2018.6.28. 2012헌마538).

* 헌법 제12조 제3항이 정한 영장주의는 수사기관이 강제처분을 함에 있어 중립적 기관인 법원의 허가를 얻어야 함을 의미하는 것이지 법원에 의한 사후 통제까지 마련되어야 함을 의미하는 것은 아니다(헌재 2015.9.24. 2012헌바302).
* 형사재판에 계속 중인 사람에 대하여 법무부 장관이 6개월 이내의 기간을 정하여 출국을 금지할 수 있다고 규정한 「출입국관리법」 조항은 영장주의에 위반되지 아니한다(헌재 2015.9.24. 2012헌바302).
* 체포영장을 발부받아 피의자를 체포하는 경우에 필요한 때에는 영장 없이 타인의 주거 등 내에서 피의자 수사를 할 수 있도록 한 「형사소송법」 조항은 별도로 영장을 발부받기 어려운 긴급한 사정이 있는지 여부를 구별하지 않고 피의자가 소재할 개연성만 소명되면 영장 없이 타인의 주거 등을 수색할 수 있도록 허용하고 있어 헌법 제16조의 영장주의에 위반된다(헌재 2018.4.26. 2015헌바370).
* 수사기관이 공사단체 등에 범죄수사에 관련된 사실을 조회하는 행위는 강제력이 개입되지 아니한 임의수사에 해당하므로, 이에 응하여 이루어진 국민건강보험공단의 개인정보 제공행위에는 영장주의가 적용되지 않는다(헌재 2018.8.30. 2014헌마368).
* 통신사실 확인자료 제공요청은 수사 또는 내사의 대상이 된 가입자 등의 동의나 승낙을 얻지 않고도 공공기관이 아닌 전기통신사업자를 상대로 이루어지는 것으로 「통신비밀보호법」이 정한 수사기관의 강제처분이므로 통신사실 확인자료 제공요청에는 헌법상 영장주의가 적용된다(헌재 2018.6.28. 2012헌마191).
* 헌법 제12조 제3항의 영장주의는 헌법 제12조 제1항의 적법절차원칙에 대한 특별규정에 해당하므로, 헌법재판소가 만약 어떤 법률 규정에 대해 헌법 제12조 제3항의 영장주의의 원칙에 위반된다고 결정한다면 당연히 그 규정은 헌법 제12조 제1항의 적법절차의 원칙에도 위반되는 것으로 보아야 한다(헌재 2003.12.18. 2002헌마593).
* 검사 등의 요청에 따라 교도소장이 접견내용을 녹음한 파일을 제공하는 행위는, 단순히 수사기관이 범죄수사와 공소제기 및 유지에 필요한 경우 소장에게 접견기록물을 제공할 수 있도록 규정한 관계법령에 근거한 것으로서, 직접적으로 물리적 강제력을 행사하는 강제처분을 수반하지 않는 것이기 때문에 영장주의가 적용되지 않는다(헌재 2012.12.27. 2010헌마153).
* 특별검사가 참고인에게 지정된 장소까지 동행할 것을 명령할 수 있게 하고 참고인이 정당한 이유 없이 위 동행명령을 거부한 경우 처벌하는 것은, 실질적으로는 참고인의 신체의 자유를 침해하여 지정된 장소에 인치하는 것으로, 영장주의 원칙에 위반한다(헌재 2008.1.10. 2007헌마1468).
* 지방의회에서 사무감사·조사를 위한 증인의 동행명령장제도는 증인의 신체의 자유를 억압하여 일정 장소로 인치하는 것으로, 법관이 발부한 영장의 제시가 있어야 한

다(대판 1995.6.30. 93추83).

* 헌법 제12조 제3항 중 "검사의 신청"이라는 부분의 취지는 모든 영장의 발부에 검사의 신청이 필요하다는 것이 아니라 수사단계에서 영장의 발부를 신청할 수 있는 자를 검사로 한정한 것으로, 공판단계에서의 영장발부는 헌법 제12조 제3항에 위반되지 아니한다(헌재 1997.3.27. 96헌바28등).
* 구속영장의 재청구에 관하여 '절차적 가중요건'만을 규정하는 정책적 선택을 하였다는 사정만으로 입법형성권을 자의적으로 행사하였다고 할 수는 없다(헌재 2003.12.18. 2002헌마593).

(5) 변호인辯護人의 조력助力을 받을 권리權利

(가) 의 의

헌법 제12조 제4항은 "누구든지 체포 또는 구속을 당한 때에는 즉시 변호인의 조력을 받을 권리를 가진다. 다만, 형사피고인이 스스로 변호인을 구할 수 없을 때에는 법률이 정하는 바에 의하여 국가가 변호인을 붙인다" 하여 변호인의 조력을 받을 권리를 규정하고 있다(헌재 1991.7.8. 89헌마181).

변호인의 조력을 받을 권리란 국가권력의 일방적인 형벌권 행사에 대항하여 자신에게 부여된 헌법상, 소송법상의 권리를 효율적이고 독립적으로 행사하기 위하여 변호인의 도움을 얻을 피의자와 피고인의 권리를 의미한다. 여기서 조력이란 피의자 등에게 수사기관과 대등한 지위를 확보해 줄 정도의 충분하고 실질적인 변호인의 조력이다(헌재 2003.3.27. 2000헌마474). 변호인의 조력을 받을 권리에는 피고인이 변호인을 통하여 수사서류를 열람하고 등사하여 이에 대한 검토 결과를 토대로 공격과 방어를 할 권리를 포함한다(헌재 2010.6.24. 2009헌마257).

구속의 의미와 행정절차상 구속 (헌재 2018.5.31. 2014헌마346)

변호인 조력권의 속성, 헌법이 신체의 자유를 보장하는 취지를 종합하여 보면 헌법 제12조 제4항 본문에 규정된 "구속"은 사법절차에서 이루어진 구속뿐 아니라, 행정절차에서 이루어진 구속까지 포함하는 개념이다. 따라서 헌법 제12조 제4항 본문에 규정된 변호인의 조력을 받을 권리는 행정절차에서 구속을 당한 사람에게도 즉시 보장된다.

(나) 구체적 내용

① **변호인 선임권**選任權과 **접견교통권**接見交通權

변호인선임권은 권리구제의 첫걸음으로 이는 구체적인 입법형성이 없더라도 헌법상 당연히 도출되는 권리이며 법률로도 제한할 수 없다. 또한 변호인과의 자유로운 접견은 변호인의 조력을 받을 권리에 있어서 가장 중요한 내용이 되므로 그 어떠한 명분으로도 제한될 수 없다.

접견교통은 미결수용자의 심리적 압박감이 배제되거나 최소한인 상태에서 이루어져야 하는 것이고, 교도관이 변호인 접견에 가시可視거리를 넘어 가청可聽거리에까지 참여하는 것은 위헌이다(헌재 1992.1.28. 91헌마111). 구속된 피의자 등에 대한 접견교통권은 변호인의 조력을 받을 권리에서, 일반인과의 면회 등은 일반적 행동자유권에서 그 근거가 도출된다(헌재 2003.11.27. 2002헌마193).

국제공항 송환대기실 수용과 변호인 접견권 (헌재 2018.5.31. 2014헌마346)

인천국제공항 송환대기실은 출입문이 철문으로 되어 있는 폐쇄된 공간이고, … 변호인 접견신청 거부 당시 약 5개월째 송환대기실에 수용되어 있었고 … 변호인 접견신청 거부는 현행법상 아무런 법률상 근거가 없이 청구인의 변호인의 조력을 받을 권리를 제한한 것이므로, 청구인의 변호인의 조력을 받을 권리를 침해한 것이다.

② **국선변호인제도**國選辯護人制度

국선변호인이란 피고인의 이익을 위하여 법원이 직권으로 선임하는 변호인을 의미한다. 법원은 피고인이 빈곤 그 밖의 사유로 변호인을 선임할 수 없는 경우에 피고인의 청구가 있는 때에는 국선변호인을 선정하여야 한다. 형사소송법상 법원이 직권으로 변호인을 선임하여야 하는 경우는 ① 피고인이 구속된 때, ② 피고인이 미성년자인 때, ③ 피고인이 70세 이상인 때, ④ 피고인이 농아자인 때, ⑤ 피고인이 심신장애의 의심이 있는 때, ⑥ 피고인이 사형, 무기 또는 단기 3년 이상의 징역이나 금고에 해당하는 사건으로 기소된 때이다(형사소송법 제33조).

또한 사형·무기 또는 단기 3년 이상의 징역이나 금고에 해당하는 사건에서 변호인이 없는 때(동법 제282, 제283조)와 체포·구속적부심사에 있어 체포·구속된 피의자에게 변호인이 없는 때(동법 제214조의2 제9항)에도 법원이 직권으로 변호인을 선임하여야 한다. 형사소송법상 피의자에 대해서는 동법 제214조의2 제10항에 의해 체포·구속적부 심사의 경우를 제외하고는 규정이 없다. 입법론으로 수사단계에 있는 피의자에게도 국선변호인의 조력을 받을 권리가 인정되도록 하여야 한다.

③ 변호인의 피구속자를 조력할 권리

변호인의 조력을 받을 권리에서 '변호인의 조력'이란 '변호인의 충분한 조력'을 의미한다. 즉 피구속자를 '조력할' 변호인의 권리가 보장되어야 한다. '조력을 받을 피구속자의 기본권'과 표리의 관계에 있기 때문에 변호인의 조력할 권리 역시 헌법상의 기본권으로서 보호되어야 함을 의미한다.

대표적 예로, 고소로 시작된 형사피의사건의 구속적부심절차에서 피구속자의 변호를 맡은 변호인으로서는 피구속자에 대한 고소장과 경찰의 피의자신문조서를 열람하여 그 내용을 제대로 파악하지 못한다면 피구속자가 무슨 혐의로 고소인의 공격을 받고 있는 것인지 그리고 이와 관련하여 피구속자가 수사기관에서 무엇이라고 진술하였는지 그리고 어느 점에서 수사기관 등이 구속사유가 있다고 보았는지 등을 제대로 파악할 수 없게 된다.

헌법재판소는 "구속적부심절차에서 피구속자를 충분히 조력하기 위하여 변호인인 청구인에게 서류열람은 반드시 보장되지 않으면 안 되는 핵심적 권리로서 변호인의 기본권에 속한다."고 하여 '변호인의 조력'은 '변호인의 충분한 조력'을 의미하는 것을 판시하고 있다(헌재 2003.3.27. 2000헌마474).

(다) 관련 판례

* 변호인이 피의자신문에 자유롭게 참여할 수 있는 권리는 피의자가 가지는 변호인의 조력을 받을 권리를 실현하는 수단이라고 할 수 있어 헌법상 기본권인 변호인의 변호권으로 보호되어야 하므로, 피의자신문 시 변호인에 대한 수사기관의 후방착석요구행위는 헌법상 기본권인 변호인의 변호권을 침해한다(헌재 2017.11.30. 2016헌마503).
* 미결수용자는 헌법 제12조 제4항의 변호인의 조력을 받을 권리를 가지나, 형사절차가 종료되어 교정시설에 수용중인 수형자는 원칙적으로 변호인의 조력을 받을 권리의 주체가 될 수 없다(헌재 1998.8.27. 96헌마398).

* 헌법 제12조 제4항 단서의 "… 다만, 형사피고인이 스스로 변호인을 구할 수 없을 때에는 법률이 정하는 바에 의하여 국가가 변호인을 붙인다."는 규정은, 일반적으로 형사사건에 있어 변호인의 조력을 받을 권리는 피의자나 피고인을 불문하고 보장되나, 국선변호인의 조력을 받을 권리는 피고인에게만 인정되는 것으로 해석함이 상당하다(헌재 2008.9.25. 2007헌마1126).
* 신체구속을 당한 사람의 변호인과의 접견교통권은 그 인권보장과 방어준비를 위하여 필수불가결한 권리이므로 법령에 의한 제한이 없는 한 어떠한 명분으로도 제한될 수 있는 성질의 것이 아님은 물론, 수사기관의 처분이나 법원의 결정으로도 이를 제한할 수 없는 것이다(대법원 2003.11.11. 2003모402).
* 피고인이나 피의자의 인권을 보장하려는데 그 제도의 취지가 있는 점에 비추어 보면, 형사절차가 종료되어 교정시설에 수용중인 수형자는 원칙적으로 변호인의 조력을 받을 권리의 주체가 될 수 없다. 다만, 수형자의 경우에도 재심절차 등에는 변호인 선임을 위한 일반적인 교통·통신이 보장될 수 있다(헌재 1998.8.27. 96헌마398).

(6) 구속이유 고지제도拘束理由 告知制度(미란다원칙)

헌법 제12조 제5항은 "…체포 또는 구속을 당한 자의 가족 등 법률이 정하는 자에게는 그 이유와 일시·장소가 지체없이 통지되어야 한다"고 하여 체포 또는 구속의 이유 등을 고지받을 권리를 규정하고 있다.

법률이 정한 자란 변호인이 있는 때에는 변호인, 변호인이 없는 때에는 피고인 또는 피의자의 법정대리인, 배우자, 직계친족, 형제자매 중 피고인이 지정한 자를 말한다(형사소송법 제87조). 고지와 통지는 지체없이 하여야 하며, 통지는 서면으로 하여야 한다(동법 동조 제2항).

미란다원칙 (Miranda v. Arizona, 384 U.S. 436(1966))

미란다원칙이란 피의자를 심문하기 전에 피의자가 진술거부권을 가지고 있다는 사실, 피의자의 진술이 그에게 불리한 증거로 사용될 수 있다는 사실, 피의자가 변호인의 도움을 받을 수 있다는 사실을 고지하여야 한다는 것이다.

(7) 체포 · 구속적부심사제도逮捕 · 拘束適否審査制度

(가) 의 의

헌법 제12조 제6항은 "누구든지 체포 또는 구속을 당한 때에는 적부의 심사를 법원에 청구할 권리를 가진다"고 하여 체포 · 구속적부심사제도를 규정하고 있다. 이는 체포 · 구속이 적법하지 않거나 체포 · 구속사유가 부당한 경우를 구제하기 위한 제도로서 법관이 발부한 영장에 대한 재심절차라고 할 수 있다. 제헌헌법에서 규정되었으나 제7차 개정헌법에서 삭제되었고, 제8차 개정헌법에서 법률유보조항을 두고 부활되었으며, 현행 헌법에서는 법률유보조항도 삭제되었다.

(나) 내 용

① 구속적부심사청구권의 주체

청구인은 체포 · 구속을 당한 모든 국민(피고인은 제외)과 그 변호인, 법정대리인, 배우자, 직계친족, 형제자매나 동거인 또는 고용인이며, 따라서 형사소송법 제214조의2 제1항에 규정된 청구권자 외에 긴급체포 등 체포영장에 의하지 아니하고 체포된 피의자의 경우도 포함된다(대판 1997.8.27. 97모21).

구속적부심사청구권의 주체 (대판 1997.8.27. 97모21)

헌법은 구속적부심사청구권의 주체를 '누구든지'라고 규정하여 헌법상 제한을 두고 있지 않으나 형사소송법 제214조의2 제1항에서는 규정상 체포영장 또는 구속영장에 의하여 체포 구속된 피의자로 제한하고 있다.

심사청구는 모든 범죄에 대하여 할 수 있고, 법원의 구속적부심사의 결정에 대해서는 검사나 피의자 모두 항고할 수 없다. 결정은 청구를 기각하거나 구속된 피의자의 석방을 명하여야 하는 것으로 여기에는 구속영장을 발부한 법관은 관여할 수 없다. 이는 형사소송법 제17조 제7호의 법관이 전심재판이나 그 기초가 되는 조사심리에 관여한 때에 해당되어 공정한 재판을 위한 제척사유로 작용하기 때문이다. 다만, 대법원은 전심재판의 의미를 심급을 달리하는 재판으로 보아 구속영장을 발부한 법관은 이른바 전심재판 또는 그 기초되는 조사심리에 관여한 법관이라고 볼 수 없다고 판시한 바 있다(대판 1969.7.22. 68도817).

② 폐해와 신설규정

피의자가 적부심사를 청구하면 검사가 전격기소하여 피고인의 지위로 만들어 법원이 청구를 기각하게 만들던 폐해가 있었던바, 헌법재판소는 "기소이전단계에서 이미 행사된 적부심사청구권의 당부에 대하여 법원으로부터 실질적인 심사를 받을 수 있는 청구인의 절차적 기회를 완전히 박탈하여야 하는 합리적인 근거도 없기 때문에, 입법자는 그 한도 내에서 적부심사청구권의 본질적 내용을 제대로 구현하지 아니하였다"고 판시하였고(헌재 2004.3.25. 2002헌바104), 이후 "심사청구 후 피의자에 대하여 공소제기가 있는 경우에도 또한 같다"는 부분을 신설하여 개선하였다.

(다) 관련 판례

* 체포·구속적부심사청구권은 원칙적으로 국가기관 등에 대하여 특정한 행위를 요구하거나 국가의 보호를 요구하는 절차적 기본권이기 때문에, 본질적으로 강한 제도적 보장의 성격을 지니며, 상대적으로 광범위한 입법형성권이 인정된다(헌재 2004.3.25. 2002헌바104).

⑻ 기타 신체의 자유보장을 위한 헌법규정

(가) 형사피고인刑事被告人의 무죄추정권無罪推定權

① 의 의

헌법 제27조 제4항은 "형사피고인은 유죄의 판결이 확정될 때까지는 무죄로 추정된다"고 하여 무죄추정의 원칙을 규정하고 있다. 이는 죄의 유무가 법원의 판결에 의해 확정되기도 전에 수사·공판과정에서 유죄로 보도 또는 취급되어 명예가 훼손되거나 신체의 자유가 침해되는 것을 방지하고 또한 미결수와 기결수를 구분하여 처우하기 위한 것이다. 무죄의 추정은 법치국가의 일반원칙에 해당하고, 헌법상의 원리 또는 원칙이다. 그리고 이 무죄추정원칙으로부터 무죄추정을 받을 권리가 기본권으로 도출된다.

② 범 위

㉮ 주관적 · 객관적 범위

주관적 범위로 헌법은 '형사피고인'만을 규정하고 있는데 여기에는 당연히 '형사피의자'도 포함된다(헌재 1992.1.28. 91헌마111). 객관적 범위로 무죄추정의 원칙은 공판절차에만 적용되는 것이 아니라 수사절차 등 형사절차 전 과정과 기타 기본권 제한과 같은 불이익처분에도 적용된다. 다만, 행정소송에 관한 판결이 확정되기 전에 과징금부과 등 행정청의 제재처분에 대하여 공정력과 집행력을 인정하는 것은 무죄추정의 원칙에 위반되지 않는다(헌재 2003.7.24. 2001헌가25).

㉯ 시간적 범위

시간적 범위는 유죄판결이 확정되기 전까지이다. 공소제기가 된 피고인이라도 유죄의 확정판결이 있기까지는 원칙적으로 죄가 없는 자에 준하여 취급하여야 하고 불이익을 입혀서는 안 된다. 여기의 불이익에는 형사절차상의 처분에 의한 불이익뿐만 아니라 그 밖의 기본권 제한과 같은 처분에 의한 불이익도 입어서는 안 된다는 의미도 포함된다(헌재 1990.11.19. 90헌가48). 유죄판결이 확정되는 경우는 대법원의 판결선고, 상소기간의 도과, 상소권의 포기나 상소의 취하에 의해 이루어진다.

③ 관련 판례

* 미결구금은 도망이나 증거인멸을 방지하여 수사, 재판 또는 형의 집행을 원활하게 진행시키기 위하여 무죄추정 원칙에도 불구하고 불가피하게 피의자 또는 피고인을 일정 기간 일정시설에 구금하여 그 자유를 박탈하게 하는 재판확정 전의 강제처분이므로 성질상 그 기간을 형기에 당연히 산입하여야 한다(헌재 2009.6.25. 2007헌바25).
* 지방자치단체의 장이 '공소가 제기된 후 구금상태에 있는 경우'에 지방자치단체의 부단체장이 그 권한을 대행하도록 한 규정은, …자치단체행정의 원활하고 계속적인 운영에 위험이 발생할 것이 명백하여 이를 미연에 방지하기 위하여 직무를 정지시키는 것이므로, 무죄추정의 원칙에 위반되지 않는다(헌재 2011.4.28. 2010헌마474).
* 법관으로 하여금 미결구금일수를 형기에 산입하되, 그 산입범위는 재량에 의하여 결정하도록 하는 형법규정은 헌법상 무죄추정의 원칙 및 적법절차의 원칙 등을 위배하여 신체의 자유를 침해한다(헌재 2009.6.25. 2007헌바25).
* 수사와 재판은 불구속수사와 불구속재판을 원칙으로 하고 예외적으로 도피 또는 증

거인멸의 우려가 있을 때에 한하여 구속수사 또는 구속재판을 해야 한다는 해석은 무죄추정의 원칙에 그 근거를 두고 있다(헌재 1992.1.28. 91헌마111).

* 수사 및 재판단계에서 유죄가 확정되지 아니한 미결수용자로 하여금 수용시설 밖에서 재소자용 의류를 입게 하는 것은 도주 방지 등 어떠한 이유를 내세우더라도 무죄추정의 원칙에 위배된다(헌재 1999.5.27. 97헌마137, 98헌마5(병합)).
* 형사사건으로 공소가 제기되었다는 이유만으로 변호사에 대하여 업무정지명령을 내리거나 공무원에 대하여 직위해제처분을 하도록 한다면 무죄추정의 원칙에 위배된다(헌재 1998.5.28. 96헌가12).

(나) 신속한 공개재판을 받을 권리

① 의 의

헌법 제27조 제3항은 “모든 국민은 신속한 재판을 받을 권리를 가진다. 형사피고인은 상당한 이유가 없는 한 지체 없이 공개재판을 받을 권리를 가진다”고 하여 신속한 공개재판을 받을 권리를 규정하고 있다. 재판의 공정과 정당성을 확보하고 신체의 자유에 대한 부당한 제한을 방지하기 위해서는 신속하고 공개된 재판이 이루어지는 것이 필수적이므로 헌법은 이를 명시적으로 정하고 있다.

② 내 용

“신속한 재판”이란 정당한 이유 없이 재판이 장기화되는 것을 금지하는 것이며, 공개된 재판이란 사건당사자와 관련된 이외의 자에게 재판의 방청을 허용하는 것이다. 다만 공개재판은 모든 경우에 인정되는 것은 아니고 헌법 제109조에 따라 국가의 안전보장 또는 안녕질서를 방해하거나 선량한 풍속을 해할 우려가 있을 때에는 법원의 결정으로 심리를 공개하지 아니 할 수 있고, 성폭력범죄의 처벌 및 피해자 보호 등에 관한 법률에 따라 피해자의 사생활을 보호하기 위해서 결정으로 심리를 공개하지 않을 수 있다. 그러나 공개금지는 심리에 대해서만 가능하므로 판결의 선고는 반드시 공개법정에서 하여야 한다.

(다) 형사보상청구권刑事補償請求權

헌법 제28조는 “형사피의자 또는 형사피고인으로서 구금되었던 자가 법률이 정하는 불기소처분을 받거나 무죄판결을 받은 때에는 법률이 정하는 바에 의하여 국가에 정당한 배상을 청구할 수 있다"고 규정하고 있다. 이 권리는 무과실손실보상의 성격을 가지며, 인신의 구속에 따른 손실의 발생에 대하여 결과책임을 인정한 것이다.

(라) 일사부재리 원칙一事不再理 原則

① 의 의

어떤 사건에 대하여 유죄 또는 무죄의 실체적 판결이 확정되었을 경우, 그 기판력에 의하여 동일한 사건을 거듭 심판할 수 없다는 원칙으로 우리 헌법 제13조 제1항 후문의 "동일한 범죄에 대하여 거듭 처벌받지 아니한다"는 규정이 이에 해당한다. 일사부재리의 원칙과 유사한 것으로 영미법상의 이중위험금지의 원칙(절차가 일정단계에 이르면 동일절차를 반복할 수 없다는 절차법상의 원칙)이 있다.

② 내 용

헌법 제13조 제1항 후문의 동일한 범죄의 의미에 대해서 살펴보면, 소송법상 기본적 사실관계가 동일한 경우에 동일한 범죄로 보아 일사부재리의 효력을 받는다고 본다. 기본적 사실관계가 동일하다는 의미는 사회적인 사실관계가 동일한가이며 이는 규범적인 요소를 배제한 것으로 범죄의 일시나 장소가 다소 다르다 할지라도 기본적인 점에서 동일하면 동일성이 긍정된다.

③ 일사부재리의 원칙이 문제되는 경우

형벌과 보안처분을 병과하는 것에 대해서 보안처분은 그 본질, 추구하는 목적 및 기능에 있어 형벌과는 다른 독자적인 의의를 가진 사회보호적인 처분이라는 이유로 일사부재리 원칙에 어긋나지 않는다(헌재 1997.11.27. 92헌바28). 보호감호처분과 병과하는 것에 대해서 필요적으로 보호감호를 규정한 것은 위헌이지만, 임의적인 병과는 합헌이다(헌재 1989.7.14. 89헌가44).

(마) 연좌제 금지連坐制 禁止

헌법 제13조 제3항은 "모든 국민은 자기의 행위가 아닌 친족의 행위로 인하여 불이익한 처우를 받지 아니한다"고 하여 연좌제 금지를 규정한다. 형사책임 개별화 원칙을 구현하기 위한 것으로 제8차 개정헌법에 최초로 명문화되었다.

헌법은 '친족의 행위'라고 규정하고 있으나 친족 이외의 타인의 행위로 인한 불이익한 처우도 당연히 금지된다. '불이익'이란 형사상의 제재는 물론이고, 행정상으로 또한 신분적으로 가해지는 국가기관에 의한 모든 불이익이 포함된다.

헌법상 자기책임의 원리 (헌재 2004.6.24. 2002헌가27)

자기책임의 원리는 헌법 제10조로부터 파생되는 자기결정권의 한계논리로서 책임부담의 근거로 기능하는 동시에 자기가 결정하지 않은 것이나 결정할 수 없는 것에 대하여는 책임을 지지 않고 …헌법 제13조 제3항은 그 한 표현에 해당하는 것으로서 자기책임의 원리에 반하는 제재는 그 자체로서 헌법에 위반된다.

(바) 자백自白의 증거능력證據能力 제한

우리 헌법 제12조 제7항은 "피고인의 자백이 고문 · 폭행 · 협박 · 구속의 부당한 장기화 또는 기망欺罔 기타의 방법에 의하여 자의로 진술된 것이 아니라고 인정될 때 또는 정식재판에 있어서 피고인의 자백이 그에게 불리한 유일한 증거일 때에는 이를 유죄의 증거로 삼거나 이를 이유로 처벌할 수 없다"고 규정하여 자백의 증거능력을 제한하고 있다.

자백의 경우 그 자백이 임의성이 있어 유죄의 증거로 삼을 만한 심증을 얻었다 할지라도 그 자백이 유일한 증거일 때에는 그 자백만 가지고는 유죄의 판결을 할 수 없고, 이를 보강할 만한 다른 증거 즉, 보강증거補强證據가 있어야만 유죄판결을 할 수 있다. 다만, 자백의 증명력 제한은 정식재판의 경우에만 인정되므로 즉결심판과 같은 약식재판에서는 자백만으로도 유죄선고를 할 수 있다(즉결심판에 관한 절차법 제10조).

3. 신체의 자유의 한계와 제한

신체의 자유는 절대적, 무제한으로 보장되지는 않는다. 이는 타인의 권리를 침해하거나 도덕률에 위반하거나 헌법질서에 위배될 수 없기 때문이다.

국가안전보장, 질서유지 또는 공공복리를 위하여 필요한 경우에는 법률에 따라 제한할 수 있다. 제한하는 경우에도 신체의 자유의 본질적 내용은 침해할 수 없다. 즉 기본권 제한의 일반원칙인 보충성의 원칙, 최소침해의 원칙, 비례의 원칙 등을 준수하여야 한다.

Ⅲ. 사생활私生活에 관한 자유권自由權

사생활을 보호받지 않고서는 인간의 존엄성 존중은 기대할 수 없다. 우리 헌법은 사생활에 관한 자유를 보호하기 위해서 주거의 자유(제16조), 사생활의 비밀과 자유(제17조), 통신의 자유(제18조)를 규정하고 있다.

1. 주거住居의 자유

헌법 제16조 모든 국민은 주거의 자유를 침해받지 아니한다. 주거에 대한 압수나 수색을 할 때에는 검사의 신청에 의하여 법관이 발부한 영장을 제시하여야 한다.

(1) 의의와 성격

헌법 제16조는 주거의 불가침과 주거에 대한 압수·수색의 영장주의를 규정하고 있다. 주거는 개인의 사생활의 공간으로서, 그 보호는 개인의 사생활의 기본적 보호를 의미하며, 그 침해는 또한 인격의 침해를 의미한다. 주거의 불가침이란 자신의 주거를 공권력 또는 제3자로부터 침해당하지 않는 것을 말한다. 주거의 자유는 인간의 자유로 모든 국민과 외국인이 주체가 된다. 법인은 성질상 주체가 될 수 없으며, 회사·학교 등에서 주거의 자유의 주체는 원칙적으로 생활공간의 장(사장, 공장장, 교장)이 된다. 주택·호텔객실의 경우에는 소유자가 아니라 현실적인 거주자(입주자, 투숙객)가 주체가 된다.

(2) 내 용

"주거住居"란 현재의 거주 여하를 불문하고 사람이 거주하기 위하여 점유하고 있는 일체의 시설물을 말하므로 호텔이나 기숙사의 방, 한 가옥 내의 부분장소(화

장실 · 지하실 등), 기거용 이동차량 등도 주거에 해당된다.

"침해"란 거주자의 승낙 없이 또는 그 의사에 반하여 주거에 들어가는 것을 말하며, 주거 내의 도청시설도 주거침해가 된다고 할 것이다.

(3) 영장주의令狀主義

주거에 대한 압수 · 수색에는 영장이 있어야 한다. 다만, 현행범인을 체포하거나 긴급구속을 할 때에는 합리적인 범위 내에서 영장없이 주거에 대한 압수 · 수색을 할 수 있다. 순수한 행정목적상 주거방문의 경우(전염병예방, 화재진화작업, 인구조사 등)에는 영장이 필요 없다. 즉 행정상 즉시강제의 경우 순수한 행정상 목적을 위한 경우에는 영장을 요하지 않는다. 다만, 긴급을 요하는 경우(불법게임물 수거 등)에는 영장을 요한다(헌재 2002.10.31. 2000헌가12). 주거의 자유도 헌법 제37조 제2항에 의하여 필요한 경우에 한하여 법률로 제한할 수 있다(형사소송법, 경찰관직무집행법, 소방법, 전염병예방법, 마약법, 우편법, 국세징수법, 자연재해대책법 등).

2. 사생활의 비밀과 자유私生活의 秘密과 自由

> **헌법 제17조** 모든 국민은 사생활의 비밀과 자유를 침해받지 아니한다.

(1) 사생활의 비밀과 자유의 보호영역

'사생활의 비밀'은 사생활과 관련된 사사로운 자신만의 영역이 본인의 의사에 반해서 타인에게 알려지지 않도록 할 수 있는 권리이며, '사생활의 자유'는 사회공동체의 일반적인 생활규범의 범위 내에서 사생활을 자유롭게 형성해 나가고 그 설계 및 내용에 대해서 외부로부터의 간섭을 받지 아니할 권리를 의미한다(헌재 2001.8.30. 99헌바92 등 참조). 즉 '사생활의 비밀'은 사생활정보 보호에 관한 것이고 궁극적으로 사생활정보에 관한 자기결정권의 문제인 반면, '사생활의 자유'란 개인의 자율적인 사생활형성에 대한 국가의 간섭과 방해를 막고자 하는 것으로 사생활형성에 관한 자기결정권이다.

이러한 사생활의 비밀과 자유는 사생활의 내용을 공개당하지 아니하고, 사생활의 자유로운 형성과 전개를 방해받지 아니하며, 자신에 대한 정보를 관리・통제할 수 있는 권리를 의미이다. 즉 헌법 제17조가 보호하고자 하는 기본권은 '사생활영역'의 자유로운 형성과 비밀유지라고 할 것이며, 공적인 영역의 활동은 다른 기본권에 의한 보호는 별론으로 하고 사생활의 비밀과 자유의 보호영역이 아니다(헌재 2003.10.30. 2002헌마518). 즉 인터넷언론사의 공개된 게시판・대화방에서 스스로의 의사에 의하여 정당・후보자에 대한 지지・반대의 글을 게시하는 행위가 양심의 자유나 사생활 비밀의 자유에 의하여 보호되는 영역이라고 할 수 없다(헌재 2010.2.25. 2008헌마324).

⑵ 내 용

(가) 사생활 비밀의 불가침

사생활 비밀의 불가침은 사적 사항, 명예나 신용, 인격적 징표가 도청, 비밀녹음, 초상도용 등으로 사생활이 본인의 의사에 반하여 파악되는 것과 파악된 사생활의 내용이 공개되는 것을 금지하는 것을 포함한다.

(나) 사생활의 자유의 불가침

사생활의 자유에 대한 불가침은 평온한 사생활의 유지, 자신이 원하는 방향으로 사생활을 적극적으로 형성하고 전개하는 것, 사생활의 자율성을 방해 또는 간섭받지 않을 것 등을 포함한다.

(다) 개인정보 자기결정권個人情報 自己決定權

① 의 의

개인정보 자기결정권은 자신에 관한 정보가 언제 누구에게 어느 범위까지 알려지고 또 이용되도록 할 것인지를 그 정보 주체가 스스로 결정할 수 있는 권리이다. 즉 정보 주체가 개인정보의 공개와 이용에 관하여 스스로 결정할 권리를 말한다. 정보 주체가 개인정보의 공개와 이용에 관하여 스스로 결정할 권리인 개인정보 자기결정권은 새로운 독자적 기본권으로서 헌법에 명시되지 않은 기본권이다(헌재 2005.5.26. 99헌마513, 2004헌마190(병합)).

② 보호대상

개인정보 자기결정권의 보호대상이 되는 개인정보는 개인의 신체, 신념, 사회적 지위, 신분 등과 같이 개인의 인격 주체성을 특징짓는 사항으로서 그 개인의 동일성을 식별할 수 있게 하는 일체의 정보라고 할 수 있고, 반드시 개인의 내밀한 영역이나 사사私事 의 영역에 속하는 정보에 국한되지 않고 공적 생활에서 형성되었거나 이미 공개된 개인정보까지 포함한다. 또한 그러한 개인정보를 대상으로 한 조사·수집·보관·처리·이용 등의 행위는 모두 원칙적으로 개인정보 자기결정권에 대한 제한에 해당한다(헌재 2005.5.26. 99헌마513 등).

③ 개인정보 자기결정권의 근거

정보화 사회가 급속히 진행되면서 각 개인의 사생활은 공간적으로나 내용적으로 중대한 위기를 맞이하게 되었고, 이러한 배경에서 대다수 국가에서 사생활을 보호하기에 이르렀다. 사생활의 비밀과 자유에 관한 헌법규정은 오늘날 고도로 정보화된 현대사회에서 자신에 대한 정보를 자율적으로 통제할 수 있는 적극적인 권리까지 보장하려는 데 그 취지가 있다. 이는 개인정보자기결정권의 근거가 된다.

④ 관련 판례

* 개인별로 주민등록번호를 부여하면서 주민등록번호 변경에 관한 규정을 두고 있지 않은 주민등록법은 주민등록번호 유출 또는 오·남용으로 인하여 발생할 수 있는 피해 등에 대한 아무런 고려 없이 주민등록번호 변경을 일체 허용하지 않는 것은 그 자체로 개인정보자기결정권에 대한 과도한 침해가 될 수 있다(헌재 2015.12.23. 2013헌바68 등).
* 인터넷게시판 이용자로 하여금 본인확인절차를 거쳐야만 게시판을 이용할 수 있도록 한 구 「정보통신망 이용촉진 및 정보보호 등에 관한 법률」 조항은 인터넷게시판 이용자의 개인정보 자기결정권을 침해한다고 할 것이다(헌재 2012.8.23. 2010헌마47).
* 개인정보 자기결정권의 보호대상이 되는 개인정보는 개인의 신체, 신념, 사회적 지위, 신분 등과 같이 개인의 인격 주체성을 특징짓는 사항으로서 그 개인의 동일성을 식별할 수 있게 하는 일체의 정보라고 할 수 있고, 반드시 개인의 내밀한 영역이나 사사私事의 영역에 속하는 정보에 국한되지 않고 공적 생활에서 형성되었거나 이미 공개된 개인정보까지 포함한다(헌재 2005.5.26. 99헌마513).

⑶ 제한과 한계

사생활의 비밀과 자유는 헌법 제37조 제2항에 의거 필요한 경우에는 법률로써 제한할 수 있다. 또한 법률대위명령인 대통령의 긴급명령에 의해서도 잠정적으로 그 효력이 정지될 수 있다. 다만, 공익과 사생활의 비밀·자유의 법익을 형량하여 결정하지 않으면 안 된다.

⑷ 침해와 구제

입법기관의 위헌적인 법률제정으로 사생활의 비밀과 자유가 침해된 경우에는 청원·위헌법률심사·헌법소원 등을 통하여 구제받을 수 있으며, 행정기관의 불법적인 가택 침입·도청·감시 등은 징계·형사처벌·손해배상 등을 통하여 구제받을 수 있다. 사법기관에 의한 침해와 구제는 상소·재심청구 등을 통하여 구제받을 수 있다. 사인에 의하여 침해된 경우에는 원인배제청구·손해배상청구·위자료청구·정정보도청구 등으로 구제받을 수 있으며, 사인 간의 합의·협정에 의하여 침해된 경우에는 그 무효를 주장할 수 있고, 언론기관에 의하여 침해된 경우에는 피해배상·원인배제의 청구 및 형사처벌을 요구할 수도 있으며, 정기간행물과 방송이 공표한 사실적 주장으로 인하여 침해된 경우에는 정정보도의 게재 또는 정정방송의 청구를 통하여 구제받을 수 있다.

⑸ 관련 판례

* '전자발찌'로 불리는 '위치추적 전자장치'의 부착명령을 규정한 구 「특정 범죄자에 대한 위치추적 전자장치 부착 등에 관한 법률」 조항은 피부착자의 개인정보 자기결정권을 제한할 뿐만 아니라, 피부착자의 위치와 이동경로를 실시간으로 파악하여 24시간 감시할 수 있도록 하고 있으므로 피부착자의 사생활의 비밀과 자유를 제한한다(헌재 2012.12.27. 2011헌바89).
* 교도소내 거실이나 작업장은 수용자의 사생활 영역이거나 사생활에 연결될 수 있는 영역이므로, 수용자가 없는 상태에서 교도소장이 비밀리에 거실 및 작업장에서 개인물품 등을 검사하는 행위는 수용자의 사생활의 비밀과 자유를 제한한다(헌재 2011.10.25. 2009헌마691).

* 자동차를 도로에서 운전하는 중에 좌석안전띠를 착용할 것인가 여부는 더 이상 사생활영역의 문제가 아니므로, 운전할 때 운전자가 좌석안전띠를 착용할 의무는 청구인의 사생활의 비밀과 자유를 침해하는 것이라 할 수 없다(헌재 2003.10.30. 2002헌마518).
* 미결수용자가 배우자를 접견할 때 구치소장이 그 대화내용을 녹음하는 행위는 미결수용자의 내밀한 대화내용의 비밀유지를 어렵게 하고 대화의 자유로운 형성 등을 위축시킬 수 있으므로, 미결수용자의 사생활의 비밀과 자유를 침해하는지 여부가 문제될 수 있다(헌재 2012.12.27. 2010헌마153).
* 구치소장이 미결수용자와 그 배우자의 접견을 녹음한 행위는 교정시설 내의 안전과 질서유지에 기여하기 위한 것이고, 구치소장이 미리 그 접견내용에 대한 녹음 사실 등을 고지하여 미결수용자의 접견내용은 사생활의 비밀로서의 보호가치가 그리 크지 않다는 점 등에 비추어 볼 때 미결수용자와 그 배우자의 접견을 녹음한 행위는 미결수용자의 헌법상 사생활의 비밀과 자유를 침해하지 않는다(헌재 2012.12.27. 2010헌마153).
* 사생활의 자유란 사회공동체의 일반적인 생활규범의 범위내에서 사생활을 자유롭게 형성해 나가고 그 설계 및 내용에 대해서 외부로부터의 간섭을 받지 아니할 권리를 말하는바, 흡연을 하는 행위는 이와 같은 사생활의 영역에 포함된다고 할 것이다(헌재 2004.8.26. 2003헌마457).
* 일반 국민의 알 권리와 무관하게 국가기관이 평소의 동향을 감시할 목적으로 개인의 정보를 비밀리에 수집한 경우에는 그 대상자가 공적 인물이라는 이유만으로 면책되지 않는다(대법원 1998.7.24. 96다42789).
* 존속상해치사죄를 가중처벌 하더라도 이 범죄행위가 헌법상 보호되는 사생활의 영역에 속한다고 할 수 없을 뿐 아니라, … 효孝의 강요나 개인 윤리문제에의 개입 등 외부로부터의 부당한 개입이 있는 것은 아니다(헌재 2002.3.28. 2000헌바53).
* 자신을 알아볼 수 없도록 해달라는 조건하에 사생활에 관한 방송을 승낙하였는데, 방영 당시 그림자 처리되기는 하였으나 그림자에 옆모습 윤곽이 그대로 나타나고 음성이 변조되지 않는 등 그 신분이 주변 사람들에게 노출되게 한 것은 사생활의 비밀을 침해한 것이다(대법원 1998.9.4. 96다11327).
* 명의신탁약정에 의한 수탁자 명의의 등기를 금지하고 그 위반자를 형사처벌하도록 한 것은 부동산 소유권 기타 경제적 영역에 관한 사생활의 비밀을 침해한 것이라 할 수 없다(대법원 1999.2.12. 98도2474).

〈개인정보보호법〉

> **제 2 조** 개인정보보호법 제2조(정의) 이 법에서 사용하는 용어의 뜻은 다음과 같다.
> 1. "개인정보"란 살아있는 개인에 관한 정보로서 다음 각 목의 어느 하나에 해당하는 정보를 말한다.
>   가. 성명, 주민등록번호 및 영상 등을 통하여 개인을 알아볼 수 있는 정보
>   나. 해당 정보만으로는 특정 개인을 알아볼 수 없더라도 다른 정보와 쉽게 결합하여 알아볼 수 있는 정보. 이 경우 쉽게 결합할 수 있는지 여부는 다른 정보의 입수 가능성 등 개인을 알아보는 데 소요되는 시간, 비용, 기술 등을 합리적으로 고려하여야 한다.
>   다. 가목 또는 나목을 제1호의2에 따라 가명처리함으로써 원래의 상태로 복원하기 위한 추가 정보의 사용·결합 없이는 특정 개인을 알아볼 수 없는 정보(이하 "가명정보"라 한다)
>
> 1의2. "가명처리"란 개인정보의 일부를 삭제하거나 일부 또는 전부를 대체하는 등의 방법으로 추가 정보가 없이는 특정 개인을 알아볼 수 없도록 처리하는 것을 말한다.

3. 통신의 자유通信의 自由

> **헌법 제18조** 모든 국민은 통신의 비밀을 침해받지 아니한다.

(1) 의 의

헌법 제18조는 통신의 비밀의 불가침을 의미하는 통신의 자유를 보장하고 있다. 이러한 통신의 자유는 개인이 그들이 의사나 정보를 전달 또는 교환하는 경우에 그 내용이 본인의 의사에 반하여 공개되지 아니할 자유를 말한다.

(2) 표현의 자유와의 관계

통신의 자유는 양심의 자유, 학문의 자유와 같은 내면적 정신활동의 자유와는 달리, 표현의 자유와 마찬가지로 외면적 정신활동의 자유로 볼 수 있다. 하지만 통신의 자유는 사생활 보호를 기초로 한 표현행위를 보호하려는 점에서 언론·출판의 자유와 구별된다. 즉 언론·출판은 일반적인 대외적 표현행위임에 반하여, 통신의 자유는 제한된 한정적인 범위 내에서 대내적인 의사표시의 비밀을 보호하

려는 점에서 양자는 구별된다.

⑶ 내 용

통신通信이란 서신 · 전화 · 텔렉스 · 팩스 · 그 밖의 우편물 등 격자지 간의 의사전달 수단 일체를 말하며, 여기에는 물품의 수수(소포 등)도 포함된다. "통신의 불가침"이란 통신의 개봉 및 그 내용의 인지금지, 통신사무 종사자의 직무상 지득내용의 타인에의 누설금지, 통신업무 내용을 정보활동 목적에 제공하거나 제공받으려는 행위의 금지 등을 말한다.

통신의 자유는 국가안전보장 · 질서유지 · 공공복리를 위하여 필요한 경우에는 법률로써 제한할 수 있으며, 그 제한 법률로는 통신비밀보호법, 국가보안법, 형사소송법, 형의 집행 및 수용자의 처우에 관한 법률, 전파법 등이 있다. 우편물의 압수 · 수색에는 영장이 필요하다.

⑷ 전화 등의 도청盜聽

도청이란 개인 간의 통화나 회화를 당사자의 동의 없이 은밀히 청취하는 행위를 말하는데, 통신비밀보호법 제5조, 제6조에 의거 일정한 요건 하에 감청(도청)을 허용하고 있다. 그리고 각종 전화폭력(음란전화 · 협박전화 · 장난전화 등)을 방지하기 위한 방안의 하나로 고안된 제도로서 "발신자전화번호 개시제도"는 통신비밀보호법 제13조에서 전화에 의한 폭언 · 협박 · 희롱 등으로부터 수신인을 보호하기 위하여 수신인의 요구가 있을 때에는 송신인의 전화번호를 수신인에게 알려주도록 하고 있다.

⑸ 정보주체에 관한 민감한 정보

통신비밀보호법 제13조 제1항 중 '검사 또는 사법경찰관은 수사를 위하여 필요한 경우 전기통신사업법에 의한 전기통신사업자에게 제2조 제11호 가목 내지 라목의 통신사실 확인자료의 열람이나 제출을 요청할 수 있다' 부분의 위헌사건에서 "여러 정보의 결합과 분석을 통해 정보주체에 관한 정보를 유추해낼 수 있는 민감한 정보인 점 등을 고려하여 통신의 자유를 침해한다(헌재 2018.6.28. 2012

헌마538 등).

통신사실 확인자료에 대한 수사기관의 요청사항을 규정한 통신비밀보호법 제2조 제11호 바목, 사목 위헌사건에서 "통신사실 확인자료는 위치정보 추적이 가능하고 충분한 보호가 필요한 민감한 정보에 해당되는 점 등에서 통신의 자유를 침해한다"고 판시하였다(헌재 2018.6.28. 2012헌마191 등).

⑹ 관련 판례

* 전기통신 역무제공에 관한 계약을 체결하는 경우 전기통신사업자로 하여금 가입자에게 본인임을 확인할 수 있는 증서 등을 제시하도록 요구하고 부정가입방지시스템 등을 이용하여 본인인지 여부를 확인하도록 한 구 전기통신사업법은 휴대전화를 통한 문자·전화·모바일 인터넷 등 통신기능을 사용하고자 하는 자에게 반드시 사전에 본인확인 절차를 거치는 데 동의해야만 이를 사용할 수 있도록 하므로, 익명으로 통신하고자 하는 청구인들의 통신의 자유를 제한한다. 그러나 심판대상조항이 통신의 비밀을 제한하는 것은 아니다. 가입자의 인적사항이라는 정보는 통신의 내용·상황과 관계없는 '비 내용적 정보'이며 휴대전화 통신계약 체결 단계에서는 아직 통신수단을 통하여 어떠한 의사소통이 이루어지는 것이 아니므로 통신의 비밀에 대한 제한이 이루어진다고 보기는 어렵기 때문이다(헌재 2019.9.26. 2017헌마1209).
* 자유로운 의사소통은 통신내용의 비밀을 보장하는 것만으로는 충분하지 아니하고 구체적인 통신으로 발생하는 외형적인 사실관계, 특히 통신관여자의 인적 동일성·통신시간·통신장소·통신횟수 등 통신의 외형을 구성하는 통신이용의 전반적 상황의 비밀까지도 보장해야 한다(헌재 2018.6.28. 2012헌마191).
* 통신비밀보호법은 … 범죄수사를 위해 그 대상자가 사용하는 특정 인터넷회선에 한하여 필요한 범위 내에서만 감청이 이루어지도록 제한이 되어 있다. 그러나 '패킷감청'의 방식으로 이루어지는 인터넷회선 감청은 수사기관이 실제 감청 집행을 하는 단계에서는 해당 인터넷회선을 통하여 흐르는 불특정 다수인의 모든 정보가 패킷 형태로 수집되어 일단 수사기관에 그대로 전송되므로, … 인터넷회선 감청의 특성을 고려하여 그 집행 단계나 집행 이후에 수사기관의 권한 남용을 통제하고 관련 기본권의 침해를 최소화하기 위한 제도적 조치가 제대로 마련되어 있지 않은 상태에서, 범죄수사 목적을 이유로 인터넷회선 감청을 통신제한조치 허가 대상 중 하나로 정하고 있으므로 침해의 최소성 요건을 충족한다고 할 수 없다(헌재 2018.8.30. 2016헌마263).
* 통신제한조치기간의 연장을 허가함에 있어 총연장기간 또는 총연장횟수의 제한을 두지 아니한 통신비밀보호법 조항은 통신의 비밀을 침해한다(헌재 2010.12.28. 2009헌

가30).

* 공개되지 아니한 타인간의 대화를 녹음 또는 청취하여 지득한 대화의 내용을 공개하거나 누설한 자를 처벌하는 통신비밀보호법 제16조 제1항 제2호 중 '대화의 내용'에 관한 부분은 불법 취득한 타인간의 대화내용을 공개한 자를 처벌함에 있어 형법 제20조(정당행위)의 일반적 위법성조각사유에 관한 규정을 적정하게 해석 적용함으로써 공개자의 표현의 자유도 적절히 보장될 수 있는 이상, 기본권 제한의 비례성을 상실하였다고는 볼 수 없다(헌재 2011.8.30. 2009헌바42).

Ⅳ. 정신적 자유권精神的 自由權

1. 양심의 자유良心의 自由

헌법 제19조 모든 국민은 양심의 자유를 가진다.

(1) 의 의

헌법 제19조의 양심의 자유는 종교의 자유, 학문의 자유와 함께 정신적 자유권으로, 모든 자유의 기초가 되는 기본권이라 할 수 있다. 다만, 종교적 확신을 의미하는 신앙이나 세계관적 확신을 의미하는 사상과는 구별된다고 할 수 있다. 또한 헌법 제46조 제2항(국회의원의 양심에 따른 직무수행)과 제103조(법관의 양심에 따른 심판)의 양심은 직업적 양심을 의미하므로 헌법 제19조의 양심의 자유에서 말하는 양심과는 구별된다.

(가) 양심형성의 자유

양심은 옳고 그른 것에 대한 판단을 추구하는 가치적·도덕적 마음가짐으로, 개인의 소신에 따른 다양성이 보장되어야 하고 그 형성과 변경에 외부적 개입과 억압에 의한 강요가 있어서는 아니 되는 인간의 윤리적·도덕적 내심영역의 문제이다(헌재 2002.1.31. 2001헌바43).

(나) 양심실현의 자유

헌법 제19조가 보호하고 있는 양심의 자유는 양심형성의 자유와 양심적 결정의 자유를 포함하는 내심적 자유forum internum뿐만 아니라, 양심적 결정을 외부로 표현하고 실현할 수 있는 양심실현의 자유forum externum를 포함한다. 내심적 자유, 즉 양심형성의 자유와 양심적 결정의 자유는 내심에 머무르는 한 절대적 자유라고 할 수 있지만, 양심실현의 자유는 타인의 기본권이나 다른 헌법적 질서와 저촉되는 경우 헌법 제37조 제2항에 따라 국가안전보장, 질서유지 또는 공공복리를 위하여 법률에 의하여 제한될 수 있는 상대적 자유라고 할 수 있다(헌재 1998.7.16. 96헌바35).

(다) 헌법이 보호하고자 하는 양심

헌법 제19조가 보호하고자 하는 양심은 어떤 일의 옳고 그름을 판단함에 있어서 그렇게 행동하지 않고는 자신의 인격적 존재가치가 파멸되고 말 것이라는 강력하고 진지한 마음의 소리로서의 절박하고 구체적인 양심을 말한다. 막연하고 추상적인 개념으로서의 양심이 아니다(헌재 2011.8.30. 2008헌가22등).

단순한 사실관계의 확인과 같이 가치적·윤리적 판단이 개입될 여지가 없는 경우는 물론, 법률해석에 관하여 여러 견해가 갈리는 경우처럼 다소의 가치 관련성을 가진다고 하더라도 개인의 인격형성과는 관계가 없는 사사로운 사유나 의견 등은 보호대상이 아니다(헌재 2002.1.31. 2001헌바43).

(라) 양심의 자유의 기능

양심의 자유는 인간으로서의 존엄성 유지와 개인의 자유로운 인격발현을 위해 개인의 윤리적 정체성을 보장하는 기능을 담당한다(헌재 2002.4.25. 98헌마425등).

(마) 양심의 자유의 구분

헌법 제19조의 양심의 자유는 내심의 자유인 '양심형성의 자유'와 양심적 결정을 외부로 표현하고 실현하는 '양심실현의 자유'로 구분된다. 양심형성의 자유란 외부로부터의 부당한 간섭이나 강제를 받지 않고 개인의 내심영역에서 양심을 형성하고 양심상의 결정을 내리는 자유를 말하고, 양심실현의 자유란 형성된 양심을 외부로 표명하고 양심에 따라 삶을 형성할 자유, 구체적으로는 양심을 표명하거나 또는 양심을 표명하도록 강요받지 아니할 자유(양심표명의 자유), 양심에 반하는 행동을 강요받지 아니할 자유(부작위에 의한 양심실현의 자유), 양심에 따른 행동을 할 자유(작위에 의한 양심실현의 자유)를 모두 포함한다(헌재 2011.8.30. 2008헌가22등).

⑵ 법적 성격

양심의 자유는 전 국가적 자연법상의 권리로서 정신적 영역의 자유권 중 가장 소극적 성격의 자유권이다. 또한 인간존엄의 특수한 표현이자 동시에 정신적 영역에서 관용의 원칙이 표출된 것이라 할 수 있으며, 최상급 기본권이다. 그리고 양심의 자유는 종교의 자유, 학문의 자유에 비해 더욱 순수한 내심의 자유로서 종교의 자유 및 학문의 자유 등의 전제가 된다.

⑶ 주 체

양심의 자유는 자연인만이 주체가 될 수 있다. 자연인인 이상 국민과 외국인을 불문한다. 헌법재판소도 사죄광고의 위헌성이 다투어진 "민법 제764조의 위헌 여부에 관한 헌법소원" 사건에서 "사죄광고의 강제는 … 우리 헌법이 보호하고자 하는 정신적 기본권의 하나인 양심의 자유의 제약(법인의 경우라면 그 대표자에게 양심표명의 강제를 요구하는 결과가 된다)이라고 보지 않을 수 없다"고 판시하여 법인에게는 양심의 자유의 주체성이 인정되지 않는 것으로 판단하고 있다(헌재 1991.4.1. 89헌마160).

⑷ 양심실현의 자유에 대한 판례

① 대법원의 입장

대법원은 양심적 병역거부자 처벌조항인 형법 제88조 제1항에 대해서 "자신의 내면에 형성된 양심을 이유로 집총과 군사훈련을 수반하는 병역의무를 이행하지 않는 사람에게 형사처벌 등 제재를 해서는 안 된다"고 하면서, "양심적 병역거부자에게 병역의무의 이행을 일률적으로 강제하고 그 불이행에 대하여 형사처벌 등 제재를 하는 것은 양심의 자유를 비롯한 헌법상 기본권 보장체계와 전체 법질서에 비추어 타당하지 않을 뿐만 아니라 소수자에 대한 관용과 포용이라는 자유민주주의 정신에도 위배된다"고 하여 "진정한 양심에 따른 병역거부라면, 이는 병역법 제88조 제1항의 '정당한 사유'에 해당한다"고 하여 긍정적인 입장을 취하고 있다(대법원 2018.11.1. 2016도10912 전원합의체).

② **헌법재판소의 입장**

헌법재판소는 현역입영 또는 소집 통지서를 받은 사람이 정당한 사유 없이 입영일이나 소집일부터 3일이 지나도 입영하지 아니하거나 소집에 응하지 아니한 경우를 처벌하는 처벌조항 제88조 제1항은 국가공동체의 안전보장과 국토방위 수호를 이유로 합헌이라고 하였지만, 여호와의 증인 또는 카톨릭 신도로서 자신들의 종교적 신앙에 따라 병역의무를 거부하는 경우 대체복무를 인정하지 않고 있는 현행 병역법 제5조 제1항에 대하여는 병역의 종류를 현역, 예비역, 보충역, 병역준비역, 전시근로역의 다섯 가지로 한정하여 규정하고 양심적 병역거부자에 대한 대체복무제를 규정하지 아니한 병역종류조항은 양심적 병역거부자의 양심의 자유를 침해한다고 하여, 긍정적인 입장을 취하고 있다(헌재 2018.6.28. 2011헌바379 등).

병역거부와 처벌조항 (헌재 2018.6.28. 2011헌바379 등)

병역법 제88조 제1항은 … 현역입영 또는 소집 통지서를 받은 사람이 정당한 사유 없이 입영일이나 소집일부터 3일이 지나도 입영하지 아니하거나 소집에 응하지 아니한 경우를 처벌하는 처벌조항 제88조 제1항은 처벌조항에 의하여 달성되는 공익은 국가공동체의 안전보장과 국토방위를 수호함으로써, 헌법의 핵심적 가치와 질서를 확보하고 국민의 생명과 자유, 안전과 행복을 지키는 것이다. … 처벌조항은 법익의 균형성 요건을 충족한다고 보아야 한다.

병역종류조항과 양심적 병역거부 (헌재 2018.6.28. 2011헌바379 등)

병역법 제5조 제1항 병역종류조항은 … 양심적 병역거부자의 수는 병역자원의 감소를 논할 정도가 아니고, … 대체복무제를 도입하더라도 우리나라의 국방력에 의미 있는 수준의 영향을 미친다고 보기는 어렵다. … 대체복무제를 도입하면서도 병역의무의 형평을 유지하는 것은 충분히 가능하다. … 병역의 종류를 현역, 예비역, 보충역, 병역준비역, 전시근로역의 다섯 가지로 한정하여 규정하고 양심적 병역거부자에 대한 대체복무제를 규정하지 아니한 병역종류조항이 과잉금지원칙을 위반하여 양심적 병역거부자의 양심의 자유를 침해한다.

(5) 양심의 자유에 해당하는지 여부

① 사죄광고와 공표명령

스스로 사죄광고를 게재함은 별론으로 하고 이를 명하는 판결에 대해서는 침묵의 자유의 파생인 양심에 반하는 행위의 강제금지에 저촉되며 양심의 자유의 제약이고, 인격권에도 큰 위해가 된다(헌재 1991.4.1. 89헌마160). 그러나 공정거래법 위반 사실의 공표명령은 단순히 법 위반 사실 자체를 공표하라는 것일 뿐, 사죄 내지 사과하라는 의무요소를 가지고 있지 아니하여 양심의 자유의 침해문제는 발생하지 않는다.

② 불고지죄不告知罪

국가보안법상의 불고지죄는 부작위에 의한 양심의 실현이 되는 것이고 따라서 그것은 헌법 제37조 제2항의 법률유보의 대상이 되는 것으로 합헌이다(헌재 1998.7.16. 96헌바35).

③ 준법서약遵法誓約

준법서약은 어떤 구체적이거나 적극적인 내용을 담지 않은 채 단순한 헌법적 의무와 확인·서약에 불과하다 할 것이어서 양심의 영역을 건드리는 것이 아니므로 가석방 심사위원회의 준법서약서 제출요구는 양심의 자유를 침해하지 않는다(헌재 2002.4.25. 98헌마425등).

④ 시위진압명령示威鎭壓命令

전투경찰순경에게 시위진압 명령을 한 것이 그의 양심의 자유를 침해하는 것인지 여부가 문제되나, 헌법재판소는 양심의 자유에 대한 침해가 아니라는 입장이다(헌재 1995.12.28. 91헌마80).

⑤ 음주측정행위

음주측정요구에 처하여 이에 응하여야 할 것인지 거부해야 할 것인지 고민에 빠질 수는 있겠으나 그러한 고민은 선과 악의 범주에 관한 진지한 윤리적 결정을 위한 고민이라 할 수 없으므로, 헌법 제19조에서 보장하는 양심의 자유를 침해하는 것이라고 할 수 없다(헌재 1997.3.27. 96헌가11).

(6) 양심의 자유의 효력

양심의 자유는 대국가적 효력을 가지며 사인 간에도 간접적용설에 입각하여 제3자적 효력을 가진다.

(7) 양심의 자유 제한과 한계

대법원 판례는 내면적 무한계설 입장이며(대판 1984.1.24. 82누163), 헌법재판소 역시 "내심적 자유, 즉 양심형성의 자유와 양심적 결정의 자유는 내심에 머무르는 한 절대적 자유라고 할 수 있지만, 양심실현의 자유는 헌법 제37조 제2항에 따라 제한이 가능한 상대적 자유라고 할 수 있다"라고 하여 내면적 무한계설(헌재 1998.7.16. 96헌바35)을 취하고 있다.

2. 종교의 자유宗敎의 自由

> **헌법 제20조** ① 모든 국민은 종교의 자유를 가진다.
> ② 국교는 인정되지 아니하며, 종교와 정치는 분리된다.

(1) 의 의

헌법 제20조 제1항은 종교의 자유를 규정하고, 동조 제2항은 국교부인과 정교분리의 원칙을 규정하고 있다. 종교의 자유는 기본권의 역사에 있어서 가장 오랜 것일 뿐만 아니라 기본권 보장의 역사에 있어서 매우 중요한 역할을 하였고, 양심의 자유와 함께 정신적 자유의 기초를 확립하였다.

우리 헌법은 제헌 헌법이래 종교의 자유를 양심의 자유와 함께 규정해 왔다. 그러다가 1962년(제3공화국 헌법)부터 종교의 자유가 분리되어 독자적 기본권의 형태로 오늘에 이르고 있다.

⑵ 종교의 개념

종교宗敎란 신이나 초자연적인 것, 즉 자연의 합리적인 법칙을 초월한 신비적이고 초인간적인 어떤 존재를 일정한 양식에 따라 신봉하고 이를 숭앙함으로써 마음의 평안과 행복을 얻으려고 하는 인간의 심정과 행위의 체계를 말한다. 따라서 신神 또는 피안彼岸의 세계와 관련이 없는 주관적·내면적 확신은 신앙일 수 없다.

종교의 공통된 표지로는 ㈀ 절대적 존재에 대한 신앙, ㈁ 초월적 실재에 대한 신앙, ㈂ 도덕률, ㈃ 우주에서 인간의 역할을 설명하는 세계관, ㈄ 의식과 축일, ㈅ 예배와 기도, ㈆ 성전, ㈇ 종교적 신앙을 촉진하는 사회적 조직 등을 들 수 있다.

⑶ 종교의 자유의 내용

종교의 자유는 ① 신앙信仰의 자유(신앙선택·개종·신앙고백·신앙 불표현·무신앙의 자유), ② 종교적 행위의 자유(기도·예배·독경 등), ③ 종교적 집회·결사의 자유, ④ 선교의 자유, ⑤ 종교적 교육의 자유가 포함된다(헌재 2001.9.27. 2000헌마159; 헌재 2011.12.29. 2009헌마527).

종교적 행위의 자유는 종교상의 의식·예배 등 종교적 행위를 각 개인이 임의로 할 수 있는 등 종교적인 확신에 따라 행동하고 교리에 따라 생활할 수 있는 자유와 소극적으로는 자신의 종교적인 확신에 반하는 행위를 강요당하지 않을 자유 그리고 선교의 자유, 종교교육의 자유 등이 포함된다. 종교적 집회·결사의 자유는 종교적 목적으로 같은 신자들이 집회하거나 종교단체를 결성할 자유를 말한다(헌재 2011.12.29. 2009헌마527).

(가) 신앙의 자유信仰의 自由

신앙의 자유는 종교의 자유의 핵심이다. 신앙의 자유는 신 또는 피안의 세계에 대한 내면적 확신을 의미하는 신앙을 갖거나 가지지 않을 자유를 말한다. 신앙의 자유는 내심의 자유이기 때문에 제한할 수 없는 절대적 자유이다.

(나) 종교적 행위의 자유

① 신앙고백의 자유

신앙고백의 자유는 신앙을 표명하거나 소극적으로 신앙에 대해 침묵할 자유를 포함한다. 신앙고백이란 신앙적 확신을 밖으로 발표하고 말하는 것을 의미한다. 독일 연방헌법재판소에 의하면 종교의 자유는 "모든 사람에게 그의 모든 태도를 신앙의 교리에 맞추고 그의 내적인 신앙적 확신에 따라 행동하는 것을 보장한다"(BVerfGE 32, 98(106); 33, 23(28))고 한다.

② 종교의식의 자유

종교의식의 자유란 예배, 기도, 독경, 예불 등 모든 종교적 의식을 자유롭게 행할 수 있는 것을 말한다. 종교적 행사의 자유와 동의어로 사용된다.

③ 선교와 종교교육의 자유

종교교육의 자유란 종교적 교리에 기초하여 가정이나 학교에서 교육할 수 있는 자유를 말한다. 특히 종교교육을 목적으로 사립학교를 설립하거나 이러한 사립학교에서 특정종교교육을 실시하는 것은 허용된다. 그러나 국가나 지방자치단체가 국·공립학교에서 특정종교교육을 실시하는 것은 정교분리원칙에 따라 금지된다.

(다) 종교적 집회·결사의 자유

종교적 집회의 자유란 종교적 목적으로 같은 신앙을 가진 사람들이 일시적인 모임을 자유롭게 가질 수 있는 것을 말하고, 종교적 결사의 자유란 종교적 목적으로 동신자들이 결합하여 단체를 결성할 수 있는 자유를 말한다. 종교적 집회·결사의 자유는 일반적 집회·결사의 자유(제21조)에 대해 특별법에 해당한다. 종교적 집회와 결사는 일반적 집회와 결사보다 특별한 보호를 받는다.

⑷ 종교의 자유 주체

종교의 자유 주체는 모든 자연인이다. 미성년자도 주체가 되지만, 태아는 주체가 될 수 없다. 독일에서는 만14세 이상의 청소년에게 신앙선택의 자유를 법적으로 보장하고 있다. 법인의 경우에는 그 성질상 내심의 자유인 신앙의 자유 주체는 될 수 없지만 종교 행위의 자유 주체는 될 수 있다.

⑸ 종교의 자유 제한과 한계

신앙의 자유는 내심의 자유이기 때문에 제한할 수 없는 절대적 자유이다. 그러나 종교적 행위의 자유는 신앙의 자유와는 달리 절대적 자유가 아니다. 종교적 행위의 자유는 그 행위가 밖으로 표현되기 때문에 다른 법익과 충돌을 일으킬 수 있으며, 따라서 제한이 불가피하다(헌재 2001.9.27. 2000헌마159).

종교의 자유는 인간의 정신세계에 기초를 둔 것으로서 인간의 내적 자유인 신앙의 자유를 의미하는 한도 내에서는 밖으로 표현되지 아니한 양심의 자유에 있어서와 같이 제한할 수 없는 것이지만, 그것이 종교적 행위로 표출되는 경우에 있어서는 대외적 행위의 자유이기 때문에 질서유지를 위하여 당연히 제한을 받아야 하며 공공복리를 위하여서는 법률로써 이를 제한할 수도 있다(대판 1991.4.28. 95도250; 대판 1982.7.13. 82도1219).

종교적 행위의 자유의 제한 (헌재 2001.9.27. 2000헌마159)

피청구인이 사법시험 제1차 시험 시행일을 일반적인 공휴일인 일요일로 정하여 공고한 것은 다수 국민의 편의를 위한 것이므로 청구인의 종교의 자유가 제한된다고 하더라도 이는 공공복리를 위한 부득이한 제한으로 비례의 원칙에 벗어난 것이거나 청구인의 종교의 자유의 본질적 내용을 침해한 것으로 볼 수 없다.

종교의 자유는 양심의 자유와 함께 정신적 자유의 근원을 이루는 기본권이기 때문에 독일 기본법처럼 그 내재적 한계 이외에 헌법 자체에 의한 제한만이 허용되도록 하는 것이 바람직스럽지만 우리 헌법체계상 종교의 자유는 제37조 제2항에 따라 국가안전보장·질서유지 또는 공공복리를 위하여 필요한 경우 법률로써 제한할 수 있다.

그러나 법률로써 종교적 행위의 자유를 제한하는 경우에도 종교적 집회·결사의 자유에서 본 바와 같이 특별한 배려가 요청될 뿐만 아니라 그 본질적 내용은 제한할 수 없다. 즉 제한에는 한계가 있다. 그러한 제한의 한계는 규범조화적 해석에 따라 그어져야 한다.

헌법재판소는 "전통사찰에 대하여 채무명의를 가진 일반 채권자가 전통사찰 소유의 전법傳法용 경내지의 건조물 등에 대하여 압류하는 것을 금지하고 있는 구 「전통사찰의 보존 및 지원에 관한 법률」 조항은 '전통사찰의 일반 채권자'의 재산권을 제한하지만, 종교의 자유의 내용 중 어떠한 것도 제한하지 아니한다"고 판시하였다(헌재 2012.6.27. 2011헌바34).

전통사찰 등록 후에 발생한 사법상 채권 (헌재 2012.6.27. 2011헌바34)

전통사찰 등록 후에 발생한 사법상 채권으로 전통사찰 소유의 전법에 제공되는 경내지의 건조물 등을 압류하는 것이 금지되어 압류가 금지되는 집행채권의 범위가 한정되어 있는 등 침해의 최소성도 인정되며, 민족문화유산인 전통사찰은 한 번 훼손되면 그 회복 자체가 곤란한 경우가 많아 그 훼손 가능성을 방지함으로써 얻을 수 있는 공익이 상당하여 법익 균형성도 갖추었다고 할 것이므로, 이 사건 법률조항은 청구인의 재산권을 침해하지 않는다.

구치소 내 종교의식·행사 미결수용자 참석 금지 (헌재 2011.12.29. 2009헌마527)

수용자 중 미결수용자에 대하여만 일률적으로 종교행사 등에의 참석을 불허한 것은 미결수용자의 종교의 자유를 … 엄격하게 제한한 것이고, … 미결수용자의 기본권을 덜 침해하는 수단이 존재함에도 불구하고 이를 전혀 고려하지 아니하였으므로 침해의 최소성 요건을 충족하였다고 보기 어려우며, … 청구인의 종교의 자유를 침해하였다.

종교와 관련된 비판으로 인하여 타인의 명예 등 인격권을 침해하는 경우에 종교의 자유 보장과 개인의 명예 보호라는 두 법익을 어떻게 조정할 것인지는, 그 비판행위로 얻어지는 이익·가치와 공표가 이루어진 범위의 광협, 그 표현방법 등 그 비판행위 자체에 관한 제반 사정을 감안함과 동시에 그 비판에 의하여 훼손되거나 훼손될 수 있는 타인의 명예침해의 정도를 비교 고려하여 결정하여야 한다.

⑹ 국교의 부인과 정교분리의 원칙政教分離의 原則

헌법 제20조 제2항은 "국교는 인정되지 아니하며, 종교와 정치는 분리된다"고 하여 국교의 부인과 정교분리의 원칙을 규정하고 있다.

(가) 종교의 자유와 정교분리 원칙의 관계

헌법이 국교의 부인과 정교분리의 원칙을 규정하고 있는 것은 종교와 국가의 결합이 종교의 타락과 국가의 파멸을 초래하였다는 역사적 교훈에서 비롯된다.

(나) 내 용

① 국교의 부인

국교란 국가가 특정 종교를 지정하여 특별히 보호하고 각종 특권과 특혜를 부여하는 것을 말한다. 국가는 특정 종교를 특별히 보호하거나 특권을 부여할 수 없다.

② 정교의 상호 불간섭

국가의 종교에 대한 불간섭은 국가는 종교에 대해 중립을 지켜야 한다는 것을 말한다.

㉠ 국가에 의한 특정 종교의 우대 또는 차별의 금지

㉡ 국가에 의한 종교교육과 종교적 활동의 금지

정교분리 원칙상 국·공립학교에서의 특정 종교를 위한 종교교육은 금지되나 사립학교에서의 종교교육 및 종교지도자 육성은 선교의 자유의 일환으로서 보장되는 것이다.

교육법 제81조는 능력에 따라 균등하게 교육을 받을 권리를 규정한 구 헌법 제29조 제1항과 마찬가지로 신앙, 성별, 사회적 신분, 경제적 지위 등에 의한 불합리한 차별을 금지하는 것일 뿐이므로 교육기관이 학교설립인가를 받았다 하여 종교지도자 양성을 위한 종교교육을 할 수 없게 되는 것도 아니다(대판 1989.9.26.

87도519).

종립학교가 고등학교 평준화 정책에 따라 강제배정으로 입학한 학생들을 상대로 특정 종교의 종교행사를 사전동의 없이 계속 실시하면서, 불참시 불이익을 주어 사실상 참가 거부가 불가능한 분위기를 조성하는 등 신앙이 없는 학생들이 그러한 행사에 대한 참가 여부를 자유로운 상태에서 결정할 수 없도록 하는 것은, 학생의 종교에 관한 인격적 법익을 침해하는 위법한 행위이다(대판 2010.4.22. 2008다38288 전원합의체).

종교단체에서 구호활동의 일환으로 운영하는 양로시설이라고 하더라도 신고대상에서 제외하면 관리·감독의 사각지대가 발생할 수 있으며, 일정규모 이상의 양로시설의 경우 안전사고나 인권침해 피해정도가 커질 수 있으므로, 예외를 인정함이 없이 신고의무를 부과할 필요가 있다. 더욱이 일부 사회복지시설들의 탈법적인 운영을 방지하기 위하여는 강력한 제재를 가할 필요성이 인정되며, 사안의 경중에 따라 벌금형의 선고도 가능하므로 … 종교의 자유를 침해한다고 볼 수 없다(헌재 2016.6.30. 2015헌바46).

3. 언론·출판의 자유言論·出版의 自由

헌법 제21조 ① 모든 국민은 언론·출판의 자유와 집회·결사의 자유를 가진다.
② 언론·출판에 대한 허가나 검열과 집회·결사에 대한 허가는 인정되지 아니한다.
③ 통신·방송의 시설기준과 신문의 기능을 보장하기 위하여 필요한 사항은 법률로 정한다.
④ 언론·출판은 타인의 명예나 권리 또는 공중도덕이나 사회윤리를 침해하여서는 아니 된다. 언론·출판이 타인의 명예나 권리를 침해한 때에는 피해자는 이에 대한 피해의 배상을 청구할 수 있다.

(1) 의 의

(가) 의 미

언론·출판의 자유는 좁은 의미로는 사상 또는 의견을 언어·문자 등으로 불특정 다수인에게 발표하는 자유를 말하나, 넓은 의미로는 사상·의견을 발표하는 자유 외에 개인의 알 권리(정보공개청구권), Access권(언론기관에의 접근과 그 이용권), 반론권(반론보도청구권), 언론기관 설립권, 언론기관 취재의 자유와 편집·편성권 및 그 내부적 자유까지도 포괄하는 자유를 말한다. 언론·출판의 자유는 이를 외부에 표현하기 위한 자유로 외면적 정신활동의 자유라는 점에서, 이를 표현의 자유라고 부르기도 한다.

(나) 법적 성격

① 적극적 권리

언론·출판의 자유는 외면적 정신활동의 자유로서 고립된 개인보다는 인간의 사회적 연대 내지 관계를 중요시한다. 주권자가 여론을 형성하여 국정에 참여하거나 영향을 미치기 때문에 국민이 공권력을 비판 또는 감시한다는 의미에서 언론·출판의 자유는 민주주의의 필수적인 제도이다(헌재 1992.11.12. 89헌마88). 국민의 정치적 참여와 여론이 정치에 미치는 영향력을 고려할 때, 소극적·방어적 권리를 의미하였던 근대적 의미의 언론·출판의 자유는 국가질서형성의 적극적 권리로 법적 성격이 변화되어가고 있다.

② 국민의 기본권

우리 헌법은 제21조에 언론·출판의 자유를 규정하고 있는데, 이 자유는 전통적으로는 사상 또는 의견의 자유로운 표명(발표의 자유)과 그것을 전파할 자유(전달의 자유)를 의미하는 것으로서 개인이 인간으로서의 존엄과 가치를 유지하고 행복을 추구하며 국민주권을 실현하는데 필수불가결한 것으로, 오늘날 민주국가에서 국민이 갖는 가장 중요한 기본권의 하나로 인식되고 있다(헌재 1992.2.25. 89헌가104).

표현의 자유와 민주정치 (헌재 1992.11.12. 89헌마88)

민주정치에 있어서 정치활동은 사상, 의견의 자유로운 표현과 교환을 통하여 이루어지는 것이므로 언론·출판의 자유가 보장되지 않는 상황에서 민주주의는 시행될 수 없으며 표현의 자유가 보장되어 있지 않은 나라는 엄격한 의미에서 민주국가라 하기 어려운 것이다.

③ 민주주의의 불가결한 요소

언론 · 출판의 자유는 민주체제에 있어서 불가결의 본질적 요소이다. 사회구성원이 자신의 사상과 의견을 자유롭게 표현할 수 있다는 것이야말로 모든 민주사회의 기초이며, 사상의 자유로운 교환을 위한 열린 공간이 확보되지 않는다면 민주정치는 결코 기대할 수 없다. 헌법 제21조가 언론 · 출판의 자유를 보장하고 있는 것은 이 같은 헌법적 가치들을 확보하기 위한 전제조건을 마련하기 위한 것이다(헌재 1998.4.30. 95헌가16).

④ 국민주권의 실현요소

언론 · 출판의 자유, 즉 표현의 자유는 전통적으로는 사상 또는 의견의 자유로운 표명(발표의 자유)과 그것을 전파할 자유(전달의 자유)를 의미하기도 하지만, 개인이 인간으로서의 존엄과 가치를 유지하고 행복을 추구하며 국민주권을 실현하는데 필수불가결한 요소이기도 하다(헌재 2002.4.25. 2001헌가27 등). 공직자의 사회적 활동에 대한 비판도 표현의 자유에 의하여 보호된다(헌재 2013.12.26. 2009헌마747).

⑤ 주관적 공권인 동시에 객관적 가치질서

표현의 자유는 자신의 의사를 표현 · 전달하고, 의사형성에 필요한 정보를 수집 · 접수하며, 객관적인 사실을 보도 · 전파할 수 있는 자유를 그 내용으로 하는 주관적 공권이면서, 의사표현과 여론형성을 통하여 국민의 정치적 공감대에 바탕을 둔 민주정치를 실현시키고 동화적 통합을 이루기 위한 객관적 가치질서로서의 성격을 함께 갖는다(헌재 2009.5.28. 2006헌바109등).

⑥ 언론의 자유의 우월적 지위

언론의 자유는 민주국가의 존립과 발전을 위한 기초가 되기 때문에 특히 우월적인 지위를 지니고 있는 것이 특징이다(헌재 1991.9.16. 89헌마163). 표현의 자유가 다른 기본권에 우선하는 헌법상의 지위를 갖는다고 일컬어지는 것도 그것이 단순히 개인의 자유인 데 그치는 것이 아니고 통치권자를 비판함으로써 피치자가 스스로 지배기구에 참가한다고 하는 자치정체自治政體의 이념을 그 근간으로 하고 있기 때문이다(헌재 1992.2.25. 89헌가104).

⑵ 내 용

언론 · 출판의 자유는 ① 의사표현의 자유, ② 알 권리(공공기관의 정보공개에 관한 법률), ③ Access권(언론매체에 대한 접근이용권), ④ 정정보도청구권 · 추후보도청구권(정기간행물의 등록 등에 관한 법률), ⑤ 언론기관의 자유(언론기관의 설립자유 · 보도의 자유)가 포함된다. 이러한 언론 · 출판의 자유의 내용 중 의사표현 · 전파의 자유에 있어서 의사표현 또는 전파의 매개체는 어떠한 형태이건 가능하며 그 제한이 없다. 즉 담화 · 연설 · 토론 · 연극 · 방송 · 음악 · 영화 · 가요 등과 문서 · 소설 · 시가 · 도화 · 사진 · 조각 · 서화 등 모든 형상의 의사표현 또는 의사전파의 매개체를 포함한다(헌재 1993.5.13. 91헌바17).

(가) 의사표현의 자유(의사표명 및 전달의 자유)

① 의사표현의 자유란 사상 · 양심 및 지식 · 경험 등과 관련된 자신의 의사를 언론 · 출판에 의하여 외부에 표현하고 전달하며, 자신의 의사표명을 통해서 여론형성에 참여할 수 있는 자유를 말한다.

② 의사표현의 매개체는 어떠한 형태이건 가능하며 그 제한이 없다. 즉 담화 · 연설 · 토론 · 연극 · 방송 · 음악 · 영화 · 가요 등과 문서 · 소설 · 시가 · 도화 · 사진 · 조각 · 서화 등 모든 형상의 의사표현 또는 의사전파의 매개체를 포함한다. 따라서 음반 및 비디오물(헌재 1993.5.13. 91헌바17), 광고물(헌재 1998.2.27. 96헌바2)도 그 형식에 포함된다.

③ 관련 판례

* 자유로운 표명과 전파의 자유에는 자신의 신원을 누구에게도 밝히지 아니한 채 익명 또는 가명으로 자신의 사상이나 견해를 표명하고 전파할 익명표현의 자유도 그 보호영역에 포함된다(헌재 2010.2.25. 2008헌마324).
* 의료에 관한 광고 또는 상업광고는 표현의 자유의 보호영역에 속하지만, 사상이나 지식에 관한 정치적, 시민적 표현행위와는 차이가 있고, 또한 직업수행의 자유에도 속하지만, 인격발현과 개성신장에 미치는 효과가 중대한 것은 아니다(헌재 2005.10.27. 2003헌가3).

* 정보 등을 불특정 다수인에게 전파하는 광고물도 헌법 제21조가 보장하는 언론·출판의 자유의 보호대상이 된다(헌재 1998.2.27. 96헌바2).
* 광고가 단순히 상업적인 상품이나 서비스에 관한 사실을 알리는 경우에도 그 내용이 공익을 포함하는 때에는 표현의 자유를 제한하는 것이 된다(헌재 2002.12.18. 2000헌마764).
* 구체적인 전달이나 전파의 상대방이 없는 집필행위도 표현의 자유의 보호영역에 포함된다(헌재 1998.2.27. 96헌바2).
* 음란표현도 헌법 제21조가 규정하는 언론·출판의 자유의 보호영역 내에 있지만, 헌법 제37조 제2항에 따라 필요한 경우 제한할 수 있다(헌재 2009.5.28. 2006헌바109(병합)).
* 모욕적 표현도 헌법 제21조가 규정하는 언론·출판의 자유의 보호영역 내에 있지만, 헌법 제37조 제2항에 따라 필요한 경우 제한할 수 있다(헌재 2012.11.29. 2011헌바137).

(나) 알 권리

① 알 권리의 의의

'알 권리'란 소극적인 측면에서는 일반적으로 접근할 수 있는 정보를 받아들이고, 받아들인 정보를 취사·선택할 수 있는 권리를 말하며, 적극적인 측면에서는 의사형성·여론형성에 필요한 정보를 적극적으로 수집하고, 나아가 이에 필요한 정보의 공개를 청구할 수 있는 권리를 의미한다. 즉 알 권리는 표현의 자유와 표리일체의 관계에 있으며 자유권적 성질과 청구권적 성질을 공유하는 것이다(헌재 1991.5.13. 90헌마133).

② 알 권리의 헌법적 근거

우리 헌법은 알 권리를 명문으로 규정하고 있지 않지만, 표현의 자유에 당연히 포함되는 것으로 보아야 한다. 알 권리의 핵심은 정부가 보유하고 있는 정보에 대한 국민의 알 권리, 즉 국민의 정부에 대한 일반적 정보공개를 구할 권리(청구권적 기본권)라고 할 것이며, 자유민주적 기본질서를 천명하고 있는 헌법전문과 제1조 및 제4조의 해석상 당연한 것이다(헌재 1992.2.25. 89헌가104 등).

③ 알 권리의 법적 성격

(i) 알 권리는 자유권(정보수령권 또는 정보수집권)적 성격을 가지면서 청구권

(정보공개청구권)적 성격도 동시에 가진다. 헌법재판소는 이와 같은 성격 외에 생활권적 성격도 갖는다고 한다(헌재 1991.5.13. 90헌마133). 또한 알 권리는 국민주권주의(제1조), 인간의 존엄과 가치(제10조), 인간다운 생활을 할 권리(제34조 제1항)도 아울러 신장시키는 결과가 된다(헌재 1991.5.13. 90헌마133).

(ii) 알 권리가 그 자체를 근거로 행사할 수 있는 구체적 권리인지 별도로 이를 규율한 법률이 있어야 행사할 수 있는 추상적 권리인지와 관련하여, 알권리의 실현은 법률의 제정이 뒤따라 이를 구체화시키는 것이 충실하고도 바람직하지만, 그러한 법률이 제정되어 있지 않다고 하더라도 불가능한 것은 아니고, 헌법 제21조에 의해 직접 보장될 수 있다고 하는 것이 헌법재판소의 확립된 판례이다. 또한 정보공개와 관련해서도 청구인에게 이해관계가 있고 공익에 장해가 되지 않는다면 널리 인정해야 할 것으로, 직접의 이해관계가 있는 자에 대하여서는 의무적으로 공개하여야 한다는 것이 헌법재판소의 입장이다(헌재 1991.5.13. 90헌마133).

④ 알 권리의 내용

알 권리는 정보수령권과 정보수집권 및 정보공개청구권을 내용으로 한다. 정보수령권과 정보수집권은 자유권적 측면이고, 정보공개청구권은 청구권적 측면이다. 자유권적 성질은 일반적으로 정보에 접근하고 수집·처리함에 있어서 국가권력의 방해를 받지 아니한다는 것을 의미하며, 청구권적 성질은 의사형성이나 여론형성에 필요한 정보를 적극적으로 수집행위로, 특히 알권리에서 파생되는 정부의 공개의무는 정보에 대한 공개청구가 있어야 비로소 존재한다(헌재 2004.12.16. 2002헌마579).

다만 공공기관이 보유, 관리하는 개인정보를 공개하면 개인의 사생활의 비밀 또는 자유를 침해할 우려가 있는 경우에는 비공개로 할 수 있도록 하는 것은 정보공개청구권을 침해하지 않는다(헌재 2010.12.28. 2009헌바258).

⑤ 알 권리의 한계와 제한

알 권리도 헌법 제37조 제2항에 의한 제한이 가능함은 물론이다. 알 권리의 제한사유로는 국가기밀(헌법재판소는 국가기밀의 개념과 관련하여 실질주의를 취하고 있다; 헌재 1992.2.25. 89헌가104), 사생활의 비밀과 자유, 기업비밀 등이 있다. 즉

'알 권리'도 헌법유보(제21조 제4항)와 일반적 법률유보(제37조 제2항)에 의하여 제한될 수 있다(헌재 1989.9.4. 88헌마22).

⑥ **관련 판례**

* 「공공기관의 정보공개에 관한 법률」에 따른 정보공개청구권은 법률상 보호되는 구체적인 권리이므로, 공개거부처분에 대하여 직접 이해관계인은 행정소송을 통하여 그 공개거부처분의 취소를 구할 법률상의 이익이 있다(대판 2010.12.23. 2008두13101).
* 「공공기관의 정보공개에 관한 법률」 제9조 제1항 제6호에 규정된 '사생활의 자유'란 사회공동체의 일반적인 생활규범의 범위 내에서 사생활을 자유롭게 형성해 나가고 그 설계 및 내용에 대해서 외부로부터의 간섭을 받지 아니할 권리이며, '사생활의 비밀'이란 사생활과 관련된 사사로운 자신만의 영역이 본인의 의사에 반해서 타인에게 알려지지 않도록 할 수 있는 권리를 말한다(헌재 2002.3.28. 2000헌바53).
* 공개거부의 근거가 된 검찰보존사무규칙 제22조는 법률상의 위임근거 없는 행정기관 내부의 사무처리준칙으로서 행정규칙에 불과하므로 「공공기관의 정보공개에 관한 법률」 제4조 제1항의 '정보의 공개에 관하여는 다른 법률에 특별한 규정이 있는 경우' 또는 제9조 제1항 제1호의 '다른 법률 또는 법률에서 위임한 명령에 따라 비밀이나 비공개 사항으로 규정된 정보'에 해당되지 않는다(대판 2012.6.28. 2011두16735).
* 검찰보존사무규칙 제22조와 동 지침 제2조 나항은 기록의 열람・등사에 관한 기준을 제시하고 있을 뿐이므로 검사는 기록 열람・등사신청이 있을 경우 이 사건 규칙 제22조와 이 사건 지침 제2조 나항에 따라 당연히 기록의 열람・등사를 허가하거나 거부하여야 하는 것은 아니다(헌재 1998.2.27. 97헌마101).
* 정보의 자유 내지 알권리는 표현의 자유를 실질화시키는 데 중요한 역할을 하는 것이기 때문에 최대한 보장되어야 한다. 그러나 구치소에서 미결수용자의 신문열람에 관해서 구금목적상 부적당하다고 인정되는 일부 기사의 삭제를 알권리의 본질적인 내용의 침해라고 보지 않는다(헌재 1998.10.29. 98헌마4).
* 대통령선거방송토론위원회가 방송토론회에 참석할 후보자를 최소한의 당선가능성과 주요 정당의 추천 등을 기준으로 하여 선정함으로써 적정 범위 내로 제한하는 것은 국민의 알 권리를 침해하는 것이 아니다(헌재 1998.8.27. 97헌마372).
* 대통령선거의 선거일 공고일로부터 선거일까지 선거기간 중 선거에 관한 여론조사의 결과 등의 공표를 금지하는 것은 국민의 알 권리를 침해하는 것이 아니다(헌재 1995.7.21. 92헌마177,199(병합)).
* 공시대상정보로서 교원의 교원단체 및 노동조합 가입현황(인원 수)만을 규정할 뿐 개별 교원의 명단은 규정하고 있지 않은 구 「교육관련기관의 정보공개에 관한 특례법

시행령」 조항은, 교원의 개인정보자기결정권에 대한 중대한 침해의 가능성을 고려할 때 학부모들의 알 권리를 침해한다고 볼 수 없다(헌재 2011.12.29. 2010헌마293).

(다) 액세스권Access권

① 액세스권의 의의

액세스권이란 일반 국민이 자신의 사상이나 의견을 발표하기 위하여 언론매체에 자유로이 접근·이용할 수 있는 권리를 말한다. 이러한 액세스권은 매스미디어를 자신의 의사표현을 위해 이용할 수 있는 광의의 액세스권과 자기와 관계가 있는 보도에 대한 반론 내지 해명의 기회를 요구할 수 있는 반론권 및 해명권을 내용으로 한다.

② 액세스권의 내용

㉮ 반론권과 추후보도청구권

반론권 내지 반론보도청구권은 정기간행물이나 방송 등에서 공표된 사실적 주장에 의해 피해를 입은 자가 발행인이나 방송사업자에게 서면으로 반론보도문을 게재하거나 반론보도를 방송해 줄 것을 청구할 수 있는 권리이다. 반론보도는 사실적 진술과 이를 명백히 전달하는 데 필요한 설명에 국한된다. 반론권은 언론기관의 사실적 보도에 의한 피해자가 그 보도내용에 대한 반박내용을 게재해줄 것을 청구할 수 있는 권리를 의미하므로, 그 보도내용의 진실여부를 따지거나 허위보도의 정정을 청구하기 위한 것이 아니다(헌재 1991.9.16. 89헌마165).

정기간행물에 의하여 범죄혐의가 있다거나 형사상의 조치를 받았다고 보도된 자는 그에 대한 형사절차가 무죄판결 또는 이와 동등한 형태로 종결된 경우에 그 날로부터 1월 이내에 서면으로 언론사에 이 사실에 관한 추후보도의 게재를 청구할 수 있는 추후보도청구권까지 규정하고 있다(정기간행물등록 등에 관한 법률 제20조, 방송법 제91조 제8항 준용).

㉯ 의견광고

의견광고는 광고주가 광고란·광고시간에 따라 대가를 지불하고 매스미디어에 자신의 의견을 광고하는 형식을 통하여 선전하는 것을 말한다.

(라) 언론기관의 자유

① 보도의 자유

언론·출판의 자유에는 특히 신문·잡지·방송·텔레비전 등의 매스미디어를 통해 뉴스 등을 보도할 자유인 보도의 자유도 포함되는데, 보도의 자유는 신문에 의한 보도의 자유가 대표적인 것이다. 이에는 취재의 자유, 언론기관시설법정주의, 방송의 자유, 언론기관 내부의 자유 등이 있다.

② 취재의 자유

취재의 자유가 실질적으로 보장되지 않으면 보도의 자유는 실현되기 어렵다. 취재의 자유와 관련하여 기자의 취재원에 대한 진술거부권과 증언거부권을 인정할 수 있을 것인지의 여부가 중요하다.

③ 방송의 자유

입법자는 자유민주주의를 기본원리로 하는 헌법의 요청에 따라 국민의 다양한 의견을 반영하고 국가권력이나 사회세력으로부터 독립된 방송을 실현할 수 있도록 광범위한 입법형성재량을 가지고 있으므로 방송체제의 선택, 방송의 설립 및 운영에 관한 조직·절차의 규율과 방송운영주체의 지위에 관하여 실체적인 규율을 할 수 있다(헌재 2003.12.18. 2002헌바49).

(3) 언론·출판의 책임

언론·출판이 헌법적 한계를 일탈한 경우에는 언론·출판의 자유로서 보호될 수 없는 것은 물론이고 실정 헌법질서와 저촉되는 경우에는 오히려 법적인 책임을 추궁받게 된다. 책임의 형태로는 민법상의 손해배상 책임, 형법상의 명예훼손 책임과 주거침입 책임, 음란문서에 관한 책임, 발행정지·등록취소 등 행정법상의 책임, 국가보안법상의 책임 등이 있다.

(4) 제한과 한계

(가) 사전제한금지-허가제와 검열제의 금지

사전제한은 일정한 의사표현을 할 수 있는지 여부를 정부가 사전에 결정하는 규제방법으로, 대표적인 사전제한인 허가나 검열은 금지된다. 헌법 제21조 제2항의 검열금지조항은 절대적 금지를 의미하므로 국가안전보장 · 질서유지 · 공공복리를 위하여 필요한 경우라도 사전검열이 허용되지 않는다(헌재 1996.10.4. 93헌가13).

등록이나 신고는 사전 허가 · 검열에 해당하지 않으므로 허용된다. 또한 민사소송법에 의한 방영금지 가처분(헌재 2001.8.30. 2000헌바36), 초등학교 및 중등학교 교과서의 검 · 인정(헌재 1992.11.12. 89헌마88), 정간법상의 납본제도(헌재 1992.6.26. 90헌바26)는 사전검열이 아니다.

① 허가제의 금지

사전적 제한이라는 점에서 허가와 검열은 본질적으로 동일하며 헌법 제21조가 금지하는 허가 · 검열은 내용규제 그 자체에 있으며 내용규제의 효과를 초래하는 것이 아니라면 위의 금지된 "허가"에 해당되지 않는다(헌재 2001.5.13. 2000헌바43).

방송사업 허가제는 표현 내용에 대한 가치판단에 입각한 내용규제로서의 사전제한과 같은 실질을 가진다고 볼 수 없으므로 위의 금지된 '허가'에 해당하지 않는다(헌재 2012.11.29. 2011헌바137).

② 검열제의 금지

㉮ 검열의 개념과 요건

검열은 행정권이 주체가 되어 사상이나 의견 등이 발표되기 이전에 예방적 조치로서 그 내용을 심사, 선별하여 발표를 사전에 억제하는, 즉 허가받지 아니한 것의 발표를 금지하는 제도를 뜻한다. 검열은 일반적으로 허가를 받기 위한 표현물의 제출의무, 행정권이 주체가 된 사전심사절차, 허가를 받지 아니한 의사표현의 금지 및 심사절차를 관철할 수 있는 강제수단 등의 요건을 갖춘 경우에만 이에 해당한다(헌재 1996.10.4. 93헌가13 등).

심의기관이 행정기관인지 여부는 기관의 형식에 의하기보다는 그 실질에 따라 판단되어야 하고, 행정기관의 자의로 개입할 가능성이 열려 있다면 개입 가능성의 존재 자체로 헌법이 금지하는 사전검열이라고 보아야 한다(헌재 2018.6.28. 2016헌가8 등).

㉯ 관련 판례

* 사전허가금지의 대상은 어디까지나 언론 · 출판 자유의 내재적 본질인 표현의 내용을 보장하는 것을 말하는 것이지, 언론 · 출판을 위해 필요한 물적 시설이나 언론기업의 주체인 기업인으로서의 활동까지 포함되는 것으로 볼 수는 없다(헌재 2016.10.27. 2015헌마1206).
* 사전검열금지의 원칙은 모든 형태의 사전적인 규제를 금지하는 것은 아니고, 의사표현의 발표 여부가 오로지 행정권의 허가에 달려있는 사전심사만을 금지하는 것으로, 일반적으로 허가를 받기 위한 표현물의 제출의무, 행정권이 주체가 된 사전심사절차, 허가를 받지 아니한 의사표현의 금지 및 심사절차를 관철할 수 있는 강제수단 등의 요건을 갖춘 경우에만 이에 해당한다(헌재 2007.10.4. 2004헌바36).
* 언론 · 출판의 자유의 보호를 받는 표현 중에서 사전검열금지원칙의 적용이 배제되는 영역을 따로 설정할 경우 그 기준에 대한 객관성을 담보할 수 없다는 점 등을 고려하면, 헌법상 사전검열은 예외 없이 금지되는 것으로 보아야 한다(헌재 2015.12.23. 2015헌바75).
* 「옥외광고물 등 관리법」상 사전허가제도는 일정한 지역 · 장소 및 물건에 광고물 또는 게시시설을 표시하거나 설치하는 경우에 그 광고물 등의 종류 · 모양 · 크기 · 색깔, 표시 또는 설치의 방법 및 기간 등을 규제하고 있을 뿐, 광고물 등의 내용을 심사 · 선별하여 광고물을 사전에 통제하려는 제도가 아님은 명백하므로, 헌법 제21조 제2항이 정하는 사전허가 · 검열에 해당되지 아니한다(헌재 1998.2.27. 96헌바2).
* 공연윤리위원회의 사전심의나(헌재 1996.10.4. 93헌가13) 한국공연예술진흥협의회의 사전심의(헌재 1999.9.16. 99헌가1)는 헌법이 금지하는 검열기관에 해당한다.
* 영화 및 음반 등에 대한 검열금지규정의 적용여부가 문제되나, 영화나 음반도 적용된다(헌재 1998.12.24. 96헌가23). 등급을 미리 심사하는 등급심사제도는 사전검열이 아니다(헌재 1996.10.4. 93헌가13). 그러나 영상물등급위원회에 의한 등급분류보류제도는 비록 형식적으로는 등급분류보류에 의하더라도 실질상으로 검열의 요건에 해당하여 사전검열에 해당한다(헌재 2001.8.30. 2000헌가9).
* 건강기능식품의 표시 · 광고에 관한 사전심의절차를 법률로 규정하였다 하여 이를 우리 헌법이 절대적으로 금지하는 사전검열에 해당한다고 보기는 어렵다(헌재 2010.7.29. 2006헌바75). 하지만, 건강기능식품 기능성광고 사전심의는 그 검열이 행정권에 의하여 행하여진다 볼 수 있고, 헌법이 금지하는 사전검열에 해당한다(헌재 2018.6.28. 2016헌가8).

사전검열금지와 기능성광고 사전심의 (헌재 2018.6.28. 2016헌가8)

건강기능식품의 기능성 광고는 인체의 구조 및 기능에 대하여 보건용도에 유용한 효과를 준다는 기능성 등에 관한 정보를 널리 알려 해당 건강기능식품의 소비를 촉진시키기 위한 상업광고이지만, 헌법 제21조 제1항의 표현의 자유의 보호 대상이 됨과 동시에 같은 조 제2항의 사전검열 금지 대상도 된다. … 건강기능식품 기능성광고 사전심의는 그 검열이 행정권에 의하여 행하여진다 볼 수 있고, 헌법이 금지하는 사전검열에 해당하므로 헌법에 위반된다.

(나) 사후제한의 원리

① 헌법 제37조 제2항에 따라 언론과 출판의 자유는 법률에 의한 제한이 가능하며, 헌법 제76조에 의거한 대통령의 긴급명령과 헌법 제77조 제3항에 따른 대통령의 비상계엄 선포 시에는 언론·출판의 자유가 제한받을 수 있다.

② 언론·출판의 자유는 민주정치를 지탱하는 고도의 공공적 가치를 가지는 기본권이므로 그것을 규제하는 경우에는 (i) 이중기준의 이론, (ii) 명확성의 이론, (iii) 과잉제한금지의 원칙, (iv) 법익형량이론, (v) 명백하고 현존하는 위험의 원칙, (vi) 사전억제금지의 원칙 등에 입각하여 언론·출판을 규제하여야 한다(헌재 1991.6.3. 89헌마204).

③ 언론·출판의 자유는 민주주의를 상징하는 바가 큰 자유권이므로 최대한으로 보장되어야 하나 절대적·무제한적 자유는 아닌 까닭에 그 내재적 한계가 존재할 수밖에 없다. (i) 타인의 명예훼손, (ii) 타인의 사생활의 비밀과 자유의 침해, (iii) 공중도덕과 사회윤리의 위배, (iv) 선동(범죄나 공공질서의 교란 등) 등의 경우를 들 수 있다.

4. 집회·결사의 자유集會·結社의 自由

집회·결사의 자유란 다수인이 공동의 목적을 가지고 접촉을 통하여 의사를 형성하고 집단적인 의사표현을 하여 공동의 이익을 추구할 수 있는 자유를 말한다. 이는 언론·출판의 자유와 함께 민주주의 국가에 있어서 필수불가결한 자유이다. 헌법은 제21조 제1항에서 “모든 국민은…집회·결사의 자유를 가진다”고

하여 집회 · 결사의 자유를 보장하고 있다. 제2항에서는 "집회 · 결사에 대한 허가는 인정되지 아니한다"고 하여 집회 · 결사에 대한 허가제를 금지하고 있다.

(1) 집회의 자유

(가) 집회의 자유의 의의 및 성격

① 의 의

집회란 다수인이 공동의 목적을 가지고 일정한 장소에서 일시에 집합하는 행위를 말한다. 즉 1인 시위는 집회가 아니다. 다만, 집회의 주최자는 필수적 요건이 아니며, 집회 및 시위에 관한 법에 따라 사전 신고를 하지 않은 우발적 집회의 경우라도 사회질서를 침해하지 않는 한 보호되어야 한다.

② 법적 성격

㉮ 주관적 공권 및 객관적 가치질서

집회의 자유도 주관적 공권임과 동시에 객관적 가치질서로서의 성격을 가진다. 집회의 자유는 국가내적 권리이며, 나아가 민주적 기본질서의 한 구성요건으로서 여론형성과 여론표현의 불가결의 집회제도 자체를 보장한 것으로 제도적 보장의 성격도 있다.

㉯ 이중적 헌법적 기능

집회의 자유는 개인의 인격발현의 요소이자 민주주의를 구성하는 요소라는 이중적 헌법적 기능을 가지고 있다. 인간의 존엄성과 자유로운 인격발현을 최고의 가치로 삼는 우리 헌법질서 내에서 집회의 자유도 다른 모든 기본권과 마찬가지로 일차적으로는 개인의 자기결정과 인격발현에 기여하는 기본권이다. 집회의 자유는 공동으로 인격을 발현하기 위하여 타인과 함께 하고자 하는 자유, 즉 타인과의 의견교환을 통하여 공동으로 인격을 발현하는 자유를 보장하는 기본권이자 동시에 국가권력에 의하여 개인이 타인과 사회공동체로부터 고립되는 것으로부터 보호하는 기본권이다(헌재 2003.10.30. 2000헌바67).

㉰ 소수의 보호를 위한 기본권

집회의 자유는 소수의 보호를 위한 중요한 기본권이다. 소수가 공동체의 정치적 의사형성과정에 영향을 미칠 수 있는 가능성이 보장될 때, 다수결에 의한 공동체의 의사결정은 보다 정당성을 가지며 다수에 의하여 압도당한 소수에 의하여 수용될 수 있는 것이다. 헌법이 집회의 자유를 보장한 것은 관용과 다양한 견해가 공존하는 다원적인 '열린사회'에 대한 헌법적 결단인 것이다(헌재 2003.10.30. 2000헌바67등).

공동체의 정치적 의사형성 (헌재 2003.10.30. 2000헌바67등)

집회의 자유는 집단적 의견표명의 자유로서 민주국가에서 정치의사형성에 참여할 수 있는 기회를 제공한다. 집회의 자유는 사회·정치현상에 대한 불만과 비판을 공개적으로 표출케 함으로써 정치적 불만이 있는 자를 사회에 통합하고 정치적 안정에 기여하는 기능을 하고, 소수집단에게 그들의 권익과 주장을 옹호하기 위한 적절한 수단을 제공한다는 점에서 소수의견을 국정에 반영하는 창구로서 그 중요성을 더해 가고 있다.

(나) 집회의 자유의 구체적 내용

집회의 자유에는 적극적 집회의 자유(집회를 개최하는 자유 · 집회를 사회 또는 진행하는 자유 · 집회에 참가하는 자유), 소극적 집회의 자유(집회를 개최하지 않을 자유 · 집회에 참가하지 않을 자유)가 있다. 집회 · 시위의 장소는 집회 · 시위의 목적을 달성하는 데 있어서 집회 · 시위장소를 자유롭게 선택할 수 있어야만 집회 · 시위의 자유가 비로소 효과적으로 보장되므로 장소선택의 자유는 집회 · 시위의 자유의 한 실질을 형성한다(헌재 2005.11.24. 2004헌가17).

① 집회에서의 시위와 행진

시위행진은 장소 이동을 수반하는 집회로서 집회의 자유의 보호영역에 포함된다. 집회 및 시위에 관한 법률 제2조 제2호의 '시위'는 위력 또는 기세를 보여 불특정다수인의 의견에 영향을 주거나 제압을 가하는 행위를 말한다고 풀이되므로 '공중이 자유로이 통행할 수 있는 장소'라는 장소적 제한개념은 시위라는 개념의 요소라고 볼 수 없다(헌재 1994.4.28. 91헌바14).

② 집회에서의 연설 및 토론

집회의 자유의 중요목적은 집단으로 의사표시를 하는 것이다. 누구나 어떤 장소에서 자신이 계획한 집회를 할 것인가를 원칙적으로 자유롭게 결정할 자유가 집회의 자유의 보호영역에 포함된다(헌재 2003.10.30. 2000헌바67). 집회시위의 규제에는 집회에 있어서의 의사표현 자체의 제한의 경우와 그러한 의사표현에 수반하는 행동자체의 제한 두 가지가 있을 수 있다. 전자의 경우에는 제한되는 기본권의 핵심은 집회에 있어서의 표현의 자유이다(헌재 1992.1.28. 89헌가8).

③ 평화적 집회

헌법은 집회의 자유를 통해 평화적인 집단행동을 보호하려는 것이기 때문에 폭력적인 집회는 보호대상에서 제외된다. 평화적 집회와 비평화적 집회를 구별하는 기준에 대해서는 심리적 폭력설과 물리적 폭력설의 견해가 있으나, 물리적 폭력설이 일반적인 견해이며, 집회 및 시위에 관한 법률도 물리적 폭력설에 입각하고 있다(법 제12조).

(다) 집회의 자유의 제한과 한계

집회의 자유도 헌법 제37조 제2항에 의하여 국가안전보장·질서유지 또는 공공복리를 위하여 필요한 경우에 한하여 법률로써 제한할 수 있다. 집회 및 시위는 평화적·비폭력적·비무장이어야 하며, 헌법질서·도덕률 등에 위배되지 않아야 하고, 공익이나 타인의 기본권과 조화를 이루는 선에서 행하여져야 한다. 헌법이 집회에 대한 허가제를 금지하고 있지만, 집회에 대한 사전신고제도가 헌법에 위반된다고 할 수는 없다(헌재 2009.5.28. 2007헌바22). 다만, 본질적 내용은 제한할 수 없다. 집회 또는 시위에 대한 신고제는 무방하나 허가제는 인정되지 않는다(헌재 2009.9.24. 2008헌가25).

헌법재판소는 "해가 뜨기 전이나 해가 진 후의 옥외집회를 원칙적으로 금지하고, 일정한 경우 관할 경찰관서장이 이를 예외적으로 허용할 수 있도록 한 법률조항은 집회의 자유를 침해하여 헌법에 위반된다"고 판시한 바 있다(헌재 2009.9.24. 2008헌가25).

국회의사당 100미터 내 옥외집회 금지 (헌재 2018.5.31. 2013헌바32 등)

누구든지 국회의사당의 경계지점으로부터 100미터 이내의 장소에서 옥외집회 또는 시위를 할 경우 형사처벌한다고 규정한 '집회 및 시위에 관한 법률' 제11조 제1호는 … 규제가 불필요하거나 또는 예외적으로 허용하는 것이 가능한 집회까지도 이를 일률적 · 전면적으로 금지하고 있으므로 … 평화적이고 정당한 집회까지 전면적으로 제한함으로써 … 과잉금지원칙을 위반하여 집회의 자유를 침해한다.

법원 100미터 내 옥외집회 금지 (헌재 2018.7.26. 2018헌바137)

누구든지 각급 법원의 경계 지점으로부터 100미터 이내의 장소에서 옥외집회 또는 시위를 할 경우 형사처벌한다고 규정한 '집회 및 시위에 관한 법률' 제11조 제1호 중 '각급 법원' 부분 및 제23조 제1호 중 제11조 제1호 가운데 '각급 법원'에 관한 부분은 … 필요한 최소한도의 범위를 넘어 규제가 불필요하거나 또는 예외적으로 허용 가능한 옥외집회 · 시위까지도 일률적 · 전면적으로 금지하고 있으므로, … 과잉금지원칙을 위반하여 집회의 자유를 침해한다.

국무총리 공관 인근 옥외집회 금지 (헌재 2018.6.28. 2015헌가28 등)

국무총리 공관 인근에서 옥외집회 · 시위를 금지하고 위반시 처벌하는 '집회 및 시위에 관한 법률' 제11조 제3호, 제23조 제1호 중 제11조 제3호 … 국무총리 공관의 기능과 안녕을 직접 저해할 가능성이 거의 없는 '소규모 옥외집회 · 시위의 경우', '국무총리를 대상으로 하는 옥외집회 · 시위가 아닌 경우'까지도 예외 없이 옥외집회 · 시위를 금지하고 있는바, … 규제가 불필요하거나 또는 예외적으로 허용하는 것이 가능한 집회까지도 이를 일률적 · 전면적으로 금지하고 있다고 할 것이므로 … 과잉금지원칙을 위반하여 집회의 자유를 침해한다.

(라) 관련 판례

* 재판에 영향을 미칠 염려가 있거나 미치게 하기 위한 집회 또는 시위를 금지하고 이를 위반한 자를 형사처벌하는 것은 어떠한 집회 · 시위가 규제대상에 해당하는지를 판단할 수 있는 아무런 기준도 제시하지 아니함으로써 사실상 재판과 관련된 집단적 의견표명 일체가 불가능하게 되어 집회의 자유를 실질적으로 박탈하는 결과를 초래하므로 집회의 자유를 침해한다(헌재 2016.9.29. 2014헌가3).

* '일출시간 전, 일몰시간 후'라는 광범위하고 가변적인 시간대의 옥외집회 또는 시위를 금지하는 것은 오늘날 직장인이나 학생들의 근무·학업 시간, 도시화·산업화가 진행된 현대사회의 생활형태 등을 고려하지 아니하고 목적 달성을 위해 필요한 정도를 넘는 지나친 제한을 가하는 것이어서 집회의 자유를 침해한다(헌재 2014.4.24. 2011헌가29).
* 집회의 자유는 국가가 개인의 집회참가행위를 감시하고 그에 대한 정보를 수집함으로써 집회에 참가하고자 하는 자로 하여금 불이익을 두려워하여 미리 집회참가를 포기하도록 집회참가의사를 약화시키는 것 등 집회의 자유 행사에 영향을 미치는 모든 조치를 금하는 것을 포함한다(헌재 2003.10.30. 2000헌바67).
* 개인이 집회의 자유를 집단적으로 행사함으로써 불가피하게 발생하는 일반 대중에 대한 불편함이나 법익에 대한 위험은 보호법익과 조화를 이루는 범위 내에서 국가와 제3자에 의하여 수인되어야 한다는 것을 헌법 스스로 규정하고 있는 것이다(헌재 2003.10.30. 2000헌바67).

(2) 결사의 자유

(가) 결사의 자유의 의의 및 성격

결사란 다수의 자연인 또는 법인이 공동의 목적을 위하여 계속적인 단체를 결성함을 말한다. 이러한 결사는 가입과 탈퇴의 자유가 인정되는 자발적인 단체를 의미하므로, 가입과 탈퇴의 자유가 인정되지 않는 결사는 이에 포함되지 않는다(헌재 2002.9.19. 99헌바84). 즉 공법적 결사(헌재 2000.6.1. 99헌마553), 주택건설촉진법상의 주택조합(헌재 1994.2.24. 92헌바43)은 헌법상 결사의 자유의 보호법익의 대상이 되는 단체가 아니다.

정당·노동조합·종교단체·학술단체·예술단체 등도 결사의 일종이나, 이들은 헌법 제8조·제33조·제20조·제22조로 보호되고, 해당조항에 규정이 없는 사항에 대해서는 제21조의 적용을 받게 된다. 헌법 제21조의 결사의 자유는 헌법 제8조의 정당의 자유와 일반법과 특별법의 관계에 놓여 있다. 결사의 자유도 자유권적 기본권이면서 객관적 가치질서로서의 성격을 함께 가진다.

결사의 자유의 내용 (헌재 1996.4.25. 92헌바47)

헌법 제21조가 규정하는 결사의 자유라 함은 다수의 자연인 또는 법인이 공동의 목적을 위하여 단체를 결성할 수 있는 자유를 말하는 것으로 적극적으로는 ① 단체 결성의 자유, ② 단체존속의 자유, ③ 단체활동의 자유, ④ 결사에의 가입·잔류의 자유를, 소극적으로는 기존의 단체로부터 탈퇴할 자유와 결사에 가입하지 아니할 자유를 내용으로 한다.

(나) 결사의 자유의 내용과 효력

결사의 자유는 적극적 측면(단체결성의 자유·단체존속의 자유·단체활동의 자유·결사에의 가입 및 잔류의 자유), 소극적 측면(결사탈퇴의 자유·결사에의 불가입 자유)이 있다.

(다) 결사의 자유의 제한과 한계

① 허가제의 금지

결사에 대한 등록제는 무방하나 허가제는 인정되지 않는다. 또한 반국가단체·반자유민주적 단체·범죄단체의 결성은 헌법 제37조 제2항에 따라 규제할 수 있다. 다만 결사의 자유의 본질적인 내용에 대한 침해는 할 수 없으므로 사전 허가제는 허용되지 않는다.

② 입법자의 준수의무

결사의 자유는 입법자에 의한 형성을 필요로 한다. 입법자는 결사의 자유에 의하여, 국민이 모든 중요한 생활영역에서 결사의 자유를 실제로 행사할 수 있도록 그에 필요한 단체의 결성과 운영을 가능하게 하는 최소한의 법적 형태를 제공해야 한다는 구속을 받을 뿐만 아니라, 단체제도를 법적으로 형성함에 있어서 지나친 규율을 통하여 단체의 설립과 운영을 현저하게 곤란하게 해서도 안 된다는 점에서 입법자에 의한 형성은 비례의 원칙을 준수해야 한다(헌재 2002.8.29. 2000헌가5).

③ 옥외집회의 사전신고의무

옥외집회를 주최함에 있어 관할경찰서장에게 사전신고를 하도록 의무화한 집회 및 시위에 관한 법률 제6조 제1항의 규정은 그 시위에 소요된 시간이 단시간이라거나 시위가 평화롭게 이루어졌다 하여 그 적용이 배제된다고 볼 수 없다(대판 1991.6.28. 91도944).

(라) 관련 판례

* 축협중앙회는 공법인성과 사법인성을 겸유한 특수한 법인으로서 결사의 자유라는 기본권의 주체가 될 수 있지만, 공법인적 특성이 상대적으로 더 크다는 점은 그의 기본권의 제약요소로 작용한다(헌재 2000.6.1. 99헌마553).
* 근로자의 단결권도 결사의 자유 속에 포함되나, 헌법이 노동3권과 같은 특별 규정을 두어 별도로 단결권을 보장하는 것은 근로자의 단결에 대해서는 일반 결사의 경우와 다르게 특별한 보장을 해준다는 뜻을 내포하고 있다(헌재 2012.3.29. 2011헌바53).
* 행정관청이 일정한 요건을 갖추지 못한 노동조합 설립신고서를 「노동조합 및 노동관계조정법」에 따라 반려할 수 있도록 규정한 것은 헌법 제21조 제2항이 금지하는 결사에 대한 허가제라고 볼 수 없다(헌재 2012.3.29. 2011헌바53).
* 헌법 제21조에서 보장하는 결사에는 공법상의 결사나 법이 특별한 공공목적에 의하여 구성원의 자격을 정하고 있는 특수단체는 포함되지 아니한다(헌재 2006.5.25. 2004헌가1).

5. 학문과 예술의 자유學問과 藝術의 自由

> **헌법 제22조** ① 모든 국민은 학문과 예술의 자유를 가진다.
> ② 저작자·발명가·과학기술자와 예술가의 권리는 법률로써 보호한다.

헌법 제22조 제1항은 학문과 예술의 자유를 동일 조항에서 보호하고 있으며, 제2항에서는 지적재산권도 보호하고 있다.

(1) 학문의 자유

(가) 학문의 자유의 의의 및 성격

① 의 의

학문이란 자연과 사회의 변화·발전에 관한 법칙이나 진리를 탐구하고 인식하는 행위를 말하며, 학문의 자유란 그러한 학문적 활동에 관하여 외부의 간섭이나 방해를 받지 아니할 자유를 말한다.

② 법적 성격

헌법 제22조 제1항의 규정에 비추어 학문의 자유는 기본권으로서의 성격을 지니며, 객관적 가치질서로서의 성격도 가진다.

(나) 학문의 자유의 내용

① 학문연구의 자유

연구란 사색·독서·조사·실험 등에 의하여 진리를 탐구하는 행위를 말하며, 이는 신앙의 자유와 함께 절대적 자유에 속한다.

② 연구결과발표의 자유

연구결과발표의 자유는 연구결과를 외부에 공표하는 자유를 말하는데, 연구결과발표의 자유도 학문의 자유에 포함된다(헌재 2001.2.22. 99헌마613).

③ 교수의 자유(강학의 자유)

교수의 자유는 대학이나 고등교육기관에 종사하는 교육자가 자유로이 교수 또는 교육하는 자유를 말한다. 학문 활동의 하나인 교수의 자유는 자신의 학문 활동을 통하여 획득한 인식을 전수·강의한다는 점에서 강의할 자유도 학문의 자유에 포함되며, 단순한 지식의 전달을 내용으로 하는 교육(수업)과는 구별된다(헌재 1992.11.12. 89헌마88).

④ 학문을 위한 집회·결사의 자유

학문적 집회·결사의 자유란 학문을 공동으로 연구하거나 발표하기 위하여 집회를 개최하거나 단체를 결성하는 자유를 말한다.

⑤ 대학의 자치大學의 自治

㉮ 의 의

대학의 자치란 연구와 교육이라는 대학 본연의 임무를 달성하는 데 필요한 사항은 가능한 한 대학의 자율에 맡겨야 함을 말한다. 헌법 제31조 제4항이 규정하고 있는 교육의 자주성, 대학의 자율성 보장은 대학에 대한 공권력 등 외부세력의 간섭을 배제하고 대학 구성원 자신이 대학을 자주적으로 운영할 수 있도록 함으로써 대학인으로 하여금 연구와 교육을 자유롭게 하여 진리탐구와 지도적 인격의 도야라는 대학의 기능을 충분히 발휘할 수 있도록 하기 위한 것이다. 교육의 자주성이나 대학의 자율성은 헌법 제22조 제12항이 보장하고 있는 학문의 자유의 확실한 보장수단이자 대학에 부여된 헌법상의 기본권이다(헌재 1992.10.1. 92헌마68).

대학의 자치는 대학자치의 제도보장을 의미한다. 그런 점에서 대학의 자치는 종래의 대학제도의 전체적 내용을 고정시키는 것이 아니며 그 핵심적 내용의 보존만을 의미한다.

㉯ 재확인 규정

헌법은 제31조 제4항에서 “대학의 자율성은 법률이 정하는 바에 의하여 보장된다”라고 하여 헌법 차원에서 대학의 자율성 내지 대학의 자치제를 보장하고 있다. 그러나 대학의 자유는 학문의 자유를 실효적으로 보장하기 위한 수단인바, 학문의 자유(헌법 제22조 제1항)에 의해 당연히 인정되고 헌법 제31조 제4항은 이를 재확인한 것이다.

㉰ 대학자치의 주체

대학자치의 주체란 대학자치에 관한 사항을 실질적으로 결정할 수 있는 자를 말한다. 이에 대해서는 대학의 자치는 학문의 연구와 교육이라는 대학의 기능을 달성하는 데 필요한 사항을 자주적으로 결정하는 것을 의미한다는 교수 주체설과 대학의 구성원들이 모두 함께 대학자치의 운영주체가 된다는 대학 구성원 주체설이 대립하고 있다. 국가에 의한 침해에 있어서는 대학 자체 외에도 대학 전 구성원이 자율성을 갖는 경우도 있을 것이므로 경우에 따라서 대학, 교수, 교수회 모두가 ‘단독으로’ 혹은 ‘중첩적으로’ 주체가 될 수 있다(헌재 2006.4.27. 2005헌마1047).

㉱ 대학자치의 내용

첫째, 대학은 교원의 인사에서 자주결정권을 가진다. 대학은 교수의 임용과 보직 등을 자주적으로 결정할 수 있어야 한다. 현행법제 하에서 교육공무원의 임용은 교육공무원법에 규정되어 있다. 둘째, 대학은 관리 · 운영에 관한 자주결정권을 가진다. 여기에는 연구와 교육의 내용 및 그 방법과 대상, 교육과정의 편성 등에 관한 자주결정권, 연구와 교육을 위한 시설의 관리에 관한 자주결정권, 대학의 재정에 관한 자주결정권 등이 포함된다. 셋째, 대학은 학사에 관한 자주결정권을 가진다. 따라서 대학은 학생의 선발(대판 1983.6.28. 83누193), 학생의 전형(대판 1990.8.28. 89누8255)과 성적평가(대판 1979.6.12. 79누13), 학점의 인정, 학위의 수여, 학생에 대한 포상과 징계 등을 자주적으로 결정할 수 있어야 한다. 헌법재판소는 "대학생들의 대학자치에의 참여권은 인정되지만, 대학생들의 건의내용과 다른 학사결정이 내려졌어도 참여권의 침해는 아니다"라고 판시하고 있다(헌재 1997.3.27. 94헌마277).

결국 대학의 자치는 대학 인사 · 학사 · 질서 · 재정 등 대학운영 전반에 대한 교수회의 자치와 학생회의 자치를 내용으로 한다. 그리고 이에는 대학교수의 신분보장도 포함된다.

㉲ 대학자치의 한계

대학의 자치와 관련하여 대학의 문제에 경찰권이 어느 정도로 개입할 수 있느냐의 문제인데, 자유롭고 창조적인 연구와 교육활동을 위해서는 대학이 자주적인 가택권과 질서 유지권 및 징계권을 가져야 한다. 학내에서 시위가 발생한 경우에는 1차적으로 대학이 연구와 교육의 차원에서 그에 대처하여야 한다. 대학이 가지는 대처능력의 한계를 벗어나는 경우에 비로소 경찰권이 개입할 수 있어야 하며, 대학이 가지는 대처능력의 한계를 벗어나는 경우인가 아닌가의 판단은 대학측이 하여야 한다.

집회 및 시위에 관한 법률 제17조는 "집회 또는 시위의 주최자에게 통보하고 그 집회 또는 시위의 장소에 정복을 착용하고 출입할 수 있고 집회나 주최자 · 질서유지인 또는 장소관리자는 질서를 유지하기 위한 경찰관의 직무집행에 협조하여야 한다"고 하고 있어 대학에서의 총장의 요청 없이 출동할 수 있는 근거를 마련하고 있다.

(다) 학문의 자유의 제한과 한계

학문연구의 자유는 인간 내심의 자유로서 법률에 의하여도 제한될 수 없는 절대적 기본권이다. 그 외 연구발표의 자유나 교수의 자유 또는 학문을 위한 집회·결사의 자유는 헌법 제37조 제2항에 의한 제한이 가능한 상대적 기본권이다.

⑵ 예술의 자유

(가) 예술의 자유의 의의 및 성격

예술의 자유란 미美를 추구할 자유를 말하며, 국가에 대한 침해를 방지하는 주관적 공권인 동시에 제도로서 예술을 보장하고 보호해야 한다는 객관적 가치질서로서 성격을 갖는다.

(나) 예술의 자유의 주체

예술창작의 자유는 예술가 개인의 자유로운 정신활동이며 인격적인 표현으로서의 의미를 갖는다는 점에서 자연인 개인을 전제로 한다. 한편 창작한 예술작품을 발행·전시 또는 전파하는 영역에서 활동을 담당하는 미술관이나 박물관 또는 출판사 등도 이러한 활동에 관련해서는 예술의 자유를 향유한다.

(다) 예술의 자유의 내용

예술의 자유는 ① 예술창작의 자유, ② 예술표현의 자유(예술작품의 전시·연주·공연 등의 자유), ③ 예술적 집회·결사의 자유를 그 내용으로 한다. 예술의 자유의 내용에는 국가기관에 대해 예술작품을 전시, 공연, 선전, 보급해 줄 것을 요구할 권리는 내포되지 않는다.

(라) 예술의 자유의 제한과 한계

예술창작의 자유·예술표현의 자유·예술적 집회·결사의 자유는 법률로써 제한이 가능하다. 영화·연극에 대해서는 그것이 대중에 미치는 직접적 영향 때문에 사회질서나 미풍양속을 보호하기 위한 차원에서 제한이 허용된다. 그러나 당국에 의한 일방적·강제적 사전심의는 허용되지 아니한다(헌재 1993.5.13. 91헌바17).

⑶ 지적재산권의 보호知的財産權의 保護

(가) 의 의

지적재산권이란 인간의 정신적 창작활동의 결과 생산되는 것을 말하는데 여기에는 저작권, 산업재산권(특허권·실용신안권·디자인권·상표권), 제3의 권리(computer software, data base, 반도체칩, 영업비밀 등)가 있다. 헌법 제22조 제2항은 지적재산권의 보호를 규정하고 있다. 이는 현행 헌법에서 최초로 규정되었다.

(나) 저작자·발명가 등의 권리보호의 의미

헌법 제22조 제2항은 저작자·발명가·과학기술자와 예술가의 권리는 법률로써 보호한다. 저작자 등의 권리를 보호하는 것은 학문과 예술을 발전·진흥시키고 문화국가를 실현하기 위하여 불가결할 뿐 아니라, 이들 저작자 등의 산업재산권을 보호한다는 의미도 함께 가지고 있다.

Ⅴ. 경제적 자유권經濟的 自由權

직업선택의 자유(제15조), 거주·이전의 자유(제14조), 재산권(제23조)을 총칭해서 경제적 자유권이라 부른다. 봉건적인 구속을 배제시켜, 근대시민계급이 자유로운 경제활동을 행하기 위해 주장된 권리이고, 시민혁명 시기에 불가침의 인권으로서 두텁게 보호되었다. 현대에 와서는, 경제적 자유는 법률에 의한 규제를 받는 기본권으로 이해되고 있다.

1. 직업선택의 자유職業選擇의 自由

> **헌법 제15조** 모든 국민은 직업선택의 자유를 가진다.

(1) 의 의

헌법 제15조는 직업선택의 자유를 규정하고 있다. 1962년 헌법에서 최초로 직업선택의 자유를 명문으로 규정하였다. 직업선택의 자유란 자기가 원하는 직업을 자유로이 선택하고 이에 종사하는 등 직업에 관한 종합적이고 포괄적인 자유를 말한다(헌재 1993.5.13. 92헌마80). 여기서 직업이 되기 위해서는 생활수단성·계속성·공공무해성을 띠고 있어야 한다. 그러나 헌법재판소는 공공무해성은 직업의 요소에 포함되지 않는다는 입장이다(헌재 1993.5.13. 92헌마80). 공직도 직업의 개념에 포함되지만, 직업선택의 자유에 비해서 특별법인 공무담임권을 우선적으로 적용한다.

직업선택의 자유의 의의 (헌재 2001.9.27. 2000헌마152 등)

직업선택의 자유는 자신이 원하는 직업 내지 직종을 자유롭게 선택하고, 선택한 직업을 자유롭게 수행할 수 있음을 그 내용으로 하는 것이지, 특정인에게 배타적·우월적인 직업선택권이나 독점적인 직업활동의 자유까지 보장하는 것은 아니다.

헌법상 보호되는 '직업'이란 생활의 기본적 수요를 충족시키기 위해서 행하는 계속적인 소득활동을 의미하므로 무보수 봉사직인 공립학교 운영위원회 운영위원의 활동은 헌법상 보호되는 직업에 포함되지 않는다(헌재 2007.3.29. 2005헌마1144). 방학기간을 이용하여 또는 휴학 중에 학비 등을 벌기 위해 학원강사로서 일하는 행위는 어느 정도 계속성을 띤 소득활동으로서 직업의 자유의 보호영역에 속한다(헌재 2003.9.25. 2002헌마519). 계속적인 소득활동이 될 수 있으면, 게임 결과물의 환전업도 헌법 제15조가 보장하고 있는 직업에 해당한다(헌재 2010.2.25. 2009헌바38).

(2) 법적 성격

직업의 선택 혹은 수행의 자유는 각자 생활의 기본적 수요를 충족시키는 방편이 되고, 또한 개성신장의 바탕이 된다는 점에서 주관적 공권의 성격이 두드러진 것이기는 하나, 다른 한편으로는 국민 개개인이 선택한 직업의 수행에 의하여 국가의 사회질서와 경제질서가 형성된다는 점에서 사회적 시장경제질서라고 하는 객관적 법질서의 구성요소이기도 하다(헌재 2002.4.25. 2001헌마614).

⑶ 주 체

직업선택의 자유의 주체는 모든 국민임에는 의문이 없으며, 법인도 성질상 누릴 수 있는 기본권의 주체가 되는바, 직업수행의 자유의 주체가 될 수 있다(헌재 1996.3.28. 94헌바42). 다만, 사법인에 대한 것으로 공공단체나 지방자치단체와 같은 특별한 공법인에게는 직업선택의 자유가 인정되지 않는다.

외국인에 대해서는 국가정책상 특정 직업에서 종사하는 것을 배제할 수 있다. 즉 외국인은 헌법에 의하여 부여된 기본권이라고는 할 수 없고, 법률에 의하여 정부가 허가한 범위 내에서 소득활동을 할 수 있다(헌재 2014.9.25. 2013헌바23).

⑷ 내 용

(가) 직업선택의 의미

직업선택의 자유는 ① 직업결정의 자유, ② 전직의 자유, ③ 무직업의 자유, ④ 직업수행의 자유(영업의 자유 포함), ⑤ 자유경쟁의 자유, ⑥ 직업탈퇴의 자유 등을 포함한다. 헌법 제15조에서 말하는 '직업'이란 생활의 기본적 수요를 충족시키기 위해서 행하는 계속적인 소득활동을 의미하며, 이러한 내용의 활동인 한 그 종류나 성질을 묻지 않는다(헌재 1993.5.13. 92헌마80).

직업결정의 자유로는 운전학원으로 등록되지 않은 자가 대가를 받고 운전교육을 실시하는 행위의 금지(헌재 2003.9.25. 2001헌마447), 시각장애인이 아닌 자가 안마사업을 영위하는 행위의 금지(헌재 2006.5.25. 2003헌마715), 고등학생을 대상으로 하는 입시학원 강사의 자격 기준 중 하나로 '대학 졸업 이상의 학력소지자'일 것을 요구하는 경우(헌재 2003.9.25. 2002헌마519), 직업수행의 자유로는 비영업용 차량을 광고매체로 이용하는 광고대행행위의 금지(헌재 2002.12.18. 2000헌마764), 의료기관 내지 의료인이 의료보험 비지정 요양기관 내지 비보험의非保險醫로서 진료하는 행위의 금지(2002.10.31. 99헌바76)를 대표적 예로 들 수 있다.

(나) 직장을 선택할 자유

직업선택의 자유에는 직장을 선택할 자유도 포함되나, 이러한 직장선택의 자유는 개인이 그 선택한 직업분야에서 구체적인 취업의 기회를 가지거나, 이미 형성된 근로관계를 계속 유지하거나 포기하는 데에 있어 국가의 방해를 받지 않는 자유로운 선택·결정을 보호하는 것을 내용으로 한다. 그러나 이 기본권은 원하는 직장을 제공하여 줄 것을 청구하거나 한번 선택한 직장의 존속보호를 청구할 권리를 보장하지 않으며, 또한 사용자의 처분에 따른 직장 상실로부터 직접 보호하여 줄 것을 청구할 수도 없다. 다만, 국가는 이 기본권에서 나오는 객관적 보호의무, 즉 사용자에 의한 해고로부터 근로자를 보호할 의무를 질 뿐이다(헌재 1989.11.20. 89헌가102).

(5) 효 력

직업의 자유는 모든 국가권력을 구속하는 직접적 효력을 가진 권리이다. 국가권력은 원칙적으로 어떠한 직업을 선택할 것을 개인에게 강요할 수 없고, 또한 개인의 직업에의 종사를 방해할 수 없다. 모든 기업에 대한 국가의 전면적 독점도 직업선택의 자유와 양립되지 않는다(대판 1996.8.23. 95나40557).

(6) 제한과 한계

(가) 제한의 유형

직업의 자유는 사회의 공공질서에 미치는 영향이 크기 때문에 헌법 제37조 제2항에 의한 제한을 많이 받는다. 제한의 유형으로는 ① 국가안전보장을 위한 제한(방위산업에 관한 것은 제한 또는 허가제), ② 질서유지를 위한 제한(성매매 행위 등의 금지, 마약취급자의 면허제), ③ 공공복리의 유지를 위한 제한(숙박업, 식품제조업, 의약품제조업 등의 허가제, 연초·홍삼 등의 전매), ④ 대통령의 긴급명령, 비상계엄선포에 의한 제한, ⑤ 특수신분관계(특별권력관계)에 의한 제한(공무원의 영업금지 등)이 있다.

(나) 제한의 한계

① 비례의 원칙

직업의 자유도 다른 기본권과 마찬가지로 절대적으로 보호되는 것이 아니라, 공익상의 이유로 제한될 수 있음은 물론이나, 이 경우에도 개인의 자유가 공익실현을 위해서도 과도하게 제한되어서는 아니 되며 개인의 기본권은 꼭 필요한 경우에 한하여 필요한 만큼만 제한되어야 한다는 비례의 원칙(헌법 제37조 제2항)을 준수해야 한다(헌재 2002.7.18. 99헌마574).

② 본질적 침해금지의 원칙

직업의 자유도 헌법 제37조 제2항에 따라 과잉금지원칙을 준수하고 본질적 내용을 침해하지 않는 한도에서 제한할 수 있다.

③ 단계이론에 따른 제한의 한계

헌법재판소는, 직업선택의 자유와 직업행사의 자유는 기본권주체에 대한 그 제한의 효과가 다르기 때문에 제한에 대한 위헌심사기준도 다르며, 특히 직업행사의 자유에 대한 제한의 경우 인격발현에 대한 침해의 효과가 일반적으로 직업선택 그 자체에 대한 제한에 비하여 작기 때문에 그 제한이 보다 폭넓게 허용된다고 하여, 독일의 단계이론과 유사한 논리를 전개한다. 직업의 자유의 제한 정도에 따라 낮은 단계부터 직업행사의 자유의 제한(1단계), 주관적 사유에 의한 직업결정의 자유의 제한(2단계), 객관적 사유에 의한 직업결정의 자유의 제한(3단계)으로 구별한다(헌재 2002.4.25. 2001헌마614). 단계이론에 따라 직업의 자유를 제한한 경우에도 그 본질적 내용을 침해할 수 없는 한계도 준수하여야만 한다.

세무사 자격 보유 변호사와 직업선택의 자유 (헌재 2018.4.26. 2015헌가19)

세무사 자격보유 변호사에 대하여 세무사로서의 세무대리를 일체 할 수 없도록 전면 금지하는 것은 세무사 자격 부여의 의미를 상실시키는 것일 뿐만 아니라, 세무사 자격에 기한 직업선택의 자유를 지나치게 제한하는 것이다.

(7) 관련 판례

* 직장선택의 자유는 원하는 직장을 제공하여 주거나 선택한 직장의 존속보호를 청구할 권리를 보장하지 않으나, 국가는 직업선택의 자유로부터 나오는 객관적 보호의무, 즉 사용자에 의한 해고로부터 근로자를 보호할 의무를 진다(헌재 2002.11.28. 2001헌바50).
* 직업의 자유에는 '해당 직업에 합당한 보수를 받을 권리'까지 포함되어 있는 것은 아니다(헌재 2008.12.26. 2007헌마444).
* 직업선택의 자유와 관련하여, 자격제도를 시행함에 있어서 설정하는 자격요건에 대한 판단은 원칙적으로 입법자의 입법형성권의 영역에 있으므로, 그 판단이 입법재량의 범위를 일탈하여 현저히 불합리한 경우에 한하여 헌법에 위반된다고 할 수 있다(헌재 2008.11.27. 2007헌바51).
* 의료인이 아닌 자가 의료에 관한 광고를 할 경우 이를 형사처벌하도록 규정한 「의료법」 조항은 의료인이 아닌 자의 표현의 자유뿐만 아니라 직업수행의 자유도 동시에 제한한다(헌재 2014.3.27. 2012헌바293).
* 유치원 주변의 학교환경위생정화구역 안에서 당구장 시설을 하지 못하도록 하는 것은 비례의 원칙에 위배되어 직업수행의 자유를 침해한다(헌재 1997.3.27. 94헌마196).
* 무면허 의료행위를 일률적 · 전면적으로 금지하고 이를 위반한 경우에는 그 치료결과에 관계없이 형사처벌을 하는 것은, "대안이 없는 유일한 선택"으로서 실질적으로도 비례의 원칙에 합치되는 것이다. 직업의 자유를 제한하거나 침해하는 규정이라고 할 수 없다(헌재 1996.10.31. 94헌가7).
* 다른 기업과의 경쟁에서 국가의 간섭이나 방해를 받지 않고 기업활동을 할 수 있는 자유를 의미하는 경쟁의 자유는 직업의 자유에 의하여 보장된다(헌재 1996.12.26. 96헌가18).
* 국가 정책에 따라 정부의 허가를 받은 외국인은 정부가 허가한 범위 내에서 소득활동을 할 수 있으므로, 외국인이 국내에서 누리는 직업의 자유는 법률에 따른 정부의 허가에 의해 비로소 발생하는 권리이다(헌재 2014.8.28. 2013헌마359).
* 군법무관 임용시험을 거쳐 임명된 군법무관에 대하여 10년간 복무할 것을 조건으로 전역한 후에도 변호사 자격을 유지시켜 주도록 한 구 「군법무관 임용 등에 관한 법률」 조항은 주관적 사유에 의한 직업선택의 자유의 제한에 해당한다(헌재 2007.5.31. 2006헌마767).
* 의약품 도매상 허가를 받기 위해 필요한 창고면적의 최소기준을 규정하고, 기존의 허가를 받은 도매상의 경우 법 시행일부터 2년 이내에 해당시설을 갖추도록 규정하고

있는「약사법」조항은, 의약품 도매업의 개설·영업행위 자체를 전면적으로 금지하여 직업선택 자체를 제한하는 것은 아니고, 이미 선택한 직업을 영위하는 방식과 조건에 대한 규제로서 직업수행의 자유를 제한하는 성격을 지닌다(헌재 2014.4.24. 2012헌마811).

* 금융감독원의 4급 이상 직원에 대하여 퇴직일로부터 2년간 사기업체 등에의 취업을 제한한 구「공직자윤리법」조항은 금융기관에 대한 실질적 영향력 행사 및 금융기관과의 유착을 사전에 방지하기 위한 것으로 직업선택의 자유를 침해하지 않는다(헌재 2014.6.26. 2012헌마331).
* 구체적인 자격제도의 형성에 있어서는 입법자에게 광범위한 입법형성권이 인정되며, 입법자가 합리적인 이유 없이 자의적으로 자격제도의 내용을 규정한 것으로 인정되는 경우에만 그 자격제도가 헌법에 위반된다(헌재 2008.11.27. 2007헌바51).
* 이륜자동차 운전자가 고속도로 등을 통행하는 것을 금지하고 있을 뿐, 퀵서비스 배달업의 직업수행행위를 직접적으로 제한하는 것이 아니고, 이로 인하여 청구인들이 퀵서비스 배달업의 수행에 지장을 받는 점이 있다고 하더라도, 그것은 고속도로 통행금지로 인하여 발생하는 간접적·사실상의 효과일 뿐이므로 직업수행의 자유를 침해하지 않는다(헌재 2008.7.31. 2007헌바90(병합)).
* 음주운전을 금지하고 있는 규정을 2회 이상 위반한 사람이 다시 음주운전을 하여 운전면허 정지사유에 해당하는 경우 운전면허를 필요적으로 취소하도록 하는 것은 음주운전이 개인과 사회, 국가에 미치는 엄청난 피해를 감안할 때 과잉금지원칙에 위반되어 직업의 자유를 침해한다고 볼 수 없다(헌재 2006.5.25. 2005헌바91).
* 공연장의 경영자가 국산영화를 연간상영일수의 5분의 2 이상 상영하여야 한다고 규정한 영화법 관련조항은 국산영화의 존립과 진흥의 발판을 확보하려는 입법목적의 달성을 위한 제한으로서 과잉금지의 원칙에 반하지 아니한다(헌재 1995.7.21. 94헌마125).

2. 거주·이전의 자유居住·移轉의 自由

> **헌법 제14조** 모든 국민은 거주·이전의 자유를 가진다.

(1) 의 의

헌법 제14조에 규정하고 있는 거주·이전의 자유란 자기가 원하는 곳에 주소・거소를 정하거나 그곳으로부터 자유로이 이전하거나 또는 자신의 의사에 반하여 주거지를 옮기지 아니할 자유를 말한다.

(2) 주 체

거주・이전의 자유는 한국국적을 가진 모든 자연인과 국내법인도 그 주체가 되며, 외국인은 원칙적으로 거주・이전의 자유가 없다. 관련된 문제로 탈북주민이 대한민국으로 들어올 때 이를 거주・이전의 자유로서 인정할 수 있느냐이다. 북한주민은 대한민국의 국민이므로 북한지역을 이탈하여 남한지역으로 들어오는 것도 거주・이전의 자유로서 인정된다고 보고 있다(대판 1996.11.12. 96누1221).

(3) 내 용

거주・이전의 자유는 ① 국내거주・이전의 자유(주소・거소 변경의 자유, 국내여행의 자유), ② 국외거주・이전의 자유(국외이주의 자유, 해외여행의 자유, 귀국의 자유, 국적이탈의 자유)를 그 내용으로 하며, 무국적의 자유는 부인된다. 복수국적자가 자유의사에 의해 국적을 이탈할 수 있는 국적이탈의 자유도 헌법상 인정된 거주이전의 자유의 하나에 해당하여 법률로써만 이를 제한할 수 있다(대판 2000.12.22. 99두2826). 즉 거주・이전의 자유는 국내에서 체류지와 거주지를 자유롭게 정할 수 있는 자유영역뿐 아니라 나아가 국외에서 체류지와 거주지를 자유롭게 정할 수 있는 '해외여행 및 해외 이주의 자유'를 포함하고 대한민국의 국적을 이탈할 수 있는 '국적변경의 자유' 등도 그 내용에 포섭된다(헌재 2011.6.30. 2009헌마406). 국적이탈의 자유와 관련하여 국적법 제12조 제2항의 헌법불합치 판결이 있었다(헌재 2020.9.24. 2016헌마889, 헌법불합치). 다만, 이를 위하여 동법 제14조의2를 신설하여 병역준비역에 편입된 때부터 3개월 이내에 대한민국 국적을 이탈한다는 뜻을 신고하지 못한 경우 법무부장관에게 대한민국 국적의 이탈 허가를 신청할 수 있도록 하였다(동법 제14조의2 제1항).

국적법 제12조(복수국적자의 국적선택의무) ② 제1항 본문에도 불구하고 「병역법」 제8조에 따라 병역준비역에 편입된 자는 편입된 때부터 3개월 이내에 하나의 국적을 선택하거나 제3항 각 호의 어느 하나에 해당하는 때부터 2년 이내에 하나의 국적을 선택하여야 한다(헌재 2020.9.24. 2016헌마889, 헌법불합치).

국적법 제14조의2(대한민국 국적의 이탈에 관한 특례) ① 제12조 제2항 본문 … 에도 불구하고 다음 각 호의 요건을 모두 충족하는 복수국적자는 「병역법」 제8조에 따라 병역준비역에 편입된 때부터 3개월 이내에 대한민국 국적을 이탈한다는 뜻을 신고하지 못한 경우 법무부장관에게 대한민국 국적의 이탈 허가를 신청할 수 있다.

1. 다음 각 목의 어느 하나에 해당하는 사람일 것
   가. 외국에서 출생한 사람(직계존속이 외국에서 영주할 목적 없이 체류한 상태에서 출생한 사람은 제외한다)으로서 출생 이후 계속하여 외국에 주된 생활의 근거를 두고 있는 사람
   나. 6세 미만의 아동일 때 외국으로 이주한 이후 계속하여 외국에 주된 생활의 근거를 두고 있는 사람
2. 제12조제2항 본문 및 제14조제1항 단서에 따라 병역준비역에 편입된 때부터 3개월 이내에 국적 이탈을 신고하지 못한 정당한 사유가 있을 것

국적이탈의 자유와 국적선택 (헌재 2020.9.24. 2016헌마889, 헌법불합치)

구체적 사정에 따라서는 … 법률조항이 정하는 기간 내에 국적이탈 신고를 할 것으로 기대하기 어려운 사유가 인정될 여지가 있다. … 예외적으로 국적이탈을 허가하는 방안을 마련할 여지가 있다. … 청구인의 국적이탈의 자유를 침해한다.

(4) 관련 판례

* 형사재판에 계속 중인 사람의 해외도피를 막아 국가형벌권을 확보하려는 것은 실체적 진실의 발견과 사법정의의 실현을 위한 것으로, 출국의 자유를 침해하는 것이 아니다(헌재 2015.9.24. 2012헌바302).
* 거주·이전의 자유가 국민에게 그가 선택할 직업 내지 그가 취임할 공직을 그가 선택하는 임의의 장소에서 자유롭게 행사할 수 있는 권리까지 보장하는 것은 아니다(헌재 1996.6.26. 96헌마200).
* 이중국적자가 병역의무발생(제1국민역 편입) 시부터 일정기간(3월) 내에 한국 국적을 이탈함으로써 한국의 병역의무를 면하는 것은 허용하되, 위 기간 내에 국적이탈을 하지 않은 이중국적자는 병역문제를 해소하지 않는 한 한국 국적을 이탈하지 못하게 한

국적법 규정은, 국적이탈의 자유를 침해하는 것이라고 할 수 없다(헌재 2006.11.30. 2005헌마739).

3. 재산권보장財産權保障

> **헌법 제23조** ① 모든 국민의 재산권은 보장된다. 그 내용과 한계는 법률로 정한다.
> ② 재산권의 행사는 공공복리에 적합하도록 하여야 한다.
> ③ 공공필요에 의한 재산권의 수용·사용 또는 제한 및 그에 대한 보상은 법률로써 하되, 정당한 보상을 지급하여야 한다.

(1) 의 의

(가) 사유재산제도와 사적자치의 원칙

헌법은 제23조 제1항은 "모든 국민의 재산권은 보장된다"고 하는 재산권 보장에 대한 일반적 원칙규정을 규정하면서, 제13조 제2항은 소급입법에 의한 재산권의 박탈을 금지하고 있다. 또한 제119조 제1항은 "대한민국의 경제질서는 개인과 기업의 경제상의 자유와 창의를 존중함을 기본으로 한다"고 규정하고 있다. 즉 우리 헌법은 사유재산제도와 경제활동에 대한 사적자치의 원칙을 기초로 하는 자본주의 시장경제질서를 기본으로 하고 있음을 선언하고 있다(헌재 2002.8.29. 2001헌가24 등).

(나) 헌법 제23조의 의미

① 이중적 의미

헌법 제23조 제1항은 국민 개개인이 재산권을 향유할 수 있는 법제도로서의 사유재산제도를 보장함과 동시에 그 기조 위에서 그들이 현재 갖고 있는 구체적 재산권을 개인의 기본권으로 보장한다는 이중적 의미를 가진다. 후자에 따라 모든 국민은 헌법에 합치하는 법률이 정하는 범위 내에서 구체적 재산권을 보유하여 이를 자유롭게 이용·수익·처분할 수 있음을 의미한다. 동조 제2항은 재산권 행사의 공공복리 적합의무 즉 그 사회적 의무성을 규정한 것이고, 동조 제3항은 재산권 행사의 사회적 의무성의 한계를 넘는 재산권의 수용·사용·제한과 그에 대한 보상의 원칙을 규정한 것이다(헌재 1994.2.24. 92헌가15등).

② 재산권에 대한 제한의 허용정도

헌법 제23조 제1항 본문은 "모든 국민의 재산권은 보장된다"고 규정하여 재산권을 기본권으로 보장하고 있으나, 그 단서에서 "그 내용과 한계는 법률로 정한다"고 하여 법률로 재산권을 규제할 수 있음을 명시하고 있다. 이와 같은 재산권에 대한 제한의 허용정도는 그 객체가 지닌 사회적인 연관성과 사회적 기능에 따라 달라지는 것으로서 그 이용이나 처분이 소유자 개인의 생활영역에 머무르지 않고 일반국민 다수의 일상생활에 큰 영향을 미치는 경우에는 입법자가 공동체의 이익을 위하여 개인의 재산권을 규제하는 권한을 폭넓게 가질 수 있다(헌재 2009.5.28. 2008헌바18등).

③ 주관적 공권과 제도적 보장

재산권 보장은 주관적 공권과 제도적 보장이라는 이중적 성격을 갖는다(헌재 1993.7.29. 92헌바20). 즉 사유재산제도를 제도로서도 보장하는 것이다. 이러한 재산권을 보장하는 것은 국민의 경제적인 생활의 기초가 되며, 동시에 경제질서의 근간을 보장하는 길이 된다. 또한 직업의 자유의 기능적이고 이념적인 전제조건이 된다.

(다) 재산권의 자유보장적 기능

현실적으로 재산권은 기본권의 주체로서 국민이 각자 인간다운 생활을 자기책임하에 자주적으로 형성하는 데 필요한 경제적 조건을 보장해 주는 기능을 한다. 즉 재산권의 보장은 곧 국민 개개인의 자유실현의 물질적 바탕을 의미한다고 할 수 있고, 자유와 재산권은 상호보완관계이자 불가분의 관계에 있다. 재산권의 이러한 자유보장적 기능은 재산권을 어느 정도로 제한할 수 있는가 하는 사회적 의무성의 정도를 결정하는 중요한 기준이 된다(헌재 1998.12.24. 89헌마214등).

(2) 재산권보장의 성격

재산권보장은 개인이 현재 누리고 있는 재산권을 개인의 기본권으로 보장한다는 의미와 개인이 재산권을 향유할 수 있는 법제도로서의 사유재산제도를 보장한다는 의미를 함께 가지고 있다(헌재 1993.7.29. 92헌바20).

⑶ 재산권의 범위(객체)

(가) 일반재산권

① 헌법상의 재산권이란 경제적 가치가 있는 모든 사법상 또는 공법상의 권리를 말한다(헌재 1992.6.26. 90헌바26). 동산・부동산에 대한 모든 종류의 물권은 물론 재산가치 있는 사법상의 채권과 특별법상의 권리(어업권, 광업권 등)를 포함한다. 재산가치가 있는 공법상 권리(공무원 연금청구권, 군사원호대상자의 원호보상급여 청구권 등)도 그것이 자신의 노력에 의해서 얻어진 대가로서의 성질이 강하고, 자신・가족의 특별한 희생에 의하여 얻어진 보상적 성질이 강한 권리인 경우에는 헌법상의 재산권에 속한다(헌재 1995.7.21. 94헌바27).

② 국유재산인 잡종재산도 사인의 재산으로서 취득시효의 대상이 된다(헌재 1991.5.13. 89헌가97). 또 "정당한 지목을 등록함으로써 토지소유자가 누리게 될 이익은 국가가 헌법 제23조에 따라 보장하여 주어야 할 재산권의 한 내포로 봄이 상당하다"고 하여 정당한 이유 없이 지목의 정정을 거부한 것은 재산권의 침해라고 판시하였다(헌재 1999.6.24. 97헌마315). 그러나 단순한 경제적 기회・기대되는 이익・반사적 이익・우연히 생긴 법적지위 등은 재산권에 속하지 않는다(헌재 1997.11.27. 97헌바10).

재산권의 보호범위

1) 의약품을 판매하여 얻게 되는 이익은 장래의 불확실한 기대이익에 불과한 것이므로, 한약조제권은 재산권의 범위에 속하지 아니한다(헌재 1999.4.29. 96헌바55).

2) 관재담당공무원이 국유재산을 취득할 수 있는 기회에 불과하므로 헌법에 의하여 보호되는 재산권에 해당되지 않는다(헌재 1998.5.28. 96헌가5).

3) 국가의 간섭을 받지 아니하고 자유로이 기부행위를 할 수 있는 기회의 보장은 헌법상 보장된 재산권의 보호범위에 포함되지 않는다(헌재 1997.11.27. 97헌바10).

(나) 지적재산권

지적재산권이라고 볼 수 있는 여러 권리들(저작권, 산업재산권, 출판권 등)도 헌법상의 재산권에 속한다. 다만, 우리 헌법은 이와 같은 정신적 재산권에 대해서는 학문과 예술의 자유와 관련시켜서 별도로 규정하고 있다(헌법 제22조 제2항).

(다) 토지재산권

토지는 가장 중요한 재산권의 객체이나, 토지재산권은 그 밖의 재산권에 비해 가중된 사회적 · 공공적 구속을 받게 된다. 즉 재산권 행사의 대상이 되는 객체가 지닌 사회적 연관성과 그 기능이 크면 클수록 입법자에 의한 보다 광범위한 제한이 정당화된다(헌재 1998.12.24. 89헌마214 등). 헌법 제23조 제1항 제2문 및 제2항, 제34조 제1항, 제119조, 제120조, 제122조, 제123조 등 토지재산권에 대한 가중규제 규정을 두고 있다.

토지재산권의 특수성 (헌재 2011.8.30. 2009헌바128등)

헌법상의 재산권은 토지소유자가 이용 가능한 모든 용도로 토지를 자유로이 최대한 사용할 권리나 가장 경제적 또는 효율적으로 사용할 수 있는 권리를 보장하는 것을 의미하지는 않는다. 토지재산권의 강한 사회성 내지는 공공성으로 다른 재산권에 비하여 보다 강한 제한과 의무가 부과될 수 있다.

(라) 특수재산권

특수한 재산권 즉 자연력(제120조 제1항), 농지(제121조), 사영기업의 국공유화(제126조)에 관한 규정들은 제23조를 보완하는 의미를 갖는다.

(4) 재산권 보장의 내용

(가) 사유재산제의 보장

사유재산제를 현상대로 보장한다는 것이 아니라 법률로써도 사유재산제의 기본 내지 중핵은 부인할 수 없다는 의미이다. 즉 생산수단의 사유를 보장한다는 의미이다. 현행 헌법에 있어서 사유재산제는 생존에 필요한 물적 수단의 사유가 아니라 생산수단의 사유를 중핵으로 한다.

(나) 사유재산권의 보장

① 사유재산권의 기본적 내용

헌법이 사유재산권을 보장한다는 것은 사유재산제도의 바탕 위에서 법률로 정하는 범위 내에서 사유재산을 임의로 사용·수익·처분·상속할 수 있는 주관적 공권을 보장한다는 의미이다. 즉 헌법상의 재산권 보장은 재산권 형성적 법률유보에 의하여 실현되고 구체화된다. 사유재산권이 비록 법률로 정하는 범위 내에서라는 제약을 받는다 하더라도 그 제약의 범위 내에서는 국가의 자의적인 과세권행사의 금지, 사유재산 처분금지법률의 금지, 소급입법에 의한 재산권 박탈금지 등 실질적 내용이 보장된다.

② 국가의 자의적인 과세권행사의 금지

세금징수는 원칙적으로 사유재산권의 침해가 아니지만 세금징수 때문에 사유재산 상태가 심각하게 악화되는 상황이 초래되는 경우에는 세금징수도 예외적으로 사유재산권의 침해가 될 수 있다. 헌법재판소는 제23조 제1항에서 국민의 재산권보장에 관한 원칙을 선언함으로써 조세 법률관계에 있어서도 국가가 과세권행사라는 이름아래 법률의 근거와 합리적 이유 없이 국민의 재산권을 함부로 침해할 수 없도록 하였다(헌재 1992.12.24. 90헌바21).

③ 사유재산 처분금지법률의 금지

사유재산의 처분금지를 내용으로 하는 입법조치는 원칙적으로 위헌이지만 과잉금지원칙을 벗어나지 아니하는 예외적인 경우에는 허용된다. 국토이용관리법상의 토지거래 허가제는 사유재산제도의 부정이 아니라 그 제한의 한 형태이고 토지의 투기적 거래의 억제를 위하여 그 처분을 제한함은 부득이한 것이므로 재산권의 본질적인 침해가 아니며, 헌법상의 경제조항에도 위배되지 아니하고 현재의 상황에서 이러한 제한수단의 선택이 헌법상의 비례의 원칙이나 과잉금지의 원칙에 위배되지 않는다(헌재 1989.12.22. 88헌가13).

④ 소급입법에 의한 재산권의 박탈금지

헌법 제13조 제2항은 소급입법에 의한 재산권의 박탈을 금지함으로 재산권 보장에 철저를 기하고 있다. 소급입법에 의한 재산권의 박탈이 금지되는 것은 진정소급효의 입법이고 소위 부진정소급효의 입법의 경우에는 원칙적으로 허용되는 것이다(헌재 1997.6.26. 96헌바94).

진정소급효와 부진정소급효 입법의 의미

1) '진정소급효의 입법'은 이미 과거에 완성된 사실 또는 법률관계를 규율의 대상으로 하는 것을 의미한다.

2) '부진정소급효의 입법'은 이미 과거에 시작하였으나 아직 완성되지 아니하고 진행과정에 있는 사실 또는 법률관계를 규율의 대상으로 하는 것을 의미한다.

예외적으로 진정소급입법을 인정하는 경우도 있다. 즉 진정소급입법이 허용되는 예외적인 경우로는 일반적으로 국민이 소급입법을 예상할 수 있었거나 법적 상태가 불확실하고 혼란스러웠거나 하여 보호할만한 신뢰의 이익이 적은 경우와 소급입법에 의한 당사자의 손실이 없거나 아주 경미한 경우, 신뢰보호의 요청에 우선하는 심히 중대한 공익상의 사유가 소급입법을 정당화하는 경우 등을 들 수 있다(헌재 1998.9.30. 97헌바38).

⑸ 재산권 행사의 공공복리 적합의무

헌법 제23조 제2항은 "재산권의 행사는 공공복리에 적합하도록 하여야 한다"라고 하여, 재산권의 사회적 구속성(공공복리적합성)을 규정하고 있는데, 재산권 행사의 공공복리 적합의무는 헌법상의 의무로서 입법형성권의 행사에 의해 현실적인 의무로 구체화되고 있는 법적 의무이다(헌재 1989.12.22. 88헌가13). 헌법상 재산권에 대한 제한이 등장하게 된 이념적 배경인 사회국가원리에 비추어본다면, 이러한 의무는 법적 의무이고 재산권의 사회적 연관성이나 파급효과가 클수록 입법자의 입법형성권은 커진다. 다만, 본질적 내용을 침해하여서는 아니 되고 사회적 기속성을 함께 고려하여 균형을 이루어야 한다.

⑹ 재산권의 제한과 한계

(가) 재산권 제한의 유형

헌법 제23조 제2항에서는 재산권의 행사의 공공복리의 적합성(사회적 제약), 제23조 제3항은 공용침해(공용수용 · 사용 · 제한)에 대한 '정당한 보상'을 규정하고 있다. 헌법재판소는 이러한 사회적 제약과 공용침해를 구별하는 기준을 분리이론에 입각하고 있다.

① 분리이론

재산권에 관한 내용한계형성규정과 공용침해규정은 서로 연장선상에 있는 것이 아니라 헌법적으로 각기 독립된 별개의 것으로. 양 법률조항에 관한 사법심사의 기준도 서로 독립된 것으로 보는 이론이다. 침해강도가 아니라 침해의 형태나 목적을 기준으로 양자를 구별한다.

② 헌법재판소의 판례

"헌법 제23조에 의하여 재산권을 제한하는 형태에는, 제1항 및 제2항에 근거하여 재산권의 내용과 한계를 정하는 것과, 제3항에 따른 수용 · 사용 또는 제한을 하는 것의 두 가지 형태가 있다. 전자는 '입법자가 장래에 있어서 추상적이고 일반적인 형식으로 재산권의 내용을 형성하고 확정하는 것'을 의미하고, 후자는 '국가가 구체적인 공적 과제를 수행하기 위하여 이미 형성된 구체적인 재산적 권리를 전면적 또는 부분적으로 박탈하거나 제한하는 것'을 의미한다. 택지소유상한에 관한 법률은 헌법 제23조 제1항 및 제2항에 의하여 토지재산권에 관한 권리와 의무를 일반 · 추상적으로 확정함으로써 재산권의 내용과 한계를 정하는 규정이라고 보아야 한다"고 하여 분리이론을 취하고 있다(헌재 1999.4.29. 94헌바37).

(나) 적법한 재산권 제한과 그 보상

① 재산권 제한의 목적

재산권 제한의 목적은 헌법 제37조 제2항의 국가안전보장 · 질서유지 · 공공복리를 위한 일반적 경우와 헌법 제23조 제3항의 공공필요를 위한 경우이다.

② 재산권 제한의 형식

㈀ 헌법 제37조 제2항에 따른 제한이든 제23조 제3항에 따른 제한이든 국회가 제정한 형식적 의미의 법률이어야 한다. 특히 헌법 제23조 제3항은 재산권 제한의 유형과 그 보상의 기준 및 방법을 법률로 규정하여야 한다.

㈁ 헌법재판소는 도시계획법상 개발제한 구역제도 그 자체는 원칙적으로 합헌적인 규정인데, 다만 예외적으로 발생할 부담에 대하여 보상규정을 두지 않은 것은 위헌성이 있는 것이라며 보상입법을 마련하도록 하였다(헌재 1998.12.24. 89헌마214).

㈂ 재산권 제한은 조례로도 제한이 가능하지만, 조례에 의한 기본권 제한의 경우에는 법률의 위임이 있어야 한다(헌재 1995.4.20. 92헌마264).

③ 제한의 유형과 정당한 보상

헌법 제23조 제3항은 재산권 제한의 유형으로서 수용·사용·제한을 규정하고 그에 따른 정당한 보상을 규정하고 있다. (i) 수용(공용수용·공용징수)이란 '공공필요를 위하여 국가·공공단체 또는 사업주체가 개인의 특정 재산권을 법률에 의하여 종국적·강제적으로 취득하는 것'을 말하며, (ii) 사용(공용사용)이란 '공공필요를 위하여 개인의 재산권을 일시적·강제적으로 사용하는 것'이며, (iii) 제한(공용제한)이란 '공공필요를 위하여 개인의 특정 재산권에 대하여 과해지는 공법상의 제한'을 말한다.

이러한 재산권의 제한에 대해서는 법률로써 하되 '정당한 보상'을 지급하여야 한다. 공익사업을 위한 토지 등의 취득 및 보상에 관한 법률(일명 토지보상법)은 공익사업에 필요한 토지 등을 협의 또는 수용에 의하여 취득하거나 사용함에 따른 손실의 보상에 관한 사항을 규정함으로써 공익사업의 효율적인 수행을 통하여 공공복리의 증진과 재산권의 적정한 보호를 도모하는 것을 목적으로 한다(동법 제1조).

④ 제한의 한계

재산권 제한의 경우에도 (i) 사유재산제도와 상속제의 전면적 폐지 불가, (ii) 소급입법에 의한 재산권박탈 금지, (iii) 재산권의 무상몰수 금지, (iv) 헌법 제37

조 제2항의 과잉(제한)금지의 원칙을 준수하여야 한다.

(다) 위법한 재산권 침해와 구제

헌법이 규정하고 있는 요건을 구비하지 아니한 재산권제한은 재산권에 대한 위법한 침해가 된다. 이에는 (i) 공공필요에 의하지 않은 제한, (ii) 법률에 의하지 아니한 제한, (iii) 소급입법에 의한 제한, (iv) 보상규정 없는 법률에 의한 제한, (v) 비례의 원칙에 어긋난 제한 등이 있다.

위헌법률심판・헌법소원심판을 청구할 수 있고 국가배상청구권 행사가 가능하지만, 보상규정이 없는 법률에 의하여 공용침해가 발생한 경우, 헌법재판소는 보상입법을 기다려 그에 따른 권리행사를 할 수 있음은 별론으로 하고 헌법조항을 근거로 직접보상을 청구할 수는 없다는 입장이다(헌재 1998.12.24. 89헌마214).

(7) 관련 판례

* 헌법 제23조 제3항이 규정하는 '정당한 보상'이란 원칙적으로 피수용 재산의 객관적인 재산 가치를 완전하게 보상하는 '완전보상'을 의미한다(헌재 2010.2.25. 2008헌바6).
* 각 최저임금 고시 부분은 사용자가 최저임금의 적용을 받는 근로자에게 지급하여야 할 임금의 최저액을 정한 것으로 청구인들이 이로 인하여 계약의 자유와 기업의 자유를 제한받는 결과 근로자에게 지급하여야 할 임금이 늘어나거나 생산성 저하, 이윤감소 등 불이익을 겪을 우려가 있거나, 그 밖에 사업상 어려움이 발생할 수 있다고 하더라도 이는 기업활동의 사실적・법적 여건에 관한 것으로 재산권 침해는 문제되지 않는다(헌재 2019.12.27. 2017헌마1366).
* 헌법 제23조 제3항은 정당한 보상을 전제로 하여 재산권의 수용 등에 관한 가능성을 규정하고 있지만, 재산권 수용의 주체를 한정하지 않고 있다. … 국가 등의 공적 기관이 직접 수용의 주체가 되는 것이든 그러한 공적 기관의 최종적인 허부판단과 승인결정하에 민간기업이 수용의 주체가 되는 것이든, 양자 사이에 공공필요에 대한 판단과 수용의 범위에 있어서 본질적인 차이를 가져올 것으로 보이지 않는다. 따라서 위 수용 등의 주체를 국가 등의 공적 기관에 한정하여 해석할 이유가 없다(헌재 2009.9.24. 2007헌바114).
* 중학교 학교환경위생 정화구역 안에서 여관영업을 금지하는 법률조항은, 여관의 유해한 환경으로부터 중학생을 보호하여 중학교 교육의 능률화를 기하려는 것으로서, 여관영업을 정리할 수 있도록 2회에 걸쳐 각각 5년의 유예기간을 주는 규정을 고려하

면, 법익의 균형성을 충족하여 재산권을 침해하지 않는다(헌재 2011.10.25. 2010헌바384).

* 행정기관이 개발촉진지구 지역개발사업으로 실시계획을 승인하고 이를 고시하기만 하면 고급골프장 사업과 같이 공익성이 낮은 사업에 대해서까지도 시행자인 민간개발자에게 수용권한을 부여하는 법률조항은 헌법 제23조 제3항에 위반된다(헌재 2014.10.30. 2011헌바172).
* 개발제한구역 지정 당시의 상태대로 토지를 사용·수익·처분할 수 있는 이상, 구역지정에 따른 단순한 토지이용의 제한은 원칙적으로 재산권에 내재하는 사회적 제약의 범주를 넘지 않는다(헌재 1998.12.24. 89헌마214).
* 헌법 제23조의 재산권은 「민법」상의 소유권뿐만 아니라, 재산적 가치 있는 사법상의 물권·채권 등 모든 권리를 포함하며, 국가로부터의 일방적인 급부가 아닌 자기 노력의 대가나 자본의 투자 등 특별한 희생을 통하여 얻은 공법상의 권리도 포함한다(헌재 2000.6.29. 99헌마289).
* 헌법 제23조 제1항의 재산권 보장에 의하여 보호되는 재산권은 사적 유용성 및 그에 대한 원칙적 처분권을 내포하는 재산가치 있는 구체적 권리이다(헌재 1996.8.29. 95헌바36). 구체적 권리가 아닌 영리획득의 기회나 기업활동의 사실적·법적 여건은 재산권 보장의 대상이 아니다(헌재 1996.8.29. 95헌바36).
* 헌법 제13조 제2항은 "모든 국민은 소급입법에 의하여 …재산권을 박탈당하지 아니한다."라고 규정하고 있는바, 새로운 입법으로 이미 종료된 사실관계 또는 법률관계에 작용하도록 하는 진정소급입법은 개인의 신뢰보호와 법적 안정성을 내용으로 하는 법치국가원리에 의하여 특단의 사정이 없는 한 헌법상 허용되지 않는 것이 원칙이다(헌재 1999.7.22. 97헌바76).
* 도로의 지표 지하 50미터 이내의 장소에서는 관할 관청의 허가나 소유자 또는 이해관계인의 승낙이 없으면 광물을 채굴할 수 없도록 규정한 구 「광업법」 조항은, 광업권의 특성을 감안할 때 심판대상조항에 의한 제한은 광업권자가 수인하여야 하는 사회적 제약의 범주에 속하는 것이다. 광업권자의 재산권을 침해하지 아니한다(헌재 2014.2.27. 2010헌바483).
* 개인파산절차에서 면책을 받은 채무자가 악의로 채권자목록에 기재하지 않은 청구권에 대해서만 면책의 예외를 인정하고, 파산채권자에게 채무자의 악의를 입증하도록 규정한 「채무자 회생 및 파산에 관한 법률」 조항은 파산채권자의 재산권을 침해하지 않는다(헌재 2014.6.26. 2012헌가22).
* 국회의원이 보유한 직무관련성 있는 주식의 매각 또는 백지신탁을 명하고 있는 구 공직자윤리법 조항은 국회의원의 공정한 직무수행에 대한 국민의 신뢰확보는 가히

돈으로 환산할 수 없는 가치를 지니는 점 등을 고려해 볼 때, 재산권을 침해하지 아니한다(헌재 2012.8.23. 2010헌가65).

* 재산권 보장은 사유재산의 처분과 그 상속을 포함하는 것이므로 유언자가 생전에 최종적으로 자신의 재산권에 대하여 처분할 수 있는 법적 가능성을 의미하는 유언의 자유는 헌법상 재산권의 보호를 받는다(헌재 2008.3.27. 2006헌바82).
* 당해 공용수용은 공공필요에 부합하는가, 정당한 보상이 지급되고 있는가 여부 등에 있는 것이지, 그 수용의 주체가 국가인지 민간기업인지 여부에 달려 있다고 볼 수 없다(헌재 2009.9.24. 2007헌바114).
* 문화재의 사용, 수익, 처분에 있어 고의로 문화재의 효용을 해하는 은닉을 금지하는 것은 문화재에 관한 재산권 행사의 사회적 제약을 구체화한 것에 불과하다(헌재 2007.7.26. 2003헌마377).
* 재산권 행사의 대상이 되는 객체가 지닌 사회적인 연관성과 사회적 기능이 크면 클수록 입법자에 의한 보다 더 광범위한 제한이 정당화된다(헌재 1998.12.24. 89헌마214등).
* 개별 재산권이 갖는 자유보장적 기능, 즉 국민 개개인의 자유실현의 물질적 바탕이 되는 정도가 강할수록 엄격한 심사가 이루어져야 한다(헌재 2005.5.26. 2004헌가10).
* 공무원연금의 구체적인 급여의 내용, 기여금의 액수 등을 형성하는 데에 있어서는, 직업공무원제도나 사회보험원리에 입각한 사회보장적 급여로서의 성격으로 인하여, 일반적인 재산권에 비하여 입법자에게 상대적으로 폭넓은 재량이 허용된다(헌재 2003.9.25. 2001헌마93).
* 공법상의 권리가 헌법상의 재산권으로 보장되기 위해서는 사적 유용성, 수급자의 상당한 자기기여 및 수급자의 생존확보에 기여 등 세 가지 요건을 충족해야 하기 때문에 사회부조社會扶助와 같이 국가의 일방적인 급부에 대한 권리는 재산권의 보호대상에서 제외된다(헌재 2000.6.29. 99헌마289).
* 개인택시운송사업자의 운전면허가 취소된 경우 개인택시운송사업면허를 임의적으로 취소할 수 있도록 하는 것은 개인택시 운송사업자의 도로교통 관련법령의 위반을 억제하고, 교통안전에 이바지하는 효과가 있는 점, 개인택시의 안전운행확보를 통한 국민의 생명·신체 및 재산을 보호하고자 하는 입법목적에 비하여 이에 따르는 불이익이 크지 않은 점 등을 고려할 때, 재산권을 침해하지 아니한다(헌재 2008.5.29. 2006헌바85).
* 관행어업권은 물권에 유사한 권리로서 공동어업권이 설정되었는지 여부와 관계없이 발생하는 것이고, 그 존속에 있어서도 공동어업권과 운명을 같이하지 않으며 공동어업권자는 물론 제3자에 대하여서도 주장하고 행사할 수 있는 권리이므로, 헌법상 재

산권보장의 대상이 되는 재산권에 해당한다(헌재 1999.7.22. 97헌바76).

* 장기미집행 도시계획시설결정의 실효제도는 도시계획시설부지로 하여금 도시계획시설결정으로 인한 사회적 제약으로부터 벗어나게 하는 것으로서 결과적으로 개인의 재산권이 보다 보호되는 측면이 있는 것은 사실이나, … 법률에 기한 권리일 뿐 헌법상 재산권으로부터 당연히 도출되는 권리는 아니다(헌재 2005.9.29. 2002헌바84).
* 교원의 정년단축으로 기존 교원이 입는 경제적 불이익은 계속 재직하면서 재화를 획득할 수 있는 기회를 박탈당한다는 것인데 이러한 경제적 기회는 재산권보장의 대상이 아니다(헌재 2000.12.14. 99헌마112・137(병합)).
* 국립공원의 입장료는 …공원의 관리와 공원 안에 있는 문화재의 관리・보수를 위한 비용에만 사용하도록 하더라도 이는 국립공원 내에 위치한 토지의 소유자의 과실수취권과는 관련이 없으므로 이들의 재산권을 침해하는 것이 아니다(헌재 2001.6.28. 2000헌바44).
* 재산권의 침해와 공익간의 비례성을 다시 회복하기 위한 방법은 헌법상 반드시 금전보상만을 해야 하는 것은 아니다. … 여러 가지 다른 방법을 사용할 수 있다(헌재 1998.12.24. 89헌마214등).
* 개발제한구역의 지정으로 일부 토지소유자에게 사회적 제약의 범위를 넘는 가혹한 부담이 발생하는 예외적인 경우에 대하여 보상규정을 두지 않는 것은 헌법상의 경제질서에 위반된다(헌재 1998.12.24. 89헌마214).

제 3 절 사회적 기본권社會的 基本權

Ⅰ. 사회적 기본권의 구조와 체계

1. 사회적 기본권의 의의

⑴ 헌법규정과 취지

우리 헌법은 인간다운 생활을 할 권리(34조), 교육을 받을 권리(31조), 근로의 권리(32조), 근로 3권(33조), 환경권(35조), 혼인과 가족생활의 보장(36조)이라는 사회적 기본권을 보장하고 있다. 사회적 기본권은 사회국가(복지국가)의 이념에 기초하여, 사회적·경제적 약자를 보호하고 실질적 평등을 실현하기 위해 보장되기에 이른 기본권이다.

사회적 기본권이 보장됨으로써, 국가는 사회국가로서 국민의 사회적 기본권 실현에 노력해야 할 의무를 진다. 헌법 제34조 제2항과 제4항에서는 "국가는 사회보장·사회복지의 증진에 노력할 의무를 진다. 국가는 노인과 청소년의 복지향상을 위한 정책을 실시할 의무를 진다"고 규정하고 있다.

⑵ 사회적 기본권의 의미

사회적 기본권이란 사회정의의 실현을 국가목적으로 하는 사회국가에서 국민이 인간다운 생활을 확보하기 위하여 일정한 국가적 급부와 배려를 요구할 수 있는 권리를 말한다. 생존권적 기본권이라고도 한다. 헌법 제31조에서부터 제36조에 걸쳐 규정하고 있다.

2. 사회적 기본권의 헌법적 수용

사회적 기본권을 규정한 성문헌법은 제1차 세계대전 직후인 1919년의 바이마르 헌법이며, 제2차 세계대전 이후에는 세계 각국의 헌법이 이를 수용하고 있다. 인권발달사에 있어서 시민적 · 정치적 권리를 제1세대 인권, 경제적 · 사회적 · 문화적 권리를 제2세대 인권, 국제적 연대성이 요구되는 권리인 제3세대 인권으로 나눌 때, 사회적 기본권은 제2세대 인권을 이룬다(환경권은 제3세대 인권에 해당).

3. 사회적 기본권의 법적 성격

사회적 기본권이란 사회정의의 실현을 국가목적으로 하는 사회국가에서 국민이 인간다운 생활을 확보하기 위하여 일정한 국가적 급부와 배려를 요구할 수 있는 권리를 말한다. 국가의 적극적인 개입을 통하여 실현될 수 있는 권리라는 점에서 국가의 부작위로 실현되는 자유권적 기본권과는 그 법적 성격을 달리한다.

인간다운 생활을 할 권리로부터는 인간의 존엄에 상응하는 생활에 필요한 '최소한의 물질적인 생활'의 유지에 필요한 급부를 요구할 수 있는 구체적인 권리가 상황에 따라서는 직접 도출될 수 있다고 할 수는 있어도, 동 기본권이 직접 그 이상의 급부를 내용으로 하는 구체적인 권리를 발생케 한다고는 볼 수 없다(헌재 1995.7.21. 93헌가14). 헌법재판소는 '최소한의 물질적인 생활'의 유지에 필요한 급부를 요구할 수 있는 권리는 상황에 따라 구체적 권리로서 인정될 수 있다는 점을 판시하고 있다.

4. 사회적 기본권과 자유권적 기본권의 관계

(1) 양 기본권의 대립관계

자유와 형식적 평등을 이념으로 한 근대 헌법에서는 자유주의적 경제질서와 정치적 평등은 보장되었으나 빈익빈 부익부 현상의 심화현상을 낳았고 사회적 약자의 최저생활마저 위협하였다. 이러한 현상을 개선하기 위해 실질적 · 경제적 평등을 요청하는 사회적 기본권이 헌법에서 보장되게 되었다. 사회적 기본권은 경제적 · 사회적 강자의 자유에 대한 제약을 수반하게 되므로 사회적 기본권이 확대되어 갈수록 자유권은 축소되고 약화되는 관계에 있다. 그러나 이러한 대립은 사회적 기본권이 자본주의의 폐단을 시정하면서도 경제적 자유와 창의를 존중하는 자본주의체제를 유지하려는 측면에서 인정되는 것이므로, 이는 체제내적인 대립에 불과하다.

(2) 양 기본권의 조화와 보완관계

양자 모두 인간의 존엄과 가치의 구현을 이념으로 하므로 사회적 기본권의 구현은 자유권의 실질화를 의미한다. 즉, 자유권적 기본권에는 생존에 대한 공포와 위협으로부터의 자유가 포함되므로, 사회적 기본권은 이 생존에 대한 공포와 위협에서의 자유를 실질적으로 보장하기 위한 것이라는 점에서 사회적 기본권은 자유권적 기본권에 대한 보완관계에 있다. 즉 사회적 기본권은 자유권의 실현을 위한 수단이 된다.

(3) 양 기본권의 구별과 비교

구 분	자유권적 기본권	사회적 기본권
이념	개인주의적·자유주의적 세계관을 기초로 한 시장경제주의에 근거	사회정의·사회적 평등이념 실현을 위한 사회국가·사회적 시장경제주의에 근거
주체	원칙적으로 자연인(예외적으로 권리의 성질에 따라 외국인·법인 포함)	원칙적으로 국민 (국민 중에서도 자연인만)
권리의 성질	소극적·방어적·전국가적 권리	적극적 급부청구권·실정법상 권리
권리의 내용	국가의 개입·간섭 배제	국가의 급부와 배려요구
기본권의 효력	모든 권력을 직접 구속, 재판규범성이 강하다. 대사인적 효력 인정	주로 입법권만을 구속하며, 재판규범성도 약하다. 행정권에 대한 직접 급부청구권은 인정되지 않는다. 예외적 대사인효
법률유보의 성격	기본권 제한적 법률유보	기본권 구체화유보 또는 형성유보
제한기준	국가안전보장·질서유지·공공복리	국가안전보장·질서유지

Ⅱ. 헌법상의 사회적 기본권

1. 인간다운 생활을 할 권리

> **헌법 제34조** ① 모든 국민은 인간다운 생활을 할 권리를 가진다.
> ② 국가는 사회보장·사회복지의 증진에 노력할 의무를 진다.
> ③ 국가는 여자의 복지와 권익의 향상을 위하여 노력하여야 한다.
> ④ 국가는 노인과 청소년의 복지향상을 위한 정책을 실시할 의무를 진다.
> ⑤ 신체장애자 및 질병·노령 기타의 사유로 생활능력이 없는 국민은 법률이 정하는 바에 의하여 국가의 보호를 받는다.
> ⑥ 국가는 재해를 예방하고 그 위험으로부터 국민을 보호하기 위하여 노력하여야 한다.

(1) 의 의

헌법 제34조 제1항은 "모든 국민은 인간다운 생활을 할 권리를 가진다"고 규정하고 있다. 이 조항은 사회적 기본권에 관한 총칙적 규정이라 할 수 있으며, 그 밖의 사회적 기본권은 인간다운 생활을 할 권리를 실현하기 위한 구체적 수단이 되는 권리라고 할 수 있다. 인간다운 생활을 할 권리란 인간의 존엄성에 상응하는 최저한도의 건강하고 문화적인 생활을 영위할 권리를 말한다. 이 권리는 1919년 바이마르Weimar헌법에서 유래하며, 오늘날 현대 복지국가 헌법에서 계승하고 있다.

인간다운 생활을 할 권리의 성격 (헌재 1995.7.21. 93헌가14 등)

인간다운 생활을 할 권리로부터는 인간의 존엄에 상응하는 생활에 필요한 '최소한의 물질적인 생활'의 유지에 필요한 급부를 요구할 수 있는 구체적인 권리가 상황에 따라서는 직접 도출될 수 있다고 할 수는 있어도, 동 기본권이 직접 그 이상의 급부를 내용으로 하는 구체적인 권리를 발생케 한다고는 볼 수 없다고 할 것이다. 이러한 구체적 권리는 국가가 재정형편 등 여러 가지 상황들을 종합적으로 감안하여 법률을 통하여 구체화할 때에 비로소 인정되는 법률적 권리라고 할 것이다.

인간다운 생활을 할 권리의 이념성 (헌재 2000.6.1. 98헌마216)

'인간다운 생활을 할 권리'는 여타 사회적 기본권에 관한 헌법규범들의 이념적인 목표를 제시하고 있는 동시에 국민이 인간적 생존의 최소한을 확보하는 데 있어서 필요한 최소한의 재화를 국가에게 요구할 수 있는 권리를 내용으로 하고 있다. 국가의 사회복지·사회보장증진의 의무도 국가에게 물질적 궁핍이나 각종 재난으로부터 국민을 보호할 대책을 세울 의무를 부과함으로써, 결국 '인간다운 생활을 할 권리'의 실현을 위한 수단적인 성격을 갖는다고 할 것이다.

(2) 내 용

(가) 사회보장·사회복지를 받을 권리(헌법 제34조 제2항)

사회보장과 사회복지란 국가가 생활보장을 위하여 급부하는 모든 것을 지칭하는 것으로, 국민은 국가에 대하여 이를 요구할 수 있다. 공무원연금법상의 연금수급권은 사회보장수급권의 성격과 재산권의 성격을 아울러 지니고 있는바, 연금수급권의 내용을 형성함에 있어 반드시 민법상 상속의 법리와 순위를 따라야 하는 것은 아니며, 독자적으로 규율할 수 있다(헌재 1999.4.29. 97헌마333).

헌법재판소는 국민연금에 있어 한 사람의 수급권자에게 여러 종류의 수급권이 발생한 경우에 국민연금의 특성상, 반드시 중복하여 지급할 필요가 없으며(헌재 2000.6.1. 97헌마190), 퇴직연금의 수급자가 '사립학교 교직원연금법 제3조의 학교기관'으로부터 보수 기타 급여를 지급받은 경우 퇴직연금의 지급을 정지하도록 한 것은 위헌이 아니라고 판시하였다(헌재 2000.6.29. 98헌바106).

(나) 여자·노인·청소년의 복지 및 권익향상을 구할 권리(헌법 제34조 제3항)

헌법 제34조 제3항은 "여자의 복지와 권익의 향상"을 국가의 과제로 규정함으로써, 혼인과 가족생활의 영역에서 양성의 평등을 요청하는 헌법 제36조 제1항과 함께, 사회의 모든 영역에서 사실상의 남녀평등을 실현할 것을 국가에 대하여 요청하고 있다. 헌법 제11조의 평등권은 단지 형식적 평등, 즉 자유행사의 법적 기회에 있어서의 평등을 요청하는 반면, 헌법 제34조 제3항은 남성과 여성의 생활관계가 법적으로뿐만 아니라 실제로 사회적 현실에서도 남녀평등을 기초로 성립하도록 노력해야 할 국가의 의무를 부과하고 있다.

(다) 생활보호를 받을 권리(헌법 제34조 제4항, 제5항)

생활무능력자의 생활보호 청구권은 구체적이고 개별적인 권리이다(헌재 1997.5.29. 94헌마33). 모든 국민은 인간다운 생활을 할 권리를 가지며 국가는 생활능력 없는 국민을 보호할 의무가 있다는 헌법의 규정은 입법부와 행정부에 대하여는 행위의 지침, 즉 행위규범으로서 작용하지만, 헌법재판에 있어서는 통제규범으로 작용하는 것이다. 그러므로 국가가 인간다운 생활을 보장하기 위한 헌법적인 의무를 다하였는지 여부가 사법적 심사의 대상이 된 경우에는, 국가가 생계보호에 관한 입법을 전혀 하지 아니하였다든가 그 내용이 현저히 불합리하여 헌법상 용인될 수 있는 재량의 범위를 명백히 일탈한 경우에 한하여 헌법에 위반된다고 할 수 있다(헌재 1997.5.29. 94헌마33).

(라) 재해로부터 피해를 받지 않을 권리(헌법 제34조 제6항)

국가는 재해를 예방하고 그 위험으로부터 국민을 보호하여야 한다(헌법 제34조 제6항). 현행 헌법은 재해를 단순히 개인의 문제로 보지 않고 '사회전체의 문제'로 인식하여 재해에 대비한 국가의 개입・규제를 통한 재산권 제한을 인정하고 있다고 본다. 이를 위한 사회보장입법으로 재해구호법 등이 있다.

⑶ 제한과 한계

인간다운 생활을 할 권리는 권리 그 자체가 공공복리의 실현을 의미하므로 '공공복리'를 이유로 하여 제한할 수는 없다고 보며, 국가안전보장이나 질서유지를 위하여도 제한되어야 할 필요가 있는 경우를 쉽게 생각할 수 없는 특성이 있으므로, 인간다운 생활을 할 권리는 법률로써 제한하기에 적합하지 않은 기본권이다. 그러나 생계보호 수준이 일반 최저생계비에 못 미친다 하더라도 그 사실만으로 곧 그것이 헌법에 위반되거나 인간다운 생활을 할 권리를 침해한다고 볼 수 없다(헌재 1997.5.29. 94헌마33).

⑷ 관련 판례

* 보건복지부 장관이 고시한 생활보호사업지침상의 생계보호급여의 수준이 일반 최저

생계비에 못미친다고 하더라도 그 사실만으로 국민의 인간다운 생활을 보장하기 위하여 국가가 실현해야 할 객관적 내용의 최소한도의 보장에 이르지 못하였다거나 헌법상 용인될 수 있는 재량의 범위를 명백히 일탈하였다고 볼 수 없다(헌재 1997.5.29. 94헌마33).

* 부모가 자녀의 이름을 지어주는 것은 자녀의 양육과 가족생활을 위하여 필수적인 것이고, 가족생활의 핵심적 요소라 할 수 있으므로, '부모가 자녀의 이름을 지을 자유'는 혼인과 가족생활을 보장하는 헌법 제36조 제1항과 행복추구권을 보장하는 헌법 제10조에 의하여 보호받는다(헌재 2016.7.28. 2015헌마964).
* 헌법 제119조 제2항은 국가가 경제영역에서 실현하여야 할 목표의 하나로서 "적정한 소득의 분배"를 들고 있지만, 이로부터 반드시 소득에 대하여 누진세율에 따른 종합과세를 시행하여야 할 구체적인 헌법적 의무가 조세입법자에게 부과되는 것이라고 할 수 없다(헌재 1999.11.25. 98헌마55).
* 부모의 자녀에 대한 교육권은 비록 헌법에 명문으로 규정되어 있지는 않지만, 모든 인간이 누리는 불가침의 인권으로서 혼인과 가족생활을 보장하는 헌법 제36조 제1항, 행복추구권을 보장하는 헌법 제10조 및 "국민의 자유와 권리는 헌법에 열거되지 아니한 이유로 경시되지 아니한다."고 규정하는 헌법 제37조 제1항에서 도출되는 중요한 기본권이다(헌재 2009.4.30. 2005헌마514).
* 자녀의 양육과 교육에 있어서 부모의 교육권은 교육의 모든 영역에서 존중되어야 하며, 다만, 학교교육의 범주 내에서는 국가의 교육권한이 헌법적으로 독자적인 지위를 부여받음으로써 부모의 교육권과 함께 자녀의 교육을 담당하지만, 학교 밖의 교육영역에서는 원칙적으로 부모의 교육권이 우위를 차지한다(헌재 2000.4.27. 98헌가16).
* 도보나 자기 소유 교통수단 또는 대중교통수단 등을 이용하여 통상의 출퇴근을 하는 산업재해보상보험 가입 근로자는 사업주가 제공하거나 그에 준하는 교통수단을 이용하여 출퇴근하는 산업재해보상보험 가입 근로자와 같은 근로자인데도 통상의 출퇴근 재해를 업무상 재해로 인정받지 못한다는 점에서 차별취급이 존재하며, 이러한 차별은 정당화될 수 있는 합리적 근거가 없다(헌재 2016.9.29. 2014헌바254).
* 「군인연금법」상 퇴역연금수급권은 사회보장수급권과 재산권이라는 두 가지 성격이 불가분적으로 혼화되어, 전체적으로 재산권의 보호 대상이 되면서도 순수한 재산권만이 아닌 특성을 지니므로, 비록 퇴역연금수급권이 재산권으로서의 성격을 일부 지닌다고 하더라도 사회보장법리에 강하게 영향을 받을 수밖에 없다(헌재 1999.4.29. 97헌마333).
* 국민연금이 근로관계로부터 독립하여 제3자인 보험자로 하여금 피보험자의 생활위험을 보호하도록 함으로써 순수한 사회정책적 차원에서 가입자의 노령보호를 주된 목

적으로 하는 데 비하여, 공무원연금은 근무관계의 한 당사자인 국가가 다른 당사자인 공무원의 사회보장을 직접 담당함으로써 피보험자(공무원)에 대한 사회정책적 보호 외에 공무원근무관계의 기능유지라는 측면도 함께 도모하고 있다(헌재 2016.6.30. 2014헌바365).

2. 교육을 받을 권리

헌법 제31조 ① 모든 국민은 능력에 따라 균등하게 교육을 받을 권리를 가진다.
② 모든 국민은 그 보호하는 자녀에게 적어도 초등교육과 법률이 정하는 교육을 받게 할 의무를 진다.
③ 의무교육은 무상으로 한다.
④ 교육의 자주성·전문성·정치적 중립성 및 대학의 자율성은 법률이 정하는 바에 의하여 보장된다.
⑤ 국가는 평생교육을 진흥하여야 한다.
⑥ 학교교육 및 평생교육을 포함한 교육제도와 그 운영, 교육재정 및 교원의 지위에 관한 기본적인 사항은 법률로 정한다.

(1) 교육을 받을 권리의 의의와 기능

(가) 의 의

교육은 개인의 잠재적인 능력을 계발하여 줌으로써 개인이 각 생활영역에서 개성을 신장할 수 있도록 해 준다. 교육기회의 보장은 직업생활과 경제생활에 있어서 실질적인 평등을 실현시키기 위한, 즉 사회국가 실현을 위한 중요한 수단이 된다. 또한 교육은 국민으로 하여금 민주시민의 자질을 길러줌으로써 민주주의가 원활히 기능하기 위한 정치문화의 기반을 조성할 뿐만 아니라, 학문연구결과 등의 전수의 장이 됨으로써 우리 헌법이 지향하고 있는 문화국가의 실현을 위한 기본적 수단이다.

(나) 기 능

교육이 수행하는 이와 같은 중요한 기능에 비추어 우리 헌법은 제31조에서 국민에게 능력에 따라 균등하게 교육을 받을 권리를 보장하는 한편(제1항), 그 보호하는 자녀에게 적어도 초등교육과 법률이 정하는 교육을 받게 할 의무를 부과하고(제2항), 의무교육의 무상제공과 평생교육진흥을 국가의 의무로 부과하며(제3항 · 제5항), 교육의 자주성 · 전문성 · 정치적 중립성 및 대학의 자율성을 보장하고(제4항), 나아가 학교교육 및 평생교육을 포함한 교육제도와 그 운영, 교육재정 및 교원의 지위에 관한 기본적 사항을 법률로 정하도록(제6항) 한 것이다(헌재 2003.2.27. 2000헌바26).

(다) 기본권의 기초

교육을 받을 권리는 우리헌법이 지향하는 문화국가 · 민주복지국가의 이념을 실현하는 방법의 기초이며, 다른 기본권의 기초가 되는 기본권이다. 교육을 받을 권리가 교육제도를 통하여 충분히 실현될 때에 비로소 모든 국민은 모든 영역에 있어서 각인의 기회를 균등히 하고 능력을 최고도로 발휘하게 되어 국민생활의 균등한 향상을 기할 수 있고, 인간으로서의 존엄과 가치를 가지며, 행복을 추구할 수 있기 때문이다(헌재 2000.4.27. 98헌가16등).

교육을 받을 권리의 의의와 기능 (헌재 1994.2.24. 93헌마192)

헌법 제31조 제1항의 교육을 받을 권리는, 첫째 교육을 통해 개인의 잠재적인 능력을 계발시켜 줌으로써 인간다운 문화생활과 직업생활을 할 수 있는 기초를 마련해 주고, 둘째 문화적이고 지적인 사회풍토를 조성하고 문화창조의 바탕을 마련함으로써 헌법이 추구하는 문화국가를 촉진시키고, 셋째 합리적이고 계속적인 교육을 통해서 민주주의가 필요로 하는 민주시민의 윤리적 생활철학을 어렸을 때부터 습성화시킴으로써 헌법이 추구하는 민주주의의 토착화에 이바지하고, 넷째 능력에 따른 균등한 교육을 통해서 직업생활과 경제생활영역에서 실질적인 평등을 실현시킴으로써 헌법이 추구하는 사회국가, 복지국가의 이념을 실현한다는 의의와 기능을 가지고 있다.

(2) 내 용

(가) 능력에 따라 균등하게 교육을 받을 권리(헌법 제31조 제1항)

능력에 따른 교육이란 국민 누구라도 법률이 정한 일정한 '교육을 받을 전제조건으로서의 능력이 있는 경우' 차별 없는 교육기회가 보장된다는 것이지, 일정한 능력이 있다고 하여 제한 없이 다른 사람과 차별하여 어떠한 내용과 종류와 기간의 교육을 받을 권리가 보장되는 것을 의미하는 것이 아니다. 헌법재판소는 의무교육의 취학연령을 획일적으로 만 6세로 정한 것이 능력에 따라 교육을 받을 권리를 침해한 것은 아니라고 하였다(헌재 1996.10.4. 93헌가13).

교육이란 학교교육 · 가정교육 · 사회교육 · 공민교육을 포함한 광의의 교육을 의미하나, 학교교육이 가장 중요하다. 학교교육에 관한 한 국가는 부모의 교육권으로부터 원칙적으로 독립된 독자적인 교육권한을 가지며 학교교육에 관한 광범위한 형성권을 가진다. 국가의 교육권한과 부모의 교육권이 서로 충돌하는 경우 어느 법익을 우선시킬 것인가는 구체적인 경우마다 '법익형량'을 통해 판단한다. 다만, 학교 밖의 교육영역에서는 원칙적으로 부모의 교육권이 우위를 차지한다(헌재 2000.4.27. 98헌가16). 부모의 교육권은 부모의 자기결정권이라는 의미에서 보장되는 것이 아니라, 자녀의 보호와 인격발현을 위해 보장되는 것이다(헌재 2000.4.27. 98헌가16).

(나) 교육을 받게 할 의무(헌법 제31조 제2항)

교육을 받을 권리의 주체는 취학연령의 미성년자이나, 교육의 의무의 주체는 학령아동의 친권자 또는 후견인이다.

(다) 의무교육의 무상(헌법 제31조 제3항)

의무교육제도는 교육의 자주성 · 전문성 · 정치적 중립성 등을 지도원리로 하여, 국민의 교육을 받을 권리를 뒷받침하기 위한 헌법상의 교육기본권에 부수되는 제도보장이다(헌재 2000.4.27. 98헌가16).

의무교육은 6년의 초등교육(헌법상의 권리)과 3년의 중등교육(법률상의 권리)이다(헌재 1991.2.11. 90헌가27). 3년의 중등교육은 대통령령이 정하는 바에 따라 순차적으로 실시한다(헌재 1998.2.27. 96헌바2).

(라) 교육의 자주성 · 전문성 · 정치적 중립성의 보장(헌법 제31조 제4항 전단)

교육의 자주성은 교육을 담당하는 교육기관이 교육운영에 한하여 자주적인 결정권을 갖는 것을 그 내용으로 한다(교육기관의 자유). 교육의 전문성은 교육내용이나 교육방법 등에 관하여 교사가 자주적으로 결정할 수 있는 교육의 자유를 그 내용으로 하며(교사의 자유), 교육은 특정한 정당이나 종교에 의해 영향을 받지 말아야 한다. 교육의 내용과 방법은 교육자에게 맡겨져야 하므로 국가의 간섭으로부터 배제되어야 한다(교육환경의 자유).

(마) **대학의 자율성 보장**(헌법 제31조 제4항 후단)

대학의 자율에 관한 헌법규정은 학문의 자유의 확실한 보장수단으로 꼭 필요한 것으로서, 대학에 부여된 헌법상 기본권이다(헌재 1992.10.1. 92헌마68). 대법원은 대학이 모집정원에 미달된 경우라도 수학능력이 없다고 인정된 자에 대하여 행한 불합격처분은 재량권 남용이라고 할 수 없다고 하였고(대판 1983.6.28. 83누193), 하급심판결은 약학대학입학시험에서 지체부자유라는 이유만으로 불합격시킨 것을 재량권남용으로 보았다.

(바) **평생교육의 진흥**(헌법 제31조 제5항)

헌법과 교육기본법에 규정된 평생교육의 진흥에 대한 국가 및 지방자치단체의 책임과 평생교육제도와 그 운영에 관한 기본적인 사항은 평생교육법에 규정되어 있다.

모든 국민은 평생에 걸쳐 학습하고, 능력과 적성에 따라 교육 받을 권리를 가진다(교육기본법 제3조). 국민의 평생교육을 위한 모든 형태의 사회교육은 장려되어야 한다(교육기본법 제10조).

"평생교육"이란 학교의 정규교육과정을 제외한 학력보완교육, 성인 문자해득교육, 직업능력 향상교육, 인문교양교육, 문화예술교육, 시민참여교육 등을 포함하는 모든 형태의 조직적인 교육활동을 말한다(평생교육법 제2조 제1호).

(사) **교육제도 · 교육재정 · 교원지위의 법률주의**(헌법 제31조 제6항)

교육제도와 그 운영, 교육재정 및 교육의 지위에 관한 기본적인 사항은 법률로 정한다(교육제도 법정주의).

㉮ 교육제도 법률주의

헌법은 국민의 수학권(헌법 제31조 제1항)의 차질 없는 실현을 위하여 교육제도와 교육재정 및 교원제도 등 기본적인 사항이 법률에 의하여 시행되어야 할 것을 규정(헌법 제31조 제6항)하는 한편 교육의 자주성 · 전문성 · 정치적 중립성(및 대학의 자율성)도 법률이 정하는 바에 의하여 보장되어야 할 것을 규정(헌법 제31조 제4항)하고 있다. 국민의 대표기관인 국회의 통제하에 두는 것이 가장 온당하다는 의회민주주의 내지 법치주의 이념에서 비롯된 것이다. 이는 헌법이 한편으로는 수학권을 국민의 기본권으로서 보장하고 다른 한편으로 이를 실현하는 의무와 책임을 국가가 부담하게 하는 교육체계를 교육제도의 근간으로 하고 있음을 나타내는 것이라고 할 수 있는 것이다(헌재 1992.11.12. 89헌마88; 헌재 1991.2.11. 90헌가2).

㉯ 교원지위에 관한 법정주의

헌법 제31조 제6항이 규정한 교원지위 법정주의는 국민의 교육을 받을 기본권을 실효성 있게 보장하기 위한 것까지 포함하여 교원의 지위를 법률로 정하도록 한 것이다. 헌법 조항을 근거로 하여 제정되는 법률에는 교원의 신분보장, 경제적 · 사회적 지위보장 등 교원의 권리에 해당하는 사항뿐만 아니라 국민의 교육을 받을 권리를 저해할 우려있는 행위의 금지 등 교원의 의무에 관한 사항도 규정할 수 있는 것이므로 결과적으로 교원의 기본권을 제한하는 사항까지도 규정할 수 있는 것이다(헌재 1991.7.22. 89헌가106; 헌재 1998.7.16. 96헌바33등).

(3) 관련 판례

* 헌법 제31조 제6항의 교육제도 법정주의는 교육제도에 관한 기본방침을 제외한 나머지 세부적인 사항까지 반드시 형식적 의미의 법률만으로 정하여야 한다는 것은 아니고, 입법자가 정한 기본방침을 구체화하거나 이를 집행하기 위한 세부시행 사항은 하위법령에 위임하는 것이 가능하다(헌재 2019.4.11. 2018헌마221).
* 검정고시로 고등학교 졸업학력을 취득한 사람들의 수시모집 지원을 제한하는 국립교육대학교의 '신입생 수시모집 입시요강'이, 기초생활수급자 및 차상위계층, 장애인 등을 대상으로 하는 일부 특별전형에만 검정고시 출신자의 지원을 허용하고 있을 뿐 수시모집에서의 검정고시 출신자의 지원을 일률적으로 제한한다면, 검정고시로 고등학교 졸업학력을 취득한 사람들의 균등하게 교육을 받을 권리를 침해한다(헌재 2017.12.28. 2016헌마649).
* 부모는 자녀의 교육에 관하여 전반적인 계획을 세우고 자신의 인생관 · 사회관 · 교육관에 따라 자녀의 교육을 자유롭게 형성할 권리를 가지므로 학부모의 학교선택권에

는 종교학교선택권도 포함된다(헌재 2009.4.30. 2005헌마514).

* 임시이사가 선임된 학교법인의 정상화를 위한 이사 선임에 관하여 사학분쟁조정위원회의 심의를 거치도록 하는 것은, 사학분쟁조정위원회 구성에 공정성과 전문성이 갖추어진 점, 학교법인의 정체성 및 정상화 심의과정에서 사학분쟁조정위원회가 종전이사 등의 의견을 청취할 수 있는 점 등을 고려할 때, 학교법인과 종전이사의 사학의 자유를 침해하지 않는다(헌재 2013.11.28. 2009헌바206).
* 부모는 자녀의 교육에 관하여 전반적인 계획을 세우고 자신의 인생관·사회관·교육관에 따라 자녀의 교육을 자유롭게 형성할 권리를 가지고, 아직 성숙하지 못한 초·중·고등학생인 자녀의 교육과정에 참여할 권리를 가진다. 따라서 학교가 학생에 대해 불이익 조치를 할 경우 해당 학생의 학부모가 의견을 제시할 권리는 자녀교육권의 일환으로 보호된다(헌재 2013.10.24. 2012헌마832).
* 한자를 국어 과목에서 분리하여 초등학교 재량에 따라 선택적으로 가르치도록 하는 것은, 필수적으로 한자교육을 받음으로써 교육의 성장과 발전을 통해 자아를 실현하고자 하는 학생들의 자유로운 인격발현권을 제한한다(헌재 2016.11.24. 2012헌마854).
* 초등학교 교육과정의 편제와 수업시간은 교육현장을 가장 잘 파악하고 교육과정에 대해 적절한 수요 예측을 할 수 있는 해당 부처에서 정하도록 할 필요가 있으므로, 「초·중등교육법」 제23조 제2항이 교육과정의 기준과 내용에 관한 기본적인 사항을 교육부장관이 정하도록 위임한 것 자체가 교육제도 법정주의에 반한다고 보기 어렵다(헌재 2016.2.25. 2013헌마838).
* 학교교육에 있어서 교원의 수업권은 '학문의 자유'로부터 파생될 수 있다(헌재 2000.12.14. 99헌마112).
* 대학의 자율의 구체적인 내용은 법률이 정하는 바에 의하여 보장되며, 국가는 헌법 제31조 제6항에 따라 모든 학교제도의 조직·계획·운영·감독에 관한 포괄적인 권한을 부여받았다고 할 수 있고, 다만, 규율의 정도는 그 시대의 사정과 각급 학교에 따라 다를 수밖에 없는 것이므로, 그 위헌여부는 합리적인 입법한계를 벗어나 '자의적'으로 그 본질적 내용을 침해하였는지 여부에 따라 판단되어야 한다(헌재 2006.4.27. 2005헌마1047).
* 고등학교 졸업학력 검정고시 응시자격을 제한하는 것은, 국민의 교육받을 권리 중 그 의사와 능력에 따라 균등하게 교육받을 것을 국가로부터 방해받지 않을 권리, 즉 자유권적 기본권을 제한하는 것이므로, 그 제한에 대하여는 헌법 제37조 제2항의 과잉금지원칙에 의한 심사를 받아야 한다(헌재 2008.4.24. 2007헌마1456).
* 학교교육에 관한 한, 국가는 헌법 제31조에 의하여 부모의 교육권으로부터 원칙적으로 독립된 독자적인 교육권한을 부여받음으로써 부모의 교육권과 함께 자녀의 교육

을 담당한다(헌재 2000.4.27. 98헌가16).

* 부모는 자녀의 교육에 관하여 전반적인 계획을 세우고 자신의 인생관·사회관·교육관에 따라 자녀의 교육을 자유롭게 형성할 권리를 가지며, 부모의 교육권은 다른 교육 주체와의 관계에서 원칙적인 우위를 가진다(헌재 2000.4.27. 98헌가16).
* 지방교육자치는 지방자치권 행사의 일환으로서 보장되는 것이므로 중앙권력에 대한 지방적 자치로서의 속성을 지니고 있고, 동시에 … 교육의 자주성·전문성·정치적 중립성을 구현하기 위한 것이므로 정치권력에 대한 문화적 자치로서의 속성도 있다(헌재 2009.9.24. 2007헌마117(병합)).
* '근무성적이 극히 불량할 때' 직위해제를 거치지 아니하고 바로 직권면직을 할 수 있도록 한 사립학교법 규정은 국·공립학교 교원보다 사립학교 교원을 부당히 차별하는 것은 아니다(헌재 1997.12.24. 95헌바29).

3. 근로의 권리勤勞의 權利

헌법 제32조 ① 모든 국민은 근로의 권리를 가진다. 국가는 사회적·경제적 방법으로 근로자의 고용의 증진과 적정임금의 보장에 노력하여야 하며, 법률이 정하는 바에 의하여 최저임금제를 시행하여야 한다.
② 모든 국민은 근로의 의무를 진다. 국가는 근로의 의무의 내용과 조건을 민주주의원칙에 따라 법률로 정한다.
③ 근로조건의 기준은 인간의 존엄성을 보장하도록 법률로 정한다.
④ 여자의 근로는 특별한 보호를 받으며, 고용·임금 및 근로조건에 있어서 부당한 차별을 받지 아니한다.
⑤ 연소자의 근로는 특별한 보호를 받는다.
⑥ 국가유공자·상이군경 및 전몰군경의 유가족은 법률이 정하는 바에 의하여 우선적으로 근로의 기회를 부여받는다.

(1) 의 의

근로의 권리란 인간이 자신의 의사와 능력에 따라 근로관계를 형성하고, 타인의 방해를 받음이 없이 근로관계를 계속 유지하며, 근로의 기회를 얻지 못한 경우에는 국가에 대하여 근로의 기회를 제공하여 줄 것을 요구할 수 있는 권리를 말하는바, 이러한 근로의 권리는 생활의 기본적인 수요를 충족시킬 수 있는 생활수단을 확보해 주고 나아가 인격의 자유로운 발현과 인간의 존엄성을 보장해 주는 기본권이다(헌재 2008.9.25. 2005헌마586).

⑵ 근로의 권리의 법적 성격과 주체

근로의 권리는 사회적 기본권으로서, 국가에 대하여 직접 일자리(직장)를 청구하거나 일자리에 갈음하는 생계비의 지급청구권을 의미하는 것이 아니라, 고용증진을 위한 사회적·경제적 정책을 요구할 수 있는 권리에 그친다. 근로의 권리를 직접적인 일자리 청구권으로 이해하는 것은 사회주의적 통제경제를 배제하고, 사기업 주체의 경제상의 자유를 보장하는 우리 헌법의 경제 질서 내지 기본권규정들과 조화될 수 없다. 마찬가지 이유로 근로의 권리로부터 국가에 대한 직접적인 직장존속청구권을 도출할 수도 없다(헌재 2002.11.28. 2001헌바50).

⑶ 내 용

근로의 권리는 개인으로 하여금 생활의 기본적 수요를 스스로 충족하게 하며, 근로를 통하여 개성과 자주적 인간상을 제고하는 기능을 하는 한편 국가의 고용정책과 사회정책의 방향을 제시한다. 헌법상 보장된 근로의 권리의 내용으로는 ① 국가의 고용증진·적정임금 보장의무(제32조 제1항), ② 최저임금제시행(제32조 제1항 후단), ③ 근로조건기준의 법정주의(제32조 제3항), ④ 여자·연소자근로의 특별보호(제32조 제4항·제5항), ⑤ 국가유공자 등의 근로기회 우선보장(제32조 제6항) 등이 있다.

해고예고제도의 적용제외사유와 근로의 권리 (헌재 2017.5.25. 2016헌마640)

일용근로자로서 3개월을 계속 근무하지 아니한 자를 해고예고제도의 적용제외사유로 규정하고 있는 근로기준법은 해고예고제도는 30일 전에 예고를 하거나 30일분 이상의 통상임금을 해고예고수당으로 지급하도록 하고 있는바, 일용근로계약을 체결한 후 근속기간이 3개월이 안 된 근로자를 해고할 때에도 이를 적용하도록 한다면 사용자에게 지나치게 불리하다는 점에서도 심판대상조항이 입법재량의 범위를 현저히 일탈하였다고 볼 수 없다. … 청구인의 근로의 권리를 침해한다고 보기 어렵다.

해고예고제도의 적용제외 사유와 근로의 권리 (헌재 2017.5.25. 2016헌마640)

일용근로자로서 3개월을 계속 근무하지 아니한 자를 해고예고제도의 적용제외사유로 규정하고 있는 근로기준법은 해고예고제도는 30일 전에 예고를 하거나 30일분 이상의 통상임금을 해고예고수당으로 지급하도록 하고 있는바, 일용근로계약을 체결한 후 근속기간이 3개월이 안 된 근로자를 해고할 때에도 이를 적용하도록 한다면 사용자에게 지나치게 불리하다는 점에서도 심판대상조항이 입법재량의 범위를 현저히 일탈하였다고 볼 수 없다. … 청구인의 근로의 권리를 침해한다고 보기 어렵다.

(4) 관련 판례

* 외국인 산업연수생이 연수라는 명목하에 사업주의 지시·감독을 받으면서 사실상 노무를 제공하고 수당 명목의 금품을 수령하는 등 실질적인 근로관계에 있는 경우에도 근로기준법이 보장한 근로기준 중 주요사항을 그들에게 적용되지 않도록 하는 것은, 합리적인 근거가 없으므로 자의적인 차별이다(헌재 2007.8.30. 2004헌마670).
* 근로의 권리는 국가에 대하여 직접 일자리를 청구하거나 일자리에 갈음하는 생계비의 지급청구권을 의미하는 것이 아니라 고용증진을 위한 사회적·경제적 정책을 요구할 수 있는 권리에 그치기 때문에, 근로의 권리로부터 국가에 대한 직접적인 직장존속청구권을 도출할 수도 없다(헌재 2011.7.28. 2009헌마408).
* 근로자의 적정한 범위내의 퇴직금채권이 다른 채권들보다 우선 변제되도록 하는 것은 퇴직금의 후불임금적 성격 및 사회보장적 급여로서의 성격에 비추어 상당하며, 그 적정한 범위의 결정은 입법정책적 판단에 맡겨야 한다(헌재 1997.8.21. 94헌바19).
* 근로의 권리는 자유권적 기본권의 성격도 있으므로 이 부분에 관한 한 외국인에게도 기본권 주체성을 인정해야 한다(헌재 2007.8.30. 2004헌마670).
* 고엽제후유의증환자도 참전유공자로서 구 「국가유공자 등 예우 및 지원에 관한 법률」상 국가유공자에 포함되지만 전몰군경의 유가족을 제외한 국가유공자의 가족은 헌법 제32조 제6항의 보호대상에 포함된다고 할 수 없으므로, 고엽제후유의증환자의 가족을 교육지원과 취업지원의 대상에서 배제한다고 하여 위 헌법조항의 우선적 근로의 기회제공의무를 위반한 것은 아니다(헌재 2011.6.30. 2008헌마715).
* 근로의 권리는 근로자를 개인의 차원에서 보호하기 위한 권리로서 개인인 근로자가 그 주체가 되는 것이고 노동조합은 그 주체가 될 수 없다(헌재 2009.2.26. 2007헌바27).
* 헌법 제32조 제6항에 따라 법률이 정하는 바에 의하여 우선적으로 근로의 기회가 부여되는 대상은 '국가유공자', '상이군경', '전몰군경의 유가족'이고, 국가유공자의 유가

족이나 상이군경의 유가족은 포함되지 아니한다(헌재 2006.2.23. 2004헌마675(병합)).

* 근로기준법상 형사처벌의 대상이 되는 해고의 기준으로 일반추상적 개념인 '정당한 이유'의 유무를 두고 있지만, 그 의미가 법적 자문을 고려한 예견가능성이 있고, 집행자의 자의가 배제될 정도로 의미가 확립되어 있으므로 명확성의 원칙에 위배되지 아니한다(헌재 2005.3.31. 2003헌바12).

4. 근로 3권勤勞 3權

> **헌법 제33조** ① 근로자는 근로조건의 향상을 위하여 자주적인 단결권·단체교섭권 및 단체행동권을 가진다.
> ② 공무원인 근로자는 법률이 정하는 자에 한하여 단결권·단체교섭권 및 단체행동권을 가진다.
> ③ 법률이 정하는 주요방위산업체에 종사하는 근로자의 단체행동권은 법률이 정하는 바에 의하여 이를 제한하거나 인정하지 아니할 수 있다.

(1) 의 의

근로 3권이란 근로자가 자신의 근로조건 향상을 위하여 자유로이 단결하여 자주적인 단체(노동조합)를 결성하고, 그 단체의 이름으로 사용자와 교섭하며, 교섭이 결렬될 경우 자신들의 주장을 관철시키기 위하여 단체행동을 할 수 있는 권리를 말한다. 헌법 제33조에서 근로자의 근로 3권(단결권 · 단체교섭권 · 단체행동권)을 규정하고 있다. 근로권에 대하여 헌법이 특별한 보호를 명문화하는 것은 노동이 개인에게 있어서 생계의 수단이 될 뿐만 아니라 자아실현의 수단으로서도 중요한 의미를 가지며, 나아가 국가에 있어서 국민의 근로활동이 시장경제질서의 중대한 기반이 되기 때문이다.

(2) 근로 3권의 법적 성격

헌법 제32조 및 제33조에 각 규정된 근로기본권은 자유권적 기본권으로서의 성격보다는 생존권 내지 사회권적 기본권으로서의 측면이 보다 강한 것으로 그 권리의 실질적 보장을 위해서는 국가의 적극적인 개입과 뒷받침이 요구되는 기본권이지만(헌재 1991.7.22. 89헌가106), 근로 3권은 노동조합과 같은 근로자단체의 결성을 통하여 사용자와 대등한 세력을 이루어 근로조건에 관한 노사 간의 실질적인 자치를 보장하려는 데 있다는 점에서, "사회적 보호기능을 담당하는 자유권" 또는 "사회권적 성격을 띤 자유권"이라고 말할 수 있다(헌재 2009.2.26. 2007헌바27).

⑶ 주 체

자연인이 가능함에는 의문이 없으나 외국인의 경우에는 법률이 정하는 바에 따라 근로권이 인정될 수 있다. 또한 법인은 성질상 근로권의 주체가 될 수 없음이 직업선택의 자유와 다른 점이다. 왜냐하면 근로권은 자연인의 육체적 정신적 활동을 특별히 보호하는 것이기 때문이다.

⑷ 내 용

(가) 단결권團結權

단결권이란 근로자들이 근로조건의 유지·개선을 목적으로 사용자와 대등한 교섭력을 가지기 위하여 자주적인 단체를 결성할 수 있는 권리를 말한다. 근로자는 자유로이 노동조합을 조직하거나 가입할 수 있으며, 사용자가 침해할 경우에는 노동조합 및 노동관계조정법(약칭 노동조합법) 제81조의 규정에 의하여 부당노동행위가 된다. 근로자가 노동조합에 가입하지 않을 것을 고용조건으로 하거나 노동조합으로부터 탈퇴할 것을 고용조건으로 하는 근로계약(조건부고용계약)의 체결은 물론 노동조합의 결성이나 노동조합에의 가입을 이유로 한 해고 등은 부당노동행위로서 금지된다.

(나) 단체교섭권團體交涉權

단체교섭권은 근로자단체인 노동조합이 그 대표자 또는 조합이 위임하는 자를 통하여 사용자 또는 사용자단체와 근로조건에 관한 교섭을 할 수 있는 권리를 말한다.

단체교섭권에 단체협약체결권이 포함되는지 여부 (헌재 1998.2.27. 94헌바13 등)

헌법 제33조 제1항이 비록 "단체협약체결권"을 명시하여 규정하고 있지 않다고 하더라도 근로조건의 향상을 위한 근로자 및 그 단체의 본질적인 활동의 자유인 "단체교섭권"에는 단체협약체결권이 포함되어 있다고 보아야 한다.

단체교섭은 근로조건의 유지 또는 개선을 목적으로 하는 것이므로, 근로조건과 무관한 사항은 단체교섭의 대상에서 배제된다. 사용자가 독점적으로 보유하는 경영권·인사권 및 이윤취득권에 속하는 사항은 원칙적으로 단체교섭의 대상이 될 수 없다. 대법원은 "사용자가 인사처분을 함에 있어 노동조합의 사전동의를 얻어야 한다거나 또는 노동조합의 승낙을 얻거나 노동조합과 인사처분에 관한 논의를 하여 의견의 합치를 보아 인사처분을 하도록 "단체협약에 규정된 경우에는" 그 절차를 거치지 아니한 인사처분은 무효라고 보아야 한다"고 판시하였다(대판 1993.9.28. 91다30620).

만일 사용자가 정당한 이유 없이 단체교섭을 거부하면 "노동조합및노동관계조정법" 제81조 제3호에 해당하는 부당노동행위가 된다. 단체교섭은 노사협의와 구별된다.

(다) 단체행동권團體行動權

단체행동권이란 노동쟁의가 발생한 경우 쟁의행위를 할 수 있는 쟁의권(파업권)을 의미하며, 이는 근로자가 그의 주장을 관철하기 위하여 업무의 정상적인 운영을 저해하는 행위를 할 수 있는 권리라고 할 수 있다(헌재 1998.7.16. 97헌바23; 헌재 2010.4.29. 2009헌바168).

㉮ 노동쟁의勞動爭議

"임금·근로시간·복지·고용 기타 대우 등 근로조건의 결정에 관한 주장의 불일치로 인하여 발생한 분쟁상태(노동조합 및 노동관계조정법 제2조 제5호)"를 말하며, 쟁의행위란 "파업·태업·직장폐쇄 기타 노동관계 당사자가 그 주장을 관철할 목적으로 행하는 행위와 이에 대항하는 행위로서 업무의 정상적인 운영을 저해하는 행위(동법 제2조 제6호)"를 말한다.

㉯ 쟁의행위爭議行爲

조합원의 직접・비밀・무기명투표에 의한 조합원 과반수의 찬성으로 결정하여야 하며(동법 제41조 제1항), 그 목적・방법 및 절차에 있어서 법령 기타 사회질서에 위반되어서는 아니 된다(동법 제37조 제1항). 조합원은 노동조합에 의하여 주도되지 아니한 쟁의행위를 하여서는 아니된다(동법 제37조 제2항). 노동조합은 사용자의 점유를 배제하여 조업을 방해하는 형태로 쟁의행위를 해서는 아니 된다(동법 제37조 제3항). 노동조합의 쟁의행위는 그 조합원(제29조의2에 따라 교섭대표노동조합이 결정된 경우에는 그 절차에 참여한 노동조합의 전체 조합원)의 직접・비밀・무기명투표에 의한 조합원 과반수의 찬성으로 결정하지 아니하면 이를 행할 수 없다. 이 경우 조합원 수 산정은 종사근로자인 조합원을 기준으로 한다(동법 제44조 제1항)<개정 2021. 1. 5.>.

㉰ 대법원의 입장

근로자의 쟁의행위가 정당성을 갖추기 위해서는 노사관계의 신의성실의 원칙에 비추어 공정성의 원칙에 따라야 하고, 사용자의 기업시설에 대한 소유권 기타의 재산권과 조화를 이루어야 함은 물론 폭력이나 파괴행위를 수반하여서는 아니 된다(대판 1994.9.30. 94다4042).

⑸ 제 한

(가) 헌법 제33조 제2항

헌법 제33조 제2항은 "공무원인 근로자는 법률이 정하는 자에 한하여 단결권・단체교섭권 및 단체행동권을 가진다"고 하여 일정범위의 공무원에 대해서는 근로 3권을 제한하고 있다. 공무원의 근로 3권을 제한하는 법률로서 국가공무원법 외에 특정직공무원에 관한 법(교육공무원법・경찰공무원법・소방공무원법・군인사법 등)은 교육공무원・현역군인・군무원・경찰관・소방대원 등의 공무원도 근로 3권을 행사할 수 없다고 규정하고 있다. 구 사립학교법 제55조에 의거 사립학교 교원의 근로 3권이 제한된 바 있다. 교원의 노동운동은 과거에는 법률로써 제한되어 있었지만 교원의노동조합설립및운영등에관한법률이 제정되어 초・중등교원의 단결권과 단체교섭권이 보장되고 있다. 그러나 쟁의행위는 금지되어 있다(동법 제8조).

(나) 헌법재판소의 입장

국가공무원법 제66조 제1항이 근로 3권이 인정되는 공무원의 범위를 사실상의 노무에 종사하는 공무원에 한정하고 있는 것은 공무원의 국민전체에 대한 봉사자로서의 지위 및 그 직무상의 공공성 등의 성질을 고려한 합리적인 공무원제도의 보장, 공무원제도와 관련한 주권자 등 이해관계인의 권익을 공공복리의 목적 아래 통합조정하려는 의도와 어긋나는 것이라고 볼 수 없다(헌재 1992.4.28. 90헌바27).

(다) 방위산업체에 종사하는 근로자의 단체행동권을 제한

헌법 제33조 제3항은 "법률이 정하는 주요 방위산업체에 종사하는 근로자의 단체행동권은 법률이 정하는 바에 의하여 이를 제한하거나 인정하지 아니할 수 있다"고 하여 방위산업체에 종사하는 근로자의 단체행동권을 제한·부인할 수 있도록 하고 있다.

이와 관련해서 헌법재판소는 "노동쟁의조정법에 관한 헌법소원" 사건에서 모든 공무원에게 단체행동권, 쟁의권을 근본적으로 부인하고 있는 노동쟁의조정법 제12조 제2항 중 '국가·지방자치단체에 종사하는 노동자'에 관한 부분에 대해서 헌법불합치결정을 내렸다(헌재 1993.3.11. 88헌마5).

(라) 헌법 제76조(긴급명령)와 제77조(비상계엄)에 의하여 대통령의 긴급명령과 비상계엄선포에 의하여 근로 3권이 제한될 수도 있다.

(6) 관련 판례

* 청원경찰은 일반근로자일 뿐 공무원이 아니므로 원칙적으로 헌법 제33조 제1항에 따라 근로3권이 보장되어야 한다. 청원경찰은 제한된 구역의 경비를 목적으로 필요한 범위에서 경찰관의 직무를 수행할 뿐이며, 그 신분보장은 공무원에 비해 취약하다. 또한 국가기관이나 지방자치단체 이외의 곳에서 근무하는 청원경찰은 근로조건에 관하여 공무원뿐만 아니라 국가기관이나 지방자치단체에 근무하는 청원경찰에 비해서도 낮은 수준의 법적 보장을 받고 있으므로, 이들에 대해서는 근로3권이 허용되어야

할 필요성이 크다(헌재 2017.9.28. 2015헌마653).

* 현행 헌법에서 공무원 및 법률이 정하는 주요방위산업체에 종사하는 근로자와는 달리 특수경비원에 대해서는 단체행동권 등 근로3권의 제한에 관한 개별적 제한규정을 두고 있지 않다고 하더라도, 헌법 제37조 제2항의 일반유보조항에 따른 기본권 제한의 원칙에 의하여 특수경비원의 근로3권 중 하나인 단체행동권을 제한할 수 있다(헌재 2009.10.29. 2007헌마1359).
* 교원의 범위를 초·중등학교에 재직 중인 교원으로 한정하고 있는 구 교원의 노동조합 설립 및 운영 등에 관한 법률은 교원의 노동조합 활동이 임면권자에 의하여 부당하게 제한되는 것을 방지함으로써 교원의 노동조합 활동을 보호하기 위한 것이고, 해직 교원에게도 교원노조의 조합원 자격을 유지하도록 할 경우 개인적인 해고의 부당성을 다투는 데 교원노조의 활동을 이용할 우려가 있으므로, 해고된 사람의 교원노조 조합원 자격을 제한하는 데에는 합리적 이유가 인정된다(헌재 2015.5.28. 2013헌마671).
* 당해 사업장에 종사하는 근로자의 3분의 2 이상을 대표하는 노동조합(이하 '지배적 노동조합'이라 한다)의 경우 단체협약을 매개로 한 조직강제[이른바 유니언 샵Union Shop 협정 체결]를 용인하고 있는 노동조합및노동관계조정법 제81조 제2호 단서는 근로자의 단결권을 보장한 헌법 제33조 제1항등에 위반되지 않아 합헌이다(헌재 2005.11.24. 2002헌바95).
* 헌법 제33조 제1항에서 '단체협약체결권'을 명시하여 규정하고 있지 않다고 하더라도, 근로조건의 향상을 위한 근로자 및 그 단체의 본질적인 활동의 자유인 '단체교섭권'에는 단체협약체결권이 포함되어 있다고 보아야 한다(헌재 1998.2.27. 94헌바13).
* 노동조합의 대표자 또는 노동조합으로부터 위임을 받은 자에게 단체교섭권과 함께 단체협약체결권을 부여한 것은 노동조합으로 하여금 근로3권의 기능을 보다 효율적으로 이행하기 위한 조건을 규정하려는 것이므로 헌법에 위반된다고 할 수 없다(헌재 1998.2.27. 94헌바13).

5. 환 경 권環境權

헌법 제35조 ① 모든 국민은 건강하고 쾌적한 환경에서 생활할 권리를 가지며, 국가와 국민은 환경보전을 위하여 노력하여야 한다.
② 환경권의 내용과 행사에 관하여는 법률로 정한다.
③ 국가는 주택개발정책 등을 통하여 모든 국민이 쾌적한 주거생활을 할 수 있도록 노력하여야 한다.

⑴ 의 의

환경권이란 좁은 의미로는 “오염되거나 불결한 환경으로 말미암아 건강을 훼손당하지 아니할 권리”로서 자연 환경권을 의미하며, 넓은 의미로는 “깨끗한 환경에서 생활을 누릴 수 있는 권리”로서 자연적 환경권뿐만 아니라 문화적 · 사회적 환경권까지도 포함하는 개념을 말한다.

⑵ 법적 성격

환경권은 건강하고 쾌적한 생활을 유지하는 조건으로서 양호한 환경을 향유할 권리이고, 생명 · 신체의 자유를 보호하는 토대를 이루며, 궁극적으로 ‘삶의 질’ 확보를 목표로 하는 권리이므로, 국민은 국가로부터 건강하고 쾌적한 환경을 향유할 수 있는 자유를 침해당하지 않을 권리를 행사할 수 있고, 일정한 경우 국가에 대하여 건강하고 쾌적한 환경에서 생활할 수 있도록 요구할 수 있는 권리이다(헌재 2008.7.31. 2006헌마711).

⑶ 내 용

환경권의 대상이 되는 환경은 일반적으로 자연환경(물 · 해양 · 하천 · 호수 · 삼림 등)을 기본으로 하고, 물리적인 인공환경(공원 · 도로 · 학교 · 전기 · 가스 등) 및 사회적 · 문화적 환경을 포함한다. 그리고 그 내용은 ① 국가의 환경침해에 대한 방어권, ② 공해배제청구권, ③ 생활환경조성청구권, ④ 쾌적한 주거생활권 등이다.

그러나 환경권은 절대적 권리가 아니므로 합리적인 이유가 있고 경미한 침해인 때에는 이를 수인 · 감수해야 된다. 이는 환경권이 상린관계적인 권리의 성격이 강하다는 측면과도 연관된다(수인한도론). 또한 환경권도 헌법 제37조 제2항에 따라 국가안전보장 · 질서유지 · 공공복리를 위하여 필요한 때에는 법률로써 제한할 수 있다. 다만, 제한하는 경우에도 그 본질적인 내용은 침해할 수 없다.

⑷ 환경권의 침해와 구제

국가나 지방자치단체가 적극적으로 환경을 침해하는 경우에는 청원권이나 행정소송의 제기, 헌법소원, 국가배상청구 등을 통해 그 구제가 가능하다. 반면 사인의 행위로 인한 환경피해에 대한 구제수단은 사후적 손해배상청구나, 사전적 유지청구를 생각할 수 있는데, 환경에 대한 침해는 사람의 생명과 건강에 구체적인 피해가 발생하기 이전의 단계에서 그리고 생태계의 파괴단계에 이르기 전에 즉시 구제되는 것이 가장 실효적이라 할 것이다.

(5) 환경보전의무

환경권은 단순한 권리의 측면만 있는 것이 아니라 후손에게 환경을 훼손 없이 물려주어야 하는 의무의 성격도 지니고, 이는 단순히 국가만의 의무가 아니라 국민 역시 환경보전을 위하여 노력하여야 하는 것이다. 헌법 제35조 제1항 후단에서도 국민은 환경보전을 위해 노력하여야 한다고 규정한다. 사인인 제3자에 의한 국민의 환경권 침해에 대해서 국가는 적극적으로 기본권 보호조치를 취할 의무가 있다. 다만, 이를 심사함에 있어서는 적절하고 효율적인 최소한의 보호조치를 취했는가 하는 이른바 과소보호금지원칙의 위반여부를 기준으로 삼아야 한다(헌재 2008.7.31. 2006헌마711).

6. 혼인 · 가족생활 · 모성 · 보건에 관한 권리婚姻 · 家族生活 · 母性 · 保健에 관한 權利

> **헌법 제36조** ① 혼인과 가족생활은 개인의 존엄과 양성의 평등을 기초로 성립되고 유지되어야 하며, 국가는 이를 보장한다.
> ② 국가는 모성의 보호를 위하여 노력하여야 한다.
> ③ 모든 국민은 보건에 관하여 국가의 보호를 받는다.

(1) 혼인과 가족생활, 양성의 평등婚姻과 家族生活, 兩性의 平等

(가) 헌법 제36조 제1항의 규범내용

헌법 제36조 제1항은 "혼인과 가족생활은 개인의 존엄과 양성의 평등을 기초로 성립되고 유지되어야 하며, 국가는 이를 보장한다"라고 규정하고 있는데, 헌법

제36조 제1항은 혼인과 가족생활을 스스로 결정하고 형성할 수 있는 자유를 기본권으로서 보장하고, 혼인과 가족에 대한 제도를 보장한다.

제헌헌법은 남녀동권男女同權을 기본으로 한 혼인의 순결과 가족의 건강에 대한 국가의 보호를 규정하였으나, 1962년 헌법에서는 혼인의 남녀동권 및 가족의 건강을 삭제하고 혼인의 순결과 보건으로 개정하였고, 1980년 헌법이 혼인과 가족생활에 있어서 개인의 존엄과 양성평등을 규정하였고, 현행 헌법은 모성보호규정을 추가하였다.

(나) 헌법 제36조 제1항의 법적 성격

헌법 제36조 제1항은 "혼인과 가족생활은 개인의 존엄과 양성의 평등을 기초로 성립되고 유지되어야 하며, 국가는 이를 보장한다"고 하여 혼인 및 그에 기초하여 성립된 부모와 자녀의 생활공동체인 가족생활이 국가의 특별한 보호를 받는다는 것을 규정하고 있다. 이 헌법규정은 소극적으로는 국가권력의 부당한 침해에 대한 개인의 주관적 방어권으로서 국가권력이 혼인과 가정이란 사적인 영역을 침해하는 것을 금지하면서, 적극적으로는 혼인과 가정을 제3자 등으로부터 보호해야 할 뿐 아니라 개인의 존엄과 양성의 평등을 바탕으로 성립되고 유지되는 혼인·가족제도를 실현해야 할 국가의 과제를 부과하고 있다(헌재 2011.2.24. 2009헌바89).

혼인가족제도에 관한 헌법원리로서, 혼인가족제도는 인간의 존엄성존중과 민주주의 원리에 따라 규정되어야 함을 천명한 것으로, 혼인의 자유(여부, 시기, 상대방, 유지)를 보장하고 있다"고 하는바(헌재 1997.7.16. 95헌가6), 기본권과 제도적 보장으로서의 성격은 물론 헌법원리로서의 성격을 인정하고 있다.

(다) 양성평등兩性平等

가족제도에 관한 전통·전통문화란 적어도 그것이 가족제도에 관한 헌법이념인 개인의 존엄과 양성의 평등에 반하는 것이어서는 안 된다는 한계가 도출되므로, 전래의 어떤 가족제도가 헌법 제36조 제1항이 요구하는 개인의 존엄과 양성평등에 반한다면 헌법 제9조를 근거로 그 헌법적 정당성을 주장할 수는 없다. 민법 제809조 제1항의 '동성동본불혼제'(헌재 1997.7.16. 95헌가6)나 민법 제847조 제

1항의 '친생부인의 소제한'은 기본권을 침해하는 것으로 보았다(헌재 1997.3.27. 95헌가14).

(2) 모성의 보호

국가는 모성母性의 보호를 위하여 노력할 의무를 진다(헌법 제36조 제2항). "모성"이란 모든 여자를 지칭하는 것이 아니고 자녀를 가진 여성을 지칭한다. 모성의 생명과 건강을 보호하고 건전한 자녀의 출산과 양육을 도모함으로써 국민보건 향상에 이바지함을 목적으로 모자보건법을 규정하고 있다.

(3) 보건권保健權

보건에 관한 권리는 국민이 자신과 가족의 건강을 유지하는 데 필요한 국가적 급부와 배려를 요구할 수 있는 권리를 말한다(헌법 제36조 제3항). 국가에 대하여 건강한 생활을 침해하지 않도록 요구할 수 있으며, 보건을 유지하도록 국가에 적극적으로 요구할 수 있다(헌재 1998.7.16. 96헌마246).

(4) 관련 판례

* 법률혼주의를 채택한 취지에 비추어 볼 때 제3자에게 영향을 미쳐 명확성과 획일성이 요청되는 상속과 같은 법률관계에서는 사실혼을 법률혼과 동일하게 취급할 수 없으므로, … 법적으로 승인되지 아니한 사실혼은 헌법 제36조 제1항의 보호범위에 포함되지 아니하므로, 이 사건 법률조항은 헌법 제36조 제1항에 위반되지 않는다(헌재 2014.8.28. 2013헌바119).
* 육아휴직신청권은 헌법 제36조 제1항 등으로부터 개인에게 직접 주어지는 헌법적 차원의 권리라고 볼 수는 없고, 입법자가 입법의 목적, 수혜자의 상황, 국가예산, 전체적인 사회보장수준, 국민정서 등 여러 요소를 고려하여 제정하는 입법에 적용요건, 적용대상, 기간 등 구체적인 사항이 규정될 때 비로소 형성되는 법률상의 권리이다(헌재 2008.10.30. 2005헌마1156).
* 헌법 제36조 제1항은 혼인과 가족생활을 스스로 결정하고 형성할 수 있는 자유를 기본권으로서 보장하며, 친양자 입양의 경우에도 친양자로 될 사람이 그의 의사에 따라 스스로 입양의 대상이 될 것인지 여부를 결정할 수 있는 자유를 보장한다(헌재 2013.9.26. 2011헌가42).

* 친양자로 될 자와 마찬가지로 친생부모 역시 그로부터 출생한 자와의 가족 및 친족 관계의 유지에 관하여 헌법 제36조 제1항에 의하여 인정되는 혼인과 가정생활의 자유로운 형성에 대한 기본권을 가진다(헌재 2012.5.31. 2010헌바87).
* 법적으로 승인되지 아니한 사실혼은 헌법 제36조 제1항의 보호범위에 포함된다고 보기 어렵다(헌재 2014.8.28. 2013헌바119).
* 부모가 자녀의 이름을 지어주는 것은 자녀의 양육과 가족생활을 위하여 필수적인 것이고, 가족생활의 핵심적 요소라 할 수 있으므로, '부모가 자녀의 이름을 지을 자유'는 혼인과 가족생활을 보장하는 헌법 제36조 제1항과 행복추구권을 보장하는 헌법 제10조에 의하여 보호받는다(헌재 2016.7.28. 2015헌마964).
* 부모의 자녀에 대한 교육권은 비록 헌법에 명문으로 규정되어 있지는 아니하지만, 혼인과 가족생활을 보장하는 헌법 제36조 제1항, 행복추구권을 보장하는 헌법 제10조 및 "국민의 자유와 권리는 헌법에 열거되지 아니한 이유로 경시되지 아니한다."라고 규정하는 헌법 제37조 제1항에서 나오는 중요한 기본권이며, 이러한 부모의 자녀교육권이 학교영역에서는 자녀의 교육진로에 관한 결정권 내지는 자녀가 다닐 학교를 선택하는 권리로 구체화된다(헌재 2009.4.30. 2005헌마514).

제 4 절 정치적 기본권政治的 基本權

헌법 제24조 모든 국민은 법률이 정하는 바에 의하여 선거권을 가진다.

헌법 제25조 모든 국민은 법률이 정하는 바에 의하여 공무담임권을 가진다.

헌법 제72조 대통령은 필요하다고 인정할 때에는 외교·국방·통일 기타 국가안위에 관한 중요정책을 국민투표에 붙일 수 있다.

헌법 제130조 ② 헌법개정안은 국회가 의결한 후 30일 이내에 국민투표에 붙여 국회의원 선거권자 과반수의 투표와 투표자 과반수의 찬성을 얻어야 한다.

Ⅰ. 참 정 권參政權

1. 의 의

(1) 국민의 상징적 표현

주권자인 국민은 선거를 통하여 직접적으로는 국가기관의 구성원을 선출하고 간접적으로는 여하한 정부를 원하느냐에 관한 국민의 의사를 표시한다. 이러한 정치행위를 참정권이라고 하고, 이를 모아 집합적인 총의로 최종결정을 하는 것을 헌법상 주권의 행사라고 하나 그 본질은 국민 개인이 갖는 기본권이라는 데에서 비롯된다. 국민이 국정에 참여하는 참정권은 국민주권의 상징적 표현으로서 국민의 가장 중요한 기본적 권리의 하나이며 다른 기본권에 대하여 우월적 지위를 가진다(헌재 1989.9.8. 88헌가6).

(2) 대의민주주의의 실현수단

공무담임권 · 선거권 등의 참정권은 선거를 통하여 통치기관을 구성하고 그에 정당성을 부여하는 한편, 국민 스스로 정치형성과정에 참여하여 국민주권 및 대의민주주의를 실현하는 핵심적인 수단이라는 점에서 아주 중요한 기본권 중의 하나라고 할 것이므로(헌재 1991.3.11. 91헌마21), 참정권은 근대 입헌주의 헌법에서 보장되고 있는 중요한 권리이다.

2. 참정권의 종류

참정권은 국민이 국가의 의사형성에 직접 참여하는 직접적 참정권과 간접적으로 참여하거나 국가기관의 구성원으로 선임될 수 있는 권리인 간접적 참정권으로 구분된다. 우리 헌법은 직접적인 참정권으로 국민투표권(헌법 제72조, 제130조)을 간접적인 참정권으로 공무원선거권(헌법 제24조)·공무담임권(헌법 제25조)을 규정하고 있다. 지방자치법 제13조의2에서 규정한 주민투표권은 그 성질상 선거권, 공무담임권, 국민투표권과는 다른 것이어서 이를 법률이 보장하는 참정권이라고 할 수 있을지언정 헌법이 보장하는 참정권이라고 할 수는 없다(헌재 2001.6.28. 2000헌마735).

Ⅱ. 주 체

1. 국 민

참정권은 원칙적으로 국민에게만 주체성이 인정된다고 보는 것이 통설이다. 다만 국민이 참정권을 행사하려면 일정한 연령에 달하여야 한다. 현행 공직선거법(2019.12.27.개정)은 제15조에서 선거연령을 18세 이상으로 개정하여 참정권의 범위를 확대하였다. 이는 사실상 고등학생들 중 선거연령에 달한 자의 직접적 참여권을 인정하는 기준을 마련한 것인데, 국공립학교·사립학교에서의 선거운동에 대한 해석의 문제가 남아 있다.

2. 외국인 · 법인

참정권은 국민의 권리이므로 외국인에게는 인정되지 않는다. 법인이 참정권의 주체가 되는지에 대해 참정권은 자연인에게 인정된 권리이므로 인정되지 않는다는 견해와 정당이 정치적 기본권을 향유한다면 법인에게도 이를 인정할 수 있다는 견해가 있다. 법인에게 참정권을 인정할 경우 법인의 구성원은 개인과 법인의 구성원으로서 이중으로 참정권을 인정하는 결과가 되므로 부정하는 것이 일반적 견해이다.

Ⅲ. 내 용

1. 직접참정권直接參政權

(1) 의미와 기능

직접참정권이란 국민이 국가의 의사형성이나 정책결정에 직접 참여할 수 있는 권리를 말하는데, 이는 간접민주제를 보완하는 기능을 한다. 직접참정권에는 국민투표권(국민표결권) · 국민발안권 · 국민소환권(국민해임권) 등이 있다. 우리 헌법은 국민투표권을 인정하고 있다. 헌법개정안에 대한 국민투표권(헌법 제130조), 국가안위에 관한 중요정책에 대한 국민투표권(헌법 제72조)을 규정하고 있다. 국민투표의 가능성은 국민주권주의나 민주주의원칙과 같은 일반적인 헌법원칙에 근거하여 인정될 수 없으며, 헌법에 명문으로 규정되지 않는 한 허용되지 않는다(헌재 2004.5.14. 2004헌나1). 헌법상 국민투표제가 처음 도입된 시기는 1954년 헌법이다. 주권의 제약 또는 영토변경이 그 대상이었다. 헌법개정안에 대한 국민투표제가 처음 도입된 시기는 1962년 헌법이다.

(2) 주민투표권의 성질

헌법에 규정된 제도는 아니지만 지방자치법 제13조의2 제2항의 주민투표권이 헌법상의 직접참정권인지가 문제되나, 헌법재판소는 "우리 헌법은 법률이 정하는 바에 따른 "선거권"과 "공무담임권" 및 국가안위에 관한 중요정책과 헌법개정에 대한 "국민투표권"만을 헌법상의 참정권으로 보장하고 있으므로, 지방자치법 제13조의2에서 규정한 주민투표권은 그 성질상 선거권, 공무담임권, 국민투표권과 전혀 다른 것이어서 이를 법률이 보장하는 참정권이라고 할 수 있을지언정 헌법이 보장하는 참정권이라고 할 수는 없다"고 판시하였다(헌재 2001.6.28. 2000헌마735).

2. 간접참정권間接參政權

간접참정권이란 국민이 국가기관의 구성에 참여하거나 국가기관의 구성원으로 선임될 수 있는 권리를 말하는데, 헌법이 인정하고 있는 간접참정권으로는 선거권 · 공무담임권(피선거권 · 공직취임권) 등이 있다. 헌법 제25조는 공무담임권의 범위를 공직취임의 기회의 자의적인 배제뿐만 아니라 공무원 신분의 부당한 박탈까지 포함한다.

헌법이 보장하는 선거권 (헌재 2002.3.28. 2000헌마283등)

선거권은 법률이 정하는 바에 의하여 보장되는 것으로서 선거법의 제정에 의하여 비로소 구체화된다고 할 것인데, 입법자가 입법형성권에 의하여 선거법을 제정하는 경우에 입법자가 구체적으로 어떠한 입법목적의 달성을 위하여 어떠한 방법을 선택할 것인가는 그것이 현저하게 불합리하고 불공정한 것이 아닌 한 입법자의 재량에 속한다.

(1) 선거권選擧權

(가) 의 의

선거란 유권자의 집합체(선거인단)에 의해, 국회의원 등 공무를 담당할 자(공무원이라는 국가기관)를 선정하는 집합적인 행위이고, 선거권(투표권)이란, 이 행위에 각 유권자가 한 표를 행사함으로써 참가할 수 있는 권리를 말한다.

헌법 제24조는 "모든 국민은 법률이 정하는 바에 의하여 선거권을 가진다"고 규정하고 있는바, 여기서 선거권이란 국민이 공무원을 선거하는 권리를 말한다. 간접민주정치를 원칙으로 채택하고 있는 우리나라에서는 공무원선거권은 국민의 참정권 중 가장 중요한 것이다. 공무원은 일반직공무원은 물론 대통령 · 국회의원 · 지방자치단체장 · 지방의회의원 · 법관 등 국가기관과 지방자치단체를 구성하는 모든 자를 말한다(헌재 2004.3.25. 2002헌마411).

(나) 선거권의 제한

참정권의 제한은 국민주권에 바탕을 두고 자유 · 평등 · 정의를 실현하려는 헌법의 민주적 가치질서를 직접적으로 침해하게 될 위험성이 크기 때문에 언제나 필요최소한의 정도에 그쳐야 한다(헌재 2004.3.25. 2002헌마411). 우리 헌법에서는 선거권도 법률이 정하는 바에 의하여 보장되는 것이므로 입법형성권을 갖고 있는 입법자가 선거법을 제정하는 경우에 헌법에 명시된 선거제도의 원칙을 존중하는 가운데 구체적으로 어떠한 입법목적의 달성을 위하여 어떠한 방법을 선택할 것인가는 그것이 현저하게 불합리하고 불공정한 것이 아닌 한 입법자의 재량영역에 속한다(헌재 2004.3.25. 2002헌마411).

선거권 제한 (헌재 2017.5.25. 2016헌마292)

1년 이상의 징역의 형의 선고를 받고 그 집행이 종료되지 아니한 사람의 선거권을 제한하는 공직선거법 제18조 제1항 제2호는 공동체 구성원으로서 기본적 의무를 저버린 수형자에 대하여 사회적 · 형사적 제재를 부과하고, 수형자와 일반국민의 준법의식을 제고하기 위한 것이다. … 선거권 제한 기간은 각 수형자의 형의 집행이 종료될 때까지이므로 … 청구인의 선거권을 침해하지 아니한다.

⑵ 공무담임권公務擔任權

(가) 의 의

헌법 제25조는 "모든 국민은 법률이 정하는 바에 의하여 공무담임권을 가진다"고 하여 공무담임권을 기본권으로 보장하고 있다. 공무담임권이란 입법부, 행정부, 사법부는 물론 지방자치단체 등 국가, 공공단체의 구성원으로서 그 직무를 담당할 수 있는 권리를 말한다. 직무를 담당한다는 것은 모든 국민이 현실적으로 그 직무를 담당할 수 있다고 하는 의미가 아니라, 국민이 공무담임에 관한 자의적이지 않고 평등한 기회를 보장받음을 의미한다. 공무원직에 관한 한 공무담임권은 직업의 자유에 우선하여 적용되는 특별법적 규정이다(헌재 1999.12.23. 99헌마135).

공무담임권의 보호영역에는 공직취임 기회의 자의적인 배제뿐 아니라, 공무원 신분의 부당한 박탈이나 권한(직무)의 부당한 정지도 포함된다. 후자는 전자보다 당해 국민의 법적 지위에 미치는 영향이 더욱 크다고 할 것이므로, 이를 보호영역에서 배제한다면, 기본권 보호체계에 발생하는 공백을 막기 어려울 것이다(헌재 2005.5.26. 2002헌마699등).

(나) 공무담임권의 제한(피선거권의 제한)

① 연령에 의한 제한

대통령 피선거권의 연령에 관해서는 헌법에서 40세로 제한하고 있다(제67조 제4항). 국회의원과 지방의회의원, 지방자치단체장의 피선거권 연령은 공직선거법에서 25세로 제한하고 있다(제16조 제2항 및 제3항).

② 기탁금제도에 의한 제한

선거에 있어서 기탁금의 목적은 후보자 난립의 저지를 통하여 선거관리의 효율성을 꾀하는 한편, 불법행위에 대한 제재금의 사전확보에 있다(헌재 2001.7.19. 2000헌마91등). 기탁금을 어느 정도로 할 것인지는 입법자가 정책적으로 결정할 사항이라 할 것이다. 기탁금액은 기탁금제도에 의하여 달성하려는 공익목적과 그로 인한 기본권 제한 사이에 균형과 조화를 이루도록 적정하게 책정되어야 하는 헌법적 한계가 있다. 그러나 그 금액이 현저하게 과다하거나 불합리하지 않다면, 헌법에 위반된다고 단정할 수는 없다(헌재 1995.5.25. 92헌마269 등).

③ 기탁금의 헌법적 한계

기탁금의 목적은 후보자 난립의 저지를 통하여 선거관리의 효율성을 꾀하는 한편, 불법행위에 대한 제재금의 사전확보에 있는바, 이러한 목적은 선거관리의 차원에서 나오는 것으로서 순수히 행정적인 공익임에 반하여 이로 인하여 제한되는 국민의 권익은 피선거권이라는 대단히 중요한 기본권임에 비추어, 기탁금제도 자체가 합헌일지라도 그 액수는 그야말로 불성실한 입후보를 차단하는데 필요한 최소한에 그치고 진지한 자세로 입후보하려는 국민의 피선거권을 제한하는 정도여서는 아니 된다(헌재 2001.7.19. 2000헌마91등). 이 외에도 공직선거법은 대통령

선거의 경우 선거일 현재 5년 이상 국내거주요건(제16조 1항) 등 피선거권 제한에 대한 규정을 두고 있다.

총장임용후보자 기탁금과 공무담임권 (헌재 2018.4.26. 2014헌마274)

총장후보자에 지원하려는 사람에게 접수시 1,000만 원의 기탁금을 납부하도록 하고, 지원서 접수시 기탁금 납입 영수증을 제출하도록 한 '전북대학교 총장임용후보자 선정에 관한 규정' 제15조 제3항은 … 기탁금조항의 1,000만 원이라는 액수는 자력이 부족한 교원 등 학내 인사와 일반 국민으로 하여금 총장후보자에 지원하려는 의사를 단념토록 할 수 있을 정도로 과다한 액수라고 할 수 있다. … 기탁금을 납입할 자력이 없는 교원 등 학내 인사 및 일반 국민들은 총장후보자에 지원하는 것 자체를 단념하게 되므로, 이 사건 기탁금조항으로 제약되는 공무담임권의 정도는 결코 과소평가될 수 없다. 기탁금조항으로 달성하려는 공익이 제한되는 공무담임권 정도보다 크다고 단정할 수 없으므로 … 과잉금지원칙에 반하여 청구인의 공무담임권을 침해한다.

공무담임권 침해를 인정한 관련 판례

* 협동조합장의 지방의회의원 피선거권 제한(위헌) 헌재 1991.3.11. 90헌마2
* 퇴임검찰총장의 2년간 공직제한(위헌) 헌재 1997.7.16. 97헌마26
* 자격정지 이상의 형 선고유예의 경우 군공무원직 당연 제적(위헌) 헌재 2003.9.25. 2003헌마293등
* 지방자치단체의 장으로 하여금 당해 지방자치단체의 관할구역과 같거나 겹치는 선거구역에서 실시되는 지역구 국회의원선거에 입후보하고자 하는 경우 당해 선거의 선거일 전 180일까지 그 직을 사퇴(위헌) 헌재 2003.10.30. 2002헌마684등
* 금고 이상의 형의 선고유예의 경우 공무원직에서 당연히 퇴직하도록 한 국가공무원법 제69조 중 제33조 제1항 제5호 부분(위헌) 헌재 2003.10.30. 2002헌마684등
* 향토예비군 지휘관이 금고 이상의 형의 선고유예를 받은 경우에 당연 해임되도록 규정한 것(위헌) 헌재 2005.12.22. 2004헌마947
* 금고 이상의 형의 선고유예를 받은 경우에 군무원직에서 당연퇴직하는 것으로 규정한 구 군무원인사법 제27조 중 같은 법 제10조에 의한 국가공무원법 제33조 제1항 제5호 부분(위헌) 헌재 2007.6.28. 2007헌가3
* 5급 공무원 응시연령을 32세까지 제한(헌법불합치) 헌재 2008.5.29. 2007헌마1105

공무담임권 침해를 부인한 관련 판례

* 금고 이상의 형의 집행유예를 받은 경우 지방공무원직에서 당연히 퇴직하는 것으로 규정한 경우(기각) 헌재 2003.12.18. 2003헌마409
* 지방자치단체의 장이 금고 이상의 형의 선고를 받은 경우 부단체장으로 하여금 그 권한을 대행하도록 한 지방자치법 제101조의2 제1항 제3호(기각) 헌재 2005.5.26. 2002헌마699등
* 배우자의 중대 선거범죄를 이유로 후보자의 당선을 무효로 하는 것(기각) 헌재 2005.12.22. 2005헌마19
* 9급 공무원 채용시험의 응시연령을 '28세까지' 제한한 것(기각) 헌재 2006.5.25. 2005헌마11
* 기초자치단체장선거 후보자나 예비후보자에 대하여 정치자금모금 후원회 설치를 금지한 것(기각) 헌재 2006.5.25. 2005헌마1095
* 국·공립학교 채용시험의 동점자처리에서 국가유공자 등 및 그 유족·가족에게 우선권을 주도록 한 것(기각) 헌재 2006.6.29. 2005헌마44
* 지방선거에서 같은 선거구 내 동일 정당의 후보자간 기호 결정방식(기각) 헌재 2007.10.4. 2006헌마364등
* 기초의원선거에 정당추천을 허용하도록 한 공직선거법 제47조 제1항(기각) 헌재 2007.11.29. 2005헌마977
* 중등교사 임용시험에서 동일 지역 사범대학을 졸업한 교원경력이 없는 자에게 가산점을 부여하고 있는 교육공무원법 제11조의2 [별표 2] 제2호(기각) 헌재 2007.12.27. 2005헌가11
* 공직선거법상 "100만 원 이상의 벌금형 확정을 이유로 공무원직의 취임 또는 임용을 제한하는" 부분(기각) 헌재 2008.4.24. 2006헌바43등
* 공무원이 공직선거 후보자가 되고자 하는 경우 선거일 전 60일까지 그 직을 그만두도록 한 경우(기각) 헌재 2008.10.30. 2006헌마547
* 지방자치단체장에 대한 주민소환의 청구사유에 제한을 두지 아니한 주민소환에 관한 법률 제7조 제1항 제2호(기각) 헌재 2009.3.26. 2007헌마843
* 초·중등학교 교원에 대한 교육위원직 겸직금지(기각) 헌재 1993.7.29. 91헌마69

3. 참정권의 제한

(1) 소급입법에 의한 참정권의 제한금지

헌법 제13조 제2항은 "모든 국민은 소급입법에 의하여 참정권의 제한을 받거

나 재산권을 박탈당하지 아니한다"고 하여 소급입법에 의한 참정권의 제한을 금지하고 있다.

⑵ 일반적 법률유보(헌법 제37조 제2항)에 의한 제한

헌법 제37조 제2항에 따라 참정권을 제한할 수 있다. 그러나 이 경우에도 참정권의 본질적 내용은 제한할 수 없고 과잉금지의 원칙이 존중되어야 한다.

⑶ 대통령의 긴급명령(헌법 제76조) 등에 의한 제한

대통령의 긴급명령에 의하여 참정권 그 자체를 직접 제한하는 것은 불가능하지만, 긴급명령에 의하여 선거의 실시가 연기될 경우에는 선거권과 피선거권의 행사가 지연되므로 간접적인 제한을 받는다.

4. 관련 판례

* 대통령이 자신에 대한 재신임을 국민투표의 형태로 묻고자 하는 것은 헌법 제72조에 의하여 부여받은 국민투표 부의권을 위헌적으로 행사하는 경우에 해당하는 것으로, 국민투표제도를 자신의 정치적 입지를 강화하기 위한 정치적 도구로 남용해서는 안 된다는 헌법적 의무를 위반한 것이다(헌재 2004.5.14. 2004헌나1).
* 대통령의 부의권을 부여하는 헌법 제72조는 가능하면 대통령에 의한 국민투표의 정치적 남용을 방지할 수 있도록 엄격하고 축소적으로 해석되어야 한다(헌재 2004.5.14. 2004헌나1).
* 국민투표의 가능성은 국민주권주의나 민주주의원칙과 같은 일반적인 헌법원칙에 근거하여 인정될 수 없으며, 헌법에 명문으로 규정되지 않는 한 허용되지 않는다(헌재 2004.5.14. 2004헌나1).
* 특정의 국가정책에 대하여 다수의 국민들이 국민투표를 원하고 있음에도 불구하고 대통령이 이러한 희망과는 달리 국민투표에 회부하지 아니한다고 하여도 이를 헌법에 위반된다고 할 수 없고 국민에게 특정의 국가정책에 관하여 국민투표에 회부할 것을 요구할 권리가 인정된다고 할 수도 없다(헌재 2005.11.24. 2005헌마579).
* 헌법상 대학의 자율은 대학에게 대학의 장 후보자 선정과 관련하여 반드시 직접선출 방식을 보장하여야 하는 것은 아니다(헌재 2006.4.27. 2005헌마1047).
* 능력주의 원칙에 대한 예외에 대한 헌법규범 내지는 헌법원리로는 우리 헌법의 기본

원리인 사회국가의 원리를 들 수 있고, 여자 · 연소자근로의 보호, 국가유공자 · 상이군경 및 전몰군경의 유가족에 대한 우선적 근로기회의 보장을 규정하고 있는 헌법 제32조 제4항 내지 제6항, 여자 · 노인 · 신체장애자 등에 대한 사회보장의무를 규정하고 있는 헌법 제34조 제2항 내지 제5항 등…헌법적 요청이 있는 경우에는 합리적 범위 안에서 능력주의가 제한될 수 있다(헌재 1999.12.23. 98헌바33).

* 부사관으로 최초로 임용되는 사람의 최고연령을 27세로 정한 법률조항은 부사관이라는 공직 취임의 기회를 제한하고 있으나, 군 조직의 특수성, 군 조직 내에서 부사관의 상대적 지위 및 역할 등을 고려할 때 공무담임권을 침해한다고 볼 수 없다(헌재 2014.9.25. 2011헌마414).
* 지방자치단체의 장이 공소 제기된 후 구금상태에 있는 경우 일시적으로 부단체장이 그 권한을 대행하도록 규정한 법률조항은 해당 지방자치단체장의 공무담임권을 침해한다고 볼 수 없다(헌재 2010.9.2. 2010헌마418).
* 향토예비군 지휘관이 금고 이상 형의 선고유예를 받은 경우에는 그 직에서 당연해임되도록 규정하고 있는 법률조항은, 범죄의 종류와 내용을 가리지 않고 모두 당연퇴직사유로 정함으로써 공무담임권을 침해한다(헌재 2005.12.22. 2004헌마947).
* 공무원의 기부금 모집을 금지하고 있는 법률조항은 선거의 공정성을 확보하고 공무원의 정치적 중립성을 보장하기 위한 것이므로, 정치적 의사표현의 자유를 침해하지 않는다(헌재 2012.7.26. 2009헌바298).
* 비례대표국회의원 후보자명부상의 차순위 후보자의 승계까지 부인함으로써 선거를 통하여 표출된 선거권자들의 정치적 의사표명을 무시 · 왜곡하는 결과를 초래하고, 선거범죄에 관하여 귀책사유도 없는 정당이나 차순위 후보자에게 불이익을 주는 것은 필요 이상의 지나친 제재를 규정한 것이라고 보지 않을 수 없으므로, 과잉금지원칙에 위배하여 청구인들의 공무담임권을 침해한 것이다(헌재 2009.10.29. 2009헌마350).
* 금고 이상의 형의 집행유예 판결을 받은 것을 공무원의 당연퇴직사유로 규정한 법률조항이 입법자의 재량을 일탈하여 공무담임권을 침해한 것으로 볼 수 없다(헌재 2011.6.30. 2010헌바478).
* 형사사건으로 기소된 국가공무원을 직위해제할 수 있도록 한 법률조항은 형사소추를 받은 공무원이 계속직무를 집행함으로써 발생할 수 있는 공무집행의 공정성과 그에 대한 국민의 신뢰를 해할 위험을 예방하기 위한 것으로 정당하고, 직위해제는 이러한 입법목적을 달성하기에 적합한 수단이며 임용권자로 하여금 구체적인 경우에 따라 개별성과 특수성을 판단하여 직위해제 여부를 결정하도록 한 것이므로 공무담임권을 침해한다고 볼 수 없다(헌재 2006.5.25. 2004헌바12).

* 헌법의 개정은 반드시 국민투표를 거쳐야 하므로 국민은 헌법개정에 관하여 찬반투표로 그 의견을 표명할 권리를 가지는데, 헌법개정사항인 수도의 이전을 헌법개정의 절차를 밟지 아니하고 단지 단순 법률의 형태로 실현시킨 것은 헌법 제130조에 따라 헌법개정에 있어서 국민이 가지는 참정권적 기본권인 국민투표권을 침해한다(헌재 2004.10.21. 2004헌마554 · 566(병합)).
* 이장의 주요업무는 부분적으로 공공성을 가지고 있다고 하더라도 그것은 어디까지나 리里의 발전을 위한 자주적이고 자율적인 봉사업무에 그치는 것이므로, 이장은 헌법상 보호되는 공무담임권 대상으로서의 공무원이라고 보기 어렵다(헌재 2009.10.29. 2009헌마127).
* 기부행위 제한의 적용을 받는 자에 '후보자가 되고자 하는 자'까지 포함하면서 기부행위의 제한기간을 폐지하여 상시 제한하도록 한 공직선거법 조항은 민의가 왜곡되고 대의민주주의 제도 자체가 위협을 받을 수 있는 점을 감안하면, 공무담임권을 침해하지 않는다(헌재 2010.9.30. 2009헌바201).
* 집행유예기간 중인 자의 선거권을 제한하는 것은 과잉금지의 원칙을 위반하고 보통선거의 원칙에 위반하여 평등원칙에도 어긋난다(헌재 2014.1.28. 2012헌마409).
* 입후보의 자유는 선거의 전과정에서 입후보와 관련한 의사형성 및 의사실현의 자유를 의미하는 바, 이는 공직선거에 입후보할 자유, 입후보를 하지 아니할 자유, 후보자로서 참여한 선거과정에 이탈할 자유를 포함한다(헌재 2009.12.29. 2008헌마141).

제 5 절 청구권적 기본권請求權的 基本權

Ⅰ. 청구권적 기본권의 의의

청구권적 기본권이란 국민이 국가에 대하여 일정한 행위를 적극적으로 청구할 수 있는 주관적 공권을 말한다. 청구권적 기본권은 그 밖의 권리나 이익이 침해되거나 침해될 우려가 있을 때에 이를 확보하기 위한 수단으로서의 권리이기 때문에 이를 달리 '기본권 보장을 위한 기본권'이라고도 한다.

Ⅱ. 청구권적 기본권의 법적 성질

청구권적 기본권은 국가에 대하여 특정한 행위를 요구하거나 국가의 보호를 요청하거나 하는 권리로, 실체적인 권리를 실현시키기 위한 절차적인 권리라는 성격을 지닌다. 자유권적 기본권과 달리 국가에 대하여 적극적으로 청구하는 의미를 지닌 기본권이며, 불완전하나마 구체적인 입법이 필요한 사회적 기본권과는 달리 헌법규정에 의해 직접 효력이 발생하는 기본권이다.

Ⅲ. 청구권적 기본권의 내용

1. 청 원 권請願權

헌법 제26조 ① 모든 국민은 법률이 정하는 바에 의하여 국가기관에 문서로 청원할 권리를 가진다.
② 국가는 청원에 대하여 심사할 의무를 진다.

(1) 의 의

청원권은 공권력과의 관계에서 일어나는 여러 가지 이해관계, 의견, 희망 등에 관하여 적법한 청원을 국가기관이 수리할 뿐만 아니라 이를 심사하여 청원자에게 그 처리결과를 통지할 것을 요구할 수 있는 권리를 말한다(헌재 1997.7.16. 93헌마239). 헌법 제26조에서 청원권을 보장하고 있으며, 헌법 제89조 제15호는 '정부에 제출 또는 회부된 정부의 정책에 관계되는 청원의 심사'는 국무회의의 심의를 거치도록 하고 있다. 그 밖에 국회법(제123조-제126조), 지방자치법(제85조-제88조)에 관련 규정이 있다.

(2) 내 용

(가) 청원의 주체와 상대방

청원은 자연인뿐 아니라 법인 · 외국인 · 공무원 · 군인 · 수형자 등도 할 수 있다. 다만, 공무원 · 군인 · 수형자 등 특수신분관계에 있는 자의 경우에는 그 직무와 관련된 청원이나 집단적인 청원은 할 수 없다. 또한 법인의 경우에는 사법인만이 원칙적으로 청원권의 주체이다.

(나) 청원의 내용

청원사항에 대하여는 청원법 제4조에서 ① 피해의 구제, ② 공무원의 위법 · 부당한 행위에 대한 시정이나 징계의 요구, ③ 법률 · 명령 · 조례 · 규칙 등의 제정 · 개정 또는 폐지, ④ 공공의 제도 또는 시설의 운영, ⑤ 그 밖에 국가기관 등의 권한에 속하는 사항을 규정하고 있다. 이는 예시적인 것으로서 공공기관의 권한에 속하는 것은 널리 청원사항이 될 수 있다.

(3) 청원의 방법과 절차

(가) 문서주의

청원은 청원인의 성명(법인인 경우에는 명칭 및 그 대표자의 성명) · 직업 · 주소를 기재하고 서명 날인한 문서로써 하여야 하며(청원법 제6조 제1항), 청원은 서면에 의한 것만이 인정되고, 청원서에는 청원의 이유와 취지를 명시하고 필요한 경우에는 서류 기타의 참고자료를 첨부하여야 한다(동법 제6조 제3항).

(나) 중복청원금지

동일인이 동일내용의 청원서를 동일기관에 두 개 이상 또는 두 개 기관 이상에 제출할 수 없으며(동법 제8조 제1항), 이를 위반하여 청원서를 제출하였다가 접수한 관서가 그 위반사실을 발견한 때에는 후에 접수한 청원서는 취급하지 아니하고 먼저 접수한 청원서만을 심사한다(동법 제8조 제2항).

(다) 청원서제출 남용규제

국회에 청원을 하려는 자는 의원의 소개를 받거나 국회규칙으로 정하는 기간 동안 국회규칙으로 정하는 일정한 수 이상의 국민의 동의를 받아 청원서를 제출하여야 한다(국회법 제123조 제1항). 즉 국회에 청원을 하려는 자는 국회의원의 소개를 받지 않더라도 청원할 수 있게 되었다. 다만, 지방의회에 청원을 하고자 하는 자는 지방의회의원의 소개를 얻어 청원서를 제출하도록 규정되어 있다(지방자치법 제85조 제1항). 지방의회에 청원을 하고자 할 때에 반드시 지방의회 의원의 소개를 얻도록 한 규정은 청원의 남발을 규제하고 심사의 효율을 기하기 위한 것이다(헌재 1999.11.25. 97헌마54).

(4) 청원의 효과

헌법은 청원을 수리하고 심사할 의무만을 규정하고 있으나, 청원법은 처리결과를 청원인에게 통지할 의무까지 규정하고 있다(청원법 제14조). 다만, 처리결과에 대한 재결이나 결정의무까지 인정되는 것은 아니다(헌재 1994.2.24. 93헌마213). 청원처리내용에 대한 소송은 허용되지 않는다. 청원에 대한 처리통보는 법적 효력 있는 법률행위가 아니기 때문이다. 또한 청원의 회신으로 청구인의 권리의무나 법률관계가 직접 영향을 받는 것은 아니므로 처리내용의 통보는 구체적인 공권력의 행사는 아니기 때문에 헌법소원의 대상이 될 수도 없다(헌재 2000.10.25. 99헌마458). 또한 누구든지 청원하였다는 이유로 차별대우를 받거나 불이익을 강요당하지 아니한다(청원법 제26조).

2. 재판청구권裁判請求權

> **헌법 제27조** ① 모든 국민은 헌법과 법률이 정한 법관에 의하여 법률에 의한 재판을 받을 권리를 가진다.
> ② 군인 또는 군무원이 아닌 국민은 대한민국의 영역 안에서는 중대한 군사상 기밀·초병·초소·유독음식물공급·포로·군용물에 관한 죄 중 법률이 정한 경우와 비상계엄이 선포된 경우를 제외하고는 군사법원의 재판을 받지 아니한다.
> ③ 모든 국민은 신속한 재판을 받을 권리를 가진다. 형사피고인은 상당한 이유가 없는 한 지체 없이 공개재판을 받을 권리를 가진다.
> ④ 형사피고인은 유죄의 판결이 확정될 때까지는 무죄로 추정된다.
> ⑤ 형사피해자는 법률이 정하는 바에 의하여 당해 사건의 재판절차에서 진술할 수 있다.

(1) 의 의

(가) 재판청구권의 의미

헌법 제27조에서 보장하고 있는 재판청구권이란 독립된 법원에서 신분이 보장된 자격 있는 법관에 의하여 공정한 재판을 받을 권리를 말한다. 재판청구권은 헌법과 법률이 정한 법관에 의하여 법률에 의한 재판을 받을 권리를 의미하는 것일 뿐, 구체적 소송에 있어서 특정의 당사자가 승소의 판결을 받을 권리를 의미하는 것은 아니다(헌재 1996.1.25. 93헌바5·58등).

(나) 공정하고 신속한 공개재판을 받을 권리

재판청구권은 법률에 의한 재판을 받을 권리뿐만 아니라, 비밀재판을 배제하고 일반 국민의 감시하에서 심리와 판결을 받음으로써 공정한 재판을 받을 수 있는 권리를 포함하고 있다. 이 공정한 재판을 받을 권리 속에는 신속하고 공개된 법정의 법관의 면전에서 모든 증거자료가 조사·진술되고 이에 대하여 피고인이 공격·방어할 수 있는 기회가 보장되는 재판, 즉 원칙적으로 당사자주의와 구두변론 주의가 보장되어 당사자가 공소사실에 대한 답변과 입증 및 반증하는 등 공격·방어권이 충분히 보장되는 재판을 받을 권리가 포함되어 있다(헌재 1996.1.25. 95헌가5).

⑵ 주 체

청원권의 경우와 마찬가지로 재판청구권에 대해서도 외국인의 기본권주체성이 인정되어야 한다. 이는 실체적 기본권의 실효적 보장을 위한 것이다.

⑶ 내 용

(가) "헌법과 법률이 정한 법관"에 의하여 재판을 받을 권리

① 헌법과 법률이 정한 법관이란 법관의 자격이 있고, 법정절차에 따라 임명되며, 헌법상 신분이 보장되고, 직무상 독립이 보장된 법관을 말한다. 순회판사의 즉결심판, 가정법원의 가사심판, 가정법원 소년부 또는 지방법원 소년부의 보호처분, 사회보호법상의 보호처분은 헌법과 법률이 정한 법관에 의한 재판이고, 약식절차 역시 공판 전의 간이소송절차로서 이에 불복할 경우 정식재판을 청구할 수 있으므로 재판청구권의 침해는 아니다. 그러나 특허청의 행정공무원에 의한 특허청 심판절차에 의한 심결이나 보정각하결정은 헌법과 법률이 정한 법관에 의한 재판이라 볼 수 없다고 한다(헌재 1995.9.28. 92헌가11 등).

② 군사법원에 의한 재판은 현역군인인 군판사에 의한 재판이기는 하나 군사법원은 헌법 제110조 제1항이 인정하는 특별법원의 하나이며 제110조 제2항이 군사법원의 상고심은 대법원에서 관할하므로 위헌이 아니며(헌재 1996.10.31. 93헌바25), 재정범에 대한 국세청장·세무서장·세관장 등의 벌금·과료·몰수 등의 통고처분이나, 교통범칙자에 대한 경찰서장의 통고처분은 불응시에는 정식재판을 청구할 수 있으므로 재판청구권의 침해는 아니다(헌재 1998.5.28. 96헌바4).

③ 법관에 의한 재판을 받을 권리를 보장한다고 함은 결국 법관이 사실을 확정하고 법률을 해석·적용하는 재판을 받을 권리를 보장한다는 뜻이고, 그와 같은 법관에 의한 사실확정과 법률의 해석적용의 기회에 접근하기 어렵도록 제약이나 장벽을 쌓아서는 아니 된다고 할 것이며, 만일 그러한 보장이 제대로 이루어지지 아니한다면 헌법상 보장된 재판을 받을 권리의 본질적 내용을 침해하는 것으로서, 우리 헌법상 허용되지 아니한다(헌재 1992.6.26. 90헌바25등).

④ 재판이란 구체적 사건에 관하여 사실의 확정과 그에 대한 법률의 해석적용

을 그 본질적인 내용으로 하는 일련의 과정이다. 법관에 의한 재판을 받을 권리를 보장한다고 함은 결국 법관이 사실을 확정하고 법률을 해석·적용하는 재판을 받을 권리를 보장한다는 뜻이고, 만일 그러한 보장이 제대로 이루어지지 아니한다면, 헌법상 보장된 재판을 받을 권리의 본질적 내용을 침해하는 것으로서 우리 헌법상 허용되지 아니한다(헌재 2011.6.30. 2009헌바430등).

(나) "법률에 의한"재판을 받을 권리

법률에 의한 재판이란 합헌적인 법률로 정한 내용과 절차에 따라, 즉 실체법과 절차법(소송법)에 따라 행하는 재판을 말한다(헌재 1993.7.29. 90헌바35). 다만 대법원이나 헌법재판소가 소송절차에 관하여 정하는 규칙은 이에 대한 예외가 된다.

법률에 의한 재판 (헌재 1993.7.29. 90헌바35)

'법률에 의한 재판'이란 합헌적인 법률로 정한 내용과 절차에 따라, 즉 합헌적인 실체법과 절차법에 따라 행하여지는 재판을 의미한다. 따라서 형사재판에 있어서 합헌적인 실체법과 절차법에 따라 행하여지는 재판이라고 하려면, 적어도 그 기본원리라고 할 수 있는 죄형법정주의와 위에서 살펴본 적법절차주의에 위반되지 아니하는 실체법과 절차법에 따라 규율되는 재판이 되어야 할 것이다"

(다) "재판"을 받을 권리

재판이란 구체적 사건에 관하여 사실의 확정과 그에 대한 법률의 해석적용을 그 본질적인 내용으로 하는 일련의 과정이다(헌재 2002.2.28. 2001헌가18). 이러한 '재판'에는 민사재판·형사재판·행정재판·헌법재판 등이 있다.

① 대법원의 재판을 받을 권리

우리 헌법에는 제107조 제2항과 제110조 제2항 이외에는 대법원의 재판을 받을 권리에 관한 규정이 없다. 대법원의 재판을 받을 권리도 재판을 받을 권리에 포함되는지 여부에 관하여, 헌법재판소는 "모든 사건에 대하여 획일적으로 상소할 수 있게 하느냐 아니 하느냐 또는 상소의 사유를 어떻게 규정하느냐는 특단의 사정이 없는 한 입법정책의 문제라고 함이 타당하다"고 판시하였다(헌재 1996.10.31. 94헌바3).

재판을 받을 권리와 3심제 (헌재 1992.6.26. 90헌바25)

재판이란 사실확정과 법률의 해석적용을 본질로 함에 비추어 법관에 의하여 사실적 측면과 법률적 측면의 한 차례의 심리검토의 기회는 적어도 보장되어야 할 것이며, … 그러나 모든 사건에 대해 똑 같이 세 차례의 법률적 측면에서의 심사의 기회의 제공이 곧 헌법상의 재판을 받을 권리의 보장이라고는 할 수 없을 것이다.

상소심 절차에 의한 재판 (헌재 1993.11.25. 91헌바8; 헌재 1996.10.31. 94헌바3)

명문규정이 없고 상소문제가 일반 법률에 맡겨져 있는 우리나라의 경우에는 헌법 제27조에서 규정한 재판을 받을 권리에 모든 사건에 대해 상소법원의 구성법관에 의한, 상소심 절차에 의한 재판을 받을 권리까지도 당연히 포함된다고 단정할 수는 없을 것이고, … 특단의 사정이 없는 한 입법정책의 문제라고 함이 타당하다.

소액사건상고제한 제도 (헌재 2011.10.25. 2010헌바486등)

재판제도 이용의 효율화의 측면에서나, 사익에 관한 분쟁해결방식인 민사소송에 있어서 얻어질 이익과 지출하여야 할 비용·노력과의 비례균형 유지의 요청, 신속·저렴하게 처리되어야 할 소액사건 절차 특유의 요청들을 함께 고려할 때 현행 소액사건 상고제한 제도가 결코 합리성이 없다거나 입법자의 위헌적인 차별이라고 할 수 없다.

대법원장의 징계처분 취소소송과 단심재판 (헌재 2012.2.23. 2009헌바34)

법관에 대한 대법원장의 징계처분 취소청구소송을 대법원에 의한 단심재판에 의하도록 규정하는 것은 독립적으로 사법권을 행사하는 법관이라는 지위의 특수성과 법관에 대한 징계절차의 특수성을 감안하여 재판의 신속을 도모하기 위한 것으로 재판청구권을 침해하지 아니한다.

3일의 즉시항고 제기기간과 재판청구권 (헌재 2018.12.27. 2015헌바77)

형사소송법 제405조에서의 3일이라는 즉시항고 제기기간은 민사소송(민사소송법 제444조), 민사집행(민사집행법 제15조 제2항), 행정소송(행정소송법 제8조 제2항), 형사보상절차(형사보상 및 명예회복에 관한 법률 제20조 제1항) 등의 즉시항고기간 1주와 비교하더라도 지나치게 짧다. … 형사재판의 특수성을 고려할 때 신속하게 법률관계를 확정할 필요성이 인정되지만, 동시에 형사재판에 대한 당사자의 불복권을 실질적으로 보장하여 방어권 행사에 지장이 없도록 하는 것도 중요하므로 … 즉시항고 제기기간을 지나치게 짧게 정함으로써 실질적으로 즉시항고 제기를 어렵게 하고, 즉시항고 제도를 단지 형식적이고 이론적인 권리로서만 기능하게 함으로써 헌법상 재판청구권을 공허하게 하므로 입법재량의 한계를 일탈하여 재판청구권을 침해하는 규정이다.

영장발부 후속불복절차 미규정과 재판청구권 (헌재 2018.8.30. 2016헌마344 등)

디엔에이감식시료채취영장 발부 과정에서 채취대상자에게 자신의 의견을 밝히거나 영장 발부 후 불복할 수 있는 절차 등에 관하여 규정하지 아니한 '디엔에이신원확인정보의 이용 및 보호에 관한 법률' 제8조 … 디엔에이감식시료채취영장 발부 과정에서 자신의 의견을 진술할 수 있는 기회를 절차적으로 보장하고 있지 않을 뿐만 아니라, 발부 후 그 영장 발부에 대하여 불복할 수 있는 기회를 주거나 채취행위의 위법성 확인을 청구할 수 있도록 하는 구제절차마저 마련하고 있지 않다. … 이 사건 영장절차 조항의 불완전·불충분한 입법으로 인하여 채취대상자의 재판청구권이 형해화되고 채취대상자가 범죄수사 및 범죄예방의 객체로만 취급받게 된다는 점에서 … 과잉금지원칙을 위반하여 청구인들의 재판청구권을 침해한다.

② 헌법재판을 받을 권리

헌법 제27조는 헌법재판을 받을 권리에 관하여 명시를 하고 있지 않다. 재판청구권은 사실관계와 법률관계에 관하여 최소한 한 번의 재판을 받을 기회가 제공될 것을 국가에게 요구할 수 있는 절차적 기본권을 뜻하므로 기본권의 침해에 대한 구제절차가 반드시 헌법소원의 형태로 독립된 헌법재판기관에 의하여 이루어질 것만을 요구하지는 않는다. 법원의 재판은 법률상 권리의 구제절차이자 동시에 기본권의 구제절차를 의미하므로, 법원의 재판에 의한 기본권의 보호는 이미 기본권의 영역에서의 재판청구권을 충족시키고 있기 때문이다(헌재 1997.12.24. 96헌마172).

(라) "신속한 공개재판"을 받을 권리

① 법원은 민사소송법 제184조에서 정하는 기간 내에 신속한 판결을 선고하도록 노력해야 하겠지만, 이 기간 내에 반드시 판결을 선고해야 할 법률상의 의무가 발생한다고 볼 수 없다. 헌법 제27조 제3항 제1문에 의거한 신속한 재판을 받을 권리의 실현을 위해서는 구체적인 입법형성이 필요하고, 신속한 재판을 위한 어떤 직접적이고 구체적인 청구권이 이 헌법규정으로부터 직접 발생하지 아니한다(헌재 1999.9.16. 98헌마75).

② 공개재판은 재판의 심리와 판결의 선고를 공개하는 것을 말한다. 그러나 헌법 제109조 단서에 의하여 국가의 안전보장 또는 안녕질서를 방해하거나 선량한 풍속을 해할 염려가 있을 때에는 법원의 결정으로 심리에 한하여 이를 공개하지 않을 수 있다. 단, 선고(판결)는 반드시 공개하여야 한다.

③ 재판청구권은 재판절차를 규율하는 법률과 재판에서 적용될 실체적 법률이 모두 합헌적이어야 한다는 의미에서의 법률에 의한 재판을 받을 권리뿐만 아니라, 비밀재판을 배제하고 일반 국민의 감시하에 심리와 판결을 받음으로써 공정한 재판을 받을 수 있는 권리를 포함하고 있다. 이 공정한 재판을 받을 권리 속에는 신속하고 공개된 법정의 법관의 면전에서 모든 증거자료가 조사·진술되고 이에 대하여 피고인이 공격·방어할 수 있는 기회가 보장되는 재판, 즉 원칙적으로 당사자주의와 구두변론주의가 보장되어 당사자가 공소사실에 대한 답변과 입증 및 반증하는 등 공격·방어권이 충분히 보장되는 재판을 받을 권리가 포함되어 있다(헌재 2001.6.28. 99헌가14).

공정한 재판을 받을 권리 (헌재 2001.8.30. 99헌마496)

'공정한 재판'이란 헌법과 법률이 정한 자격이 있고, 헌법 제104조 내지 제106조에 정한 절차에 의하여 임명되고 신분이 보장되어 독립하여 심판하는 법관으로부터 헌법과 법률에 의하여 그 양심에 따라 적법절차에 의하여 이루어지는 재판을 의미하며, 공개된 법정의 법관의 면전에서 모든 증거자료가 조사·진술되고, 이에 대하여 검사와 피고인이 서로 공격·방어할 수 있는 공평한 기회가 보장되는 재판을 받을 권리도 그로부터 파생되어 나온다.

(마) 형사피해자의 재판상 진술권

① 의 의

헌법 제27조 제5항은 "형사피해자는 법률이 정하는 바에 의하여 당해 사건의 재판절차에서 진술할 수 있다"고 규정하고 있다. 형사피해자의 재판절차 진술권이란 범죄로 인한 피해자가 당해 사건의 재판절차에 출석하여 자신이 입은 피해내용과 사건에 관하여 의견을 진술할 수 있는 권리를 말한다. 이 규정은 검사의 불기소처분에 의하여 피해자가 재판정에서 진술할 기회가 박탈되는 것을 방지하여 형사사법의 절차적 정당성을 확보하면서, 동시에 그동안 단순히 심리의 대상에 그쳤던 형사피해자의 정당한 권리를 보장하기 위한 제도이다.

② 내 용

형사피해자는 헌법 제30조의 국가에 구조를 청구할 수 있는 '범죄피해자'보다 넓은 개념이다. 검사의 불기소처분이 적절하게 행사되지 못하거나 자의적으로 행사된 경우에는 형사피해자는 헌법 제27조 제5항에 규정된 위와 같은 기본권의 침해와 아울러 제11조에 정한 평등권을 침해했다고 주장할 수 있다(헌재 1999.3.25. 98헌마222등). 그렇지만 2008년 형사소송법 제260조의 개정으로 불기소처분에 대한 재정신청이 전면적으로 허용됨에 따라 헌법소원심판사건이 대폭 감소하게 되었다. 헌법규정상 형사피해자의 개념은 반드시 형사 실체법상의 보호법익을 기준으로 한 피해자개념에 한정하여 결정할 것이 아니라 형사 실체법상으로는 직접적인 보호법익의 향유 주체로 해석되지 않는 자라 하더라도 문제된 범죄행위로 말미암아 법률상 불이익을 받게 되는 자의 뜻으로 풀이하여야 할 것이다(헌재 2002.10.31. 2002헌마453).

(4) 제한과 그 한계

재판청구권도 헌법 제37조 제2항에 의한 제한을 받는다. 다만, 원칙적으로 입법자에 의하여 형성된 현행 소송법의 범주 내에서 권리구제절차를 보장한다는 제한의 입법적 한계가 있다. 사형선고 외의 경우에는 비상계엄하의 군사재판은 단심으로 할 수 있다는 헌법 제110조 제4항의 단심제 규정은 대법원에의 상고를 제한하는 것이므로 재판청구권에 대한 중대한 제한이 되지만 헌법이 이를 규정하고 있으므로 위헌은 아니다.

헌법 제27조 제1항은 권리구제절차에 관한 구체적 형성을 완전히 입법자의 형성권에 맡기지는 않는다. 재판청구권은 법적 분쟁의 해결을 가능하게 하는 적어도 한 번의 권리구제절차가 개설될 것을 요청할 뿐 아니라 그를 넘어서 소송절차의 형성에 있어서 실효성 있는 권리보호를 제공하기 위하여 그에 필요한 절차적 요건을 갖출 것을 요청한다. 비록 재판절차가 국민에게 개설되어 있다 하더라도, 절차적 규정들에 의하여 법원에의 접근이 합리적인 이유로 정당화될 수 없는 방법으로 어렵게 된다면, 재판청구권은 사실상 형해화될 수 있으므로 여기에 입법형성권의 한계가 있다(헌재 2002.10.31. 2001헌바40).

(5) 관련 판례

* 재판청구권에는 민사재판, 형사재판, 행정재판뿐만 아니라 헌법재판을 받을 권리도 포함되므로, 헌법상 보장되는 기본권인 '공정한 재판을 받을 권리'에는 '공정한 헌법재판을 받을 권리'도 포함된다(헌재 2014.4.24. 2012헌마2).
* 심급제도는 하급심에서 잘못된 재판을 하였을 때 상소심으로 하여금 이를 바로잡게 하는 것이 재판청구권을 실질적으로 보장하는 방법이 된다는 의미에서 재판청구권을 보장하기 위한 하나의 수단이며, 사법에 의한 권리보호에 관하여 한정된 사법자원의 합리적인 분배의 문제인 동시에 재판의 적정과 신속이라는 상반되는 요청을 어떻게 조화시키느냐의 문제에 속한다(헌재 2020.3.26. 2018헌바202).
* 우리 헌법상 헌법과 법률이 정한 법관에 의한 재판을 받을 권리는 직업법관에 의한 재판을 주된 내용으로 하는 것이므로 '국민참여재판을 받을 권리'가 헌법 제27조 제1항에서 규정한 재판을 받을 권리의 보호범위에 속한다고 볼 수 없다(헌재 2009.11.26. 2008헌바12).
* 법관에 대한 징계처분 취소청구소송을 대법원의 단심재판에 의하도록 한 「법관징계법」 조항은 재판청구권을 침해한다고 볼 수 없다(헌재 2012.2.23. 2009헌바34).
* 형사보상의 청구에 대한 보상 결정에 불복을 신청할 수 없도록 하여 형사보상의 결정을 단심재판으로 하는 것은 형사보상 청구인의 재판청구권을 침해한다(헌재 2010.10.28. 2008헌마514).
* 헌법상 국가배상청구권은 청구권적 기본권이고 … 국가배상청구권의 성립요건으로서 공무원의 고의 또는 과실을 규정한 것은 법률로 이미 형성된 국가배상청구권의

행사 및 존속을 제한한다기보다는 국가배상청구권의 내용을 형성하는 것이다(헌재 2020.3.26. 2016헌바55).

* 법관이 행하는 재판사무의 특수성과 그 재판과정의 잘못에 대하여는 따로 불복절차에 의하여 시정될 수 있는 제도적 장치가 마련되어 있는 점 등에 비추어 보면, 특별한 경우가 아닌 한 법관의 재판에 법령의 규정을 따르지 아니한 잘못이 있다 하더라도 이로써 바로 그 재판상 직무행위가 「국가배상법」 제2조 제1항에서 말하는 위법한 행위로 되어 국가의 손해배상책임이 발생하는 것은 아니다(대판 2001.4.24. 2000다16114).
* 교원의 신분과 관련되는 징계처분의 적법성 판단에 있어서는 교육의 자주성 · 전문성이 요구되는바, 교원 징계처분에 관하여 교원징계재심위원회의 재심을 거치지 않으면 행정소송을 제기할 수 없도록 한 법률조항은 헌법 제27조의 재판청구권을 침해하지 않는다(헌재 2007.1.17. 2005헌바86).
* 헌법 제27조 제1항의 '모든 국민은 헌법과 법률이 정한 법관에 의하여 법률에 의한 재판을 받을 권리'로부터 모든 사건에 관하여 대법원의 재판을 받을 권리가 도출되지는 않는다(헌재 1997.10.30. 97헌바37).
* 현역병으로 입대한 군인이 그 신분취득 전 저지른 범죄에 대한 군사법원의 재판권을 규정하고 있는 법률조항은 헌법 제27조 제1항의 재판청구권을 침해하지 않는다(헌재 2009.7.30. 2008헌바162).
* 법관이 아닌 사법보좌관이 소송비용액 확정결정절차를 처리하도록 한 법률조항은, 동일 심급 내에서 법관으로부터 다시 재판받을 수 있는 권리가 보장되고 있으므로, 헌법 제27조 제1항의 재판청구권을 침해하지 않는다(헌재 2009.2.26. 2007헌바8).
* 재정신청 기각결정에 대하여 형사소송법 제415조의 재항고를 금지하는 것은 대법원에 명령 · 규칙 또는 처분의 위헌 · 위법 심사권한을 부여하여 법령해석의 통일성을 기하고자 하는 헌법 제107조 제2항의 취지에 반할 뿐 아니라, 헌법재판소법에 의하여 법원의 재판이 헌법소원의 대상에서 제외되어 있는 상황에서 재정신청인의 재판청구권을 지나치게 제약하는 것이 된다(헌재 2011.11.24. 2008헌마578).
* 형사보상액의 산정에 기초되는 사실인정이나 보상액에 관한 판단에서 오류나 불합리성이 발견되는 경우에도 그 시정을 구하는 불복신청을 할 수 없도록 하는 것은 형사보상청구권 및 재판청구권을 침해한다(헌재 2010.10.28. 2008헌마514).
* 피고인이 체포되거나 임의로 검사에게 출석하지 아니하면 상소를 할 수 없도록 제한하고 상소권회복청구에 관한 형사소송법 규정도 적용 배제하도록 하는 「반국가행위자의 처벌에 관한 특별조치법」 조항은 상소권을 본질적으로 박탈하는 것이어서 재판청구권을 침해하는 것이다(헌재 1993.7.29. 90헌바35).

3. 형사보상청구권刑事補償請求權

> **헌법 제28조** 형사피의자 또는 형사피고인으로서 구금되었던 자가 법률이 정하는 불기소처분을 받거나 무죄판결을 받은 때에는 법률이 정하는 바에 의하여 국가에 정당한 보상을 청구할 수 있다.

(1) 의 의

형사보상청구권이란 형사피의자 또는 형사피고인으로 구금되었던 자가 법률이 정하는 불기소처분을 받거나 무죄판결을 받은 경우에 그가 입은 정신적·물질적 손실을 보상해 주도록 국가에 대하여 청구할 수 있는 권리를 말한다. 제헌 헌법 이후로 형사보상청구권을 보장하고 있다. 제헌 헌법에서는 구금된 형사피고인이 무죄판결을 받은 경우에만 인정되던 것을 현행 헌법은 형사피의자에게도 인정하여 형사보상청구권을 확대하였다.

(2) 법적 성격

형사보상청구권은 국가에 대한 청구권적 기본권이다. 형사보상청구권은 헌법에 의해 직접 효력을 발생하는 구체적 권리이다. 국가에 대하여 불법행위책임이 아닌 결과에 대한 무과실책임을 묻는 손실보상청구권의 성격을 갖는다. 형사보상청구권의 행사와 별도로 국가배상청구권을 행사할 수 있다(형사보상법 제6조 제1항).

(3) 형사보상청구권의 내용

(가) 형사보상청구권의 성립요건

① 형사피의자 또는 형사피고인으로서의 구금

형사피의자는 범죄혐의를 받아 수사기관의 수사대상으로 되어 있으나 아직 공소제기가 되어 있지 않은 자를 말하고, 형사피고인은 형사사건에서 공소가 제기된 자를 의미한다. 구금이란 형사소송법상의 구금을 의미하는데, 미결구금과 형집행을 뜻하며, 이때의 구금에는 형의 집행을 위한 구치나 노역장유치가 포함된다(형사보상법 제2조 제3항). 구금되지 않고 불구속이었던 자는 불기소처분이나 무죄판결을 받아도 형사보상청구를 할 수 없다.

② 불기소처분 또는 무죄판결

형사피의자의 경우, 법률이 정하는 불기소처분을 받은 경우에 청구할 수 있다. 피의자로서 구금되었던 자 중 검사로부터 불기소처분을 받거나 사법경찰관으로부터 불송치결정을 받은 자는 국가에 대하여 그 구금에 대한 보상(피의자보상)을 청구할 수 있다. 다만, (i) 구금된 이후 불기소처분 또는 불송치결정의 사유가 있는 경우, (ii) 해당 불기소처분 또는 불송치결정이 종국적終局的인 것이 아니거나 (iii) 「형사소송법」제247조에 따른 것일 경우(기소편의주의)에는 그러하지 아니하다(동법 제27조 제1항)<개정 2021. 3. 16>. 또 협의의 불기소처분을 받은 경우에도

1. 본인이 수사 또는 재판을 그르칠 목적으로 거짓 자백을 하거나 다른 유죄의 증거를 만듦으로써 구금된 것으로 인정되는 경우,

2. 구금기간 중에 다른 사실에 대하여 수사가 이루어지고 그 사실에 관하여 범죄가 성립한 경우

3. 보상을 하는 것이 선량한 풍속이나 그 밖에 사회질서에 위배된다고 인정할 특별한 사정이 있는 경우에는 피의자보상의 전부 또는 일부를 지급하지 아니할 수 있다(동법 제27조 제2항).

형사피고인의 경우, 무죄판결을 받아야 한다. 형식적 의미의 무죄판결이 아니라도, 형사소송법에 따라 면소(免訴) 또는 공소기각(公訴棄却)의 재판을 받아 확정된 피고인이 면소 또는 공소기각의 재판을 할 만한 사유가 없었더라면 무죄재판을 받을 만한 현저한 사유가 있거나, 치료감호법 제7조에 따라 치료감호의 독립 청구를 받은 피치료감호청구인의 치료감호사건이 범죄로 되지 아니하거나 범죄사실의 증명이 없는 때에 해당되어 청구기각의 판결을 받아 확정된 경우에는 형사보상을 청구할 수 있다(형사소송법 제26조). 면소의 판결은 사면, 공소시효 완성 등의 경우에 내려지며(동법 제326조), 공소기각의 판결은 친고죄의 경우에 고소취하가 있는 경우 내려진다(동법 제327조).

③ 고의 또는 과실의 불필요

불법행위 책임이 아닌 결과에 대한 무과실책임을 묻는 손실보상청구권의 성격을 갖기 때문에 공무원의 고의 또는 과실이 필요 없다.

(나) 형사보상청구 절차

① 보상청구기간

피의자보상의 청구는 불기소처분 또는 불송치결정의 고지告知 또는 통지를 받은 날부터 3년 이내에 하여야 한다(형사소송법 제28조 제3항)<개정 2021. 3. 16.>. 피고인 보상청구는 무죄재판이 확정된 사실을 안 날부터 3년, 무죄재판이 확정된 때부터 5년 이내에 하여야 한다(동법 제8조). 보상청구는 무죄재판을 한 법원에 대하여 하여야 한다(동법 제7조). 피의자보상의 경우에는 불기소처분을 한 지방검찰청(지청의 경우에는 지청검사가 속한 지방검찰청)에 대하여 하여야 한다(동법 제28조 제1항).

헌법재판소는 형사보상의 청구에 대하여 한 보상의 결정에 대하여 불복을 신청할 수 없다는 구 형사보상법 조항은 형사보상청구권 및 재판청구권의 본질적 내용을 침해하는 것이라고 판시하였다(헌재 2010.10.28. 2008헌마514).

② 보상청구에 대한 재판

보상청구는 법원 합의부에서 재판한다. 보상청구에 대하여는 법원은 검사와 청구인의 의견을 들은 후 결정을 하여야 한다. 보상청구를 받은 법원은 6개월 이내에 보상결정을 하여야 한다. 그 결정의 정본正本은 검사와 청구인에게 송달하여야 한다(동법 제14조).

③ 보상결정의 공시

법원은 보상결정이 확정되었을 때 2주일 내에 보상결정 요지를 관보에 게재하여 공시하여야 한다. 보상결정을 받은 자의 신청이 있을 때에는 그 결정의 요지를 신청인이 선택하는 두 종류 이상의 일간신문에 각각 한 번씩 공시하여야 하며 그 공시는 신청일부터 30일 이내에 하여야 한다(동법 제25조).

(다) 정당한 보상

형사보상청구의 요건이 충족되면 국가는 정당한 보상을 해야 한다. 정당한 보상이란 물질적·정신적 손실에 대한 완전한 보상을 의미한다. 구금에 대한 보상을 할 때에는 그 구금일수拘禁日數에 따라 1일당 보상청구의 원인이 발생한 연도의 "최저임금법"에 따른 일급日給 최저임금액 이상 대통령령으로 정하는 금액 이하의 비율에 의한 보상금을 지급한다(동법 제5조).

(라) 명예회복

무죄재판을 받아 확정된 사건의 피고인은 무죄재판이 확정된 때부터 3년 이내에 확정된 무죄재판사건의 재판서를 법무부 인터넷 홈페이지에 게재하도록 해당 사건을 기소한 검사가 소속된 지방검찰청(지방검찰청 지청 포함)에 청구할 수 있고(동법 제30조), 이에 따른 청구가 있을 때 그 청구를 받은 날부터 1개월 이내에 무죄재판서를 법무부 인터넷 홈페이지에 게재하여야 한다(동법 제32조 제1항). 다만, 청구를 받은 때에 무죄재판사건의 확정재판기록이 해당 지방검찰청에 송부되지 아니한 경우에는 무죄재판사건의 확정재판기록이 해당 지방검찰청에 송부된 날부터 1개월 이내에 게재하여야 한다. 제1항에 따른 무죄재판서의게재기간은 1년으로 한다(동법 제32조 제4항).

(4) 관련 판례

* 형사보상청구권은 국가의 형사사법작용에 의해 신체의 자유라는 중대한 법익을 침해받은 국민을 구제하기 위하여 헌법상 보장된 국민의 기본권이므로 일반적인 사법私法상의 권리보다 더욱 확실하게 보호되어야 할 권리이다(헌재 2010.7.29. 2008헌가4).
* 형사피고인 등으로 적법하게 구금되었다가 후에 무죄판결을 받음으로써 발생하는 신체의 자유 제한에 대한 보상은 형사사법절차에 내재하는 불가피한 위험으로 인한 피해에 대한 보상으로, 국가의 위법·부당한 행위를 전제로 하는 국가배상과는 그 취지가 상이한 것으로, 그 보상의 범위도 …동일하여야 하는 것은 아니다(헌재 2010.10.28. 2008헌마514).

4. 국가배상청구권國家賠償請求權

> **헌법 제29조** ① 공무원의 직무상 불법행위로 손해를 받은 국민은 법률이 정하는 바에 의하여 국가 또는 공공단체에 정당한 배상을 청구할 수 있다. 이 경우 공무원 자신의 책임은 면제되지 아니한다.
> ② 군인·군무원·경찰공무원 기타 법률이 정하는 자가 전투·훈련 등 직무집행과 관련하여 받은 손해에 대하여는 법률이 정하는 보상 외에 국가 또는 공공단체에 공무원의 직무상 불법행위로 인한 배상은 청구할 수 없다.

(1) 의 의

공무원의 직무상 불법행위에 대한 국가배상책임제도는 제헌헌법 이후 현재에 이르고 있다. 다만, 현행 헌법 제29조 제1항은 국가배상청구권을 보장하고 있는 한편, 동조 제2항에서는 '군인·군무원·경찰공무원'에 대해서는 국가배상청구권을 부인하고 있다. 또한 헌법은 공무원의 불법행위로 인한 배상책임만 규정하고 있는 데 대하여, 국가 또는 지방자치단체의 불법행위책임에 관한 일반법으로서 국가배상법은 공무원의 직무책임(동법 제2조) 외에 영조물의 설치·관리상 하자책임(동법 제5조)에 관하여도 규정하고 있다.

(2) 주 체

국가배상청구권의 주체는 국민·법인 및 (상호보증이 있는) 외국인(국가배상법 제7조)이다. 또한 우리나라에 주둔하고 있는 주한미군의 구성원·고용원 또는 한국증원부대구성원(카투사)의 공무집행 중의 행위로 피해를 받은 자도 국가배상법이 정하는 바에 따라 한국정부에 배상을 청구할 수 있다(한·미행정협정 제23조 제5항).

(3) 성립요건

국가배상청구권이 성립하기 위해서는 ① 공무원의 ② 직무상의 ③ 불법행위로 인하여 ④ 손해가 발생하여야 한다.

(가) 공무원

공무원이란 국가공무원법과 지방공무원법상의 공무원만이 아니라 공무를 위탁받아 실질적으로 공무수행을 하는 자를 포함한다(대판 1991.7.9. 91다5570). 파출소에 근무하는 방범원, 소집중인 예비군, 집행관, 미군부대 카투사, 시 청소차의 운전사, 철도건널목의 간수 등을 공무원에 포함한다. 반면, 의용소방대원, 시영버스 운전사, 자원봉사자 등은 공무원이 아니다(대판 1998.7.10. 96다38791).

(나) 직무상 행위

① 직무의 범위

국가배상법이 정한 배상청구의 요건이 공무원의 직무에는 권력적 작용만이 아니라 행정지도와 같은 비권력적 작용도 포함되며 단지 행정주체가 사경제 주체로서 하는 활동만 제외된다(대판 1998.7.10. 96다38791).

② 직무 관련성

국가배상법이 정하는 '직무를 집행함에 당하여'라는 의미는 직무행위 그 자체와 직무행위의 외형을 갖춘 행위까지도 포함하면서, 행위자의 주관적 의사와 관계없이 외관을 객관적으로 관찰하여 직무행위 여부를 판단한다(대판 1966.6.28. 66다781).

외형상 직무행위와 관련이 있는 행위 (대판 1966.6.28. 66다781)

외형상 직무행위와 관련이 있는 행위는 교도소·소년원 내에서의 私刑, 군의 후생사업 도중의 자동차사고, 상관의 명에 의한 상관의 이삿짐운반, 훈계권 행사로서의 기합, 시위진압 도중 전경이 조경수목을 짓밟는 행위 등이다. 그러나 군인의 휴식 중 비둘기 사냥, 가솔린 불법처분중의 발화, 상사의 기합에 격분하여 한 총격난사, 장난중의 오발사고, 결혼식 참석을 위한 군용차 운행은 직무행위와 관련 있는 행위가 아니다.

(다) 불법행위

① 의 의

불법행위란 고의·과실로써 법령에 위반하는 행위를 말한다. 단순히 공무원의 복무의무위반은 법령위반에 해당하지 아니한다. 그러나 신의성실·권력남용금지 · 인권존중 등의 원칙을 위반한 경우는 법령위반에 포함된다. 불법행위의 입증책임은 피해자에게 있다.

② 입법행위가 국가배상법 제2조 제1항의 위법행위에 해당되는지 여부

우리 헌법이 채택하고 있는 의회민주주의 하에서 국회는 다원적 의견이나 각가지 이익을 반영시킨 토론과정을 거쳐 다수결의 원리에 따라 통일적인 국가의사를 형성하는 역할을 담당하는 국가기관으로서 그 과정에 참여한 국회의원은 입법에 관하여 원칙적으로 국민 전체에 대한 관계에서 정치적 책임을 질 뿐 국민 개개인의 권리에 대응하여 법적 의무를 지는 것은 아니므로, 국회의원의 입법행위는 그 입법 내용이 헌법의 문언에 명백히 위반됨에도 불구하고 국회가 굳이 당해 입법을 한 것과 같은 특수한 경우가 아닌 한 국가배상법 제2조 제1항 소정의 위법행위에 해당된다고 볼 수 없다(대판 1997.6.13. 96다56115).

③ 법관의 재판이 국가배상법 제2조 제1항의 위법행위에 해당되는지 여부

법관의 재판에 법령의 규정을 따르지 아니한 잘못이 있다 하더라도 이로써 바로 그 재판상 직무행위가 국가배상법 제2조 제1항에서 말하는 위법한 행위로 되어 국가의 손해배상책임이 발생하는 것은 아니고, 그 국가배상책임이 인정되려면 당해 법관이 위법 또는 부당한 목적을 가지고 재판을 하였다거나 법이 법관의 직무수행상 준수할 것을 요구하고 있는 기준을 현저하게 위반하는 등 법관이 그에게 부여된 권한의 취지에 명백히 어긋나게 이를 행사하였다고 인정할 만한 특별한 사정이 있어야 한다(대판 2003.7.11. 99다24218).

(라) 손해의 발생

손해란 피해자가 입은 모든 불이익을 말하며, 손해발생과 공무원의 직무상 불법행위 간의 상당인과관계가 있어야 한다. 배상의 범위는 원칙적으로 공무원의 직무상 불법행위와 상당인과관계에 있는 모든 손해이다. 그러나 생명 · 신체에 대한 손해와 물건의 멸실 · 훼손으로 인한 손해에 대해서는 일정한 배상기준을 국가배상법 제3조(배상기준)가 규정하고 있다.

(마) 국가배상책임의 본질과 청구의 상대방

국가배상법 제2조 제1항 본문 및 제2항의 입법취지는 경과실로 타인에게 손해를 입힌 경우에는 그 직무수행상 통상 예기할 수 있는 흠이 있는 것에 불과하므로, 이러한 공무원의 행위는 여전히 국가 등의 기관의 행위로 보아 그로 인하여 발생한 손해에 대한 배상책임도 전적으로 국가 등에만 귀속시키고 공무원 개인에게는 그로 인한 책임을 부담시키지 아니하여 공무원의 직무집행의 안정성을 확보하고, 반면에 공무원의 위법행위가 고의·중과실에 의한 경우에는 품격을 상실하여 국가 등에게 그 책임을 귀속시킬 수 없으므로 공무원 개인에게 불법행위로 인한 손해배상책임을 부담시키되, 피해자인 국민을 두텁게 보호하기 위하여 국가 등이 공무원 개인과 중첩적으로 배상책임을 부담하되 국가 등이 배상책임을 지는 경우에는 공무원 개인에게 구상할 수 있도록 함으로써 궁극적으로 그 책임이 공무원 개인에게 귀속되도록 하려는 것이라고 봄이 합당하다(대판 1996.2.15. 95다38677).

(바) 구상권 문제

공무원의 직무상 불법행위로 인한 손해의 발생이 당해 공무원의 고의 또는 중대한 과실로 인한 때에는 구상권자인 국가 또는 지방자치단체는 그 공무원에 대하여 구상권을 행사할 수 있으며, 고의 또는 중대한 과실에 대한 입증책임은 구상권을 행사하는 측에 있다. 구상권은 헌법 제37조 제1항에 의하여 보장되는 재산권이고, 재산권의 제한은 헌법 제37조 제2항에 의한 기본권제한의 한계 내에서만 가능하다(헌재 1994.12.29. 93헌바21).

(4) 제 한

국가배상청구권은 헌법 제37조 제2항의 일반적 법률유보조항에 의하여 제한될 수 있고, 기타 철도법·우편법 등에 의해서도 배상책임의 범위가 제한되고 있다. 헌법 제29조 제2항에서는 군인·군무원·경찰공무원 등의 이중배상청구를 금지하고 있다. 이에 따라 국가배상법 제2조 제1항 단서에서도 헌법 제29조 제2항 규정과 유사한 이중배상 금지규정이 있다.

(가) 헌법규정 자체의 위헌 여부

헌법규정은 위헌법률심판이나 헌법소원심판의 대상으로 삼을 수 없으며, 헌법규정 상호간의 효력 상의 차등도 인정할 수 없다(헌재 1995.12.28. 95헌바3등).

(나) 국가배상법 제2조 제1항 단서의 위헌 여부

국가배상법 제2조 제1항 단서 중 군인에 관련되는 부분을, 일반 국민이 직무집행 중인 군인과의 공동불법행위로 직무집행 중인 다른 군인에게 공상을 입혀 그 피해자에게 공동의 불법행위로 인한 손해를 배상한 다음 공동불법행위자인 군인의 부담부분에 관하여 국가에 대하여 구상권을 행사하는 것을 허용하지 않는다고 해석한다면, 이는 위 단서 규정의 헌법상 근거규정인 헌법 제29조가 구상권의 행사를 배제하지 아니하는데도 이를 배제하는 것으로 해석하는 것으로서 비례의 원칙에 위배하여 일반 국민의 재산권을 과잉제한하는 경우에 해당하여 헌법 제23조 제1항 및 제37조 제2항에도 위반된다(헌재 1994.12.29. 93헌바21, 한정위헌).

(다) 국가배상법 제2조 제1항 단서의 '향토예비군 대원'의 위헌 여부

헌법에서는 군인·군무원·경찰공무원 '기타 법률이 정한 자'라고 입법위임하고 있으며, 이러한 입법위임에 따라 국가배상법에서는 군인·군무원·경찰공무원 또는 '향토예비군 대원'이라고 규정하고 있다. '향토예비군' 부분에 대해 헌법재판소는 "이중보상으로 인한 일반인들과의 불균형을 제거하고 국가재정의 지출을 절감하기 위하여 임무수행 중 상해를 입거나 사망한 개별 향토예비군 대원의 국가배상청구권을 금지하고 있는 데에는 …기본권 제한규정으로서 헌법상 요청되는 과잉금지의 원칙에 반한다고 할 수 없고, 나아가 그 자체로서 평등의 원리에 반한다거나 향토예비군대원의 재산권의 본질적인 내용을 침해하는 위헌규정이라고 할 수 없다"고 합헌결정을 내리고 있다(헌재 1996.6.13. 94헌바20).

(라) 과거사 정리와 국가배상청구권

민법 제166조 제1항, 제766조 제2항 중 '진실·화해를 위한 과거사정리 기본법' 제2조 제1항 제3호의 '민간인 집단 희생사건', 제4호의 '중대한 인권침해사

건 · 조작의혹 사건'에 대해서, 헌법재판소는 "국가배상청구권은 단순한 재산권 보장의 의미를 넘어 헌법 제29조 제1항에서 특별히 보장한 기본권으로서, 국가가 오히려 국민에 대해 불법행위를 저지른 경우 이를 사후적으로 회복 · 구제하기 위해 마련된 특별한 기본권인 점을 고려할 때, 소멸시효제도를 통한 법적 안정성과 가해자 보호만을 지나치게 중시한 나머지 합리적 이유 없이 …국가배상청구권 보장 필요성을 외면한 것으로서 입법형성의 한계를 일탈하여 청구인들의 국가배상청구권을 침해한다"고 판시하였다(헌재 2018.4.26. 2014헌마274).

5. 범죄피해자의 국가구조청구권犯罪被害者의 國家救助請求權

> **헌법 제30조** 타인의 범죄행위로 인하여 생명 · 신체에 대한 피해를 받은 국민은 법률이 정하는 바에 의하여 국가로부터 구조를 받을 수 있다.

(1) 의 의

범죄피해자 구조청구권은 타인의 범죄로 인하여 생명 또는 신체의 피해를 입은 국민(피해자 또는 유족)이 국가에 대하여 금전적인 구조救助를 청구할 수 있는 권리이다. 범죄의 증가와 그 피해의 심각성이 증대됨에 따라 범죄피해자의 보호가 국가의 중요한 임무로 부각되었다. 이에 따라 새로운 기본권의 하나로 등장한 것이 범죄피해자구조청구권이다. 현행 헌법에서 처음 규정된 기본권이다.

(2) 범죄피해자 구조청구권의 법적 성격

범죄피해 구조청구권은 국가배상청구권의 성격과 사회권의 성격을 아울러 가지고 있다. 국가가 범죄를 예방하지 못한 데 대한 책임을 묻는다는 점에서 국가배상청구권의 성격을 지닌다. 한편 "피해의 전부 또는 일부를 배상받지 못함"을 범죄피해자 보호법상 구조금청구요건으로 규정하고 있는 데에서 나타나는 것처럼, 사회보장의 취지에서 인정된 사회권적 성격도 지닌다.

⑶ 내 용

① 범죄피해 구조청구권의 주체

범죄피해자 보호법에 의하면 범죄피해구조청구권의 주체는 '구조피해자', 즉 '구조대상 범죄피해'를 받은 사람이다. '구조대상 범죄피해'란, 대한민국의 영역 안에서 또는 대한민국의 영역 밖에 있는 대한민국의 선박이나 항공기 안에서 행하여진 사람의 생명 또는 신체를 해치는 죄에 해당하는 행위("형법" 제9조, 제10조 제1항, 제12조, 제22조 제1항에 따라 처벌되지 아니하는 행위를 포함하며, 같은 법 제20조 또는 제21조 제1항에 따라 처벌되지 아니하는 행위 및 과실에 의한 행위는 제외한다)로 인하여 사망하거나 장해 또는 중상해를 입은 것을 말한다. 재산침해의 범죄피해자는 주체로 인정되지 않는다. '장해'란, 범죄행위로 입은 부상이나 질병이 치료(그 증상이 고정된 때를 포함한다)된 후에 남은 신체의 장해로서 대통령령으로 정하는 경우를 말한다. '중상해'란, 범죄행위로 인하여 신체나 그 생리적 기능에 손상을 입은 것으로서 대통령령으로 정하는 경우를 말한다(제3조 제4호-제6호).

② 구조금의 지급요건

외국인은 상호주의 원칙에 따라 해당 국가의 상호보증이 있는 경우에만 인정된다(제23조). 구조금 지급요건은 다음 두 가지 사유 중 어느 하나에 해당하는 경우이다(제16조).

1. 구조피해자가 피해의 전부 또는 일부를 배상받지 못하는 경우
2. 자기 또는 타인의 형사사건의 수사 또는 재판에서 고소 · 고발 등 수사단서를 제공하거나 진술, 증언 또는 자료제출을 하다가 구조피해자가 된 경우

구조피해자나 유족이 해당 구조대상 범죄피해를 원인으로 하여 국가배상법이나 그 밖의 법령에 따른 급여 등을 받을 수 있는 경우에는 대통령령으로 정하는 바에 따라 구조금을 지급하지 아니한다(제20조). 국가는 구조피해자나 유족이 해당 구조대상 범죄피해를 원인으로 하여 손해배상을 받았으면 그 범위에서 구조금을 지급하지 아니한다(제21조). 구조금을 지급받으려면 각 지방검찰청에 설치된 범죄피해구조심의회에 신청하여야 한다(제24조, 제25조).

(4) 범죄피해자 구조청구권의 제한

구조금신청은 구조대상 범죄피해의 발생을 안 날부터 3년이 지나거나 발생한 날부터 10년이 지나면 할 수 없다(제25조 제2항).

또한 다음의 경우에는 구조금의 전부 또는 일부를 지급하지 아니한다. ① 구조피해자와 가해자 사이에 일정한 친족관계가 있는 경우, ② 구조피해자가 해당 범조행위를 교사 또는 방조하거나 유발하는 등 일정한 귀책사유가 있는 경우, ③ 기타 구조금 지급이 사회통념에 위배된다고 인정되는 경우(제19조).

구조금을 받을 권리는 그 구조결정이 해당 신청인에게 도달한 날로부터 2년간 행사하지 않으면 시효로 소멸된다(제31조).

제 6 절 국민의 기본의무

Ⅰ. 의의와 법적 성격

국민의 기본의무란 국민이 국가구성원으로서 부담하는 헌법상의 의무를 말하며, 국민의 기본의무에는 국가의 기본질서를 유지할 목적으로 국민에게 부과된 의무로서 납세의무 · 근로의 의무 · 환경보전의 의무 · 재산권행사의 공공복리적합의무 등이 있다. 국민의 기본적 의무를 헌법에 규정한 것은 소극적으로는 국가권력으로부터 국민의 자유를 최대한 보장하기 위하여 국민이 부담하는 의무를 명확히 할 필요가 있고, 적극적으로는 국민주권원리의 실현으로 국민이 민주국가의 존립과 발전에 능동적으로 참여함에 의미가 있다.

Ⅱ. 고전적 의무

1. 납세의 의무納稅의 義務

> **헌법 제38조** 모든 국민은 법률이 정하는 바에 의하여 납세의 의무를 진다.

납세의 의무에서 '납세'란 조세租稅의 납부를 의미한다. 납세의무자는 원칙적으로 국민이다. 법인도 납세의무를 지며, 외국인은 국내에 재산이 있거나 과세대상이 되는 행위를 한 때에는 납세의 의무를 진다. 다만, 치외법권자 및 조약에 따라 납세의무가 면제된 자는 납세의무를 지지 않는다.

가산세는 형식에 있어서 조세이지만, 그 본질에 있어서는 본세의 징수를 확보하기 위한 수단이므로 가산세의 부담은 세법상의 의무위반의 내용과 정도에 따라 달리 결정되어야 한다(헌재 2006.6.29. 2002헌바80).

2. 국방의 의무國防의 義務

> 헌법 제39조 ① 모든 국민은 법률이 정하는 바에 의하여 국방의 의무를 진다.
> ② 누구든지 병역의무의 이행으로 인하여 불이익한 처우를 받지 아니한다.

(1) 의무의 주체

헌법 제39조 제1항은 국민의 국방의무를 규정하고 있다. 국방의무의 주체는 국민에 한한다(외국인 제외). 국방의 의무는 병력제공뿐 아니라 방공·방첩·전시근무 등 국방에 관한 모든 의무를 포함한다. 국방의 의무란 병역법에 의한 직접적인 병력형성의무뿐만 아니라, 향토예비군설치법, 민방위기본법, 비상대비자원관리법에 의한 간적접인 병력형성의무 및 병력형성이후 군작전명령에 복종하고 협력하여야 할 의무도 포함하는 넓은 의미이다(헌재 1999.2.25. 97헌바3). 국방의무를 규정하고 있는 법률로는 병역법·향토예비군설치법·민방위기본법 등이 있다.

(2) 불이익한 처우의 금지

누구든지 병역의무의 이행으로 인하여 불이익한 처우를 받지 아니한다(헌법 제39조 제2항). 여기서 불이익한 처우의 의미는 법적인 불이익을 의미하는 것이지 사실상 경제상의 불이익을 모두 포함하는 것은 아니다(헌재 1999.12.23. 98헌마363). 헌법재판소는 전투경찰순경으로 '대간첩작전을 수행하는 것'도 국방의 의무를 수행하는 것으로 볼 수 있다고 하며, 병역의무 이행의 일환으로 병역의무 이행 '중'에 입는 불이익은 헌법 제39조 제2항의 '병역의무의 이행으로 인한' 불이익에 해당하지 않는다고 하였다(헌재 1995.12.28. 91헌마80). 하지만 군법무관으로 복무한 변호사의 개업지를 제한한 변호사법 제10조 제2항은 불이익한 처우에 해당한다고 보았다(헌재 1989.11.20. 89헌가102).

Ⅲ. 현대적 의미의 의무

1. 교육을 받게 할 의무

헌법 제31조 제2항은 "모든 국민은 그 보호하는 자녀에게 적어도 초등교육과 법률이 정하는 교육을 받게 할 의무를 진다"고 하여 교육을 받게 할 의무를 규정하고 있다. 교육의 의무 주체는 취학할 어린이의 친권자나 후견인이다. 이와 달리 국가는 헌법 제31조 제3항에 따라 의무교육의 무상제를 이루어야 할 의무교육의 주체이다(헌재 1994.2.24. 93헌마192).

2. 근로의 의무

헌법 제32조 제2항은 "모든 국민은 근로의 의무를 진다. 국가는 근로의 내용과 조건을 민주주의원칙에 따라 법률로 정한다"고 하여 국민의 근로의무를 규정하고 있다. 근로의 의무에서의 '근로'는 육체노동뿐만 아니라 정신노동을 포함하는 개념이다.

3. 환경보전의 의무

헌법 제35조 제1항 후단은 "국가와 국민은 환경보전을 위하여 노력하여야 한다"고 하여 국가와 국민에게 환경보전의 의무를 부과하고 있다. 환경보전의 의무는 국민뿐만 아니라 외국인도 부담하는 전 인류의 의무이다.

4. 재산권 행사의 공공복리 적합의무

헌법 제23조 제2항은 "재산권의 행사는 공공복리에 적합하도록 하여야 한다"고 하여 재산권의 사회구속성을 규정하고 있다. 특히, 국토의 효율적 이용·개발과 보전을 위하여 법률로서 개간을 명하고, 토지소유권과 묘지의 면적 등을 법률로 제한할 수 있도록 하고 있다.

제 3 편

권력구조론

제 1 장 권력구조의 기본원리

제 1 절 권력구조의 이론적 기초

제 2 절 정부형태

제 2 장 국 회

제 1 절 의회주의(의회제도)

제 2 절 국회의 헌법상 지위

제 3 절 국회의 구성과 조직

제 4 절 국회의 권한

제 5 절 국회의원의 지위 및 권한과 의무

제 3 장 정 부

제 1 절 대 통 령

제 2 절 행 정 부

제 4 장 법 원

제 1 절 사법권의 의의와 범위

제 2 절 사법권의 독립

제 3 절 법원의 조직

제 4 절 사법의 절차와 운영

제 5 절 법원의 권한

제 5 장 헌법재판소

제 1 절 헌법재판의 일반이론

제 2 절 헌법재판소의 일반심판절차

제 3 절 헌법재판소의 권한

제 1 장

권력구조의 기본원리

제 1 절 권력구조의 이론적 기초

Ⅰ. 국민주권의 원리國民主權의 原理

국민주권의 원리란 국민이 국가의사를 전반적·최종적으로 결정하여야 하며, 모든 국가권력은 국민에게서 나온다는 원리를 말한다. 헌법은 제1조 제2항에서 "대한민국의 주권은 국민에게 있고, 모든 권력은 국민으로부터 나온다"고 규정하여 주권재민의 원칙을 선언하고 있으며, 헌법전문에서 국민이 헌법을 제정했고 헌법을 국민투표로 개정하였음을 밝히고 있다. 헌법은 국민주권의 원리를 실현하는 제도로서 국민의 선거권과 공무담임권, 의회제도, 정당제도, 지방자치제도를 규정하여 국민주권주의의 이념을 현실화하고 있다(제1편 제2장 제3절 Ⅱ. 헌법의 기본원리 1. (3) 국민주권주의 참조).

Ⅱ. 대의제 원리代議制 原理(국민대표의 원리)

1. 서 설

(1) 대의제의 의의

국민대표의 원리란 주권자인 국민이 국가의사나 국가정책을 직접 결정하지 아니하고 자신들의 대표자를 선출하여 그 대표자로 하여금 자신들을 대신하여 국가의사나 국가정책을 결정하게 하는 원리를 말한다(즉, 국가기관 구성권과 국가의사 결정권의 분리).

(2) 대의제의 기능

대의제는 대표선출을 위한 선거를 필수적 전제로 하기 때문에 민주적인 공직선거제도의 발전에 기여하고 책임정치를 구현하는 기능을 한다. 합의기능은 합의과정의 민주화를 요구하기 때문에 공개정치 실현에 기여하고, 이성적 토론이 전제된 다수결원리를 존중하는 정신문화의 신장에 기여한다. 대의제는 대표민주제, 국민대표제, 대의민주주의, 의회제, 의회민주주의로 다양하게 표현되고 있다.

2. 대의제의 이념적 기초

(1) 기관구성권과 정책결정권의 분리

대의제는 치자에게는 정책결정권과 책임을, 피치자에게는 기관구성권과 통제를 주는 통치기관의 구성원리이다. 즉 대의제의 본질은 기관구성권과 정책결정권의 분리를 전제로 해서 전자만을 주권자인 국민이 행사한다는 데 대의제도의 본질이 있다.

임기만료일 전 180일 이내에 비례대표 국회의원에 궐원이 생긴 때 정당의 비례대표 국회의원 후보자명부에 의한 의석 승계를 인정하지 아니하는 경우, 결과적으로 그 정당에 비례대표 국회의원 의석을 할당받도록 한 선거권자들의 정치적 의사표명을 무시하고 왜곡하는 결과가 된다. 이는 헌법의 기본원리인 대의제 민주주의 원리에 부합되지 않는다(헌재 2009.6.25. 2008헌마413).

(2) 정책결정권의 자유위임

우리나라 헌법은 자유위임의 명시적 규정은 없지만, 국민이 선출한 대의기관은 일단 국민에 의해 선출된 뒤에는 주권자의 명령에 따르는 기속위임이 아니라 자유위임의 원리에 입각하여 국민의 의사에 관계없이 독자적인 양식과 판단에 따라 정책결정을 하게 된다.

국민과 국회의원은 명령적 위임관계에 있는 것이 아니라 자유위임관계에 있으므로, 유권자가 설정한 국회의석분포에 국회의원들을 기속시키고자 하는 내용의 "국회구성권"이라는 기본권은 오늘날 이해되고 있는 대의제도의 본질에 반하는 것이어서 헌법상 인정될 여지가 없다(헌재 1998.10.29. 96헌마186).

3. 대의제의 법적 성질

대의제에 있어서 국민과 대표기관의 관계, 즉 대표관계代表關係가 어떠한 성질을 갖는가에 관해서는 견해가 대립되고 있다.

(1) 견해의 대립

(가) 정치적 대표설

이 견해는 대표자의 의사결정은 선거인의 의사와 법적으로 전혀 관계없이 행해지기 때문에 의회의 의사와 국민의 의사 사이에는 전혀 법적 관계가 없다고 본다. 따라서 대표자의 의사와 국민의 의사가 구체적으로 일치하지 않더라도 아무런 법적 문제가 없다고 보며, 대표자도 국민의 의사에 구속될 필요는 없다고 보아 강제위임을 부정한다.

(나) 법적 대표설

이 견해에 따르면 국민은 선거를 통하여 의회를 조직하는 제1차 국가기관이고 의회는 국민의 의사를 대신하여 표시하는 제2차 국가기관이므로, 국민과 의회는 법적으로 하나의 통일체를 형성한다고 한다. 이 경우 국민은 국가작용의 일부분을 스스로 행사하고 다른 부분은 국민의 법정대표인 의회로 하여금 행사하게 된다. 이때 제2차 국가기관인 의회의 의사는 제1차 국가기관인 국민의 의사로 간주되는 법적 효력을 낳는다고 한다.

(다) 헌법적 대표설

이 학설은 선거 자체는 국회의원이나 대통령의 당선결정이라는 선임행위이고 국민의 권리 위임은 아니지만, 선임된 자는 헌법 자체에 의하여 국민대표기관으로서 지정되어 헌법에 규정된 국가권력을 위임받아 헌법의 규정에 따라 국민을 대표하여 행사하는 것이므로 헌법적 대표라고 하는 견해이다.

(2) 검 토

오늘날에는 국회의원이나 대통령이 그를 대표로 선출한 국민의 의사에 반하여 정책결정을 할지라도 국민에 대하여 법적 책임을 지지 아니하며, 국민은 차기선거에서 그들의 정치적 책임을 추궁할 수 있을 뿐이다. 현행헌법 하에서도 국회의원과 대통령은 단지 국민전체의 이익을 위하여 활동해야 한다는 의미의 정치적·도의적 의무를 지는 데 지나지 아니하므로, 그 대표성도 단지 정치적 대표성에 지나지 않는 것으로 보아야 한다.

국회구성권의 침해 (헌재 1998.10.29. 96헌마186)

헌법의 기본원리인 대의제 민주주의 하에서 국민의 국회의원 선거권이란 국회의원을 보통·평등·직접·비밀선거에 의하여 국민의 대표자로 선출하는 권리에 그치고, 국민과 국회의원은 명령적 위임관계에 있는 것이 아니라 자유위임관계에 있기 때문에 … '국회구성권'이란 유권자가 설정한 국회의석분포에 국회의원들을 기속시키고자 하는 것이고, 이러한 내용의 '국회구성권'이라는 것은 오늘날 이해되고 있는 대의제도의 본질에 반하는 것이므로 헌법상 인정될 여지가 없다.

---

4. 현대 국가에서 대의제의 위기와 극복방안

(1) 현대 국가에서 대의제의 위기

오늘날 대의제는 위기적 상황에 직면하고 있다. 그 원인으로는 의회주의의 본질인 다수결원리가 다수파의 독선과 독주를 초래하고 있고, 행정국가화 경향에 따른 의회의 위상이 저하되고 있는 현실을 들 수 있다. 또한, 현대적인 정당국가화 경향에 따라 고전적인 국민대표원리는 국민→정당→대표라는 중첩적 간접대표의 구조로 전락하게 되었고, 특히 정당지도자에 의한 의회의 과점현상과 그에 따른 직업정치인의 등장으로 말미암아 의회의 질적 저하가 초래된 점도 그 원인으로 꼽을 수 있을 것이다. 이와 함께 정당기속에 의한 무기속 위임의 원칙에 대한 위협, 이익집단·압력단체들의 등장과 집단이기주의의 팽배현상 등이 대의제 민주주의의 위기의 요소이다.

(2) 대의제의 위기에 대한 대책

대의제의 위기를 극복하기 위해서는 주권자인 국민이 직접 정치과정에 개입하는 직접민주주의를 통한 보완, 정당의 민주화를 통하여 주권자인 국민이 직접 국정에 능동적으로 참여할 수 있는 아래로부터의 정당민주주의의 정립, 참여민주주의의 적극적 실현을 위한 지방자치의 활성화, 정당의 이익이 아닌 국익의 차원에서 의원들이 투표할 수 있도록 하는 자유투표제 정착 등을 고려할 수 있다. 다만, 법률에 의하여 직접민주제를 도입하는 경우, 기본적으로 대의제와 조화를 이루어야 하고 대의제의 본질적인 요소나 근본적인 취지를 부정하여서는 아니 된다(헌재 2009.3.26. 2007헌마843).

5. 현행 헌법과 대의제

(1) 대의제의 원리

우리 헌법은 제40조(국회의 입법권), 제41조(국민에 의해 선출된 의원으로 구성되는 국회), 제66조 제4항(집행권), 제67조(국민에 의해 선출된 대통령) 등에서 대표기관의 독자적 판단과 책임을 핵심으로 하는 간접민주제적 대의제를 통치구조의 기본으로 규정하고 있다. 그리고 대의제의 성공적 구현을 위해 국민에게는 선거권(제24조)과 공무담임권(제25조)을 보장하고 있다.

⑵ 예외로서의 직접민주제

(가) 오늘날 간접민주제 방식인 국민대표제는 직접민주적 요소(국민투표 등)가 결합된 형태로 나타나고 있다. 근대국가가 대부분 대의제를 채택하고도 후에 이르러 직접민주제적인 요소를 일부 도입한 역사적인 사정에 비추어 볼 때, 직접민주제는 대의제가 안고 있는 문제점과 한계를 극복하기 위하여 예외적으로 도입된 제도이다(헌재 2009.3.26. 2007헌마843).

(나) 현행 헌법은 ① 헌법개정안에 대한 필수적인 국민투표제(제130조 제2항)와 ② 대통령이 부의한 국가안위에 관한 중요정책에 대한 임의적인 국민투표제(제72조) 같은 직접민주제적 요소를 예외적으로 규정하고 있다. 그리고 ③ 지방자치법 제14조의2에서는 “지방자치단체의 장은 주민에게 과도한 부담을 주거나 중대한 영향을 미치는 주요결정사항 등에 대하여 주민투표에 붙일 수 있다”고 하여 지방자치 차원에서도 직접민주제적 요소를 도입하고 있다. 그러나 국민발안제와 국민소환제는 채택하지 않고 있다.

Ⅲ. 권력분립의 원리權力分立의 原理

1. 의 의

⑴ 권력분립 원리의 의의

권력분립의 원리란 국민의 자유와 권리를 보장하기 위하여 국가권력을 성질에 따라 여러 국가기관에 분산시킴으로, 국가권력의 집중과 남용을 방지하고 국가기관 상호간에 견제와 균형이 유지되도록 하는 통치구조의 구성원리를 말한다. 헌법상 권력분립의 원칙이란 국가권력의 기계적 분립과 엄격한 절연을 의미하는 것이 아니라, 권력 상호 간의 견제와 균형을 통한 국가권력의 통제를 의미하는 것이다. 따라서 특정한 국가기관을 구성함에 있어 입법부, 행정부, 사법부가 그 권한을 나누어 가지거나 기능적인 분담을 하는 것은 권력분립의 원칙에 반하는 것이 아니라 권력분립의 원칙을 실현하는 것으로 볼 수 있다(헌재 2008.1.10. 2007헌마1468).

(2) 권력분립 원리의 본질

권력분립의 원리는 개인의 자유와 권리를 회복하기 위한 자유주의적 원리이며, 한편으로 국가권력의 남용을 억제하고 방지하는 소극적 성질을 가지며, 다른 한편으로는 국가기관을 구성하는 적극적 성질을 가진다. 기술적 조직원리이기 때문에 민주주의가 아닌 다른 국가형태와도 결합될 수 있는 중립적 원리이며, 정치집단 간에 세력균형을 유지하게 하기 위한 권력균형의 원리를 의미한다.

2. 권력분립의 발전과 유형

(1) 권력분립의 발전

권력분립제도는 로크J. Locke(1632－1704)의 '2권분립론(입법권과 집행권)', 몽테스키외Montesquieu(1689－1755)의 '3권분립론(입법권 · 사법권 · 행정권)'으로 발전하였다.

구 분	로크 J. Locke의 권력분립론	몽테스키외 Montesquieu의 권력분립론
출처	시민정부에 관한 두 논문(1690)	법의 정신(1748)
유형	① 기관분립 측면: 2권분립 ② 기능분립 측면: 4권분립 • 기관중심: 입법권 · 집행권 • 기능중심: 입법, 집행, 외교(동맹 · 연합권), 대권	① 입법권: 귀족원과 시민의회의 두 기관이 담당(양원제) ② 집행권: 집행권은 1인에게 부여 ③ 사법권: 비상설의 법정에서 국민이 선출한 법관이 담당
분리의 정도	단순한 권력의 분리만을 강조	분리는 물론 "견제와 균형"까지 강조
기타 특징	① 명예혁명 후의 영국의 정치상황을 이론적으로 분석 ② 입법권 우위의 권력분립 ③ 집행권은 한 사람의 수중에 두는 것이 바람직(국왕) ④ 사법권에 관한 언급 없음	① 권력분립 그 자체에 목적이 있는 것이 아니라 권력의 분산 · 견제 · 균형을 통한 권력의 제한을 실현시킴으로써 시민의 자유를 보호하겠다는 것이 주안점 ② 영국의 헌정을 모델로 함 ③ 사법권의 소극적 독립성 강조

	⑤ 영국에 영향을 주어 의원내각제로 발전	④ 미국에 영향을 주어 대통령제로 발전

⑵ 권력분립의 유형

여기에는 입법부와 집행부의 관계를 기준으로 한 ① 입법부 우위형, ② 집행부 우위형, ③ 분립형, ④ 균형형 등이 있으며, 사법부와 입법부의 관계를 기준으로 한 ① 입법부 우위형, ② 사법부 우위형, ③ 균형형 등이 있다.

3. 고전적 권력분립제의 위기

⑴ 자유민주적 평등사회의 실현

봉건적 신분사회의 제한군주제를 전제로 한 몽테스키외적인 3권분립론이 봉건사회의 몰락과 자유민주적 평등사회의 등장(국민주권 사상의 대두)으로 현실성을 잃게 되었다.

⑵ 사회적 이익단체의 출현과 영향 증가

사회적 이익집단의 등장과 그 정치적 · 사회적 영향력의 증가로 이익단체가 국가의 통치질서 내에서 현실적으로 하나의 힘의 집단으로 활동하게 되었다. 이러한 각종 사회적 이익단체의 존재를 무시한 고전적인 권력분립론은 권력분립의 목적달성에 별로 도움이 되지 못한다는 인식이 커지게 되었다.

⑶ 정당국가의 발달로 인한 권력통합 현상

국가작용을 그 기능에 따라 입법 · 행정 · 사법작용으로 나누고 그 조직을 분리한다 하더라도 정당을 통한 권력통합 현상 때문에 모든 국가작용이 집권당의 정책대로 행해지고, 집권당의 정책은 실질적으로 집권당의 수뇌부에 의해서 결정되기 때문에 국가의 권력이 정당의 수뇌부로 집중되는 결과를 초래하고 말았다.

(4) 급부국가적 기능의 확대

사회국가의 요청에 따라 국가의 급부국가적 기능이 확대됨으로써 집권당의 비중이 커지고, 집행권의 영역확대로 행정부에 권력이 집중되는 현상이 나타나게 되었다.

(5) 기타의 원인

이 외에 비상상태의 만성화와 그에 따른 방위기구의 확대・강화, 헌법재판제도의 강화로 인한 사법국가화의 경향, 행정입법의 증대와 처분적 법률의 증가 등을 들 수 있다.

4. 고전적 권력분립제의 현대적 변용

국가권력의 엄격한 분립과 그 억제・균형의 원리인 고전적 권력분립론은 현대 입헌주의 헌법에 이르러 ① 자유민주적 평등사회의 실현, ② 위헌법률심사제 등 헌법재판제도의 강화로 인한 사법국가화 경향, ③ 정당정치의 발달로 인한 권력의 통합현상, ④ 복지국가의 출현과 급부행정의 확대, ⑤ 비상사태의 항상화恒常化와 그에 따르는 방위기구의 확대・강화 등으로 인하여 재검토가 요청되어 새로이 변모되고 있다.

(1) 뢰벤슈타인K. Loewenstein의 동태적 권력분립론

뢰벤슈타인은 다원적 대중민주주의에서 국가권력의 분립이라는 고전적 개념은 국가기능의 분리라는 개념으로 대체되어야 한다고 주장하면서 동태적 권력분립론을 주장한다. 그는 국가기능을 정책결정, 정책집행, 정책통제의 세 가지로 나누면서 각각의 기능이 여러 권력주체에 의하여 협동적으로 행해질 경우에 효과적인 권력통제가 이루어진다고 한다.

특히 정책통제가 효과적이기 위해서는 분산된 권력과 통제된 권력의 두 요소가 함께 작용해야 한다고 주장하면서 분산된 권력으로 공무원임명에 국회의 동의, 부서, 헌법개정의 필수적 국민투표제를 들고 있으며 통제된 권력으로 내각 불신임권, 내각의 의회해산권, 법률안거부권, 위헌법률심사제를 들고 있다.

⑵ 케기W. Kägi의 포괄적 권력분립론

케기 역시 국가기능에 따른 권력분립론을 강조하고 있다. 그는 '권력의 분립과 통합'을 포괄적인 질서개념으로 이해하고 이를 자유질서를 구축하는 원리로 파악하려고 한다. 따라서 그는 헌법제정·개정권과 입법권의 이원화, 양원제, 국가기관의 임기제, 여·야의 권력통제, 연방과 주의 수직적 권력분립, 집행부 내부의 권력분립 등을 주장한다.

⑶ 현대적·기능적 권력분립의 실현 수단

이와 관련해서는 ① 헌법재판제도, ② 선거관리기능의 독립화(선거공영제도), ③ 금융기관의 독립화(중앙은행의 독립화), ④ 복수정당제(여당에 대한 야당의 통제), ⑤ 직업공무원제도(정치세력에 대한 통제), ⑥ 연방제도, ⑦ 지방자치제도, ⑧ 국가와 사회의 구별이론(ⓐ 국가기능의 보충성, ⓑ 기본권 보장, ⓒ 이익단체와 압력단체의 활용) 등이 주장되고 있다.

5. 우리 헌법상의 권력분립제도

⑴ 권력의 분립

㈎ 수평적 권력분립

수평적 권력분할로서 입법권은 국회에(제40조), 집행권은 대통령을 수반으로 하는 정부에(제66조 제4항), 사법권은 법관으로 구성된 법원에(제101조 제1항) 각각 부여하고 있다.

㈏ 수직적 권력분할

구조적 측면에서 지방자치제의 채택과 기관내부에서의 관할권의 배분을 통하여, 시간적인 측면에서 대통령의 임기는 5년으로, 대법원장·헌법재판소장·대법관 · 헌법재판소 재판관 · 선거관리위원회 위원의 임기는 6년으로 한다고 함으로써 이를 실현하고 있다.

(2) 권력 상호간 견제와 균형

(가) 기관구성에서의 견제와 균형

대법원장 · 대법관 · 헌법재판소장 등의 임명에 국회의 동의를 얻게 하고, 헌법재판소와 중앙선거관리위원회의 구성을 국회 · 대통령 · 대법원장의 결합행위에 의하게 하며, 정부조직법과 헌법재판소법 및 법원조직법을 국회로 하여금 제정하도록 하고 있다.

(나) 기능면에서의 견제와 균형

대통령에 대하여는 임시국회 소집요구권, 법률공포권, 국회에서의 의견표시권, 사면 · 감형 · 복권에 관한 권한을 통하여, 국회에 대하여는 국무총리 등에 대한 국회에서의 출석 · 답변요구 및 질문권, 국회에 의한 정부 및 법원의 예산심의제, 정부의 재정행위에 대한 의결권을 통하여 구현하려 하고 있다.

(다) 제도면에서의 견제와 균형

헌법개정시의 국민투표권, 복수정당제, 직업공무원제도, 국군의 정치적 중립성, 대학자치제, 헌법재판제도, 선거공영제, 지방자치제 등을 두고 있다.

(3) 권력 상호간의 공화와 협조

(가) 행정부와 입법부 간의 공화와 협조

현행 헌법에 따라 대법원장 · 국무총리 · 감사원장 등의 임명과 선전포고 · 조약의 체결 · 사면권의 행사 등에 있어 대통령은 국회의 동의를 얻어야 하며, 예산안이나 그 밖의 재정행위에 있어서 정부가 편성하고 국회가 심의 · 확정하거나 동의하게 하는 등 양 기관 간에 공화와 협조를 제도화하고 있으며, 법률제정권에 있어서도 심의 · 의결은 국회가 하고 공포는 대통령이 하도록 하고 있다.

(나) 행정부와 헌법재판소 간의 공화와 협조

현행 헌법은 위헌정당을 해산시킬 경우 정부에 의한 제소와 헌법재판소에 의한 심판을 규정하고 있다.

(다) 입법부 · 행정부 · 사법부 간의 공화와 협조

헌법재판소와 중앙선거관리위원회를 구성할 경우 대통령이 3인, 국회가 3인, 대법원장이 3인을 지명하게 함으로써 3부의 공화와 협조를 규정하고 있고, 대법관의 경우 대법원장의 제청으로 국회의 동의를 얻어 대통령이 임명하게 하고 있다.

(라) 법원과 헌법재판소와의 공화와 협조

법률의 위헌성이 문제될 경우 법원의 제청에 따라 헌법재판소가 그 위헌여부를 판단하도록 하고 있다.

(4) 권력의 통제

국회는 해임건의와 탄핵소추, 국정감사 · 조사, 긴급명령과 긴급재정경제처분 · 명령에 대한 승인 등을 통하여 대통령과 정부를 통제할 수 있고, 법관에 대한 탄핵소추, 국정감사 · 조사 등을 통하여 법원을 통제할 수 있다. 대통령은 법률안의 거부, 국가안위에 대한 중요정책의 국민투표회부 등으로 국회를 통제할 수 있고, 법원은 명령 · 규칙 및 처분의 위헌 · 위법 심사를 통하여 국회 · 정부 · 헌법재판소를 통제할 수 있고, 헌법재판소는 위헌법률심판 등을 통하여 국회 · 대통령 · 정부 · 법원을 통제할 수 있다.

6. 관련 판례

* 권력분립의 원칙이란 국가권력의 기계적 분립과 엄격한 절연을 의미하는 것이 아니라, 권력상호간의 견제와 균형을 통한 국가권력의 통제를 의미하는 것이며, 특정한 국가기관을 구성함에 있어서 입법부, 행정부, 사법부가 그 권한을 나누어 가지거나 기능적인 분담을 하는 것은 권력분립의 원칙에 반하는 것이 아니다(헌재 2008.1.10. 2007헌마1468).

* 지방자치단체의 장에게 지방의회 사무직원의 임용권을 부여하고 있는 심판대상조항은 지방자치법 제101조, 제105조 등에서 규정하고 있는 지방자치단체의 장의 일반적 권한의 구체화로서 우리 지방자치의 현황과 실상에 근거하여 지방의회 사무직원의 인력수급 및 운영 방법을 최대한 효율적으로 규율하고 있다고 할 것이다. 심판대상조항에 따른 지방의회 의장의 추천권이 적극적이고 실질적으로 발휘된다면 지방의회 사무직원의 임용권이 지방자치단체의 장에게 있다고 하더라도 그것이 곧바로 지방의회와 집행기관 사이의 상호견제와 균형의 원리를 침해할 우려로 확대된다거나 또는 지방자치제도의 본질적 내용을 침해한다고 볼 수는 없다(헌재 2014.1.28. 2012헌바216).
* 정치적 중립성을 엄격하게 지켜야 할 대법원장의 지위에 비추어 볼 때 정치적 사건을 담당하게 될 특별검사의 임명에 대법원장을 관여시키는 것이 과연 바람직한 것인지에 대하여 논란이 있을 수 있으나, 그렇다고 국회의 이러한 정치적·정책적 판단이 헌법상 권력분립원칙에 어긋난다거나 입법재량의 범위에 속하지 않는다고는 할 수 없다(헌재 2008.1.10. 2007헌마1468).
* 수사처는 '고위공직자범죄수사처 설치 및 운영에 관한 법률'이라는 입법을 통해 도입되었으므로 의회는 법률의 개폐를 통하여 수사처에 대한 시원적인 통제권을 가지고, 수사처 구성에 있어 입법부, 행정부, 사법부를 비롯한 다양한 기관이 그 권한을 나누어 가지므로 기관 간 견제와 균형이 이루어질 수 있으며, 국회, 법원, 헌법재판소에 의한 통제가 가능할 뿐 아니라 행정부 내부적 통제를 위한 여러 장치도 마련되어 있다. … 수사처의 권한 행사에 대하여는 여러 기관으로부터의 통제가 충실히 이루어질 수 있으므로, 단순히 수사처가 독립된 형태로 설치되었다는 이유만으로 권력분립원칙에 반한다고 볼 수 없다(헌재 2021.1.28. 2020헌마264).
* 권력통제의 기능을 가진 특별검사제도의 취지와 기능에 비추어 볼 때, 특별검사의 임명에 있어서 대법원장이 변호사 중에서 2인의 후보자를 추천하고 대통령은 그 중에서 1인을 특별검사로 임명하더라도 권력분립의 원칙에 반한다고 할 수 없다(헌재 2008.1.10. 2007헌마1468).
* 권력분립의 원칙은 인적인 측면에서도 입법과 행정의 분리를 요청하는바, 만일 행정공무원이 지방입법기관에서라도 입법에 참여한다면 권력분립의 원칙에 배치되므로, 공무원의 경우 지방의회의원의 겸직금지가 필요하다(헌재 1991.3.11. 90헌마28).
* 권력분립의 원리는 인적인 측면에서도 입법과 행정의 분리를 요청한다. 만일 행정공무원이 지방입법기관에서라도 입법에 참여한다면 권력분립의 원칙에 배치되게 된다. 이와 같이 권력분립의 원칙을 준수할 필요성 때문에 공무원의 경우는 지방의회의원의 입후보 제한이나 겸직금지가 필요하며 또 그것이 당연하다고 할 것이나, 어느 특

정 계층의 자조적 협동체의 임원에 그치는 조합장에게 같은 필요가 있다고는 할 수 없을 것이다(헌재 1991.3.11. 90헌마28).

* 과세관청이 기존에는 존재하였으나 실효되어 더 이상 존재한다고 볼 수 없는 법률조항을 여전히 유효한 것으로 해석·적용한다면, 이는 법률해석의 한계를 벗어나 법률의 부존재로 말미암아 과세의 근거가 될 수 없는 것을 법률해석을 통하여 창설하는 일종의 입법행위로서 헌법상 권력분립원칙에 반한다(헌재 2012.5.31. 2009헌바123).
* 국가의 보호의무를 입법자가 어떻게 실현하여야 할 것인가 하는 문제는 원칙적으로 권력분립과 민주주의 원칙에 따라 국민에 의해 직접 민주적 정당성을 부여받은 입법자의 책임 범위에 속하므로, 헌법재판소는 단지 제한적으로만 입법자에 의한 보호의무의 이행을 심사할 수 있다(헌재 1997.1.16. 90헌마110).
* 특정 사안에 있어 법관으로 하여금 증거조사에 의한 사실판단도 하지 말고 최초의 공판기일에 공소사실과 검사의 의견만을 듣고 결심하여 형을 선고하도록 규정한 「반국가행위자의 처벌에 관한 특별조치법」 조항은 입법에 의해서 사법의 본질적인 중요부분을 대체시켜 버리는 것이어서 헌법상 권력분립원칙에 반한다(헌재 1996.1.25. 95헌가5).
* 정치적 중립성을 엄격하게 지켜야 할 대법원장을 정치적 사건을 담당하게 될 특별검사의 임명에 관여시키는 국회의 관련법 제정행위는 헌법상 권력분립의 원칙에 어긋나지 않는다(헌재 2008.1.10. 2007헌마1468).

제 2 절 정부형태政府形態

Ⅰ. 정부형태의 의의 · 분류

정부형태(통치형태)란 국가형태의 하위개념으로서, 국가권력구조에서 권력분립의 원리가 어떻게 적용되고 있느냐 하는 것을 말한다. 권력분립의 원리가 헌법의 권력구조에 어떻게 적용되는가에 따라 다양한 정부형태로 구분되나, 다만 사법은 국가기능의 중심인 정책수립 및 시행에 직접 관여하는 것이 아니므로 입법과 행정의 상호관계에 따라 여러 형태로 분류된다.

1. 대통령제大統領制

대통령제란 권력분립이 엄격하게 이루어지고, 권력 상호간에 독립이 보장되며, 행정권이 대통령에 귀속되는 정부형태를 말한다. 대통령제는 1787년 미국 헌법에서 처음으로 선보인 이래 19세기 이후 각국의 여러 헌법에서 변형된 형태로 채택되었다. 대통령제의 특징은 ① 입법부와 행정부의 상호독립, ② 입법부와 행정부의 상호견제 · 균형에 있다.

(1) 대통령제의 장 · 단점

(가) 장 점

대통령제는 대통령이 의회의 신임 여부에 관계없이 재직할 수 있으므로 임기 중 정국이 안정되고 행정부의 권위가 확보됨으로써 국가정책의 계속성과 행정의 강력한 집행이 보장된다. 의회 다수파의 횡포 · 독주를 방지하여 소수자의 이익을 보호할 수 있다.

(나) 단 점

단점은 대통령의 권한이 방대하고 임기 중 의회에 책임을 지기 않기 때문에 독재화로 흐르기 쉽다는 것이다. 권력분립의 원리에 충실한 결과 입법과 행정이 불필요하게 분립하여 국정의 통일적 수행을 방해할 우려가 있다.

⑵ 고전적 대통령제

미국 헌법은 입법권과 집행권의 독립성의 기초로, 권력의 독립성이 권력의 마비로 이어지는 것을 방지하기 위하여 권력의 공화를 기초로 한 두 권력 간의 견제와 균형에 충실하고 있다.

미국의 대통령은 국민에 의하여 선출되는 집행부의 수반이다. 4년마다 선출하며 각부장관을 자유로이 임명하며, 각부장관은 오로지 대통령에게만 책임을 진다. 미국의 내각은 대통령의 자문기관에 불과하고, 부서제도는 존재하지 않는다. 부통령은 당연직 상원의장이나 투표권을 행사할 수 없다. 대통령·각부장관은 의원직을 겸할 수 없고, 정부는 의회를 해산할 수 없으며, 의회도 정부를 불신임할 수 없다. 대통령은 입법에 관여할 수 없으나 법률안거부권을 갖는다. 대통령은 의회에 대하여 교서의 형식으로 입법을 요청할 수 있다. 대통령은 탄핵소추에 의하지 아니하고는 국회에 책임을 지지 아니한다.

미국의 대통령제는 집행부가 의회에 대하여 우위를 점하는 해밀턴Hamilton형 대통령제, 의회가 집행부에 대하여 우위를 점하는 매디슨Madison형 대통령제, 양자가 균형을 이루는 제퍼슨Jefferson형 대통령제로 구별된다.

⑶ 이원정부제(이원집행부제, 이원집정부제, 반半대통령제)

이원정부제는 국민이 직접 선출하는 대통령과 의회에서 선출하는 수상(총리)에게 각각 집행에 관한 실질적 권한을 부여하는 정부형태이다. 대통령제와 의원내각제를 결합시킨 정부형태로서 반대통령제라고도 불린다. 바이메von. Beyme나 듀베르제M. Duverger에 의하여 제창된 것으로 전자는 신대통령제의 범주에 가깝고, 후자는 이원정부제의 범주에 해당한다. 프랑스 이원정부제는 국민이 직접 대통령을 선출하므로, 의회는 대통령을 불신임할 수 없다.

⑷ 신대통령제

외관상 권력분립의 형태를 취하고 있으나 실제적으로는 집행권의 절대적 우위의 정부형태이다. 낫세르Nasser의 이집트헌법, 마르코스Marcos의 필리핀헌법 그리고 1972년 한국헌법 등이 이에 속한다.

2. 의원내각제議院內閣制

의원내각제란 의회에서 선출되고 의회에 대해서 책임을 지는 내각중심으로 국정이 운영되는 정부형태를 말하며, 행정부가 대통령과 내각(수상 또는 국무총리)으로 구성(이원적 구조)되어 입법부와 공존하는 제도를 의미한다. 의원내각제는 17세기부터 18세기에 걸쳐 영국에서 점진적으로 생성·발전한 것으로 19세기 말경에 제도적으로 확립되었다.

⑴ 의원내각제의 장·단점

(가) 장 점

국민이 선출한 의회에 의해 내각이 구성되고, 수상을 포함한 내각은 의회의 불신임결의에 의하여 연대책임을 지므로 민주정치와 책임정치를 구현할 수 있다. 또한 내각과 의회의 공화·협력에 의한 신속한 국정처리와 능률적인 국정수행을 기할 수 있다.

(나) 단 점

군소정당의 난립 시 정국이 불안정할 수 있고, 입법부와 행정부를 한 정당이 독점할 경우에 정당정치에 치우칠 우려가 있다. 의회가 정권획득을 위한 정쟁政爭의 장소가 될 수 있다. 의원내각제 하에서는 의회가 해산되는 경우 의원의 임기가 종료되어 고정된 임기를 보장받지 못한다.

⑵ 고전적 의원내각제

강한 의회·약한 정부의 의원내각제로 프랑스 제3공화국, 제4공화국이 이에 속한다. 이는 의회가 정부를 불신임하였으나, 정부는 의회를 해산하지 않았던 것이 관례가 되어 이룩되었다. 영국과 같이 내각이 의회를 해산할 수 있는 경우를 진정한 의원내각제라고 하고, 프랑스 제3·4공화국 같이 의회해산권이 없거나 있더라도 유명무실한 경우를 부진정한 의원내각제라 한다.

⑶ 통제된 의원내각제

강한 정부·약한 의회의 의원내각제로 독일이 이에 속한다. 독일은 연방의회가 건설적 불신임투표에 의하지 아니하고는 정부를 불신임할 수 없다. 건설적·구성적 불신임이란 전통적인 불신임과 반대되는 것으로, 의회에서 새로운 차기수상을 선출하지 아니하고서는 현 수상에 대한 불신임결의를 할 수 없도록 한 것을 의미한다. 독일의 경우 연방수상은 연방대통령의 제청으로 연방의회에서 선출한다. 연방수상에 대한 불신임은 허용되나 각료 개개인에 대한 불신임은 불허된다. 각료는 연방수상의 제청으로 연방대통령이 임명하나, 연방대통령은 연방수상의 제청에 구속된다.

⑷ 내각책임제

내각이 의회에 대하여 우위를 점하고 있는 의원내각제를 말하며 영국이 대표적이다. 영국의 정부는 하원의 다수당으로 구성된 하나의 작은 위원회적 성격이 강하다. 영국의 의원내각제는 선거의 성격이 의회선거에서 수상선거로 변질되었고, 수상의 각료인선권 독점과 실질적인 의회해산권의 확립으로 인한 수상권한의 강화 등이 내각우위의 내각책임제로 변질되게 되었다고 한다(수상정부제). 영국의 경우 내각불신임은 하원의 의결만으로 행해지며, 의회가 예산안의 심의를 거부하면 내각은 사퇴한다.

3. 이원정부제二元政府制

이원정부제(이원집정부제)란 의원내각제의 요소와 대통령제의 요소가 결합된 제도를 말한다. 이원정부제 하에서는 행정부가 대통령과 수상 간에 이원적으로 구성되어 있다(핀란드헌법·1919년 바이마르헌법·1958년 프랑스 제5공화국 헌법). 평상시에는 의원내각제로 운영되므로 정부와 의회의 마찰을 줄일 수 있으며, 국가 위기 시에는 국민이 직접 선출한 대통령이 위기정부를 직접 통치함으로써 신속하고도 안정된 국정 처리를 가능하게 한다. 한편으로는 대통령의 권한이 강해지는 경우(비상시의 국가긴급권 행사, 수상해임권, 의회해산권 등)에는 대통령이 의회에 책임을 지지 아니하므로 독재화의 우려가 있다. 또한 대통령이 위기를 빙자하여 비상권한을 행사하는 경우 국민대표기관인 의회의 권한이 축소·제한되어 국민주권주의에 충실하지 못할 가능성이 있고 국민의 여론을 외면한 행정이 행해지기 쉽다.

4. 회 의 제會議制

회의제(의회정부제)란 의회에 의한 집단적 지배(집단정부제)를 실현하기 위한 것으로, 의회의 집행부에 대한 절대적 우위를 본질로, 권력의 혼합을 그 내용으로 하는 직접민주제적인 정부형태를 의미한다. 오늘날에는 스위스, 중화인민공화국 등에서 그 예를 볼 수 있다(구 소련, 구 동구제국). 회의제는 뢰벤슈타인K. Loewonstein의 지적과 같이 민주주의와 전제주의의 조직 모델로 함께 연결될 수 있는 것이 특징이다(Janus의 얼굴을 가진 존재와 같다).

회의제의 특징으로는 "첫째, 의회가 다른 국가기관의 상위에 서서 다른 국가기관의 지배자로서 기능한다(민선의회에 집중). 둘째, 집행부는 집단지도체제를 취하게 돼 의회에 완전히 예속되며 의회해산권은 당연히 없게 된다. 셋째, 의회에 의한 집단적 지배를 의미하므로 국가원수를 이질적 존재로 여기며 양원제 의회도 성립되기 어렵다. 법률에 대한 위헌심사도 성립되기 어렵다" 등을 들 수 있다.

Ⅱ. 우리나라의 정부형태

1. 정부형태의 변천

제1공화국은 대통령제를 채택하였으나, 의원내각제적 요소가 상당히 가미되었다. 제2공화국은 의원내각제를 채택하였고, 헌법재판소를 두었다. 의원내각제인

1960년 헌법은 국무총리와 국무위원의 과반수가 국회의원일 것을 규정하고 있다. 제3공화국은 전형적인 미국식 대통령제를 채택하였으며 정당국가적 경향을 지향하였다. 유신헌정기에서는 신대통령제정부로서 대통령에게 공화정적 군주, 즉 국정의 영도자적 지위를 인정하면서 국무위원과 국회의원의 겸직을 허용하여 권력의 통합적 운영으로 나아갔다. 제5공화국에서는 권력분립의 원리에 충실을 기하면서도 대통령에게 국정의 최고 조정자적 지위를 인정하여 신대통령제적 요소가 강하였다.

2. 현행 헌법상 정부형태

현행 헌법상의 정부형태 역시 과거와 마찬가지로 대통령제를 기본으로 하면서 의원내각제적 요소를 가미하고 있다. 우선, 대통령제적 요소에는 행정부의 일원적 구조, 입법부와 행정부의 독립관계, 대통령의 법률안거부권 등이 있으며, 의원내각제적 요소로는 국무총리제의 채택, 부서제도의 채용, 국무총리·국무위원에 대한 해임건의권, 국무위원과 국회의원의 겸직, 행정부 구성원의 국회출석발언권, 정부 법률안제출권 등을 들 수 있다.

헌법재판소는 "신체의 자유의 침해에 대한 헌법소원" 사건에서 "우리나라의 정부형태는 약간의 의원내각제적 요소도 있기는 하나 기본적으로는 대통령 또는 대통령중심제로서 행정권 행사에 관한 최고·최후의 결정권자는 대통령이라고 해석되는 점……"이라고 판시하여 기본적으로 대통령제에 의원내각제가 가미된 변형된 대통령제로 보고 있다(헌재 1994.4.28. 89헌마86).

[비교] 대통령제와 의원내각제

구 분	의원내각제 (상호의존관계)	대통령제 (상호독립관계)
성립상	① 대통령(국회간선) ② 정부(국회에서 구성)	① 대통령(민선) ② 정부(대통령 독자적 구성)
존속상	① 국회의 정부불신임권 ② 정부의 국회해산권	① 정부불신임권 없음 ② 국회해산권 없음
정부	① 이원적 구조	① 일원적 구조
기능	① 상호공화관계 ② 국회의원의 정부각료 겸직 가능 ③ 정부의 법률안제출권 ④ 정부의 국회출석 · 발언권	① 상호독립기관(정부와 국회) ② 겸직 불허 ③ 법률안제출권 없음 ④ 국회출석 · 발언권 없음
기타	① 국무총리(국회동의 얻어 국가원수가 임명) ② 내각의 법률안거부권 ③ 부서제 ④ 국무의회(헌법상 필수적 의결기관)	① 부통령제(민선) ② 대통령의 법률안거부권 ③ 부서제 없음 ④ 국무회의(법률상 임의적 자문기관)
공통점	① 역사적 배경: 입헌주의의 완성단계 ② 이론적 기반: 자유주의와 시민적 민주주의 ③ 헌법적 조건: 의회주의와 법치주의 ④ 제도적 전제: 권력분립제와 대의제 ∴ 이러한 이유에서 양 정부형태는 권력 집중제를 따르는 사회주의국가에서는 채택될 수 없다.	

제 2 장

국　　회

제 1 절　의회주의(의회제도)

Ⅰ. 의회주의의 의의 및 기능

1. 의　　의

의회주의란 국민이 선출한 의원들로 구성되는 의회가 집행부와 권력적 균형을 유지하면서, 입법 등의 방식으로 국가의 정책결정과정에 참여하는 정치원리와 정치방식을 말한다. 의회는 국민대표기관으로서 기능해야 하며, 자유로운 토론과 타협이 이루어져야 하고, 다수결이 지배해야 한다.

2. 기　　능

의회의 정치적 기능은 ① 국민의 다양한 의사와 이해관계를 통합·조정하고 각계각층의 욕구를 수렴하여 국가정책결정과정에 반영하고, ② 법안 또는 예산심의과정을 공개함으로써 국민들의 정치적 관심과 판단력을 제고하는 정치 교육적 기능을 수행하며, ③ 주권자인 국민을 대표하여 집행부의 활동을 감시·통제·비판하는 역할을 한다.

Ⅱ. 의회주의의 기본원리

1. 의회의 대표기능성

의회는 선거민뿐만 아니라 전체국민을 정당하게 대표하는 기능을 가져야 한다. 의회가 선출된 의원을 본질적 구성요소로 하는 것은 국민대표적 성격을 확보하기 위한 것이다.

의회의 본질적 요소인 정당한 대표성립을 위해서는 다음과 같은 전제조건을 갖추어야 한다. ① 국민 다수의 의사에 근거한 의원의 선임, ② 자유로운 선거보장, ③ 선거의 영속성 보장, ④ 정치적인 언론·보도·집회·결사의 자유보장, ⑤ 복수정당제보장, ⑥ 의회의사의 공개 등이 보장되어야 한다.

2. 공개와 합리적 토론의 원리

의회의 의사는 토론과 타협에 의하여 결정되어야 한다. 공개·토론의 원리는 국민의 의사를 공정하고 정확하게 반영하기 위한 것이다.

3. 다수결의 원리

다수결의 원리는 비합리적 횡포를 이성적 토론과 표결로써 순화시키는 제도이다. 다수결의 원리는 결과의 원리가 아니라 과정의 원리로 이해한다.

의회에서 합의제가 성립하기 위한 전제조건으로서는, ① 결정할 구체적 사실에 관하여 복수의견의 존재, ② 복수의견의 가치의 평등, ③ 복수의견 중 어느 의견이 옳은가를 객관적·구체적으로 알 수 있는 확정적 기준이 없을 것, ④ 어느 한 의견의 선택, ⑤ 복수의견의 대립에 기초적인 동질성 또는 공통성의 존재, ⑥ 상대주의적 세계관, 즉, 민주주의의 적인 절대주의적 세계관과는 대결이 있을 뿐 토론이 성립할 가능성이 없다는 세계관에 입각할 것, ⑦ 정권 및 정치적 의견의 교체가능성이 있어야 할 것 등을 들 수 있다.

Ⅲ. 의회주의의 위기

1. 의회주의 위기의 원인

의회주의는 대표성과 합의성의 전제조건이 충족되어야 기능할 수 있으므로 이러한 조건이 불충분한 경우에는 위기가 발생하게 된다.

(1) 대의제의 전제조건의 불충분에서 오는 위기

① 선거법이 불완전하여 제한선거·불평등선거 등이 행해진 경우, ② 선거의 자유가 제약되는 경우, ③ 언론·보도·집회의 자유가 제약되는 경우 등을 들 수 있다.

(2) 합의제의 전제조건의 불충분에서 오는 위기

의회제 기초인 상대주의적 가치관이 절대주의적 가치관에 의하여 제약되는 경우 합의제·다수결제가 불가능하게 되어 의회제의 위기가 초래된다.

2. 의회주의 위기의 극복방안

의회주의의 위기에 대한 극복방안으로는 직접민주제의 도입, 선거제도의 개선, 의회제도의 개편 등이 논의된다.

구체적으로는 다음과 같은 것들이 논의된다.

(1) 사회국가원리와 사회적 시장경제질서의 실질적 구현으로 계층 간의 대립과 갈등을 해소함으로써 국민적·사회적 동질성을 회복하고, 이로써 의회에 있어서도 관용과 설득과 타협이 가능하도록 한다.

(2) 정당의 조직과 운영의 민주화를 제고함은 물론 의원의 국가이익우선의무를 뒷받침하기 위하여 의원의 자유투표 내지 교차투표를 제도화한다.

(3) 의원의 전문성을 보완하기 위한 방안으로 직능대표의 의회진출을 제도화

한다.

(4) 의원의 능력과 자질을 제고하기 위하여 후보자공천을 중앙당의 당 지도부에서 하향적으로 결정할 것이 아니라, 민주적 절차에 따라 상향식 결정이 될 수 있도록 국민경선 등을 고려해 볼 필요가 있다.

(5) 의회의 운영과 의사절차의 효율성제고를 위한 방안의 하나로 의회의 운영을 본회의 중심에서 상임위원회중심으로 개편하여야 한다.

(6) 국민투표제나 의원소환제 등 직접민주제의 방식을 도입하여 의회주의의 결함과 취약점을 보완하는 것 등이 그것이다.

Ⅳ. 현행 헌법과 의회주의

1. 원칙으로서의 의회주의

현행 헌법은 대의제의 핵심이라 할 수 있는 의회주의를 통치구조의 기본원리로 채택하고 있다. 따라서 국민은 그 대표기관인 국회를 통하여 주권자로서의 의사를 간접적으로 실현할 뿐 아니라, 국정심의는 국회를 중심으로 이루어져야 한다.

2. 의회주의에 대한 보완책으로서의 직접민주제

또한 현행 헌법은 의회주의에 대한 보완책으로 직접민주제를 부분적으로 채택하고 있다. 헌법개정안에 대한 국민투표제(제130조 제2항)와 대통령이 부의한 국가안위에 관한 중요정책에 대한 국민투표제(제72조)가 그 예이다.

제2절 국회의 헌법상 지위

Ⅰ. 국민대표기관으로서 지위

1. 국민대표기관으로서 지위

국회는 국민의 대표기관이다. 헌법 제1조에서 선언하고 있는 국민주권원리의 실현으로 우리는 대의제에 따라 국회를 국민의 위임에 따른 일반의사의 대표로 하고 있다. 여기에서 대표의 성질에 관해서는 ① 정치적 대표기관설P. Laband, H. Kelsen과, ② 법적 대표기관설G. Jellinek의 견해가 있다. 국회가 국민의 대표기관임에는 이론의 여지가 없지만, 그 대표의 성질은 법적 대표(헌법적 대표 포함)가 아니라 정치적 대표로 보아야 함이 타당하다.

2. 국민대표기관으로서 지위의 변질

오늘날 정당정치의 발달로 말미암아 국회의원이 소속정당에 예속되어 국민을 대표한다기보다 오히려 정당을 대표하는 기관으로 전락하고 있는 듯한 모습을 보여주고 있다. 이에 대한 대책으로 가장 중요한 것은 정당이 국민의 정치의사형성이라는 본연의 임무에 충실해야 하고, 그를 위해서 진정한 당내민주주의를 실천하는 것이 절실하다.

또한 국민의 직접 정치참여에 대한 열망과 정치의식의 향상, 그리고 인터넷 매체의 발달에 따라 자유위임에 의해 국민을 대표하던 국회의 모습은 직접민주제의 부분적 도입으로 수정되어가고 있다. 그것이 비록 제도적으로 편입되지 않았다 하더라도 선거에의 영향력을 고려한다면 현실적인 힘은 무시할 수 없을 것이다.

Ⅱ. 입법기관으로서 지위

1. 입법기관으로서 지위

> **헌법 제40조** 입법권은 국회에 속한다.

헌법 제40조는 "입법권은 국회에 속한다"고 규정하고 있다. 입법에 관한 권한이 국회의 가장 본질적이고 고유한 권한이므로 입법기관으로서 지위는 국회의 가장 본질적이고 고유한 지위라고 할 수 있다. 의회가 입법기관이라는 것은 실질적 의미의 입법에 관한 권한은 헌법에 다른 규정이 없는 한 원칙적으로 의회가 행사한다는 의미이다.

2. 입법기관으로서 국회의 지위 변질

현대 국가에서는 입법기관으로서 의회의 지위와 역할이 점차 저하되어 "의회의 통법부화" 현상이 초래되고 있다. 이러한 현상의 원인 중 하나로 국가기능의 변화·확대를 들 수 있다. 그럼에도 여전히 국회의 입법기관성을 중시해야 하는 이유는 국회의 입법과정을 공개함으로써 국민의 여론이 입법에 반영될 수 있기 때문이다. 이에 대한 대책으로는 직능대표제의 실시와 국회전문위원회 확대개편 등이 제시되고 있다.

Ⅲ. 국정통제기관으로서 지위

오늘날 국회의 국민대표기관으로서 지위와 입법기관으로서 지위는 점차 약화되고 있는 반면 행정부와 사법부를 감시하고 비판·견제하는 국정통제기관으로서 지위가 상대적으로 강화되고 있다. 정부와 의회의 권한은 정부형태에 따라서 상대적으로 다르기 때문에 국가기관 중에서 의회의 지위를 한마디로 평가하기는 어려우나 어떤 정부형태이건 정부에 대한 정책 통제기능이 의회의 가장 중요한 기능으로 인정되고 있다.

Ⅳ. 국가의 최고기관성 여부

현행법상 국회는 결코 국가의 유일한 최고기관이라 할 수 없다. 오히려 현행 헌법상 대통령의 비상적 권한의 보유와 헌법기관 구성권 등을 볼 때 대통령의 상대적 우월성이 보장되어 있다고 할 수 있다. 다만, 입법관련 행위에 있어서는 국회의 헌법상 지위와 권한쟁의심판 인용정족수는 의결정족수의 과반수에 지나지 아니함의 헌법적 의미를 고려할 때, 민의를 대표하는 최고기관성을 헌법재판소가 인정한 바 있다(헌재 2010.12.28. 2008헌라7).

제 3 절　국회의 구성과 조직

Ⅰ. 국회의 구성

1. 의회의 구성원리

(1) 양원제

(가) 의의와 연혁

양원제兩院制는 의회가 두 합의체로써 구성되어 이러한 두 합의체가 각기 독립하여 결정한 의사가 일치하는 경우에, 이것을 의회의 의사로 간주하게 되는 의회제도를 말한다.

(나) 유　형

양원제는 제2원(상원)의 구성방법과 성격에 따라 보수적 양원제(영국·네덜란드 등의 귀족원과 평민원)와 민주적 양원제로 대별되며, 현재 미국·영국·프랑스·독일·일본 등이 이 제도를 채택하고 있다.

(다) 장·단점

장 점	단 점
① 의안심의의 신중을 기함으로써 경솔과 졸속을 방지할 수 있다. ② 일원이 정부와 충돌 시 타원이 이를 완화시킬 수 있다. ③ 국회의 구성에서 권력분립의 원리를 도입함으로써 의회다수파의 횡포를 견제할 수 있다. ④ 상원에 직능대표제, 지방대표제를 도입하면 특수이익을 보호할 수 있다. ⑤ 양원조직을 달리함으로써 단원제에서의 파쟁과 부패를 방지할 수 있다. ⑥ 연방국가에서는 지방支邦의 이익을 옹호할 수 있다.	① 의안의 심의가 지연되고 국비를 낭비한다. ② 의회의 책임소재가 불분명하다. ③ 정부에 대한 의회의 지위가 상대적으로 약화되어 대정부견제기능이 약화될 수 있다. ④ 상원과 하원의 구성이 동일한 기반일 경우 상원은 무용하고, 상이한 기반에 입각할 때에는 상원이 보수화, 반동화할 위험이 있다. ⑤ 양원의 의견일치 시 상원이 불필요하고, 불일치 시 국정혼란의 우려가 있다. ⑥ 연방국가의 상원이 지방(支邦)의 이익을 옹호하기 위해 연방전체국민의 이익을 왜곡할 수 있다.

(라) 양원의 상호관계

① 양원의 기본관계

양자는 서로 독립조직의 원칙, 독립의결의 원칙, 의사일치의 원칙, 동시활동의 원칙이 지배한다.

② 양원의 구성관계

양원제를 채택하는 경우에는 양원의 조직적 특수성과 기능적 차이를 살리기 위하여 상원은 간접선거, 하원은 직접선거에 의하는 경우가 있다.

③ 양원의 권한관계

단일제(單一制)국가에서는 양원의 권한을 대등하게 하는 경우도 있고, 하원의 권한에 우월성을 인정하는 경우도 있다.

⑵ 단원제

(가) 의 의

단원제單院制는 의회가 민선의원으로 조직되는 단일의 합의체로써 구성되는 의회제도를 말한다. 단원제는 루소J. J. Rousseau와 시에스E. J. Siéyès 등이 주장한 것이다. 루소는 “국민의 총의는 둘이 있을 수 없다”라고 했으며, 시에스는 “제2원이 제1원과 동일한 결의를 한다면 제2원은 불필요한 존재이고, 제2원이 제1원과 다른 결정을 한다면 제2원은 해로운 존재이다”라는 말로 단원제를 강조하였다.

(나) 장 · 단점

단원제의 장점으로는 (i) 신속 · 능률적 의안심의가 가능하다는 점, (ii) 정부에 대한 의회의 지위가 상대적으로 강화될 수 있는 점, (iii) 의회의 책임소재가 분명하다는 점, (iv) 국비의 절감을 기할 수 있다는 점 등을 들 수 있다. 단원제의 단점은 대체로 양원제의 장점에 반대된다.

2. 한국 헌법에 있어서 국회의 구성

(1) 국회 구성원리의 변천

제헌헌법에서는 단원제를 채택하였다. 1952년 제1차 개정헌법에서는 양원제를 채택하였으나 실시되지는 않았다. 1960년 헌법에서는 양원제가 실시되었고, 1962년 헌법에서 단원제로 돌아가 오늘에 이르고 있다.

(2) 현행 헌법에서 국회의 구성

현행 헌법도 국회의 구성을 단원제로 하고 있다. 국회는 국민의 보통·평등·직접·비밀선거에 의하여 선출된 의원들로 구성한다(헌법 제41조 제1항).

(3) 국회의원의 선거

> **헌법 제41조** ① 국회는 국민의 보통·평등·직접·비밀선거에 의하여 선출된 국회의원으로 구성한다.
> ② 국회의원의 수는 법률로 정하되, 200인 이상으로 한다.
> ③ 국회의원의 선거구와 비례대표제 기타 선거에 관한 사항은 법률로 정한다.

(가) 선거권과 피선거권

국회의원의 선거권자는 18세 이상의 국민이다(공직선거법 제15조 제1항)(2019.12.27.개정). 다만, 공직선거법 제18조에 규정된 결격사유가 있는 자와 선거인명부에 등재되지 아니한 자는 선거권이 없다. 국회의원으로 선출될 수 있는 자는 25세 이상의 국민으로서 결격사유가 없는 자이다(동법 제16조 제2항 및 제19조).

(나) 선거구와 의원정수

헌법은 국회의원 정수의 하한선을 200인 이상으로 규정하고 있을 뿐 선거에 관한 사항은 법률로 정하도록 하고 있다(헌법 제41조). 선거구는 지역선거구와 전국단위가 있다(공직선거법 제20조).

국회의원의 수 제한
① 제헌헌법은 국회의원 수 법률위임 규정이 없었다. ② 1952년 헌법은 국회의원 수 법률위임을 처음 규정하였다. 다만, 헌법에서 참의원 · 민의원 의원 수 제한이 없었다(양원제). ③ 1954년 헌법은 1952년 헌법과 동일하다. ④ 1960년 헌법(의원내각제)은 참의원의 경우 특별시와 도 선거구로 제한하면서, 참의원 수를 제한하였다(민의원의 1/4 이하). 그러나 민의원 수는 제한이 없었다. ⑤ 1962년 헌법(대통령제)은 단원제 국회로 국회의원 수의 제한을 두었다(150인 이상 200인 이하). 국회의원 후보가 되려는 자는 소속정당의 추천을 받아야 했다. ⑥ 1969년 헌법은 1962년 헌법과 동일하다. ⑦ 1972년 헌법(유신헌법)은 국민투표 선거의 국회의원, 통일주체국민회의가 선거하는 의원(국회정수의 1/3)으로 구성하였는데, 국회의원 수는 제한이 없었다. 국회의원 후보자 소속정당 추천제가 삭제되었다. ⑧ 1980년 헌법은 통일주체국민회의가 삭제되어 국민투표의 국회의원만 있었다. 또한 국회의원 수를 제한하였다(200인 이상). ⑨ 현행 1987년 헌법은 1980년 헌법과 동일하다.

Ⅱ. 국회의 조직

1. 국회의 의장과 부의장

> **헌법 제48조** 국회는 의장 1인과 부의장 2인을 선출한다.

(1) 의장단의 선거

국회는 의장 1인과 부의장 2인을 선출한다(헌법 제48조). 의장과 부의장은 국회에서 무기명투표로 선거하되 재적의원 과반수의 득표로 당선되고, 선거는 국회의원 총선거 후 첫 집회일에 실시하며, 처음 선출된 의장 또는 부의장의 임기가 만료되는 경우에는 그 임기만료일 5일 전에 실시한다. 다만, 그 날이 공휴일인 경우에는 그 다음 날에 실시한다. 득표자가 없을 때에는 2차투표를 하고, 2차투표에도 득표자가 없을 때에는 최고득표자가 1명이면 최고득표자와 차점자에 대하여, 최고득표자가 2명 이상이면 최고득표자에 대하여 결선투표를 하되, 재적의원 과반수의 출석과 출석의원 다수득표자를 당선자로 한다(국회법 제15조).

국회의장 및 부의장
① 제헌헌법은 국회 의장 1인과 부의장 2인 선거 규정을 처음 두었다. ② 1952년 헌법은 양원제로 민의원은 의장 1인, 부의장 2인 선거, 참의원은 부통령이 의장(양원합동회의 의장)이 되고 부의장 2인 선거규정을 두었다. ③ 1954년 헌법은 1952년 헌법과 동일하였다. ④ 1960년 헌법은 민의원은 의장 1인, 부의장 2인 선거, 참의원은 의장 1인(양원합동회의 의장)과 부의장 1인 선거규정을 두었다. ⑤ 1962년 헌법은 국회 의장 1인과 부의장 2인 선거규정을 두었다(제헌헌법 규정으로 복귀). ⑥ 1969년 헌법, 1972년 헌법, 1980년 헌법은 1962년 헌법과 동일하였다. ⑦ 현행 1987년 헌법은 국회 의장 1인과 부의장 2인 선출규정을 두었다(선거 대신에 선출로 자구 수정).

⑵ 의장단의 임기

의장과 부의장의 임기는 2년으로 한다. 다만, 국회의원 총선거 후 처음 선출된 의장과 부의장의 임기는 그 선출된 날부터 개시하여 의원의 임기 개시 후 2년이 되는 날까지로 한다. 보궐선거로 당선된 의장 또는 부의장의 임기는 전임자 임기의 남은 기간으로 한다(국회법 제9조).

⑶ 국회의장·부의장의 겸직제한

국회의장과 부의장은 특별히 법률로 정한 경우를 제외하고는 의원 외의 직을 겸할 수 없다. 다른 직을 겸한 의원이 의장이나 부의장으로 당선된 때에는 당선된 날에 그 직에서 해직된 것으로 본다(국회법 제20조).

한편, 의원이 국회의장으로 당선된 때에는 당선된 다음 날부터 의장으로 재직하는 동안은 당적黨籍을 가질 수 없다. 다만, 국회의원 총선거에서 공직선거법 제47조에 따른 정당추천후보자로 추천을 받으려는 경우에는 의원 임기만료일 90일 전부터 당적을 가질 수 있다. 당적을 이탈한 의장의 임기가 만료된 때에는 당적을 이탈할 당시의 소속 정당으로 복귀한다(국회법 제20조의2).

⑷ 국회의장의 권한

의장은 위원회에 출석하여 발언할 수 있으나, 표결에는 참가할 수 없다(국회법 제11조). 국회는 의결로 의원의 사직을 허가할 수 있다. 다만, 폐회 중에는 의장이 허가할 수 있다(국회법 제135조 제1항). 의장은 회기 중 국회의 질서를 유지 및 경찰공무원 파견요구를 위하여 국회 안에서 경호권을 행사한다(국회법 제143조). 경위나 경찰공무원은 국회 안에 현행범인이 있을 때에는 체포한 후 의장의 지시를 받아야 한다. 다만, 회의장 안에서는 의장의 명령 없이 의원을 체포할 수 없다(국회법 제150조).

⑸ 국회의장의 직무대리와 대행

국회의장이 사고가 있을 때에는 의장이 지정하는 부의장이 그 직무를 대리한다. 의장이 심신상실 등 부득이한 사유로 의사표시를 할 수 없게 되어 직무대리자를 지정할 수 없을 때에는 소속 의원 수가 많은 교섭단체 소속 부의장의 순으로 의장의 직무를 대행한다(국회법 제12조). 의장과 부의장이 모두 사고가 있을 때에는 임시의장을 선출하여 의장의 직무를 대행하게 한다(국회법 제13조). 국회의원 총선거 후 의장이나 부의장이 선출될 때까지는 사무총장이 임시회 집회 공고에 관하여 의장의 직무를 대행한다. 처음 선출된 의장과 부의장의 임기만료일까지 부득이한 사유로 의장이나 부의장을 선출하지 못한 경우와 폐회 중에 의장·부의장이 모두 궐위된 경우에도 또한 같다(국회법 제14조). 임시의장은 무기명투표로 선거하고 재적의원 과반수의 출석과 출석의원 다수득표자를 당선자로 한다(국회법 제17조).

⑹ 국회의장의 사임

국회의장과 부의장은 국회의 동의를 받아 그 직을 사임할 수 있다(국회법 제19조).

국회의장과 국회의원 간의 권한쟁의 (헌재 2000.2.24. 99헌라1)

국회의장과 국회의원 간에 그들의 권한의 존부 또는 범위에 관하여 분쟁이 생길 수 있고, 이와 같은 분쟁은 단순히 국회의 구성원인 국회의원과 국회의장 간의 국가기관 내부문제가 아니라 헌법상 별개의 국가기관이 각자 그들의 권한의 존부 또는 범위를 둘러싼 분쟁이다. 이 분쟁은 권한쟁의심판 이외에 이를 해결할 수 있는 다른 수단이 없으므로 국회의원과 국회의장은 헌법 제111조 제1항 제4호 소정의 권한쟁의 심판의 당사자가 될 수 있다.

2. 국회의 위원회

(1) 위원회의 의의와 기능

(가) 의 의

국회의 위원회란 본회의에서의 의안심의를 원활하게 할 목적으로 일정한 사항에 관하여 전문적 지식을 가진 일단의 소수 의원들로 하여금 의안을 예비적으로 심사·검토하게 하는 소회의제도를 말한다. 현대 국가는 국가기능이 확대됨에 따라 국회의 기능도 광범한 영역으로 확대되었다. 국회 본회의가 모든 영역을 심의하기에는 부적합하므로 이를 사전에 심의하여 본회의 상정여부를 결정할 필요가 있게 되어 등장한 것이 위원회이다.

일반적으로 국회의 위원회제도는 대통령제 국가에서는 강한 위원회로, 의원내각제 국가에서는 약한 위원회로 기능한다. 따라서 위원회는 입법부와 행정부간의 엄격한 독립을 원칙으로 하는 대통령제하에서 더 필요한 제도이다. 우리나라의 위원회제도는 미국형 의안심의방식이다.

(나) 기 능

이러한 위원회제도가 필요한 이유로는, ① 의안심의의 능률을 향상시킬 수 있고, ② 증대하는 안건을 효율적으로 처리할 수 있으며, ③ 전문지식을 갖춘 의원을 위원으로 선임하여 심사케 함으로써 의안을 보다 심도 있게 심사할 수 있고, ④ 회의 운영에 있어서 탄력성이 보장된다는 점을 들 수 있다. 그러나 ① 심의가 위원회 중심이 되면 일반의원은 안건의 내용을 숙지하기 곤란하게 되어 본회의의 형식화를 초래하게 되며, ② 전문화된 상임위원회가 각기 자기 분야만의 이해관계에 얽매여 국정전반을 등한시 할 위험성과 각 분야별 이해관계의 대립이 격화될 가능성이 있고, ③ 각 상임위원회가 그에 대응하는 행정부와 밀착하여 국회의 대정부 통제기능이 약화될 우려가 있다는 비판이 제기되기도 한다.

위원회중심주의 (헌재 2000.2.24. 99헌라1)

상임위원회Standing Committee를 포함한 위원회는 의원 가운데서 소수의 위원을 선임하여 구성되는 국회의 내부기관인 동시에 본회의의 심의 전에 회부된 안건을 심사하거나 그 소관에 속하는 의안을 입안하는 국회의 합의제기관이다. 위원회의 역할은 국회의 예비적 심사기관으로서 회부된 안건을 심사하고 그 결과를 본회의에 보고하여 본회의의 판단자료를 제공하는 데 있다. 우리나라 국회의 법률안 심의는 본회의 중심주의가 아닌 소관 상임위원회 중심으로 이루어진다.

위원회 기능 (헌재 2003.10.30. 2002헌라1)

오늘날 의회의 기능에는 국민대표기능, 입법기능, 정부감독기능, 재정에 관한 기능 등이 포함된다. 의회가 이러한 본연의 기능을 수행함에 있어서는 국민대표로 구성된 의원 전원에 의하여 운영되는 것이 이상적일 것이나, 의원 전원이 장기간의 회기동안 고도의 기술적이고 복잡다양한 내용의 방대한 안건을 다루기에는 능력과 시간상의 제약이 따른다. 이러한 한계를 극복하기 위한 방안으로 위원회제도가 창설된 것이다. 그리하여 상임위원회의 구성과 활동은 의회의 업적과 성패를 실질적으로 결정짓는 변수가 되고 있다고 평가되고 있다.

(2) 위원회의 종류

국회의 위원회에는 상임위원회와 특별위원회 2종류가 있다(국회법 제35조). 국회는 둘 이상의 상임위원회와 관련된 안건이거나 특히 필요하다고 인정한 안건을 효율적으로 심사하기 위하여 본회의의 의결로 특별위원회를 둘 수 있다(국회법 제44조 제1항). 즉 특별위원회는 심의대상이 특정한 안건이라는 점과 존속기간이 한시적이라는 점에서 상임위원회와 구별된다. 위원회는 소관 사항을 분담·심사하기 위하여 상설소위원회를 둘 수 있고, 필요한 경우 특정한 안건의 심사를 위하여 소위원회를 둘 수 있다. 이 경우 소위원회에 대하여 국회규칙으로 정하는 바에 따라 필요한 인원 및 예산 등을 지원할 수 있다(국회법 제57조 제1항). 상임위원회는 소관 법률안의 심사를 분담하는 둘 이상의 소위원회를 둘 수 있다(국회법 제57조 제2항, 2019.4.16.개정). 예산결산특별위원회는 국회법 제57조 제1항의 소위원회 외에 심사를 위하여 필요한 경우에는 이를 여러 개의 분과위원회로 나눌 수 있다(국회법 제57조 제9항).

(가) 상임위원회

상임위원회standing committe는 그 소관사항에 관한 입법 기타의 의안을 예비적으로 심의하기 위하여 상설적으로 설치된 위원회를 말한다.

현재 상임위원회는 1. 국회운영위원회, 2. 법제사법위원회, 3. 정무위원회, 4. 기획재정위원회, 5. 교육위원회, 6. 과학기술정보방송통신위원회, 7. 외교통일위원회, 8. 국방위원회, 9. 행정안전위원회, 10. 문화체육관광위원회, 11. 농림축산식품해양수산위원회, 12. 산업통상자원중소벤처기업위원회, 13. 보건복지위원회, 14. 환경노동위원회, 15. 국토교통위원회, 16. 정보위원회, 17. 여성가족위원회가 있다. 의장은 어느 상임위원회에도 속하지 아니하는 사항은 국회운영위원회와 협의하여 소관 상임위원회를 정한다(국회법 제37조). 상임위원회의 위원 정수는 국회규칙으로 정한다. 다만, 정보위원회의 위원 정수는 12명으로 한다(국회법 제38조).

상임위원의 임기는 2년으로 한다. 다만, 국회의원 총선거 후 처음 선임된 위원의 임기는 선임된 날부터 개시하여 의원의 임기 개시 후 2년이 되는 날까지로 한다. 보임補任되거나 개선改選된 상임위원의 임기는 전임자 임기의 남은 기간으로 한다(국회법 제40조). 의원은 둘 이상의 상임위원이 될 수 있다(국회법 제39조 제1항). 각 교섭단체 대표의원은 국회운영위원회의 위원이 된다(국회법 제39조 제2항). 의장은 상임위원이 될 수 없다(국회법 제39조 제3항). 국무총리 또는 국무위원의 직을 겸한 의원은 반드시 상임위원을 사임하여야 하는 것은 아니고, 상임위원을 사임할 수 있다(국회법 제39조 제4항). 상임위원은 교섭단체 소속의원 수의 비율에 따라 각 교섭단체 대표의원의 요청으로 의장이 선임하거나 개선한다(국회법 제48조 제1항). 어느 교섭단체에도 속하지 아니하는 의원의 상임위원 선임은 국회의장이 한다(동조 제2항). 상임위원은 소관 상임위원회의 직무와 관련한 영리행위를 하여서는 아니 된다(국회법 제40조의2).

상임위원회에 위원장은 1명을 둔다. 상임위원장은 당해 상임위원 중에서 임시의장 선거의 예에 준하여 본회의에서 선거한다. 선거는 국회의원 총선거 후 첫 집회일부터 3일 이내에 실시하며, 처음 선출된 상임위원장의 임기가 만료되는 경우에는 그 임기만료일까지 실시한다. 상임위원장의 임기는 상임위원의 임기와 같다. 상임위원장은 본회의의 동의를 받아 그 직을 사임할 수 있다. 다만, 폐회 중에는 의장의 허가를 받아 사임할 수 있다(동법 제41조).

국회의장의 국회의원 상임위원회 위원의 사·보임 (헌재 2003.10.30. 2002헌라1)

교섭단체의 기능에 비추어 볼 때, 국회의장이 국회의 의사를 원활히 운영하기 위하여 상임위원회의 구성원인 위원의 선임 및 개선에 있어 교섭단체대표의원과 협의하고 그의 "요청"에 응하는 것은 국회운영에 있어 본질적인 요소라고 아니할 수 없다. 피청구인은 국회법 제48조 제1항에 규정된 바에 따라 청구인이 소속된 한나라당 "교섭단체대표의원의 요청"을 서면으로 받고 이 사건 사·보임행위를 한 것으로서 하등 헌법이나 법률에 위반되는 행위를 한 바가 없다. 요컨대, 피청구인의 이 사건 사·보임행위는 청구인이 소속된 정당내부의 사실상 강제에 터 잡아 교섭단체대표의원이 상임위원회 사·보임 요청을 하고 이에 따라 이른바 의사정리권한의 일환으로 이를 받아들인 것으로서, 그 절차·과정에 헌법이나 법률의 규정을 명백하게 위반하여 재량권의 한계를 현저히 벗어나 청구인의 권한을 침해한 것으로는 볼 수 없다.

(나) 특별위원회

특별위원회special committee는 둘 이상의 상임위원회와 관련된 안건이거나 특히 필요하다고 인정한 안건을 효율적으로 심사하기 위하여 본회의의 의결로 설치되는 한시적인 위원회이다(국회법 제44조 제1항). 특별위원회를 구성할 때에는 그 활동기간을 정하여야 한다. 다만, 본회의 의결로 그 기간을 연장할 수 있다. 특별위원회는 활동기한의 종료 시까지 존속한다(국회법 제44조 제2항 및 제3항). 특별위원회 활동기간 중 연속하여 3개월 이상 회의가 열리지 아니하는 때에는 본회의의 의결로 특별위원회의 활동을 종료시킬 수 있다(국회법 제44조 제4항). 특별위원회는 활동기간을 연장할 필요가 있다고 판단되는 경우 활동기간 종료 15일 전까지 특별위원회의 활동에 관한 중간보고서 및 활동기간 연장 사유를 국회운영위원회에 제출하여야 한다(국회법 제48조 제5항). 이와 같은 특별위원회를 일반특별위원회라 한다. 일반특별위원회 외에 국회법에서 명시적으로 설치한 특별위원회에는 예산안, 기금운용계획안 및 결산(세입세출결산과 기금결산을 말한다)을 심사하기 위한 예산결산특별위원회(국회법 제45조), 국회의원의 자격심사·징계에 관한 사항을 심사하기 위한 윤리특별위원회(국회법 제46조), 인사청문특별위원회(국회법 제46조의3)가 있다. 예산결산특별위원회는 상설특별위원회로서(국회법 제45조 제1항), 비상설특별위원회인 윤리특별위원회(국회법 제46조 제1항), 인사청문특별위원회(국회법 제46조의3 제1항)와 차이가 있다.

예산결산특별위원회의 위원수는 50인으로 하며, 그 위원의 임기는 1년이나, 다만, 국회의원 총선거 후 처음 선임된 위원의 임기는 선임된 날부터 개시하여 의원의 임기 개시 후 1년이 되는 날까지로 하며, 보임되거나 개선된 위원의 임기는 전임자 임기의 남은 기간으로 한다(국회법 제45조 제2항 및 제3항).

대통령이 임명하는 국가인권위원회 위원장의 후보자, 한국은행 총재 후보자 등에 대한 인사청문요청이 있는 경우 각 소관 상임위원회의 인사청문을 거쳐야 한다(국회법 제65조의2 제2항). 국회는 헌법에 따라 그 임명에 국회의 동의가 필요한 대법원장·헌법재판소장·국무총리·감사원장 및 대법관의 임명동의안을 심사하기 위하여 인사청문특별위원회를 둔다(국회법 제46조의3 제1항). 헌법재판소 재판관 후보자가 헌법재판소장 후보자를 겸하는 경우에는 인사청문특별위원회의 인사청문회를 연다. 이 경우 소관 상임위원회의 인사청문회를 겸하는 것으로 본다(국회법 제65조의2 제5항).

(다) 전원위원회全院委員會

i) 전원위원회는 상임위원회 중심주의로 인해 본회의에서의 의안심의가 형식화하는 것을 보완하기 위하여, 즉 '상임위원회 제도의 역기능을 보완'하기 위해 마련된 위원회이다. 국회는 위원회의 심사를 거치거나 위원회가 제안한 의안 중 정부조직에 관한 법률안, 조세 또는 국민에게 부담을 주는 법률안 등 주요 의안의 본회의 상정 전이나 본회의 상정 후에 재적의원 4분의 1 이상이 요구할 때에는 그 심사를 위하여 의원 전원으로 구성되는 전원위원회를 개회할 수 있다. 다만,

의장은 주요 의안의 심의 등 필요하다고 인정하는 경우 각 교섭단체 대표의원의 동의를 받아 전원위원회를 개회하지 아니할 수 있다(국회법 제63조의2 제1항).

ii) 전원위원회는 재적위원 5분의 1 이상의 출석으로 개회하고, 재적위원 4분의 1 이상의 출석과 출석위원 과반수의 찬성으로 의결한다(국회법 제63조의2 제4항). 전원위원회가 의원 전원으로 구성된다는 점에서 본회의와 다를 바가 없으나, 양자는 그 성격과 기능을 달리한다. 전원위원회의 위원장은 1명을 두되, 의장이 지명하는 부의장으로 하며, 의안을 심의하고 의결하되, 본회의와는 달리 의안을 최종확정하지는 못하고 수정안을 제출할 수 있을 뿐이다. 이 경우 해당 수정안은 전원위원장이 제안자가 된다(국회법제63조의2 제2항 및 제3항).

(라) 인사청문특별위원회

i) 국회는 헌법에 따라 그 임명에 국회의 동의가 필요한 대법원장·헌법재판소장·국무총리·감사원장 및 대법관에 대한 임명동의안, 헌법에 따라 국회에서 선출하는 헌법재판소 재판관 및 중앙선거관리위원회 위원에 대한 선출안을 심사하기 위하여 인사청문특별위원회를 둔다. 다만, 대통령직 인수에 관한 법률 제5조 제2항에 따라 대통령당선인이 국무총리 후보자에 대한 인사청문의 실시를 요청하는 경우에 의장은 각 교섭단체 대표의원과 협의하여 그 인사청문을 실시하기 위한 인사청문특별위원회를 둔다(국회법 제46조의3 제1항). 인사청문특별위원회의 구성과 운영에 관하여 필요한 사항은 따로 법률로 정하도록 되어 있는데(국회법 제46조의3 제2항), 그것이 바로 인사청문회법이다. 인사청문회법에 의하면 공직후보자임명동의안이 국회에 제출된 때에는 인사청문특별위원회가 구성된 것으로 본다(인사청문회법 제3조 제1항).

ii) 동 위원회의 위원정수는 13인으로 하며 위원장은 호선한다. 동 위원회는 임명동의안 등이 본회의에서 의결될 때 또는 인사청문경과가 본회의에 보고될 때까지 존속한다(인사청문회법 제3조 제2항 내지 제6항). 국회는 임명동의안 등이 제출된 날부터 20일 이내에 그 심사 또는 인사청문을 마쳐야 한다(인사청문회법 제6조 제2항). 위원회는 임명동의안 등이 회부된 날로부터 15일 이내에 인사청문회를 마치되, 그 기간은 3일 이내로 한다. 인사청문회는 원칙적으로 공개한다(인사청문회법 제9조 제1항 및 제14조).

iii) 대통령이 각각 임명하는 헌법재판소 재판관·중앙선거관리위원회 위원·국무위원·방송통신위원회 위원장·국가정보원장·국세청장·검찰총장·경찰청장 또는 합동참모의장의 후보자에 대한 인사청문도 소관상임위원회별로 인사청문회를 연다. 대통령당선인이 대통령직인수에 관한 법률 제5조 제1항에 따라 지명하는 국무위원후보자와, 대법원장이 각각 지명하는 헌법재판소 재판관 또는 중앙선거관리위원회 위원의 후보자의 경우도 마찬가지이다(국회법 제65조의2 제1항 및 제2항).

(마) 연석회의連席會議

소관위원회는 다른 위원회와 협의하여 연석회의를 열고 의견을 교환할 수 있다. 다만, 표결은 할 수 없다. 연석회의를 열려는 위원회는 위원장이 부의할 안건명과 이유를 서면에 적어 다른 위원회의 위원장에게 요구하여야 한다. 연석회의는 안건의 소관위원회의 회의로 한다. 세입예산안과 관련 있는 법안을 회부받은 위원회는 예산결산특별위원회 위원장의 요청이 있을 때에는 연석회의를 열어야 한다(국회법 제63조).

⑶ 위원회의 운영

① 위원회중심주의

국회의 운영은 위원회중심주의이므로 거의 모든 의안이 위원회의 심사를 거친다. 위원회는 의안을 자유로이 수정할 수 있다. 위원회대안의 제시는 원칙적으로 위원회에서 원안을 심사하는 동안에만 인정된다. 또한 위원회는 그 소관에 속하는 사안에 관하여 법률안과 그 밖의 의안을 제출할 수 있다. 의안은 위원장이 제안자가 된다(국회법 제51조).

② 상임위원회의 개회 및 의결

상임위원회는 본회의의 의결이 있거나 의장 또는 위원장이 필요하다고 인정할 때, 재적위원 1/4 이상의 요구가 있을 때에 개회한다(국회법 제52조). 폐회 중 상임위원회의 정례회의는 3월·5월의 세 번째 월요일부터 한 주간 정례적으로 개회한다. 다만, 국회운영위원회에 대해서는 이를 적용하지 아니하고, 정보위원회는 3월·5월에 월 1회 이상 개회한다. 정례회의는 해당 상임위원회에 계류 중인 법률안 및 청원, 그 밖의 안건과 주요 현안 등을 심사한다(국회법 제53조). 위원회는 재적위원 1/5 이상의 출석으로 개회하고, 재적위원 과반수의 출석과 출석위원 과반수의 찬성으로 의결한다(국회법 제54조). 정보위원회의 회의는 공개하지 아니한다. 다만, 공청회 또는 제65조의2에 따른 인사청문회를 실시하는 경우에는 위원회의 의결로 이를 공개할 수 있다(국회법 제54조의2 제1항).

③ 방청 및 질서유지

위원회에서는 의원이 아닌 사람이 위원회를 방청하려면 위원장의 허가를 받아야 한다. 위원장은 질서 유지를 위하여 필요한 때에는 방청인의 퇴장을 명할 수 있다(국회법 제55조). 위원회는 본회의 의결이 있거나 의장이 필요하다고 인정하여 각 교섭단체 대표의원과 협의한 경우를 제외하고는 본회의 중에는 개회할 수 없다. 다만, 국회운영위원회는 그러하지 아니하다(국회법 제56조). 위원회는 일부개정법률안이 위원회에 회부된 후 15일을 경과하지 아니한 때에는 그 의안을 상정할 수 없다. 다만, 긴급하고 불가피한 사유로 위원회의 의결이 있는 경우에는 그러하지 아니하다(국회법 제59조).

④ 질의방식

위원은 위원회에서 같은 의제에 대하여 횟수 및 시간 등에 제한 없이 발언할 수 있다. 다만, 위원장은 발언을 원하는 위원이 2명 이상일 경우에는 간사와 협의하여 15분의 범위에서 각 위원의 첫 번째 발언시간을 균등하게 정하여야 한다. 위원회에서의 질의는 일문일답의 방식으로 한다. 다만, 위원회의 의결이 있는 경우 일괄질의의 방식으로 할 수 있다(국회법 제60조).

위원회는 중요한 안건 또는 전문지식이 필요한 안건을 심사하기 위하여 그 의결 또는 재적위원 1/3 이상의 요구로 공청회를 열고 이해관계자 또는 학식·경험이 있는 자 등으로부터 의견을 들을 수 있다(국회법 제64조 제1항). 위원회는 중요한 안건의 심사와 국정감사 및 국정조사에 필요한 경우 증인·감정인·참고인으로부터 증언·진술을 청취하고 증거를 채택하기 위하여 위원회 의결로 청문회를 열 수 있다(국회법 제65조). 위원회의 표결은 거수로 할 수 있다(국회법 제71조).

⑤ 소위원회

위원회는 필요한 경우 특정한 안건의 심사를 위하여 소위원회를 둘 수 있다. 이 경우 소위원회에 대하여 국회규칙으로 정하는 바에 따라 필요한 인원 및 예산 등을 지원할 수 있다(국회법 제57조 제1항).

상임위원회는 소관 법률안의 심사를 분담하는 둘 이상의 소위원회를 둘 수 있다(동조 제2항).

소위원회의 위원장은 위원회에서 소위원회의 위원 중에서 선출하고 이를 본회의에 보고하며, 소위원회의 위원장이 사고가 있을 때에는 소위원회의 위원장이 소위원회의 위원 중에서 지정하는 위원이 그 직무를 대리한다(동조 제3항).

소위원회의 활동은 위원회가 의결로 정하는 범위에 한정한다(동조 제4항).

소위원회의 회의는 공개한다. 다만, 소위원회의 의결로 공개하지 아니할 수 있다(동조 제5항).

소위원회는 폐회 중에도 활동할 수 있으며, 법률안을 심사하는 소위원회는 매월 2회 이상 개회한다(동조 제6항).

소위원회는 그 의결로 의안 심사와 직접 관련된 보고 또는 서류 및 해당 기관이 보유한 사진·영상물의 제출을 정부·행정기관 등에 요구할 수 있고, 증인·감정인·참고인의 출석을 요구할 수 있다. 이 경우 그 요구는 위원장의 명의로 한다(동조 제7항).

소위원회에 관하여는 이 법에서 다르게 정하거나 성질에 반하지 아니하는 한 위원회에 관한 규정을 적용한다. 다만, 소위원회는 축조심사逐條審査를 생략해서는 아니 된다(동조 제8항).

예산결산특별위원회는 제1항의 소위원회 외에 심사를 위하여 필요한 경우에는 이를 여러 개의 분과위원회로 나눌 수 있다(동조 제9항).

3. 교섭단체

교섭단체란 동일정당소속의 의원들로 구성되는 원내정파Fraktion를 말한다. 교섭단체의 설치는 여러 정당들의 소속의원들로 구성되는 국회에서 의사를 능률적으로 그리고 원활하게 운영하려는 데에 그 목적이 있다.

국회에 20인 이상의 소속의원을 가진 정당은 하나의 교섭단체가 되는데, 정당 단위가 아니라도 다른 교섭단체에 속하지 아니하는 20인 이상의 의원들로 따로 교섭단체를 구성할 수 있다(국회법 제33조). 경상보조금과 선거보조금은 동일 정당의 소속의원으로 교섭단체를 구성한 정당에 대하여 그 100분의 50을 '정당별로 균등'하게 분할하여 배분 · 지급한다(정치자금법 제27조 제1항). 교섭단체마다 의원총회와 대표의원을 두는데, 대표의원은 그 정당의 대표가 아니라 교섭단체를 대표하는 의원으로 통상 원내대표floor leader라 불린다.

교섭단체의 의의와 기능 (헌재 2003.10.30. 2002헌라1)

교섭단체Negotiation Group는 원칙적으로 국회에 일정수 이상의 의석을 가진 정당에 소속된 의원들로 구성되는 원내의 정당 또는 정파를 말한다. 정당은 국민의 정치적 의사형성을 목적으로 하는 국민의 자발적 조직이다. 교섭단체는 정당국가에서 의원의 정당기속을 강화하는 하나의 수단으로 기능할 뿐만 아니라 정당소속 의원들의 원내 행동통일을 기함으로써 정당의 정책을 의안심의에서 최대한으로 반영하기 위한 기능도 갖는다.

Ⅲ. 국회의 운영과 의사원칙

헌법 제47조 ① 국회의 정기회는 법률이 정하는 바에 의하여 매년 1회 집회되며, 국회의 임시회는 대통령 또는 국회재적의원 4분의 1 이상의 요구에 의하여 집회된다.
② 정기회의 회기는 100일을, 임시회의 회기는 30일을 초과할 수 없다.
③ 대통령이 임시회의 집회를 요구할 때에는 기간과 집회요구의 이유를 명시하여야 한다.

헌법 제49조 국회는 헌법 또는 법률에 특별한 규정이 없는 한 재적의원 과반수의 출석과 출석의원 과반수의 찬성으로 의결한다. 가부동수인 때에는 부결된 것으로 본다.

헌법 제50조 ① 국회의 회의는 공개한다. 다만, 출석의원 과반수의 찬성이 있거나 의장이 국가의 안전보장을 위하여 필요하다고 인정할 때에는 공개하지 아니할 수 있다.
② 공개하지 아니한 회의내용의 공표에 관하여는 법률이 정하는 바에 의한다.

헌법 제51조 국회에 제출된 법률안 기타의 의안은 회기 중에 의결되지 못한 이유로 폐기되지 아니한다. 다만, 국회의원의 임기가 만료된 때에는 그러하지 아니하다.

1. 국회의 운영

국회의 운영에 관한 문제는 헌법과 법률에 별도의 규정이 없는 한 국회가 자율적으로 결정한다. 국회법은 i) 상시 활동하는 생산적이고 능률적인 국회상을 구현하고, ii) 국회가 국정심의의 중심기관으로서 그 역할을 다하며, iii) 정부에 대한 국정감시 및 통제기능의 실효성을 확보하고, iv) 국회의 의정활동의 공개를 통해 국민에 대한 책임성을 제고하기 위하여, 국회의 연중상시개원체제를 규정하고 있다. 이를 위해 국회의장은 각 교섭단체 대표의원과 협의를 거쳐, 매년 12월 31일까지 다음 연도의 국회 운영 기본일정(국정감사 포함)을 정하도록 하고 있다(국회법 제5조의2).

(1) 입법기와 회기제

(가) 의 미

국회가 동일의원들로 구성되어 임기개시일부터 임기만료일까지 또는 국회가 해산되기까지의 기간을 입법기 혹은 의회기라 한다.

(나) 회기일수

"회기"란 입법기 내에서 국회가 실제로 활동할 수 있는 기간을 말하는데, 헌법 제47조 제2항은 "정기회의 회기는 100일을, 임시회의 회기는 30일을 초과할 수 없다"고 하여 회기의 일수를 규정하고 있다. 다만 국회의 연간 개회일수 제한규정은 없다. 국회의 회기는 소집일(집회일)로부터 기산하여 폐회일까지이다.

(다) 휴회 및 폐회

국회는 회기 중이라도 의결로써 일정한 기간을 정하여 휴회할 수 있다. 국회가 휴회 중이라도 대통령의 요구가 있을 때, 의장이 긴급한 필요가 있다고 인정할 때 또는 국회 재적의원 1/4 이상의 요구가 있을 때에는 국회의 회의를 재개한다(국회법 제8조). 회기가 종료하면 국회는 폐회한다.

(2) 정기회와 임시회

(가) 정기회

정기적으로 매년 1회 소집되는 국회를 정기회라 한다. 국회의 정기회定期會는 법률이 정하는 바에 의하여 매년 9월 1일에 집회한다. 다만, 그 날이 공휴일인 때에는 그 다음 날에 집회한다(헌법 제47조 제1항, 국회법 제4조). 정부는 회계연도 개시 90일 전까지 예산안을 편성하여 제출해야 하고, 국회는 회계연도 개시 30일 전까지 이를 의결해야 하기 때문에(헌법 제54조 제2항), 정기회의 주된 의안은 일차적으로 다음 회계연도의 예산안 처리이다. 이런 이유로 정기회를 통상 '예산국회' 또는 '감사국회'라 부르기도 한다. 또한 국회는 국정전반에 관하여 소관 상임위원회별로 매년 정기회 집회일 이전에 국정감사 시작일부터 30일 이내의 기간을 정하여 감사를 실시한다. 다만, 본회의 의결로 정기회 기간 중에 감사를 실시할 수 있다(국정감사 및 조사에 관한 법률, 약칭 국감국조법 제2조 제1항).

정기회
① 제헌헌법은 정기회의 경우 매년 1회 12월 20일로, 당해일이 공휴일인 때 그 익일에 집회하도록 헌법에서 명시하였다(법률에 위임하지 않았다). ② 1952년 헌법은 제헌헌법과 동일하였다. ③ 1954년 헌법은 법률이 정하는 바에 의하여 정기회는 매년 1회로 규정하였다(법률에 위임) ④ 이후 현행헌법까지는 1954년 헌법과 동일하게 규정하였다.

(나) 임시회

임시회臨時會는 임시집회의 필요가 있을 때에 수시로 집회하는 회의를 말한다. 임시회는 대통령 또는 국회 재적의원 1/4이상의 요구에 의하여 집회된다(헌법 제47조 제1항 후단). 대통령이 임시회의 집회를 요구할 때에는 기간과 집회요구의 이유를 명시하여야 한다(헌법 제47조 제3항). 의장은 임시회의 집회 요구가 있을 때에는 집회기일 3일 전에 공고한다. 이 경우 둘 이상의 집회 요구가 있을 때에는 집회일이 빠른 것을 공고하되, 집회일이 같은 때에는 그 요구서가 먼저 제출된 것을 공고한다. 다만, 의장은 다음 각 호의 어느 하나에 해당하는 경우에는 집회기일 1일 전에 공고할 수 있다(국회법 제5조 제1항 및 제2항).

1. 내우외환, 천재지변 또는 중대한 재정·경제상의 위기가 발생한 경우
2. 국가의 안위에 관계되는 중대한 교전 상태나 전시·사변 또는 이에 준하는 국가비상사태인 경우

임시회
① 제헌헌법은 임시회의 경우 대통령 또는 국회 재적의원 4분지 1이상의 요구 규정을 두었다. ② 1952년 헌법은 대통령, 민의원의 재적의원 4분지 1이상 또는 참의원의 재적의원 2분지 1이상의 요구 규정을 두었다. ③ 1954년 헌법과 1960년 헌법은 1952년 헌법과 동일하였다. ④ 1962년 헌법은 대통령 또는 국회 재적의원 4분지 1이상의 요구 규정을 두었다. ⑤ 1969년 헌법은 1962년 헌법과 동일하였다. ⑥ 1972년 헌법은 대통령 또는 국회 재적의원 3분의 1이상의 요구 규정을 두었다. ⑦ 1980년 헌법은 1972년 헌법과 동일하였다. ⑧ 현행 1987년 헌법은 대통령 또는 국회 재적의원 4분지 1이상의 요구 규정을 두었다.

국회의원 총선거 후 첫 임시회는 의원의 임기 개시 후 7일에 집회하며, 처음 선출된 의장의 임기가 폐회 중에 만료되는 경우에는 늦어도 임기만료일 5일 전까지 집회한다. 다만, 그 날이 공휴일인 때에는 그 다음 날에 집회한다(국회법 제5조 제3항).

(다) 연간 국회 운영 기본일정

의장은 국회의 연중 상시 운영을 위하여 각 교섭단체 대표의원과의 협의를 거쳐 매년 12월 31일까지 다음 연도의 국회 운영 기본일정을 정하여야 하는데, 연간 국회 운영 기본일정은 다음 각 호의 기준에 따라 작성한다(국회법 제5조의2).

1. 2월·3월·4월·5월 및 6월 1일과 8월 16일에 임시회를 집회한다. 다만, 국회의원 총선거가 있는 경우 임시회를 집회하지 아니하며, 집회일이 공휴일인 경우에는 그 다음 날에 집회한다.

2. 정기회의 회기는 100일로, 제1호에 따른 임시회의 회기는 해당 월의 말일까지로 한다. 다만, 임시회의 회기가 30일을 초과하는 경우에는 30일로 한다.

3. 2월, 4월 및 6월에 집회하는 임시회의 회기 중 한 주週는 제122조의2에 따라 정부에 대한 질문을 한다.

2. 국회의 의사원칙

국회에서 의안을 심의하고 의사를 결정하는 과정과 절차는 민주적이고 능률적이어야 하므로, 의사절차에 관해서는 의사공개議事公開의 원칙, 회기계속會期繼續의 원칙, 일사부재의一事不再議의 원칙, 다수결多數決의 원칙 등이 존중되어야 한다.

(1) 의사공개의 원칙

(가) 의의 및 내용

국회의 의안심의과정을 일반인에게 공개하는 것을 의사공개의 원칙이라고 한다. 우리 헌법은 "국회의 회의는 공개한다"(헌법 제50조 제1항)고 하여 의사공개의 원칙을 규정하고 있다.

의사공개의 원칙은 (i) 방청의 자유, (ii) 국회의사록의 공표, (iii) 보도의 자유 등을 내용으로 한다. 의사공개의 원칙은 간행물이나 방송 등에 의하여 의사내용을 자유로이 보도하는 것을 포함하므로, 보도내용 중에 비록 불법발언이 포함되는 경우에도, 민·형사상 책임을 추궁당하지 아니한다. 의사공개의 원칙은 원칙적으로 국회 본회의에서뿐만 아니라 위원회에도 적용된다.

의사공개의 원칙과 국회방청의 자유 (헌재 2000.6.29. 98헌마443)

헌법 제50조 제1항은 의사공개의 원칙을 규정하고 있는바, …의사공개원칙의 헌법적 의미, 오늘날 국회기능의 중점이 본회의에서 위원회로 옮겨져 위원회중심주의로 운영되고 있는 점, 국회법 제75조 제1항 및 제71조의 규정내용에 비추어 본회의든 위원회의 회의든 국회의 회의는 원칙적으로 공개되어야 하고, 원하는 모든 국민은 원칙적으로 그 회의를 방청할 수 있다.

(나) 예 외

국회의 회의는 공개한다. 다만, 출석의원 과반수의 찬성이 있거나 의장이 국가의 안전보장을 위하여 필요하다고 인정할 때에는 공개하지 아니할 수 있다(헌법 제50조 제1항). 공개하지 아니한 회의내용의 공표에 관하여는 법률이 정하는 바에 의한다(동조 제2항).

본회의는 공개한다. 다만, 의장의 제의 또는 의원 10명 이상의 연서에 의한 동의動議로 본회의 의결이 있거나 의장이 각 교섭단체 대표의원과 협의하여 국가의 안전보장을 위하여 필요하다고 인정할 때에는 공개하지 아니할 수 있다(국회법 제75조 제1항). 제1항 단서에 따른 제의나 동의에 대해서는 토론을 하지 아니하고 표결한다.(국회법 제75조 제2항). 정보위원회의 회의는 공개하지 아니한다. 다만, 공청회 또는 제65조의2에 따른 인사청문회를 실시하는 경우에는 위원회의 의결로 이를 공개할 수 있다(국회법 제54조의2). 징계에 관한 회의는 공개하지 아니한다. 다만, 본회의나 위원회의 의결이 있을 때에는 그러하지 아니하다(국회법 제158조).

⑵ 회기계속의 원칙

(가) 의 의

회기계속의 원칙이란 회기 중에 의결되지 못한 의안도 폐기되지 아니하고 다음 회기에 계속 심의할 수 있다는 원칙으로 회기불계속의 원칙에 반대된다. 우리 헌법은 회기계속의 원칙을 채택하고 있다. 헌법 제51조는 "국회에 제출된 법률안 기타의 의안은 회기 중에 의결되지 못한 이유로 폐기되지 아니한다. 다만, 국회의원의 임기가 만료된 때에는 그러하지 아니하다"고 하여 회기계속의 원칙을 규정하고 있다. 회기계속의 원칙은 국회가 매회기마다 독립된 별개의 국회가 아니라, 임기 중에는 일체성과 동일성을 가지는 국회로서 존재한다는 것을 의미한다. 따라서 전회기와 후회기 사이에는 의사의 연속이 있게 된다.

회기불계속의 원칙이라 함은 의회의 1회기 중에 심의가 완료되지 아니한 안건은 그 회기가 끝남으로써 소멸하고 다음 회기에 계속되지 아니한다는 원칙을 말한다. 의회는 회기 중에만 활동능력을 가지며 매회기마다 독립된 의사를 가지므로, 전회기의 의사가 후회기의 의사를 구속하지 못한다는 논리에 바탕을 두고 있는 것이다.

(나) 입법례

미국이나 영국은 회기불계속의 원칙을 취하나 우리나라나 프랑스는 회기계속의 원칙을 취하고 있다. 우리나라도 제5대 국회까지는 회기불계속의 원칙을 취한적이 있다.

(다) 예 외

회기계속의 원칙에도 국회의원의 임기가 만료된 경우에는 회기가 계속되지 않는다. 이는 대의민주주의의 본질상 국회의원의 임기만료는 입법기 자체의 변경을 의미한다.

⑶ 일사부재의의 원칙

(가) 의 의

일사부재의의 원칙이란 의회에서 일단 부결된 의안은 동일회기 내에 다시 발의하거나 심의할 수 없다는 원칙을 의미한다. 이 원칙은 의회의 결정이 내려진 이상 의회의 의사가 확정된 것이므로, 동일회기 중에 거듭 발의하거나 심의하게 되면, 회의의 원활한 운영이 방해된다는 것을 그 논거로 한다. 이 원칙은 특히 소수파에 의한 의사방해Filibustering를 방지하는 데 목적이 있다.

국회법 제92조는 "부결된 안건은 같은 회기 중에 다시 발의하거나 제출할 수 없다"고 하여 일사부재의의 원칙을 채택하고 있다. 국회법은 소수의 의사방해를 막기 위하여 발언횟수 및 시간의 제한, 교섭단체별 발언자수 제한을 규정하고 있다. 의제와 관계없거나 허가받은 발언의 성질과 다른 발언을 하여서는 아니 된다(국회법 제102조).

의원은 같은 의제에 대하여 두 차례만 발언할 수 있다. 다만, 질의에 대하여 답변할 때와 위원장·발의자 또는 동의자動議者가 그 취지를 설명할 때에는 그러하지 아니하다(국회법 제103조). 정부에 대한 질문을 제외하고는 의원의 발언 시간은 15분을 초과하지 아니하는 범위에서 의장이 정한다. 다만, 의사진행발언, 신상발언 및 보충발언은 5분을, 다른 의원의 발언에 대한 반론발언은 3분을 초과할 수 없다. 교섭단체를 가진 정당을 대표하는 의원이나 교섭단체의 대표의원이 정당 또는 교섭단체를 대표하여 연설이나 그 밖의 발언을 할 때에는 40분까지 발언할 수 있다. 이 경우 교섭단체대표연설은 매년 첫 번째 임시회와 정기회에서 한 번씩 실시하되, 전반기·후반기 원院 구성을 위한 임시회의 경우와 의장이 각 교섭단체 대표의원과 합의를 하는 경우에는 추가로 한 번씩 실시할 수 있다(국회법 제104조 제1항 및 제2항) 등이 그러하다.

(나) 내 용

① 일사一事에 해당되는 것으로는 i) 동일 법안이거나, ii) 명칭이나 약간의 문구가 변경되었다 하더라도 거의 동일한 취지·목적과 동일 내용의 법안, iii) 명칭·취지·목적이 다르더라도 규정사항이 먼저 부결된 것과 실질적으로 같은 것일 때, iv) 취지는 같은데 가결된 것을 새로 개정하려는 것이 있다. 따라서 명칭이나 문구가 약간 변경되었다 하더라도 동일한 취지나 목적의 법안을 회기 내에 다시 발의하는 것은 일사부재의의 원칙에 반하며, 가결된 안건이라도 취지가 같은 내용으로 동일 회기 내에서 다시 개정하려고 하는 것은 일사부재의의 원칙에 반한다.

② 반면에 동일한 의안일지라도 사정변경으로 말미암아 목적·방법·수단이 변경되면, 동일사안으로 볼 수 없으므로 재의가 가능하다. 그러한 것으로는 다음과 같은 경우를 들 수 있다. i) 일단 의제가 된 의안일지라도 철회되어 의결에 이르지 아니한 것은 아직 그에 관한 국회의 의사가 확정되지 않았으므로 다시 발의할 수 있다. ii) 동일의안일지라도 전회기에 의결한 것은 다음 회기에 다시 발의·심의할 수 있다. iii) 동일인물에 대한 해임건의안일지라도 그 후 새로이 발생한 사유 때문이라면 동일사안의 재의라고 할 수 없다. iv) 위원회의 의결은 국회 자체의 결정이 아니므로, 이것을 본회의에서 다시 심의할지라도 동일사안의 재의가 아니다(다수설).

(4) 다수결의 원칙

(가) 의 의

헌법 제49조는 "국회는 헌법 또는 법률에 특별한 규정이 없는 한 재적의원 과반수의 출석과 출석의원 과반수의 찬성으로 의결한다. 가부동수인 경우에는 부결된 것으로 본다"고 규정하여 다수결의 원칙을 채택하고 있다.

(나) 한 계

다수결원칙은 민주주의를 실현시키기 위한 하나의 형성원리에 지나지 않기 때문에 민주주의의 실질적 가치라고 볼 수 있는 자유·평등·정의·국민주권의 본질적 내용은 어떠한 경우라도 다수결의 대상이 될 수 없다.

3. 정족수와 표결

(1) 정족수의 의의

정족수란 다수인의 합의체에서 회의의 진행 또는 의사의 결정에 소요되는 구성원수(출석자의 수)를 말한다. 정족수에는 의사능력에 관한 의사정족수와 의결능력에 관한 의결정족수가 있다. 전자는 의안을 심의하는 데 필요한 출석자의 법정수를 말하고, 후자는 의결에 필요한 출석자의 법정수를 말한다. 정족수에도 일반정족수와 특별정족수가 있다. 헌법에 규정된 의사정족수와 의결정족수를 결여한 국회의 의결은 위헌으로 무효이다. 다만 정족수를 결여한 경우인지 여부에 관한 판단은 국회의 자율권에 속한다.

(가) 일반정족수

헌법 제49조는 "국회는 헌법 또는 법률에 특별한 규정이 없는 한 재적의원 과반수의 출석과 출석의원 과반수의 찬성으로 의결한다. 가부동수인 때에는 부결된 것으로 본다"고 하여 의결에 관한 일반정족수를 규정하고 있다.

국회의 의사정족수에 관해서는 국회법이 "본회의는 재적의원 1/5이상의 출석으로 개의한다."(국회법 제73조 제1항)고 규정한다. 주의할 점은 정족수의 기준이 되는 재적의원의 수는 법정의 의원정수를 가리키는 것이 아니고, 의원정수에서 사직·사망·퇴직·자격상실·제명 등에 의하여 궐원된 수를 제외한 현재의 실의원수를 말한다. 본회의는 오후 2시(토요일은 오전 10시)에 개의한다. 다만, 의장은 각 교섭단체 대표의원과 협의하여 그 개의시開議時를 변경할 수 있다(국회법 제72조). 의장은 제72조에 따른 개의시부터 1시간이 지날 때까지 제1항의 정족수에 미치지 못할 때에는 유회流會를 선포할 수 있다(국회법 제73조 제2항). 회의 중 국회법 제73조 제1항의 정족수에 미치지 못할 때에는 의장은 회의의 중지 또는 산회를 선포한다. 다만, 의장은 교섭단체 대표의원이 의사정족수의 충족을 요청하는 경우 외에는 효율적인 의사진행을 위하여 회의를 계속할 수 있다(국회법 제73조 제3항).

(나) 특별정족수

정족수	의결 내용
2인 이상	• 동의動議(국회법 제89조) <동의자 외 1명이상>
10인 이상	• 회의의 비공개 발의(국회법 제75조) • 의안발의(국회법 제79조)
20인 이상	• 교섭단체의 성립(국회법 제33조) • 의사일정 변경발의(국회법 제77조) • 국무총리, 국무위원, 정부위원에 대한 출석요구・발의(국회법 제121조) • 긴급현안질문(국회법 제122조의3) • 징계요구(국회법 제156조)
30인 이상	• 위원회에서 폐기된 법률안 본회의 부의(국회법 제87조) • 일반의안 수정동의(국회법 제95조) • 위원회에서 폐기된 청원의 본회의 부의(국회법 제125조) • 의원의 자격심사의 청구(국회법 제138조)
50인 이상	• 예산안에 대한 수정동의(국회법 제95조 단서)
재적과반수, 최고득표자	• 국회에서 대통령 선출(제67조)
재적1/5 이상	• 위원회 의사정족수(국회법 제54조) • 본회의 의사정족수(국회법 제73조) • 전자・호명・무기명 투표의 요구(국회법 제112조) • 전원위원회개회의사정족수(국회법 제63조의2)
재적 1/4 이상	• 휴회중의 본회의 재개요구(국회법 제8조) • 의원의 석방요구 발의(국회법 제28조) • 의원회 개회요구(국회법 제52조) • 임시회 소집요구(제47조) • 국정조사발의(국정감사및조사에관한법률 제3조)
재적 1/4 이상, 출석과반수	• 전원위원회 의결정족수(국회법 제63조의2 제4항)
재적 1/3 이상	• 해임건의 발의(제63조) • 일반 탄핵소추 발의 (제65조) • 위원회의 공청회개최요구(국회법 제64조) • 위원회의 법률안심사 청문회개최요구(국회법 제65조)
재적과반수	• 해임건의(제63조) • 대통령에 대한 탄핵소추 발의(제65조) • 일반 탄핵소추 의결(제65조) • 계엄해제 요구(제77조) • 헌법개정안 발의(제128조) • 의장・부의장 선출(국회법 제15조)
재・과・출, 출석 다수	• 대통령선거에 있어 최고득표자가 2인 이상인 때 국회에서의 대통령 당선자 결정(제67조) • 상임위원장 선출(국회법 제41조)

출석과반수	• 국회회의 비공개(제50조)
재 · 과 · 출, 출석과반수	• 일반의결정족수(제49조)
재 · 과 · 출, 출석2/3 이상	• 법률안 재의결(제53조) • 의안의 번안의결(국회법 제91조) • 국무회의 의결정족수
재적2/3 이상	• 국회의원 제명(제64조) • 대통령에 대한 탄핵소추 의결(제65조) • 헌법개정안 의결(제130조) • 자격심사(국회법 제142조)

⑵ 표결의 방법과 절차

본회의 또는 위원회 등 회의체에서는 안건에 대한 질의 · 토론이 종결된 때에는 표결을 하게 된다.

(가) 표결의 참가와 의사변경의 금지

의사는 헌법이나 국회법에 특별한 규정이 없으면 재적의원 과반수의 출석과 출석의원 과반수의 찬성으로 의결한다(국회법 제109조). 표결할 때에는 의장이 표결할 안건의 제목을 의장석에서 선포하여야 한다. 의장이 표결을 선포한 후에는 누구든지 그 안건에 관하여 발언할 수 없다(국회법 제110조). 표결을 할 때 회의장에 있지 아니한 의원은 표결에 참가할 수 없다. 다만, 기명투표 또는 무기명투표로 표결할 때에는 투표함이 폐쇄될 때까지 표결에 참가할 수 있다. 의원은 표결에 대하여 표시한 의사를 변경할 수 없다(국회법 제111조).

(나) 표결방법

표결할 때에는 전자투표에 의한 기록표결로 가부可否를 결정한다. 다만, 투표기기의 고장 등 특별한 사정이 있을 때에는 기립표결로 가부를 결정할 수 있다. 중요한 안건으로서 의장의 제의 또는 의원의 동의動議로 본회의 의결이 있거나 재적의원 1/5이상의 요구가 있을 때에는 기명투표 · 호명투표呼名投票 또는 무기명투표로 표결한다. 의장은 안건에 대하여 이의가 있는지 물어서 이의가 없다고 인정할 때에는 가결되었음을 선포할 수 있다.

헌법개정안은 기명투표로 표결한다. 대통령으로부터 환부還付된 법률안과 그 밖에 인사에 관한 안건은 무기명투표로 표결한다. 다만, 겸직으로 인한 의원 사직과 위원장 사임에 대하여 의장이 각 교섭단체 대표의원과 협의한 경우에는 그러하지 아니하다.

국회에서 실시하는 각종 선거는 법률에 특별한 규정이 없으면 무기명투표로 한다. 투표 결과 당선자가 없을 때에는 최고득표자와 차점자에 대하여 결선투표를 하여 다수표를 얻은 사람을 당선자로 한다. 다만, 득표수가 같을 때에는 연장자를 당선자로 한다.

국무총리 또는 국무위원의 해임건의안이 발의되었을 때에는 의장은 그 해임건의안이 발의된 후 처음 개의하는 본회의에 그 사실을 보고하고, 본회의에 보고된 때부터 24시간 이후 72시간 이내에 무기명투표로 표결한다. 이 기간 내에 표결하지 아니한 해임건의안은 폐기된 것으로 본다(국회법 제112조).

(다) 자유투표와 표결 결과 선포

의원은 국민의 대표자로서 소속 정당의 의사에 기속되지 아니하고 양심에 따라 투표한다(국회법 제114조의2). 표결이 끝났을 때에는 의장은 그 결과를 의장석에서 선포한다(국회법 제113조).

4. 관련 판례

* 법률이 행정부에 속하지 않는 공법적 단체의 자치법적 사항을 그 정관으로 정하도록 위임한 경우에는 원칙적으로 포괄 위임입법금지의 원칙은 적용되지 않는다(헌재 2006.3.30. 2005헌바31).
* 법규정립행위는 그것이 국회입법이든 행정입법이든 막론하고 일종의 법률행위이므로, 그 행위의 속성상 행위 자체는 한번에 끝나는 것이고, 그러한 입법행위의 결과인 권리침해상태가 계속될 수 있을 뿐이다(헌재 1992.6.26. 91헌마25).
* 법률안의 제출은 국가기관 상호간의 내부적인 행위에 불과하고 이로써 국민에 대하여 직접적인 법률효과를 발생시키는 것이 아니어서, 그 불행사는 헌법소원심판의 대상이 되는 공권력의 불행사에 해당되지 아니한다(헌재 2009.2.10. 2009헌마65).
* 국회의원은 국회의장의 가결선포행위에 대하여 심의·표결권 침해를 이유로 권한쟁의심판을 청구할 수 있을 뿐, 질의권·토론권 및 표결권의 침해를 이유로 헌법소원심판을 청구할 수 없다(헌재 1995.2.23. 90헌마125).
* 국회의 위임 의결이 없더라도 국회의장은 국회에서 의결된 법률안의 조문이나 자

구 · 숫자, 법률안의 체계나 형식 등의 정비가 필요한 경우 의결된 내용이나 취지를 변경하지 않는 범위 안에서 이를 정리할 수 있다고 봄이 상당하고, 이렇듯 국회의장이 국회의 위임 없이 법률안을 정리하더라도 그러한 정리가 국회에서 의결된 법률안의 실질적 내용에 변경을 초래하는 것이 아닌 한 헌법이나 국회법상의 입법절차에 위반된다고 볼 수 없다(헌재 2009.6.25. 2007헌마451).

* 국회의 입법과 관련하여 일부 국회의원들의 권한이 침해되었다 하더라도 그것이 다수결의 원칙과 회의공개의 원칙 같은 입법절차에 관한 헌법의 규정을 명백히 위반한 흠에 해당하는 것이 아니라면 그 법률안의 가결 선포행위를 곧바로 무효로 볼 것은 아니다(헌재 1997.7.16. 96헌라2).
* 국회의원의 심의 · 표결권은 국회의 대내적인 관계에서 행사되고 침해될 수 있을 뿐 다른 국가기관과의 대외적인 관계에서는 침해될 수 없는 것이다(헌재 2007.7.26. 2005헌라8).
* 국회의장의 직권상정권한은 국회의 수장이 국회의 비상적인 헌법적 장애상태를 회복하기 위하여 가지는 권한으로 국회의장의 의사정리권에 속하고, 의안 심사에 관하여 위원회 중심주의를 채택하고 있는 우리 국회에서는 비상적 · 예외적 의사절차에 해당한다(헌재 2016.5.26. 2015헌라1).
* 「국회법」 제85조 제1항에 국회 재적의원 과반수가 의안에 대하여 심사기간 지정을 요청하는 경우 국회의장이 그 의안에 대하여 의무적으로 심사기간을 지정하도록 규정하지 아니한 것은 '진정입법부작위'에 해당한다(헌재 2016.5.26. 2015헌라1).
* 「국회법」 제85조 제1항 각 호의 심사기간 지정사유는 국회의장의 직권상정권한을 제한하는 역할을 할 뿐 국회의원의 국회 본회의에서의 법안에 대한 심의 · 표결권을 제한하는 내용을 담고 있지는 않다(헌재 2016.5.26. 2015헌라1).
* 무소속 국회의원으로서 교섭단체소속 국회의원과 동등하게 대우를 받을 권리는 헌법이 일반국민에게 보장하고 있는 기본권이라고 할 수는 없다. 교섭단체소속 국회의원만 국회 정보위원회 위원이 될 수 있도록 한 국회법 조항은 교섭단체소속이 아닌 국회의원의 평등권을 제한하지 않는다(헌재 2000.8.31. 2000헌마156).
* 국회부의장이 국회의장의 직무를 대리하여 법률안 가결선포행위를 하면서 질의 · 토론의 기회를 봉쇄하여 국회의원의 법률안 심의 · 표결권을 침해한 경우, 국회의원은 자신의 법률안 심의 · 표결권을 침해받았다는 이유로 국회의장을 상대로 하여 권한쟁의심판을 청구하여야 한다(헌재 2009.10.29. 2009헌라8등).
* 전자투표에 의한 표결의 경우 국회의장의 투표종료선언에 의하여 표결 절차는 실질적으로 종료되므로 투표의 집계 결과 재적의원 과반수의 출석에 미달된 경우에도 법안은 부결된 것으로 보아야 하는데, 국회의장이 이를 무시하고 법안에 대한 국회의

의결이 유효하게 성립되지 않았다고 보아 재표결을 실시하여 그 표결 결과에 따라 법안의 가결을 선포한 행위는 일사부재의의 원칙에 위배된다(헌재 2009.10.29. 2009헌라8등).

* 국회의장이 야당국회의원들의 참석없이 변칙적으로 법률안을 통과시킨 사례에서 야당국회의원들은 국회의원의 심의·표결권침해를 이유로 국회의장의 가결선포행위에 대하여 권한쟁의심판을 청구할 수 있다(헌재 1997.7.16. 96헌라2).
* 대통령이 국회의 동의 없이 조약을 체결·비준하였다고 하더라도 국회의원의 조약동의를 위한 심의·표결권이 침해될 가능성이 없으므로 대통령에 의하여 국회의 권한이 침해되었다는 이유로 국회의원이 제기한 권한쟁의심판청구는 부적법하다(헌재 2008.1.17. 2005헌라10).
* 본회의든 위원회의 회의든 국회의 회의는 원칙적으로 공개하여야 하고, 원하는 모든 국민은 원칙적으로 그 회의를 방청 및 보도할 수 있으며, 회의록도 공표하는 것을 내용으로 한다. 다만, 출석의원 과반수의 찬성이 있거나 의장이 국가의 안전보장을 위하여 필요하다고 인정할 때에는 공개하지 아니할 수 있다(헌재 2000.6.29. 98헌마443 등).

제 4 절 국회의 권한

국회의 권한은 그 성질이나 내용을 기준으로 할 때 입법에 관한 권한·재정에 관한 권한·헌법기관구성에 관한 권한·국정통제에 관한 권한·국회내부사항에 관한 권한 등으로 분류할 수 있고(실질적 분류), 권한행사의 형식을 기준으로 할 때 의결권·동의권·승인권·통고권·통제권 등으로 분류할 수 있다(형식적 분류).

Ⅰ. 입법에 관한 권한立法에 관한 權限

1. 헌법개정에 관한 권한

헌법 제128조 ① 헌법개정은 국회재적의원 과반수 또는 대통령의 발의로 제안된다.

헌법 제130조 ① 국회는 헌법개정안이 공고된 날로부터 60일 이내에 의결하여야 하며, 국회의 의결은 재적의원 3분의 2 이상의 찬성을 얻어야 한다.

국회는 헌법개정에 관하여 발의권과 심의·의결권을 가진다. 헌법개정안의 발의는 국회의원 재적과반수로 하고(헌법 제128조 제1항), 국회는 헌법개정안이 공고된 날로부터 60일 이내에 의결하여야 하며, 국회의 의결은 재적의원 3분의 2 이상의 찬성을 얻어야 한다(헌법 제130조 제1항). 헌법개정안을 의결함에 있어서 국회는 수정 의결할 수 없으며 기명투표로 표결한다(국회법 제112조 제4항).

2. 법률제정에 관한 권한

(1) 입법권의 의의와 범위

(가) 입법권의 의의

헌법 제40조에서 규정하고 있는 국회의 입법권에 있어 입법의 의미가 무엇인가에 관하여, 헌법재판소는 "우리 헌법 제40조의 의미는 적어도 국민의 권리와 의무의 형성에 관한 사항을 비롯하여 국가의 통치조직과 작용에 관한 기본적이고 본질적인 사항은 반드시 국회가 정하여야 한다."고 판시한다(헌재 1998.5.28. 96헌가1).

(나) 입법권의 범위

헌법 제40조의 입법을 실질적으로 보면 법규범 정립에 관한 권한은 국회에 속한다는 의미가 될 것이다. 그러나 헌법은 '헌법정책적인 이유'로 모든 법규범 정립권을 국회에 전속시키지 않고, 다른 기관에 위임시키는 규정을 둔다(예컨대 대통령령[제75조], 총리령과 부령[제95조], 지방자치단체의 자치권[제117조 제1항], 외교에 관한 대통령의 권한[제73조], 긴급처분·명령권[제76조], 대법원의 자율권[제108조], 헌법재판소의 규칙제정권[제113조 제2항], 선거관리위원회의 규칙제정권[제114조 제6항]). 따라서 국회의 입법권은 헌법개정의 발의·의결권, 법률안의 제출·심의·의결권, 조약의 체결·비준의 동의권, 국회규칙제정권에 국한한다고 할 것이다.

(2) 입법권의 한계

(가) 입법권의 한계

① 국회는 법규사항은 물론 법률사항도 법률로 규정할 수 있지만, 그 외에도 국가생활의 기본문제에 관한 사항이면 모두 법률로 규정할 수 있다(입법형성권). 다만 국회의 입법권도 일정한 제약이 있는바, 헌법이 예정하고 있는 절차를 지키고 헌법에 위반해서는 안 되는 일정한 한계가 있다(법률의 적헌성의 원칙).

입법권의 한계 (헌재 1995.4.20. 93헌바40)

국회의 입법재량도 일정한 한계가 있는 바, 국민의 자유와 권리의 제한은 필요한 최소한에 그쳐야 하며, 기본권의 본질적인 내용을 침해하는 입법은 할 수 없으며, 인간의 존엄과 가치를 존중하고 보호하여야 한다는 입법상의 한계가 있다.

② 입법권 행사는 이를 행사할 수 있는 자가(주체상 한계), 헌법이 예정한 절차 따라(절차상 한계), 헌법에 위반되는 내용을 담아서는 안 될 것이다(내용상 한계).

③ 국민의 대표기관성이 없는 다른 국가기관(예, 비상국무회의)이 입법권을 행사하여서는 아니 되며, 헌법이 예정한 절차나 과정을 준수하여야 하며, 법률은 그 내용이 헌법의 명문규정, 기본질서, 국제법상의 일반원칙에 위반하여서는 안 될 것이며, 입법권 행사에 있어서 적용되어야 할 과잉금지, 신뢰보호, 적법절차의 원칙에 위반되어서도 아니 되며, 권력분립적 측면에서 입법은 행정이나 사법의 내용에 해당하는 구체적 처분이나 처벌에 관한 것을 담아서도 안 될 것이다.

구체적 처분 개별사건법률이나 개별인적 법률이 금지되는데, '5·18민주화운동에관한특별법'은 12·12사건과 5·18사건만을 규율하는 법률로서 대표적인 개별사건적 법률이다(헌재 1996.2.16. 96헌가2). '정치풍토쇄신을위한특별조치법'은 개별인적 법률이며, 긴급통화조치법이나 '한국조폐공사노동조합파업유도및전검찰총장부인에대한옷로비의혹사건진상규명을위한특별검사의임용등에관한법률'은 개별사건적 법률이다.

(나) 입법권의 한계를 벗어난 법률의 효력

입법권의 한계를 벗어난 법률은 헌법위반으로 되어 위헌법률심판의 대상이 되거나, 한계를 벗어난 법률이 직접 기본권을 침해한 경우에는 헌법소원의 대상(법률소원)이 되어 헌법재판소의 심판대상이 되며, 위헌 또는 인용되는 경우에는 무효가 될 것이다.

⑶ 법률의 제정절차

헌법 제52조 국회의원과 정부는 법률안을 제출할 수 있다.

헌법 제53조 ① 국회에서 의결된 법률안은 정부에 이송되어 15일 이내에 대통령이 공포한다.

② 법률안에 이의가 있을 때에는 대통령은 제1항의 기간 내에 이의서를 붙여 국회로 환부하고, 그 재의를 요구할 수 있다. 국회의 폐회 중에도 또한 같다.

③ 대통령은 법률안의 일부에 대하여 또는 법률안을 수정하여 재의를 요구할 수 없다.

④ 재의의 요구가 있을 때에는 국회는 재의에 붙이고, 재적의원과반수의 출석과 출석의원 3분의 2 이상의 찬성으로 전과 같은 의결을 하면 그 법률안은 법률로서 확정된다.

⑤ 대통령이 제1항의 기간 내에 공포나 재의의 요구를 하지 아니한 때에도 그 법률안은 법률로서 확정된다.

⑥ 대통령은 제4항과 제5항의 규정에 의하여 확정된 법률을 지체 없이 공포하여야 한다. 제5항에 의하여 법률이 확정된 후 또는 제4항에 의한 확정법률이 정부에 이송된 후 5일 이내에 대통령이 공포하지 아니할 때에는 국회의장이 이를 공포한다.

⑦ 법률은 특별한 규정이 없는 한 공포한 날로부터 20일을 경과함으로써 효력을 발생한다.

입법에 관한 권한 중에서 본질적이고 핵심적인 권한이다. 이때의 법률이라 함은 형식적 의미의 법률을 말한다. 법률의 제정절차는 다음과 같다.

(가) 통상적 입법절차

법률은 통상적으로 법률안의 제안(법률안은 의원 10인 이상의 찬성으로 위원회, 정부가 제출할 수 있다), 법률안의 심의·의결, 의결된 법률안의 정부에의 이송, 대통령의 서명과 공포(대통령의 법률안이 정부에 이송된 날로부터 15일 이내에 공포하여야 한다), 효력발생(법률에 특별한 규정이 없는 한 20일이 경과함으로써 효력발생)이라는 절차를 거쳐 제정된다.

한편 대법원은 법률의 시행일이 명시되었고, 시행일 이후에 공포된 경우에는 시행일에 관한 법률규정은 효력을 상실한다고 하였다(대판 1955.6.21. 4288형상95).

(나) 이례적 입법절차

정부로 이송된 법률안에 대해 대통령이 거부권(법률안이 정부로 이송된 날로부터

15일 이내에 이의서를 붙여 국회에 환부하고 재의를 요구할 수 있으며, 국회가 폐회 중인 때에도 같다)을 행사하여 국회에서 재의결(재적과반수 출석, 출석 2/3이상 찬성)되면 그 법률안은 법률로서 확정된다. 이렇게 확정된 법률이 정부에 이송된 후 5일 이내에 대통령이 공포하지 아니할 경우 국회의장이 공포한다(제53조 제6항).

(4) 관련 판례

* 「형법」 조항이 집행유예의 요건을 '3년 이하의 징역 또는 금고의 형을 선고할 경우'로 한정하고 있는 것은 법관의 양형판단권을 근본적으로 제한하거나 사법권의 본질을 침해하지 아니한다(헌재 1997.8.21. 93헌바60).
* 법정형의 종류와 범위의 선택은 광범위한 입법재량 내지 형성의 자유가 인정되어야 할 분야이기 때문에, 헌법상의 과잉금지원칙에 반하는 것으로 평가되는 등 입법재량권이 헌법 규정이나 헌법상의 제원리에 반하여 자의적으로 행사된 경우가 아닌 한, 법정형의 높고 낮음은 입법정책의 당부의 문제이지 헌법위반의 문제는 아니다(헌재 1995.4.20. 93헌바40).
* 선거구간의 인구균형 및 행정구역 · 지세 · 교통사정 · 생활권 내지 역사적 · 전통적 일체감 등 여러 가지 정책적 · 기술적 요소를 고려하여 어느 지역을 1개의 선거구로 구성할지의 문제뿐만 아니라 언제까지 선거구를 획정하여 입법화할지의 문제도 입법자의 형성의 자유에 속한다(헌재 2009.3.26. 2006헌마14).
* 특정한 시기에 발생한 헌정질서파괴행위에 대하여 공소시효의 진행을 정지시키는 법률 규정은 다른 유사한 상황의 불특정다수의 사건에 적용될 가능성을 배제하고 오로지 특정사건에 관련된 헌정질서파괴범만을 그 대상으로 하고 있다. 따라서 이러한 법률은 특별법 제정당시 이미 적용의 인적범위가 확정되거나 확정될 수 있는 내용의 것이므로 개별사건법률이다(헌재 1996.2.16. 96헌가2).
* 세무대학설치의 법적 근거로 제정된 기존의 세무대학설치법을 폐지하는 세무대학설치법폐지법률은 세무대학을 폐교하는 법적 효과를 발생하는 것이므로, 세무대학과 그 폐지만을 규율목적으로 삼는 처분적 법률에 해당한다(헌재 2001.2.22. 99헌마613).
* 상법상의 주식회사에 불과한 연합뉴스사를 국가기간뉴스통신사로 지정하고, 정부가 위탁하는 공익업무와 관련하여 정부의 예산으로 재정지원을 할 수 있는 법적 근거를 두고 있는 법률은, 특정인에 대해서만 적용되는 개인대상법률로서 처분적 법률에 해당한다(헌재 2005.6.30. 2003헌마841).
* 특별검사에 의한 수사대상을 특정인에 대한 특정 사건으로 한정하고 있는 「한나라당 대통령 후보 이명박의 주가 조작 등 범죄혐의의 진상규명을 위한 특별검사의 임명

등에 관한 법률」은 처분적 법률의 성격을 갖는다(헌재 2008.1.10. 2007헌마1468).

* 이른바 행복도시 예정지역을 충청남도 연기군 및 공주시의 지역 중에서 지정한다고 규정한 「신행정수도 후속대책을 위한 연기·공주지역 행정중심복합도시건설을 위한 특별법」은, 처분적 법률이라고 할 수 없다(헌재 2009.2.26. 2007헌바41).
* 환매권자가 환매권의 발생사실을 알지 못한 경우를 별도로 고려하지 않고 일률적으로 수용일 또는 취득일을 기산점으로 하여 환매권의 행사기간을 정하였다 하더라도 환매권의 내용 형성에 관한 합리적인 입법재량의 범위를 일탈했다고 보기는 어렵다(헌재 2011.3.31. 2008헌바26).
* 「형의 집행 및 수용자의 처우에 관한 법률」에 의한 교도소·구치소에 수용 중인 자는 당해 법률에 의하여 생계유지의 보호를 받고 있으므로, 이러한 자에 대하여 「국민기초생활 보장법」에 의한 중복적인 보장을 피하기 위하여 기초생활보장제도의 기본단위인 개별가구에서 제외키로 한 입법자의 판단이 헌법상 용인될 수 있는 재량의 범위를 일탈하여 인간다운 생활을 할 권리를 침해한다고 볼 수 없다(헌재 2011.3.31. 2009헌마617).
* 헌법은 처분적 법률의 정의규정을 따로 두고 있지 않음은 물론, 처분적 법률의 제정을 금지하는 명문의 규정도 두고 있지 않으므로, 특정규범이 개인대상법률 또는 개별사건법률에 해당한다고 하여 그것만으로 바로 헌법에 위반되는 것은 아니다(헌재 2005.6.30. 2003헌마841).
* 특정한 규범이 개별사건법률에 해당한다 하여 곧바로 위헌이 되는 것은 아니다. 비록 특정 법률 또는 법률조항이 단지 하나의 사건만을 규율하려고 한다 하더라도 이러한 차별적 규율이 합리적 이유로 정당화될 수 있는 경우에는 허용된다(헌재 2008.1.10. 2007헌마1468).
* 좌석안전띠미착용에 대한 제재로 범칙금을 부과하는 것의 위헌 여부와 관련하여, 좌석안전띠를 매지 않은 행위에 대하여 손해배상액의 산정 및 보험관련법상의 불이익만을 가할 것인지, 형사적 제재도 가할 것인지의 여부 및 형사적 제재방법의 선택은 입법권자의 입법형성의 자유에 속한다(헌재 2003.10.30. 2002헌마518).
* 헌법은 처분적 법률로서 개인대상법률 또는 개별사건법률의 정의를 따로 두고 있지 않음은 물론, 처분적 법률의 제정을 금하는 명문의 규정도 두고 있지 않다(헌재 2008.1.10. 2007헌마1468).

3. 조약의 체결 · 비준에 대한 동의권

> **헌법 제60조** ① 국회는 상호원조 또는 안전보장에 관한 조약, 중요한 국제조직에 관한 조약, 우호통상항해조약, 주권의 제약에 관한 조약, 강화조약, 국가나 국민에게 중대한 재정적 부담을 지우는 조약 또는 입법사항에 관한 조약의 체결·비준에 대한 동의권을 가진다.
> ② 국회는 선전포고, 국군의 외국에의 파견 또는 외국군대의 대한민국 영역 안에서의 주류에 대한 동의권을 가진다.

(1) 제도적 의의

조약의 체결 · 비준에 대한 동의권은 대통령이 외교에 관한 권한을 자의적으로 행사하지 않도록 민주적 통제를 가하는 것이며, 국민의 권리 · 의무 및 국가재정에 상당한 영향을 미치는 영향을 고려하여 볼 때 이에 관한 국민적 합의를 형성할 필요가 있다는 것에 그 의의가 있다.

(2) 조약의 범위

국회의 동의를 요하는 조약은 헌법 제60조 제1항에 열거되어 있다. 즉 국회는 상호원조 또는 안전보장에 관한 조약, 중요한 국제조직에 관한 조약, 우호통상항해조약, 주권의 제약에 관한 조약, 강화조약, 국가나 국민에게 중대한 재정적 부담을 지우는 조약 또는 입법사항에 관한 조약의 체결 · 비준에 대한 동의권을 가진다.

한미행정협정(SOFA협정)은 미국에서는 상원의 동의를 요하지 않는 행정협정 executive agreement이지만, 한국에서는 "외국군대의 대한민국영토안에서의 주둔"으로 조약으로 간주되어 1966.10.14일 국회의 동의를 얻어 1967.2.9일부터 발효되었다.

남북기본합의서를 조약으로 볼 수 있는가에 대해서는 신사협정 내지는 공동성명으로 보는 것이 헌법재판소 판례의 입장이다.

대한민국과 아메리카합중국간의 상호방위조약 제4조에 의한 시설과 구역 및 대한민국에서의 합중국군대의 지위에 관한 협정의 성격 (헌재 1999.4.29. 97헌가14)

이 사건 조약은 그 명칭이 "협정"으로 되어있어 국회의 관여없이 체결되는 행정협정처럼 보이기도 하나 우리나라의 입장에서 볼 때에는 외국군대의 지위에 관한 것이고, 국가에게 재정적 부담을 지우는 내용과 근로자의 지위, 미군에 대한 형사재판권, 민사청구권 등 입법사항을 포함하고 있으므로 국회의 동의를 요하는 조약으로 취급되어야 하는 것이고, … 외국군대의 지위에 관한 조약, 국가나 국민에게 재정적 부담을 지우는 조약, 입법사항에 관한 조약의 체결·비준에 대하여는 국회가 동의권을 가진다고 규정하고 있는 것이다.

(3) 국회의 동의시기 및 동의의 효력

국회의 동의는 사전동의를 의미하며, 헌법 제60조 제1항 조약의 체결·비준에 대한 국회의 동의가 조약의 효력발생요건인지가 문제되는데, ① 부정설은 조약이란 서명과 비준으로 효력을 발생하는 것이므로, 국회의 동의가 없어도 당해 조약의 효력에는 영향이 없다고 한다. 반면에 ② 긍정설은 국회의 동의를 조약의 효력발생요건으로 보기 때문에, 국회의 동의를 얻지 아니한 조약의 체결은 효력이 발생하지 않는 것으로 보게 된다. 헌법 제60조 제1항에 열거된 조약은 국회의 동의를 얻지 않으면 국내법으로서의 효력이 발생하지 않는다고 보아야 할 것이다.

(4) 국회의 수정동의권

국회의 동의권은 당해조약의 일괄승인인가 일괄부결인가에 관한 권한으로 보아야 하기 때문에 수정부정설이 타당하다.

(5) 조약의 종료에 대한 국회의 동의

헌법은 일정한 조약의 체결·비준에 대해서만 국회의 동의를 규정하고 있을 뿐(제60조 제1항), 조약의 종료에 대한 규정은 두고 있지 않다. 따라서 조약의 체결·비준에 대한 동의권과 관련하여 조약의 "종료"에 관한 국회의 동의권 여부가 문제되나, 헌법은 대통령에게 대외관계와 외교문제에 관한 일반적 권한을 부여하고 있으므로, 대통령은 단독으로 조약을 종료시킬 수 있다고 본다.

4. 국회규칙의 제정에 관한 권한

국회는 법률에 저촉되지 아니하는 범위 안에서 의사와 내부규율에 관한 규칙을 제정할 수 있다(헌법 제64조 제1항).

국회규칙제정권을 인정하는 것은 권력분립의 취지아래 국회의 자주성과 독자성을 존중하기 위한 것이다. 국회규칙은 법률에 저촉되지 아니하는 범위 안에서 제정되어야 하므로, 그 형식적 효력은 명령 또는 규칙과 동일하다고 본다. 이는 국회의 자율권에 속하기도 한다.

Ⅱ. 재정에 관한 권한財政에 관한 權限

헌법 제54조 ① 국회는 국가의 예산안을 심의·확정한다.
② 정부는 회계연도마다 예산안을 편성하여 회계연도 개시 90일전까지 국회에 제출하고, 국회는 회계연도 개시 30일전까지 이를 의결하여야 한다.
③ 새로운 회계연도가 개시될 때까지 예산안이 의결되지 못한 때에는 정부는 국회에서 예산안이 의결될 때까지 다음의 목적을 위한 경비는 전년도 예산에 준하여 집행할 수 있다.
1. 헌법이나 법률에 의하여 설치된 기관 또는 시설의 유지·운영
2. 법률상 지출의무의 이행
3. 이미 예산으로 승인된 사업의 계속

헌법 제55조 ① 한 회계연도를 넘어 계속하여 지출할 필요가 있을 때에는 정부는 연한을 정하여 계속비로서 국회의 의결을 얻어야 한다.
② 예비비는 총액으로 국회의 의결을 얻어야 한다. 예비비의 지출은 차기국회의 승인을 얻어야 한다.

헌법 제56조 정부는 예산에 변경을 가할 필요가 있을 때에는 추가경정예산안을 편성하여 국회에 제출할 수 있다.

헌법 제57조 국회는 정부의 동의 없이 정부가 제출한 지출예산 각항의 금액을 증가하거나 새 비목을 설치할 수 없다.

헌법 제58조 국채를 모집하거나 예산외에 국가의 부담이 될 계약을 체결하려 할 때에는 정부는 미리 국회의 의결을 얻어야 한다.

헌법 제59조 조세의 종목과 세율은 법률로 정한다.

1. 개　설

우리 헌법은 제54조부터 59조까지, 그리고 제99조에서 재정에 관한 국회의 권한을 규정하고 있다. 즉 예산안의 심의·확정권, 준예산(제54조), 계속비·예비비(제55조), 추가경정예산(제56조), 국채모집 등에 대한 의결권(제58조), 조세법률주의(제59조), 결산검사·보고(제99조) 등이다.

2. 재정에 관한 헌법원칙

재정이란 국가나 지방자치단체 같은 공권력의 주체가 공공의 수요를 충족시키기 위하여 필요한 재원을 조달하고 재산을 관리·사용·처분하는 모든 행위를 의미한다. 재정작용은 성질상 집행작용에 속하지만, 국민의 재산권, 특히 납세의무 등 그 권리·의무에 미치는 영향이 크기 때문에 국민의 대표기관인 국회의 의결을 거치도록 하고 있다. 이처럼 국회가 국가의 재정작용에 대한 강력한 발언권을 갖게 된 것은 연혁적으로 의회주의의 역사에서 유래한다. 즉 군주의 무절제한 세금징수에 대한 견제장치로 태어난 것이 바로 의회이기 때문이다. 따라서 오늘날 대부분의 국가에서는 국가의 재정에 관한 주요사항은 국회의 의결을 거치도록 하는 의회의결(입법)주의를 원칙으로 하고 있다.

우리 헌법상 국가재정에 관한 의회의결(입법)주의는 다음과 같이 요약할 수 있다. ① 납세의무의 내용과 한계를 법률로써 명시해야 하고(공평과세의 원칙), ② 조세의 부과·징수의 절차도 법률로써 규정해야 하며(조세법률주의), ③ 국가재정작용(재산의 권리·사용·처분)에 대한 민주적 통제 및 감시가 이루어져야 한다(재정통제주의).

3. 조세법률주의租稅法律主義(조세입법권)

(1) 의　의

헌법 제59조는 "조세의 종목과 세율은 법률로 정한다"고 하여 조세법률주의를 선언하고 있다. 조세법률주의란 법률의 근거 없이 국가는 조세를 부과·징수할 수 없고, 국민은 조세의 납부를 요구받지 않는다는 원칙을 의미한다(헌재 1989.7.21. 89헌마38). 조세법률주의는 과세요건법정주의와 과세요건명확주의를 그 내용으로 하며, 국가의 부당한 과세권행사로부터 국민의 재산권을 보장하고 국민생활의 법적 안정성을 보호한다(이념).

조세법률주의의 이념 (헌재 2002.8.29. 2000헌바50등; 헌재 1990.9.3. 89헌가95)

조세법률주의의 이념은 과세요건을 법률로 규정하여 국민의 재산권을 보장하고, 과세요건을 명확하게 규정하여 국민생활의 법적 안정성과 예측가능성을 보장함에 있는 것이다. … 그것은 법률에 정하여진 요건을 확인하여 장래에의 행동과 그에 따른 법적 효과를 예측할 수 있고, 그것을 토대로 하여 스스로의 행동방향을 설정하여 과세상의 불이익·형사상의 불이익을 피할 수 있는 선택이 보장되기 때문이다.

조세법률주의의 내용 (헌재 2000.6.29. 98헌바35)

조세법률주의는 조세평등주의와 함께 조세법의 기본원칙으로서, 법률의 근거 없이는 국가는 조세를 부과·징수할 수 없고 국민은 조세의 납부를 요구 당하지 않는다는 원칙이다. 이러한 조세법률주의는 조세는 국민의 재산권을 침해하는 것이 되므로, 납세의무를 성립시키는 납세의무자, 과세물건, 과세표준, 과세기간, 세율 등의 과세요건과 조세의 부과 징수절차는 모두 국민의 대표기관인 국회가 제정한 법률로써 이를 규정하여야 한다는 과세요건법정주의와 아울러 과세요건을 법률로 규정하였다고 하더라도 그 규정내용이 지나치게 추상적이고 불명확하면 과세관청의 자의적인 해석과 집행을 초래할 염려가 있으므로 그 규정내용이 명확하고 일의적이어야 한다는 과세요건명확주의를 그 핵심적 내용으로 하고 있다. 결국 과세요건법정주의와 과세요건명확주의를 핵심내용으로 하는 조세법률주의의 이념은 과세요건을 법률로 명확하게 규정함으로써 국민의 재산권을 보장함과 동시에 국민의 경제생활에 법적 안정성과 예측가능성을 보장함에 있다.

조세행정에 있어서의 법치주의 적용 (헌재 2011.2.24. 2009헌바33등)

조세행정에 있어서의 법치주의 적용은 조세징수로부터 국민의 재산권을 보호하고 법적 생활의 안전을 도모하려는데 그 목적이 있는 것으로서, 과세요건이 법률로 규정되어야 함(과세요건 법정주의)은 물론 그 규정내용이 지나치게 추상적이고 불명확하면 과세관청의 자의적인 해석과 집행을 초래할 염려가 있으므로 그 규정내용이 명확하고 일의적이어야 한다(과세요건 명확주의).

⑵ 조세법률주의의 내용

(가) 조세의 의의

① 의 의

조세란 국가나 지방자치단체 등 공권력의 주체가 재원조달의 목적으로 과세권을 발동하여 반대급부 없이 일반국민으로부터 강제적으로 부과·징수하는 과징금을 말한다(헌재 1991.11.25. 91헌가6).

② 구별개념

조세는

i) 공권력의 주체가 부과·징수한다는 점에서 그 밖의 단체가 부과·징수하는 조합비·회비 등과 구별된다.
ii) 과세단체의 재원확보를 목적으로 한다는 점에서 제재 내지 처벌을 목적으로 하는 벌금·과료·과태료 등 벌과금과 구별된다.
iii) 반대급부 없이 부과·징수한다는 점에서 반대급부를 전제로 하는 사용료·수수료 등과 구별된다.
iv) 일반국민으로부터 부과·징수한다는 점에서 특정공익사업과 이해관계가 있는 자로부터 부과·징수하는 부담금과 구별된다.
v) 과세권을 발동하여 강제적으로 부과·징수한다는 점에서 그렇지 아니한 사업수입·재산수입 등 사법적 수입(전매품판매대금, 철도요금)과 구별된다.

국민건강보험료는 조세와는 근본적으로 성격을 달리하는 공과금으로 조세법률주의가 적용되지 않는다(헌재 2007.4.26. 2005헌바51).

③ 특별부담금 문제

최근에 특별부담금이란 개념이 새로이 문제가 되고 있다. 특별부담금이란 조세가 아니라 특별한 행정과제의 수행을 위하여 그 과제에 대하여 특별하고 긴밀한 관계에 있는 특정집단에 대하여만 부과되는 조세외적 부담금이다.

특별부담금은 공적기관에 의한 반대급부가 보장되지 않는 금전급부의무를 설정하는 것이라는 점에서 조세와 유사하나, 특별한 과제를 위한 재정충당을 위하여 부과된다는 점에서 일반적인 국가재정수요의 충당을 위하여 부과되는 조세와는 구분되고, 무엇보다도 특정집단으로부터 징수된다는 점에서 일반국민으로부터 그 담세능력에 따라 징수되는 조세와는 다르다(헌재 2001.11.29. 2000헌바23). 헌법재판소가 특별부담금으로 본 것으로 먹는 샘물에 대한 수질개선부담금(헌재 1998.12.24. 98헌가1), 고속도로 이용자에 대한 교통안전기금의 분담금(헌재 1999.1.28. 97헌가7), 카지노 사업자에 부과되는 관광진흥부담금(헌재 1999.10.21. 97헌바84) 등이 있다.

특별부담금의 필요성 (헌재 1999.10.21. 97헌바84)

조세나 부담금과 같은 전통적인 공과금체계로는 현대국가의 새로운 행정수요에 원활하게 대처할 수 없기 때문에 특별부담금이라는 새로운 유형의 공과금을 도입할 필요성이 인정되고, 우리 헌법 제37조 제2항에 의하면 국민의 모든 자유와 권리는 국가안전보장·질서유지 또는 공공복리를 위하여 필요한 경우에 한하여 법률로써 제한할 수 있도록 하고 있으므로, 국민의 재산권을 제한하는 특별부담금제도를 도입하는 것 자체는 헌법상 문제가 없다고 할 것이다. 다만 특별부담금을 부과함으로써 국민의 재산권을 제한하는 법률규정이 헌법에 위배되지 않기 위하여는 헌법 제37조 제2항에서 정하고 있는 과잉금지의 원칙이 지켜져야 하고, 평등의 원칙에 위배되어서는 아니됨은 물론이다.

(나) 조세법률주의의 파생원칙

① 과세요건법정주의

과세요건법정주의는 납세의무자, 과세물건, 과세표준, 과세기간, 세율 등의 과세요건과 조세의 부과·징수절차를 국민의 대표기관인 국회가 제정한 법률로 규정해야 한다는 원칙이다(헌재 1989.7.21. 89헌마38).

② 과세요건명확주의

과세요건을 법률로 규정하였다고 하더라도 그 규정 내용이 지나치게 추상적이고 불명확하면 과세관청의 자의적인 해석과 집행을 초래할 염려가 있으므로 그 규정 내용이 명확하고 일의적이어야 한다는 원칙이다(헌재 1998.2.27. 95헌바5).

과세요건 법정주의 및 과세요건 명확주의 (헌재 2002.12.18. 2002헌바12)

조세법률주의는 이른바 과세요건 법정주의와 과세요건 명확주의를 그 핵심적 내용으로 삼고 있는 바, 먼저 조세는 국민의 재산권 보장을 침해하는 것이 되기 때문에 납세의무를 성립시키는 납세의무자·과세물건·과세표준·과세기간·세율 등의 과세요건과 조세의 부과·징수절차를 모두 국민의 대표기관인 국회가 제정한 법률로 규정하여야 한다는 것이다.

③ 소급과세금지의 원칙

소급과세금지의 원칙이란 조세를 납부할 의무가 성립한 소득·재산 또는 거래에 대하여 그 성립이후의 새로운 세법에 의하여 소급하여 과세하지 않는다는 원칙을 의미한다.

④ 엄격한 해석의 원칙

조세법규의 해석에 있어 유추해석이나 확장해석은 허용되지 아니하고 엄격히 해석해야 한다는 것은 조세법률주의에 비추어 당연한 것이다(헌재 1990.9.3. 89헌가95).

(다) 조세법률주의의 한계

조세법률주의는 과세요건의 법정주의 또는 명확주의를 그 핵심적 내용으로 삼는다고 하지만, 조세법의 특수성 또는 입법 기술상의 제약성 때문에 일정한 한계가 있다고 하지 않을 수 없다. 즉, 조세법의 주된 규율대상은 경제적 현상인데, 이러한 경제적 현상은 천차만별千差萬別하고 그 생성·변화가 극심하기 때문에, 아무리 조세법률주의의 원칙을 고수한다고 하더라도 법률로 조세에 관한 사항을 빠짐없이 망라하여 완결적完結的으로 규정하기는 어렵다(헌재 1989.7.21. 89헌마38).

(라) 조세법률주의의 예외

지방자치단체가 과세면제를 하고자 할 경우, 행정안전부장관의 허가를 얻어, 조례로써 정하여야 한다는 지방세법규정은 헌법에 위반되지 아니한다(헌재 1998.4.30. 96헌바62).

(마) 관련 판례

* 사회보험료인 구 「국민건강보험법」상의 보험료는 특정의 반대급부 없이 금전납부의무를 부담하는 세금과는 달리, 반대급부인 보험급여를 전제로 하고 있고, 부과 주체가 국가 또는 지방자치단체가 아니며, 그 징수절차가 조세와 다르므로 조세법률주의가 적용되지 않는다(헌재 2007.4.26. 2005헌바51).
* 유사석유제품 제조자와 석유제품 제조자 모두에게 교통·에너지·환경세를 부과하면서 동일하게 제조량을 과세표준으로 삼은 것은 조세평등주의에 위반되지 않는다(헌재 2014.7.24. 2013헌바177).
* 특정인이나 특정계층에 대하여 정당한 이유 없이 조세감면의 우대조치를 하는 것은 특정한 납세자군의 조세부담을 다른 납세자군의 부담으로 전가하는 것이 될 수 있으므로 조세의 감면에 관한 사항에도 과세요건법정주의가 적용된다(헌재 1996.6.26. 93헌바2).
* 부담금은 조세에 대한 관계에서 어디까지나 예외적으로만 인정되어야 하며, 어떤 공적 과제에 관한 재정조달을 조세로 할 것인지 아니면 부담금으로 할 것인지에 관하여 입법자의 자유로운 선택권을 허용하여서는 안 된다(헌재 2004.7.15. 2002헌바42).
* 28년간의 혼인생활 끝에 협의이혼하면서 재산분할을 청구하여 받은 재산액 중 상속세의 배우자 인적공제액을 초과하는 부분에 대하여 증여세를 부과하는 것은, 증여세제의 본질에 반하여 증여라는 과세원인이 없음에도 불구하고 증여세를 부과하는 것이어서 실질적 조세법률주의에 위배된다(헌재 1997.10.30. 96헌바14).
* 조세평등주의가 요구하는 담세능력에 따른 과세의 원칙(응능부담의 원칙)은 한편으로 동일한 소득은 원칙적으로 동일하게 과세될 것을 요청하며(수평적 조세정의), 다른 한편으로 소득이 다른 사람들 간의 공평한 조세부담의 배분을 요청한다(수직적 조세정의)(헌재 1999.11.25. 98헌마55).
* 국가가 조세저항을 회피하기 위한 수단으로 부담금의 형식을 남용해서는 안 되므로, 부담금을 국가의 일반적 재정수입에 포함시켜 일반적 국가과제를 수행하는 데 사용하는 것은 허용될 수 없다(헌재 1998.12.24. 98헌가1).
* 상속재산의 피담보채권액이나 감정가액 등이 대통령령에서 정할 평가방법의 기준이

되리라는 것을 객관적으로 충분히 예측할 수 있고 이와 같은 구체적인 기준을 하위 법령에 위임하여야 할 필요성과 합리성이 존재하더라도, 저당권이 설정된 재산의 가액평가를 대통령령에 위임하면서 구체적인 기준이나 범위를 제시한 바가 없다면 헌법상의 조세법률주의 원칙에 위반된다(헌재 2004.8.26. 2003헌바26).

(3) 조세평등주의租稅平等主義

(가) 의 의

조세평등주의란 헌법 제11조 제1항의 평등의 원칙·차별금지의 원칙의 조세법적 표현으로서, 정의의 이념에 따라 "같은 것은 같게, 다른 것은 다르게" 취급함으로써 조세법의 입법과정이나 집행과정에서 조세정의를 실현하려는 원칙을 말한다.

조세평등주의의 의미 (헌재 1995.10.26. 94헌마242)

조세평등주의는 법 앞의 평등의 원칙을 조세의 부과와 징수과정에서도 구현함으로써 조세정의를 실현하려는 원칙이다. 이러한 조세공평주의의 원칙에 따라 과세는 개인의 경제적 급부능력을 고려한 것이어야 하고, 동일한 담세능력자에 대하여는 원칙적으로 평등한 과세가 있어야 한다. 또 나아가 특정의 납세의무자를 불리하게 차별하는 것이 금지될 뿐만 아니라 합리적 이유 없이 특별한 이익을 주는 것도 허용되지 아니한다.

(나) 적용범위

조세평등주의는 조세의 부과는 물론이고 조세의 감면에도 그 적용이 있다는 것이 헌법재판소의 태도이다. 왜냐하면 조세란 공공경비를 국민에게 강제적으로 배분하는 것으로서 납세의무자 상호간에는 조세의 전가관계에 있으므로 특정인이나 특정계층에 대하여 정당한 이유 없이 면세·감면 등의 조세우대조치를 하는 것은 다른 납세의무자에게 그만큼 과중과세를 하는 결과가 되기 때문이다.

(다) 실질과세의 원칙

조세평등주의에서 파생되는 실질과세의 원칙은, 조세의 부담을 회피할 목적으로 과세요건 사실에 관하여 실질과 괴리되는 비합리적인 형식이나 외관을 취하는 경우에, 그 형식이나 외관에도 불구하고 경제적 실질에 따라 과세하여야 한다는 원칙이다. 국세기본법 제14조에서는 실질과세의 원칙을 규정하고 있다.

(라) 관련 판례

* 담세능력에 따른 과세의 원칙은 담세능력이 큰 자는 담세능력이 작은 자에 비하여 더 많은 세금을 낼 것과, 최저생계를 위하여 필요한 경비는 과세로부터 제외되어야 한다는 최저생계를 위한 공제를 요청할 뿐, 입법자로 하여금 소득세법에 있어서 반드시 누진세율을 도입할 것까지 요구하는 것은 아니다(헌재 1999.11.25. 98헌마55).
* '먹는 샘물' 수입판매업자에게 수질개선부담금을 부과하는 것은, 수돗물 우선정책에 반하는 수입된 '먹는 샘물'의 보급 및 소비를 억제하도록 간접적으로 유도하기 위한 합리적인 이유가 있으므로 평등원칙에 위배되지 않는다(헌재 2004.7.15. 2002헌바42).
* 부담금 납부의무자는 재정조달 대상인 공적 과제에 대하여 일반국민에 비해 '특별히 밀접한 관련성'을 가져야 하며, 부담금이 장기적으로 유지되는 경우에 그 징수의 타당성이나 적정성이 입법자에 의해 지속적으로 심사될 것이 요구된다(헌재 2008.11.27. 2007헌마860).
* 공동주택의 수분양자들에게 학교용지부담금을 부과하는 것은 부담금의 헌법적 한계를 벗어난 것이지만, 그 개발사업자들에게 학교용지부담금을 부과하는 것은 부담금의 헌법적 한계를 벗어난 것이 아니다(헌재 2008.9.25. 2007헌가1).
* 양도소득세를 면제하는 조세우대조치는, 특히 정책목표달성이 필요한 경우에 그 면제혜택을 받는 자의 요건을 엄격히 하여 극히 한정된 범위 내에서 예외적으로 허용되어야 하는 것이며, 그것이 조세평등주의를 희생시킨 것과 동 가치의 공헌이 가능한 경우에만 활용되어야 할 것이다(헌재 2000.1.27. 98헌바6).
* 조세감면의 우대조치는 조세평등주의에 반하고 국가나 지방자치단체의 재원의 포기이기도 하여 가급적 억제되어야 하고 그 범위를 확대하는 것은 결코 바람직하지 못하므로 특히 정책목표 달성이 필요한 경우에 그 면제혜택을 받는 자의 요건을 엄격히 하여 극히 한정된 범위 내에서 예외적으로 허용되어야 한다(헌재 1996.6.26. 93헌바2).
* 조세부과와 징수는 납세자의 담세능력에 상응하여 공정하고 평등하게 하여야 하고, 합리적 이유 없이 특정한 납세의무자를 불리하게 하거나 우대하는 것을 허용하지 않는다. 헌법재판소의 판례에 따르면, 대도시 내의 법인의 부동산등기에 대해 중소도시나 농촌지역의 부동산등기에 비하여 등록세를 중과하는 것은 조세평등주의에 반하지 않는다(헌재 1998.2.27. 97헌바79).

4. 예산안 심의 · 확정권豫算案 審議 · 確定權

(1) 헌법 제54조 제1항은 "국회는 국가의 예산안을 심의 · 확정한다"고 하여 국회에 의한 예산안 심의 · 확정권을 규정하고 있다.

(2) 예산을 법률의 형식(예산법률주의)으로 규율하는 입법례(영 · 미 · 독 · 불)가 있으나, 우리나라 헌법은 국회의 입법권(헌법 제40조)과는 별도로 국회의 예산심의권(헌법 제54조)을 규정함으로써 법률과 예산의 형식을 구별(예산비법률주의)하고 있다.

(3) 예산에 관하여는 1년 예산주의, 총계예산주의, 단일예산주의를 채택하고 있다. 한편 예산의 성질(본질)에 관해서는 예산을 법규범의 일종이라고 하는 법규범설이 통설이다.

(4) 국회는 정부가 제출한 법률안을 심의하는 경우 정부의 동의 없이 법률안을 수정할 수 있으나, 예산안을 심의하는 경우에는 정부의 동의 없이 정부가 제출한 지출예산 각항의 금액을 증가하거나 새 비목을 설치할 수 없다(헌법 제57조).

(5) 정부가 국채를 모집하거나 예산 외에 국가의 부담이 될 계약을 체결하려 할 때에는 정부는 미리 국회의 의결을 얻어야 한다(헌법 제58조).

(6) 예산과 법률의 구별

구분	법　률	예　산
제출권자	정부와 국회의원	정부만이 제출
제출기간	제한 없음	회계연도 개시 90일 전까지
심의 절차상	수정 · 증보의 가능	삭감은 자유, 증액은 정부동의 요함
거부권 행사	대통령의 거부권행사 가능	거부권행사 불가
효력발생	공포로써 효력발생	의결로써 효력발생公布不要
효　력	개폐될 때까지 유효	1회계연도 내에서만 유효
기 속 력	국가기관 · 국민을 구속함	국가기관만 구속함
상호관계	법률로써 예산변경 불가	예산으로 법률변경 불가

(7) 예산과 법률의 불일치와 조정

(가) 불일치 발생원인

법률을 집행함에 있어 그에 필요한 예산의 뒷받침이 없거나 예산에는 지출이 계상되어 있지만 지출의 근거가 될 법률의 규정이 없는 경우에 예산과 법률의 불일치가 발생한다. 이러한 양자의 불일치는 우리나라의 경우 예산법률주의를 채택하고 있지 않기 때문에 양자의 성립요건, 시기, 절차 등이 다름으로 인해 발생하는 것이다.

(나) 불일치의 조정

우선 양자의 불일치가 발생하지 않도록 사전에 예방하는 것이 바람직하므로, 국회법은 "예산상의 조치를 수반하는 법률안"의 경우에는 그 의안의 시행에 수반될 것으로 예상되는 비용에 관한 국회예산정책처의 추계서 또는 국회예산정책처에 대한 추계요구서를 함께 제출하여야 하도록 규정하고 있으며(국회법 제79조의2 제1항), 정부는 예산안을 제출함에 있어 모든 세출을 가능한 한 예산안에 반영할 수 있도록 노력하여야 한다. 그럼에도 불구하고 성립예산 중에 인정되어 있는 지출사항에 대해 그 예산의 집행을 명하는 법률이 불성립한 경우에는 예산의 실행이 불가능하다. 또한 어떤 경비의 지출을 국가에 의무화하고 있는 법률은 성립하였으나 예산이 성립하지 않은 경우에는 법률의 집행이 불가능해진다.

끝내 양자의 불일치가 발생한다면 예비비제도와 추가경정예산제도에 의하거나, 법률의 시행기일을 연기하거나, 법률의 시행을 일시 유예하거나, 지체 없이 필요한 법률을 제정함으로써 그 불일치를 조정할 수밖에 없을 것이다.

5. 결산심사권決算審査權

국회는 예산집행결과에 대한 적부심사권을 가진다. 감사원은 세입・세출의 결산을 매년 검사하여 대통령과 차년도국회에 그 결과를 보고하여야 한다(헌법 제99조).

의장은 예산안에 보고서를 첨부하여 예산결산특별위원회에 회부하고, 그 심사가 끝난 후 본회의에 부의한다. 결산의 심사 결과 위법 또는 부당한 사항이 있는 경우에 국회는 본회의 의결 후 정부 또는 해당 기관에 변상 및 징계조치 등 그 시정을 요구하고, 정부 또는 해당 기관은 시정요구를 받은 사항을 지체 없이 처리하여 그 결과를 국회에 보고하여야 한다(국회법 제84조 제2항).

결산은 소관 상임위원회의 예비심사를 거쳐 예산결산특별위원회에서 심사함이 원칙이나, 국가정보원에 대한 결산은 정보위원회에서 심사하며, 정보위원회의 심사는 예산결산특별위원회의 심사로 본다(국회법 제84조 제4항).

6. 기타 재정에 관한 권한

(1) 긴급재정경제처분 · 명령에 대한 승인권(헌법 제76조 제3항)

헌법 제76조 제3항은 “대통령은 제1항과 제2항의 처분 또는 명령을 한 때에는 지체없이 국회에 보고하여 그 승인을 얻어야 한다”라고 규정하고 있다.

(2) 예비비 지출에 대한 승인권

예비비는 총액으로 국회의 의결을 얻어야 하며, 예비비의 지출은 차기 국회의 승인을 얻어야 한다(헌법 제55조 제2항).

(3) 기채동의권起債同意權(헌법 제58조 전단)

국회는 정부의 국채모집에 대한 동의권을 갖고 있다. 정부가 한국은행으로부터 일시 차입금을 얻고자 할 경우에는 차입최고액을 매 회계연도마다 국회의 의결을 얻어야 한다(예산회계법 제6조).

(4) 예산 외에 국가의 부담이 될 계약체결에 대한 동의권(제58조 후단)

여기서 말하는 계약은 사법상의 계약을 의미하며, 그 예로는 외국차관의 정부보증행위, 외국인고용계약 등이 있다.

(5) 재정적 부담을 지우는 조약의 체결 · 비준에 대한 동의권(제60조 제1항)

국회는 상호원조 또는 안전보장에 관한 조약, 중요한 국제조직에 관한 조약,

우호통상항해조약, 주권의 제약에 관한 조약, 강화조약, 국가나 국민에게 중대한 재정적 부담을 지우는 조약 또는 입법사항에 관한 조약의 체결 · 비준에 대한 동의권을 가진다(헌법 제60조 제1항).

Ⅲ. 헌법기관 구성에 관한 권한

1. 대통령 선출권

헌법은 대통령의 선출방식을 직선제로 명시(제67조 제1항)하고 있다. 그리고 동조 제2항에서 "최고 득표자가 2인 이상인 때에는 국회의 재적의원 과반수가 출석한 공개회의에서 다수표를 얻은 자를 당선자로 한다"고 규정하고 있다. 최고 득표자가 2인 이상인 경우는 사실상 확률적으로 발생할 가능성이 희박하므로 이러한 규정 자체는 무의미하다고도 볼 수 있다.

2. 헌법기관 구성원의 선출권 · 동의권

(1) 헌법재판소 재판관 9인 중 3인 선출권(제111조 제3항)
(2) 중앙선거관리위원회 위원 9인 중 3인 선출권(제114조 제2항)
(3) 국무총리임명에 대한 동의권(제86조 제1항)
(4) 대법원장 · 대법관의 임명동의권(제104조 제1항, 제2항)
(5) 헌법재판소장 임명동의권(제111조 제4항)
(6) 감사원장 임명동의권(제98조 제2항)

Ⅳ. 국정통제에 관한 권한

1. 국정통제권의 의의

(가) 의의 및 기능

국정통제권이란 의회가 다른 국가기관들을 감시·비판하고 견제할 수 있는 권한을 말한다. 19세기 입헌군주국에서는 의회의 국정통제기능이 미약하였으나, 오늘날 현대 국가에서는 의회의 대표기관으로서 지위와 입법기관으로서 지위는 약화되고 있는 반면, 그에 비해 국정통제기관으로서 지위는 이전보다 상대적으로 더 강조되고 있다. 따라서 국회의 대정부통제는 합법성통제뿐만 아니라 합목적성 통제도 가능하다.

의회의 국정통제권은 각국의 정부형태와 권력구조에 따라 내용이 다르다.

미국과 같은 대통령제 국가에서는 국회와 정부가 완전히 분리되어 있고 상호 균형의 필요에서 의회의 국정통제권은 미약한 편이다. 영국과 같은 의원내각제 국가에서는 의회가 행정부를 조직하고 전복하는 권한을 갖고 있을 뿐만 아니라 국가 최고기관을 의미하기 때문에, 광범위하고 강력한 국정통제권을 행사할 수 있다.

어떠한 정부형태를 막론하고 행정부와 사법부의 권력남용을 방지하고, 그 권력의 합리적 행사를 보장하기 위해서는 이 기관들에 대한 감시·비판·견제가 필요하다. 이러한 국정통제권은 국민의 대표기관인 의회가 국민의 여론을 배경삼아 이를 행사하는 것이 가장 효율적이라고 하겠다.

(나) 국정통제유형

의회의 국정통제유형으로는 ① 사전통제와 사후통제, ② 직접통제와 간접통제, ③ 일반적 통제와 개별적 통제로 분류할 수 있다.

우리 헌법은 법률제정에 의한 국정통제방법 이외에 고전적인 국정통제권을 의미하는 탄핵소추권(제65조)을 비롯해 국정감사·조사권(제61조), 긴급명령 등에 대한 승인권(제76조 제3항), 계엄해제요구권(제77조 제5항), 국방·외교정책에 대한 동의권(제60조), 일반사면에 대한 동의권(제79조 제2항), 국무총리·국무위원에 대한 해임건의권(제63조), 국무총리·국무위원 등의 국회출석요구 및 질문권(제62조 제2항) 등으로 국정을 통제하고 있다.

2. 탄핵소추권彈劾訴追權

헌법 제65조 ① 대통령·국무총리·국무위원·행정각부의 장·헌법재판소 재판관·법관·중앙선거관리위원회 위원·감사원장·감사위원 기타 법률이 정한 공무원이 그 직무집행에 있어서 헌법이나 법률을 위배한 때에는 국회는 탄핵의 소추를 의결할 수 있다.
② 제1항의 탄핵소추는 국회재적의원 3분의 1 이상의 발의가 있어야 하며, 그 의결은 국회재적의원 과반수의 찬성이 있어야 한다. 다만, 대통령에 대한 탄핵소추는 국회재적의원 과반수의 발의와 국회재적의원 3분의 2 이상의 찬성이 있어야 한다.
③ 탄핵소추의 의결을 받은 자는 탄핵심판이 있을 때까지 그 권한행사가 정지된다.
④ 탄핵결정은 공직으로부터 파면함에 그친다. 그러나, 이에 의하여 민사상이나 형사상의 책임이 면제되지는 아니한다.

(1) 의 의

탄핵제도impeachment란 일반사법절차에 따라 소추하거나 징계절차로 징계하기가 곤란한 고위직공무원이나 법관같이 신분보장이 되어 있는 공무원이 그 직무집행에 있어서 헌법이나 법률을 위배한 경우에 이를 국회가 탄핵소추하여 탄핵심판에 의하여 처벌하거나 파면하는 제도를 말한다. 현행 헌법상 탄핵제도는 형사재판적 성질의 것이 아니고, 미국·독일 등과 마찬가지로 공직으로부터 파면함에 그치는(제65조) 징계적 처분의 성질을 가진다. 탄핵제도는 탄핵소추와 탄핵심판의 두 절차로 구성되어 있는데, 현행 헌법은 탄핵소추는 국회의 권한으로 하고(제65조), 탄핵심판은 헌법재판소의 권한으로 하고 있다(제111조 제1항).

(2) 탄핵제도의 연혁

탄핵제도의 기원은 그리스와 로마에서 찾을 수 있으나, 근대적 의미의 탄핵제도는 14세기 말 에드워드 3세(1327-1377)치하의 영국에서 시작되었다. 고위공직자들의 비행과 부정을 통제하기 위한 탄핵제도가 법적 형태를 갖추게 된 후, 영국에서는 1805년 멜빌Melville사건에서 이 제도가 확립되었다. 국민주권의 원리에 이념적 기반을 두고 영국에서 기원하였으나, 오늘날에는 대통령제국가인 미국에서 헌법상 큰 의미를 가지고 있다.

(3) 탄핵제도의 정치적 가치

탄핵제도의 유용론은 ① 고위공직자들이 탄핵이 두려워 비행을 자제하게 될 것이고, ② 공분을 발산할 수 있는 합법적 수단을 마련해두지 않으면, 국민의 저항을 불러오게 된다고 한다(다수설). 이에 대해 탄핵제도무용론은 ① 역사적인 경험에 따르면, 대통령제국가에서는 탄핵제도가 거의 운용되지 못하고 있고, ② 의원내각제국가에서는 내각불신임제도에 의해 탄핵제도의 목적을 달성할 수 있으므로, 탄핵제도는 심리적·사회적 효과를 가질 뿐 비현실적인 제도로서 헌법의 장식물에 불과하다고 한다.

오늘날 국회의 조사적 통제기능과 정책통제기능이 활성화되어 있기 때문에 탄핵소추의 기능은 이전보다 약화된 것이 사실이다. 나아가 우리 헌법이 탄핵요건을 너무 엄격하게 규정하고 있고, 국회는 탄핵소추권만을 갖고 있고 탄핵심판권은 헌법재판소에게 부여하기 때문에 사실상 그 의미는 많이 감소되어 있다. 그러나 헌법상 탄핵제도는 국민주권의 원리를 구현하는 것이고, 제도적으로는 집행부와 사법부에 대한 감시·통제기능과 더불어 헌법수호기능을 다하는 것으로 유용한 제도라고 할 수 있다.

헌법 제65조의 탄핵심판절차의 본질 (헌재 2004.5.14. 2004헌나1)

헌법 제65조는 행정부와 사법부의 고위공직자에 의한 헌법위반이나 법률위반에 대하여 탄핵소추의 가능성을 규정함으로써, 그들에 의한 헌법위반을 경고하고 사전에 방지하는 기능을 하며, 국민에 의하여 국가권력을 위임받은 국가기관이 그 권한을 남용하여 헌법이나 법률에 위반하는 경우에는 다시 그 권한을 박탈하는 기능을 한다. 즉, 공직자가 직무수행에 있어서 헌법에 위반한 경우 그에 대한 법적 책임을 추궁함으로써, 헌법의 규범력을 확보하고자 하는 것이 바로 탄핵심판절차의 목적과 기능인 것이다.

(4) 국회의 탄핵소추권

(가) 탄핵소추 기관 및 대상

헌법 제65조 제1항에 따라 국회가 탄핵소추권을 가지고 있다. 일반적으로 양원제를 채택하고 있는 국가에서는 하원을 탄핵소추 기관으로 하고 있다. 탄핵소추 대상자는 헌법 제65조 제1항에 규정된 자(대통령 · 국무총리 · 국무위원 · 행정각부의 장 · 헌법재판소 재판관 · 법관 · 중앙선거관리위원회 위원 · 감사원장 · 감사위원) 및 기타 법률이 정한 공무원이다. 헌법규정은 예시규정이며, 법률이 정한 공무원으로는 검사(검찰청법 제37조)와 경찰청장(경찰법 제11조 제6항)을 들 수 있다. 다만 국회의원은 탄핵소추의 대상이 되지 않는다.

(나) 탄핵소추 사유

헌법은 제65조 1항에서 탄핵소추의 사유로 "직무집행에 있어서 헌법이나 법률을 위배한 때"라고 규정하고 있다.

① 직무집행과 관련될 것

직무집행과 관계가 없는 사생활에 관한 사항, 취임 전이나 퇴직 후의 행위는 탄핵소추의 사유가 되지 아니한다. 현직중의 행위뿐만 아니라 전직시의 행위까지도 탄핵소추 사유로 볼 수 있는가에 관하여서는, 탄핵이 징계처분적 성질을 가지는 것이라고 볼 때에는 전직시의 위법행위에 관하여는 그 자가 공직으로부터 사퇴함으로 탄핵소추 사유에 해당하지 않게 된다.

대통령의 직무상 행위 (헌재 2004.5.14. 2004헌나1)

'직무집행에 있어서'의 '직무'의 행위란, … 법령 · 조례 또는 행정관행 · 관례에 의하여 그 지위의 성질상 필요로 하거나 수반되는 모든 행위나 활동을 의미한다. … '대통령의 지위에서 국정수행과 관련하여 행하는 모든 행위'를 포괄하는 개념으로서, 예컨대 각종 단체 · 산업현장 등 방문행위, 준공식 · 공식만찬 등 각종 행사에 참석하는 행위, 대통령이 국민의 이해를 구하고 국가정책을 효율적으로 수행하기 위하여 방송에 출연하여 정부의 정책을 설명하는 행위, 기자회견에 응하는 행위 등을 모두 포함한다.

② 헌법과 법률에 위배될 것

헌법에는 형식적 의미의 헌법뿐만 아니라 헌법적 관행도 포함된다. 법률이라 함은 형식적 의미의 법률만이 아니라 법률과 동일한 효력을 가지는 국제조약·일반적으로 승인된 국제법규·긴급명령 등을 포함한다. 따라서 단순한 부도덕이나 정치적 무능력 또는 정책결정상의 과오는 탄핵사유가 될 수 없고 이런 점에서 해임건의 사유와 구별된다(헌재 2004.5.14. 2004헌나1).

헌법이나 법률에 위배 (헌재 2004.5.14. 2004헌나1)

헌법은 탄핵사유를 "헌법이나 법률에 위배한 때"로 규정하고 있는데, '헌법'에는 명문의 헌법규정뿐만 아니라 헌법재판소의 결정에 의하여 형성되어 확립된 불문헌법도 포함된다. '법률'이란 단지 형식적 의미의 법률 및 그와 등등한 효력을 가지는 국제조약, 일반적으로 승인된 국제법규 등을 의미한다.

③ 위법행위일 것

위법행위란 헌법위반이나 법률위반의 행위를 말한다. 법문에 단순히 '위배한 때'라고만 규정하고 있기 때문에 위헌이나 위법행위에는 고의나 과실에 의한 경우뿐만 아니라 법의 무지로 인한 경우도 포함한다.

(5) 탄핵소추의 절차

(가) 탄핵소추 발의

대통령을 탄핵소추하는 경우에는 국회재적의원 과반수의 발의가 있어야 하며, 그 외의 자의 경우 국회재적의원 1/3이상의 발의가 있어야 한다(제65조 제2항). 탄핵소추가 발의되면 국회의장은 본회의에 보고하고, 본회의는 의결로 법제사법위원회에 회부하여 조사하게 할 수 있다.

(나) 탄핵소추의결

대통령을 소추하는 경우에는 재적의원 2/3이상의 찬성이 있어야 하며, 이외의 고급공무원을 소추하는 경우에는 재적의원 과반수의 찬성으로 의결한다(제65조 제2항). 본회의에서의 탄핵소추의결은 무기명투표로 하며 피소추자의 성명·직위 및 탄핵소추의 사유를 표시한 문서(소추의결서)로 하여야 한다(국회법 제133조).

탄핵대상 공무원이 그 직무집행에 있어서 헌법이나 법률을 위배한 때, 국회에게 탄핵소추의결을 하여야 할 헌법상의 작위의무가 있다고 할 수 없다(헌재 1996.2.29. 93헌마186).

국가기관에 대하여 헌법을 수호하고자 하는 국회의 대통령에 대한 탄핵소추절차는 국회와 대통령이라는 헌법기관 사이의 문제이므로 적법절차의 원칙을 직접 적용할 수 없다(헌재 2004.5.14. 2004헌나1).

탄핵심판청구와 동일한 사유로 형사소송이 진행되고 있는 때에는 재판부는 심판절차를 정지할 수 있다(헌법재판소법 제51조). 탄핵심판과 민·형사재판 사이에는 일사부재리의 원칙이 적용되지 아니한다. 탄핵결정은 피청구인의 민사상 또는 형사상의 책임을 면제하지 아니한다(헌법재판소법 제54조).

⑹ 탄핵소추의 효과

탄핵소추가 의결된 피소추자는 소추의결서가 본인에게 송달된 때로부터 헌법재판소의 탄핵심판이 있을 때까지 권한행사가 정지된다(제65조 제3항, 국회법 제134조 제2항). 소추의결서가 송달되면 임명권자는 피소추자의 사직원을 접수하거나 해임할 수 없다(국회법 제134조 제2항). 그러나 탄핵소추를 받은 자가 결정선고 이전에 파면되면 탄핵심판청구를 기각하여야 한다(헌재법 제53조 제2항). 여기서 '파면'의 의미는 '임기만료 퇴직' 등도 포함되며, '기각'의 의미는 청구를 기각하는 것으로 '각하'를 뜻한다(헌재 2021.10.28. 2021헌나1).

※ 주의할 점

(ㄱ) 탄핵의 결정으로 민사상이나 형사상의 책임이 면제되지 아니하므로(제65조 제4항) 탄핵결정과 민·형사재판 간에는 일사부재리의 원칙이 적용되지 아니한다.

(ㄴ) 현행 헌법상 탄핵제도는 징계적 처벌을 의미한다.

(ㄷ) 탄핵제도는 정치적 책임추궁이 아니고 법적 책임을 의미한다.

(ㄹ) 탄핵사유는 '헌법이나 법률에 위배한 때'로 제한되므로 정치적 무능력이나 정책결정상의 잘못 등 직책수행의 성실성 여부는 그 자체로서 소추사유가 될 수 없다(헌재 2004.5.14. 2004헌나1).

(7) 관련 판례

* 국회의 의사자율권 등에 비추어 볼 때 국회가 탄핵소추사유에 대하여 별도의 조사를 하지 않은 채 탄핵소추안을 의결하였다고 하여 그 의결이 헌법이나 법률을 위반한 것이라고 볼 수 없다(헌재 2004.5.14. 2004헌나1).
* 탄핵소추안을 각 소추사유별로 나누어 발의할 것인지 아니면 여러 소추사유를 포함하여 하나의 안으로 발의할 것인지는 소추안을 발의하는 의원들의 자유로운 의사에 달린 것이므로, 대통령이 헌법이나 법률을 위배한 사실이 여러 가지일 때 그 중 한 가지 사실만으로도 충분히 파면결정을 받을 수 있다고 판단되면 그 한 가지 사유만으로 탄핵소추안을 발의할 수 있다(헌재 2017.3.10. 2016헌나1).
* '그 직무집행에 있어서 헌법이나 법률을 위배한 때'를 탄핵사유로 규정하고 있는 헌법 제65조 제1항의 '헌법'에는 명문의 헌법규정뿐만 아니라 헌법재판소의 결정에 따라 형성되어 확립된 불문헌법도 포함되고, '법률'에는 형식적 의미의 법률과 이와 동등한 효력을 가지는 국제조약 및 일반적으로 승인된 국제법규 등이 포함된다(헌재 2004.5.14. 2004헌나1).
* 대통령에 대한 탄핵심판청구에서 직무상의 행위란 대통령 본인의 직무집행과 관련한 중대한 헌법이나 법률 위배를 이유로 하는 경우에만이 아니라 그 지위의 성질상 필요로 하거나 수반되는 모든 행위나 활동을 의미한다(헌재 2004.5.14. 2004헌나1).
* 여러 개의 탄핵사유가 포함된 하나의 탄핵소추안을 발의하고 안건 수정 없이 그대로 본회의에 상정된 경우에, 국회의장은 '표결할 안건의 제목을 선포'할 권한만 있는 것이지, 직권으로 탄핵소추안에 포함된 개개 소추사유를 분리하여 여러 개의 탄핵소추안으로 만든 다음 이를 각각 표결에 부칠 수는 없다(헌재 2017.3.10. 2016헌나1).
* 대통령의 단순한 부도덕이나 정치적 무능력 또는 정책결정상의 과오는 탄핵사유가 될 수 없고 이런 점에서 해임건의 사유와 구별된다(헌재 2004.5.14. 2004헌나1).

3. 국정감사 · 조사권國政監査 · 調査權

헌법 제61조 ① 국회는 국정을 감사하거나 특정한 국정사안에 대하여 조사할 수 있으며, 이에 필요한 서류의 제출 또는 증인의 출석과 증언이나 의견의 진술을 요구할 수 있다.
② 국정감사 및 조사에 관한 절차 기타 필요한 사항은 법률로 정한다.

(1) 의 의

국정감사권이란 국회가 매년 정기적으로 국정전반에 대하여 감사할 수 있는 권한을 말하고, 국정조사권이란 국회가 입법·재정 등에 관한 권한을 유효적절하게 행사하기 위해 특정한 사안에 대하여 부정기적으로 조사할 수 있는 권한을 말한다. 국정감사·조사의 목적은 소극적으로 정부시정의 비행을 조사·적발하고, 적극적으로 국정의 실태를 정확히 파악함으로써 새로운 입법의 자료로 삼으려는 데 있다. 합법성 문제뿐만 아니라 합목적성 문제까지도 조사할 수 있다. 이에 관한 법률로는 「국정감사 및 조사에 관한 법률」과 「국회에서의 증언·감정 등에 관한 법률」이 있다.

제헌헌법은 국정감사권만을 규정하였고, 1972년 헌법에서 삭제되었다가 현행헌법에서 부활하였다. 국정조사권은 1980년 헌법에서 신설되었다. 현행헌법에서는 국정감사권과 국정조사권을 함께 규정하고 있다.

[비교] 국정감사와 국정조사

구 분	국정조사권	국정감사권
대상	특정한 국정사안	국정전반
주체	특별위원회, 상임위원회	상임위원회
시기	부정기적	정기적
공개	공 개	공 개
기능	제한적 통제기능	포괄적 통제기능

(2) 연혁 및 입법례

국정조사권은 1689년 영국의회가 아일랜드 카톨릭교도의 폭동진압 당시 벌어진 불미스러운 사태와 패전원인을 조사하기 위해 특별위원회를 구성한 것이 그 효시로 알려져 있다. 국정조사권이 헌법차원에서 최초로 규정된 것은 바이마르 헌법이며, 제2차 대전 이후에는 독일기본법과 일본헌법 등이 이를 명문화하고 있다.

(3) 법적 성격

국정감사·조사권의 법적 성격에 관해서 독립적 권한설과 보조적 권한설의 대립이 있으나 국정감사·조사권은 국회가 가지고 있는 헌법상 권한(입법권, 재정권, 국정통제권)을 실효성 있게 행사할 수 있도록 도와주는 보조적 권한으로 보는 입장이 타당하다. 헌법재판소는 "국정감사권과 국정조사권은 국회의 권한이고, 국회의원의 권한이라 할 수 없으므로 국회의원이 국정감사권 또는 국정조사권 자체에 관한 침해를 이유로 하는 권한쟁의심판청구는 부적법하다."고 판시한 바 있다(헌재 2010.7.29. 2010헌라1).

(4) 주체 및 대상

국정감사·조사권의 주체는 국회이며 대상기관은 위원회가 대상을 선정하는 위원회 선정기관과 본회의의 의결이 있어야 가능한 본회의 의결기관으로 나뉜다. 지방자치단체의 재정 등에 관한 일반적 조사는 가능하나, 지방자치단체의 고유사무는 국정조사의 대상이 아니다.

감사의 대상기관을 보면 다음과 같다(국정감사및조사에관한법률 제7조).

(i) 「정부조직법」, 그 밖의 법률에 따라 설치된 국가기관.

(ii) 지방자치단체 중 특별시·광역시·도. 다만, 그 감사범위는 국가위임사무와 국가가 보조금 등 예산을 지원하는 사업으로 한다.

(iii) 「공공기관의 운영에 관한 법률」 제4조에 따른 공공기관, 한국은행, 농업협동조합중앙회, 수산업협동조합중앙회.

(iv) 제1호부터 제3호까지 외의 지방행정기관, 지방자치단체, 「감사원법」에 따른 감사원의 감사대상기관. 이 경우 본회의가 특히 필요하다고 의결한 경우로 한정한다.

지방자치단체에 대한 감사는 둘 이상의 위원회가 합동으로 반을 구성하여 할 수 있다(동법 제7조의2).

⑸ 시기와 기간

국회는 국정전반에 관하여 소관 상임위원회별로 매년 정기회 집회일 이전에 국정감사 시작일부터 30일 이내의 기간을 정하여 감사를 실시한다. 다만, 본회의 의결로 정기회 기간 중에 감사를 실시할 수 있다. 감사는 상임위원장이 국회운영위원회와 협의하여 작성한 감사계획서에 따라 한다. 국회운영위원회는 상임위원회 간에 감사대상기관이나 감사일정의 중복 등 특별한 사정이 있는 때에는 이를 조정할 수 있다(국정감사및조사에관한법률 제2조 제1항 및 제2항). 한편, 국회는 재적의원 1/4이상의 요구가 있는 때에는 특별위원회 또는 상임위원회로 하여금 국정의 특정사안에 관하여 국정조사를 하게 한다(동법 제3조).

국정조사를 위한 조사위원회는 조사의 목적, 조사할 사안의 범위와 조사방법 등이 포함된 조사계획서를 본회의에 제출하여 승인을 얻어야 하는데, 본회의는 조사계획서를 검토한 다음 의결로써 승인하거나 반려한다(동법 제3조 제4항 및 제5항).

⑹ 방법과 장소

i) 위원회는 조사를 하기 전에 전문위원이나 그 밖의 국회사무처 소속 직원 또는 조사대상기관의 소속이 아닌 전문가 등으로 하여금 예비조사를 하게 할 수 있다(동법 제9조의2).

ii) 본회의, 위원회 또는 소위원회는 그 의결로 안건의 심의 또는 국정감사나 국정조사와 직접 관련된 보고 또는 서류와 해당 기관이 보유한 사진·영상물의 제출을 정부, 행정기관 등에 요구할 수 있다. 다만, 위원회가 청문회, 국정감사 또는 국정조사와 관련된 서류등의 제출을 요구하는 경우에는 그 의결 또는 재적위원 1/3이상의 요구로 할 수 있다. 서류등의 제출을 요구할 때에는 서면, 전자문서 또는 컴퓨터의 자기테이프·자기디스크, 그 밖에 이와 유사한 매체에 기록된 상태나 전산망에 입력된 상태로 제출할 것을 요구할 수 있다(국회법 제128조 제1항 및 제2항).

iii) 위원회는 중요한 안건의 심사와 국정감사 및 국정조사에 필요한 경우 증인·감정인·참고인으로부터 증언·진술을 청취하고 증거를 채택하기 위하여 위원회 의결로 청문회를 열 수 있다(국회법 제65조 제1항).

iv) 감사 또는 조사는 위원회에서 정하는 바에 따라 국회 또는 감사·조사 대상 현장이나 그 밖의 장소에서 할 수 있다(국정감사및조사에관한법률 제11조). 감사 및 조사는 공개한다. 다만, 위원회의 의결로 달리 정할 수 있다(동법 제12조).

(7) 범 위

국정감사·조사의 범위는

① 입법에 관한 사항(법률의 제정·개정·폐지에 필요한 사항과 행정입법·자치입법·각종규칙 등의 위헌·위법 여부 등에 관한 사항),
② 재정에 관한 사항(예산과 결산, 조세, 국유재산의 변동 등),
③ 행정에 관한 사항(일반행정작용의 적법성 여부 및 그 타당성),
④ 사법에 관한 사항(법원과 헌법재판소의 예산운영, 재판의 신속한 처리 여부, 법관의 적절한 배치 여부, 법관과 헌법재판소 재판관에 대한 탄핵소추),
⑤ 국회내부에 관한 사항(국회의 규칙, 국회의 운영, 의원의 징계와 자격심사, 청원이나 진정을 처리하기 위하여 필요한 사항)에 관하여 감사·조사를 할 수 있다.

국정감사·조사는 국정의 합법성은 물론 합목적성까지도 할 수 있다. 따라서 일반 행정작용에 대하여 그 적법성은 물론 타당성까지 감사·조사할 수 있다. 나아가 국회내부의 자율적 사항도 대상이 되고, 사법행정사무에 대해서도 할 수 있다.

(8) 결과에 대한 처리

감사 또는 조사의 결과 정부 또는 해당기관의 시정을 필요로 하는 사유가 있을 때에는 국회는 그 시정을 요구할 수 있고, 정부 또는 해당기관은 시정요구를 받은 사항을 지체없이 처리하고 그 결과를 국회에 보고하여야 한다. 이 경우 국회는 정부 또는 해당기관의 처리결과보고에 대하여 적절한 조치를 취할 수 있다.

⑼ 한 계

(가) 권력분립상의 한계

① 행정작용에 대한 간섭

국회가 스스로 구체적인 행정처분을 행사하거나 행정처분의 취소를 명하는 것은 물론이고 집행부에 정치적 압력을 가하는 것과 같은 감사·조사는 허용되지 아니한다. 따라서 국정조사 결과 행정처분의 위법이 밝혀졌다 해도 국회는 당해 행정처분의 취소를 명할 수 없다.

② 사법권의 독립의 침해

사법권의 독립과 관련하여 첫째, 법원에 계속중인 사건에 대하여 이를 감사·조사할 수 있는가에 관해서 견해의 대립이 있으나, 현재 계속중인 재판내용에의 개입을 위한 감사·조사나 법관의 소송지휘·재판절차를 대상으로 하는 감사·조사는 할 수 없다(다수설). 국정감사및조사에관한법률 제8조 후단도 '계속중인 재판에 관여할 목적으로 이를 행사할 수 없다'라고 명시하고 있다.

둘째, 판결의 내용이나 소송절차의 당·부당을 감사·조사할 수 있는가에 대하여 견해가 대립하나, 법관이 독립하여 재판을 하는 것에 대하여 중대한 영향을 미칠 가능성이 있는 행위로서 사법권의 독립을 위협하는 것이 되므로 부정설이 타당하다. 즉 판결의 전후를 불문하고 담당법관을 상대로 재판의 내용을 감사·조사·비판하는 것은 당해 재판에 관여한 법관은 물론이고 이후에 발생할 유사한 법적 문제에 대한 법관들의 자유로운 심증형성에 영향을 미치는 것이 되므로 허용되지 아니한다. 다만 법원과 병행하여 동일사건을 다른 목적(예컨대 탄핵소추·해임건의)을 위하여 독자적으로 감사·조사하는 것은 무방하다고 할 것이다.

③ 수사·소추 등 검찰사무에 대한 간섭

검찰사무는 상당부분이 행정작용이므로 감사·조사의 대상이 될 수 있다. 다만, 감사 또는 조사는 개인의 사생활을 침해하거나 계속 중인 재판 또는 수사 중인 사건의 소추訴追에 관여할 목적으로 행사되어서는 아니 된다(국정감사및조사에관한법률 제8조).

④ 지방자치단체의 고유사무에 대한 간섭

원칙적으로 지방의 고유사무에 대한 감사·조사는 인정되지 않지만, 고유사무와 위임사무의 구획이 쉬운 일이 아니다. 따라서 지방자치단체에 대한 국정감사·조사는 가급적 자제하여 국가적 의혹사건에 대한 국정조사에 한정하는 것이 옳다고 본다. 국정감사 및 조사에 관한 법률 제7조 제2호에서도 감사의 대상기관으로서 "지방자치단체 중 특별시·광역시·도. 다만, 그 감사범위는 국가위임사무와 국가가 보조금 등 예산을 지원하는 사업으로 한다"고 규정한다.

⑤ 감사원의 준사법적 감사행위에 대한 간섭

감사원의 업무도 국회의 감사·조사의 대상이 되지만 그 변상책임의 판정이나 징계처분과 문책의 요구 등 준사법적 판단작용은 감사원의 독립기관성에 비추어 국정감사·조사의 대상에서 제외된다. 그러나 감사원의 준사법적 기능은 법원이나 검찰업무와는 구별됨을 이유로 이에 반대하는 견해도 있다.

(나) 기본권 보장상의 한계

국정과 관계없는 개인의 사생활에 대해서는 이를 감사·조사할 수 없는 것이 원칙이다. 다만, 사생활에 관한 사항일지라도 국가 작용과 관련이 있는 경우(정치자금 및 출처나 용도, 선거에 관여한 사회적 조직과 활동 등)에는 감사·조사할 수 있다.

(다) 중대한 국가이익상의 한계

국회로부터 공무원 또는 공무원이었던 사람이 증언의 요구를 받거나, 국가기관이 서류등의 제출을 요구받은 경우에 증언할 사실이나 제출할 서류등의 내용이 직무상 비밀에 속한다는 이유로 증언이나 서류등의 제출을 거부할 수 없다. 다만, 군사·외교·대북 관계의 국가기밀에 관한 사항으로서 그 발표로 말미암아 국가안위에 중대한 영향을 미칠 수 있음이 명백하다고 주무부장관이 증언 등의 요구를 받은 날부터 5일 이내에 소명하는 경우에는 그러하지 아니하다(국회에서의증언·감정등에관한법률 제4조 제1항 및 제2항).

4. 국무총리 · 국무위원 등의 국회출석요구 및 질문권

> **헌법 제62조** ① 국무총리 · 국무위원 또는 정부위원은 국회나 그 위원회에 출석하여 국정처리상황을 보고하거나 의견을 진술하고 질문에 응답할 수 있다.
> ② 국회나 그 위원회의 요구가 있을 때에는 국무총리 · 국무위원 또는 정부위원은 출석 · 답변하여야 하며, 국무총리 또는 국무위원이 출석요구를 받은 때에는 국무위원 또는 정부위원으로 하여금 출석 · 답변하게 할 수 있다.

국회나 위원회는 국무총리 · 국무위원 또는 정부위원의 출석을 요구할 수 있고, 질문할 수 있다. 이 경우 국무총리 또는 국무위원이 출석요구를 받은 때에는 국무위원 또는 정부위원으로 하여금 출석 · 답변하게 할 수 있다(제62조 제2항).

국무위원이 출석 · 답변하지 않은 경우에 법적 제재수단은 없으며, 정치적 통제(해임건의)에 맡길 수밖에 없다(통설).

5. 국무총리 · 국무위원에 대한 해임건의권

> **헌법 제63조** ① 국회는 국무총리 또는 국무위원의 해임을 대통령에게 건의할 수 있다.
> ② 제1항의 해임건의는 국회재적의원 3분의 1 이상의 발의에 의하여 국회재적의원 과반수의 찬성이 있어야 한다.

(1) 의 의

국회의 해임건의제도는 국회로 하여금 행정부를 감시 · 비판하게 함과 동시에 행정부의 독선적인 행정부구성을 견제하는 기능을 하나, 의원내각제적 요소로서 대통령제하에서는 이례적인 제도이다. 헌법 제63조는 "국회는 국무총리 또는 국무위원의 해임을 대통령에게 건의할 수 있다. 이 해임건의는 국회재적의원 3분의 1 이상의 발의에 의하여 국회재적의원 과반수의 찬성이 있어야 한다."라고 하고 있다.

(2) 사 유

해임건의의 사유에 대하여는 헌법상 아무런 제한이 없으므로 직무집행에 있어 헌법위반 또는 법률위반이 있는 경우, 정책의 수립과 집행에 있어 중대한 과오를 범한 경우, 부하의 과오나 범법행위에 대하여 정치적 책임을 추궁하는 경우, 국무회의의 구성원으로서 대통령을 잘못 보좌한 경우 등에는 해임건의를 할 수 있다. 이 점에서 탄핵소추사유와 구별된다. 해임건의권의 행사에는 횟수의 제한이 존재하지 아니한다.

(3) 대 상

헌법은 해임건의의 대상으로 국무총리, 국무위원을 명시하고 있어, 국무위원이 아닌 정부위원(예컨대 법제처장)에 대한 해임건의가 가능한지가 문제된다. 해임건의제도는 그 의결정족수를 가중하여 규정한 점, 탄핵소추보다 사유가 광범위하다는 점, 대통령제 정부형태 하에서 이례적 제도를 굳이 헌법에 규정하였다는 점 등을 고려하여 해석할 필요가 있다. 따라서 헌법의 규범적 효력을 고려하여 명문으로 규정된 대상에 한정하여 적용하여야 할 것이다.

(4) 절 차

해임건의는 국무총리 또는 국무위원에 대하여 개별적 또는 일괄적으로 행사할 수 있다. 이 점에서 의원내각제의 일괄적 해임권과 구별된다. 해임건의는 국회재적의원 3분의 1 이상의 발의에 의하여 국회재적의원 과반수의 찬성으로써 한다(헌법 제63조 제2항). 국무총리 또는 국무위원의 해임건의안이 발의되었을 때에는 의장은 그 해임건의안이 발의된 후 처음 개의하는 본회의에 그 사실을 보고하고, 본회의에 보고된 때부터 24시간 이후 72시간 이내에 무기명투표로 표결한다. 이 기간 내에 표결하지 아니한 해임건의안은 폐기된 것으로 본다(국회법 제112조 제7항).

(5) 제 한

국회의 해임건의에 관해서는 헌법상 아무런 제한이 없다. 1980년 헌법에서는 국무총리를 대상으로 하는 경우에는 국회가 임명동의를 한 후 1년 이내에는 할 수 없다는 제한규정을 두었으나 현행 헌법에서는 이를 삭제하였다.

⑹ 효 력

현행헌법은 제3공화국 헌법이 "건의가 있는 때에는 대통령이 특별한 사유가 없는 한 이에 응하여야 한다"라고 한 것과 같은 규정을 두고 있지 않으므로 해임건의가 있는 경우에도 대통령은 반드시 해임하여야 할 구속을 받지 아니한다고 보는 것이 타당하다.

6. 기타 국정통제적 권한

(가) 긴급명령과 긴급재정경제처분·명령에 대한 승인권(헌법 제76조 제3항)
(나) 계엄해제요구권(헌법 제77조 제5항)
(다) 일반사면에 대한 동의권(헌법 제79조 제2항)
(라) 국방 및 외교정책에 대한 동의권(헌법 제60조)

Ⅴ. 국회의 자율권

헌법 제64조 ① 국회는 법률에 저촉되지 아니하는 범위 안에서 의사와 내부규율에 관한 규칙을 제정할 수 있다.
② 국회는 의원의 자격을 심사하며, 의원을 징계할 수 있다.
③ 의원을 제명하려면 국회재적의원 3분의 2 이상의 찬성이 있어야 한다.
④ 제2항과 제3항의 처분에 대하여는 법원에 제소할 수 없다.

1. 의 의

⑴ 개 념

국회의 자율권이란 국회가 다른 국가기관의 간섭을 받지 아니하고 헌법·법률·

국회규칙에 따라 의사와 내부사항을 독자적으로 결정할 수 있는 권한을 말한다.

⑵ 이론적 근거

자율권은 권력분립의 정신에 비추어 의회의 내부사항에 관해서는 집행부나 사법부 등 다른 국가기관의 개입이나 간섭이 허용될 수 없다는 권력분립의 요청, 의회로 하여금 입법기능 · 국정통제기능 · 헌법기관구성기능 등을 적절히 수행하게 하려면 의사와 내부사항에 관한 의회의 자주적 결정권을 존중하여야 한다는 기능독립의 요청, 원내에서 다수파의 횡포로부터 소수파를 보호하기 위해서는 의회의 자율적인 의사규칙이 있어야 한다는 기능자치의 요청을 이론적 근거로 한다.

2. 의사자율권

국회의 집회 · 휴회 · 폐회 · 회기, 의사일정작성, 의안발의 · 동의 · 수정 등 국회의 의사진행은 헌법 · 국회법 · 국회규칙에 의하고, 이에 규정이 없는 사항에 관하여는 국회의 자주적인 결정에 의한다. 국회의 의사절차가 명백히 자의적이지 않는 한 국회의 자율적 결정은 존중되어야 한다.

3. 내부조직자율권(원내조직권 · 자주조직권 · 조직자율권)

국회는 헌법과 국회법에 따라 의장 · 부의장 등 의장단의 선출, 위원회의 구성, 사무총장과 직원의 임면을 스스로 행한다.

4. 질서유지에 관한 자율권

국회는 국회법에 따라 원내의 질서를 유지하기 위하여 원내의 모든 자에게 명령 · 강제할 수 있는 권한을 가진다.

5. 의원신분에 관한 권한(신분자율권)

⑴ 의원의 자격심사권

국회는 의원의 자격을 심사할 수 있다(제64조 제2항). 의원의 자격이란 헌법상 의원으로서의 지위를 유지하는 데 필요한 자격을 말한다. 예컨대 법률상 피선거권의 보유, 겸직금지의 직에 취임하지 않을 것, 적법한 당선인일 것 등의 자격요건을 말한다. 의원의 자격심사는 윤리특별위원회의 예심을 거쳐 본회의에서 재적의원 2/3이상의 찬성이 있어야 한다. 그 결과에 대하여는 법원에 제소할 수 없다(제64조 제4항).

⑵ 의원에 대한 징계권

의원의 징계란 국회의원이 원내질서를 문란하게 하거나 국회의 품위와 위신을 손상시키는 경우에 국회가 당해의원에게 과하는 제재를 말한다. 징계사유는 헌법상 청렴의무와 직권남용금지의무 및 국회법상의 각종 의무위반, 국정감사 및 조사에 관한 법률과 공직자윤리법에서 정한 징계사유에 해당하는 경우 등으로 유형화할 수 있다.

6. 국회규칙 제정권(규칙자율권)

국회는 법률에 저촉되지 아니하는 범위 안에서 의사와 내부규율에 관해 자율적으로 규칙을 제정할 수 있다(헌법 제64조 제1항). 국회규칙 중 내부사항을 규율하는 규칙은 내규로서 행정규칙에 준하는 것이므로 국회구성원에 대해서만 구속력을 가지나, 의사에 관한 규칙은 국회법의 시행령으로서 명령에 준하는 것이기 때문에 제3자에 대해서도 구속력을 가진다.

7. 한　　계

법치주의의 원리상 모든 국가기관은 헌법과 법률에 기속되므로 국회의 자율권도 이에 위반되지 않는 범위 내에서 허용되나, 국회의 의사절차나 입법절차에 헌법이나 법률의 규정을 명백히 위반한 흠이 있는 때에는 자율권 또한 부정되어야 한다(헌재 2000.2.24. 99헌라1).

국회의장이 국회의원의 헌법상 권한을 침해하였다는 이유로 국회의원들이 국회의장을 상대로 권한쟁의심판을 청구한 것은 국회의 자율권이 허용되는 사항이라고 볼 수 없고, 따라서 헌법재판소가 심사할 수 없는 국회내부의 자율에 관한 문제라고 할 수는 없다(헌재 1997.7.16. 96헌라2).

제 5 절 국회의원의 지위 및 권한과 의무

헌법 제42조 국회의원의 임기는 4년으로 한다.

헌법 제43조 국회의원은 법률이 정하는 직을 겸할 수 없다.

헌법 제44조 ① 국회의원은 현행범인인 경우를 제외하고는 회기 중 국회의 동의 없이 체포 또는 구금되지 아니한다.
② 국회의원이 회기 전에 체포 또는 구금된 때에는 현행범인이 아닌 한 국회의 요구가 있으면 회기 중 석방된다.

헌법 제45조 국회의원은 국회에서 직무상 행한 발언과 표결에 관하여 국회 외에서 책임을 지지 아니한다.

헌법 제46조 ① 국회의원은 청렴의 의무가 있다.
② 국회의원은 국가이익을 우선하여 양심에 따라 직무를 행한다.
③ 국회의원은 그 지위를 남용하여 국가·공공단체 또는 기업체와의 계약이나 그 처분에 의하여 재산상의 권리·이익 또는 직위를 취득하거나 타인을 위하여 그 취득을 알선할 수 없다.

Ⅰ. 국회의원의 헌법상 지위와 신분

1. 국회의원의 헌법상 지위

(1) 국회 구성원으로서의 지위

헌법이 "국회는 국회의원으로 구성된다"라고 하고 있으므로(헌법 제41조 제1항), 국회의원은 국회의 구성원으로서의 지위를 가진다. 국회의원은 이러한 지위에서 국회의 운영 및 활동에 관한 권한과 그 밖의 권리를 가지며 의무를 부담한다. 다만, 국회의원이 국회 내에서 행하는 질의권·토론권·표결권 등은 입법권 등 공권력을 행사하는 국가기관인 국회의 구성원의 지위에 있는 국회의원에게 부여된 권한이지 국회의원 개인에게 헌법이 보장하는 권리 즉 기본권으로 인정된 것이라고 할 수 없다(헌재 1995.2.23. 90헌마125).

국회의원의 국회의 구성원으로서의 지위 (헌재 1995.2.23. 90헌마125)

국회의원이 국회 내에서 행하는 질의권·토론권 및 표결권 등은 입법권 등 공권력을 행사하는 국가기관인 국회의 구성원의 지위에 있는 국회의원에게 부여된 권한이지 국회의원 개인에게 헌법이 보장하는 권리 즉 기본권으로 인정된 것이라고 할 수 없으므로, 설사 국회의장의 불법적인 의안처리행위로 헌법의 기본원리가 훼손되었다고 하더라도 그로 인하여 헌법상 보장된 구체적 기본권을 침해당한 바 없는 국회의원인 청구인들에게 헌법소원심판청구가 허용된다고 할 수 없다.

⑵ 국민대표기관으로서의 지위

국회의 구성원인 국회의원을 국민의 대표기관으로 본다는 점에서는 이론이 없다. 다만 그 대표의 법적 성격에 관해서 정치적 대표설과 법적 대표설이 대립한다. 국회의원은 국민전체의 이익을 위하여 활동하여야 하고, 국민은 국회의원에 대하여 선거나 여론 등의 방법으로 정치적 책임을 물을 수 있다는 정치적 대표설이 타당하다.

⑶ 지역대표자로서의 지위

국회의원은 국민의 대표기관이기는 하나 현실적으로는 지역대표자로서의 성격도 가지고 있다.

국회의원의 국회의 구성원으로서의 지위 (헌재 2001.10.25. 2000헌마92등)

의원은 국민의 대표이지만 동시에 지역주민의 대표이기도 하다. 의원을 국민의 대표라고 하는 것은 법률상의 지위와 정치적 책임을 규정하는 것이고 그로부터 의원이 지역의 이익만을 위하여 일하여서는 안 되고 국민 전체를 위하여 일하여야 한다는 의원행동의 윤리강령이 도출되는 것이지만, 이것이 의원의 선출원리는 아니고 의원의 지역주민 대표성을 부정하는 것도 아니다. 오히려 의원의 대표성은 의원이 어느 정도의 독자성을 갖는 지역의 주민을 대표한다고 할 때 가장 확실하여진다.

(4) 정당대표자로서의 지위

오늘날의 정당제 민주주의에 있어서는 국회의원의 대부분이 특정정당에 소속하는 정당원으로서 소속정당을 대표하는 지위에 있고, 의원의 정당에의 기속이 특징이 되고 있다. 그러므로 오늘날 국회의원은 전체국민의 대표자로서의 지위와 소속정당의 이익을 위하여 활동하는 정당의 대표자로서의 지위라고 하는 이중적 지위를 가진다.

(5) 국민대표자의 지위와 정당원 지위의 관계

국회의원이 국민대표자로서 지위와 정당원의 지위가 상충할 경우 어느 지위를 우선시켜야 하는가가 문제된다. 의원은 탈당의 자유가 있을 뿐 아니라 표결에 있어서 비밀투표가 보장되고 있으므로 국가의 이익과 소속정당의 이익이 충돌할 경우에는 양심에 따라 소속정당과 반대되는 발언이나 표결도 할 수 있고, 헌법은 제46조 제2항에서 국회의원의 국가이익우선의 의무를 규정하고 있으므로 국민의 대표자로서의 지위가 우선한다. 다만 이러한 의무조항을 위배하여 국가이익보다 당의 이익을 우선할 경우 그에 대한 법적 제재까지 예상하고 있는 것은 아니므로 그 의무는 정치적 의무로서 성질을 가진다.

2. 국회의원의 신분

(1) 국회의원의 자격

헌법과 법률이 정한 임기개시와 동시에 발생하며(다수설). ① 임기만료, ② 사직, ③ 당선무효와 유죄판결이 확정된 때, ④ 퇴직, ⑤ 제명 등의 사유로 의원자격을 상실한다.

(2) 비례대표 국회의원이 당적을 변경할 경우 의원직의 상실여부

공선법 제192조 제4항은 “비례대표국회의원 또는 비례대표지방의회의원이 소속정당의 합당·해산 또는 제명외의 사유로 당적을 이탈·변경하거나 2 이상의 당적을 가지고 있는 때에는 국회법 제136조(퇴직) 또는 지방자치법 제78조(의원의 퇴직)의 규정에 불구하고 퇴직된다. 다만, 비례대표국회의원이 국회의장으로 당선되어 국회법 규정에 의하여 당적을 이탈한 경우에는 그러하지 아니하다"고 규정하고 있다.

전국구국회의원 의석승계 미결정 위헌확인 (헌재 1994.4.28. 92헌마153)

헌법은 국회의원을 자유위임의 원칙하에 두었다. 따라서 별도의 법률규정이 있는 경우는 별론으로 하고, 전국구의원이 그를 공천한 소속정당을 탈당하였다 하여 의원직을 상실하지는 않는다고 할 것인 바, 전국구의원이 그를 공천한 정당을 탈당하는 경우에 의원직을 상실한다는 법률의 규정도 찾아볼 수 없다.

Ⅱ. 국회의원의 특권

1. 면책특권免責特權

(1) 의의 및 연혁

헌법 제45조는 "국회의원은 국회에서 직무상 행한 발언과 표결에 관하여 국회 외에서 책임을 지지 아니한다"라고 하여 국회의원의 발언·표결의 면책특권을 규정하고 있다. 이 발언·표결에 관한 면책특권은 의원의 '국민대표성'과 '직무의 원활한 수행을 보장'하려는 데 그 제도적 의의가 있다. 국회의원에 대한 면책특권은 제헌 헌법 이래 줄곧 헌법에서 정하고 있다.

(2) 법적 성격

국회의원의 면책특권은 범죄의 성립요건은 충족하나 그에 대한 형벌권의 발생이 저지되어 소추되지 아니하는 경우로서 인적 처벌조각사유에 해당한다. 즉 국회의원의 면책특권에 속하는 행위에 대하여는 공소를 제기할 수 없으므로 검사는 공소권 없음의 불기소처분을 하여야 한다. 그러함에도 공소가 제기되었다면 법원은 형사소송법 제327조 제2호의 공소기각판결을 하게 된다. 즉, 면책특권은 국회의원의 원내발언이 비록 범죄가 성립되더라도 책임이 면제되는 특권이라는 점에서 불체포특권과 다르다. 따라서 발언을 교사하거나 방조한 자는 처벌을 면할 수 없다.

국회 외에서 책임을 지지 않는다는 것은 일반 국민이 당연히 지는 법적 책임, 즉 민사상·형사상의 책임을 지지 않는다는 의미이다. 즉 법적 책임을 지지 않는다는 것일 뿐, 정치적 책임과 국회에서의 징계책임은 인정된다. 국회법 제155조에서는 국회 본회의에서 다른 사람을 모욕하는 발언을 한 국회의원에 대해 징계책임을 물을 수 있도록 규정하고 있다.

(3) 면책특권의 주체

면책특권의 주체는 오로지 국회의원이다. 따라서 의원의 발언·표결을 교사하거나 방조한 자는 민·형사상의 책임을 진다. 그런데 국무위원직을 겸한 국회의원의 경우에도 이러한 면책특권이 인정될 수 있을 것인지 여부가 문제된다. 국무위원직을 겸한 국회의원의 경우에는 면책 여부를 획일적으로 정할 것이 아니라 그 발언이 어떠한 지위에서 행해진 것인가에 따라서 구체적으로 검토해야 할 것이다. 즉 문제된 발언이 국무위원으로서 지위에서 행한 것이라면 면책되지 아니하나, 국회의원의 지위에서 행한 것이라면 면책된다고 해석하는 것이 타당하다.

(4) 면책특권의 내용

(가) 국회 내에서의 행위

"국회에서"라는 말은 장소적 관념이라기보다는 국회의 직무활동의 범위로 판단한다. 즉 특정장소나 특정건물과 같은 물리적 공간을 기준으로 할 것이 아니고 국회의 실질적 기능을 중심으로 판단하여야 한다. 따라서 국회의사당이라는 건물만을 지칭하는 것이 아니라 국회가 활동하고 있는 모든 장소(본회의장 또는 위원회 개최장소)를 포함하는 뜻이다. 국회의원이 대정부질문 다음날 당사에서 정당 출입기자들에게 동일한 내용의 복사원고를 배포하는 행위는 직무상의 발언과 표결에 속하지 않는다. 또 비공개회의에서 행한 자기 발언을 인쇄하여 공표하면 일반인과 같은 책임을 진다.

(나) 직무행위

면책대상이 되는 행위는 직무관련성이 있어야 하기 때문에 직무와 관련이 있는 사항에 대해서만 면책대상으로 보고 직무와 무관한 야유나 폭력 등에 대해서는 책임추궁을 할 수 있다. "직무상 행한"의 의미는 직무집행 그 자체뿐 아니라 직무행위와 관련이 있는 모든 행위와 그에 부수된 행위를 포함하는 개념이다. 즉 면책특권의 대상이 되는 행위는 국회의 직무수행에 필수적인 국회의원의 국회 내에서의 직무상 발언과 표결이라는 의사표현행위 자체에만 국한되지 않고 이에 통상적으로 부수하여 행하여지는 행위까지 포함한다(대판 1992.9.22. 91도3317).

(다) 발언과 표결

발언이란 의제에 관한 의사의 표시를 말한다. 의제에 관한 발언·토론·연설 등 모든 의사표시가 이에 해당한다. 표결이란 의제에 관하여 찬·반의 의사를 표시하는 것을 말하며 그 방법에는 제한이 없다. 즉 일정한 의사내용의 표시인 이상 기명·무기명, 거수, 기립, 표결시의 퇴장 등이 모두 포함된다.

(5) 면책의 효과

(가) 국회 외에서의 면제

면책의 효과는 "국회 외"에서 책임을 지지 아니하는 것이다. 따라서 국회 내에서 책임을 물어 국회가 징계처분을 할 수 있다.

(나) 책임의 면제

면책특권으로 면제되는 책임범위는 민사·형사·행정상의 법적 책임에 대해서이다. 여기서 책임은 법적 책임을 의미하므로 정치적 책임은 물을 수 있다. 따라서 소속정당에 의한 징계처분까지 면제되는 것은 아니다.

(다) 면책의 기간

면책기간은 재임 중에 국한되지 않고 임기만료 후에도 책임추궁을 당하지 아니한다.

⑹ 면책의 한계

국회 내에서 행한 직무상 발언도 그것을 그대로 외부에서 되풀이하는 경우에는 면책특권이 미치지 않는다. 다만 공개회의의 회의록을 그대로 공개한 경우에는 면책된다.

⑺ 고발의 필요성

국회의원의 면책특권이 인정되지 않는 경우 처벌을 위하여 국회의 고발을 필요로 하는지 여부가 문제되는데, 면책특권에 해당하지 않는 범죄행위에 대해서는 일반 국민과 같이 처벌해야 할 것이고, 형사처벌 여부가 다수당의 정치적 관점에 의해 좌우되는 것도 타당하지 못하다는 점에서 국회의 고발이 없다 하더라도 처벌할 수 있다고 보아야 한다.

⑻ 지방의회의원에의 유추적용 여부

우리 헌법은 국회의원의 면책특권에 관하여는 명문으로 규정하고 있으나 지방의회의원에 대해서는 아무런 언급을 하고 있지 않다. 즉 국회의원은 국회에서 직무상 행한 발언과 표결에 관하여 국회 외에서 책임을 지지 아니하는 면책특권을 갖는다고 헌법상 명기되어 있지만, 지방자치법은 동일한 면책특권을 지방의회 의원에게 부여하고 있지 않다.

여기서 헌법 제45조를 지방의회 의원에게도 유추적용 할 수 있는지에 관하여, 지방의회의원은 국회의원에 비해 지역대표성이 강하므로 상대적으로 민주적 정당성이 약하고 헌법상 법률상 규정이 없는 사안에 특권규정을 유추적용 할 때에는 엄격하게 해석하여야 하며, 헌법 제45조가 국가의 민·형사상 사법기능에 대한 제한규정으로서의 의미를 갖는 점에서 무리한 유추적용으로 그러한 국가기능을 제한하는 것은 타당하지 않다. 따라서 지방의회의원에게는 헌법 제45조가 규정하고 있는 면책특권을 인정할 수 없다고 해야 한다.

(9) 관련 판례

* 헌법 제45조에서 규정하는 국회의원의 면책특권은 … 발언 내용이 허위라는 점을 인식하지 못하였다면 비록 발언 내용에 다소 근거가 부족하거나 진위 여부를 확인하기 위한 조사를 제대로 하지 않았다고 하더라도, 그것이 직무수행의 일환으로 이루어진 것인 이상 이는 면책특권의 대상이 된다(대판 2007.1.12. 2005다57752).
* 국회의원의 심의·표결권은 국회의 대내적인 관계에서 행사되고 침해될 수 있을 뿐 다른 국가기관과의 대외적인 관계에서는 침해될 수 없는 것이므로, 국회의원들 상호간 또는 국회의원과 국회의장 사이와 같이 국회 내부적으로만 직접적인 법적 연관성을 발생시킬 수 있을 뿐이고 대통령 등 국회 이외의 국가기관과 사이에서는 권한침해의 직접적인 법적 효과를 발생시키지 아니한다. 따라서 피청구인인 대통령이 국회의 동의 없이 조약을 체결·비준하였다 하더라도 국회의원인 청구인들의 심의·표결권이 침해될 가능성은 없다(헌재 2007.7.26. 2005헌라8).
* 국회의원으로 당선된 자에게 사립대학 교원의 직에서 사직할 의무를 부과하고 있어 사립대학 교원이라는 직업선택의 자유를 제한함과 동시에, 청구인과 같이 사립대학 교원의 직에 있는 상태에서 향후 국회의원 선거에 출마하려는 자에게는 국회의원 출마 자체를 주저하게 만듦으로써 … 공무담임권과 직업선택의 자유라는 두 가지 기본권을 모두 제한하고 있다. … 의료인 등 다른 직업을 가진 사람들에게는 휴직 또는 사직을 허용하면서 사립대학 교원의 직을 가진 사람에게는 반드시 그 직에서 사직하도록 하는 것 역시 청구인의 평등권을 침해한다고 주장하나, 심판대상조항은 국회의원의 공정하고 성실한 직무수행을 담보하고 학생들이 충실한 수업을 받을 권리를 보장하고자 하는 것으로서, 이러한 입법취지에 비추어 볼 때 의료인과 사립대학 교원은 동일한 비교집단이 된다고 볼 수 없으므로 이로 인하여 평등권이 침해될 여지는 인정되지 않는다(헌재 2015.4.30. 2014헌마621).
* 국회의 입법과 관련하여 일부 국회의원들의 권한이 침해되었다 하더라도 그것이 다수결의 원칙(헌법 제49조)과 회의공개의 원칙(헌법 제50조)과 같은 입법절차에 관한 헌법의 규정을 명백히 위반한 흠에 해당하는 것이 아니라면 그 법률안의 가결 선포행위를 곧바로 무효로 볼 것은 아닌데, 피청구인의 이 사건 법률안들에 대한 가결선포행위는 그것이 입법절차에 관한 헌법규정을 위반하였다는 등 가결 선포행위를 취소 또는 무효로 할 정도의 하자에 해당한다고 보기는 어렵다(헌재 2011.8.30. 2009헌라7).
* 국회의원의 법률안 심의·표결권은 국민에 의하여 선출된 국가기관으로서 국회의원이 그 본질적 임무인 입법에 관한 직무를 수행하기 위해서 보유하는 권한으로서의

성격을 갖고 있으므로 국회의원의 개별적인 의사에 따라 포기할 수 있는 것은 아니다(헌재 2009.10.29. 2009헌라8).

* 면책특권의 대상이 되는 행위는 국회의 직무수행에 필수적인 국회의원의 국회 내에서의 직무상 발언과 표결이라는 의사표현행위 자체에만 국한되지 않고 이에 통상적으로 부수하여 행하여지는 행위까지 포함한다(대판 1992.9.22. 91도3317).
* 대기업으로부터 이른바 떡값 명목의 금품을 수수하였다는 검사들의 실명이 게재된 보도자료를 국회의원이 작성하여 국회 법제사법위원회 개의 당일 국회의원회관에서 기자들에게 배포한 행위는 면책특권의 대상이 된다(대판 2011.5.13. 2009도14442).
* 국회의원의 면책특권에 속하는 행위에 대하여는 공소를 제기할 수 없으며, 이에 반하여 공소가 제기된 것은 형사소송법 제327조 제2호의 "공소제기의 절차가 법률의 규정에 위반하여 무효인 때"에 해당되므로 공소를 기각하여야 한다(대법원 1992.9.22. 91도3317).
* 발언 내용이 허위라는 점을 인식하지 못하였다면 비록 발언 내용에 다소 근거가 부족하거나 진위 여부를 확인하기 위한 조사를 제대로 하지 않았다고 하더라도, 그것이 직무 수행의 일환으로 이루어진 것인 이상 이는 국회의원의 면책특권의 대상이 된다(대판 2007.1.12. 2005다57752).
* 면책특권이 인정되는 국회의원의 직무행위에 대하여 소추기관이 공소를 제기하거나 법원이 그 범죄 해당 여부를 심리할 수 없다(대법원 1996.11.8. 96도1742).
* 국회의원이 국회 내에서 하는 정부에 대한 자료제출 요구는 국회의원이 입법 및 국정통제 활동을 수행하기 위하여 필요로 하는 것이므로 그것이 직무상 질문이나 질의를 준비하기 위한 것인 경우에는 직무상 발언에 부수하여 행하여진 것으로서 면책특권이 인정된다(대법원 1996.11.8. 96도1742).
* 국회의원이 국정감사 후 국정감사장을 떠나면서 함께 동행했던 기자들에게 보도자료를 배포하는 행위도 면책특권의 대상이 되는 직무부수행위에 해당한다(대법원 1992.9.22. 91도3317).

2. 불체포특권不逮捕特權

(1) 의 의

국회의원의 불체포특권이란 국회의원은 현행범인인 경우를 제외하고는 회기 중 국회의 동의 없이 체포 또는 구금되지 아니하며, 회기 전에 체포 또는 구금된 때에도 현행범인이 아닌 한 국회의 요구가 있으면 회기 중 석방됨을 의미한다(헌법 제44조). 의원의 불체포특권은 국회의 특권이자 국회구성원으로서의 의원의 특권에 그 의의가 있다.

(2) 불체포특권의 법적 성질

불체포특권은 회기 중 체포당하지 아니하는 특권을 의미할 뿐, 형사책임의 면제를 의미하는 것은 아니다(형사책임의 유예에 불과).

불체포특권의 적용대상이 되는 체포·구금은 일정기간 신체의 자유를 박탈하여 일정한 장소에 유치하는 강제처분을 말하므로 국회의원을 불구속으로 수사하거나 판결확정 후 집행하는 것은 가능하다.

헌법은 국회의원에 대하여 불체포특권을 규정하고 있을 뿐, 불소추특권은 규정하고 있지 않다(헌법 제44조). 형사상 불소추특권은 대통령에게만 적용된다. 대통령은 내란 또는 외환의 죄를 범한 경우를 제외하고는 재직중 형사상의 소추를 받지 아니한다(헌법 제84조).

(3) 불체포특권의 내용

(가) 원 칙

① 회기 중 체포·구금 금지

회기 중이라 함은 집회일로부터 폐회일까지의 기간을 의미하며, 휴회 중도 이에 포함되지만, 선거 후 당선확정일부터 의원자격발생일 전까지는 당연히 제외된다. 체포·구금에는 형사소송법상의 강제처분만이 아니라 경찰직무집행법에 의한 보호조치나 행정상의 강제처분까지도 포함된다. 다만 의원을 불구속으로 수사 또는 형사소추하거나 판결확정 후에 자유형을 집행하는 것은 무방하다.

② 회기 전에 체포·구금시에도 국회의 요구가 있으면 석방할 것

회기 전이라 함은 회기시작 이전뿐 아니라 전 회기前會期도 이중에 포함된다. 따라서 전회기에 국회의 동의가 있는 경우에도 현 회기에는 석방을 요구할 수 있다. 석방요구발의는 20인 이상의 요구로 국회 재적의원 과반수의 출석과 출석의원 과반수의 찬성으로 의결한다(헌법 제49조). 석방은 회기 중에 한하므로 회기가 끝난 후에는 다시 구금할 수 있다.

(나) 예 외

① 현행범의 경우

현행범은 범죄사실이 명백하므로 부당한 체포 구금의 위험성이 없으므로 이때에도 특권을 인정함은 의원에 대한 과잉보호가 될 것이며, 형사정의에 반하기 때문이다. 준현행범인에게는 불체포특권이 인정되지 않는다는 견해와 의원의 국민대표성과 헌법상 기능에 비추어 준현행범인에게 불체포특권이 인정된다는 견해가 대립한다. 불체포특권의 기능 등을 감안할 때 준현행범인에게 불체포특권을 인정하는 것이 타당하다.

경위나 국가경찰공무원은 국회 안에 현행범인이 있을 때에는 체포한 후 의장의 지시를 받아야 한다. 다만, 회의장 안에서는 의장의 명령 없이 의원을 체포할 수 없다(국회법 제150조).

② 국회의 동의가 있는 경우

국회의 동의가 있으면 회기 중에도 의원을 체포·구금할 수 있다. 정부의 의원 체포동의요구가 있는 경우 국회가 여기에 구속되는가에 대하여 범죄의 혐의가 농후하고 증거인멸이나 도주의 우려가 있는 등 체포·구금의 이유가 명백하고 또 정당한 경우에는 반드시 동의를 하여야 한다는 기속설과 동의여부는 국회의 재량에 속하는 것이므로 동의의 거절은 부당한 것이 될지언정 위법한 것은 되지는 않는다는 재량설이 대립한다.

범죄의 혐의가 조작된 것일 수 있을 뿐만 아니라 정당한 이유가 있는 경우에도 의원의 체포가 국회의 운영에 상당한 지장을 줄 수 있기 때문에 국회가 반드시 동의할 필요는 없다고 보는 것이 타당하다. 단 동의를 하는 이상 조건이나 기한을 붙일 수는 없다.

③ 국회의 석방요구가 없는 경우

회기 전에 체포·구금되고 현행범이 아닌 경우에도 국회의 석방요구가 없으면 불체포특권은 인정되지 아니한다.

⑷ 효 과

불체포특권은 국회의원의 처벌을 면제하는 것이 아니라 단지 회기 중 체포·구금되지 아니하는 특권이다. 따라서 국회의원은 범죄사실이 있으면 형사소추와 처벌을 받는다. 이 점이 발언·표결에 대한 면책특권과 그 효과에 있어서 차이점이다.

⑸ 계엄하의 의원의 불체포특권

계엄 시행 중 국회의원은 현행범인인 경우를 제외하고는 체포 또는 구금되지 아니한다(계엄법 제13조). 이는 계엄선포 중 헌법상 인정되는 국회의 계엄해제요구권을 실질적으로 보장하기 위한 것으로 이때에 회기 내외를 불문하고 국회의 동의권 자체가 인정되지 않는다.

Ⅲ. 국회의원의 권한과 의무

1. 국회의원의 권한

국회의원의 권한으로는 ① 임시국회소집요구권(국회재적의원 1/4이상의 요구가 있는 경우), ② 의안발의(의원 10인이상의 찬성)·질문·질의·토론 및 표결권, ③ 수당·여비를 받을 권리와 국유의 교통수단 무료이용권 등이 있다. 이러한 국회의원의 권한 중 가장 기본이 되는 권한은 자유위임에 의하여 이루어지는 법률안 심의·표결권이다. 헌법 제45조는 "의원은 본회의나 위원회 등에서 표결에 참가할 권한을 가진다. 표결의 자유는 헌법에 의하여 보장되어 있다"라고 규정하고 있다.

법률안 심의·표결권 (헌재 2000.2.24. 99헌라1)

법률안 심의·표결권은 의회민주주의의 권리, 입법권을 국회에 귀속시키고 있는 헌법 제40조, 국회는 국민이 선출한 국회의원으로 구성한다고 규정한 헌법 제41조 제1항으로부터 도출되는 헌법상의 권한이다.

표결의 방법에는 의장이 의제에 대한 이의 유무를 묻는 방법, 기립 또는 거수에 의한 방법(위원회에서만), 기명 또는 무기명투표에 의하는 방법 등이 있다. 국회법은 책임정치의 구현을 위한 기록표결제를 전면적으로 실시하기 위해, 본회의에서의 표결 시 투표자와 찬·반의원의 성명이 기록되는 전자투표를 일반적 표결방법으로 채택하였다. 기명 또는 무기명투표에 의한 표결은 일반안건에서는 의장의 제청 또는 의원의 동의로 본회의의 의결이 있을 때 하게 되지만, 국회법의 규정으로 반드시 무기명투표로 표결하는 안건으로는 ① 국회에서 실시하는 각종선거, ② 대통령으로부터 환부된 법률안, ③ 인사에 관한 안건, ④ 국무총리 또는 국무위원에 대한 해임건의안 등이 있고, 기명투표로 표결하는 안건으로는 헌법개정안이 있다(국회법 제112조).

2. 국회의원의 의무

국회의원의 의무는 헌법상의 의무로서 ① 청렴의무(제46조 제1항), ② 국가이익우선의 의무(제46조 제2항), ③ 지위남용금지의 의무(이권운동 및 청탁개입금지의 의무)(제46조 제3항), ④ 겸직금지의 의무(제43조)가 있으며, 국회법상 의무로서 ① 품위유지의무(국회법 제25조), ② 모욕 등 발언의 금지의무(국회법 제146조) 등이 있다.

국회의원은 그 직무 외에 영리를 목적으로 하는 업무에 종사할 수 없지만, 본인 소유의 토지건물 등의 재산을 활용한 임대업 등 영리업무를 하는 경우로서 국회의원의 직무수행에 지장이 없는 경우에는 그러하지 아니하다(국회법 제29조의2).

3. 관련 판례

* 국회의원으로 하여금 직무관련성이 인정되는 주식을 매각 또는 백지신탁하도록 하여 그 직무와 보유주식 간의 이해충돌을 원천적으로 방지하고 있는규정은 헌법상 국회의원의 국가이익 우선의무, 지위남용 금지의무 조항 등에 비추어 볼 때, 법익의 균형성 원칙을 준수하고 있으므로, 재산권을 침해하지 아니한다(헌재 2012.8.23. 2010헌가65).

* 국·공립대학과 사립대학 교원은 신분이나 적용 법률에 차이가 없으므로 양자 모두 국회의원으로 당선된 경우 임기개시일 전까지 그 직을 사직하도록 한 것은 평등권을 침해하지 않는다(헌재 2015.4.30. 2014헌마621).

제 3 장

정 부

제 1 절 대 통 령大統領

Ⅰ. 대통령의 헌법상 지위

1. 정부형태에 따른 대통령의 지위

대통령의 헌법상 지위는 정부형태에 따라 다르다. 대통령제 국가에서의 대통령은 국가원수인 동시에 행정부의 수반이다. 의원내각제하에서의 대통령은 형식적·의례적 권한을 가질 뿐이므로 대통령의 헌법상 지위는 명목적·상징적 국가원수로서의 지위를 가진다. 한국 대통령의 헌법상 지위도 헌정사에 따라 여러 번 바뀌었다. 제1공화국은 미국식 대통령제를 모방하였으나 의원내각제요소를 가미한 정부형태에서의 대통령이었고, 제2공화국은 의원내각제를 채택하였기 때문에 상징적 국가원수였으며, 제3공화국은 고전적 대통령제의 대통령의 지위를 지니고 있었고, 제4공화국은 대통령에게 모든 국가권력을 집중시킨 절대적 대통령제를 채택하였고, 제5공화국은 미국식 대통령제와는 거리가 있고, 프랑스 대통령제와 유사한 이른바 폰 바이메v. Beyme의 반半대통령제라 할 수 있다. 현행 헌법상의 대통령 지위는 행정부가 입법부보다 우위에 서는 해밀턴Hamilton형 대통령제에 가깝다.

2. 현행 헌법에 있어서 대통령의 지위

> **헌법 第66조** ① 대통령은 국가의 원수이며, 외국에 대하여 국가를 대표한다.
> ② 대통령은 국가의 독립·영토의 보전·국가의 계속성과 헌법을 수호할 책무를 진다.
> ③ 대통령은 조국의 평화적 통일을 위한 성실한 의무를 진다.
> ④ 행정권은 대통령을 수반으로 하는 정부에 속한다.

우리 헌법상 대통령의 지위는 "국가원수로서 지위"와 "행정부 수반으로서 지위"가 있다. 대통령을 국가의 원수로 처음 표현한 것은 1960년 헌법이었는데, 이러한 표현은 1962년 헌법 개정으로 삭제되었다가 1972년 헌법 개정에서 부활한 이래 현재에 이르고 있다.

(1) 국가원수로서 지위國家元首

(가) 대외적으로 국가를 대표할 지위

"대통령은 국가의 원수이며, 외국에 대하여 국가를 대표한다"(제66조 제1항), 따라서 대통령은 대한민국의 대표로서 외국과 조약을 체결·비준하고, 외교사절을 신임·접수 또는 파견하며, 외국에 대하여 선전포고와 강화를 한다(제73조).

(나) 국가와 헌법수호자로서 지위

대통령은 국가의 독립, 영토의 보존, 국가의 계속성과 헌법을 수호할 책임을 진다(제66조 제2항). 국가와 헌법의 수호자로서 대통령은 긴급명령권, 긴급재정경제처분 및 명령권(제76조), 계엄선포권(제77조), 위헌정당해산 제소권(제8조 제4항)을 갖게 된다.

(다) 국정의 통합·조정자로서 지위

이를 위해 헌법은 헌법개정안의 제안권(제128조 제1항), 중요정책의 국민투표부의권(제72조), 국회임시회 집회요구권(제47조 제1항), 사면 및 감형 등에 관한 권한(제79조)을 인정하고 있다.

(라) 헌법기관 구성권자로서 지위

대통령은 대법원장과 헌법재판소장 및 감사원장 및 헌법재판소재판관, 대법관, 중앙선거관리위원회 3인의 위원, 감사위원 등을 임명한다.

(2) 행정부 수반으로서 지위行政府 首班

(가) 집행에 관한 최고지휘권자·최고책임자로서 지위

대통령은 집행에 관한 최종적인 결정권자이자 집행부의 모든 구성원에 대하여 최고의 지휘·감독권을 행사한다(제66조 제4항).

(나) 집행부조직권자로서 지위

대통령은 그 보좌기관인 동시에 그 지휘·감독을 받는 집행부구성원을 임명·해임할 권한을 가진다(제66조 제4항). 나아가 대통령은 국회의 동의를 얻어 국무총리를 임명하고(제86조 제1항) 국무총리의 제청으로 국무위원을 임명한다(제87조 제1항).

(다) 국무회의 의장으로서 지위

대통령은 국무회의 의장으로서 국무회의를 소집하고 주재하며 그 운영을 통할한다(제88조).

(라) 입법관여 및 통제권한으로서 지위

대통령은 국회에 법률안을 제출할 수 있는 권한을 가진다(제52조). 국회에서 의결된 법률안은 정부에 이송되어 15일 이내에 대통령이 공포한다. 법률안에 이의가 있을 때에는 대통령은 제1항의 기간내에 이의서를 붙여 국회로 환부(還付)하고, 그 재의를 요구할 수 있다. 국회의 폐회중에도 또한 같다. 대통령은 법률안의 일부에 대하여 또는 법률안을 수정하여 재의를 요구할 수 없다(제53조 제1항 내지 제3항).

Ⅱ. 대통령의 신분상 지위

1. 대통령의 선거

헌법 제67조 ① 대통령은 국민의 보통·평등·직접·비밀선거에 의하여 선출한다.
② 제1항의 선거에 있어서 최고득표자가 2인 이상인 때에는 국회의 재적의원 과반수가 출석한 공개회의에서 다수표를 얻은 자를 당선자로 한다.
③ 대통령후보자가 1인일 때에는 그 득표수가 선거권자 총수의 3분의 1 이상이 아니면 대통령으로 당선될 수 없다.
④ 대통령으로 선거될 수 있는 자는 국회의원의 피선거권이 있고 선거일 현재 40세에 달하여야 한다.
⑤ 대통령의 선거에 관한 사항은 법률로 정한다.

헌법 제68조 ① 대통령의 임기가 만료되는 때에는 임기만료 70일 내지 40일전에 후임자를 선거한다.
② 대통령이 궐위된 때 또는 대통령 당선자가 사망하거나 판결 기타의 사유로 그 자격을 상실한 때에는 60일 이내에 후임자를 선거한다.

(1) 대통령 선거

대통령은 국민의 보통・평등・직접・비밀선거에 의하여 선출(헌법 제67조 제1항)한다. 원칙적인 모습은 전체 유권자의 다수를 획득한 입후보자가 선출되나, 대통령선거에 있어서 최고득표자가 2인 이상인 때에는 중앙선거관리위원회의 통지에 의하여 국회의 재적의원 과반수가 출석한 공개회의에서 다수표를 얻은 자를 당선인으로 결정한다(헌법 제67조 제2항, 공직선거법 제187조 제2항). 이러한 국회결선투표제, 즉 예외적인 국회간선제는 현행 헌법상의 대통령직선제 원칙에 반하는 체계모순적인 모습에 해당한다. 그리고 대통령후보자가 1인인 때에는 그 득표수가 선거권자 총수의 3분의 1 이상이 아니면 대통령으로 당선될 수 없다.

대통령선거는 그 임기만료일 전 70일 이후 첫번째 수요일로 법정화하고 있다(공직선거법 제34조 제1항 제1호).

(2) 피선거권

대통령 피선거권은 국회의원의 피선거권이 있고 대통령 선거일 현재 40세에 달하여야 한다(헌법 제67조 제4항). 이외에 선거일 현재 5년 이상 국내에 거주해야 하며, 이 경우 공무로 외국에 파견된 기간과 국내에 주소를 두고 일정기간 외국에 체류한 기간은 국내거주기간으로 본다(공직선거법 제16조 제1항).

2. 대통령의 임기 · 권한대행

헌법 제70조 대통령의 임기는 5년으로 하며, 중임할 수 없다.

헌법 제71조 대통령이 궐위되거나 사고로 인하여 직무를 수행할 수 없을 때에는 국무총리, 법률이 정한 국무위원의 순서로 그 권한을 대행한다.

헌법 제128조 ② 대통령의 임기연장 또는 중임변경을 위한 헌법개정은 그 헌법개정 제안 당시의 대통령에 대하여는 효력이 없다.

(1) 대통령의 임기

대통령의 임기는 5년이며 중임할 수 없다. 대통령의 임기를 5년 단임제로 한 것은 헌정사를 돌아볼 때 대통령의 장기집권에 따른 독재를 막기 위한 것이다. 대통령의 임기연장 · 중임변경을 위한 헌법개정은 그 헌법개정제안 당시의 대통령에 대해서는 효력이 없다(헌법 제128조 제2항). 이 역시 그동안 헌법개정이 대통령의 임기연장을 위한 수단으로 악용된 것에 대한 반성적 고려로 평화적 정권교체를 위해 규정된 것이다.

임기의 시작은 전임대통령의 임기만료일의 다음날부터 개시됨이 원칙이다. 대통령의 임기는 전임대통령의 임기만료일의 다음날 0시부터 개시된다. 다만, 전임자의 임기가 만료된 후에 실시하는 선거와 궐위로 인한 선거에 의한 대통령의 임기는 당선이 결정된 때부터 개시된다(공직선거법 제14조 제1항). 대통령의 취임식은 대통령 임기개시의 조건이 아니다.

⑵ 대통령의 권한대행

(가) 권한대행의 사유

궐위闕位란 대통령 사망·탄핵결정에 의한 파면, 피선자격의 상실, 사임 등으로 대통령이 재직하고 있지 아니한 경우를 말하며, 사고事故란 대통령이 재직하면서도 신병이나 해외순방 등으로 직무를 수행할 수 없는 경우 또는 국회가 탄핵소추를 의결함으로써 탄핵결정이 있을 때까지 권한행사가 정지된 경우를 말한다.

(나) 권한대행자

대통령이 궐위되거나 사고로 인하여 직무를 수행할 수 없을 때에는 제1차적으로 국무총리가 그 권한을 대행하고, 제2차적으로는 법률이 정하는 국무위원의 순서로 그 권한을 대행한다(헌법 제71조). 대통령이 궐위된 때에는 60일 이내에 차기 대통령을 선거하여야 한다(헌법 제68조 제2항).

(다) 궐위 시의 권한대행 기간과 직무범위

① 권한대행의 기간

대통령직이 요구하는 강한 민주적 정당성의 요청에 비추어 볼 때 권한대행 기간은 짧을수록 좋다. 헌법은 대통령이 궐위된 때에는 60일 이내에 후임자를 선거하도록 했기 때문에 대통령의 권한을 대행하는 기간은 최장 60일을 넘지 못한다.

② 직무범위

대통령의 권한대행자는 대통령직이 필요로 하는 민주적 정당성을 확보하지 못하고 있어 대통령의 잠정적인 관리자일 뿐이므로 그 직무범위는 대통령의 직무범위와 같을 수 없다. 따라서 권한대행자의 직무범위는 잠정적인 현상유지에 국한되고 정책의 전환, 인사의 이동과 같이 현상유지를 벗어나는 직무는 대행할 수 없으며, 권한대행자의 제1차적인 헌법적 과제는 헌법이 정하는 60일 이내에 대통령선거를 실시하여 새로운 대통령에게 그 권한을 넘겨주는 것이다. 이에 대해서는 궐위된 경우는 대통령직이 공석이 된 경우이므로 그 대행은 반드시 현상유지적이어야 할 이유가 없다는 견해도 있다.

(라) 사고 시 권한대행 기간과 직무범위 및 사고여부의 법정문제

① 권한대행 기간

대통령이 궐위된 때와 달리 사고로 인해서 대통령이 그 직무를 수행할 수 없을 때에는 헌법에 권한대행 기간에 관한 명문규정이 없기 때문에 해석상 문제가 있다. 이에 대하여 국무회의 심의를 거쳐 그 권한대행 기간을 결정할 수밖에 없다는 견해와 헌법재판소가 결정하는 것이 바람직하다는 견해, 국회가 정하는 것이 타당하다는 견해가 있다.

대통령은 국민이 직선하되, 예외적인 경우에는 국민의 대표기관인 국회에서 선출하도록 하고 있다는 점에 비추어 국회에서 대행기간을 결정하는 것이 타당하다.

② 직무범위

사고인 경우는 사고의 원인이 소멸되는 대로 대통령의 재직무가 가능하기 때문에 대행자의 직무범위는 잠정적인 현상유지에 국한되고 기본정책의 전환·인사이동 등 현상유지를 벗어나는 직무는 대행할 수 없다.

③ 사고여부의 결정

대통령의 궐위 내지 사고가 있음을 확인하고 선언하는 헌법기관이 법으로 규정되어 있지 않기 때문에, 대통령이 사고로 인하여 직무를 수행할 수 없는 경우인가를 누가 결정할 것인지가 문제가 된다. 대통령이 정신장애 등으로 결정할 수 없을 때 누가 결정할 것인가를 법으로 규정해 두어야 할 것이다.

3. 전직대통령에 대한 예우

헌법 제85조는 “전직대통령의 신분과 예우에 관하여는 법률로 정한다”고 하고 있다. 이에 관한 법이 전직대통령 예우에 관한 법률이다. 동법에 따르면 본인과 일정범위의 유족에 대해서는 연금이 지급되고, 그 외에 경호·경비·교통·통신의 편의와 사무실 등이 제공되며 가료加療의 특혜를 받는다. 그러나 전직 대통령이 ① 재직 중 탄핵결정을 받아 퇴임한 경우, ② 금고이상의 형이 확정된 경우, ③ 형사처분을 피할 목적으로 외국정부에 대하여 도피처 또는 보호를 요청한 경

우, ④ 대한민국의 국적을 상실한 경우에는 필요한 기간의 경호·경비를 제외하고는 예우를 모두 중단하도록 되어 있다(동법 제7조 제2항). 직전 대통령은 국가원로자문회의의 의장이 된다(헌법 제90조 제2항).

4. 대통령의 취임선서(제69조)

헌법 제69조 대통령은 취임에 즈음하여 다음의 선서를 한다.
"나는 헌법을 준수하고 국가를 보위하며 조국의 평화적 통일과 국민의 자유와 복리의 증진 및 민족문화의 창달에 노력하여 대통령으로서의 직책을 성실히 수행할 것을 국민 앞에 엄숙히 선서합니다"

대통령 취임선서의 법적 성격에 관해서 헌법재판소는, 헌법 제69조가 단순히 대통령의 취임선서의무만을 규정한 것이 아니라, 헌법 제66조 제2항 및 제3항에 규정된 대통령의 헌법적 책무를 구체화하고 강조하는 실체적 내용을 지닌 규정으로 보고 있다(헌재 2004.5.14. 2004헌나1).

그러나 대통령의 취임선서 중 '성실한 직책수행의무'는 사법적 판단의 대상이 되지 않는다고 한다.

성실한 직책수행의무 (헌재 2004.5.14. 2004헌나1)

헌법 제69조는 대통령의 취임선서의무를 규정하면서, 대통령으로서 '직책을 성실히 수행할 의무'를 언급하고 있다. 비록 대통령의 '성실한 직책수행의무'는 헌법적 의무에 해당하나, '헌법을 수호해야 할 의무'와는 달리, 규범적으로 그 이행이 관철될 수 있는 성격의 의무가 아니므로, 원칙적으로 사법적 판단의 대상이 될 수 없다고 할 것이다.

5. 대통령의 형사상의 특권

헌법 제84조 대통령은 내란 또는 외환의 죄를 범한 경우를 제외하고는 재직 중 형사상의 소추를 받지 아니한다.

헌법 제84조는 대통령의 형사상 특권을 규정하고 있다. 이는 국가원수로서의 권위를 유지하고 재직 중 그 직무를 원활히 수행하도록 하려는 데 그 목적이 있다. 이 규정에 따라 재직 중 형사피고인으로서뿐만 아니라 증인으로서도 구인당하지 아니함을 원칙으로 한다. 다만, 내란 또는 외환의 죄를 범한 경우의 형사상 소추는 재직 중에도 가능하다. 헌법재판소는 대통령은 재직 중에는 내란 또는 외환의 죄를 제외하고는 공소시효가 정지된다고 해석하고 있다(헌재 1995.1.20. 94헌마246).

12 · 12사건에 대한 검사의 불기소처분 취소 (헌재 1995.1.20. 94헌마246)

헌법이나 형사소송법 등의 법률이 대통령의 재직 중 공소시효의 진행이 정지된다고 명백히 규정되어 있지는 않다고 하더라도, …대통령의 재직 중 형사상의 소추를 할 수 없는 범죄에 대한 공소시효의 진행은 정지되는 것으로 해석하는 것이 원칙이다.

또한, 퇴직 후의 형사상의 소추나 재직 중의 민사상, 행정상의 책임까지 면제되는 것은 아니며, 대통령은 탄핵결정에 의하지 아니하고는 공직으로부터 파면되지 아니한다(제65조). 만약 재직 중 내란 또는 외환의 죄 이외에 대해 공소제기가 있는 경우에는 형사소송법 제327조 제1호의 재판권부존재를 이유로 공소기각판결을 하여야 할 것이다.

한편, 취임 전의 대통령당선인에 대한 지위와 관련하여 헌법 제84조의 적용여부에 대해서는 여러 현실적인 요소를 감안, 심도있는 논의가 필요할 것이다.

Ⅲ. 대통령의 권한과 의무

1. 비상적 권한

헌법 제76조 ① 대통령은 내우 · 외환 · 천재 · 지변 또는 중대한 재정 · 경제상의 위기에 있어서 국가의 안전보장 또는 공공의 안녕질서를 유지하기 위하여 긴급한 조치가 필요하고 국회의 집회를 기다릴 여유가 없을 때에 한하여 최소한으로 필요한 재정 · 경제상의 처분을 하거나 이에 관하여 법률의 효력을 가지는 명령을 발할 수 있다.
② 대통령은 국가의 안위에 관계되는 중대한 교전상태에 있어서 국가를 보위하기 위하여 긴급한 조치가 필요하고 국회의 집회가 불가능한 때에 한하여 법률의 효력을 가지는 명령을 발할 수 있다.
③ 대통령은 제1항과 제2항의 처분 또는 명령을 한 때에는 지체없이 국회에 보고하여 그 승인을 얻어야 한다.
④ 제3항의 승인을 얻지 못한 때에는 그 처분 또는 명령은 그때부터 효력을 상실한다. 이 경우 그 명령에 의하여 개정 또는 폐지되었던 법률은 그 명령이 승인을 얻지 못한 때부터 당연히 효력을 회복한다.
⑤ 대통령은 제3항과 제4항의 사유를 지체 없이 공포하여야 한다.

(1) 긴급명령권緊急命令權(헌법 제76조 2항)

(가) 서 설

① 의 의

긴급명령이란 통상적인 입법절차로써는 대처할 수 없는 국가의 안위에 관계되는 비상사태가 발생하고 국회의 집회가 불가능한 때에 대통령이 이를 극복하기 위하여 발동하는 예외적인 긴급입법조치緊急立法措置를 말한다.

우리 헌법은 제76조 제2항에서 "대통령은 국가의 안위에 관계되는 중대한 교전상태에 있어서 국가를 보위하기 위하여 긴급한 조치가 필요하고 국회의 집회가 불가능한 때에 한하여 법률의 효력을 가지는 명령을 발할 수 있다"라고 하여, 대통령의 긴급입법권을 규정하고 있다.

② 법적 성격

대통령의 긴급명령은 국회의 집회가 불가능한 때에 비상사태를 극복하기 위하여 대통령이 발하는 긴급입법으로서 법률의 효력을 가지는 명령이다. 따라서 긴급명령은 국회입법의 원칙에 대한 중대한 예외를 의미하는 국가긴급권의 일종이다. 긴급명령제도는 입헌주의에 대한 중대한 예외를 의미하므로, 서구 민주주의국가에서는 이를 인정하지 않는 것이 일반적인 경향이다. 헌법 제77조의 계엄제도와 비교함으로써 그 차이를 명확히 알 수 있다.

[비교] 긴급명령과 계엄

구 분	긴급명령(제76조 제2항)	계엄(제77조)
상황	국가안위에 관계되는 중대한 교전상태	전시·사변 또는 이에 준하는 국가비상사태
내용	긴급처분이나 긴급입법조치	행정·사법에 대한 군정통치
동원되는 공권력	경찰력	병력
국회의 집회여부	국회의 집회가 불가능한 경우에 한함	국회의 집회여부와 무관
국회에 의한 통제	국회에 통고하고 승인을 얻어야 하는 대신 국회가 해제를 요구할 수 없다(긍정적 통제).	국회에 통고하되 승인을 얻을 필요가 없는 대신 국회는 해제요구가능(부정적 통제)
기본권의 제한	대상에 관해 제한 규정이 없다.	영장제도, 언론·출판·집회·결사의 자유에 한해 특별한 조치가능
발동요건	헌법에 의함	헌법적 권한이나 법률에 의함

(나) 긴급명령발동요건

① 실질적 요건

㉮ 국가의 안위에 관계되는 중대한 교전상태가 있을 것

중대한 교전상태란 전쟁뿐만 아니라 이에 준하는 내란·사변을 말하며, 또 직접적으로 국가의 안위에 관계되는 중대한 것이어야 한다.

㉯ 국가를 보위하기 위한 긴급한 조치가 필요할 것

국가를 보위하기 위한 것은 국가안전보장을 위한 소극적 목적을 가지는 방어적인 것만을 말하며, 공공복리·국력신장 등을 위해서는 발동할 수 없다. 긴급한 조치란 국가를 보위하기 위한 필수불가결한 조치이면 그 내용에 특별한 제한이 없으며, 헌법 제40조의 입법권의 대상으로 하는 입법사항 전반에 걸친다. 긴급한 조치가 필요하다는 것은 그러한 조치가 없으면 국가안전을 방어하는 목적달성이 불가능한 것을 말한다. 긴급한 조치의 필요성 유무에 대한 판단은 제1차적으로 대통령이 한다. 다만 그 판단은 객관성이 있어야 한다(헌재 1996.2.29. 93헌마186).

㉰ 국회의 집회가 불가능할 것

국회의 집회불능은 국회의 기능마비로 인한 집회의 법률상·사실상 불능이지

시간적 불능을 의미하는 것은 아닌 점에서 긴급재정경제명령의 발동요건과 다르다. 따라서 국회가 개회 중 비상사태로 말미암아 그 활동이 불가능한 경우 및 폐회나 휴회 중에 비상사태로 인하여 그 집회가 불가능한 경우, 국회의원의 과반수가 집회에 불응한 경우 등을 포함한다. 또한 그러한 불능상태는 이미 존재하는 것이어야 하므로 국회를 폐쇄하는 등의 조치를 취한 후에 집회가 불능이 되었다는 것을 요건으로 하지 못한다. 또한 긴급명령권을 행사할 당시의 국회의 개·폐·휴회 여부를 불문한다.

② 절차적 요건

㉮ 국무회의의 심의(제89조 제5호)와 국가안전보장회의의 자문을 거칠 것(제91조).

㉯ 문서로써 하되 국무총리와 관계국무위원의 부서가 있을 것(제82조).

㉰ 지체없이 국회에 보고하여 승인을 얻을 것(제76조 제3항).

㉱ 대통령은 긴급명령을 발한 후 국회에 보고하여 승인을 요청하였다는 사실과 국회의 승인여부를 지체없이 공포할 것(제76조 제5항).

(다) 긴급명령의 효력

적법하게 성립한 긴급명령은 형식면에서는 명령이지만 실질적으로는 국회가 제정한 법률과 동일한 효력을 갖는다. 따라서 긴급명령으로써 권리를 제한하거나 의무를 부과할 수 있음은 물론 기존의 법률을 폐지할 수 있고 그 적용을 정지할 수도 있다. 일단 유효하게 성립한 긴급명령을 폐지·개정 또는 정지시키려면 국회를 통과한 법률 또는 유효하게 성립한 긴급명령에 의해서만 가능하다.

(라) 긴급명령의 한계

긴급명령은 그 본질에 비추어 소극적으로 국가의 보위를 위하여서만 발동할 수 있고, 적극적인 공공복리의 증진을 위하여 발동할 수는 없다. 또한 긴급명령은 법률적 효력을 가질 뿐이므로 헌법사항을 변경할 수 없다. 즉 헌법의 개정, 국회의 해산, 국회·헌법재판소·법원의 권한에 관하여 특별한 조치, 군정의 실시 등은 할 수 없다.

(마) 긴급명령에 대한 통제

① 국회에 의한 통제

긴급명령을 발한 경우에는 지체 없이 국회에 보고하여 승인을 얻어야 한다. 국회의 승인을 얻지 못한 경우에는 그때부터 효력을 상실한다. 또한 승인을 얻지 못한 경우에는 긴급명령에 의하여 개정되거나 폐지된 법률은 그 명령이 승인을 얻지 못한 때로부터 당연히 효력을 회복한다(헌법 제76조 제4항).

② 법원에 의한 통제

긴급명령이 국회의 승인을 얻은 경우에도 긴급명령의 위헌 여부가 재판의 전제가 되는 때에는 법원이 헌법재판소에 위헌심판을 제청할 수 있다.

③ 헌법재판소에 의한 통제

헌법재판소는 법원의 제청이 있는 경우에 긴급명령의 위헌여부를 심판할 수 있으며, 긴급명령이 기본권을 침해한 경우에는 법률의 경우처럼 헌법소원의 대상이 된다.

⑵ 긴급재정경제처분권緊急財政經濟處分權(헌법 제76조 1항)

(가) 의 의

긴급재정경제처분권이란 정상적인 재정처분이나 경제처분만으로는 대처하기 곤란한 내우·외환·천재·지변 또는 중대한 재정·경제상의 위기가 발생하고, 국회의 집회를 기다릴 여유가 없을 때 대통령이 국가의 안전보장이나 공공의 안녕질서를 유지하기 위하여 행하는 긴급처분이다.

이는 국회에 의한 재정의결의 원칙에 대한 중대한 예외를 의미하는 것이며, 국회의 집회를 기다릴 여유가 없는 경우에 한하여 예외적으로 인정되는 국가긴급권이다.

(나) 요 건

절차적인 요건으로는 긴급재정경제처분은 국무회의의 심의를 거쳐야 하며, 국무총리 및 관계 국무위원의 부서가 있어야 한다. 특히 내용이 국가안전보장과 관련되는 경우에는 국무회의에 앞서 국가안전보장회의의 자문을 필수적으로 거쳐야 한다(헌법 제91조). 대통령이 긴급재정경제처분을 한 때에는 지체없이 국회에 보고하여 그 승인을 얻어야 한다. 이때의 '지체없이'란 즉시라는 뜻으로 이해된다. 국회가 폐회중인 때에는 임시회를 요구하여야 할 것이다. 긴급재정경제처분은 재정사항과 경제사항만을 그 내용으로 할 수 있으며, 기타 정치적·사회적·문화적 사항은 내용으로 할 수 없다.

(다) 효 력

국회의 승인을 얻지 못한 경우 그 처분은 승인거부 시부터 효력을 상실한다. 국회의 승인을 얻은 경우 당해 처분이 국회의 동의를 얻은 것과 동일한 효과를 가지게 된다.

(라) 통 제

긴급재정경제처분은 국회의 승인을 얻은 경우에도 행정처분으로서의 성격을 가지는 것이므로, 법원이 그 위헌·위법 여부를 심사할 수 있다.

(3) 긴급재정경제명령권緊急財政經濟命令權(헌법 제76조 1항)

(가) 의 의

긴급재정경제명령이란 국회의 집회를 기다릴 시간적 여유가 없을 때에 한하여 대통령이 긴급재정경제처분의 실효성을 뒷받침하기 위해 발하는 긴급입법으로서 법률의 효력을 가진 법률대위명령을 말한다.

(나) 통 제

긴급재정경제명령에 대한 통제는 긴급명령에 대한 통제와 동일하다. 즉 국회, 법원, 헌법재판소에 의한 통제가 가능하다.

(다) 관련 판례

* 긴급재정경제명령은 정상적인 재정운용·경제운용이 불가능한 중대한 재정·경제상의 위기가 현실적으로 발생하여(위기가 발생할 우려가 있다는 이유로 사전적·예방적으로 발할 수는 없다) 긴급한 조치가 필요함에도 국회의 폐회 등으로 국회가 현실적으로 집회될 수 없고 국회의 집회를 기다려서는 그 목적을 달할 수 없는 경우에 이

를 사후적으로 수습함으로써 기존질서를 유지・회복하기 위하여(공공복리의 증진과 같은 적극적 목적을 위하여는 발할 수 없다) 위기의 직접적 원인의 제거에 필수불가결한 최소의 한도 내에서 헌법이 정한 절차에 따라 행사되어야 한다(헌재 1996.2.29. 93헌마186).

* 긴급재정경제명령이 헌법에 합치하는 경우라면 이에 따라 기본권을 침해받는 국민으로서도 특별한 사정이 없는 한 이를 수인할 것을 요구하고 있는 것이다. … 헌법 제76조 소정의 요건과 한계에 부합하는 것이라면 그 자체로 목적의 정당성, 수단의 적정성, 피해의 최소성, 법익의 균형성이라는 기본권제한의 한계로서의 과잉금지원칙을 준수하는 것이 되는 것이다(헌재 1996.2.29. 93헌마186).
* 긴급재정경제명령은 국가긴급권의 일종으로서 고도의 정치적 결단에 의하여 발동되는 행위이고, 그 결단을 존중하여야 할 필요성이 있는 행위라는 의미에서 이른바 통치행위에 속한다. … 대통령의 긴급재정・경제명령은 비록 고도의 정치적 결단에 의하여 행해지는 국가작용이라고 할지라도 그것이 국민의 기본권 침해와 직접 관련되는 경우 헌법재판소의 심판대상이 된다(헌재 1996.2.29. 93헌마186).

[비교] 긴급명령과 긴급재정경제명령

구 분	긴급명령	긴급재정경제명령
목적	교전상태에서의 국가보위	재정・경제상의 위기
비상사태의 차이	국가안위에 관계되는 중대한 교전상태	내우・외환・천재・지변 또는 중대한 재정・경제상의 위기
국회소집 여부	국회의 집회가 불가능한 때	국회의 집회를 기다릴 여유가 없을 때
규율 범위	국가보위를 위한 전반적 조치	재정・경제상의 최소한의 처분

긴급재정경제명령의 사법심사 대상성 (헌재 1996.2.29. 93헌마186)

대통령의 긴급재정경제명령은 국가긴급권의 일종으로서 고도의 정치적 결단에 의하여 발동되는 행위이고 그 결단을 존중하여야 할 필요성이 있는 행위라는 의미에서 이른바 통치행위에 속한다고 할 수 있으나, …헌법재판소는 헌법의 수호와 국민의 기본권 보장을 사명으로 하는 국가기관이므로 비록 고도의 정치적 결단에 의하여 행해지는 국가작용이라고 할지라도 그것이 국민의 기본권 침해와 직접 관련되는 경우에는 당연히 헌법재판소의 심판대상이 된다.

(4) 계엄선포권戒嚴宣布權

> **헌법 제77조** ① 대통령은 전시·사변 또는 이에 준하는 국가비상사태에 있어서 병력으로써 군사상의 필요에 응하거나 공공의 안녕질서를 유지할 필요가 있을 때에는 법률이 정하는 바에 의하여 계엄을 선포할 수 있다.
> ② 계엄은 비상계엄과 경비계엄으로 한다.
> ③ 비상계엄이 선포된 때에는 법률이 정하는 바에 의하여 영장제도, 언론·출판·집회·결사의 자유, 정부나 법원의 권한에 관하여 특별한 조치를 할 수 있다.
> ④ 계엄을 선포한 때에는 대통령은 지체 없이 국회에 통고하여야 한다.
> ⑤ 국회가 재적의원 과반수의 찬성으로 계엄의 해제를 요구한 때에는 대통령은 이를 해제하여야 한다.

(가) 계엄은 ① 전시·사변 또는 이에 준하는 국가비상사태가 발생할 것, ② 병력으로써 군사상의 필요에 응하거나 공공의 안녕질서를 유지할 필요가 있을 것, ③ 법률(계엄법)이 정하는 절차와 방법에 따를 것을 요한다.

(나) 대통령이 계엄을 선포하려면 국무회의의 심의를 거쳐야 한다(해제의 경우에도 국무회의 심의를 요함)(헌법 제89조 제5호). 계엄선포 시에는 그 선포이유·종류·계엄시행일시·시행지역·계엄사령관을 공고하여야 한다. 대통령이 계엄을 선포한 때에는 지체 없이 국회에 통고하여야 한다. 국회가 폐회중인 때에는 지체 없이 임시회의 집회를 요구하여야 한다(계엄법 제4조 제2항).

(다) 계엄선포는 대통령만이 할 수 있으며, 계엄이 선포되면 계엄사령관은 국방부 장관의 지휘·감독을 받는다. 다만, 전국을 계엄지역으로 하는 경우에는 대통령의 지휘·감독을 받는다(계엄법 제6조).

비상계엄하에서는 일정한 범죄사건에 한하여(계엄법 제10조) 군사법원의 재판을 받으며, 군사법원의 재판을 받는 경우에 일정한 범죄에 한하여 단심으로 할 수 있다(헌법 제110조 4항).

대법원 판례에 의하면 "비상계엄하의 군사법원은 계엄선포 이후의 범죄행위는 물론 계엄선포 전후를 통하여 비상계엄선포가 있는 지역 내의 범죄에 대해서도 재판권을 갖는다"고 한다(대판 1964.7.21. 64초4).

(라) 경비계엄은 기본권에 관한 특별조치는 불가능하나, 비상계엄의 경우에는 기본권에 대한 특별조치를 할 수 있다(영장제도, 언론·출판·집회·결사의 자유 제한 가능).

(마) 헌법 제77조 제3항은 비상계엄이 선포된 경우 "법률이 정하는 바에 의하여 영장제도, 언론·집회·결사의 자유, 정부나 법원의 권한에 관하여 특별한 조치를 할 수 있다"고 규정하고 있다. 그런데 계엄법 제9조 제1항은 이 외에도 거주·이전, 단체행동에 대해서도 특별한 조치를 할 수 있음을 규정하고 있다.

(바) 계엄이 해제되면 해제된 날로부터 모든 행정사무와 사법사무는 평상상태로 복귀한다. 비상계엄 시행 중에 군사법원에 계속 중이던 재판사건의 관할은 비상계엄의 해제와 동시에 일반법원에 속한다. 다만, 대통령이 필요하다고 인정할 때에는 군사법원의 재판권을 1개월 범위에서 연기할 수 있다(동법 제12조 제2항).

또한 계엄해제 후 계엄실시중의 포고령 위반행위를 처벌할 수 있는지에 관하여 대법원은 "계엄은 국가비상사태에 당하여 병력으로써 국가의 안전과 공공의 안녕질서를 유지할 필요가 있을 때에 선포되고 평상상태로 회복되었을 때에 해제하는 것으로서 계엄령의 해제는 사태의 호전에 따른 조치이고 계엄령은 부당하다는 반성적 고찰에서 나온 조치는 아니므로 계엄이 해제되었다고 하여 계엄 하에서 행해진 위반행위의 가벌성이 소멸된다고는 볼 수 없는 것으로서 계엄기간중의 계엄포고위반의 죄는 계엄해제 후에도 행위당시의 법령에 따라 처벌되어야 하고 계엄의 해제를 범죄 후 법령의 개폐로 형이 폐지된 경우와 같이 볼 수 없다"고 하였다(대판 1985.5.28. 81도1045).

(사) 계엄에 대한 통제

① 국회에 의한 통제

계엄을 선포한 때에는 대통령은 지체없이 국회에 통고하여야 하는데(헌법 제77조 제4항), 이 경우 국회가 재적의원 과반수의 찬성으로 계엄의 해제를 요구한 때에는 대통령은 이를 해제하여야 한다(헌법 제77조 제5항). 그리고 입법을 통하여 계엄당국을 통제할 수 있고, 대집행부통제권(예컨대 국정감사·조사권, 탄핵소추권 등)을 행사하여 계엄을 통제할 수 있다.

② 사법적 통제

㉮ 대법원의 입장

"대통령이 제반의 객관적 사정에 비추어 그 재량으로 비상계엄을 선포함이 상당하다는 판단 밑에 이를 선포하였을 경우, 그 선포의 당·부당을 판단할 권한과 같은 것은 헌법상 계엄의 해제 요구권이 있는 국회만이 가지고 있다 할 것이고, …사법기관인 법원이 계엄선포요건의 구비여부나 선포의 당·부당을 심사하는 것은 사법권의 내재적인 본질적 한계를 넘어서는 것이 되어 적절한 바가 못된다"고 하였으나(대판 1981.1.23. 80도2756), "비상계엄의 선포나 확대가 국헌문란의 목적을 달성하기 위하여 행하여진 것이라면 법원은 범죄행위에 해당하는지 여부에 관하여는 심사할 수 있다"고 한다(대판 1997.4.17. 96도3376).

㉯ 헌법재판소의 입장

"통치행위를 포함하여 모든 국가작용은 국민의 기본권적 가치를 실현하기 위한 수단이라는 한계를 반드시 지켜야 하는 것이고, 헌법재판소는 헌법의 수호와 국민의 기본권 보장을 사명으로 하는 국가기관이므로 비록 고도의 정치적 결단에 의하여 행해지는 국가작용이라고 할지라도 그것이 국민의 기본권 침해와 직접 관련되는 경우에는 당연히 헌법재판소의 심판대상이 된다"고 하여 계엄선포를 통치행위라고 볼지라도 사법심사의 대상이 된다고 한다(헌재 1996.2.29. 93헌마186).

(5) 국민투표부의권國民投票附議權

> **헌법 제72조** 대통령은 필요하다고 인정할 때에는 외교·국방·통일 기타 국가안위에 관한 중요정책을 국민투표에 붙일 수 있다.

(가) 의의와 법적 성격

① 개념과 제도적 의의

헌법 제72조에서 규정하고 있는 국민투표부의권은 대통령이 국회와 국민대표기관의 의결에 구속되지 않고, 직접 주권자인 국민의 신임에 호소하기 위한 방법이다. 이때의 국민투표제는 헌법 제130조 제2항의 헌법개정안에 대한 국민투표제와 더불어 현행 헌법에 있어서 대의제 원칙에 대한 예외가 되는 직접민주제의 요소가 되는 것이며, 나아가 국회에 대한 대통령의 우월적 지위를 보장하여 주는 제도이기도 하다.

다만 이에 대해서 국민투표제도는 대의제의 대체수단이 아니라 그 보완수단이므로, 헌법 제72조의 대통령의 국민투표부의권은 입법권이나 헌법개정권을 찬탈하는 방식으로 행사되어서는 안 된다는 견해가 있다. 즉 대통령의 의사가 국회의 의사와 충돌하는 경우에 대통령의 의사를 관철하는 방편으로 악용되어서는 안 된다는 것이다. 따라서 대통령의 국민투표부의권은 대통령이 자신의 권한 영역 내의 사항에 관하여 그 결정 · 집행 전에 국민의 의사를 확인할 필요가 있다고 판단할 경우 국민의 의사를 물어볼 수 있는 권한에 불과하다고 제한적으로 해석해야 할 것이다.

② 연 혁

한국 헌정사상 국가의 중요정책에 대한 국민투표제가 최초로 도입된 것은 제2차 개정헌법이며, 1972년 헌법은 그 대상을 '국가의 중요정책'이라고 함으로써 이를 더 포괄적으로 규정하였다가 1980년 헌법이후 외교 · 국방 · 통일정책 외에 기타 국가안위에 관한 사항으로 한정하였다.

③ 법적 성격

헌법개정안(헌법 제130조 2항)에 대한 국민투표가 필수적 국민투표라면, 헌법 제72조에 의한 국민투표는 임의적任意的 국민투표라고 할 수 있다. 국민투표가 헌법에 규정된 사항, 예컨대 정책의 결정 등을 대상으로 할 경우에는 레퍼렌덤Referendum의 성격을 띠게 될 것이고, 헌법에 규정되지 않은 사항, 예컨대 영토의 변경, 주권의 제약, 정권의 신임여부를 대상으로 할 때에는 플레비지트Plebiszit의 성격을 띠게 된다.

헌법재판소는 "헌법 제72조의 국민투표의 대상인 '중요정책'에 대통령에 대한 '국민의 신임'이 포함되지 않는다"고 하면서, "이러한 국민투표를 공개적으로 제안하고 이를 실현하는 행동으로 나아간다면 탄핵사유가 된다"고 판시하였다(헌재

2004.5.14. 2004헌나1).

(나) 절 차

국가안위에 중요정책을 국민투표에 부의할 수 있는 국가기관은 대통령이다. 대통령의 국민투표부의권 행사 요건과 관련하여 헌법은 국민투표안에 대하여 국무회의를 거치도록 하고 있다(헌법 제89조 제3항). 중요한 국가정책에 대한 국민투표는 찬반투표로 결정하는 것이 일반적이다. 국민투표의 방법에 관한 구체적인 사항은 국민투표법에 규정되어 있다.

(다) 효 과

국민투표의 결과에 구속력이 있는지 여부가 문제되는데 이에 대하여 국민투표에 의해 나타나는 국민의 의사는 국민과 모든 국가기관을 구속한다고 보아 국민투표 후에 대통령은 국민의사에 반하는 정책결정을 할 수 없다고 보는 견해와 헌법 제72조는 대통령의 국민투표부의권만을 규정하고 있을 뿐 결과의 구속력에 대하여는 규정하지 않고 있고, 헌법에 구체화되어 있지 않는 한 구속력을 인정하는 것은 대의제를 기초로 하는 자유위임 원리 등과 같은 헌법상 원리와 충돌된다는 점에서 법적 구속력은 인정되지 않고 단지 사실적·정치적 구속력이 있을 뿐이라는 견해가 있다.

국민투표로 인한 예외적인 국민의사의 확인은 제도적으로 보장된 것으로 그것은 국민 전체의 의사로 의제되어 주로 국회의 입법에 법적인 구속력을 미친다고 본다. 다만 국민투표 방식이 단순한 찬반투표가 될 가능성이 크다고 본다면 세부적인 입법사항은 국회의 입법재량이 여전히 존재할 수 있을 것이다.

2. 헌법기관 구성에 관한 권한

(1) 대법원 구성권(대법원장, 대법관 임명)

(2) 헌법재판소 구성권(재판소장, 재판관, 재판관 9인 중 3인을 직접 임명)

(3) 중앙선거관리위원회 구성권(중앙선거관리위원회 9인 위원 중 3인 임명)

(4) 감사원 구성권(감사원장, 감사위원 임명)

3. 행정에 관한 권한

(1) 일반적 권한

대통령은 행정부 수반으로서 행정에 관한 최고의 결정권과 집행권을 가지며, 법률을 공포하고 집행할 권한을 가진다. 또한 법률을 집행함에 필요한 위임명령과 집행명령을 발할 수 있다. 대통령은 정부의 수반으로서 법령에 따라 모든 중앙행정기관의 장을 지휘·감독한다. 대통령은 국무총리와 중앙행정기관의 장의 명령이나 처분이 위법 또는 부당하다고 인정하면 이를 중지 또는 취소할 수 있다(정부조직법 제11조).

(2) 외교에 관한 권한

대통령은 국가원수로서 외국에 대하여 국가를 대표하며(헌법 제66조 제1항), 조약을 체결·비준하고, 외교사절을 신임·접수 또는 파견하며, 선전포고와 강화를 한다(헌법 제73조).

대통령이 조약을·체결 비준함에는 국무회의의 심의는 물론 헌법 제60조에 해당하는 조약은 국회의 동의까지도 필요로 한다.

남북정상회담에 대해서, 대법원은 "남북정상회담의 개최는 고도의 정치적 성격을 지니고 있는 행위라 할 것이므로 특별한 사정이 없는 한 그 당부를 심판하는 것은 사법권의 내재적·본질적 한계를 넘어서는 것이 되어 적절하지 못하지만, 남북정상회담의 개최과정에서 재정경제부 장관에게 신고하지 아니하거나 통일부장관의 협력사업 승인을 얻지 아니한 채 북한측에 사업권의 대가 명목으로 송금한 행위 자체는 헌법상 법치국가의 원리와 법 앞에 평등원칙 등에 비추어 볼 때 사법심사의 대상이 된다."고 판시한 바 있다(대판 2004.3.26. 2003도7878).

(3) 공무원임면권任免權

대통령은 헌법과 법률이 정하는 바에 의하여 공무원을 임면한다(헌법 제78조). 임면은 임명과 면직을 말하며, 임면에는 보직·전직·휴직·징계처분 등이 포함된다. 이러한 대통령의 공무원임면권에도 일정한 제약이 인정된다. 예컨대, 선거(국회의원, 지방의회의원 등), 국회동의(국무총리·감사원장·대법원장 및 대법관·헌법재판소장 등), 일정기관의 제청(국무위원·각부장관·대법관·감사위원 등), 국무회의 심의(검찰총장·합참의장·각군참모총장·국립대학교총장·대사 기타 법률이 정하는 공무원 등), 자격이 정해진 공무원(법관·검사·교육공무원 등) 등이 그것이다.

(4) 국군통수권國軍統帥權

(가) 대통령은 헌법과 법률이 정하는 바에 따라 국군을 통수하며, 국군의 조직과 편성은 법률로 정한다(헌법 제74조). 이에 관한 법률이 국군조직법, 군인사법이다. 헌법은 대통령에게 국가의 독립, 영토의 보전, 국가의 계속성과 헌법을 수호할 책무를 부과함과 동시에, 이를 위하여 국군통수권을 대통령에게 부여하고 있다. 대통령의 국군통수권은 정부수반의 지위에서 나오는 권한이다. 군사재판권은 대통령의 국군통수권에 포함되지 않는다.

(나) 관련 판례

* 대통령이 국군을 이라크에 파견하기로 한 결정은 그 성격상 국방 및 외교에 관련된 고도의 정치적 결단을 요하는 문제로서, 헌법과 법률이 정한 절차를 지켜 이루어진 것임이 명백하므로, 대통령과 국회의 판단은 존중되어야 하고 헌법재판소가 사법적 기준만으로 이를 심판하는 것은 자제되어야 한다(헌재 2004.4.29. 2003헌마814).
* 한미연합 군사훈련에 대해서는, 한미연합연습 양해각서에 의하여 연례적으로 실시하고 있는 대표적 군사훈련으로서, 국방에 관련되는 고도의 정치적 결단에 해당하여 사법심사를 자제하여야 하는 통치행위에 해당하지 않는다(헌재 2009.5.28. 2007헌마369).

(5) 재정에 관한 권한

대통령의 재정에 관한 권한은 예산안제출권과 그 밖의 재정에 관한 권한으로 나눌 수 있다. 대통령은 예산안을 편성하여 회계연도 개시 90일 전까지 국회에 제출하여야 하며(헌법 제54조 제2항), 예산에 변경을 가할 필요가 있을 때에는 추가경정예산안을 편성하여 국회에 제출할 수 있다(제56조).

대통령은 계속비(제55조 제1항), 예비비(동조 2항), 국채의 모집이나 예산외 국가부담계약(제58조)에 관해서도 국회의 의결을 얻어 집행할 수 있다. 예산안이 법정기간 내에 의결되지 못한 때에는 정부는 일정한 경비(제54조 제3항 제1 · 2 · 3호)를 전년도 예산에 준하여 집행할 수 있다(준예산제도).

(6) 영전수여권榮典授與權

대통령은 법률에 정한 바에 의하여 훈장 기타의 영전을 수여한다(헌법 제80조). 영전수여는 국무회의의 심의를 거쳐야 하며, 영전수여에 관한 법으로는 상훈법이 있다. 훈장 및 포상은 이를 받은 자에게만 효력이 있으며, 어떠한 특권도 이에 따르지 않는다(헌법 제11조 제3항).

4. 국회와 입법에 관한 권한

(1) 국회에 관한 권한

(가) 임시회 집회요구권

대통령은 임시회의 소집을 요구할 수 있다(헌법 제47조 제1항). 임시회의 소집요구는 국무회의의 심의를 거쳐야 하며, 기간과 집회요구의 사유를 명시하여야 한다(동조 제3항). 대통령이 요구한 임시회에는 정부가 제출한 의안만을 심의할 수 있다고 본다.

(나) 국회출석 · 발언권

대통령은 국회에 출석하여 발언하거나 서한으로 의견을 표시할 수 있다(헌법 제18조). 이는 의무는 아니므로 국회는 대통령의 출석이나 서한에 의한 의사표시를 요구할 수 없다.

(2) 입법에 관한 권한

> **헌법 제52조** 국회의원과 정부는 법률안을 제출할 수 있다.
>
> **헌법 제53조** ① 국회에서 의결된 법률안은 정부에 이송되어 15일 이내에 대통령이 공포한다.
> ② 법률안에 이의가 있을 때에는 대통령은 제1항의 기간 내에 이의서를 붙여 국회로 환부하고, 그 재의를 요구할 수 있다. 국회의 폐회 중에도 또한 같다.
> ③ 대통령은 법률안의 일부에 대하여 또는 법률안을 수정하여 재의를 요구할 수 없다.
> ④ 재의의 요구가 있을 때에는 국회는 재의에 붙이고, 재적의원과반수의 출석과 출석의원 3분의 2 이상의 찬성으로 전과 같은 의결을 하면 그 법률안은 법률로서 확정된다.
> ⑤ 대통령이 제1항의 기간 내에 공포나 재의의 요구를 하지 아니한 때에도 그 법률안은 법률로서 확정된다.

(가) 법률안제출권法律案提出權

대통령은 정부의 수반으로서 법률안을 제출할 권한을 가진다(헌법 제52조). 정부의 법률안제출권은 의원내각제 정부형태의 요소이다.

(나) 법률안거부권法律案拒否權

① 서 설

㉮ 개 념

법률안거부권veto power이란 국회가 의결하여 정부에 이송한 법률안에 대하여 대통령의 이의가 있을 때 국회에 재의를 요구할 수 있는 권한을 말한다. 법률안재의요구권이라고도 한다.

㉯ 제도적 의의

법률안거부권은 미국 헌법에서 유래된 것으로 국회의 경솔·부당한 입법을 방지하고, 권력상호간의 억제와 균형을 실현하는 장치로서(견제적 기능), 법률안의 실질적 심사권(심사적 기능)을 통한 헌법수호에 그 제도적 의의가 존재한다(정치적 절차를 통한 규범통제). 다만, 미국의 대통령제에서는 법률의 제정에 정부가 관여하지 못하는 반면 우리의 경우는 대통령의 법률안 제출권을 인정하고 있으므로 이

제도가 국회의 입법권에 대한 부당한 간섭이 될 수 있다는 우려도 있다.

② 법적 성질

법률안거부권의 법적 성질에 관하여 정지조건설, 해제조건설, 취소권설, 공법에 특유한 제도설 등이 대립하나, 법률완성에 대한 조건부의 소극적 정지권(정지조건설)으로 보는 것이 타당하다. 따라서 대통령은 국회의 재의결 전에는 언제나 이를 철회할 수 있고 국회도 이를 번복할 수 있다.

③ 거부요건

㉮ 실질적 요건

헌법은 어떠한 경우에 법률안거부권을 행사할 수 있는가에 관해서 규정하고 있지 않다. 하지만 법률안거부권의 행사는 정당하고 합리적인 이유가 있어야 한다. 법률안이 집행 불가능하거나, 국가이익에 반하거나, 헌법에 위반된다고 판단되는 경우 또는 예산상의 뒷받침이 없는 경우에는 정당한 이유가 있다고 할 것이다.

㉯ 절차적 요건

법률안이 정부로 이송되어온 날로부터 15일 이내에 국무회의의 심의를 거쳐 법률안에 이의서를 첨부하여 국회에 환부하여야 한다(헌법 제53조 제1항).

④ 유 형

㉮ 환부거부還付拒否, regular veto or direct veto

ⓐ 개 념

환부거부란 국회가 의결하여 정부에 이송한 법률안을 지정된 기일 안에 대통령이 이의서를 첨부하여 국회에 환부하고 재의를 요구하는 것을 말한다. 우리 헌법 제53조 제2항은 환부거부를 인정하고 있다.

ⓑ 방 식

국회가 이미 폐회한 후에도 법률안에 대하여 이의가 있으면, 대통령은 15일 이내에 그 법률안을 국회에 환부하여야 한다. '일부거부, 수정거부'는 법률안의 유기적 연관성과 법률안 거부권의 소극적인 조건부 정지권이라는 성격에 비추어 허용될 수 없으며, 따라서 일부거부나 수정거부를 한 경우 이는 전부 거부한 것이 아니라 거부권의 포기로 보아야 한다. 현행 헌법은 제53조 제3항에서 "대통령은 법률안의 일부에 대하여 또는 법률안을 수정하여 재의를 요구할 수 없다"라고 명문으로 정하고 있다.

㈏ 보류거부保留拒否, pocket veto

보류거부는 회기불계속의 원칙을 취하는 경우 국회가 폐회하거나 해산함으로 말미암아 대통령이 환부거부를 할 수 있는 지정된 기일에 법률안을 국회에 환부할 수 없어 그 법률안에 대한 이의제기를 할 수 없는 경우에 인정되는 제도로서, 이 경우에는 대통령이 그 법률안을 공포하지 아니한 채 가지고 있으면 법률안이 자동적으로 폐기되는 것을 말한다. 미국에서는 대통령이 환부거부를 할 수 없도록 의회가 의도적으로 휴회를 하는 경우 또는 의회가 회기 마지막 날에 법률안을 대통령에게 송부하고 폐회함으로써 사실상 대통령이 환부거부를 할 수 없는 경우가 발생할 수 있는데, 이 경우에는 환부거부의 기간을 도과하여 대통령이 법률안을 보류하더라도 법률로 확정되지 않도록 하여 의회를 견제할 수 있도록 한 보류거부권을 인정하고 있다.

그러나 우리 헌법 제51조는 회기계속의 원칙을 취하고 있고, 제53조 제2항에서 국회의 폐회 중의 환부도 인정하며 헌법 제53조 제5항에서 15일 이내에 공포나 재의요구를 하지 않으면 그 법률안은 법률로서 확정된다고 규정하고 있고, 국회의원의 임기가 만료되어 폐회된 경우에는 임기만료에 따른 법률안폐기이지 이를 보류거부로 볼 수는 없다 할 것이므로 우리 헌법상 보류거부는 인정되지 않는다고 봄이 타당하다.

⑤ **법률안거부권에 대한 통제**

국회는 그 법률안을 재의에 붙이고 재적의원 과반수의 출석과 출석의원 3분의 2이상의 찬성으로 재의결함으로써 그 법률안을 법률로서 확정하며, 국회의 재의결로 확정된 법률이 정부로 이송된 후 5일 이내에 대통령이 공포하지 아니할 때에는 국회의장이 이를 공포한다(동조 제6항). 이는 헌법이 대통령의 법률안거부권 행사 남용을 견제하기 위해 마련한 제도적 장치이다.

(다) 법률안공포권

대통령은 국회에서 의결되어 정부에 이송되어 온 법률안을 15일 이내에 공포한다(헌법 제53조 제1항). 법령의 공포일은 해당 법령을 게재한 관보 또는 신문이 발행한 날로 한다(법령 등 공포에 관한 법률 제12조). 국민의 권리 제한 또는 의무부과와 직접 관련되는 법률은 긴급히 시행하여야 할 특별한 사유가 있는 경우를 제외하고는 공포일로부터 적어도 30일이 경과한 날로부터 시행되도록 하여야 한다(법령 등 공포에 관한 법률 제13조2).

(라) 행정입법권

헌법 제75조 대통령은 법률에서 구체적으로 범위를 정하여 위임받은 사항과 법률을 집행하기 위하여 필요한 사항에 관하여 대통령령을 발할 수 있다.

① 의의 및 필요성

행정입법이란 법률에서 구체적으로 범위를 정하여 위임받은 사항과 법률을 집행하기 위하여 필요한 사항에 관하여 정해 놓은 법규성을 가진 명령을 말한다.

국민의 자유와 권리에 관한 사항은 국민의 대표기관인 의회가 법률로 정해야 하지만, 현대 행정이 복잡·다기하고 상황의 변화에 따라 다양한 방식으로 적절히 대처할 '필요성'이 요구되는 반면, 국회의 '기술적·전문적 능력이나 시간적 적응능력에는 한계'가 있기 때문에, 헌법은 위임입법을 인정하였다(헌재 2001.1.18. 98헌바75등).

② 종 류

행정입법은 광의로는 법규명령과 행정규칙으로 나누어지고 협의로는 법규명령인 대통령령·총리령·부령으로 이는 다시 위임명령委任命令과 집행명령執行命令으로 나누어진다.

[비교] 법규명령과 행정규칙

기 준	법규명령	행정규칙
본질	행정기관이 국민의 자유·권리에 관한 사항을 정하는 것으로, "법규"로서의 성질을 가진다.	특별권력관계를 전제로 행정기관이 그 고유의 권한으로서 국민의 자유·권리와 직접 관계없는 사항을 정하는 것으로서 행정기관 내부에서만 효력을 가진다.
근거	헌법·법률 또는 상위명령의 근거를 요하며 위임·수권한 범위 내에서만 가능(특히 위임명령은 개별적·구체적 위임을 요함)	헌법·법률의 근거를 요하지 않음(행정권의 고유한 권능으로 제정이 가능함)
법규성	법규성이 있음	원칙적으로 법규성이 없음
대상	국민의 자유와 권리에 관한 입법사항	국민의 자유와 권리에 직접 관계가 없는 비입법사항
구속력	제정·집행의 주체뿐만 아니라 일반국민도 구속함(일반적·양면적·대외적 구속)	제정·집행자는 구속하지 않고 수명기관·수명자만을 구속(일면적·대내적 구속)
형식	조문형식을 띠고, 관보에 게재하여 공포함으로써 발효	형식에 제한 없으며, 수명기관에 도달하면 발효

[비교] 위임명령과 집행명령

기 준	위임명령	집행명령
의의	헌법에 근거하고 또 법률의 위임에 따라 발하는 명령	헌법에 근거하여 법률을 집행하는데 필요한 세칙을 정하는 명령
근거	헌법 제75조 전단: "대통령은 법률에서 구체적으로 범위를 정하여 위임받은 사항 … 에 관하여" 대통령령을 발할 수 있다.	헌법 제75조 후단: "대통령은 … 법률을 집행하기 위하여 필요한 사항에 관하여" 대통령령을 발할 수 있다.
수권 여부	상위법률의 수권 필요	상위법률의 수권 불필요
목적	법률의 내용을 보충하는 보충명령	법률의 집행에 관한 시행세칙(시행령)
범위	법률이 위임한 범위 내에서는 새로운 입법사항, 즉 국민의 권리·의무에 관한 사항에 관해서도 규정 가능	모법에 규정이 없는 새로운 입법사항에 관하여 독자적으로 규정 불가

③ **법규명령의 한계**

㉮ 포괄적 위임금지

ⓐ 포괄위임금지의 원칙

법률이 명령에 위임하는 형식에는 일반적·포괄적 위임과 개별적·구체적 위임이 있다. 전자는 법률이 위임하는 사항과 범위를 구체적으로 한정하지 아니하고 특정의 행정기관에 입법권을 일반적·포괄적으로 위임하는 형식을 말한다. 후자는 법률이 위임하는 사항과 범위를 구체적으로 한정하여 특정의 행정기관에게 입법권을 위임하는 형식을 의미한다.

일반적·포괄적 위임은 사실상 입법권의 백지위임과 다를 것이 없으며, 그것은 의회입법의 원칙을 부인하는 것이 될 뿐만 아니라, 집행권의 독재와 기본권의 무제한적 침해를 초래할 위험이 있기 때문에 허용되지 아니한다. 헌법도 제75조 전단에서 "대통령은 법률에서 구체적으로 범위를 정하여 위임받은 사항에 관하여 대통령령을 발할 수 있다"라고 하여 개별적·구체적 위임의 형식만을 인정하고 있다.

위임입법의 의미 (헌재 1993.5.13. 92헌마80)

위임입법이란 법률 또는 상위명령에서 구체적으로 범위를 정하여 위임받은 사항에 관하여 법규로서의 성질을 가지는 일반적·추상적 규범을 정립하는 것을 의미하는 것으로서 형식적 의미의 법률(국회입법)에는 속하지 않지만 실질적으로는 행정에 의한 입법으로서 법률과 같은 성질을 갖는 법규의 정립이기 때문에 권력분립주의 내지 법치주의의 원리에 비추어 그 요건이 엄격할 수밖에 없으니 법규적 효력을 가지는 행정입법의 제정에는 반드시 구체적이며 명확한 법률의 위임을 요하는 것이다.

백지위임의 금지 (헌재 2011.9.29. 2010헌가93)

헌법 제75조는 행정입법의 수요와 헌법상 기본권보장의 원칙과 조화를 기하기 위하여 위임입법은 허용하되 백지위임은 허용되지 아니한다는 점을 밝히고 있다.

포괄적 위임입법의 금지 (헌재 1999.12.23. 99헌가2)

헌법 제75조는 "대통령은 법률에서 구체적으로 범위를 정하여 위임받은 사항… 에 관하여 대통령령을 발할 수 있다"고 규정하여 위임입법의 헌법상 근거를 마련하는 한편 대통령령으로 입법할 수 있는 사항을 "법률에서 구체적으로 범위를 정하여 위임받은 사항"으로 한정함으로써 일반적이고 포괄적인 위임입법은 허용되지 않는다는 것을 명백히 하고 있는데, 이는 …입법화된 정책을 집행하거나 적용함을 임무로 하는 행정부나 사법부에 그 기능을 넘겨서는 아니 되기 때문이다.

ⓑ 헌법 제75조의 해석

a) 헌법 제75조의 취지

헌법 제75조는 "대통령은 법률에서 구체적으로 범위를 정하여 위임받은 사항에 관하여 대통령령을 발할 수 있다"고 규정함으로써 위임입법의 근거를 마련함과 동시에 위임은 '구체적으로 범위를 정하여' 하도록 함으로써 그 한계를 설정하고 있다. 이는 행정부에 입법을 위임하는 수권 법률의 명확성의 원칙, 즉 합리적인 법률해석을 통하여 수권 법률에 포함된 입법자의 객관화된 의사, 즉 위임의 내용, 목적과 정도가 밝혀질 수 있다면 위임입법의 한계를 일탈한 것은 아니라고 하는 법률의 명확성원칙이 행정입법에 관하여 구체화된 특별규정이다.

대통령은 법률에서 구체적으로 범위를 정하여 위임받은 사항과 법률을 집행하기 위하여 필요한 사항에 관하여만 대통령령을 발할 수 있으므로, 법률의 시행령은 모법인 법률에 의하여 위임받은 사항이나 법률이 규정한 범위 내에서 법률을 현실적으로 집행하는 데 필요한 세부적인 사항만을 규정할 수 있을 뿐, 법률에 의한 위임이 없는 한 법률이 규정한 개인의 권리·의무에 관한 내용을 변경·보충하거나 법률에 규정되지 아니한 새로운 내용을 규정할 수는 없다(대판 2020.9.3. 2016두32992).

포괄 위임입법금지원칙의 취지

헌법 제75조는 법률이 대통령령에 입법사항의 규정을 위임할 경우에는 법률에 미리 대통령령으로 규정될 내용 및 범위의 기본사항을 구체적으로 규정하여 둠으로써 행정권에 의한 자의적인 법률의 해석과 집행을 방지하고 의회입법과 법치주의의 원칙을 달성하고자 하는 것이다(헌재 2011.2.24. 2009헌바13등).

b) '법률에서 구체적 범위를 정하여'의 의미

구체적으로 범위를 정하여라 함은 의회입법과 법치주의 원칙을 달성하고자 하는 헌법 제75조의 입법취지에 비추어 볼 때, 법률에 대통령령 등 하위법규에 규정될 내용 및 범위의 기본사항이 가능한 한 구체적이고도 명확하게 규정되어 있어 누구라도 당해 법률로부터 대통령령에 규정될 내용의 대강을 예측할 수 있어야 함을 의미한다.

c) 예측가능성의 판단기준

예측가능성의 유무는 당해 특정조항 하나만을 가지고 판단할 것은 아니고 관련 법조항 전체를 유기적·체계적으로 종합 판단하여야 하며, 각 대상법률의 성질에 따라 구체적·개별적으로 검토하여야 한다.

그리고 이와 같은 위임의 구체성·명확성의 요구정도는 그 규율대상의 종류와 성격에 따라 달라질 것이지만 특히 처벌법규나 조세법규와 같이 국민의 기본권을 직접적으로 제한하거나 침해할 소지가 있는 법규에서는 구체성·명확성의 요구가 강화되어 그 위임의 요건과 범위가 일반적인 급부행정의 경우보다 더 엄격하게 제한적으로 규정되어야 하는 반면, 규율대상이 지극히 다양하거나 수시로 변화하는 성질의 것일 때에는 위임의 구체성·명확성의 요건이 완화되어야 할 것이다.

또한 위임조항 자체에서 위임의 구체적 범위를 명백히 규정하고 있지 않더라도 당해 법률의 전반적인 체계와 관련규정에 비추어 위임조항의 내재적인 위임의 범위나 한계를 객관적으로 분명히 확정할 수 있다면 이를 포괄적 백지위임에 해당하는 것으로는 볼 수 없다.

위임입법의 구체성·명확성 요구 정도 (헌재 2002.9.19. 2002헌바2)

법률이 어떤 사항에 관하여 대통령령에 위임할 경우에는 국민이 장래 대통령령으로 규정될 내용을 일일이 예견할 수는 없다고 할지라도 적어도 그 기본적 윤곽만은 예견할 수 있도록 기본적인 사항들에 관하여 법률에서 구체적으로 규정하여야 한다. 그러나 위임의 구체성·명확성의 요구 정도는 규제대상의 종류와 성격에 따라 다른 것으로 기본권침해영역에서는 급부행정영역에서보다 구체성의 요구가 강화되고, 다양한 사실관계를 규율하거나 사실관계가 수시로 변화될 것이 예상될 때에는 명확성의 요건이 완화될 수밖에 없는 것이다.

㈏ 헌법이 명시적으로 수권한 법률사항

헌법이 법률로 정하도록 하고 있는 것은 명령에 위임할 수 없다. 국적취득의 요건(헌법 제2조 제1항), 조세의 종목과 세율(제59조), 지방자치단체의 종류(제117조 제2항) 등은 헌법이 법률로 정하도록 하고 있으므로, 이에 관한 입법권은 위임할 수 없다.

㈐ 처벌법규의 위임

범죄의 구성요건은 반드시 법률로 하여야 하지만 그 구체적 기준을 정하여 위임하는 것은 가능하고 처벌의 수단과 양형은 모법이 최고한도를 정한 후 그 범위 안에서 명령으로써 구체적인 범위를 정하도록 위임할 수 있다.

법률에 의한 처벌법규의 위임 (헌재 1997.5.29. 94헌바22)

법률에 의한 처벌법규의 위임은,…법률에 의한 처벌을 강조하고 있는 기본권보장 우위사상에 비추어 바람직하지 못한 일이므로, 그 요건과 범위가 보다 엄격하게 제한적으로 적용되어야 하는바, 따라서 처벌법규의 위임을 하기 위하여는 첫째, 특히 긴급한 필요가 있거나 미리 법률로써 자세히 정할 수 없는 부득이한 사정이 있는 경우에 한정되어야 하며, 둘째, 이러한 경우에도 법률에서 범죄의 구성요건은 처벌대상행위가 어떠한 것일 것이라고 예측할 수 있을 정도로 구체적으로 정하고, 셋째, 형벌의 종류 및 그 상한과 폭을 명백히 규정하여야 하되, 위임입법의 위와 같은 예측가능성의 유무를 판단함에 있어서는 당해 특정 조항 하나만을 가지고 판단할 것이 아니고 관련 법조항 전체를 유기적·체계적으로 종합하여 판단하여야 한다.

㈑ 위임입법권의 재위임

법률에서 위임받은 사항을 전혀 규정하지 않고 재위임하는 것은 복위임금지復委任禁止의 법리에 반할 뿐 아니라 수권법의 내용변경을 초래하는 것이 되고, 부령의 제정·개정절차가 대통령령에 비하여 보다 용이한 점을 고려할 때 재위임에 의한 부령의 경우에도 위임에 의한 대통령령에 가해지는 헌법상의 제한이 당연히 적용되어야 할 것이므로 법률에서 위임받은 사항을 전혀 규정하지 아니하고 그대로 재위임하는 것은 허용되지 않으며 위임받은 사항에 관하여 대강을 정하고 그 중의 특정사항을 범위를 정하여 하위법령에 다시 위임하는 경우에만 재위임이 허용된다(헌재 2004.1.29. 2001헌마894).

④ **행정입법의 통제**

㉮ 집행부 내부에서의 자율적 통제

감독청의 감독권의 행사, 특정한 심사기관의 심사, 행정절차적 통제 등의 방법이 있다. 행정입법은 위임명령과 집행명령으로 나누어지며, 대통령령, 총리령, 부령 중 대통령령만이 국무회의의 심의대상이다(헌법 제89조 제3호).

㉯ 국회에 의한 통제

국회는 행정입법의 성립과 발효에 동의를 얻게 하거나, 유효하게 성립한 행정입법의 효력을 소멸시키기 위하여 법률을 제정·개정함으로써 행정입법을 직접 통제할 수 있으며(직접적 통제), 또한 위법·부당한 행정입법에 대해서는 국정감사·조사(헌법 제61조), 국무총리·국무위원의 해임건의(제63조), 탄핵소추(제65조) 등의 방법으로 그 철회나 폐지 또는 개정을 촉구할 수 있다(간접적 통제).

현행 국회법 제98조의2 제1항에서는 "중앙행정기관의 장은 법률에서 위임한 사항이나 법률을 집행하기 위하여 필요한 사항을 규정한 대통령령·총리령·부령·훈령·예규·고시 등이 제정·개정 또는 폐지되었을 때에는 10일 이내에 이를 국회 소관 상임위원회에 제출하여야 한다. 다만, 대통령령의 경우에는 입법예고를 할 때(입법예고를 생략하는 경우에는 법제처장에게 심사를 요청할 때를 말한다)에도 그 입법예고안을 10일 이내에 제출하여야 한다"고 규정하고 있다.

㉰ 법원에 의한 통제

법원은 헌법 제107조 제2항에 따라 명령·규칙의 위헌·위법 여부를 심사함으로써 행정입법을 통제할 수 있다.

㉱ 헌법재판소에 의한 통제

헌법재판소는 헌법 제111조 제1항 제5호와 헌법재판소법 제68조 제1항에 따라 법원의 재판을 제외한 모든 사항에 대한 헌법소원심판권을 행사하지만, 법규명령의 위헌여부에 대한 헌법소원에 대해서도 심판권을 가지는가가 문제되나, 헌법재판소는 "입법부에서 제정한 법률, 행정부에서 제정한 시행령이나 시행규칙 및 사법부에서 제정한 규칙 등은 그것들이 별도의 집행행위를 기다리지 않고 직접 기본권을 침해하는 것일 때에는 헌법소원심판의 대상이 될 수 있는 것"이라고 하여 한정적으로 인정하고 있다(헌재 1990.10.15. 89헌마178).

㉮ 국민에 의한 통제

행정절차법에는 행정입법의 예고절차와 더불어 청문·공청회절차 등을 규정하고 있다.

(마) 관련 판례

* 행정입법부작위도 공권력의 불행사로서 헌법소원의 대상이 될 수 있다. 삼권분립의 원칙, 법치행정의 원칙을 당연한 전제로 하고 있는 우리 헌법 하에서 행정권의 행정입법 등 법집행의무는 헌법적 의무라고 보아야 할 것이다. 다만, 행정입법의 지체가 위법으로 되어 그에 대한 법적 통제가 가능하기 위해서는 행정청에게 시행명령을 제정·개정할 법적 의무가 있어야 하고, 상당한 기간이 지났음에도 불구하고 명령제정·개정권이 행사되지 않아야 한다(헌재 2019.11.28. 2017헌마597).
* 하위 행정입법의 제정 없이 상위 법령의 규정만으로도 집행이 이루어질 수 있는 경우라면 하위 행정입법을 하여야 할 헌법적 작위의무는 인정되지 아니한다(헌재 2005.12.22. 2004헌마66).
* 법률의 시행령은 모법인 법률에 의하여 위임받은 사항이나 법률이 규정한 범위 내에서 법률을 현실적으로 집행하는 데 필요한 세부적인 사항만을 규정할 수 있을 뿐, 법률에 의한 위임이 없는 한 법률이 규정한 개인의 권리·의무에 관한 내용을 변경·보충하거나 법률에 규정되지 아니한 새로운 내용을 규정할 수는 없다(대판 2020.9.3. 2016두32992).
* 행정규칙은 일반적으로 행정조직 내부에서만 효력을 가지는 것이고 대외적인 구속력을 갖는 것이 아니어서 원칙적으로 헌법소원의 대상이 아니나, 다만 법령의 규정에 의하여 행정관청에 법령의 구체적 내용을 보충할 권한을 부여한 경우에는 그것이 상위법령의 위임한계를 벗어나지 아니하는 한, 상위법령과 결합하여 대외적인 구속력을 갖는 법규명령으로서 기능하여 헌법소원의 대상이 될 수 있다(헌재 2007.8.30. 2004헌마670).
* 헌법 제75조에 근거한 포괄위임금지원칙은 법률에 이미 대통령령 등 하위법규에 규정될 내용 및 범위의 기본사항이 구체적으로 규정되어 있어서 누구라도 당해 법률로부터 하위법규에 규정될 내용의 대강을 예측할 수 있어야 함을 의미하는데, … 위임입법이 대법원규칙인 경우에도 수권법률에서 이 원칙을 준수하여야 하는 것은 마찬

가지이다(헌재 2014.10.30. 2013헌바368).

* 행정각부의 장은 소관사무에 관하여 법률이나 대통령령의 위임 또는 직권으로 부령을 발할 수 있는데, 법률이 부령에 입법을 위임하는 경우 대통령령에 위임하는 경우와 마찬가지로 '구체적으로 범위를 정하여' 하여야 한다(헌재 2004.11.25. 2004헌가15).
* 지방의회는 민주적 정당성을 지니고 있는 주민의 대표기관이고, 헌법이 지방자치단체에 대해 포괄적인 자치권을 보장하고 있는 취지로 볼 때, 조례에 대한 법률의 위임은 법규명령에 대한 법률의 위임과 같이 반드시 구체적으로 범위를 정하여 할 필요가 없으며 포괄적인 것으로 족하다(헌재 1995.4.20. 92헌마264).
* 행정규칙은 법규명령과 같은 엄격한 제정 및 개정절차를 요하지 아니하므로, 기본권을 제한하는 작용을 하는 법률이 입법위임을 할 때에는 대통령령, 총리령, 부령 등 법규명령에 위임함이 바람직하고, 고시와 같은 형식으로 입법위임을 할 때에는 적어도 행정규제기본법 제4조 제2항 단서에서 정한 바와 같이 법령이 전문적·기술적 사항이나 경미한 사항으로서 업무의 성질상 위임이 불가피한 사항에 한정된다 할 것이고, 그러한 사항이라 하더라도 포괄위임금지의 원칙상 법률의 위임은 반드시 구체적·개별적으로 한정된 사항에 대하여 행하여져야 한다(헌재 2008.7.31. 2005헌마667).
* 헌법이 인정하고 있는 위임입법의 형식은 예시적인 것으로 보아야 할 것이고, 법률이 입법사항을 고시와 같은 행정규칙의 형식으로 위임하더라도 그 행정규칙은 위임된 사항만을 규율할 수 있으므로, 국회입법원칙과 상치되지 않는다(헌재 2004.10.28. 99헌바91).
* 국가전문자격시험을 운영함에 있어 시험과목 및 시험실시에 관한 구체적인 사항을 어떻게 정할 것인가는 법률에서 반드시 직접 정하여야 하는 사항이라고 보기 어렵고, 전문자격시험에서 요구되는 기량을 갖추었는지 여부를 어떠한 방법으로 평가할 것인지 정하는 것뿐만 아니라 평가 그 자체도 전문적·기술적인 영역에 해당하므로, 시험과목 및 시험실시 등에 관한 사항을 대통령령에 위임할 필요성이 인정된다(헌재 2019.5.30. 2018헌마1208).
* '식품접객영업자 등 대통령령으로 정하는 영업자'는 '영업의 위생관리와 질서유지, 국민의 보건위생 증진을 위하여 총리령으로 정하는 사항'을 지켜야 한다고 규정한 구 「식품위생법」 조항은, 수범자와 준수사항을 모두 하위법령에 위임하면서도 위임될 내용에 대해 구체화하고 있지 아니하여 그 내용들을 전혀 예측할 수 없게 하고 있으므로 포괄위임금지원칙에 위반된다(헌재 2016.11.24. 2014헌가6).
* 상시 4명 이하의 근로자를 사용하는 사업 또는 사업장에 대하여 대통령령으로 정하

는 바에 따라 「근로기준법」의 일부 규정을 적용할 수 있도록 위임한 「근로기준법」 조항은, 종전에는 「근로기준법」을 전혀 적용하지 않던 4인 이하 사업장에 대하여 「근로기준법」을 일부나마 적용하는 것으로 범위를 점차 확대해 나간 동법 시행령의 연혁 등을 종합적으로 고려하여 볼 때, 사용자의 부담이 그다지 문제되지 않으면서 동시에 근로자의 보호필요성의 측면에서 우선적으로 적용될 수 있는 「근로기준법」의 범위를 선별하여 적용할 것을 대통령령에 위임한 것으로 볼 수 있고, 그러한 「근로기준법」 조항들이 4인 이하 사업장에 적용되리라 예측할 수 있다(헌재 2019.4.11. 2013헌바112).

* 운전면허를 받은 사람이 자동차등을 이용하여 살인 또는 강간 등 행정안전부령이 정하는 범죄행위를 한 때 운전면허를 취소하도록 하는 구 「도로교통법」 조항은 … 안전하고 원활한 교통의 확보와 자동차 이용 범죄의 예방이라는 심판대상조항의 입법목적, 필요적 운전면허취소 대상범죄를 자동차등을 이용하여 살인·강간 및 이에 준하는 정도의 흉악 범죄나 법익에 중대한 침해를 야기하는 범죄로 한정하고 있는 점, 자동차 운행으로 인한 범죄에 대한 처벌의 특례를 규정한 관련 법조항 등을 유기적·체계적으로 종합하여 보면, 결국 심판대상조항에 의하여 하위법령에 규정될 자동차등을 이용한 범죄행위의 유형은 '범죄의 실행행위 수단으로 자동차등을 이용하여 살인 또는 강간 등과 같이 고의로 국민의 생명과 재산에 큰 위협을 초래할 수 있는 중대한 범죄'가 될 것임을 충분히 예측할 수 있으므로, 심판대상조항은 포괄위임금지원칙에 위배되지 아니한다(헌재 2015.5.28. 2013헌가6).
* 법률안 가결 선포는 국회 본회의에서 이루어지는 법률안 의결절차의 종결행위로서 이를 권한쟁의의 심판대상으로 삼아 이에 이르기까지 일련의 심의·표결 절차상의 하자들을 다툴 수 있는 이상, 하나의 법률안 의결과정에서 국회의장이 행한 중간처분에 불과한 반대토론 불허행위를 별도의 판단대상으로 삼을 필요가 없다(헌재 2011.8.30. 2009헌라7).
* 국회부의장이 법률안들에 대한 표결절차 등을 진행하였다 하더라도 국회부의장은 국회의장의 위임에 따라 그 직무를 대리하여 법률안 가결 선포행위를 할 수 있을 뿐, 법률안 가결 선포행위에 따른 법적 책임을 지는 주체가 될 수 없다(헌재 2009.10.29. 2009헌라8).
* 어떠한 의안으로 인하여 원안이 본래의 취지를 잃고 전혀 다른 의미로 변경되는 정도에까지 이르지 않는다면 이를 「국회법」상의 수정안에 해당하는 것으로 보아 의안을 처리할 수 있다는 해석이 가능하므로, 헌법상 보장된 국회의 자율권을 근거로 개별적인 수정안에 대한 평가와 그 처리에 대한 국회의장의 판단은 명백히 법에 위반되지 않는 한 존중되어야 한다(헌재 2006.2.23. 2005헌라6).

* 국회의 의결을 요하는 안건에 대하여 국회의장이 본회의 의결에 앞서 소관위원회에 안건을 회부하는 것은 국회의 심의권을 위원회에 위양하는 것이 아니고, 그 안건이 본회의에 최종적으로 부의되기 이전의 한 단계로서, 소관위원회가 사전심사할 수 있도록 소관 위원회에 송부하는 행위라 할 것이다(헌재 2010.12.28. 2008헌라7).
* 의사진행 방해로 의안상정·제안설명 등 의사진행이 정상적으로 이루어지지 못하고 질의신청을 하는 의원도 없는 상황에서 국회의장이 '질의신청 유무'에 대한 언급 없이 단지 '토론신청이 없으므로 바로 표결하겠다'고 한 행위가, 위원회 심의를 거치지 않은 안건에 대하여 질의, 토론을 거치도록 정한 「국회법」 제93조에 위반하여 국회의원들의 심의·표결권을 침해할 정도에 이르렀다고는 보기 어렵다(헌재 2008.4.24. 2006헌라2).
* 법률의 입법절차가 헌법이나 「국회법」에 위반된다고 하더라도 그러한 사유만으로는 그 법률로 인하여 국민의 기본권이 현재, 직접적으로 침해받는다고 볼 수 없으므로 「헌법재판소법」 제68조 제1항의 헌법소원심판을 청구할 수 없다(헌법 1994.8.31. 97헌마8).
* 하위 행정입법의 제정 없이 상위 법령의 규정만으로 집행이 이루어질 수 있는 경우라면 하위 행정입법을 하여야 할 헌법적 작위의무는 인정되지 아니한다(헌재 2005.12.22. 2004헌마66).
* 법령의 직접적인 위임에 따라 수임행정기관이 그 법령을 시행하는데 필요한 구체적 사항을 정한 것이면, 그 제정형식이 고시, 훈령, 예규 등과 같은 행정규칙이더라도 그것이 상위법령의 위임한계를 벗어나지 아니하는 한, 상위법령과 결합하여 대외적인 구속력을 갖는 법규명령으로서 기능하고 있는 것으로 볼 수 있으므로 「헌법재판소법」 제68조 제1항에 의한 헌법소원의 대상이 되는 공권력 행사에 해당한다(헌재 1992.6.26. 91헌마25).
* 헌법이 인정하고 있는 위임입법의 형식은 예시적인 것으로 보아야 할 것이므로, 입법자에게 상세한 규율이 불가능하게 보이는 영역이나 극히 전문적인 식견에 좌우되는 영역에서는 법률이 입법사항을 대통령령이나 부령이 아닌 고시와 같은 행정규칙의 형식으로 위임하더라도 국회입법의 원칙에 상치되지 아니한다(헌재 2004.10.28. 99헌바91).
* 법령에서 행정처분의 요건 중 일부 사항을 부령으로 정할 것을 위임한 데 따라 시행규칙 등 부령에서 이를 정한 경우에 그 부령의 규정은 국민에 대해서도 구속력이 있는 법규명령에 해당한다고 할 것이지만, 법령의 위임이 없음에도 법령에 규정된 처분요건에 해당하는 사항을 부령에서 변경하여 규정한 경우에는 그 부령의 규정은 행정청 내부의 사무처리 기준 등을 정한 것으로서 행정조직 내에서 적용되는 행정명령의

성격을 지닐 뿐 국민에 대한 대외적 구속력은 없다(대판 2013.9.12. 2001두10584).

* 법률안이 거부권 행사에 의하여 최종적으로 폐기되었다면 모르되, 그렇지 아니하고 공포되었다면 법률안은 그 동일성을 유지하여 법률로 확정되는 것이라고 보아야 하므로 청구 당시의 공포 여부를 문제삼아 헌법소원의 대상성을 부인할 수는 없다(헌재 2001.11.29. 99헌마494).
* 법률에서 명시적으로 규정된 제재보다 더 가벼운 것을 하위 규칙에서 규정한 경우라 하더라도 만일 그것이 기본권 제한적 효과를 지니게 된다면, 이는 행정법적 법률유보원칙의 위배여부에도 불구하고 헌법 제37조 제2항에 따라 엄격한 법률적 근거를 지녀야 한다(헌재 2017.11.29. 2004헌마290).
* 헌법 제75조에 근거한 포괄위임금지원칙은 법률에서 위임하는 하위규범의 형식이 대통령령이 아니라 대법원규칙인 경우에도 준수되어야 한다(헌재 2014.10.30. 2013헌바368).
* 제1종 특수면허 없이 자동차를 운전한 경우 무면허운전죄로 처벌하면서 제1종 특수면허로 운전할 수 있는 차의 종류를 부령에 위임한 법률조항은 …자동차 및 건설기계의 종류는 매우 다양하고 …전문적이고 기술적인 지식이 요구되므로, …포괄위임금지원칙에 위배되지 않는다(헌재 2015.1.29. 2013헌바173).
* 일정한 권리에 관하여 법률이 규정한 존속기간을 뜻하는 제척기간은 권리관계를 조속히 확정시키기 위하여 권리의 행사에 중대한 제한을 가하는 것이므로 모법인 법률에 의한 위임이 없는 한 시행령이 함부로 제척기간을 규정할 수는 없다(대판 1990.9.28. 89누2493).
* 구 「공직선거법」이 관련 조항에서 허용하는 수당·실비 기타 이익을 제공하는 행위 이외의 금품 제공행위를 처벌하면서, 선거사무관계자에게 지급이 허용되는 수당과 실비의 종류와 금액을 중앙선거관리위원회가 정하도록 규정하는 것은 그 내용이 예측가능하여 포괄위임금지원칙에 위배되지 아니한다(헌재 2015.4.30. 2013헌바55).
* 법률이 세부적인 사항을 대통령령으로 정하도록 위임하였으나 대통령령이 아직 제정되지 않은 경우 이러한 행정입법부작위는 행정소송의 대상이 되지 않으므로 헌법소원심판의 대상이 된다(헌재 1998.7.16. 96헌마246).
* 행정입법의 제정이 법률의 집행에 필수불가결한 경우로서 행정입법을 제정하지 아니하는 것이 곧 행정권에 의한 입법권 침해의 결과를 초래하는 경우, 행정권의 행정입법 등 법집행의무는 헌법적 의무라고 할 수 있다(헌재 2005.12.22. 2004헌마66).
* 행정입법의 진정입법부작위에 대한 헌법소원은, 행정청에게 헌법에서 유래하는 행정입법의 작위의무가 있고 상당한 기간이 경과하였음에도 불구하고 행정입법의 제정권이 행사되지 않은 경우에 인정된다(헌재 2010.5.4. 2010헌마249).

* 입법부가 법률로써 행정부에게 특정한 사항을 위임했음에도 불구하고, 행정부가 정당한 이유 없이 법률에서 위임한 시행령을 제정하지 않은 것은 그 법률에서 인정된 권리를 침해하는 불법행위가 될 수 있다(대판 2007.11.29. 2006다3561).
* 위임에 따라 대통령령으로 규정한 내용이 헌법에 위반될 경우라도 그 대통령령의 규정이 위헌으로 되는 것은 별론으로 하고 그로 인하여 정당하고 적법하게 입법권을 위임한 수권법률까지도 위헌으로 되는 것은 아니다(헌재 1997.9.25. 96헌바18).
* 집행명령이란 행정규칙 중에서도 상위법령의 시행을 위하여 발하는 것으로, 법률의 위임이 없더라도 헌법에 의하여 발할 수 있는 것이나, 모법이 폐지되면 자동적으로 실효되는 것이고, 새로운 '법률사항'을 규정할 수는 없다(대판 1995.1.24. 93다37342 전원합의체).
* 「국가유공자 등 단체설립에 관한 법률」의 조항이 상이군경회를 비롯한 각 국가유공자단체의 대의원 선출에 관한 사항을 정관에 위임하는 형식을 갖추었다 하더라도, 이는 본래 정관에서 자치적으로 규율하여야 할 사항을 정관규정사항으로 남겨둔 것에 불과하고, 헌법 또는 다른 법률에서 이를 법률규율사항으로 정한 바도 없기 때문에 그 위헌심사에는 헌법상 포괄위임입법금지원칙이 적용되지 않는다(헌재 2006.3.30. 2005헌바31).
* 대통령은 위헌적인 법률을 법질서로부터 제거하는 권한은 헌법상 단지 헌법재판소에 부여되어 있으므로, 설사 행정부가 특정 법률에 대하여 위헌의 의심이 있다 하더라도, 헌법재판소에 의하여 법률의 위헌성이 확인될 때까지는 법을 존중하고 집행하기 위한 모든 노력을 기울여야 한다(헌재 2004.5.14. 2004헌나1).
* 납세의무의 중요한 사항 내지 본질적 내용에 관련된 것이라 하더라도 행정입법에의 위임의 필요성이 인정되고 행정입법에서 규정될 대강의 내용에 대한 예측가능성이 인정된다면, 이를 행정입법으로 규율할 수 있다(헌재 1998.4.30. 96헌바78).
* 행정규칙이나 규정 '내용'이 위임 범위를 벗어난 경우뿐만 아니라 상위법령의 위임규정에서 특정하여 정한 권한행사의 '절차'나 '방식'에 위배되는 경우에도 법규명령으로서 대외적 구속력을 인정할 수 없다(대판 2012.7.5. 2010다72076).
* 포괄위임입법의 금지는 행정부에 의한 법규사항의 제정이 입법부의 권한을 침해하고 국민의 자유와 권리를 침해하는 것을 방지하는 데 목적을 두고 있기 때문에, 법률이 공법적 단체의 정관에 자치법적 사항을 위임한 경우에는 포괄적인 위임도 가능하다(헌재 2006.3.30. 2005헌바31).
* 대통령령의 규정 내용이 정당한 것인지 여부와 위임의 적법성 사이에는 직접적인 관계가 없으므로, 대통령령의 규정 내용이 헌법에 위반될 경우라도 그 대통령령의 규정이 위헌인 것은 별론으로 하고, 그로 인하여 정당하고 적법하게 입법권을 위임한 수

권법률 조항까지 위헌인 것은 아니다(헌재 1999.4.29. 96헌바22).

5. 사법에 관한 권한

(1) 위헌정당해산 제소권

헌법상 위헌정당해산 제소권은 정부의 권한으로 규정되어 있으나, 정부는 대통령을 수반으로 하므로 대통령의 권한에 해당한다. 헌법재판소가 당해 정당을 위헌정당이 아니라고 결정하면, 정부는 일사부재리의 원칙에 따라 동일사유로 그 정당을 재차 제소할 수 없다.

헌법 제8조 제4항에서는 "정당의 목적이나 활동이 민주적 기본질서에 위배될 때에는 정부는 헌법재판소에 그 해산을 제소할 수 있고, 정당은 헌법재판소의 심판에 의하여 해산된다"고 규정하고 있으며, 헌법 제89조 제14호에 따라 정당해산의 제소는 국무회의의 심의를 거쳐야 한다.

(2) 사면권赦免權

> **헌법 제79조** ① 대통령은 법률이 정하는 바에 의하여 사면·감형 또는 복권을 명할 수 있다.
> ② 일반사면을 명하려면 국회의 동의를 얻어야 한다.
> ③ 사면·감형 및 복권에 관한 사항은 법률로 정한다.

(가) 의 의

헌법 제79조는 대통령의 사면·감형減刑·복권復權에 관한 권한을 규정하고 있다. 이에 관한 법률로 사면법이 있다. 사면은 형의 선고의 효력 또는 공소권을 상실시키거나, 형의 집행을 면제시키는 국가원수로서의 고유한 권한을 의미하며, 사법부의 판단을 변경하는 제도로서 권력분립의 원리에 대한 예외가 된다. 넓은 의미로는 일반사면, 특별사면 외에 감형과 복권까지 포함한다(헌재 2000.6.1. 97헌바74).

(나) 사면권의 내용

사면에는 일반사면大赦과 특별사면特赦이 있다(사면법 제5조). 일반사면이란 범죄의 종류를 지정하여 이에 해당하는 모든 범죄인에 대하여 그 형의 선고의 효과를 소멸시키는 것을 말하며, 특별사면이란 이미 형의 선고를 받은 특정인에 대하여 형의 집행을 면제하는 것을 말한다. 일반사면, 죄 또는 형의 종류를 정하여 하는 감형 및 일반에 대한 복권은 대통령령으로 한다. 이 경우 일반사면은 죄의 종류를 정하여 한다(사면법 제8조). 일반사면은 대통령령으로써 하되 국무회의 심의를 거쳐 국회의 동의를 얻어야 한다(헌법 제89조 제9호, 제79조 제2항). 특별사면은 법무부 장관의 상신으로 국무회의의 심의를 거쳐 대통령이 행한다(사면법 제10조).

(다) 사면권의 한계

(i) 사면권은 국가이익과 국민화합의 차원에서 행사되어야 하고, 정치적으로 남용되거나 당리당략적 차원에서 행사할 수 없다.

(ii) 권력분립의 원리에 비추어 사법권의 본질적 내용을 침해하는 결과가 될 정도의 사면권 행사는 허용되지 아니한다.

(iii) 국회는 일반사면에 대한 동의 여부를 심리함에 있어 대통령이 제안하지 않은 죄의 종류를 추가할 수 없다.

(라) 관련 판례

* 사립학교 교원에 대한 해임처분이 무효인 경우, 해임처분을 받아 복직되지 아니한 기간 동안 법률상 당연퇴직사유인 금고 이상의 형을 선고받았으나 그 후 특별사면에 의하여 형의 선고의 효력이 상실되었다 하더라도 당연퇴직으로 말미암아 상실된 교원의 지위가 다시 회복되는 것은 아니다(대판 1993.6.8. 93다852).
* 현역군인에 대하여 징계처분의 효력을 상실시키는 특별사면이 있었다고 하더라도 징계처분의 기초되는 비위사실이 현역복무 부적합사유에 해당하는 경우에는 이를 이유로 현역복무 부적합 조사위원회에 회부하거나 전역심사위원회의 심의를 거쳐 전역명령을 할 수 있다(대판 2012.1.12. 2011두18649).
* 여러 개의 형이 병과된 사람에 대하여 그 병과형 중 일부의 집행을 면제하거나 그에 대한 형의 선고의 효력을 상실케 하는 특별사면이 있은 경우, 그 특별사면의 효력이 병과된 나머지 형에까지 미치는 것은 아니므로 징역형의 집행유예와 벌금형이 병과

된 사람에 대하여 징역형의 집행유예의 효력을 상실케 하는 내용의 특별사면이 그 벌금형의 선고의 효력까지 상실케 하는 것은 아니다(대법원 1997.10.13. 96모33).

* 금고 이상의 형의 선고를 받은 후 특별사면된 마주馬主에 대하여 경마시행규정에서 정한 필요적 등록취소사유인 '금고 이상의 형의 선고를 받은 때'에 해당된다고 보아 마주 등록을 취소할 수는 없지만, 그 기초되는 범죄사실을 들어 같은 규정에서 정한 임의적 등록취소사유인 '마주로서 품위를 손상시켰을 때'에 해당된다고 보아 마주 등록을 취소할 수 있다(대판 2002.8.23. 2000다64298).
* 헌법 제79조는 대통령의 사면권의 구체적 내용과 방법 등을 법률에 위임함으로써 사면의 종류, 대상, 범위 등에 관하여 입법자에게 광범위한 입법재량을 부여하고 있다. 특별사면의 대상을 '형'으로 규정할 것인지, '사람'으로 규정할 것인지는 입법재량사항에 속한다(헌재 2000.6.1. 97헌바74).
* 사면의 종류, 대상, 범위, 절차, 효과 등은 범죄의 죄질과 보호법익, 일반국민의 가치관 내지 법감정, 국가이익과 국민화합의 필요성, 권력분립의 원칙과의 관계 등 제반 사항을 종합하여 입법자가 결정할 사항으로서 광범위한 입법재량 내지 형성의 자유가 부여되어 있다(헌재 2000.6.1. 97헌바74).
* 복권대상자가 수 개의 죄를 범하여 수 개의 형의 선고를 받은 경우에 그 수개의 형이 모두 다른 법령에 의한 자격제한의 효력을 수반하고 있을 때에는, 그 수 개의 형의 선고의 효력으로 인하여 각각 상실 또는 정지된 자격이 일괄 회복되려면, 자격제한의 효력을 수반하고 있는 모든 수형범죄사실이 복권의 심사대상으로 빠짐없이 상신되어 그 모든 수형범죄사실을 일괄 심사한 후 그 심사결과를 토대로 복권이 이루어져야 한다(대법원 1986.7.3. 85수2).
* 특별사면에 의하여 유죄의 판결의 선고가 그 효력을 상실하게 되었다면 이미 재심청구의 대상이 존재하지 아니하여 그러한 판결이 여전히 유효하게 존재함을 전제로 하는 재심청구는 부적법함을 면치 못한다(대법원 1997.7.22. 96도2153).

6. 대통령의 의무

헌법상 의무로는 ① 직무상의 의무로서 헌법준수 · 국가보위 · 조국의 평화적 통일 · 국민의 자유와 복리의 증진 · 민족문화의 창달 등이 있으며(헌법 제69조), ② 대통령직의 수행에 전념하기 위하여 겸직금지의무로서 국무총리 · 국무위원, 행정각부의 장, 기타 법률이 정하는 공사(公私)의 직을 겸하지 않을 의무가 있다(헌법 제83조). 헌법은 영업금지의무에 관한 규정은 없다. 하지만, 영리를 목적으로 하는 사적인 직업을 가질 수 없음은 당연하다.

대통령 취임선서 (헌재 2004.5.14. 2004헌나1)

대통령 취임선서에는 또한 직책의 성실수행의무에 대해서도 규정하고 있다. 비록 대통령의 '성실한 직책수행의무'는 헌법적 의무에 해당하나, '헌법을 수호해야 할 의무'와는 달리, 규범적으로 그 이행이 관철될 수 있는 성격의 의무가 아니므로, 원칙적으로 사법적 판단의 대상이 될 수 없다고 할 것이다. 대통령이 임기 중 성실하게 의무를 이행했는지의 여부는 주기적으로 돌아오는 다음 선거에서 국민의 심판의 대상이 될 수 있을 것이다.

Ⅳ. 대통령의 권한행사의 방법 및 통제

1. 서 설

의원내각제 국가에서는 대통령이 의례적이고 상징적인 존재일 뿐이므로 대통령의 권한행사에 대한 통제 내지 견제는 사실상 크게 문제되지 않는다. 대통령제 국가에서는 대통령이 집행에 관한 모든 사항을 그의 권한과 책임 하에 처리하는 것을 원칙으로 한다. 따라서 현행 헌법상의 대통령도 그 권한을 독자적으로 행사하는 것이 원칙이다. 그러나 그 권한행사는 민주적 정당성의 확보와 대통령의 전제를 방지하기 위하여 헌법과 법률에 규정된 절차와 방법에 의하도록 하고 있다.

2. 대통령 권한행사의 방법

헌법 제82조 대통령의 국법상 행위는 문서로써 하며, 이 문서에는 국무총리와 관계 국무위원이 부서한다. 군사에 관한 것도 또한 같다.

(1) 자문기구의 자문

(가) 헌법은 필수적 자문기관으로서 국가안전보장회의(제91조 제1항), 임의적

자문기관으로서 국가원로자문회의(제90조), 민주평화통일자문회의(제92조), 국민경제자문회의(제93조), 국가과학기술자문회의(제127조 제3항) 등을 규정하고 있다.

(나) 대통령은 국가안전보장에 관련되는 대외정책・군사정책・국내정책을 수립함에 있어서 국무회의의 심의에 앞서 국가안전보장회의의 자문을 거쳐야 한다(제91조 제1항). 그러나 국가안전보장자문회의는 단순한 자문기구에 불과하기 때문에 자문의 결과에 구속되지는 아니하며, 자문을 거치지 아니하고 국무회의 심의에 부친 경우에도 위헌은 아니다. 그 밖의 임의적 자문기구는 그 설치가 임의적이며 국무회의의 심의에 앞서 자문을 거칠지 여부는 대통령의 재량에 속한다.

⑵ 국무회의의 심의

대통령이 헌법 제89조에 열거된 사항에 관한 권한을 행사함에는 사전에 국무회의의 심의를 거쳐야 한다. 사전에 국무회의의 심의를 거쳐야 할 사항은 헌법 제89조에 열거되어 있지만 동조 제17호에서 "기타 대통령・국무총리 또는 국무위원이 제출한 사항"이라고 규정하고 있어 대통령과 집행부의 권한에 속하는 중요사항은 사실상 거의 모두 포함된다고 볼 수 있다.

⑶ 국회의 동의 또는 승인

대통령이 그 권한을 행사함에 있어 국회의 동의나 승인을 얻어야 하는 경우가 있다. 이는 대통령의 권한행사에 국회가 민주적 통제를 하도록 하기 위한 것이다. 현행 헌법상 국회의 사전 동의나 의결을 얻어야 하는 사항으로는 중요조약의 체결・비준(제60조 제1항), 선전포고・국군의 외국파견・외국군대의 국내주류(제60조 제2항), 계속비・예비비의 설치(제55조), 국채모집과 예산외 국가부담이 될 계약의 체결(제98조 제2항), 일반사면(제79조 제2항), 국무총리의 임명(제86조 제1항), 감사원장의 임명(제98조 제2항), 대법원장 및 대법관의 임명(제104조 제1, 2항), 헌법재판소장의 임명(제111조 제4항) 등이 있다. 국회의 승인을 요하는 사항은 긴급명령과 긴급재정경제명령(제76조 제3항), 예비비 지출(제55조 제2항) 등이 있다.

(4) 문서주의

대통령의 국법상의 행위는 문서주의 원칙에 따라 반드시 문서로 하여야 한다(헌법 제82조). 여기서 국법상 행위라 함은 헌법과 법령이 대통령의 권한으로 하고 있는 일체의 행위를 말한다. 대통령의 국법상 행위를 문서로써 하도록 하고 있는 이유는 대통령의 권한행사의 내용을 명확하게 함으로써 국민에게 예측가능성과 법적 안정성을 보장하여 주고, 그에 관한 증거를 남기며, 권한행사에 있어 즉흥성을 피하고 신중을 기하게 하려는 데에 목적이 있다. 문서에 의하지 아니한 대통령의 국법상 행위는 헌법상 효력이 없다.

(5) 부서副署

(가) 의 의

부서란 대통령의 서명에 이어 국무총리와 관계 국무위원이 서명하는 것을 말한다. 현행 헌법 제82조는 "대통령의 권한행사는 문서의 형식으로 하여야 하고, 그 문서에는 국무총리와 관계 국무위원의 부서가 있어야 한다. 군사에 관한 것도 같다"고 하여 문서주의에 따른 부서제도를 규정하고 있다. 국무총리는 대통령의 국법상 행위의 일체에 부서할 권한과 의무를 갖고 국무위원의 경우는 관계사항에 대해서만 부서한다.

(나) 법적 성격

부서제도는 대통령의 전제를 방지하기 위한 권력통제기능, 대통령의 국무행위를 보필하는 기능, 부서권자의 책임의 소재를 명백히 하는 기능 등 복합적 성격을 가지는 것이다.

(다) 부서 없는 대통령의 국법상 행위의 효력

우리 헌법상의 정부형태는 대통령중심제에 의원내각제적 요소를 가미한 것으로서 이러한 헌법의 취지는 대통령의 독단을 견제하여 국정을 신중하게 운영토록 하여 대통령중심제의 폐단을 보완하고 책임정치를 구현하기 위한 것이다. 우리 헌법질서 내에서 대통령이 부서 없는 국정행위를 할 가능성은 거의 없다. 대통령은 정부구성권에 의해서 부서를 거부하는 각료를 언제든지 해임시킬 수 있기 때문이다.

(라) 부서거부권의 문제

국무총리·관계국무위원은 부서를 거부할 수 있는가에 대하여 부서하는 권한은 재량있는 권한인데, 대통령의 일정한 권한행사에 동의하지 않으면 부서를 거부할 수 있거나 대통령이 임면권을 가지고 있기 때문에 사실상 거부하기 곤란하다고 하는 견해가 있으나, 부서하는 권한은 재량이 인정되는 권한이므로 대통령의 권한행사내용에 동의하지 않으면 부서를 거부할 수 있다고 할 것이다. 이 경우 대통령은 부서를 거부하는 국무총리나 국무위원을 해임하고 부서 없이 그 권한을 행사할 수 있다고 보아야 한다. 그렇게 해석하지 않으면 대통령제에 있어서 대통령이 헌법상의 권한을 행사하는 것이 불가능해지기 때문이다.

3. 대통령의 권한행사에 대한 통제

(1) 기관내부적 통제

대통령의 권한행사에 대한 기관내부적 통제에는 국무회의심의, 국무총리·국무위원의 부서, 국무총리의 국무위원 임명제청권과 해임건의, 각종 자문기관의 자문 등이 있다.

(2) 국민에 의한 통제

국민에 의한 통제로는 여론, 저항권 행사, 국민투표 등이 있다. 헌법개정안에 대한 국민투표는 필수적이고, 중요정책에 대한 국민투표부의는 대통령의 재량이지만 일단 부의되어 확인된 국민의 뜻은 거부할 수 없다.

(3) 국회에 의한 통제

헌법에 정한 일정한 행위는 국회의 동의나 승인을 얻어야 하고, 국회는 국정감사·조사권, 국무총리·국무위원 등에 대한 질문권과 해임건의권, 대통령에 대한 탄핵소추권, 계엄선포에 대한 해제요구권 등을 통하여 대통령의 권한 행사를 통제할 수 있다.

⑷ 법원에 의한 통제

헌법 제107조 제2항에 따라 대통령이 제정한 명령과 행정처분은 법원의 명령·처분심사권에 의하여 통제를 받게 된다. 그러나 대통령의 처분이나 부작위는 행정심판의 대상이 되지 않는다. 따라서 대통령의 권한행사에 대하여 행정심판은 그 통제수단이 되지 않는다.

⑸ 헌법재판소에 의한 통제

헌법재판소는 탄핵심판, 정당해산심판, 권한쟁의심판, 헌법소원심판, 대통령이 체결한 조약, 긴급명령, 긴급재정경제명령에 대한 위헌여부심판을 통하여 대통령의 권한행사를 통제한다. 법규명령의 성격을 가지는 대통령령에 대한 헌법소원심판을 통해서도 대통령의 권한행사를 통제할 수 있다.

⑹ 정당에 의한 통제

정당에 의한 통제는 사실상 야당에 의해서 실효성을 발휘할 수 있다. 야당은 이유 있는 비판과 국민에 대한 호소를 통하여 대통령의 부당한 권한행사를 통제할 수 있다.

⑺ 그 밖의 국가기관에 의한 통제

대통령이 그 밖의 국가기관에 의한 통제를 받는 경우로는 감사위원의 임명에 있어서 감사원장의 제청, 대법관의 임명에 있어서 대법원장의 제청, 헌법재판소재판관과 중앙선거관리위원회위원의 임명에 있어 국회의 선출 또는 대법원장의 지명 등을 들 수 있다.

제2절 행 정 부

Ⅰ. 국무총리

> **헌법 제86조** ① 국무총리는 국회의 동의를 얻어 대통령이 임명한다.
> ② 국무총리는 대통령을 보좌하며, 행정에 관하여 대통령의 명을 받아 행정각부를 통할한다.
> ③ 군인은 현역을 면한 후가 아니면 국무총리로 임명될 수 없다.

1. 국무총리의 지위

(1) 의 의

대통령제 하에서는 대통령의 궐위 시에 대비하여 부통령을 두는 것이 원칙이나 현행 헌법은 의원내각제의 본질적 요소인 국무총리제를 유지하고 있다. 우리 헌법사상 국무총리를 채택하지 않았던 헌법은 제2차 개정헌법뿐이다. 제2차 개정헌법에서는 국무총리제를 폐지하고, 국무위원에 대한 개별적 불신임제를 채택하였다. 대통령제와는 이질적인 국무총리를 채택한 제도적 의의는 첫째, 대통령의 유고시 권한대행자가 필요하고(부통령의 성격), 둘째, 대통령을 보좌하여 집행부를 통할하는 보좌기관(국무장관의 성격)이 필요하다는 데서 찾을 수 있다(헌재 1994.4.28. 89헌마22).

(2) 헌법상 지위

우리의 국무총리제는 우리 헌정사에서 유래하는 특유한 제도로서 헌법상 ① 대통령의 권한대행자로서의 지위, ② 대통령의 보좌기관으로서의 지위, ③ 행정부의 제2인자로서의 지위, ④ 국무회의의 부의장으로서의 지위, ⑤ 소관사무를 수행하는 중앙행정관청으로서의 지위가 있다.

헌법재판소는 국무총리의 소재지는 헌법적으로 중요한 기본적 사항이라 보기 어렵고 나아가 이러한 규범이 존재한다는 국민적 의식이 형성되었는지조차 명확하지 않으므로 이러한 관습헌법의 존재를 인정할 수 없다고 한다(헌재 2005.11.24. 2005헌마579).

2. 국무총리의 신분과 직무

(1) 국무총리의 임명

(가) 국회의 동의

국무총리는 국회의 동의를 얻어 대통령이 임명한다(헌법 제86조 제1항). 대통령제를 채택하고 있는 현행 헌법에서 국무총리의 임명에 국회의 동의를 얻게 한 것은 국민의 대표기관인 국회의 관여를 보장하여 민주적 정당성을 부여하며, 강력한 대통령제에서 집행부의 독주·독선을 견제하여 입법부와 집행부 간에 권력의 균형을 유지하며, 집행부와 입법부의 융화를 도모하고, 국회의 신임을 배경으로 강력한 집행을 추진할 수 있도록 뒷받침하기 위한 것이다.

(나) 국무총리서리

대통령이 국회의 동의를 얻지 않은 상태에서 임명한 이른바 국무총리서리제는 헌법 제86조 제1항 위반이 아니냐는 논란이 여러 번 제기되었다. 국무총리서리제는 제4공화국 헌법 이래 관행적으로 지속되어 오다가 현행 헌법 하에서는 김영삼 정부 시절에 자취를 감추었으나, 김대중정부에서 다시 행해졌다. 이에 대해 권한쟁의심판이 청구되었으나 각하되었다(헌재 1998.7.14. 98헌라1).

국회의 동의는 사전동의를 의미하기 때문에 국무총리서리 임명은 헌법규정에 어긋난다. "대통령 당선인은 대통령 임기개시 전에 국회의 인사청문의 절차를 거치게 하기 위하여 국무총리 및 국무위원 후보자를 지명할 수 있다"는 대통령직 인수에 관한 법률도 국무총리서리제 방지를 위한 일환이다(동법 제5조 1항).

(2) 국무총리의 문민원칙文民原則

헌법은 군인은 현역을 면한 후가 아니면 국무총리로 임명될 수 없다(제86조 제3항)고 하여 국무총리의 문민원칙을 규정하고 있다.

(3) 국무총리의 국회의원 겸직

국무총리와 국회의원은 겸직이 가능하다. 겸직을 금지하는 헌법규정을 두지 않고 있으며, 국회법에서 이를 허용하고 있다(헌법 제43조, 국회법 제29조 제1항). 그러나 대통령제 국가에서 국무총리와 국회의원의 겸직은 바람직하지 않다.

(4) 국무총리의 해임

국무총리 해임권은 대통령이 가진다. 국회는 국회의원 재적 3분의 1 이상의 발의에 의하여 국회재적의원 과반수의 찬성으로 국무총리의 해임건의를 할 수 있다(헌법 제63조 제1항).

(5) 국무총리의 권한대행

국무총리가 사고로 직무를 수행할 수 없는 경우에는 기획재정부장관이 겸임하는 부총리, 교육부장관이 겸임하는 부총리의 순으로 직무를 대행하고, 국무총리와 부총리가 모두 사고로 직무를 수행할 수 없는 경우에는 대통령의 지명이 있으면 그 지명을 받은 국무위원이, 지명이 없는 경우에는 제26조제1항에 규정된 순서에 따른 국무위원이 그 직무를 대행한다(정부조직법 제22조).

3. 국무총리의 권한

(1) 행정각부의 통할권

국무총리는 대통령의 명을 받아 행정각부를 통할(지시와 조정)하는 권한을 가진다(헌법 제86조 제2항). 헌법 제86조 제2항은 그 위치와 내용으로 보아 국무총리의 헌법상 주된 지위가 대통령의 보좌기관이라는 것과 그 보좌기관인 지위에서 행정에 관하여 대통령의 명을 받아 행정각부를 통할할 수 있다는 것을 규정한 것일 뿐이다(헌재 1994.4.28. 89헌마221).

국무총리는 중앙행정기관의 장의 명령이나 처분이 위법 또는 부당하다고 인정될 경우에는 대통령의 승인을 받아 이를 중지 또는 취소할 수 있다(정부조직법 제18조). 법률로써 국무총리의 통할을 받지 않는 중앙행정기관을 설치하더라도 헌법에 반하지 않는다(헌재 1994.4.28. 89헌마221).

(2) 총리령을 발하는 권한

국무총리는 소관 사무에 관하여 법률이나 대통령령의 위임 또는 직권으로 총리령을 발할 수 있다(헌법 제95조). 이 경우 국무총리는 직권으로 명령을 발할 수 있는바, 직권명령의 성격이 문제되나 집행명령설이 타당하다.

(3) 대통령의 권한대행권

대통령이 궐위되거나 사고로 인하여 직무를 수행할 수 없을 때에는 제1차적으로 국무총리가 그 권한을 대행한다(헌법 제71조).

(4) 국무위원 · 각부장관의 임명제청권과 국무총리의 해임건의권

국무총리는 국무위원이나 각부장관에 대한 임명제청권을 가지며, 국무위원에 대한 해임건의권을 가진다(헌법 제87조 제1항 · 제3항, 제95조). 국무총리는 국무위원 전체를 일괄적으로 해임을 건의할 수 없다.

(5) 부서권

부서제도는 대통령의 전횡을 방지하고, 국무총리와 국무위원의 책임소재를 명백히 하려는 데 있다. 부서의 결과에 대하여 국회가 책임을 물을 수 있다.

(6) 국무회의에서의 심의 · 의결권

국무총리는 국무회의의 구성원으로서, 그 부의장으로서 정부의 권한에 속하는 중요한 정책의 심의에 참가할 권한을 가지며, 심의가 의결의 형식으로 정리될 경우에는 의결에 참가할 권한을 가진다(헌법 제88조 제3항, 제89조).

(7) 국회에의 출석 · 발언권

국무총리는 국회나 그 위원회에 출석하여 국정처리상황을 보고하거나 의견을 진술하고 질문에 응답할 수 있다(헌법 제62조 제1항).

4. 국무위원의 지위와 권한

> **헌법 제87조** ① 국무위원은 국무총리의 제청으로 대통령이 임명한다.
> ② 국무위원은 국정에 관하여 대통령을 보좌하며, 국무회의의 구성원으로서 국정을 심의한다.
> ③ 국무총리는 국무위원의 해임을 대통령에게 건의할 수 있다.
> ④ 군인은 현역을 면한 후가 아니면 국무위원으로 임명될 수 없다.

(1) 국무위원은 헌법상 ① 국무회의의 구성원으로서의 지위, ② 대통령의 보좌기관으로서의 지위가 있다. 국무위원은 국무총리의 제청으로 대통령이 임명하고, 군인은 현역을 면한 후가 아니면 임명될 수 없다. 국무위원의 수는 15인 이상 30인 이하이다.

(2) 국무위원의 권한으로는 ① 국무회의의 소집요구 · 심의 · 의결권, 국무위원은 정무직으로 의장에게 의안을 제출하고 국무회의의 소집을 요구할 수 있다(정부조직법 제12조 제3항). ② 대통령의 권한 대행권, ③ 부서권(대통령의 국법상 행위에 관계 국무위원의 부서요), ④ 국회출석 · 발언권 등이 있다.

(3) 정부의 구성단위인 중앙행정기관이라 할지라도, 법률상 그 기관의 장長이 국무위원이 아니라든가 또는 국무위원이라 하더라도 그 소관사무에 관하여 부령을 발할 권한이 없는 경우에는, 그 기관은 우리 헌법이 규정하는 실정법적實定法的 의미의 행정각부로는 볼 수 없다는 헌법상의 간접적인 개념제한이 있음을 알 수 있다(헌재 1994.4.28. 89헌마221).

Ⅱ. 국무회의

헌법 제88조 ① 국무회의는 정부의 권한에 속하는 중요한 정책을 심의한다.
② 국무회의는 대통령·국무총리와 15인 이상 30인 이하의 국무위원으로 구성한다.
③ 대통령은 국무회의의 의장이 되고, 국무총리는 부의장이 된다.

헌법 제89조 다음 사항은 국무회의의 심의를 거쳐야 한다.
1. 국정의 기본계획과 정부의 일반정책
2. 선전·강화 기타 중요한 대외정책
3. 헌법개정안·국민투표안·조약안·법률안 및 대통령령안
4. 예산안·결산·국유재산처분의 기본계획·국가의 부담이 될 계약 기타 재정에 관한 중요사항
5. 대통령의 긴급명령·긴급재정경제처분 및 명령 또는 계엄과 그 해제
6. 군사에 관한 중요사항
7. 국회의 임시회 집회의 요구
8. 영전수여
9. 사면·감형과 복권
10. 행정각부간의 권한의 획정
11. 정부안의 권한의 위임 또는 배정에 관한 기본계획
12. 국정처리상황의 평가·분석
13. 행정각부의 중요한 정책의 수립과 조정
14. 정당해산의 제소
15. 정부에 제출 또는 회부된 정부의 정책에 관계되는 청원의 심사
16. 검찰총장·합동참모의장·각군참모총장·국립대학교총장·대사 기타 법률이 정한 공무원과 국영기업체관리자의 임명
17. 기타 대통령·국무총리 또는 국무위원이 제출한 사항

1. 헌법상 지위

(1) 국무회의는 ① 헌법상 필수기관, ② 심의기관, ③ 최고의 정책심의기관, ④ 독립된 합의제기관이다. 국무회의는 대통령·국무총리와 15인 이상 30인 이하의 국무위원으로 구성하며, 대통령이 의장이 되고 국무총리는 부의장이 된다.

(2) 의장이 사고로 인하여 직무를 수행할 수 없을 때에는 부의장인 국무총리

가 그 직무를 대행하고, 의장과 부의장이 모두 사고가 있을 때에는 의장의 지명이 있는 경우에는 그 지명을 받은 국무위원이, 의장의 지명이 없는 경우에는 정부조직법의 규정순서에 따른 국무위원 순으로 그 직무를 대행한다.

2. 국무회의의 심의 및 법적 효력

국무회의는 의장인 대통령이 소집하며, 구성원 과반수의 출석으로 개의하고 출석구성원 3분의 2이상의 찬성으로 의결한다(국무회의규정 제6조).

(1) 국무회의의 심의의 범위는 헌법 제89조에 열거하고 있지만, 헌법 제89조 제17호에서 "'기타' 대통령·국무총리 또는 국무위원이 제출한 사항"으로 규정하고 있어 대부분의 중요한 사항은 국무회의의 심의를 거친다.

(2) 심의는 필수적이다. 만일 헌법 제89조에 열거된 사항에 대하여 심의를 거치지 않는 경우, 대통령의 행위는 무효인가에 대하여, 무효라는 견해와 무효는 아니나 위헌이기 때문에 탄핵사유가 된다는 견해로 나뉘는데, "심의를 거쳐야 한다"는 헌법 제89조의 문언으로 볼 때 무효라고 보아야 한다.

(3) 심의결과의 효력에 대해서는 대통령을 사실상 구속하지 않는다는 것이 통설이다. 문언 상 의결이 아니고 심의라고 규정한 점뿐만 아니라, 대통령을 행정권의 수반으로 하는 대통령제 구조 하에서 대통령을 구속하기 어렵다는 점을 든다.

Ⅲ. 행정각부

헌법 제94조 행정각부의 장은 국무위원 중에서 국무총리의 제청으로 대통령이 임명한다.

헌법 제95조 국무총리 또는 행정각부의 장은 소관사무에 관하여 법률이나 대통령령의 위임 또는 직권으로 총리령 또는 부령을 발할 수 있다.

헌법 제96조 행정각부의 설치·조직과 직무범위는 법률로 정한다.

(1) 행정각부는 대통령을 수반으로 하는 행정부의 구성단위로서, 국무회의의 심의를 거쳐 대통령이 결정한 정책과 그 밖의 행정부의 권한에 속하는 사항을 집

행하는 중앙행정기관이다. 행정각부는 대통령이나 국무총리의 단순한 보좌기관이 아니며, 그들의 하위에 있는 행정관청이다. 행정각부의 설치 · 조직과 직무범위는 정부조직법에 규정되어 있다. 정부조직법 제26조 제1항에서는 대통령의 통할하에 다음의 행정각부를 둔다. 1. 기획재정부 2. 교육부 3. 과학기술정보통신부 4. 외교부 5. 통일부 6. 법무부 7. 국방부 8. 행정안전부9. 국가보훈부 10. 문화체육관광부 11. 농림축산식품부 12. 산업통상자원부 13. 보건복지부 14. 환경부 15. 고용노동부 16. 여성가족부 17. 국토교통부 18. 해양수산부 19. 중소벤처기업부가 그러하다. 행정 각부에 장관 1명과 차관 1명을 두되, 장관은 국무위원으로 보하고, 차관은 정무직으로 한다. 다만, 기획재정부 · 과학기술정보통신부 · 외교부 · 문화체육관광부 · 국토교통부에는 차관 2명을 둔다(정부조직법 제26조 제2항).

(2) 행정각부의 장은 국무위원 중에서 국무총리의 제청으로 대통령이 임명한다. 이들에 대한 해임은 임명권자인 대통령이 한다. 행정각부의 장은 소관사무에 관하여 법률이나 대통령령의 위임 또는 직권으로 부령部令을 발할 수 있다. 그러나 법제처 · 인사혁신처 등은 국무총리의 소속기관이므로 부령을 발할 수 없고 총리령으로 한다.

Ⅳ. 감 사 원

헌법 제97조 국가의 세입 · 세출의 결산, 국가 및 법률이 정한 단체의 회계검사와 행정기관 및 공무원의 직무에 관한 감찰을 하기 위하여 대통령 소속하에 감사원을 둔다.

헌법 제98조 ① 감사원은 원장을 포함한 5인 이상 11인 이하의 감사위원으로 구성한다.
② 원장은 국회의 동의를 얻어 대통령이 임명하고, 그 임기는 4년으로 하며, 1차에 한하여 중임할 수 있다.
③ 감사위원은 원장의 제청으로 대통령이 임명하고, 그 임기는 4년으로 하며, 1차에 한하여 중임할 수 있다.

헌법 제99조 감사원은 세입 · 세출의 결산을 매년 검사하여 대통령과 차년도 국회에 그 결과를 보고하여야 한다.

헌법 제100조 감사원의 조직 · 직무범위 · 감사위원의 자격 · 감사대상공무원의 범위 기타 필요한 사항은 법률로 정한다.

1. 의의와 헌법상 지위

감사원은 국가의 예산집행에 대한 회계감사와 공무원의 직무감찰을 담당하는 기관으로서 국가원수로서의 대통령 직속의 헌법상 필수기관이다(헌법 제97조). 또한 감사원은 비록 대통령소속기관이긴 하지만 직무에 관하여 독립된 지위를 갖는 독립기관이다(감사원법 제2조 제1항). 감사원 소속 공무원의 임면任免, 조직 및 예산의 편성에 있어서는 감사원의 독립성이 최대한 존중되어야 한다(감사원법 제2조 제2항).

헌법재판소는 감사원의 독립성과 정치적 중립성에 대하여 "감사원은 국가의 세입세출의 결산, 국가 및 법률이 정한 단체의 회계검사와 행정기관 및 공무원의 직무에 관한 감찰을 하기 위하여 대통령 소속하에 설치되는 헌법기관으로서, 그 직무의 성격상 고도의 독립성과 정치적 중립성이 보장되어야 한다"고 하였다(헌재 2008.5.29. 2005헌라3).

헌법이 감사원을 독립된 외부감사기관으로 정하고 있는 취지, 국가기능의 총체적 극대화를 위하여 중앙정부와 지방자치단체는 서로 행정기능과 행정책임을 분담하면서 중앙행정의 효율성과 지방행정의 자주성을 조화시켜 국민과 주민의 복리증진이라는 공동목표를 추구하는 협력관계에 있다는 점에 비추어 보면, 감사원은 지방자치단체의 자치사무에 대해 합법성 감사뿐만 아니라 합목적성 감사도 실시할 수 있다(헌재 2008.5.29. 2005헌라3).

2. 구　　성

감사원은 원장을 포함한 5인 이상 11인 이하의 감사위원으로 구성된다(헌법 제98조 제1항). 감사원법에서는 감사원은 감사원장을 포함한 7명의 감사위원으로 구성한다고 규정하고 있다(감사원법 제3조). 감사원장은 국회의 동의를 얻어 대통령이 임명하고, 그 임기는 4년으로 하며, 1차에 한하여 중임할 수 있다(헌법 제98조 제2항).

감사위원은 원장의 제청으로 대통령이 임명하고, 4년 임기에 1차에 한해 중임할 수 있다. 감사원이 독립기관으로 독자적으로 맡은 임무를 수행하기 위해서 감사위원은 정당가입하거나 정치운동에 관여할 수 없으며(감사원법 제10조), 겸직금지의 일정한 직을 규정하고 있다(동법 제9조). 탄핵결정이나 금고 이상의 형의 선고를 받은 때에나 장기의 심신쇠약으로 직무를 수행할 수 없게 된 때에 해당하는 경우가 아니면 그 의사에 반하여 면직되지 않도록 하여 신분을 보장하고 있다(동법 제8조).

3. 권 한

(1) 결산·회계검사 및 보고권한

감사원은 국가의 세입·세출의 결산 및 국가와 법률이 정한 단체의 회계검사를 매년 실시하여 대통령과 차년도 국회에 결과를 보고한다(헌법 제99조).

(2) 직무감찰권

감사원은 행정기관 및 공무원의 직무에 대한 감찰을 할 수 있다. 감찰권은 단순한 공무원의 비위감찰뿐만 아니라 적극적인 행정시스템의 개선을 도모하는 행정감찰도 포함된다. 다만, 직무감찰의 대상에서 국회·법원·헌법재판소의 공무원은 제외되며(감사원법 제24조 제3항), 법령의 정비나 제도상의 개선이 필요한 부분은 해당 기관의 장에게 개선을 요구하는 것으로 하여 지나친 행정상의 간섭을 막고 있다(감사원법 제34조 제1항).

(3) 기타의 권한

국회는 의결로 감사원에 대하여 감사원법에 따른 감사원의 직무 범위에 속하는 사항 중 사안을 특정하여 감사를 요구할 수 있다. 이 경우 감사원은 감사 요구를 받은 날부터 3개월 이내에 감사 결과를 국회에 보고하여야 한다(국회법 제127조의2 제1항). 헌법에서는 감사원의 규칙제정권을 규정하고 있지 않다. 다만, 감사원법 제52조에서는 감사에 관한 절차, 감사원의 내부규율과 감사사무 처리에 관한 규칙을 제정할 수 있다고 규정한다.

4. 국민의 감사청구권

대통령령으로 정하는 일정한 수 이상의 국민의 연서로 감사원에 감사를 청구할 수 있다. 다만, 국회·법원·헌법재판소·선거관리위원회 또는 감사원의 사무에 대하여는 국회의장·대법원장·헌법재판소장·중앙선거관리위원회 위원장 또는 감사원장에게 감사를 청구하여야 한다(부패방지 및 국민권익위원회의 설치와 운영에 관한 법률, 약칭: 부패방지권익위법 제72조 제1항). 다만, 다음 각호의 어느 하나에 해당하는 사항은 제외한다(동조 제2항).

1. 국가의 기밀 및 안전보장에 관한 사항
2. 수사·재판 및 형집행(보안처분·보안관찰처분·보호처분·보호관찰처분·보호감호처분·치료감호처분·사회봉사명령을 포함한다)에 관한 사항
3. 사적인 권리관계 또는 개인의 사생활에 관한 사항
4. 다른 기관에서 감사하였거나 감사중인 사항. 다만, 다른 기관에서 감사한 사항이라도 새로운 사항이 발견되거나 중요사항이 감사에서 누락된 경우에는 그러하지 아니하다.
5. 그 밖에 감사를 실시하는 것이 적절하지 아니한 정당한 사유가 있는 경우로서 대통령령이 정하는 사항

Ⅴ. 대통령의 자문기관

헌법 제90조 ① 국정의 중요한 사항에 관한 대통령의 자문에 응하기 위하여 국가원로로 구성되는 국가원로자문회의를 둘 수 있다.
② 국가원로자문회의의 의장은 직전대통령이 된다. 다만, 직전대통령이 없을 때에는 대통령이 지명한다.
③ 국가원로자문회의의 조직·직무범위 기타 필요한 사항은 법률로 정한다.

헌법 제91조 ① 국가안전보장에 관련되는 대외정책·군사정책과 국내정책의 수립에 관하여 국무회의의 심의에 앞서 대통령의 자문에 응하기 위하여 국가안전보장회의를 둔다.
② 국가안전보장회의는 대통령이 주재한다.

③ 국가안전보장회의의 조직·직무범위 기타 필요한 사항은 법률로 정한다.

헌법 제92조 ① 평화통일정책의 수립에 관한 대통령의 자문에 응하기 위하여 민주평화통일자문회의를 둘 수 있다.
② 민주평화통일자문회의의 조직·직무범위 기타 필요한 사항은 법률로 정한다.

헌법 제93조 ① 국민경제의 발전을 위한 중요정책의 수립에 관하여 대통령의 자문에 응하기 위하여 국민경제자문회의를 둘 수 있다.
② 국민경제자문회의의 조직·직무범위 기타 필요한 사항은 법률로 정한다.

대통령의 자문기관으로는 ① 국가원로자문회의, ② 국가안전보장회의(필수기관), ③ 민주평화통일자문회의, ④ 국민경제자문회의(법률상 임의적 자문기관)가 있다. 국가안전보장회의는 헌법상 대통령의 자문기관에 불과할 뿐 공권력의 행사, 특히 문제된 국군의 외국에의 파견이라는 국가행위(공권력행사)의 주체가 될 수 없다. 국가안전보장회의가 그와 같은 결정(의결)을 하더라도 이는 국군통수권자인 대통령의 결정으로 볼 수 있음은 별론으로 하고 국가기관 내부의 의사결정, 특히 대통령에 대한 권고 내지 의견제시에 불과할 뿐 법적 구속력이 있거나 대외적 효력이 있는 행위라고 볼 수는 없다(헌재 2004.4.29. 2003헌마814).

Ⅵ. 선거관리위원회

헌법 제114조 ① 선거와 국민투표의 공정한 관리 및 정당에 관한 사무를 처리하기 위하여 선거관리위원회를 둔다.
② 중앙선거관리위원회는 대통령이 임명하는 3인, 국회에서 선출하는 3인과 대법원장이 지명하는 3인의 위원으로 구성한다. 위원장은 위원 중에서 호선한다.
③ 위원의 임기는 6년으로 한다.
④ 위원은 정당에 가입하거나 정치에 관여할 수 없다.
⑤ 위원은 탄핵 또는 금고 이상의 형의 선고에 의하지 아니하고는 파면되지 아니한다.
⑥ 중앙선거관리위원회는 법령의 범위 안에서 선거관리·국민투표관리 또는 정당사무에 관한 규칙을 제정할 수 있으며, 법률에 저촉되지 아니하는 범위 안에서 내부규율에 관한 규칙을 제정할 수 있다.
⑦ 각급 선거관리위원회의 조직·직무범위 기타 필요한 사항은 법률로 정한다.

헌법 제115조 ① 각급 선거관리위원회는 선거인명부의 작성 등 선거사무와 국민투표사무에 관하여 관계 행정기관에 필요한 지시를 할 수 있다.[20년 6월 모의]
② 제1항의 지시를 받은 당해 행정기관은 이에 응하여야 한다.

헌법 제116조 ① 선거운동은 각급 선거관리위원회의 관리 하에 법률이 정하는 범위 안에서 하되, 균등한 기회가 보장되어야 한다.
② 선거에 관한 경비는 법률이 정하는 경우를 제외하고는 정당 또는 후보자에게 부담시킬 수 없다.

선거관리위원회는 헌법상 필수기관으로, 독립된 합의제기관이다. 중앙선거관리위원회는 대통령이 임명하는 3인, 국회에서 선출하는 3인과 대법원장이 지명하는 3인의 위원으로 구성되며, 위원장은 위원 중에서 호선한다. 위원의 임기는 6년 이내, 연임제한은 없다. 위원은 정당에 가입하거나 정치에 관여할 수 없다. 위원은 탄핵 또는 금고 이상의 형의 선고에 의하지 아니하고는 파면되지 아니한다(헌법 제114조 제2항 내지 제5항). 권한으로는 ① 선거와 국민투표의 관리권, ② 정당사무의 관리권, ③ 정치자금배분권, ④ 규칙제정권 등이 있다(선거관리위원회법 제14조).

제 4 장

법 원

제 1 절 사법권의 의의와 범위

Ⅰ. 사법의 본질·특성·기능

1. 사법의 본질과 사법절차의 특징

사법司法의 본질은 법 또는 권리에 관한 다툼이 있거나 법이 침해된 경우에 독립적인 법원이 원칙적으로 직접 조사한 증거를 통한 객관적 사실인정을 바탕으로 법을 해석·적용하여 유권적인 판단을 내리는 작용이다. 법원이 사법권을 행사하여 분쟁을 해결하는 절차가 가장 대표적인 사법절차라 할 수 있고, 사법절차를 특징지우는 요소로는 판단기관의 독립성·공정성, 대심적 심리구조, 당사자의 절차적 권리보장 등을 들 수 있다(헌재 2001.3.15. 2001헌가1등).

2. 사법의 특성

사법은 ① 구체적인 법적 분쟁의 발생을 그 전제로 하며(사건성), ② 구체적인 법적 분쟁 발생 시에 당사자로부터의 소의 제기를 전제로 하여(수동성), ③ 무엇이 법인가를 판단하고 선언하는 작용이다(법선언성). 또한 사법은 ④ 현존의 법질서를 유지하기 위한 보수적·현상유지적 작용으로서(보수성), ⑤ 독립적 지위를 가진 기관이 제3자적 입장에서 행하는 작용이다(판단의 독립성과 공정성).

3. 사법의 기능

사법은 ① 국민의 기본권 보장기능, ② 법질서 유지기능, ③ 법해석 기능, ④ 사회평화 보장기능을 담당한다.

법원의 기본권보호의무 (헌재 1997.12.24. 96헌마172등)

법원은 기본권을 보호하고 관철하는 일차적인 주체이다. 모든 국가권력이 헌법의 구속을 받듯이 사법부도 헌법의 일부인 기본권의 구속을 받고, 따라서 법원은 그의 재판작용에서 기본권을 존중하고 준수해야 한다. 법원이 기본권의 구속을 받기 때문에 법원이 행정청이나 하급심에 의한 기본권의 침해를 제거해야 하는 것은 당연한 것이다. 기본권의 보호는 제도적으로 독립된 헌법재판소만의 전유물이 아니라 모든 법원의 가장 중요한 과제이기도 하다.

Ⅱ. 사법권의 범위

헌법 제101조 ① 사법권은 법관으로 구성된 법원에 속한다.

헌법 제101조 제1항의 사법을 실질적으로 보면 법을 판단하고 선언하는 권한(사법권)은 법원에 속한다는 의미가 될 것이다. 그러나 헌법은 헌법정책적 이유로 법을 판단하고 선언하는 권한을 법원에 전속시키지 않고 다른 국가기관에 위임시킨 경우도 있다. 대통령에게 부여한 사면권, 위헌정당의 해산제소권, 정부의 행정심판에 관한 재결권, 국회의 의원징계 등이 그것이다.

1. 민사재판

민사소송民事訴訟은 사인 간의 생활관계에 관한 분쟁 또는 이해의 충돌을 국가가 재판권을 행사하여 법률로써 강제적으로 해결·조정하기 위한 절차를 말한다. 판결절차와 강제집행절차로 대별되는바, 협의의 민사소송은 판결절차만을 의미한다.

2. 형사재판

형사소송刑事訴訟은 범죄를 인정하고 형벌을 과하는 절차를 말한다. 수사절차, 공판절차 및 집행절차 모두를 의미하나, 사법권의 대상으로서의 형사소송은 그중 공판절차뿐이다.

3. 행정재판

행정소송行政訴訟은 정식의 소송절차인 점에서 행정심판과 구별된다. 우리나라는 행정소송을 일반법원이 담당하는 사법국가주의를 따르고 있다. 다만 행정소송의 특수성을 감안하여 민사소송과는 다른 특례를 인정하고 있다. 행정법원을 제1심으로 하고, 제소기간을 제한하며, 행정심판전치주의와(임의적 선택주의), 직권심리주의 등을 가미하고 있다.

4. 헌법재판

헌법소송憲法訴訟이란 의회가 제정한 법률이 헌법에 위반되는지 여부를 심사하고, 위반된다고 판단할 경우 그 효력을 상실하게 하거나 그 적용을 거부하는 제도를 말한다(협의의 헌법재판). 광의의 헌법소송이라 할 경우는 위헌법률심사 이외에 명령·규칙심사, 탄핵심판, 정당해산심판, 권한쟁의심판, 헌법소원심판, 선거소송심판 등도 포함된다. 그중 선거소송에 관한 재판권과 명령·규칙심사권은 헌법이 법원의 권한으로 하고 있다. 법원은 직권 또는 소송당사자의 신청에 의하여 법률의 위헌여부를 심사할 수 있고(법률에 대한 위헌심사권), 위헌으로 판단된 경우에는 헌법재판소에 위헌심판을 제청할 수 있다(위헌제청권).

사법권과 행정심판 (헌재 1995.9.28. 92헌가11등; 헌재 2002.2.28. 2001헌가18)

헌법 제101조 제1항은 "사법권은 법관으로 구성된 법원에 속한다"고 규정하고 있고 헌법 제107조 제3항 제1문은 "재판의 전심절차로서 행정심판을 할 수 있다"고 규정하고 있다. 이는 우리 헌법이 국가권력의 남용을 방지하고 국민의 자유와 권리를 확보하기 위한 기본원리로서 채택한 3권분립주의의 구체적 표현으로서 일체의 법률적 쟁송을 심리 재판하는 작용인 사법작용은 헌법 그 자체에 의한 유보가 없는 한 오로지 대법원을 최고법원으로 하는(헌법 제101조 제2항) 법원만이 담당할 수 있고 또 행정심판은 어디까지나 법원에 의한 재판의 전심절차로서만 기능하여야 함을 의미한다.

Ⅲ. 사법권의 한계

실질적 의미의 사법에 해당되는 사항은 모두 법원의 관할로 인정됨이 원칙이나, 헌법의 명문규정으로(실정법적 한계), 국제법상의 이유로(국제법적 한계), 권력분립의 이유로(권력분립적 한계) 법원의 관할에서 제외되는 경우가 있다.

1. 실정법적 한계

(1) 헌법재판소의 권한에 속하는 사항

헌법 제111조 제1항은 위헌법률심판, 탄핵심판, 정당의 해산심판, 권한쟁의심판, 헌법소원심판을 헌법재판소의 권한으로 하고 있다. 위 사항에 관하여는 법원이 재판권을 행사할 수 없다.

(2) 국회의원의 자격심사 · 징계 · 제명

국회는 소속의원의 자격을 심사하며, 징계할 수 있으며(헌법 제64조 제2항), 재적의원 3분의 2이상 찬성으로 제명시킬 수 있다(헌법 제64조 제3항). 이러한 국회의 처분에 대하여는 법원에 제소할 수 없다(헌법 제64조 제4항). 이는 국회의 자율성을 존중하고 독자성을 보장하기 위함이다.

⑶ 비상계엄하의 군사재판

헌법은 비상계엄하의 군인·군무원의 범죄, 군사에 관한 간첩죄·초병·초소·유독음식물공급·포로에 관한 죄 중 법률이 정한 경우에 한하여 단심으로 할 수 있도록 하고 있다(헌법 제110조 제4항). 현행 헌법은 사형을 선고한 경우에는 상소를 허용하고 있다.

2. 국제법적 한계

⑴ 치외법권자

치외법권治外法權이란 외국인이 체류국가의 적용을 받지 아니하고 본국법에 따르는 국제법상의 특권을 의미한다. 외국의 원수·외교사절과 그 가족 그리고 외국의 군인 등은 치외법권을 누리므로 대한민국의 재판권이 면제된다.

⑵ 조 약

조약에 대한 위헌심사가 가능할 것인가에 관하여 부정설과 긍정설의 대립이 있다. 긍정설에 서더라도, 국회의 동의를 요하는 조약은 법률의 효력을 지닌다고 보므로 헌법재판소가 그 위헌여부를 판단한다. 다만 법원은 명령의 효력을 지니는 조약에 대하여는 그 위헌여부를 판단할 수 있다.

3. 권력분립적 한계(헌법정책적 한계)

⑴ 통치행위

(가) 의의 및 사법심사여부에 대한 논의

통치행위란 국정의 기본방향이나 국가적 차원의 정책결정을 대상으로 하는 고도의 정치적 성격을 띤 집행부의 행위를 말하는바, 권력분립의 원칙과 관련하여 그 고도의 정치성으로 인해 과연 통치행위가 사법적 심사의 대상이 될 수 있는지에 관하여, 대법원의 경우 5·18특별법 사건에서 사법심사가능성을 한정적으로 인정하고 있으며(대판 1997.4.17. 96도3376), 헌법재판소도 사법심사를 긍정하고 있다(헌재 1996.2.29. 93헌마186).

헌법이론상 혹은 헌법해석상으로는 통치행위를 부정하는 입장이 일반적이지만, 헌법현실이나 헌법정책적인 이유로 사법부자제설(통치행위에도 이론상으로는 사법권이 미치지만, 정치문제는 정치분야를 담당하는 기관의 결정을 존중하여 사법부가 정치문제에 대한 판단을 자제하기 때문이라는 이론)의 입장에서 최소한의 통치행위를 인정하고 있다. 그러나 이는 일반화시킬 수 있는 영역이 아니라 구체적인 사안에 따라 판단할 수밖에 없다. 특히 국민의 기본권과 관련되는 국가작용에 대해서는 적극적인 사법부의 판단이 요구된다고 할 것이다.

(나) 범 위

헌법현실 또는 헌법정책적인 이유로 통치행위를 인정한다고 하더라도 그 범위는 가능한 좁게 인정해야 한다는 것이 일반적 입장이다. 법원의 심사대상에서 제외되는 행위로는 국회의 자율에 관한 사항, 행정부내부사항, 외교에 관한 문제, 선전포고, 계엄령의 선포와 해제 시기, 대통령의 영전수여 · 일반사면 · 국민투표회부 등이 논의된다.

(2) 조 약

조약의 체결을 통치행위로 보고 그것을 사법적 심사의 대상에서 제외해야 한다는 입장에 있지만, 위헌조약에 대해서는 헌법우위설에 따라 사법심사를 긍정하고 있다(헌재 1999.4.29. 97헌가14).

(3) 국회의 자율권에 속하는 사항

대법원은 국회의 내부적 규율과 의원의 자격심사 및 징계, 의결정족수의 투표의 계산 등 국회의 자율에 속하는 사항은 사법적 심사의 대상이 되지 아니한다는 견해를 취한 바 있다(대판 1972.1.18. 71도1845).

헌법재판소는 "국회의 의사절차나 입법절차에 헌법이나 법률의 규정을 명백히 위반한 흠이 있는 경우에도 국회가 자율권을 가진다고는 할 수 없다"라고 판시하여, 한정적 부분에서는 사법심사의 대상이 됨을 밝히고 있다(헌재 1997.7.16. 96헌라2).

⑷ 행정청의 자유재량행위

재량권을 현저히 일탈하거나 재량의 목적을 어기는 등의 행위에 대한 심사 및 어떤 행정행위가 자유재량행위인가의 여부의 심사는 법원의 판단이 가능하다(대판 1984.1.31. 83누451).

⑸ 특별권력관계에서의 처분

특별권력관계에서의 처분(명령 · 강제 · 징계 등)을 사법적 심사의 대상으로 할 수 있는가에 관해서는, 헌법에서는 국민의 기본권을 보장하고 있으므로, 공권력의 행사로 인하여 기본권이 침해된다면 비록 특별권력관계 내부의 행위라고 할지라도 구제가능성을 인정하여야 한다.

⑹ 행정소송상 이행판결

이행판결이란 이행의 소가 제기된 경우에 청구를 인용한다는 뜻의 판결을 말한다. 행정소송상 법원이 행정사건을 심리 · 판단함에 있어 이행판결을 할 수 있는가가 문제되는데, 권력분립의 원리에 따라 구체적인 행정처분은 집행부의 고유권한에 속하므로, 사법부는 집행부를 대신하여 처분을 하거나 처분을 하도록 명할 수 없다고 할 것이다.

제 2 절 사법권의 독립

헌법 제101조 ③ 법관의 자격은 법률로 정한다.

헌법 제103조 법관은 헌법과 법률에 의하여 그 양심에 따라 독립하여 심판한다.

헌법 제104조 ① 대법원장은 국회의 동의를 얻어 대통령이 임명한다.
② 대법관은 대법원장의 제청으로 국회의 동의를 얻어 대통령이 임명한다.
③ 대법원장과 대법관이 아닌 법관은 대법관회의의 동의를 얻어 대법원장이 임명한다.

헌법 제105조 ① 대법원장의 임기는 6년으로 하며, 중임할 수 없다.
② 대법관의 임기는 6년으로 하며, 법률이 정하는 바에 의하여 연임할 수 있다.
③ 대법원장과 대법관이 아닌 법관의 임기는 10년으로 하며, 법률이 정하는 바에 의하여 연임할 수 있다.
④ 법관의 정년은 법률로 정한다.

헌법 제106조 ① 법관은 탄핵 또는 금고 이상의 형의 선고에 의하지 아니하고는 파면되지 아니하며, 징계처분에 의하지 아니하고는 정직·감봉 기타 불리한 처분을 받지 아니한다.
② 법관이 중대한 심신상의 장해로 직무를 수행할 수 없을 때에는 법률이 정하는 바에 의하여 퇴직하게 할 수 있다.

Ⅰ. 의 의

사법권의 독립이란 사법권을 행사하는 법관이 구체적 사건을 재판함에 있어서 절대적으로 독립하여 누구의 지시나 명령에도 구속되지 아니하는 것을 말한다. 사법권의 독립은 입법부나 행정부로부터의 법원의 독립과 그 자율성, 그리고 재판에 있어서 어떠한 내재적 간섭도 받지 아니하는 법관의 직무상 독립과 신분상 독립에 의하여 실현된다.

Ⅱ. 내 용

1. 법원의 독립

사법권의 독립에 있어서 법원의 독립은 권력분립의 원칙에 따라 공정한 재판을 사명으로 하는 법원이 그 밖의 국가기관인 입법부와 행정부로부터 독립하지 않으면 안 된다는 것을 의미한다. 우리 헌법 제101조 제1항이 권력분립주의의 입장에서 "사법권은 법관으로 구성된 법원에 속한다"고 하는 것도 바로 그러한 의미를 가진 것이라 하겠다.

2. 법관의 독립

(1) 법관의 직무상 독립(물적 독립)

법관의 직무상 독립이란 법관이 다른 어떤 기관의 지시나 간섭을 받지 않고 독립하여 재판하는 것을 말한다. 우리 헌법 제103조는 "법관은 헌법과 법률에 의하여 그 양심에 따라 독립하여 심판한다"고 규정하여 법관의 직무상 독립과 재판상 독립을 보장하고 있다. 여기에서의 "양심"은 인간으로서의 양심이 아니라 법관으로서의 양심, 즉 법관이라는 직업적 양심인 법조적 양심을 말한다. 또 "독립하여 심판한다"라고 함은 법관이 재판을 함에 헌법과 법률 · 자신의 양심 이외의 어떠한 외부적 간섭이나 영향을 받지 아니하고, 재판결과에 대해서도 형사상 · 징계상 그 어떠한 책임도 추궁 당하지 않는 것을 말한다.

(2) 법관의 신분상 독립(인적 독립)

법관의 신분상 독립이란 재판의 독립을 확보하기 위하여 법관의 인사를 독립시키고, 법관의 자격과 임기를 법률로 규정함으로써 법관의 신분을 보장하는 것을 말한다. 신분상의 독립은 법관인사의 독립, 법관의 자격제, 법관의 임기제 · 연임제 및 정년제의 보장 등이다.

헌법재판소는 “법관의 정년을 규정하고 있는 법원조직법 제45조 제4항 위헌확인” 사건에서 “법관정년제를 규정한 것은 한편으로는 정년연령까지 그 신분이 보장되는 측면이 있다. 청구인은 그 법관정년제 자체를 문제삼고 있는바, 이 점에 관하여는 우리 헌법상 법관정년제를 채택하고 있어서, 원칙적으로 위헌성판단의 대상이 되지 아니하고, 궁극적으로 이 문제는 사법권 독립, 사법의 민주화, 사법의 보수화·관료화·노쇠화 방지 등을 비교형량한 헌법정책 내지 입법정책의 문제라고 할 것”이라고 하여 청구기각판결을 하였다(헌재 2002.10.31. 2001헌마557). 즉 ‘법관정년제’ 자체의 위헌성 판단은 헌법규정에 대한 위헌주장으로, 헌법재판소 판례에 의하면, 위헌판단의 대상이 되지 아니한다. 물론 이 경우에도 법관의 정년연령을 규정한 법률의 구체적인 내용에 대하여는 위헌판단의 대상이 될 수 있다(헌재 2002.10.31. 2001헌마557).

3. 법관의 신분보장

헌법 제106조 제1항은 “법관은 탄핵 또는 금고 이상의 형의 선고에 의하지 아니하고는 파면되지 아니하며, 징계처분에 의하지 아니하고는 정직·감봉 기타 불리한 처분을 받지 아니한다”고 규정하고 있으며, 동조 제2항은 “법관이 중대한 심신상의 장해로 직무를 수행할 수 없을 때에는 법률이 정하는 바에 의하여 퇴직하게 할 수 있다”고 규정하고 있다.

법관의 신분보장 (헌재 1993.5.13. 90헌바22등)

i) 법관의 신분보장은 법관의 재판상 독립을 보장하는데 있어서 필수적 전제로서 정당한 법절차에 따르지 않는 법관의 파면이나 불이익처분의 금지를 의미하는 것이다.

ii) 1980년 해직공무원의 보상들에 관한 특별 조치법 제2조가 보상의 대상 공무원 중에서 ‘차관급 이상의 보수를 받는 자’에 법관을 포함시킨다면 법관의 신분은 가중적으로 보장하고 있는 헌법정신에 위반된다.

4. 관련 판례

* 수뢰액이 5천만 원 이상인 때에는 무기 또는 10년 이상의 징역에 처하도록 한 「특정범죄 가중처벌 등에 관한 법률」 조항은 별도의 법률상 감경사유가 없는 한 집행유예의 선고를 할 수 없도록 그 법정형의 하한을 높였다고 하더라도 법관의 양형결정권을 침해하였다거나 법관독립의 원칙에 위배된다고 할 수 없다(헌재 1995.4.20. 93헌바40).
* 근무성적이 현저히 불량하여 판사로서 정상적인 직무를 수행할 수 없는 경우에 연임발령을 하지 않도록 규정한 구 「법원조직법」은 사법의 독립을 침해한다고 볼 수 없다(헌재 2016.9.29. 2015헌바331).
* 시각장애인들에 대한 실질적인 보호를 위하여 비안마사들의 안마시술소 개설행위를 실효적으로 규제하는 것이 필요하고, 이 사건 처벌조항은 벌금형과 징역형을 모두 규정하고 있으나, 그 하한에는 제한을 두지 않고 그 상한만 5년 이하의 징역형 또는 2천만 원 이하의 벌금형으로 제한하여 법관의 양형재량권을 폭넓게 인정하고 있으며, 죄질에 따라 벌금형이나 선고유예까지 선고할 수 있으므로, 이러한 법정형이 위와 같은 입법목적에 비추어 지나치게 가혹한 형벌이라고 보기 어렵다. … 책임과 형벌 사이의 비례원칙에 위반되어 헌법에 위반된다고 볼 수 없다(헌재 2017.12.28. 2017헌가15).
* 약식절차에서 피고인이 정식재판을 청구한 경우 약식명령보다 더 중한 형을 선고할 수 없도록 한 「형사소송법」 조항은 법관의 양형결정권을 침해하지 않는다(헌재 2005.3.31. 2004헌가27).
* 정신적인 장애로 항거불능·항거곤란 상태에 있음을 이용하여 사람을 간음한 자를 처벌하는 「성폭력범죄의 처벌 등에 관한 특례법」 조항은, 유기징역형의 하한을 7년으로 정하여 별도의 법률상 감경사유가 없는 한 작량감경을 하더라도 집행유예를 선고할 수 없도록 하였으나 책임과 형벌의 비례원칙에 반한다고 할 수 없다(헌재 2016.11.24. 2015헌바136).
* 법관에 대한 대법원장의 징계처분 취소청구소송을 대법원의 단심재판에 의하도록 하는 것은, 독립적으로 사법권을 행사하는 법관이라는 지위의 특수성과 법관에 대한 징계절차의 특수성을 감안하여 재판의 신속을 도모하기 위한 것이므로 헌법에 합치된다(헌재 2012.2.23. 2009헌바34).
* 파산절차는 전형적 소송절차가 아니며 또 파산절차 중 '파산관재인의 선임 및 직무감독에 관한 사항'은 사법의 본질적인 사항이 아니므로, 종래 파산법이 위 선임 및 감

독에 관한 사항을 법원의 권한으로 정하고 있더라도 그 일부를 다시 공적자금관리특별법으로 제한하는 것은 사법의 본질을 훼손하지 아니한다(헌재 2001.3.15. 2001헌가1·2·3(병합)).

* 약식절차에서 정식재판을 청구하는 경우 약식명령의 형보다 중한 형을 선고하지 못하도록 하는 구 「형사소송법」 조항은 법관의 양형결정권을 침해하지 않는다(헌재 2005.3.31. 2004헌가27).
* 회사정리절차의 개시와 진행여부에 관한 법관의 판단을 금융기관 내지 성업공사 등 이해당사자의 의사에 실질적으로 종속시키는 법 조항은 사법권을 형해화하는 것이고 사법권의 독립을 위협할 소지가 있다(헌재 1990.6.25. 89헌가98).
* 강도상해죄의 법정형의 하한을 '7년 이상의 징역'으로 정하고 있는 「형법」 조항은 법정형의 하한을 살인죄의 그것보다 높였다고 해서 사법권의 독립 및 법관의 양형판단권을 침해하는 것은 아니다(헌재 2011.9.29. 2010헌바346).
* 사법권의 독립은 재판상의 독립, 즉 법관이 재판을 함에 있어서 어떠한 외부적인 압력이나 간섭도 받지 않는다는 것뿐만 아니라, 재판의 독립을 위해 법관의 신분보장도 차질 없이 이루어져야 함을 의미한다(헌재 2016.9.29. 2015헌바331).
* 형사재판에 있어서 사법권의 독립은 심판기관인 법원과 소추기관인 검찰청의 분리를 요구함과 동시에 법관이 실제 재판에 있어서 소송당사자인 검사와 피고인으로부터 부당한 간섭을 받지 않은 채 독립하여야 할 것을 요구한다(헌재 1995.11.30. 92헌마44).
* 대법원이 법관에 대한 징계처분 취소청구소송을 단심으로 재판하는 경우에는 사실확정도 대법원의 권한에 속하여 법관에 의한 사실확정의 기회가 박탈되었다고 볼 수 없으므로, 법관에 대한 대법원장의 징계처분 취소청구소송을 대법원에 의한 단심재판에 의하도록 한 것은 헌법에 위반되지 아니한다(헌재 2012.2.23. 2009헌바34).
* 약식절차에서 피고인이 정식재판을 청구한 경우 약식명령의 형보다 중한 형을 선고할 수 없도록 한 것은, 법관의 양형결정권을 침해하지 않는다(헌재 2005.3.31. 2004헌가27).
* 사법부 스스로 판사의 근무성적평정에 관한 사항을 정하도록 대법원규칙에 위임할 필요성이 인정되고, 근무성적평정에 관한 사항이 직무능력, 자질 등과 같은 평가사항 등에 관한 사항임을 충분히 예측할 수 있으므로 판사의 근무성적평정에 관한 사항을 대법원규칙으로 정하도록 위임한 구 「법원조직법」 조항은 포괄위임금지원칙에 위배되지 않는다(헌재 2016.9.29. 2015헌바331).
* 양형기준에서 정한 범위를 벗어난 판결을 하는 경우에는 판결서에 합리적이고 설득력 있는 방식으로 그 이유를 기재하여야 한다(대판 2010.12.9. 2010도7410).

* 법관의 정년을 직위에 따라 순차적으로 낮게 차등하게 설정한 것은 법관 업무의 성격과 특수성, 평균수명, 조직체 내의 질서 등을 고려하여 정한 것으로 그 차별에 합리적인 이유가 있다고 할 것이므로, 청구인의 평등권을 침해하였다고 볼 수 없다(헌재 2002.10.31. 2001헌마557).
* 법원이 법정의 규모·질서의 유지·심리의 원활한 진행 등을 고려하여 방청을 희망하는 피고인들의 가족·친지 기타 일반 국민에게 미리 방청권을 발행하게 하고 그 소지자에 한하여 방청을 허용하는 등의 방법으로 방청인의 수를 제한하는 조치를 취하는 것이 공개재판주의의 취지에 반하는 것은 아니다(대판 1990.6.8. 90도646).
* 단순매수나 단순판매목적소지의 마약사범에 대하여도 사형·무기 또는 10년 이상의 징역에 처하도록 규정하고 있어, 예컨대 단 한 차례 극히 소량의 마약을 매수하거나 소지하고 있었던 경우 실무상 작량감경을 하더라도 별도의 법률상 감경사유가 없는 한 집행유예를 선고할 수 없도록 법관의 양형선택과 판단권을 극도로 제한하고 있고 또한 범죄자의 귀책사유에 알맞은 형벌을 선고할 수 없도록 법관의 양형결정권을 원천적으로 제한하고 있어 매우 부당하다(헌재 2003.11.27. 2002헌바24).
* 법관은 헌법과 법률에 의하여 그 양심에 따라 독립하여 심판하므로 상급법원이나 소속법원장의 지시 또는 명령을 받지 않지만, 상급법원으로부터 사건을 환송받은 하급법원의 법관은 그 사건을 재판함에 있어 상급법원이 파기이유로 한 사실상, 법률상의 판단에는 기속된다(대법원 1996.12.10. 95도830).
* 법관으로 하여금 증거조사에 의한 사실판단도 하지 말고 최초의 공판기일에 공소사실과 검사의 의견만을 듣고 결심하여 형을 선고하라는 내용의 법률은 헌법이 정한 입법권의 한계를 넘는 것으로 사법권을 침해한 것이다(헌재 1996.1.25. 95헌가5).
* 상고심으로부터 사건을 환송받은 법원은 환송 후의 심리과정에서 새로운 증거가 제시되어 기속적 판단의 기초가 된 증거관계에 변동이 생기지 않은 한, 당해사건에 관하여 상고법원이 파기이유로 한 사실상 및 법률상의 판단에 기속된다(대법원 1996.12.10. 95도830).

제 3 절 법원의 조직

헌법 제101조 ① 사법권은 법관으로 구성된 법원에 속한다.
② 법원은 최고법원인 대법원과 각급법원으로 조직된다.
③ 법관의 자격은 법률로 정한다.

헌법 제102조 ① 대법원에 부를 둘 수 있다.
② 대법원에 대법관을 둔다. 다만, 법률이 정하는 바에 의하여 대법관이 아닌 법관을 둘 수 있다.
③ 대법원과 각급법원의 조직은 법률로 정한다.

헌법 제104조 ① 대법원장은 국회의 동의를 얻어 대통령이 임명한다.
② 대법관은 대법원장의 제청으로 국회의 동의를 얻어 대통령이 임명한다.
③ 대법원장과 대법관이 아닌 법관은 대법관회의의 동의를 얻어 대법원장이 임명한다.

헌법 제105조 ① 대법원장의 임기는 6년으로 하며, 중임할 수 없다.
② 대법관의 임기는 6년으로 하며, 법률이 정하는 바에 의하여 연임할 수 있다.
③ 대법원장과 대법관이 아닌 법관의 임기는 10년으로 하며, 법률이 정하는 바에 의하여 연임할 수 있다.
④ 법관의 정년은 법률로 정한다.

헌법 제107조 ① 법률이 헌법에 위반되는 여부가 재판의 전제가 된 경우에는 법원은 헌법재판소에 제청하여 그 심판에 의하여 재판한다.
② 명령·규칙 또는 처분이 헌법이나 법률에 위반되는 여부가 재판의 전제가 된 경우에는 대법원은 이를 최종적으로 심사할 권한을 가진다.
③ 재판의 전심절차로서 행정심판을 할 수 있다. 행정심판의 절차는 법률로 정하되, 사법절차가 준용되어야 한다.

헌법 제108조 대법원은 법률에서 저촉되지 아니하는 범위 안에서 소송에 관한 절차, 법원의 내부규율과 사무처리에 관한 규칙을 제정할 수 있다.

참고 법원의 종류(법원조직법 제3조)

① 법원은 다음의 7종류로 한다.
1. 대법원
2. 고등법원
3. 특허법원
4. 지방법원

> 5. 가정법원
> 6. 행정법원
> 7. 회생법원
> ② 지방법원 및 가정법원의 사무의 일부를 처리하게 하기 위하여 그 관할구역에 지원(支院)과 가정지원, 시법원 또는 군법원(이하 "시·군법원"이라 한다) 및 등기소를 둘 수 있다. 다만, 지방법원 및 가정법원의 지원은 2개를 합하여 1개의 지원으로 할 수 있다.
> ③ 고등법원·특허법원·지방법원·가정법원·행정법원·회생법원과 지방법원 및 가정법원의 지원, 가정지원, 시·군법원의 설치·폐지 및 관할구역은 따로 법률로 정하고, 등기소의 설치·폐지 및 관할구역은 대법원규칙으로 정한다.

Ⅰ. 대 법 원大法院

1. 지 위

(1) 대법원은 헌법상 ① 최고법원으로서의 지위, ② 기본권보장기관으로서의 지위, ③ 헌법수호기관으로서의 지위, ④ 최고사법행정기관으로서의 지위를 가진다.

(2) 대법원장大法院長은 대법원의 일반사무를 관장하며, 대법원의 직원과 각급 법원 및 그 소속기관의 사법행정사무에 관하여 직원을 지휘·감독한다. 대법원장이 궐위되거나 부득이한 사유로 직무를 수행할 수 없을 때에는 선임대법관이 그 권한을 대행한다(법원조직법 제13조).

(3) 대법원은 최고법원으로 서울특별시에 둔다(법원조직법 제11조 및 제12조). 대법원은 대법원장과 대법관大法官으로 구성되며, 법률이 정하는 바에 따라 대법관이 아닌 법관을 둘 수 있다(헌법 제102조 제2항). 대법원장은 국회의 동의를 얻어 대통령이 임명한다(제104조 제1항). 대법관은 대법원장의 제청으로 국회의 동의를 얻어 대통령이 임명한다(동조 제2항). 대법관의 수는 대법원장을 포함하여 14명으로 한다(법원조직법 제4조 제2항). 대법원에 부部를 둘 수 있다(헌법 제102조 제1항).

(4) 전원합의체全員合議體

대법원의 심판은 대법관 전원의 3분의 2 이상의 전원합의체全員合議體에서 행사하며, 대법원장이 재판장이 된다. 다만, 대법관 3명 이상으로 구성된 부部에서 먼저 사건을 심리審理하여 의견이 일치한 경우에 한정하여 일정한 경우를 제외하고 그 부에서 재판할 수 있다(법원조직법 제7조). 부에는 일반부와 특정부가 있고, 일반부에는 민사부와 형사부가 있다. 대법원장은 필요하다고 인정할 경우에는 행정·조세·노동·군사·특허 등의 사건을 전담하여 심판하게 할 수 있다(법원조직법 제7조 제2항).

(5) 대법관회의大法官會議

대법원에는 대법관 전원으로 구성되고 대법원장이 의장이 되는 대법관회의大法官會議를 두며, 대법관 3분의 2이상의 출석과 출석인원 과반수의 찬성으로 의결한다. 의장은 의결에서 표결권을 가지며, 가부동수可否同數일 때에는 결정권을 가진다(법원조직법 제16조).

2. 관　할

대법원은 ① 상고심, ② 명령·규칙의 위헌·위법여부의 최종심사, ③ 위헌법률심판의 제청, ④ 선거소송 등을 관할하며, 특히 ① 고등법원 또는 항소법원·특허법원의 판결에 대한 상고사건, ② 항고법원·고등법원 또는 항소법원·특허법원의 결정·명령에 대한 재항고사건, ③ 다른 법률에 의하여 대법원의 권한에 속하는 사건을 종심終審으로서 심판한다.

3. 규칙제정권

헌법 제108조는 “대법원은 법률에 저촉되지 아니하는 범위 안에서 소송에 관한 절차, 법원의 내부규율과 사무처리에 관한 규칙을 제정할 수 있다”고 하여 대법원에 규칙제정권을 부여하고 있다.

Ⅱ. 각급법원

1. 고등법원高等法院

고등법원은 고등법원장을 두며 판사로서 보한다. 고등법원장은 그 법원의 사법행정사무를 관장하며 소속 공무원을 지휘·감독한다. 고등법원에는 부部를 두며(법원조직법 제26조 제1항 내지 제3항) 부에 부장판사를 둔다. 부장판사는 그 부의 판사에 있어서 재판장이 되며, 고등법원장의 지휘에 의하여 그 부의 사무를 감독한다(법원조직법 제27조 제1항 내지 제3항). 고등법원의 심판은 판사 3인으로써 구성되는 합의부에서 행한다(법원조직법 제7조 제3항).

고등법원은 다음의 사건을 심판한다(법원조직법 제28조).

(1) 지방법원 합의부·가정법원 합의부 또는 행정법원의 제1심 판결·심판·결정·명령에 대한 항소 또는 항고사건

(2) 지방법원 단독판사·가정법원 단독판사의 제1심 판결·심판·결정·명령에 대한 항소 또는 항고사건으로서 형사사건을 제외한 사건 중 대법원규칙으로 정하는 사건

(3) 다른 법률에 의하여 고등법원의 권한에 속하는 사건

2. 특허법원特許法院

특허법원 (고등법원급)에는 특허법원장을 두며 판사로서 보한다. 특허법원장은 그 법원의 사법행정사무를 관장하며, 소속 공무원을 지휘·감독한다(법원조직법 제28조의2). 특허법원에는 부部를 둔다. 특허법원장은 판사로 보한다. 특허법원장은 그 법원의 사법행정사무를 관장하며, 소속 공무원을 지휘·감독한다(법원조직법 제28조의3). 특허법원의 심판권은 판사 3인으로 구성된 합의부에서 이를 행한다(법원조직법 제7조 제3항).

특허법원은 다음의 사건을 심판한다(법원조직법 제28조의4).

(1) 「특허법」 제186조제1항, 「실용신안법」 제33조, 「디자인보호법」 제166조제1항 및 「상표법」 제162조에서 정하는 제1심사건
(2) 「민사소송법」 제24조제2항 및 제3항에 따른 사건의 항소사건
(3) 다른 법률에 따라 특허법원의 권한에 속하는 사건

특허법원은 기술심리관을 두며, 법원이 필요하다고 인정하는 경우 결정으로 기술심리관을 소송의 심리에 참여하게 할 수 있고, 소송의 심리에 참여하는 기술심리관은 재판장의 허가를 얻어 기술적인 사항에 관하여 소송관계인에게 질문을 할 수 있고, 재판의 합의에서 의견을 진술할 수 있다(법원조직법 제54조의2 제1항 내지 제3항).

3. 지방법원地方法院

(1) 지방법원

지방법원에 지방법원장을 두며 판사로서 보한다. 지방법원장은 그 법원과 소속지원支院, 시·군법원 및 등기소의 사법행정사무를 관장하며, 소속공무원을 지휘·감독한다(법원조직법 제29조 제1항 내지 제3항). 지방법원에는 부를 둔다(법원조직법 제30조 제1항).

지방법원의 심판은 단독판사가 행하며, 합의심판을 요할 때에는 판사 3인으로 구성되는 합의부에서 행한다(법원조직법 제7조 제4항 및 제5항). 지방법원의 사무의 일부를 처리하게 하기 위하여 지방법원 지원을 둘 수 있다. 지방법원 지원에는 지원장을 두며 판사로서 보한다. 지방법원 지원에도 부部를 둘 수 있다(법원조직법 제31조).

(2) 시·군법원

지방법원의 사무의 일부를 처리하게 하기 위하여 그 관할구역 안에 시법원 또는 군법원(시·군법원)을 둘 수 있다(종전의 순회심판소를 시·군 법원으로 개편함). 시·군법원의 판사는 소속 지방법원장 또는 지원장의 지휘를 받아 시·군법원의

사법행정사무를 관장하며, 그 소속 직원을 지휘·감독한다. 다만, 가사사건에 관하여는 그 지역을 관할하는 가정법원장 또는 그 지원장의 지휘를 받는다(법원조직법 제33조).

시·군법원은 다음의 사건을 관할한다(법원조직법 제34조).

① 「소액사건심판법」의 적용을 받는 민사사건
② 화해·독촉 및 조정調停에 관한 사건
③ 20만 원 이하의 벌금 또는 구류나 과료에 처할 범죄사건
④ 「가족관계의 등록 등에 관한 법률」 제75조에 따른 협의상 이혼의 확인

4. 가정법원家庭法院

가정법원에는 가정법원장을 두며 판사로서 보한다(법원조직법 제37조 제1항 및 제2항). 가정법원에는 부部를 둔다(법원조직법 제38조 제1항). 가정법원에는 지원을 둘 수 있으며, 지원장은 판사로서 보한다. 지원장은 소속 가정법원장의 지휘를 받아 지원의 사법행정사무를 관장하며, 소속 공무원을 지휘·감독한다(법원조직법 제39조 제1항 및 제2항).

가정법원 및 가정법원 지원의 합의부는 ① 가사소송법에서 정한 가사소송과 가사비송사건 중 대법원 규칙으로 정하는 사건, ② 가정법원 판사에 대한 제척·기피사건 ③ 다른 법률에 의하여 가정법원 합의부의 권한에 속하는 사건을 제1심으로 심판한다(법원조직법 제40조).

5. 행정법원行政法院

행정법원에는 행정법원장을 두며 판사로서 보한다. 행정법원장은 그 법원의 사법행정사무를 관장하며, 소속 공무원을 지휘·감독하다(법원조직법 제40조의2 제1항 내지 제3항). 행정법원에는 부部를 둔다(법원조직법 제40조의3 제1항). 행정법원은 ① 행정소송법에서 정한 행정사건과 ② 다른 법률에 의하여 행정 법원의 권한에 속하는 사건의 제1심을 심판한다(법원조직법 제40조의4).

6. 회생법원回生法院

회생법원은 도산사건倒産事件을 전문적으로 다루는 도산전문법원倒産專門法院이다. 변화된 경제여건과 상황에 맞는 회생·파산제도의 운영을 위해 2017년 신설된 회생·파산 전문법원이다. 채무자 회생 및 파산에 관한 법률(약칭: 채무자회생법)에 따른 회생사건 및 파산사건 또는 개인회생사건을 담당한다.

회생법원에 회생법원장을 두며, 회생법원장은 판사로 보한다. 회생법원장은 그 법원의 사법행정사무를 관장하며, 소속 공무원을 지휘·감독한다(법원조직법 제40조의5 제1항 내지 제3항).

7. 군사법원軍事法院

군사법원은 보통군사법원과 고등군사법원으로 구성된다. 군사법원의 조직·권한 및 재판관의 자격은 법률로 정한다(헌법 제110조 제3항). 군사법원의 조직·권한 및 재판관의 자격을 일반법원과 달리 정할 수 있다. 군사법원의 재판장은 선임재판관이 된다. 군판사는 각군참모총장이 소속 군법무관 중에서 임명하며, 심판관은 관할관이 임명하고, 재판관과 주심군판사는 관할관이 지정한다. 관할관은 군사법원의 행정사무를 관장한다.

일반법원과 군사법원의 구별 (헌재 1994.12.29. 92헌바22)

구체적인 법원의 조직에 있어서는 일반법원과 군사법원은 그 명칭을 달리한다. 더구나 군무원인사법시행령에 의하면(군무원의 경우 법무사법 제4조 제1항 제1호에서 말하는 법원주사보 또는 법원사무관 등의 직위가 존재하지 않으므로, 법무사법 제4조 제1항 제1호) 소정의 "법원"에 군사법원은 포함되지 않는다.

8. 특별법원特別法院

> **헌법 제110조** ① 군사재판을 관할하기 위하여 특별법원으로서 군사법원을 둘 수 있다.
> ② 군사법원의 상고심은 대법원에서 관할한다.
> ③ 군사법원의 조직·권한 및 재판관의 자격은 법률로 정한다.
> ④ 비상계엄하의 군사재판은 군인·군무원의 범죄나 군사에 관한 간첩죄의 경우와 초병·초소·유독음식물공급·포로에 관한 죄 중 법률이 정한 경우에 한하여 단심으로 할 수 있다. 다만, 사형을 선고한 경우에는 그러하지 아니하다.

특별법원에는 (1) 법관이 아닌 자에 의한 재판 또는 (2) 대법원을 최종심으로 하지 아니하는 특별법원에 의한 재판이 이에 해당하는데, 헌법규정에 비추어 특별법원의 설치가 가능한가 하는 점이 문제이다. 헌법에 규정이 있거나(군사법원), 재판의 전심절차로서 행해지는 행정심판위원회를 제외하고는 법률로써 특별법원을 설치할 수 없다. 다만, 법관이 재판하고 대법원에 상고가 인정되는 특수법원으로서의 특별법원은 법률로 설치가능하다. 가정법원은 특수법원의 한 예이며, 법률로써 노동법원, 조세법원 등의 설치 또한 가능하다.

군사법원의 재판관은 반드시 일반법원의 법관과 동등한 자격을 가진 군판사를 포함시켜 구성하도록 하고 재판관의 독립과 재판관의 신분을 보장하고 있는 규정 등을 감안하면 군사법원의 재판이 재판청구권과 평등권을 본질적으로 침해한 것이라고 할 수 없다(헌재 1996.10.31. 93헌바25).

군사법원의 지위 (헌재 2009.7.30. 2008헌바162)

군사법원의 조직·권한 및 재판관의 자격을 일반법원과 달리 정할 수 있다고 하여도 그것이 아무런 한계 없이 입법자의 자의에 맡겨 질 수는 없는 것이고 사법권의 독립 등 헌법의 근본원리에 위반되거나 헌법 제27조 제1항의 재판청구권, 헌법 제11조 제1항의 평등권, 헌법 제12조의 신체의 자유 등 기본권의 본질적 내용을 침해하여서는 안 될 헌법적 한계가 있다고 할 것이다.

제 4 절 사법의 절차와 운영

헌법 제101조 ② 법원은 최고법원인 대법원과 각급법원으로 조직된다.

헌법 제109조 재판의 심리와 판결은 공개한다. 다만, 심리는 국가의 안전보장 또는 안녕질서를 방해하거나 선량한 풍속을 해할 염려가 있을 때에는 법원의 결정으로 공개하지 아니할 수 있다.

Ⅰ. 재판의 심급제

재판의 심급제를 인정하는 이유는 소송절차를 신중하게 함으로써 공정한 재판을 확보하려는 데 목적이 있다. 민사·형사·행정소송은 3심제로, 특허소송과 기초단체장(일반시장·군수·구청장)·지방의원 선거에 대한 선거소송·당선소송은 2심제로, 대통령선거·국회의원선거·광역단체장(시·도지사) 선거에 대한 선거소송·당선소송과 비상계엄 하의 군사법원에 의한 재판(사형선고의 경우 제외)은 대법원에 의한 단심제로 하고 있다. 또한, 법원조직법 제28조 제2호에서는 항소심 재판의 신중성 및 타당성을 담보하기 위하여 일정한 범위의 단독사건(지방법원단독판사·가정법원단독판사의 제1심 판결·심판·결정·명령에 대한 항소 또는 항고사건으로서 형사사건을 제외한 사건 중 대법원규칙으로 정하는 사건)에 대하여는 항소심을 관할 고등법원으로 하였다.

상고심과 재판을 받을 권리 (헌재 2011.6.30. 2010헌바395)

상고심에서 재판을 받을 권리를 헌법상 명문화한 규정이 없는 이상, 헌법 제27조에서 규정한 재판을 받을 권리에 모든 사건에 대해 상고심 재판을 받을 권리까지도 포함된다고 단정할 수 없고, 모든 사건에 대해 획일적으로 상고할 수 있게 할지 여부는 입법재량의 문제라고 할 것이다.

법관징계처분 취소소송과 단심재판 (헌재 2012.2.23. 2009헌바34)

법관에 대한 징계처분 취소청구소송을 다른 전문직 종사자와 달리 대법원의 단심재판에 의하도록 하고 있으나, 법관에 대한 징계의 심의·결정이 준사법절차를 거쳐서 이루어지는 점, 법관에 대한 징계의 경우 파면·해임·면직 등 신분관계 자체를 변경시키는 중한 징계처분이 존재하지 않는 점, 법관은 독립적으로 사법권을 행사하는 자로서 그 지위를 조속히 안정시킬 필요가 있는 점, 법관에 대한 징계처분 취소청구소송은 피징계자와 동일한 지위를 가진 법관에 의하여 이루어질 수밖에 없는 점 등을 고려하면, 이러한 차별취급에는 합리적인 근거가 있으므로, 헌법상 평등권을 침해하지 아니한다.

Ⅱ. 재판의 공개주의

헌법 제109조 본문은 "재판의 심리와 판결은 공개한다"고 규정하여 재판공개주의를 택하고 있다. 재판은 공개를 원칙으로 하지만, 심리는 국가의 안전보장 또는 안녕질서를 방해하거나 선량한 풍속을 해할 염려가 있을 때에는 법원의 결정으로 공개하지 아니할 수 있다. 다만 판결은 반드시 공개하여야 한다(헌법 제109조 단서). 법원이 형사재판에 관하여 방청권을 발행하여 방청인의 수를 제한하는 것이 공개재판주의에 위반으로 볼 수 없다(대판 1990.6.8. 90도646).

Ⅲ. 법정질서의 유지

재판장은 법정질서를 해할 우려가 있는 자의 법정 출입을 금지하거나 퇴정을 명하며, 기타 질서유지에 필요한 명령을 발할 수 있다. 재판장은 법정내외에서 질서유지에 관한 명령에 위배되는 행위를 하거나 폭언·소란 등의 행위로 법원의 심리를 방해 또는 재판의 위신을 현저히 훼손한 자에 대하여 직권에 의한 결정으로 20일 이내의 감치監置 또는 100만 원 이하의 과태료에 처하거나 이를 병과竝科할 수 있다(법원조직법 제61조 제1항). 감치나 과태료는 사법행정상의 질서벌의 일종으로 형벌은 아니므로 검사의 기소없이 이루어지며(법정모욕죄와 구별된다), 감치기간 중 삭발하거나 노역장에 유치할 수 없다. 감치결정의 재판에 대해서는 항고 또는 특별항고를 할 수 있다(법원조직법 제61조 제5항).

제 5 절 법원의 권한

Ⅰ. 쟁송에 관한 재판권

쟁송재판권이라 함은 민사소송 · 형사소송 · 행정소송 · 선거소송 등 법적 분쟁에 관한 재판권을 말한다. 법적 분쟁이 발생하고 당사자로부터 쟁송의 제기가 있으면 국가는 이를 해결할 의무가 있다.

Ⅱ. 명령 · 규칙심사권

1. 명령 · 규칙심사권의 의의

법원이 재판의 전제가 되고 있는 구체적 사건에 적용할 명령 · 규칙의 효력을 심사하여 이를 무효라고 판단할 경우 당해 명령 · 규칙을 그 사건에 적용함을 거부하는 권한을 말한다.

우리 헌법 제107조 제2항은 "명령 · 규칙 또는 처분이 헌법이나 법률에 위반되는 여부가 재판의 전제가 된 경우에는 대법원은 이를 최종적으로 심사할 권한을 가진다."라고 하여 명령 · 규칙 등에 대한 심사권을 규정하고 있다. 명령 · 규칙심사권을 법원에 부여한 것은 상위법인 헌법이나 법률에 위반되는 하위법인 명령 · 규칙의 적용을 법원이 거부하여 국법질서의 통일을 유지하고자 하는 것이다.

2. 심사주체

심사주체는 각급법원 및 군사법원이고 대법원이 최종적인 심사권을 갖는다(제107조 제2항). 대법원이 명령·규칙이 위헌 또는 위법임을 인정하는 경우에는 대법관전원합의체에서 결정하고, 헌법이나 법률에 합치됨을 인정하는 경우에는 대법관 3인 이상으로 구성된 부에서 결정한다(법원조직법 제7조 제1항). 헌법재판소가 명령·규칙에 대한 심사권을 갖는가에 대하여, “헌법 제107조 제2항이 규정한 명령·규칙에 대한 대법원의 최종심사권이란 구체적인 소송사건에서 명령·규칙의 위헌여부가 재판의 전제가 되었을 경우 법률의 경우와는 달리 헌법재판소에 제청할 것 없이 대법원이 최종적으로 심사할 수 있다는 의미이며, 명령·규칙 그 자체에 의하여 직접 기본권이 침해되었음을 이유로 하여 헌법소원심판을 청구하는 것은 위 헌법규정과는 아무런 상관이 없는 문제이다. 따라서 입법부·행정부·사법부에서 제정한 규칙이 별도의 집행행위를 기다리지 않고 직접 기본권을 침해하는 것일 때에는 모두 헌법소원심판의 대상이 될 수 있다.”고 판시하였다(헌재 2001.11.29. 2000헌마84).

3. 심사요건

심사대상은 명령과 규칙이고, 심사기준은 헌법과 법률이다. 형식적 의미의 헌법과 법률뿐 아니라 실질적 의미의 헌법과 법률도 포함한다.

명령은 대통령령·총리령·부령 등 모든 행정기관이 발령하는 법규명령을 말한다. 규칙은 국가기관에 의해 정립되고 규칙이라는 명칭을 가진 법규범을 말한다. 헌법상 법규명령과 동일한 효력을 가지는 규칙으로는 국회규칙·대법원규칙·헌법재판소규칙·중앙선거관리위원회규칙이 있다. 또 지방자치단체가 제정한 규칙도 있다. 조약 중에서 헌법 제60조 제1항에서 열거된 조약은 위헌법률심사의 대상이 된다.

헌법에 명시적 규정은 없으나 지방자치단체에서 제정한 조례도 당연히 명령·규칙심사의 대상이 된다(대판 1996.9.20. 95누7994).

4. 위헌 · 위법인 명령 · 규칙의 효력

명령 · 규칙이 헌법이나 법률에 위반된다고 인정되는 경우, 법원은 이러한 명령 · 규칙을 당해사건에 적용하는 것을 거부할 수 있을 뿐, 이에 대하여 무효를 선언할 수는 없다. 부수적 규범통제의 본질상 법원의 과제는 구체적 당해사건의 해결이지, 명령 · 규칙의 효력 그 자체를 심사하는 것이 아니기 때문이다. 명령 · 규칙이 위헌 또는 위법인 경우, 위헌 · 위법적 명령 · 규칙에 의거하여 한 행정행위는 취소될 수 있으나, 자동으로 무효가 되는 것은 아니다.

Ⅲ. 위헌법률심판제청권

법률이 헌법에 위반되는 여부가 재판의 전제가 된 경우에는 법원은 헌법재판소에 제청하여 그 심판에 의하여 재판한다(헌법 제107조 제1항).

이와 관련해 본 규정이 법원에게 합헌 판단권을 부여한 규정인지 여부가 문제된다. 헌법재판소법 제43조 제4호가 제청 시 위헌이라고 해석되는 이유를 기재하도록 규정하고 동법 제68조 제2항이 당사자의 제청신청이 기각된 때에는 당사자로 하여금 헌법재판소에 직접 헌법소원심판을 제기할 수 있도록 한 점 등을 이유로 법원의 합헌 판단권이 인정된다고 해석할 수 있다.

헌법재판소는 “헌법재판소법 제68조 제2항(기각한 때)이 법원의 합헌판단권을 인정하는 근거조항이 되는 것인가에 관하여, 헌법재판소법 제41조 제4항은 위헌여부심판의 제청에 관한 결정에 대하여는 항고할 수 없다는 것일 뿐 합헌판단권의 인정 여부와는 직접 관계가 없는 조항이므로, 그 조항이 바로 법원의 합헌판단권을 인정하는 근거가 될 수 없다”고 판시하였다(헌재 1993.7.29. 90헌바35).

법원이 법률의 위헌 심판을 헌법재판소에 제청한 때에는 당해소송사건의 재판은 헌법재판소의 위헌여부의 결정이 있을 때까지는 정지된다.

제 5 장

헌법재판소

헌법 제111조 ① 헌법재판소는 다음 사항을 관장한다.

1. 법원의 제청에 의한 법률의 위헌여부 심판
2. 탄핵의 심판
3. 정당의 해산 심판
4. 국가기관 상호간, 국가기관과 지방자치단체간 및 지방자치단체 상호간의 권한쟁의에 관한 심판
5. 법률이 정하는 헌법소원에 관한 심판

② 헌법재판소는 법관의 자격을 가진 9인의 재판관으로 구성하며, 재판관은 대통령이 임명한다.
③ 제2항의 재판관중 3인은 국회에서 선출하는 자를, 3인은 대법원장이 지명하는 자를 임명한다.
④ 헌법재판소의 장은 국회의 동의를 얻어 재판관 중에서 대통령이 임명한다.

헌법 제112조 ① 헌법재판소 재판관의 임기는 6년으로 하며, 법률이 정하는 바에 의하여 연임할 수 있다.
② 헌법재판소 재판관은 정당에 가입하거나 정치에 관여할 수 없다.
③ 헌법재판소 재판관은 탄핵 또는 금고 이상의 형의 선고에 의하지 아니하고는 파면되지 아니한다.

헌법 제113조 ① 헌법재판소에서 법률의 위헌결정, 탄핵의 결정, 정당해산의 결정 또는 헌법소원에 관한 인용결정을 할 때에는 재판관 6인 이상의 찬성이 있어야 한다.
② 헌법재판소는 법률에 저촉되지 아니하는 범위 안에서 심판에 관한 절차, 내부규율과 사무처리에 관한 규칙을 제정할 수 있다.
③ 헌법재판소의 조직과 운영 기타 필요한 사항은 법률로 정한다.

제 1 절 헌법재판의 일반이론

Ⅰ. 헌법재판의 의의와 기능

1. 헌법재판의 의의

헌법재판이란 헌법분쟁 또는 헌법침해의 문제를 헌법규범을 기준으로 유권적으로 결정함으로써 헌법질서를 유지·수호하는 국가작용을 말한다. 현대 국가에서 헌법재판제도는 국민의 기본권을 국가권력의 남용으로부터 보호하고, 정치권력을 헌법의 틀 안에서 작용하게 만듦으로써 헌법을 실현하는 헌법보호의 중요한 수단이다. 오늘날 헌법재판제도는 대의제, 권력분립제, 선거제, 공무원제, 지방자치제 등과 같이 통치구조의 불가결한 구성부분으로 인식되고 있다. 특히 헌법재판제도는 국가권력의 기본권기속과 국가권력 행사의 절차적 정당성을 확보하기 위한 기능적 권력통제의 한 장치로 이해되면서 권력분립의 차원에서도 중요한 의미를 갖게 되었다.

2. 헌법재판의 기능

(1) 헌법보호기능

헌법재판은 헌법의 규범적 효력을 관철시킴으로써 국가의 최고규범인 헌법을 보호하는 기능을 갖는다. 동시에 헌법재판은 자유민주주의 헌법질서를 위협하는 세력으로부터 헌법을 보호하는 기능을 갖는다. 따라서 위헌정당해산·탄핵심판·권한쟁의심판과 같은 사항들이 헌법재판제도에 포함된다.

(2) 권력통제기능

헌법재판은 정치의 탈헌법적 경향에 대한 강력한 제동장치로서 기능한다. 동시에 헌법재판은 정치권력의 행사가 언제나 헌법질서와 조화될 수 있도록 감시하고 견제하는 권력통제기능을 갖는다. 따라서 헌법재판은 오늘날 권력분립주의의 현대적 실현형태로서 중요한 기능적 권력통제의 장치로 간주되고 있다. 즉, 헌법재판제도는 정당국가화에 따른 권력통합현상 때문에 고전적·구조적 권력분립제도가 제대로 구실을 못하고 있는 상황에서 새로운 권력통제의 장치로서 기능하는 것이다. 특히 자유민주적 정치질서 내의 다수와 소수의 기능적인 상호견제의 장치는 소수자를 보호하는 헌법재판제도에 의해서 비로소 그 실효성을 기대할 수 있다. 예를 들어, 정치적 소수(국회의원, 야당교섭단체 등)에게 권한쟁의심판의 제소권을 주는 것은 다수의 권력행사에 대한 강력한 통제효과를 나타내는 것이다.

⑶ 기본권보호기능

헌법재판은 국가권력의 기본권기속성과 국가권력 행사의 절차적 정당성을 확보함으로써 국민의 자유와 권리를 보호하는 기능을 갖는다. 특히 헌법소원제도는 국민의 기본권구제를 위한 대표적인 헌법재판제도이다. 사실상 헌법이 보장하는 기본권과 법률유보 및 기본권제한입법의 한계조항 등은 헌법재판제도에 의해서 그 규범적 효력이 제대로 관철될 수 있을 때 비로소 그 실효성을 발휘할 수 있다. 따라서 헌법재판제도는 모든 국가적 권능의 정당성 근거인 동시에 국가권력의 최종 목적인 국민의 기본권 보장을 가장 실질적으로 확보해 주는 제도라고 할 수 있다.

⑷ 정치적 평화보장기능(정치적 분쟁해결기능)

헌법재판은 헌법질서를 이탈할 수 있는 정치세력들의 힘의 투쟁을 대신하여 헌법질서 내에서 평화적으로 헌법적 가치를 실현시키는 최후보루로 기능함으로써, 국가가 위기에 봉착하거나 또는 저항권이 행사되기 전에 합헌적인 예방창구를 열어 주어 정치적 대립풍토를 순화시키는 촉매의 역할을 하고, 또한 사회통합의 동기를 더욱더 활성화시켜 주는 기능을 한다. 특히 권한쟁의심판과 정당해산심판을 통해서 헌법문제와 관련된 많은 정치적인 문제들이 해결될 수 있어, 정치적 평화를 가져오는 효과가 생긴다. 또한 정치적 소수세력에게 헌법재판을 통해 그들의 주장을 밝힐 수 있는 기회를 줌으로써 국가권력의 정당성 확보에도 기여하는 효과를 가져온다. 반면 헌법재판은 정치적 분쟁을 사법의 장으로 끌어들이는 '정치의 사법화' 현상을 유발하기도 한다.

3. 우리나라 헌법재판제도의 역사

(1) 제헌헌법(제1공화국헌법)

제헌헌법에서는 헌법위원회를 두었고, 이에 따라 국회는 1950. 2. 21. 법률 제100호로서 헌법위원회법을 제정하였다. 동 헌법의 규정상 헌법위원회는 제5장 법원편에 규정되어 있었다. 헌법위원회는 그 권한이 위헌법률심사에만 한정되어 있었다. 한편, 탄핵사건을 심판하기 위하여 동 헌법 제3장 국회편에서 별도의 탄핵재판소를 두었다.

헌법위원회는 10여년간 운영되었지만 활동은 미미하여 6건을 심사하는 데 그쳤다. 그중 농지개혁법 제18조 제1항 후단 및 제24조 제1항 후단, 비상사태하의 범죄처벌에관한특별조치령 제9조 제1항에 대하여 위헌결정을 내렸다.

(2) 1960년 헌법(제2공화국헌법)

1960년 헌법은 제8장에서 독립된 헌법재판소를 설치하였다. 헌법재판소의 구성은 심판관 9인으로 하고, 대통령, 대법원·참의원이 각각 3명씩 선출하며 임기는 6년이었다(동 헌법 제83조의3, 제83조의4). 구 헌법위원회와는 달리 헌법재판소를 상설적인 기구로 하였다. 헌법재판소는 법률의 위헌여부심사, 헌법에 관한 최종적 해석, 국가기관간의 권한쟁의, 정당의 해산, 탄핵재판, 대통령·대법원장과 대법관의 선거에 관한 소송 등을 관할하였다. 그러나 1961. 4. 17. 헌법재판소법이 제정된 지 1개월 만에 5·16이 발생하여 헌법재판소는 구성되지 못하였다.

(3) 1962년 헌법(제3공화국헌법)

1962년 헌법은 헌법재판에 속하는 사항 중 위헌법률심사와 정당해산심판 그리고 선거소송 등은 대법원이, 탄핵심판은 탄핵심판위원회가 담당하게 하고, 권한쟁의심판제도는 두지 아니하였다. 탄핵심판위원회는 동 헌법 국회편에서 규정하였는데, 대법원장을 위원장으로 하고 대법원판사 3인과 국회의원 5인의 위원으로 구성하되, 다만 대법원장을 심판할 경우에는 국회의장이 위원장이 되도록 하였다(동 헌법 제62조).

대법원은 국가배상법 제2조 제1항 단서와 법원조직법 제59조 제1항을 위헌이라 판단하였다. 그리고 군형법 제47조와 국가배상법 제3조, 반공법 제4조 제1항, 형법상의 사형제도, 강간죄의 객체를 여자에 한정하는 규정 등에 대해서는 합헌판단을 내렸다.

(4) 1972년 헌법(유신헌법)

1972년 헌법은 헌법재판을 담당하는 기관으로 헌법위원회를 두었다(동 헌법 제8장). 헌법위원회는 9인의 위원으로 구성하며 대통령이 임명하는데, 3인은 국회에서 선출하는 자를, 3인은 대법원장이 지명하는 자를 임명하도록 되어 있었다. 동 헌법에 의하면 헌법위원회는 위헌법률심사, 탄핵심판, 정당해산심판을 관할하고 있었으나, 헌법위원회법에서 대법원에 송부하지 않을 결정권을 부여하였는데(1973. 2. 16. 법률 제2530호 헌법위원회법 제15조) 실제적으로는 위헌법률심판이 한 건도 행해지지 않았다.

(5) 1980년 헌법(제5공화국헌법)

이러한 헌법위원회제도를 그대로 계승한 1980년의 제5공화국헌법은, 법원은 법률이 헌법에 위반되는 것으로 인정할 때에만 헌법위원회에 그 심사를 제청할 수 있도록 규정하였다(동 헌법 제108조 제1항). 나아가 헌법위원회법(1982. 4. 2. 법률 제3551호) 제15조 제3항에서는 대법원이 위헌여부제청에 대하여 대법원판사 전원의 3분의 2 이상으로 구성되는 합의체에서 당해 법률이 헌법에 위반되는 것으로 인정할 때에만 그 제청서를 헌법위원회에 송부하도록 함으로써, 위헌법률심사를 더욱 어렵게 만들었으며, 결국 1972년헌법 아래에서와 마찬가지로 위헌법률심판이 한 건도 이루어지지 않았다.

Ⅱ. 현행 헌법상 헌법재판제도: 헌법재판소

1. 헌법재판소의 헌법상 지위

헌법재판소는 헌법재판을 전담하기 위해서 헌법 제6장에 의하여 설치된 헌법기관이다. 나아가 헌법재판소는 그 기능에 상응하여 헌법보호기관으로서의 지위, 기본권보호기관으로서의 지위, 권력통제기관으로서의 지위, 정치적 평화보장기관으로서의 지위 등을 갖는다. 따라서 헌법재판소의 헌법상 지위는 헌법재판소의 기능과 불가분의 상관관계가 있다.

2. 헌법재판소의 관장사항

헌법재판소는 아래 다섯 가지 사항을 관장한다(헌법 제111조 제1항 및 헌법재판소법 제2조).

① 법원의 제청에 의한 법률의 위헌여부 심판
② 탄핵의 심판
③ 정당의 해산 심판
④ 국가기관 상호간, 국가기관과 지방자치단체간 및 지방자치단체 상호간의 권한쟁의에 관한 심판
⑤ 법률이 정하는 헌법소원의 심판

(1) 위헌법률심판

위헌법률심판은 헌법재판기관이 국회가 제정한 법률이 헌법에 위반되는가의 여부를 심사하고, 그 법률이 헌법에 위반되는 것으로 인정하는 경우에 그 효력을 상실하게 하거나 그 적용을 거부하도록 하는 제도를 말한다.

현행 헌법상의 위헌법률심판제도는 구체적 사건에 있어서 법률의 위헌여부가 재판의 전제가 되는 경우에 이루어지는 사후적·구체적인 규범통제를 그 내용으

로 하는 것으로서 법률에 대한 '위헌제청권'과 '위헌결정권'을 분리해서, 전자는 일반법원이, 후자는 헌법재판소가 이를 담당하고 있다(헌법 제107조 제1항, 제111조 제1항 제1호). 이는 주로 유럽국가들의 헌법재판제도에서 흔히 나타나는 유형으로서 헌법의 특성, 민주주의의 관점, 권력분립의 관점, 법적 안정성의 관점, 전문성의 관점 등을 그 이론적인 근거로 하고 있다.

⑵ 탄핵심판

대통령 · 국무총리 · 국무위원 · 행정각부의 장 · 헌법재판소 재판관 · 법관 · 중앙선거관리위원회 위원 · 감사원장 · 감사위원 기타 법률이 정하는 공무원이 그 직무집행에 있어서 헌법이나 법률을 위배한 때에는 국회는 탄핵의 소추를 의결할 수 있다. 이와 같이 탄핵심판은 대통령을 비롯한 고위직 공직자를 대상으로 그 법적인 책임을 특히 헌법이 정하는 특별한 소추절차에 따라 추궁함으로써 헌법을 보호하는 제도이다. 현행 헌법은 탄핵심판에 관하여 그 소추기관과 심판기관을 나누어 국회에게는 '소추권'을 그리고 헌법재판소에는 그 '심판권'을 맡기고 있다(헌법 제65조, 제111조 제1항 제2호).

⑶ 정당해산심판

정당의 목적이나 활동이 민주적 기본질서에 위배될 때에는 정부는 헌법재판소에 그 해산을 제소할 수 있고 정당은 헌법재판소의 결정에 의하여 해산된다(헌법 제8조 제4항, 제111조 제1항 제3호). 이와 같이 위헌정당의 해산심판제도는 자유민주주의의 적으로부터 자유민주주의를 수호하면서, 동시에 정당의 강제해산은 오직 헌법재판소의 결정에 의해서만 가능하도록 하려는 것이 그 목적이다. 정부가 헌법재판소에 정당해산심판을 청구하려면 국무회의의 심의를 거쳐야 한다(헌법재판소법 제55조).

헌법재판소는 정당해산심판의 청구를 받은 때에는 직권 또는 청구인의 신청에 의하여 종국결정의 선고 시까지 피청구인의 활동을 정지하는 결정을 할 수 있다(헌법재판소법 제57조).

헌법재판소는 위헌정당해산결정으로 정당이 해산되는 경우 해산된 정당 소속의 국회의원은 그 자격을 상실한다고 결정하였으나, 지방의회의원에 대하여는 판단하지 않았다(헌재 2014.12.19. 2013헌다1).

정당해산심판절차에서는 정당해산심판의 성질에 반하지 않는 한도에서 「헌법재판소법」 제40조에 따라 민사소송에 관한 법령이 준용될 수 있지만, 민사소송에 관한 법령이 준용되지 않아 법률의 공백이 생기는 부분에 대하여는 헌법재판소가 정당해산심판의 성질에 맞는 절차를 창설할 수 있다(헌재 2014.2.27. 2014헌마7).

헌법 제8조 제4항에서 말하는 민주적 기본질서의 위배란, 민주적 기본질서에 대한 단순한 위반이나 저촉이 아니라, 정당의 목적이나 활동이 우리 사회의 민주적 기본질서에 대하여 실질적인 해악을 끼칠 수 있는 구체적 위험성을 초래하는 경우를 의미한다(헌재 2014.12.19. 2013헌다1).

헌법재판소는 해당 정당의 위헌적 문제성을 해결할 수 있는 다른 대안적 수단이 없고 …정당해산을 통하여 얻을 수 있는 사회적 이익이 큰 경우에 한하여 정당해산결정이 정당화된다(헌재 2014.12.19. 2013헌다1).

⑷ 권한쟁의심판

현행 헌법은 '국가기관 상호간, 국가기관과 지방자치단체간 및 지방자치단체 상호간의 권한쟁의에 관한 심판'을 헌법재판소의 관할사항으로 하고 있다(헌법 제111조 제1항 제4호). 우리 헌정사상 1960년 헌법에 이어 두 번째로 권한쟁의제도를 채택하고 있으나, 1960년헌법의 권한쟁의제도가 국가기관간의 권한쟁의심판만을 그 내용으로 했던 것과 달리, 현행헌법상의 권한쟁의제도는 그 심판사항을 국가기관과 지방자치단체 간 및 지방자치단체 상호간의 권한쟁의로까지 확대하고 있다.

헌법재판소가 권한쟁의심판의 청구를 받았을 때에는 직권 또는 청구인의 신청에 의하여 종국결정의 선고 시까지 심판 대상이 된 피청구인의 처분의 효력을 정지하는 결정을 할 수 있다(헌법재판소법 제65조).

⑸ 헌법소원심판

현행 헌법은 '법률이 정하는 헌법소원에 관한 심판'을 헌법재판소에 맡김으로써(헌법 제111조 제1항 제5호) 우리 헌정사상 처음으로 헌법소원제도를 채택했다. 헌법소원제도는 공권력의 남용, 악용으로부터 헌법상 보장된 국민의 기본권을 보호하는 헌법재판제도이기 때문에 통치권의 기본권기속성을 실현시킬 수 있는 가장 실효성 있는 권력통제장치에 속한다.

현행 헌법재판소법상의 헌법소원제도는 공권력의 행사 또는 불행사로 인하여 헌법상 보장된 기본권을 침해받은 자가 제기하는 권리구제형 헌법소원(법 제68조 제1항에 의한 헌법소원)과 법률이 헌법에 위반되는 여부가 재판의 전제가 되어 법원에 위헌법률심판제청신청을 하였으나 기각된 자가 헌법재판소에 제기하는 규범통제형(위헌심사형) 헌법소원(법 제68조 제2항에 의한 헌법소원)으로 나뉘어 규율되고 있다.

헌법재판소법은 정당해산심판이나 권한쟁의심판과는 달리 위헌법률심판과 헌법소원심판에 관하여는 명문으로 가처분을 규정하고 있지 않다. 다만, 헌법재판소는 "정당해산심판과 권한쟁의심판의 두 심판절차 이외에 같은 법 제68조 제1항 헌법소원심판절차에 있어서도 가처분의 필요성은 있을 수 있고, 달리 가처분을 허용하지 아니할 상당한 이유를 찾아볼 수 없으므로 위 헌법소원심판청구사건에서도 가처분이 허용된다."고 판시하였다(헌재 2000.12.8. 2000헌사471).

가처분결정의 필요성을 판단함에 있어서는 가처분을 인용한 뒤 종국결정에서 청구가 기각되었을 때 발생하게 될 불이익과 가처분을 기각한 뒤 청구가 인용되었을 때 발생하게 될 불이익에 대한 비교형량을 하여 후자의 불이익이 전자의 불이익보다 크다면 가처분을 인용할 수 있는바, 이러한 이익의 비교형량에는 당사자의 이익만이 아니라 상충하는 모든 구체적인 이익들이 형량에 고려되어야 한다(헌재 2000.12.8. 2000헌사471).

⑹ 가처분결정에 관한 판례

* 「헌법재판소법」 제68조 제1항에 의한 헌법소원심판의 가처분에서는 현상유지로 인한 회복하기 어려운 손해 예방의 필요성, 효력정지의 긴급성 요건이 충족되어야 하며, 가처분을 인용한 뒤 본안심판이 기각되었을 때 발생하게 될 불이익과 가처분을 기각한 뒤 본안심판이 인용되었을 때 발생하게 될 불이익을 비교형량하여 인용 여부를

결정한다(헌재 2002.4.25. 2002헌사129).

* 군사법원법에 따라 재판을 받는 미결수용자의 면회 횟수를 주 2회로 정하고 있는 군행형법시행령 조항에 대한 가처분 신청사건에서, 가처분신청이 인용된다면 군형법의 적용을 받는 미결수용자가 외부인과의 잦은 접촉을 통해 공소제기나 유지에 필요한 증거를 인멸하거나 국가방위와 관련된 중요한 국가기밀을 누설할 우려가 있지만, 수용기관은 면회의 감시를 철저히 하거나 필요한 경우에는 면회를 일시 불허함으로써 증거인멸이나 국가기밀누설을 방지할 수 있으므로, 공공복리에 중대한 영향을 미칠 우려는 없다고 하였다(헌재 2002.4.25. 2002헌사129).
* 입국불허결정을 받은 외국인이 인천공항출입국관리사무소장을 상대로 난민인정심사불회부결정취소의 소를 제기한 후 그 소송수행을 위하여 변호인 접견신청을 하였으나 거부되자, 변호인접견 거부의 효력정지를 구하는 가처분 신청을 한 사건에서, 헌법재판소는 변호인 접견을 허가하여야 한다는 가처분 인용결정을 하였다(헌재 2014.6.5. 2014헌사592).
* 현재 시행되고 있는 법령의 효력을 정지시키는 가처분은 그 효력의 정지로 인하여 파급적으로 발생되는 효과가 클 수 있으므로, 일반적인 보전의 필요성이 인정된다고 하더라도 공공복리에 중대한 영향을 미칠 우려가 있을 때에는 인용되어서는 안 된다고 보아야 한다(헌재 2006.2.23. 2005헌사754).
* 법령의 위헌확인을 청구하는 헌법소원심판의 가처분에 관하여는 헌법재판의 성질에 반하지 아니하는 한도 내에서 민사소송법의 가처분 규정과 행정소송법의 집행정지 규정이 준용된다(헌재 2000.12.8. 2000헌사471).

(7) 재심에 관한 판례

* 위헌법률심판을 구하는 헌법소원에 대한 헌법재판소의 결정에 대하여는 재심에 의한 불복방법이 성질상 허용될 수 없다(헌재 1992.6.26. 90헌아1).
* 헌법재판소법 제68조 제1항에 의한 헌법소원 중 법령에 대한 헌법소원은 그 결정의 효력이 제68조 제2항의 헌법소원과 유사한 성질을 지니고 있어서 재심이 허용되지 아니한다(헌재 2002.9.19. 2002헌아5).
* 행정작용에 속하는 공권력작용을 대상으로 하는 권리구제형 헌법소원에서, 재판부의 구성이 위법한 경우에는 재심이 허용될 수 있다(헌재 2001.9.27. 2001헌아3).

3. 헌법재판소의 조직

헌법재판소는 대통령이 임명하는 법관의 자격을 가진 9인의 재판관으로 구성되는바, 그중 3인은 국회에서 선출하는 자를, 3인은 대법원장이 지명하는 자를 임명한다.

(1) 헌법재판소장

헌법재판소장은 국회동의를 얻어 재판관 중에서 대통령이 임명한다(헌법 제111조 제4항, 법 제12조 제2항). 헌법재판소장은 헌법재판소를 대표하고, 사무를 총괄하며, 소속공무원을 지휘·감독한다(법 제12조 제3항).

헌법재판소장의 대우와 보수는 대법원장의 예에 의한다(법 제15조).

헌법재판소장이 궐위되거나 사고로 인하여 직무를 수행할 수 없을 때에는 다른 재판관이 헌법재판소규칙이 정하는 순서에 의하여 그 권한을 대행한다(법 제12조 제4항). 즉, 헌법재판소장이 일시적인 사고로 인하여 직무를 수행할 수 없을 때에는 헌법재판소 재판관 중 임명일자순으로 그 권한을 대행하며, 이때 임명일자가 같을 때에는 연장자순으로 대행한다(헌법재판소장의권한대행에관한규칙 제2조). 또한 헌법재판소장이 궐위되거나 1월 이상 사고로 인하여 직무를 수행할 수 없을 때에는 헌법재판소 재판관 중 재판관회의에서 재판관 7인 이상의 출석과 출석인원 과반수의 찬성으로 선출된 자가 그 권한을 대행한다(동 규칙 제3조).

(2) 재판관

헌법재판소는 법관의 자격을 가진 9인의 재판관으로 구성하며, 재판관은 대통령이 임명한다(헌법 제111조 제2항, 법 제6조 제1항). 대통령은 위 재판관 중 3인은 국회에서 선출하는 자를, 3인은 대법원장이 지명하는 자를 임명한다(헌법 제111조 제3항, 법 제6조 제2항). 재판관의 임기가 만료되거나 임기중 재판관이 결원된 때에는 임기만료 또는 결원된 날로부터 30일 이내에 후임자를 임명하여야 한다. 다만, 국회에서 선출한 재판관이 국회의 폐회 또는 휴회중에 그 임기가 만료되거나 결원이 된 때에는 국회는 다음 국회가 개시된 후 30일 이내에 후임자를 선출하여야 한다(법 제6조 제3항).

재판관의 임기는 6년으로 하며, 연임할 수 있다(헌법 제112조 제1항, 법 제7조 제1항). 재판관의 정년은 70세로 한다(법 제7조 제2항).

재판관은 탄핵 또는 금고 이상의 형의 선고에 의하지 아니하고는 그 의사에 반하여 해임되지 아니한다(헌법 제112조 제3항, 법 제8조). 재판관의 대우와 보수는 대법관의 예에 의한다(법 제15조).

(3) 재판관회의

재판관회의는 재판관 전원으로 구성하며, 헌법재판소장이 의장이 된다(법 제16조 제1항). 의장은 회의를 주재하고 의결된 사항을 집행한다(헌법재판소재판관회의규칙 제3조).

재판관회의는 재판관 전원의 3분의 2를 초과하는 인원의 출석과 출석인원 과반수의 찬성으로 의결한다(법 제16조 제2항). 의장은 의결에 있어 표결권을 가진다(법 제16조 제3항). 재판관회의의 의결을 거쳐야 하는 사항으로는 헌법재판소규칙의 제정과 개정, 제10조의2에 의한 입법의견의 제출 등에 관한 사항, 예산요구·예비금지출과 결산에 관한 사항, 사무처장, 사무차장, 헌법연구관 및 3급 이상 공무원의 임면에 관한 사항, 특히 중요하다고 인정되는 사항으로서 헌법재판소장이 부의하는 사항 등이다(법 제16조 제4항).

(4) 사무처

헌법재판소의 행정사무를 처리하기 위하여 헌법재판소에 사무처를 둔다(법 제17조 제1항).

사무처장은 헌법재판소장의 지휘를 받아 사무처의 사무를 관장하며, 소속공무원을 지휘·감독한다(법 제17조 제3항). 사무처장은 국회 또는 국무회의에 출석하여 헌법재판소의 행정에 관하여 발언할 수 있다(법 제17조 제4항). 사무차장은 사무처장을 보좌하며, 사무처장이 사고로 인하여 직무를 수행할 수 없을 때에는 그 직무를 대행한다(법 제17조 제6항).

(5) 헌법연구관 등

헌법재판소에는 헌법재판소규칙으로 정하는 수의 특정직국가공무원인 헌법연구관을 둔다(법 제19조 제1항, 제2항).

헌법연구관은 헌법재판소장의 명을 받아 사건의 심리 및 심판에 관한 조사·연구에 종사한다(법 제19조 제3항).

헌법연구관의 임기는 10년으로 하며, 연임할 수 있고, 정년은 60세로 한다(법 제19조 제7항).

헌법연구관을 신규임용하는 경우에는 3년의 기간 헌법연구관보로 임용하여 근무하게 한 후 그 근무성적을 참작하여 헌법연구관으로 임용한다(법 제19조의2 제1항).

헌법연구관보는 별정직국가공무원으로 하고, 헌법재판소장이 재판관회의의 의결을 거쳐 임용한다(법 제19조의2 제2항, 제3항).

4. 헌법재판소의 규칙제정권과 입법의견의 제출

(1) 규칙제정권

헌법재판소는 법률에 저촉되지 아니하는 범위 안에서 심판에 관한 절차, 내부규율과 사무처리에 관한 규칙을 제정할 수 있다(헌법 제113조 제2항). 헌법이 헌법재판소에 대하여 규칙제정권을 인정한 취지는 헌법재판소의 자주성과 독립성을 보장하고 전문적·기술적인 사항은 헌법재판소로 하여금 제정하게 함으로써 헌법재판의 실정에 적합한 규칙을 제정하게 하려는 데에 있다. 헌법이 직접 헌법재판소의 규칙제정권을 인정하고 있으므로 법률에 정함이 없더라도 헌법재판소는 필요한 범위 안에서 규칙을 제정할 수 있다.

(2) 규칙제정의 대상과 범위

헌법재판소가 규칙으로 제정하는 것은 심판에 관한 절차, 내부규율과 사무처리에 관한 사항이다(헌법 제113조 제2항, 법 제10조 제1항). 그리고 법은 헌법재판소규칙으로 정할 수 있는 사항을 예시하고 있는데, 헌법재판소장 유고시 대리할 재판관의 순서(법 제12조 제4항), 재판관회의의 운영에 관하여 필요한 사항(법 제16조 제5항), 사무처의 조직·직무범위, 사무처에 두는 공무원의 정원 기타 필요한 사항(법 제17조 제9항), 헌법재판소장 비서실의 조직과 운영(법 제20조 제3항), 당사자의 신청에 의한 증거조사의 비용(법 제37조 제1항), 공탁금의 납부와 국고귀속(법 제37조 제2항, 제3항), 국선대리인의 보수(법 제70조 제4항), 지정재판부의 구성과 운영(법 제72조 제6항)이 그것이다. 이에 따라 헌법재판소재판관회의규칙(1988.9.24. 헌법재판소규칙 제1호), 헌법재판소장의권한대행에관한규칙(1990.5.7. 헌법재판소규칙 제24호), 헌법재판소보조기구에관한규칙(1988.11.1. 헌법재판소규칙 제7호), 헌법재판소공무원규칙(1999.7.1. 헌법재판소규칙 제105호), 지정재판부의구성과운영에관한규칙(1988.10.15. 헌법재판소규칙 제5호), 헌법재판소국선대리인의선임및보수에관한규칙(1988.10.15. 헌법재판소규칙 제6호) 등이 제정되어 있다.

⑶ 규칙과 내규와의 차이점

헌법재판소가 제정하는 자율입법으로는 규칙 외에 헌법재판소사건의접수및배당에관한내규(1992.6.10. 헌법재판소내규 제17호), 결정서·사건기록및심판관련장부의보존등에관한내규(1995.7.7. 헌법재판소내규 제26호), 변론등의속기와녹취에관한내규(1995.5.20. 헌법재판소내규 제23호), 국선대리인선정및보수지급에관한내규(1995.12.22. 헌법재판소내규 제29호), 심판사무문서의서식에관한내규(1995.7.7. 헌법재판소내규 제25호), 헌법재판소결정서작성방식에관한내규(1997.5.9. 헌법재판소내규 제35호) 등의 내규가 있는데, 이는 단순한 내부규율에 관한 사항을 정한 것에 불과하다는 점에서 국민의 권리·의무에 밀접한 관련을 가지는 사항에 관한 규칙과 구별된다. 따라서, 규칙은 대국민적 구속력을 가지는 법규명령의 효력을 갖고 공포를 요함에 비하여, 내규는 행정규칙에 해당하는 것으로 공포를 요하지 아니한다.

⑷ 규칙제정의 방법과 절차

헌법재판소규칙의 제정과 개정은 재판관회의의 의결을 거쳐야 하고(법 제16조 제4항), 관보에 게재하여 이를 공포하여야 한다(법 제10조 제2항).

⑸ 입법의견의 제출

헌법재판소장은 헌법재판소의 조직·인사·운영·심판절차 그밖에 헌법재판소의 업무에 관련된 법률의 제정 또는 개정이 필요하다고 인정하는 경우에는 국회에 서면으로 그 의견을 제출할 수 있다(법 제10조의 2).

Ⅲ. 헌법재판소와 법원의 관계

⑴ 헌법규정

현행 헌법은 제5장에서 대법원과 각급법원으로 조직되는 법원을 설치하고, 제6장에서는 헌법재판소를 따로 설치함으로써 사법기능을 두 개의 기관에 분장시키고 있다. 그런데, 헌법은 헌법재판소와 법원의 관계에 관해 구체적으로 규정하는 바가 없기 때문에 두 기관이 어떠한 관계에 놓이게 되는가에 관하여 문제가 발생할 수 있다.

⑵ 헌법재판소 심판사항 사법권 행사

헌법 제101조 제1항에서 "사법권은 법관으로 구성된 법원에 속한다."라고 규정하여 법원에 포괄적인 사법권을 부여한다. 따라서 헌법 기타 법령에 특별한 규정이 없는 한 법원은 사법권을 행사한다. 한편, 헌법은 제111조에서 헌법재판소가 특별히 관장할 심판사항을 규정하고 있으므로 법원은 헌법재판소의 심판사항에 대하여는 사법권을 행사할 수 없다는 제한을 받게 된다.

⑶ 법률의 위헌심판권

헌법은 제107조 제1항에서 이를 구체화하여 "법률이 헌법에 위반되는 여부가 재판의 전제가 된 경우에는 법원은 헌법재판소에 제청하여 그 심판에 의하여 재판한다"라고 규정하여, 법률이 헌법에 위반되는지 여부에 관하여는 법원 스스로 판단할 수 없도록 정하고 있다. 따라서 법원의 법률해석권은 법률내용에 대한 '위헌심판권'이 제외되어 있는 법률해석권을 의미하게 된다. 법원은 구체적인 사건에서 법률을 해석하여 적용함에 있어서 첫째로 법률내용이 헌법에 위반되지 아니하도록 해석하여 적용할 것이며, 둘째로 법문에 따라 법률을 해석하여 일정한 법률내용을 적용하려고 할 때, 그 법률내용이 위헌이라고 의심되는 경우에는 재판절차를 정지하고 그러한 해석으로 인하여 도출된 법률내용이 헌법에 합치하는지의 여부를 먼저 헌법재판소에 심판제청한 뒤, 헌법재판소의 결정에 따라 재판을 하여야 한다. 헌법재판소가 일단 특정한 법률내용에 대하여 위헌이라고 선언한 경우에는, 법 제47조에 따라 당해 법률내용이 법률로서의 효력을 상실하고, 법원은 헌법재판소의 위헌결정에 기속되어 위헌선언된 법률내용을 구체적인 사건에서 적용할 수 없게 된다.

⑷ 헌법재판소의 권한쟁의심판과 법원의 기관소송

헌법재판소의 권한쟁의심판과 법원의 기관소송과의 관계에 대하여는 행소 제3조 제4호 단서에서 '헌법재판소법 제2조의 규정에 의하여 헌법재판소의 관장사항으로 되는 소송(권한쟁의심판)은 행정소송법상의 기관소송에서 제외된다'고 명문으로 규율되고 있다. 따라서, 법원은 헌법재판소의 권한쟁의심판의 대상이 되는 사항에 대하여는 기관소송 관할권을 행사할 수 없게 된다.

⑸ 헌법소원심판절차와 행정소송법상의 소송절차

헌법재판소의 헌법소원심판절차는 공권력의 행사 또는 불행사로 인하여 기본권을 침해받은 자를 구제하는 절차이다. 따라서, 헌법소원심판은 행정청의 위법한 처분 그밖에 공권력의 행사·불행사 등으로 인한 국민의 권리 또는 이익의 침해를 구제하는 행정소송법상의 소송절차와 마찰을 빚을 가능성이 있다. 이에 법은 제68조 제1항에서, 헌법소원심판을 청구할 때 다른 법률에 구제절차가 있는 경우에는 그 절차를 모두 거친 후가 아니면 청구할 수 없도록 규정하고 있다. 여기에서의 '다른 법률'에 행정소송법이 포함됨은 물론이므로, 행정소송절차에 의하여 구제될 수 있는 공권력의 행사 또는 불행사에 대하여는 먼저 행정소송절차를 통하여 구제받게 된다. 따라서, 헌법재판소는 행정소송법 기타 다른 법률에 의하여 구제되지 아니하는 사항에 대하여만 헌법소원심판권을 바로 행사하게 된다. 또한 법은 제68조 제1항에서 법원의 재판을 헌법소원심판의 대상에서 제외하고 있으므로, 헌법재판소는 법원의 재판에 대하여도 헌법소원심판권을 행사할 수 없다. 다만, 이때의 법원의 재판에는 헌법재판소가 위헌으로 결정한 법령을 적용함으로써 국민의 기본권을 침해한 재판이 포함되지 아니하므로(재판소원허용 사건. 헌재 1997.12.24. 96헌마172등), 헌법재판소는 이러한 한도 내에서 법원의 재판에 대하여 심판할 수 있고, 이러한 범위 안에서 법원의 사법권은 제한을 받게 된다.

제 2 절 헌법재판소의 일반심판절차

헌법재판소의 심판절차는 일반심판절차와 특별심판절차로 구분된다. 특별심판절차는 위헌법률심판절차 · 탄핵심판절차 · 정당해산심판절차 · 권한쟁의심판절차 · 헌법소원심판절차가 있다.

헌법재판소의 심판절차에 관하여는 법에 특별한 규정이 있는 경우를 제외하고는 민사소송에 관한 법령의 규정을 준용한다. 이 경우 탄핵심판의 경우에는 형사소송에 관한 법령을, 권한쟁의심판과 헌법소원의 경우에는 행정소송법을 함께 준용한다. 이때 형사소송에 관한 법령 또는 행정소송법이 민사소송에 관한 법령과 저촉될 때에는 민사소송에 관한 법령은 준용하지 아니한다(헌재법 제40조 제1 · 2항). 일반심판절차는 다음과 같다.

1. 재 판 부

(1) 전원재판부 · 지정재판부

헌법재판소법에 특별한 규정이 있는 경우를 제외하고는 헌법재판소의 모든 심판은 재판관 전원으로 구성되는 전원재판부에서 관장한다. 재판부의 재판장은 헌법재판소장이 된다(헌법재판소법 제22조).

헌법재판소장은 헌법재판소에 재판관 3인으로 구성되는 지정재판부를 두어 헌법소원심판의 사전심사를 담당하게 할 수 있다(법 제72조 제1항).

(2) 재판관의 제척 · 기피 · 회피除斥 · 忌避 · 回避

재판관이 헌법재판소법에 규정된 제척 · 기피 · 회피사유에 해당하여 심판의 공정을 기대하기 어려운 경우에는 그 사건의 직무집행으로부터 배제된다(법 제24조).

2. 당사자 및 대표자 · 대리인

(1) 심판당사자

헌법재판심판을 청구하는 청구인과 상대방인 피청구인이 당사자이다. 당사자는 헌법재판의 종류에 따라 다르다. 헌법재판의 당사자는 심판절차에 참여할 권리를 가진다. 당사자는 심판절차에서 자기의 이익을 옹호하기 위하여 필요한 소송법상의 권리, 예컨대 청구서 또는 답변서를 제출하고 심판결정의 송달을 받을 권리, 기일에 소환을 받을 권리, 기일지정 신청권, 제척 · 기피 신청권, 변론권, 질문권 등을 갖는다(법 제24, 제27~30조, 제36조 제4항).

(2) 대표자 · 대리인(변호사강제주의辯護士强制主義)

각종 심판절차에 있어서 정부가 당사자인 때에는 법무부장관이 이를 대표하고, 국가기관이나 지방자치단체가 당사자인 경우에는 변호사 또는 변호사자격이 있는 소속직원을 대리인으로 선임하여 심판을 수행할 수 있다(법 제25조 제2항). 그러나 사인私人이 당사자인 경우에는 변호사를 대리인으로 선임하지 아니하면 심판청구를 하거나 심판수행을 하지 못한다(변호사강제주의)법 제25조 제2항). 이에 대해 일반국민이 스스로 헌법소원심판청구권을 행사하지 못하고 반드시 변호사를 통하여서만 이를 행사하게 함으로써 국민의 재판청구권을 부당히 제한한다는 지적이 있었으나, 헌법재판소는 변호사강제주의를 합헌으로 보고 있다(헌재 1990.9.3. 89헌마120). 변호사강제주의는 주로 헌법소원심판에서 문제가 된다. 헌법재판소 판례에 의하면 탄핵심판의 경우에도 사인이 당사자라고 보고 변호사강제주의가 적용된다고 한다(헌재 1990.9.3. 89헌마120). 헌법소원심판절차에서는 국선대리인제도를 규정하고 있다(법 제70조).

변호사강제주의 (헌재 1990.9.3. 89헌마120)

변호사강제주의辯護士强制主義는 재판업무에 분업화 원리의 도입이라는 긍정적 측면 외에도, 재판을 통한 기본권의 실질적 보장, 사법의 원활한 운영과 헌법재판의 질적 개선, 재판심리의 부담경감 및 효율화, 사법운영의 민주화 등 공공복리에 그 기여도가 크다 하겠고, 그 이익은 변호사선임 비용지출을 하지 않는 이익보다는 크다고 할 것이며, 더욱이 무자력자에 대한 국선대리인제도라는 대상조치가 별도로 마련되어 있는 이상 헌법에 위배된다고 할 수 없다.

3. 심판청구審判請求

(1) 심판청구 방식

헌법재판소에 심판을 청구하기 위해서는 심판사항별로 정해진 청구서를 제출한다. 다만, 위헌법률심판에서는 법원의 제청서, 탄핵심판에서는 국회의 소추의결서訴追議決書의 정본正本으로 청구서를 갈음한다. 청구서에는 필요한 증거서류 또는 참고자료를 첨부할 수 있다(법 제26조).

(2) 청구서 송달送達

헌법재판소가 청구서를 접수한 때에는 지체 없이 그 등본謄本을 피청구기관 또는 피청구인에게 송달하여야 한다. 위헌법률심판의 제청이 있으면 법무부장관 및 당해 소송사건의 당사자에게 그 제청서의 등본을 송달한다(법 제27조).

(3) 심판청구의 보정補正

재판장은 심판청구가 부적법하나 보정補正할 수 있다고 인정되는 경우에는 상당한 기간을 정하여 보정을 요구하여야 한다. 보정이 있는 경우에는 처음부터 적법한 심판청구가 있은 것으로 본다(법 제28조).

(4) 피청구인의 답변서 제출

청구서 또는 보정 서면을 송달받은 피청구인은 헌법재판소에 심판청구의 취지와 이유에 대응하는 답변을 기재한 답변서를 제출할 수 있다(법 제29조).

4. 심 리審理

⑴ 심판정족수

재판부는 재판관 7명 이상의 출석으로 사건을 심리한다(법 제23조 제1항).

⑵ 심리방식

탄핵심판·정당해산심판·권한쟁의심판은 구두변론에 의하고, 위헌법률심판과 헌법소원심판은 서면심리에 의하되, 재판부가 필요하다고 인정하는 경우에는 변론을 열어 당사자, 이해관계인, 그 밖의 참고인의 진술을 들을 수 있다(법 제30조).

⑶ 심판의 공개

심판의 변론과 결정의 선고는 공개한다. 다만, 서면심리와 평의評議는 공개하지 아니한다. 심판의 변론은 국가 안전보장, 안녕질서 또는 선량한 풍속을 해칠 우려가 있는 경우에는 결정으로 공개하지 아니할 수 있다(법 제30조, 법원조직법 제57조 제1항 단서).

⑷ 일사부재리一事不再理

헌법재판소는 이미 심판을 거친 동일한 사건에 대하여는 다시 심판할 수 없다(법 제39조).

⑸ 증거조사 및 자료제출요구

재판부는 사건의 심리를 위하여 필요하다고 인정하는 경우에는 직권 또는 당사자의 신청에 의하여 증거조사를 할 수 있다(법 제31조 제1항). 재판부는 결정으로 다른 국가기관 또는 공공단체의 기관에 심판에 필요한 사실을 조회하거나, 기록의 송부나 자료의 제출을 요구할 수 있다. 다만, 재판·소추 또는 범죄수사가 진행 중인 사건의 기록에 대하여는 송부를 요구할 수 없다(법 제32조).

(6) 심판기간과 심판비용

헌법재판소는 심판사건을 접수한 날부터 180일 이내에 종국결정의 선고를 하여야 한다. 다만, 재판관의 궐위로 7명의 출석이 불가능한 경우에는 그 궐위된 기간은 심판기간에 산입하지 아니한다(법 제38조).

헌법재판소의 심판비용은 국가부담으로 한다(법 제37조 제1항). 따라서 청구서나 준비서면 등에 인지印紙를 첩부하지 않는다. 다만, 당사자의 신청에 의한 증거조사의 비용은 헌법재판소 규칙으로 정하는 바에 따라 그 신청인에게 부담시킬 수 있다. 헌법재판소는 헌법소원심판의 청구인에 대하여 헌법재판소 규칙으로 정하는 공탁금의 납부를 명할 수 있다(법 제37조 제2항).

5. 가 처 분假處分

가처분은 종국적인 본안결정本案決定의 실효성을 확보하기 위하여 잠정적으로 임시적인 지위를 정하는 가구제假救濟제도이다. 헌법재판소법은 정당해산심판과 권한쟁의심판에 대하여만 가처분에 관한 규정을 두고 있다(제57조, 제65조). 헌법소원심판 등 가처분 규정이 없는 심판절차에서도 가처분이 인정될 수 있는가에 관하여 긍정설과 부정설의 견해가 대립하고 있다.

헌법재판소는 헌법소원심판에서도 가처분이 인정될 수 있다고 한다(헌재 2000. 12.8. 2000헌사471).

사법시험 응시횟수를 제한한 사법시험령 효력정지 가처분사건

(헌재 2000.12.8. 2000헌사471)

헌법재판소법은 정당해산심판과 권한쟁의심판에 관해서만 가처분에 관한 규정(제57조 및 제65조)을 두고 있을 뿐, 다른 헌법재판절차에 있어서도 가처분이 허용되는가에 관하여는 명문의 규정을 두고 있지 않다. 그러나 위 두 심판절차 이외에 같은 법 제68조 제1항 헌법소원심판절차에 있어서도 가처분의 필요성은 있을 수 있고, 달리 가처분을 허용하지 아니할 상당한 이유를 찾아볼 수 없으므로 위 헌법소원심판청구사건에서도 가처분이 허용된다고 할 것이다.

생각건대 다른 심판절차에 있어서도 가처분의 필요성이 있을 수 있고, 달리 가처분을 허용하지 말아야 할 상당한 이유를 찾기가 어렵다면 헌법재판 일반에 대한 가처분을 인정해야 할 것이다.

6. 종국결정終局決定

(1) 결정서 작성

재판부가 심리를 마쳤을 때에는 종국결정을 한다(법 제36조 제1항). 종국결정을 할 때에는 결정서를 작성하고 심판에 관여한 재판관 전원이 이에 서명·날인하여야 한다(동조 제2항). 심판에 관여한 재판관은 결정서에 의견을 표시하여야 한다(동조 제3항).

(2) 결정의 정족수定足數

법률의 위헌결정, 탄핵결정, 정당해산결정과 헌법소원 인용결정을 하는 경우와 종전에 헌법재판소가 판시한 헌법 또는 법률의 해석적용에 관한 의견을 변경하는 경우(판례변경)에는, 재판관 6인 이상의 찬성이 있어야 한다. 그 외의 결정은 종국심리에 관여한 재판관 과반수의 찬성으로 종국결정을 행한다(헌법 제113조 제1항, 헌재법 제23조 제2항).

(3) 결정유형決定類型

심판청구가 부적합할 경우에는 각하결정却下決定을, 적법하지만 이유가 없을 경우에는 기각결정棄却決定을, 적법하고 이유가 있을 경우에는 인용결정認容決定을 한다. 다만 위헌법률심판의 경우에는 합헌결정合憲決定(단순합헌결정과 위헌불선언결정)이나 위헌결정違憲決定(단순위헌결정과 일부위헌결정) 또는 변형결정變形決定(헌법불합치결정·입법촉구결정·한정합헌결정·한정위헌결정 등) 중 하나를 한다.

헌법재판소의 심판유형 사건부호는 다음과 같다.

헌가: 위헌법률심판

헌나: 탄핵심판사건

헌다: 정당해산심판사건

헌라: 권한쟁의심판사건

헌마: 헌법재판소법 제68조 제1항에 의한 헌법소원심판사건(권리구제형헌법소원사건)

헌바: 헌법재판소법 제68조 제2항에 의한 헌법소원심판사건(위헌심사형헌법소원사건)

헌사: 각종 신청사건(국선대리인선임신청, 가처분신청, 기피신청 등)

헌아: 각종 특별사건(재심 등)

(4) 종국결정의 선고·송달·공시宣告·送達·公示

헌법재판소는 심판사건을 접수한 날부터 180일 이내에 종국결정의 선고를 하여야 한다. 다만, 재판관의 궐위로 7명의 출석이 불가능한 경우에는 그 궐위된 기간은 심판기간에 산입하지 아니한다(헌재법 제38조). 심판의 변론과 종국결정의 선고는 심판정에서 한다. 다만, 헌법재판소장이 필요하다고 인정하는 경우에는 심판정 외의 장소에서 변론 또는 종국결정의 선고를 할 수 있다(헌재법 제33조). 종국결정이 선고되면 서기는 지체 없이 결정서 정본을 작성하여 당사자에게 송달하여야 한다. 종국결정은 헌법재판소규칙으로 정하는 바에 따라 관보에 게재하거나 그 밖의 방법으로 공시한다(헌재법 제36조 제4, 5항).

7. 결정의 효력

헌법재판소의 결정은 확정력, 기속력, 법규적 효력을 갖는다. 확정력은 일반법원의 재판에서 인정되는 것과 같은 효력이고, 기속력 및 법규적 효력은 국가기관이 갖는 객관적 법질서 형성의 기능에서 오는 특수한 효력이다.

(1) 확정력確定力

헌법재판소법에는 확정력에 관한 명시적인 규정은 없다. 그러나 헌법재판소는 이미 심판을 거친 동일한 사건에 대하여는 다시 심판할 수 없다(헌재법 제39조)는 일사부재리의 원칙을 명시하고 있고, 심판절차에 관하여 일반적으로 민사소송법을 준용하고 있는 점(헌재법 제40조)에 비추어 당연히 확정력이 인정된다. 확정력에는 불가변력, 불가쟁력, 기판력이 있다.

① **불가변력**不可變力

헌법재판소는 일단 결정이 선고되면 동일한 심판에서 자신이 내린 결정을 더 이상 취소하거나 변경할 수 없다. 자기구속력自己拘束力이라 한다.

② **불가쟁력**不可爭力**(형식적 확정력)**

헌법재판소의 결정에 대해서는 더 이상 상급심이 존재하지 않기 때문에 결정이 선고되면 형식적 확정력이 발생한다. 당사자는 그 결정에 대하여 불복신청을 할 수 없다(헌재 1994.12.29. 92헌아1).

③ **기판력**旣判力**(실질적 확정력)**

재판에 형식적 확정력이 발생하면, 당사자는 확정된 당해 심판은 물론이고, 후행後行 심판에서 동일한 사항에 대하여 다시 심판을 청구하지 못하고, 헌법재판소도 확정재판의 판단내용에 구속되는데, 이를 기판력이라 한다. 실질적 확정력이라고도 한다.

(2) 기속력羈束力

헌법재판소법은, "법률의 위헌결정은 법원과 그 밖의 국가기관 및 지방자치단체를 기속羈束한다"(헌재법 제47조 제1항), "헌법재판소의 권한쟁의심판 결정은 모든 국가기관과 지방자치단체를 기속한다"(헌재법 제67조 제1항), "헌법소원의 인용결정은 모든 국가기관과 지방자치단체를 기속한다"(헌재법 제75조 제1항)고 규정함으로써 기속력에 대한 법적 근거를 명시하고 있다. 앞에서 본 기판력旣判力이 원칙적으로 당사자 사이에서만 그 효력이 미치는 데 반해, 기속력羈束力은 모든 국가기관을 구속한다는 점에서 서로 구별된다.

① **결정준수의무**決定遵守義務

기속력으로 인해 모든 국가기관은 헌법재판소의 결정에 따라야 하며, 그들은 장래에 어떤 처분을 행할 경우 헌법재판소의 결정을 존중해야 한다

② **반복금지의무**反復禁止義務

기속력은 또한 모든 국가기관이 헌법재판소의 결정에서 문제된 심판대상뿐만 아니라, 동일한 사정하에서 동일한 이유에 근거한 동일 내용의 공권력 행사(또는 불행사)를 금지한다.

(3) 법규적 효력(일반적 구속력)

법규적 효력이란 법규범에 대한 헌법재판소의 위헌결정이 일반적 구속력을 가지고 일반 사인私人에게도 그 효력이 미친다는 것을 말한다. 국가기관뿐 아니라 일반 국민도 위헌결정을 받은 법규범에 더 이상 구속을 받지 않는다(대세적 효력 對世的 效力).

8. 재 심再審

헌법재판소법은 헌법재판소 결정에 대한 재심의 허용 여부에 관하여 명시적 규정을 두고 있지 않다. 헌법재판은 그 심판의 종류에 따라 그 절차의 내용과 결정의 효과가 한결같지 아니하기 때문에 재심再審의 허용 여부 내지 허용정도는 심판절차의 종류에 따라 개별적으로 판단되어야 한다(헌재 1995.1.20. 93헌아1). 헌법재판소는 재심을 허용함으로써 얻을 수 있는 구체적 타당성의 이익과 재심을 허용하지 아니함으로써 얻을 수 있는 법적 안정성의 이익을 비교형량하여 전자가 후자보다 우월한 경우에 재심을 허용한다.

(1) 정당해산심판사건

헌법재판소는 정당해산심판사건에 대한 재심을 허용하고 있다.

“정당해산결정은 대체정당이나 유사정당의 설립까지 금지하는 효력을 가지므로 오류가 드러난 결정을 바로잡지 못한다면 장래 세대의 정치적 의사결정에까지 부

당한 제약을 초래할 수 있다. 따라서 정당해산심판절차에서는 재심을 허용하지 아니함으로써 얻을 수 있는 법적 안정성의 이익보다 재심을 허용함으로써 얻을 수 있는 구체적 타당성의 이익이 더 크므로 재심을 허용하여야 한다"(헌재 2016.5.26. 2015헌아20).

(2) 헌법재판소법 제68조 제2항의 헌법소원심판

헌법재판소는 헌법재판소법 제68조 제2항의 헌법소원에 대한 재심허용 여부에 대하여, 법적 안정성을 유지하기 위하여 재심을 허용하지 않고 있다. "일반적으로 위헌법률심판을 구하는 헌법소원憲法訴願에 대한 헌법재판소의 결정決定에 대하여는 재심再審을 허용하지 아니함으로써 얻을 수 있는 법적 안정성의 이익이 재심再審을 허용함으로써 얻을 수 있는 구체적 타당성의 이익보다 훨씬 높을 것으로 쉽사리 예상할 수 있으므로, 헌법재판소의 이러한 결정決定에 대하여는 재심再審에 의한 불복방법不服方法이 성질상 허용될 수 없다고 보는 것이 상당하다"(헌재 1992.6.26. 90헌아1).

(3) 헌법재판소법 제68조 제1항의 헌법소원심판

헌법재판소는 헌법재판소법 제68조 제1항에 의한 헌법소원 중 행정작용에 속하는 공권력작용을 대상으로 하는 헌법소원의 경우, 헌법재판소결정에 대해서는 청구인이 주장한 사실에 대하여 판단하지 않은 민사소송법상의 판단유탈은 재심사유가 되지 않는다고 판시하였으나(헌재 1995.1.20. 93헌아1), 그 후 판례를 변경하여, 재심사유로 인정하였다.

"공권력의 작용에 대한 권리구제형 헌법소원심판절차에 있어서 '헌법재판소의 결정에 영향을 미칠 중대한 사항에 관하여 판단을 유탈한 때'를 재심사유로 허용하는 것이 헌법재판의 성질에 반한다고 볼 수는 없으므로, 민사소송법 제422조 제1항 제9호를 준용하여 "판단유탈"도 재심사유로 허용되어야 한다"(헌재 2001.9.27. 2001헌아3).

제 3 절 헌법재판소의 권한

Ⅰ. 위헌법률심판권

1. 의 의

위헌법률심판이란 법률이 헌법에 위반되는가의 여부를 심사하여 그것이 위헌인 경우에 그 법률의 효력을 상실케 하거나 적용을 거부하는 제도를 말한다. 위헌법률심판은 1803년 미연방대법원의 Marbury v. Madison사건에서 당시의 연방대법원장이었던 Marshall판사가 내린 판결을 통하여 확립된 제도로, 그 후 많은 나라들이 이 제도를 도입하여 실시하게 되었다.

현행 헌법상 위헌법률심판은 국회가 제정한 법률의 위헌여부가 일반법원에서 재판의 전제가 되는 경우에 법원이 헌법재판소에 위헌심판을 제청하고 헌법재판소가 그 위헌여부를 심사·판단하는 사후적·구체적인 규범통제제도이다.

법률 또는 법률조항에 대한 해석과 적용권한은 사법권의 본질적 내용으로서 원칙적으로 대법원을 최고법원으로 하는 법원의 권한에 속하지만, 법률의 위헌여부를 심판하는 구체적 규범통제절차에 있어서 법률조항에 대한 해석과 적용권한은 헌법재판소의 고유권한이다(헌재 2012.12.27. 2011헌바117).

2. 심판요건

(1) 실질적 요건: 재판의 전제성

(가) 재 판

위헌법률심판절차에서 말하는 당해 법원의 '재판'이란 판결·결정·명령 등 그 형식 여하와 본안에 관한 재판이거나 소송절차에 관한 재판이거나를 불문하고, 심급을 종국적으로 종결시키는 종국재판뿐만 아니라 중간재판도 이에 포함되며,

법원이 행하는 구속기간갱신결정, 형사소송법상의 증거채부결정, 지방법원 판사의 영장발부에 관한 재판 등을 모두 포함한다(헌재 2001.6.28. 99헌가14).

법관이 법원으로서 어떠한 의사결정을 하여야 하고 그때 일정한 법률조항의 위헌여부에 따라 그 의사결정의 결론이 달라질 경우에는, 우선 헌법재판소에 그 법률에 대한 위헌여부의 심판을 제청한 뒤 헌법재판소의 심판에 의하여 재판하여야 한다는 것이 법치주의의 원칙과 헌법재판소에 위헌법률심판권을 부여하고 있는 헌법 제111조 제1항 제1호 및 헌법 제107조 제1항의 취지에 부합하기 때문이다(헌재 1996.12.26. 94헌바1).

(나) 전제성

i) 헌법 제107조 제1항, 헌법재판소법 제68조 제2항 본문, 제41조 제1항에 의하면 위와 같은 헌법소원심판청구에는 법률이 헌법에 위반되는 여부가 재판의 전제가 될 것, 즉, 재판의 전제성이 요구된다.

재판의 전제성이 인정되기 위해서는 첫째, 구체적인 사건이 법원에 계속되어 있었거나 계속중이어야 하고, 둘째 위헌여부가 문제되는 법률이 당해 소송사건의 재판에 적용되는 것이어야 하며, 셋째 그 법률이 헌법에 위반되는지의 여부에 따라 당해 사건을 담당한 법원이 다른 내용의 재판을 하게 되는 경우라야 한다. 법원이 "다른 내용의" 재판을 하게 되는 경우라 함은 원칙적으로 법원이 심리중인 당해 사건의 재판의 결론이나 주문에 어떠한 영향을 주는 것뿐만 아니라, 문제된 법률의 위헌여부가 비록 재판의 주문 자체에는 아무런 영향을 주지 않는다고 하더라도 재판의 결론을 이끌어내는 이유를 달리 하는 데 관련되어 있거나 또는 재판의 내용과 효력에 관한 법률적 의미가 전혀 달라지는 경우도 포함한다(헌재 2000.1.27. 99헌바23).

ii) 헌법재판소법 제68조 제2항에 따른 헌법소원심판청구가 적법하기 위해서는 법률이 헌법에 위반되는지의 여부가 재판의 전제가 될 것이 요구된다(헌법 제107조 제1항, 헌법재판소법 제68조 제2항, 제41조 제1항 참조). 그런데 여기에서 법률의 위헌여부가 재판의 전제가 된다고 하려면, 첫째 그 법률이 법원의 재판에 적용되는 것이어야 하고, 둘째 그 법률의 위헌여부에 따라 당해사건 재판의 주문이 달라지거나 재판의 내용과 효력에 관한 법률적 의미가 달라지는 경우이어야 한다(헌재 2011.4.28. 2009헌바167).

(다) 재판의 전제성에 대한 판단

재판의 전제성 판단은 법원의 법률적 의견을 존중하여야 하나, 제청법원의 법률적 견해가 명백히 유지될 수 없을 때에는 헌법재판소가 직권으로 조사할 수도 있으며, 그 결과 전제성이 없다고 판단되면 제청을 부적법한 것으로 각하할 수 있다(헌재 2011.8.30. 2009헌가10).

법원에서 당해 소송사건에 적용되는 재판규범 중 위헌법률심판제청신청 대상이 아닌 관련 법률에 규정한 소송요건을 구비하지 못하였기 때문에 부적법하다는 이유로 소각하 판결을 선고하고 그 판결이 확정된 경우에는 당해 소송사건에 관한 재판의 전제성이 흠결되어 부적법하다(헌재 2004.6.24. 2001헌바104).

범죄 후 양벌규정에 면책조항이 추가되는 형식으로 피고인에게 유리하게 법률이 개정된 경우, 당해사건에는 신법이 적용되고 당해사건에 적용되지 않는 구법은 재판의 전제성을 상실하므로 구법에 대한 위헌 제청은 부적법하다(헌재 2010.9.30. 2010헌가3).

법률조항이 평등의 원칙 등에 위배된다면 그에 관하여 헌법불합치결정이 선고될 가능성이 있고, 이에 따라 청구인에게 유리한 내용으로 법률이 개정되어 적용됨으로써 이 사건 당해사건의 결론이 달라질 수 있다. 따라서 위 법률조항의 위헌 여부에 따라 이 사건 당해사건의 결과에 영향을 미칠 수 있으므로 위 법률조항은 이 사건 당해사건 재판의 전제가 된다(헌재 1999.12.23. 98헌바33).

형벌에 관한 법률이 그에 대한 위헌법률심판제청 후 개정되어 신법이 구법보다 피고인에게 유리하게 변경되었다면, 구법에 대한 위헌법률심판제청은 재판의 전제성이 상실된다(헌재 2010.11.25. 2010헌가71).

당해소송에서 승소한 당사자인 청구인은 재심을 청구할 수 없고, 당해사건에서 청구인에게 유리한 판결이 확정된 마당에 그 법률조항에 대하여 위헌결정을 한다 하더라도 당해사건 재판의 결론이나 주문에 영향을 미치는 것도 아니므로, 그 사건은 재판의 전제성이 부정되는 부적법한 심판청구이다(헌재 2000.7.20. 99헌바61).

모법의 법률조항이 위헌으로 인정되는 경우 이에 근거한 시행령 규정 역시 적용할 수 없게 되기 때문에 그 한도 내에서 모법 규정은 당해 시행령 규정이 적용되는 사건에서 재판의 전제성이 있다(헌재 2003.11.27. 2001헌바35).

법원의 당해사건의 재판에 간접적용되는 법률조항에 대하여도 그 위헌여부에 따라 당해사건의 재판에 직접적용되는 법률조항의 위헌여부가 결정되는 등 양 규범 사이에 내적 관련이 있는 경우에는 재판의 전제성을 인정할 수 있다(헌재 2003.11.27. 2001헌바35).

법원이 심판대상조항을 적용함이 없이 다른 법리를 통하여 재판을 한 경우 심판대상조항의 위헌여부는 당해사건의 재판에 적용되거나 관련되는 것이 아니어서 재판의 전제성이 없다(헌재 2001.11.29. 2000헌바49).

당해사건에 적용될 수 없어 재판의 전제성을 부인하여야 할 것으로 보이는 법률조항이라도, 법원에 의한 해석이 확립된 바 없어 그 적용 여부가 불명인 상태에서 검사가 공소장을 적용법조로 기재하였고, 법원도 적용가능성을 전제로 재판의 전제성을 긍정하여 위헌법률심판제청을 한 이상, 헌법재판소로서는 재판의 전제성을 인정하여야 한다(헌재 2002.4.25. 2001헌가27).

항소심에서 당해 사건의 당사자들에 의해 소송이 종결되었다면 구체적인 사건이 법원에 계속 중인 경우라 할 수 없을 뿐 아니라, 조정의 성립에 1심판결에 적용된 법률조항이 적용된 바도 없으므로 위 법률조항에 대하여 위헌 결정이 있다 하더라도 청구인으로서는 당해 사건에 대하여 재심을 청구할 수 없어 종국적으로 당해 사건의 결과에 대하여 이를 다툴 수 없게 되었다 할 것이므로, 위 법률조항이 헌법에 위반되는지 여부는 당해 사건과의 관계에서 재판의 전제가 되지 못한다(헌재 2010.2.25. 2007헌바34).

(라) 제청 후 재판의 전제성 소멸

헌법재판소는 “재판의 전제성은 법률의 위헌여부심판제청시만 아니라 심판 시에도 갖추어져야 함이 원칙이지만, 위헌여부심판이 제청된 법률조항에 의하여 침해된다는 기본권이 중요하여 동 법률조항의 위헌 여부의 해명이 헌법적으로 중요성이 있는데도 그 해명이 없거나, 동 법률조항으로 인한 기본권의 침해가 반복될 위험성이 있는데도 좀처럼 그 법률조항에 대한 위헌여부심판의 기회를 갖기 어려운 경우에는 설사 그 심리기간 중 그 후의 사태진행으로 당해 소송이 종료되었더라도 헌법재판소로서는 제청 당시 전제성이 인정되는 한 예외적으로 객관적인 헌법질서의 수호·유지를 위하여 심판의 필요성을 인정하여 적극적으로 그 위헌 여부에 대한 판단을 하는 것이 헌법재판소의 존재이유에도 부합하고 그 임무를 다하는 것이 될 것이다"라고 판시하여 예외적으로 긍정적인 입장이다(헌재 1993.12.23. 93헌가2).

(2) 형식적 요건: 법원의 제청

(가) 제청절차

① 위헌성의 정도

당해 사건을 담당하는 법원이 직권 혹은 당사자의 신청에 의한 결정으로 헌법재판소에 위헌여부의 심판을 제청한다(헌법재판소법 제41조 제1항). 당사자의 신청은 당해사건을 담당하는 법원에 서면으로 한다(헌법재판소법 제41조 제2항). 이 경우 어느 정도 위헌성이 요구되는가가 문제되나 단순한 의심을 넘어선 합리적인 위헌의 의심이 있으면 위헌여부 심판을 제청하라는 취지이다(헌재 1993.12.23. 93헌가2).

② 제청서의 제출

법원이 법률의 위헌여부를 헌법재판소에 제청할 때에는, "제청법원, 사건 및 당사자, 위헌이라고 해석되는 법률 또는 법률의 조항, 위헌이라고 해석되는 이유" 등을 기재한 제청서를 제출하여야 한다(헌법재판소법 제43조).

③ 대법원의 경우

제청서는 대법원을 경유하여 헌법재판소에 제출하여야 한다(동법 제41조 제5항). 다만 이는 형식적 절차에 불과할 뿐, 1980년 헌법처럼 대법원이 불송부결정권을 행사할 수 있는 것은 아니다.

(나) 제청권의 주체: 법원

헌법재판소에 대하여 위헌여부를 제청할 수 있는 권한은 법원의 권한이다. 즉 제청권자는 대법원은 물론 각급법원(군사법원을 포함)이다. 당사자는 법원에 위헌제청의 '신청'만 할 수 있고, 제청신청이 기각되는 경우에는 헌법재판소법 제68조 제2항에 따른 헌법소원심판을 청구할 수 있다. 당사자가 제1심에서 위헌법률심판의 제청을 신청하였다가 기각된 경우 상고심에서 동일한 사유로 다시 위헌법률심판제청을 신청하는 것은 허용되지 않는다(헌재 2007.7.26. 2006헌바40). 헌법재판소는 법원의 위헌법률심판의 제청이 부적법하거나 이미 헌법재판소가 위헌으로 선고하여 효력을 상실한 법률 조항에 대하여 다시 위헌법률심판을 구하는 경우 각하결정을 내려야 한다(헌재 1994.8.31. 91헌가1).

수소법원受訴法院은 물론 집행법원도 제청권한이 있으며, 비송사건 담당법관의 경우에도 제청권이 있으나, 헌법 제107조 제3항과 행정심판법 등에 근거를 두고 설치되어 행정심판을 담당하는 각종 행정심판기관은 제청권을 갖는 법원이라 볼 수 없다.

(다) 제청권의 성격: 법원의 합헌판단권 인정 여부

위헌법률심판제청권의 성격과 관련하여 위헌법률심판제청권에 법률에 대한 합헌결정권 내지 합헌판단권이 포함되는가 여부에 대하여 견해가 대립하는데, 헌법재판소는 이와 관련하여 헌법재판소법 제41조 제4항과 제68조 제2항에 근거한 법원의 합헌판단권에 대해서는 부정적인 입장이지만 법원의 합헌판단권 자체에 대해서는 명확히 밝히지 않았다(헌재 1993.7.29. 90헌바35).

비록 현행헌법이 구헌법과 달리 '법률이 헌법에 위반되는 것으로 인정할 때'라는 문구를 규정하고 있지 않고, 법률의 위헌여부 심판을 헌법재판소에 제청하도록 규정하고 있더라도, ① 법원이 당해 사건 당사자의 위헌법률심판제청신청을 기각하는 것은 그 법률의 합헌성을 인정하기 때문이며, ② 헌법재판소법 제43조 제4호는 위헌심판 제청서에 위헌이라고 해석되는 이유를 기재하도록 규정하고 있으며, ③ 구체적인 사건에 적용할 법규범에 대한 독자적인 해석권은 법원의 고유 권한이라는 점 등을 고려하면 긍정설이 타당하다.

(라) 제청의 효과: 재판의 정지

법원이 법률의 위헌 여부 심판을 헌법재판소에 제청한 때에는 당해 소송사건의 재판은 헌법재판소의 위헌 여부의 결정이 있을 때까지 정지된다. 다만, 법원이 긴급하다고 인정하는 경우에는 종국재판 외의 소송절차를 진행할 수 있다(헌법재판소법 제42조). 헌법재판소의 위헌 여부의 결정이 있을 때까지 정지되는 재판정지기간은 형사소송법 제92조 제1항 · 제2항의 구속기간에 산입하지 아니한다(헌재 2001.6.28. 99헌가14).

3. 위헌법률심판의 대상

(1) 현행 법률

심판대상은 국회가 제정한 형식적 의미의 법률이다. 이때 법률은 이미 공포된 것이어야 하고, 현재까지 효력을 가지고 있는 것이어야 한다(헌재 1989.5.24. 88헌가12). 따라서 제청당시에 공포는 되었으나 시행되지 않았고 헌법재판소의 결정당시 이미 폐지되어 효력을 상실된 법률은 위헌여부심판의 대상법률에서 제외된다(헌재 1997.9.25. 97헌가4).

위헌법률심판제도는 국회의 입법권을 통제하기 위한 것이므로, 국회가 제정한 형식적 의미의 법률이 아니라 법원 판결에 의하여 법률과 같이 재판규범으로 적용되어 온 관습법은 위헌법률심판의 대상이 되지 않는다(헌재 2010.3.30. 2010헌바102).

입법부작위에 대한 헌법재판소의 재판관할권은 권력분립의 구조상 극히 한정적으로 인정할 수밖에 없으므로, 헌법에서 기본권보장을 위하여 법령에 그 입법을 위임하였을 때 또는 헌법 해석상 특정인에게 구체적인 기본권이 생겨 이를 보장하기 위한 국가의 행위의무 내지 보호의무가 발생하였음이 명백함에도 불구하고 입법자가 전혀 아무런 조치를 취하지 않은 경우에 국한된다(헌재 1995.6.29. 91헌마147).

⑵ 폐지되거나 개정된 법률

(가) 원 칙

원칙적으로 폐지된 법률은 위헌법률심판의 대상이 될 수 없다. 다만, 예외적으로 폐지된 법률이 재판의 전제가 되는 경우에는 대상이 된다(헌재 1994.6.30. 92헌가18).

(나) 구법의 위헌여부가 신법이 소급 적용되기 위한 전제요건인 경우

헌법재판소는 "보호감호처분에 대하여는 소급입법이 금지되므로 비록 구법이 개정되어 신법이 소급 적용되도록 규정되었다고 하더라도 실체적인 규정에 관한 한 오로지 구법이 합헌적이어서 유효하였고 다시 신법이 보다 더 유리하게 변경되었을 때에만 신법이 소급 적용될 것이므로 폐지된 구법에 대한 위헌여부의 문제는 신법이 소급 적용될 수 있기 위한 전제문제로서 판단의 이익이 있어 위헌제청은 적법하다"고 하였다(헌재 1989.7.14. 88헌가5).

(다) 부칙에 의한 구법의 효력지속의 경우

헌법재판소는 국가보위에관한특별조치법 제5조 제4항에 대한 위헌심판사건에서 "특별조치법이 폐지되었다고는 하나 앞서 2항에서 설명한 바와 같이 특별조치법폐지법률 부칙 제2항(명령 등에 관한 경과조치)에 의하여 "국가보위에관한특별조치법 제5조 제4항에 의한 동원대상지역내의 토지수용·사용에 관한 특별조치령"은 아직 그 효력을 지속하고 있고 그 한도에서 특별조치법도 살아있는 법률이나 같다. 따라서 특별조치법 제5조 제4항은 당연히 위헌여부심판의 대상이 되어야 한다"라고 판시하였다(헌재 1994.6.30. 92헌가18).

⑶ 긴급명령·긴급재정경제명령

현행 헌법상 긴급명령·긴급재정경제명령은 법률과 동일한 효력이 인정되는 법률대위명령으로 국민의 기본권침해와 관련이 있을 때에는 사법심사가 가능하며 위헌법률심판의 대상이 된다. 다만, 유신헌법에서의 긴급조치는 사전적으로는 물론 사후적으로도 국회의 동의 내지 승인 등을 얻도록 하는 조치가 취하여진 바가 없어 국회의 입법권 행사라는 실질을 전혀 가지지 못한 것이기 때문에 헌법재판소의 위헌심판대상이 되는 '법률'에 해당한다고 할 수 없고, 따라서 그 위헌 여부에 대한 심사권은 최종적으로 대법원에 속한다고 판시한 바 있다(대법원 2010.12.16. 2010도5986).

(4) 조 약

형식적 의미의 법률과 동일한 효력을 가지는 조약에 대해서도 위헌심판을 할 수 있다(헌재 1995.12.28. 95헌바3).

(5) 명령 · 규칙

명령 · 규칙은 위헌제청의 대상이 되지 않으나, 법률과 시행령 · 규칙 등이 결합하여 하나의 완결된 법적 효력을 발휘할 경우에는 법률의 위임에 의한 시행령 · 규칙 등 하위법규가 부수적으로 법률의 내용을 판단하는 자료가 될 수 있다(헌재 1992.6.26. 90헌가23).

[비교] 위헌법률심사제와 명령 · 규칙심사제

기 준	위헌법률심사제	명령 · 규칙심사제
주체	헌법재판소	법원
대상	법률	명령 · 규칙
심사기준	헌법	헌법 · 법률
방법	구체적 규범통제	구체적 규범통제
효력	일반적 효력	개별적 효력

(6) 헌 법

헌법 제111조 제1항 제1호, 제5호 및 헌법재판소법 제41조 제1항, 제68조 제2항은 위헌심사의 대상이 되는 규범을 "법률"로 명시하고 있으며, 여기서 "법률"이라고 함은 국회의 의결을 거쳐 제정된 이른바 형식적 의미의 법률을 의미하므로 헌법의 개별규정 자체는 헌법소원에 의한 위헌심사의 대상이 아니다(헌재

2001.2.22. 2000헌바38).

4. 위헌법률심판의 기준과 내용

(1) 심리의 원칙과 방식

(가) 직권주의

위헌법률심판에서는 직권주의가 적용되어 헌법재판소는 제청신청인이나 법원의 제청이 없었던 법률조항에 대하여 직권으로 심판대상을 다른 법률규정으로 바꾸거나, 축소 확대하기도 한다. 이러한 변경은 청구인들의 심판청구이유, 위헌여부심판제청사건의 경과, 당해 사건재판과의 관련성의 전도, 이해관계인의 의견 등 여러 가지 사정을 종합하여 직권으로 결정한다.

직권주의 (헌재 1998.3.26. 93헌바12)

헌법재판소는 심판청구서에 기재된 청구취지에 구애됨이 없이 청구인의 주장요지를 종합적으로 판단하여야 하며, 청구인이 주장하는 침해된 기본권과 침해의 원인이 되는 공권력을 직권으로 조사하여 피청구인과 심판대상을 확정하여 판단한다.

(나) 서면심리주의

위헌법률심판은 서면심리에 의한다. 다만, 재판부는 필요하다고 인정되는 경우에는 변론을 열어 당사자 등의 진술을 들을 수 있다(헌법재판소법 제30조 제2항).

(2) 위헌법률심판의 기준

위헌법률심판의 기준이 되는 헌법은 원칙적으로 형식적 의미의 헌법(헌법 전문·본문·부칙)을 의미한다. 위헌법률심판은 당해 소송의 당사자들에게 주관적 공권으로서의 기본권을 보장하는 헌법 규정에 그 심사기준이 국한되지 않고 헌법의 모든 규정이 법률의 합헌성 심사의 기준이 된다. 위헌법률심판에서의 위헌심사기준과 관련하여, 헌법재판소는 “위헌법률심판의 계기를 마련한 제청법원의 견해를 존중한다는 의미에서 원칙적으로 제청법원이 주장하는 법적 관점에서 심사를 하여야 하며, 필요한 경우에 심판대상규범의 법적 효과를 고려하여 다른 헌법적인 관점에서도 심사할 수 있다."고 판시하였다(헌재 2000.4.27. 98헌가16).

⑶ 심리의 관점과 범위

(가) 심리의 관점

위헌법률심판에서 헌법재판소의 심사 관점은 제청인이 제청이유로 제시한 헌법규정이나 헌법원칙 또는 침해된 기본권에 한정되지 아니하고 모든 헌법적 관점을 동원하여 심리할 수 있다.

심리의 관점 (헌재 1996.12.26. 96헌가18)

헌법재판소는 …위헌법률심판절차에 있어서 규범의 위헌성을 제청법원이나 제청신청인이 주장하는 법적 관점에서만이 아니라 심판대상규범의 법적 효과를 고려하여 모든 헌법적인 관점에서 심사한다. 법원의 위헌제청을 통하여 제한되는 것은 오로지 심판의 대상인 법률조항이지 위헌심사의 기준이 아니다.

(나) 심리의 범위

위헌법률심판에서 헌법재판소는 헌법을 해석하고 그 법률이 헌법에 위반되는 것으로 해석되는지 등에 대하여 심리한다. 법원의 당해 사건에서의 사실문제에 대하여 헌법재판소가 심리하거나 그 사건의 결론 등을 내릴 수는 없고 이러한 사실문제 판단 등은 당해 사건의 법원에서 담당하여야 한다. 즉 헌법재판소는 법률의 위헌여부만을 심사하는 것이지 결코 위헌 제청된 전제사건에 관하여 사실적, 법률적 판단을 내려 그 당부를 심판하는 것은 아니라는 것으로 해석하여야 한다(헌재 1989.9.8. 88헌가6).

⑷ 결정권의 범위

(가) 다른 법률조항 내지 법률전체의 위헌선언

헌법재판소는 "위헌법률심판에 있어서 헌법재판소의 심리대상은 당해 사건에서 그 효력에 의문이 제기된 법률 또는 법률조항에 한정되지만, 일부조항의 위헌결정으로 당해 법률 전부를 시행할 수 없다고 인정하는 때에는 법률전부에 대하여 위헌결정을 할 수 있다(헌재 1996.12.26. 94헌바1). 즉 합헌으로 남아있는 나머지 법률조항만으로는 법적으로 독립된 의미를 가지지 못하거나, 위헌인 법률조항이 나머지 법률조항과 극히 밀접한 관계에 있어서 전체적 · 종합적으로 양자가 분리될 수 없는 일체를 형성하고 있는 경우, 위헌인 법률조항만을 위헌선언하게 되면 전체규정의 의미와 정당성이 상실되는 때가 이에 해당한다"라고 판시하고 있다(헌재 1999.4.29. 94헌바37).

(나) 제청되지 아니한 조문에 대한 위헌결정

헌법재판소는 변호사법 제10조 제2항에 대한 위헌심판사건에서 "법 제10조 제3항은 제2항이 규정한 지방법원의 관할범위를 규정한 것으로서 법 제10조 제2항이 헌법에 위반된다고 인정되는 마당에 독립하여 존속할 의미가 없으므로 헌법재판소법 제45조 단서에 의하여 아울러 헌법에 위반되는 것으로 인정하여 재판관 전원의 의견일치에 따라 주문과 같이 결정한다"라고 판시한 바 있다(헌재 1989.11.20. 89헌가102).

5. 위헌법률심판의 결정유형과 내용

(1) 합헌결정

합헌결정에는 법률의 위헌여부에 관하여 5인 이상의 재판관이 합헌이라고 판단하는 경우의 결정방식으로, ① "헌법에 위반되지 아니한다"라는 주문형식을 채택하는 단순합헌결정과, ② 법률에 대한 심리결과 과반수인 재판관 5인이 위헌의견을 제시하고, 4인이 합헌의견을 제시한 경우에 내려지는 "헌법에 위반된다고 선언할 수 없다"는 주문형식을 취했던 위헌불선언 결정이 있다.

헌법재판소는 국토이용관리법 제31조의2 사건에서(헌재 1989.12.22. 88헌가13), 1980년 해직공무원보상 등에 관한 특별조치법 제2조와 제5조에 대한 사건에서(헌재 1993.5.13. 90헌바22) 위헌불선언을 한 바 있으나, 현재는 입장을 변경하여 이러한 경우에는 합헌결정을 선고하고 있다.

(2) 위헌결정

위헌결정에는 심판의 대상이 된 법률에 대하여 헌법재판소 재판관 9인 중 6인 이상이 법률의 위헌성이 인정하는 경우 채택하는 결정형식으로서, ① "헌법에 위반된다"는 주문형식을 취하는 단순위헌결정과, ② 일부 위헌결정 두 가지가 있다. 일부 위헌결정에는 ③ 양적 일부위헌결정과(헌재 1998.4.30. 95헌가16) ④ 질적 일부위헌결정(헌재 1991.4.1. 89헌마160)이 있다.

일부위헌의 결정

양적 일부위헌결정의 예: "출판사및인쇄소의등록에관한법률 제5조의2 제5호 등 위헌제청"사건에서 헌법재판소는, "음란 또는 저속한 간행물에 관한 부분 중 "음란"에 관해서는 헌법에 위반되지 아니하고, "저속"에 관한 부분은 헌법에 위반된다"라고 하여 법조항 중 일부에 대한 위헌결정을 내렸다(헌재 1998.4.30. 95헌가16).

질적 일부위헌결정의 예: "민법 제746조에 대한 헌법소원심판"사건에서 "명예회복에 적당한 처분에 사죄광고를 포함시키는 것은 헌법에 위반된다"라고 판시하면서, 이를 질적일부위헌결정으로 지적하고 있다(헌재 1991.4.1. 89헌마160).

(3) 변형결정

(가) 변형결정의 의의

변형결정이란 헌법재판소법이 명시적으로 예정한 합헌 또는 위헌 결정 이외의 다른 모든 형식의 헌법재판소결정을 의미하고, 이는 위헌결정으로 인해 초래될 법의 공백과 사회적 혼란을 방지하고, 국회의 입법형성의 자유를 존중하기 위한 것이다.

헌법재판소법 제45조가 '위헌 여부만'을 결정하도록 하고 있기 때문에, 합헌이나 위헌 이외의 변형결정을 인정할 수 있는지에 대해, 헌법재판소는 "자유권을 침해하는 법률이 위헌이라고 생각되는 경우에도 위헌성을 제거하는 것이 법률의 합헌부분과 위헌부분의 경계가 불분명하여 헌법재판소의 단순위헌결정으로는 적절하게 구분하여 대처하기 어렵고, 다른 한편으로는 입법자에게 위헌적인 상태를 제거할 수 있는 여러 가지의 가능성을 인정할 수 있는 경우에는, 자유권의 침해에도 불구하고 예외적으로 입법자의 입법형성권이 헌법불합치 결정을 정당화하는 근거가 될 수 있다."고 하여 변형결정을 인정하고 있다(헌재 2002.5.30. 2000헌마81등).

(나) 변형결정의 유형

① 개 관

변형결정에는 입법자의 입법형성권을 존중하려는 의도나 법률생활의 안정성을 유지시키려는 의도 등으로 위헌결정을 하지 않고 일정기간 그 법률의 효력을 지속시키게 하는 헌법불합치결정과, 결정 당시에는 합헌적 법률이지만, 위헌법률이 될 소지가 있다고 인정하여 헌법에 완전히 합치하는 상태를 실현하기 위해 당해 법률의 개정 또는 보완 등 입법을 촉구하는 입법촉구결정이 있다. 또한 법률의 합헌해석의 결과로서 법조문을 헌법에 조화시킬 수 있도록 축소 해석함으로써 법률의 효력을 유지시키는 방법으로서의 한정합헌결정과, 한정합헌결정과 같이 헌법합치적 해석의 결과이나 법조문의 해석 중 특히 헌법과 조화를 이룰 수 없는 부분을 한정해석해 밝힘으로써 그 범위 내에서 법률의 적용을 배제하려는 유형인 한정위헌결정이 있다.

② 헌법불합치 결정

㉮ 개 념

헌법불합치결정이라 함은 법률의 실질적 위헌성을 인정하면서도 입법자의 입법형성의 자유를 존중하고 법의 공백과 혼란을 피하기 위하여 일정기간 당해 법률이 잠정적인 계속효를 가진다는 것을 인정하는 결정형식이다.

㉯ 주문형식

헌법불합치결정은 '제○조는 헌법에 합치되지 아니한다. 그러나 제○조는 ~까지를 시한으로 입법자가 개정할 때까지 그 효력을 지속한다.'는 주문형식을 취한다. 위헌결정의 일종이므로 재판관 6인 이상의 찬성을 요한다.

㉰ 헌법불합치를 하는 이유

헌법불합치결정을 하는 이유로는 국회의 권위존중(헌재 1989.9.8. 88헌가6), 법적 안정성(헌재 1999.10.21. 97헌바26), 평등·형평을 위한 경우(헌재 1994.7.29. 92헌바

49), 이미 헌법합치적 결정이 있는 경우(헌재 1995.9.28. 92헌가11) 등을 들 수 있다.

㉣ 관련 판례

* 조세법률이 포괄위임금지원칙에 반하는 경우라도, 단순위헌을 선고하여 당장 그 효력을 상실시키는 경우에는 조세수입을 감소시켜 국가재정에 막대한 영향을 줄 뿐만 아니라, 이미 그 세금을 납부한 납세의무자 사이에 형평에 어긋나는 결과를 초래하므로 헌법불합치결정을 하기로 한다(헌재 1995.11.30. 91헌바1(병합)).
* 자유권을 침해하는 위헌적 법률에 대하여는 단순위헌 결정을 하는 것이 원칙이나, 합헌 부분과 위헌 부분의 경계가 불분명하고 권력분립의 관점에서 입법자에게 위헌적 상태를 제거할 수 있는 여러 가지의 가능성을 인정할 수 있는 경우에는 헌법불합치 결정을 할 수 있다(헌재 2002.5.30. 2000헌마81).
* 헌법재판소가 당해 법률조항의 효력이 유지되는 시한을 정하여 헌법불합치 결정을 한 경우 그 시한까지 입법개정이 이루어지지 않으면 당해 법률조항은 그 효력을 상실한다(헌재 2010.6.24. 2008헌바128).
* 어떠한 법률조항에 대하여 헌법재판소가 헌법불합치결정을 하여 그 법률조항을 합헌적으로 개정 또는 폐지하는 임무를 입법자의 형성 재량에 맡긴 이상, 그 개선입법의 소급적용 여부와 소급적용의 범위는 원칙적으로 입법자의 재량에 달린 것이다(헌재 2006.6.29. 2004헌가3).
* 법률의 합헌부분과 위헌부분의 경계가 불분명하여 헌법재판소의 단순위헌결정으로는 적절하게 구분하여 대처가 어렵고, 다른 한편으로는 권력분립의 원칙과 민주주의원칙의 관점에서 입법자에게 위헌적인 상태를 제거할 수 있는 여러 가지의 가능성을 인정할 수 있는 경우에는 자유권의 침해에도 불구하고 예외적으로 입법자의 형성권이 헌법불합치결정을 정당화하는 근거가 될 수 있다(헌재 2002.5.30. 2000헌마81).
* 법적공백으로 인한 혼란이나 위헌적 사태의 방지를 위한 경우 외에 평등권침해가 문제되는 경우에도 헌법불합치결정을 할 수 있다(헌재 2001.11.29. 99헌마494).

③ 입법촉구결정

㉮ 의 의

입법촉구결정을 또 하나의 독자적 결정형식으로 보는 견해에 따르면 입법촉구결정이란 결정당시에는 합헌적 법률이었지만 위헌법률이 될 소지가 있다고 인정하여, 헌법에 완전히 합치하는 상태를 실현하기 위하여 또는 장차 발생할 위헌의 상태를 방지하기 위하여 입법자에게 당해 법률의 개정 또는 보완 등 입법을 촉구하는 결정형식이라고 한다.

㉯ 헌법불합치결정과의 관계

헌법불합치결정의 주문에서 볼 수 있듯이 헌법불합치결정과 입법촉구결정은 각각 그 자체로서 독자적으로 이루어질 수 있는 별개의 결정형식일 수 없다. 즉 헌법불합치결정은 입법촉구의 취지를 수반하기 마련이고 입법촉구결정은 헌법불합치를 그 전제로 하기 마련이므로 두 결정형식은 하나의 결정으로 볼 수 있겠다.

④ **한정합헌결정**

㉮ 개 념

한정합헌이라 함은 해석여하에 따라서는 위헌이 되는 부분을 포함하고 있는 법령의 의미를 헌법의 정신에 합치하도록 한정적으로 해석하여 위헌판단을 회피하는 것으로 헌법합치적 법률해석이라고도 한다. 이는 법률의 합헌성추정의 원칙을 그 근거로 한다. 한정위헌결정은 당해 법률조항 중 위헌적인 해석이나 적용부분만을 제거하고 그 이외의 (합헌인) 부분은 최대한 존속시킬 수 있는 것이어서 입법권에 대한 자제와 존중의 결과가 되는 것이다(헌재 2012.12.27. 2011헌바117).

㉯ 주문례

헌법재판소는 '~것으로 해석하는 한 헌법에 위반되지 아니한다.'는 형식으로 주문을 취한다. 위헌결정의 일종이므로 재판관 6인 이상의 찬성을 요하며, 당해 법률은 합헌으로 선언되어 법조문은 그대로 유지된다.

㉰ 한정위헌결정과의 동질성

헌법재판소는 "한정적 합헌해석은 법률의 해석 가능성을 기준으로 하고, 한정적 위헌선언방법은 법률의 적용범위를 기준으로 하는 점에서 이론적으로는 서로 차이점이 있으나, 위 두 가지의 기준은 일반적으로는 서로 표리관계에 있어서 실제적으로는 차이가 있다 할 수 없다. 합헌적인 한정축소해석은 위헌적인 해석 가능성과 그에 따른 법적용을 소극적으로 배제하고, 적용범위의 축소에 의한 한정적 위헌선언은 위헌적인 법적용 영역과 그에 상응하는 해석 가능성을 적극적으로 배제한다는 뜻에서 차이가 있을 뿐, 다 같이 본질적으로는 일종의 부분적 위헌선언이며 실제적인 면에서 그 효과를 달리하는 것이 아니다. 다만, 양자는 법문의미가 미치는 사정거리를 파악하는 관점, 법문의미의 평가에 대한 접근방법 그리고 개개 헌법재판 사건에서의 실무적인 적의성 등에 따라 그 중 한 가지 방법을 선호할 수 있을 따름이다"라고 판시하고 있다(헌재 1992.2.25. 89헌가104).

⑤ **한정위헌결정**

㉮ 개 념

한정위헌결정이라 함은 불확정개념이거나 다의적인 해석가능성이 있는 조문에 대하여 그 해석들 중 위헌해석을 택하여 그 해석 하에서는 위헌이라고 선언하는 결정형식을 말한다. 한정위헌결정은 한정합헌결정과 마찬가지로 합헌적 법률해석의 원칙에 따른 헌법재판의 결과이다(헌재 1997.12.24. 96헌마172 · 173(병합)).

㉯ 주문례

주문 형식은 '~라고 해석하는 한 헌법에 위반된다.'라는 문언을 쓴다. 이 역시 위헌결정으로서 재판관 6인 이상의 찬성을 요한다.

㉰ 일부위헌결정과의 관계

일부위헌결정은 법조문 중의 일부를 지적하는 방법으로 위헌범위를 특정하여 선언하는 위헌결정이고, 한정위헌결정은 법조문 중 일부를 지적하는 방법으로 위헌범위를 특정할 수 없기 때문에, 일정한 법률관계 내지 사실관계를 적시하는 방법으로 위헌 범위를 특정하여 선언하는 위헌결정이다.

(라) 변형결정의 기속력

① **헌법재판소의 입장**

이러한 한정위헌결정의 기속력에 대해서 견해가 대립하나, 헌법재판소는 "헌법재판소의 한정위헌결정은 단순히 법률을 구체적인 사실관계에 적용함에 있어서 그 법률의 의미와 내용을 밝히는 것이 아니라 법률에 대한 위헌성심사의 결과로서 법률조항이 특정의 적용영역에서 제외되는 부분은 위헌이라는 것을 뜻하므로, 헌법재판소의 한정위헌결정은 결코 법률의 해석에 대한 헌법재판소의 단순한 견해가 아니라 헌법에 정한 권한에 속하는 법률에 대한 위헌심사의 한 유형"이라고 하여 기속력을 인정하고 있다(헌재 1997.12.24. 96헌마172 · 173(병합)).

② 대법원의 입장

그러나 대법원은 헌법재판소와는 달리, 한정위헌결정의 기속력을 부정하고 있는데, "한정위헌결정의 경우에는 헌법재판소의 결정에 불구하고 법률이나 법률조항은 그 문언이 전혀 달라지지 않은 채 그냥 존속하고 있는 것이므로 문언의 불변경은 법률해석이며 이러한 법률해석은 전적으로 대법원을 최고법원으로 하는 법원에 전속하기 때문"이라고 한다(대판 1996.4.9. 95누11405). 다만, 대법원은 헌법불합치결정의 경우에는 기속력을 인정한다는 점이다.

6. 심판절차

법률에 대한 위헌심판은 특정사건의 재판을 담당한 법원이 헌법재판소에 위헌법률심판의 제청을 하여야만 개시된다. 법원은 직권 또는 당사자의 신청에 의한 결정으로 헌법재판소에 위헌 여부의 심판을 제청한다. 대법원이 아닌 하급법원에서 위헌법률심판을 제청하려면 대법원을 경유하여야 한다(헌법재판소법 제41조). 그러나 대법원 경유는 단지 형식적 절차일 뿐이며, 대법원이 하급법원의 제청에 대하여 심사권을 갖는 것은 아니다.

위헌심판제청이 있으면 당해 소송사건에 대한 재판은 헌법재판소의 위헌 여부에 대한 결정이 있을 때까지 정지된다(헌법재판소법 제42조). 위헌법률심판의 심판절차는 ① 제청절차(직권 또는 당사자의 신청에 의한 법원의 위헌제청결정, 대법원 외의 법원의 경우에 위헌제청결정서의 대법원 송부, 위헌제청결정서의 헌법재판소 송부), ② 심판절차(위헌제청결정서의 접수, 사건번호·사건명부여, 사건배당, 서면심리원칙, 필요시 변론, 자료제출요구 등), ③ 종국결정(각하, 합헌, 변형결정, 위헌) 등으로 진행된다.

7. 위헌결정의 효력

(1) 위헌결정의 기속력

(가) 개념과 법적 근거

① 개 념

기속력이란 국가기관과 지방자치단체 등이 헌법재판소의 결정의 취지를 존중하고 이에 위배되는 행위를 하여서는 안 되는 구속을 받게 되는 힘을 말한다. 법률의 위헌결정은 법원과 그 밖의 국가기관 및 지방자치단체를 기속羈束한다(헌법재판소법 제47조 제1항). 위헌결정의 기속력은 각급법원과 국가기관·지방자치단체에 미칠 뿐만 아니라, 자기기속력이 있어 헌법재판소도 이를 스스로 취소·변경할 수 없다.

② 법적 근거

헌법재판소법 제47조 제1항은 "법률의 위헌 결정은 법원 기타 국가기관 및 지방자치단체를 기속한다."라고 규정하고 있고, 동법 제75조 제1항은 "헌법소원의 인용결정은 모든 국가기관과 지방자치단체를 기속한다."라고 규정하여 기속력을 명시하고 있다.

(나) 기속력을 가지는 결정의 범위

헌법재판소의 법률에 대한 위헌결정에는 단순위헌 결정은 물론, 한정합헌결정, 한정위헌결정과 헌법불합치결정도 포함되고 이들은 모두 기속력을 가진다. 합헌결정에서의 기속력 인정여부가 문제되는데, 헌법재판소는 이미 합헌결정이 있었던 법률에 대한 헌법소원을 인정하고 있어 기속력을 인정하지 않고 있다.

(다) 기속력의 내용

위헌결정의 경우 그 위헌 선언된 법률과 같은 내용의 법률을 국회가 다시 제정할 수 없고, 행정기관은 그 위헌 선언된 법률을 적용하여 처분 등 행정작용을 해서는 아니 되며, 법원도 그 법률을 적용하여 재판을 해서는 안 된다.

(라) 기속력의 범위

① 주관적 범위

기속력이 미치는 주관적 범위에 대하여 위헌결정의 경우 헌법재판소법 제47조 제1항은 "법원 기타 국가기관 및 지방자치단체"라고 규정하고 있다. 이 점에서 기속력은 그 어느 누구도 위헌결정된 법률의 효력을 주장할 수 없는 효력인 일반적 효력에 비하여 효력의 범위가 제한적이다.

② 객관적 범위

기속력이 결정의 주문에 미치는 데 대하여 이견이 없으나 결정의 중요이유에 기속력이 미치는지에 대해서는 견해가 대립하고 있다. 이에 대해 헌법재판소는 이유부분의 기속력을 부정하고 있다(헌재 1994.4.28. 92헌가3).

기속력의 범위 (헌재 1994.4.28. 92헌가3)

헌법재판소법 제47조에 정한 기속력을 명백히 하기 위해서는 어떠한 부분이 위헌인지 여부가 그 결정의 주문에 포함되어야 하므로, 이러한 내용을 결정의 이유에 설시하는 것만으로는 부족하고 결정의 주문에까지 등장시켜야 한다.

⑵ 일반적 효력 · 대세적 효력

이 효력은 헌법재판소의 모든 결정이 가지는 효력이 아니다. 법규범에 대한 심사가 이루어진 결과 그 법규범이 헌법위반이라는 결정이 난 경우에 즉 위헌법률심판, 위헌소원, 부수적 규범통제에서 헌법에 위반된다는 결정이 난 경우에 발생하는 효력이다.

이는 모든 사람에게 미치는 대세적 효력이므로 주관적 범위에 있어서 기판력, 기속력 등과 차이를 지닌다.

⑶ 위헌결정의 효력발생시기

(가) 입법례

위헌결정의 효력발생시기에 관한 입법례로는 소급효를 인정하면서 부분적으로 이를 제한하는 예(소급무효설), 장래효를 인정하면서 부분적으로 소급효를 인정하는 예(폐지무효설), 소급효를 인정할 것인지 장래효를 인정할 것인지 여부를 사건별로 결정하는 예(선택적 무효설) 등이 있다. 우리 헌법재판소법 제47조 제2항은 장래효를 인정하면서 부분적으로 소급효를 인정하는 유형에 해당한다.

(나) 헌법재판소법 제47조 제2항의 위헌여부

위헌으로 결정된 법률 또는 법률의 조항은 그 결정이 있는 날로부터 효력을 상실한다. 다만, 형벌에 관한 법률 또는 법률의 조항은 소급하여 그 효력을 상실한다(헌법재판소법 제47조 제2항).

이에 대해서, 헌법재판소는 "헌법재판소에 의하여 위헌으로 선고된 법률 또는 법률의 조항이 제청 당시로 소급하여 상실하는가 아니면 장래에 향하여 효력을 상실하는가의 문제는 특단의 사정이 없는 한 헌법적합성의 문제라기보다는 입법자가 법적 안정성과 개인의 권리구제 등 제반이익을 비교형량하여 가면서 결정할 입법정책의 문제인 것으로, 우리의 입법자는 헌법재판소법 제47조 제2항의 본문의 규정을 통하여 형벌법규를 제외하고는 법적 안정성을 더 높이 평가하는 방안을 선택하였는바 이에 의하여 구체적 타당성이나 평등의 원칙이 완벽하게 실현되지 않는다고 하더라도 헌법상 법치주의의 원칙의 파생인 법적 안정성 내지 신뢰보호원칙에 의하여 정당화된다."고 판시하였다(헌재 1993.5.13. 92헌가10).

(다) 위헌결정 소급효의 인정 범위

① 대법원의 입장

대법원은 "헌법재판소의 위헌결정의 효력은 위헌제청을 한 당해 사건, 위헌결정이 있기 전에 이와 동종의 위헌 여부에 관하여 헌법재판소에 위헌여부심판제청을 하였거나 법원에 위헌여부심판제청신청을 한 경우의 당해 사건과 따로 위헌제청신청은 아니하였지만 당해 법률 또는 법률의 조항이 재판의 전제가 되어 법원에 계속 중인 사건뿐만 아니라 위헌결정 이후에 위와 같은 이유로 제소된 일반사건에도 미친다."라고 판시하고 있다(대판 1993.1.15. 92다12377).

그러나 "위헌결정의 효력은 그 미치는 범위가 무한정일 수는 없고 법원이 위헌으로 결정된 법률 또는 법률의 조항을 적용하지는 않더라도 다른 법리에 의하여 그 소급효를 제한하는 것까지 부정되는 것은 아니라 할 것이며, 법적 안정성의 유지나 당사자의 신뢰보호를 위하여 불가피한 경우에 위헌결정의 소급효를 제한하는 것은 오히려 법치주의의 원칙상 요청되는 바라 할 것이다"고 판시하여 구체적 사건에 따라 위헌결정의 소급효의 인정범위를 달리 판단하고 있다(대판 1994.10.25. 93다42740).

② 헌법재판소의 입장

헌법재판소는 "효력이 다양할 수밖에 없는 위헌결정의 특수성 때문에 예외적으로 부분적인 소급효의 인정을 부인해서는 안 될 것이다. 첫째, 구체적 규범통제의 실효성의 보장의 견지에서 법원의 제청 · 헌법소원 청구 등을 통하여 헌법재판소에 법률의 위헌결정을 위한 계기를 부여한 당해 사건, 위헌결정이 있기 전에 이와 동종의 위헌여부에 관하여 헌법재판소에 위헌제청을 하였거나 법원에 위헌제청신청을 한 경우의 당해 사건, 그리고 따로 위헌제청신청을 아니하였지만 당해 법률 또는 법률의 조항이 재판의 전제가 되어 법원에 계속 중인 사건에 대하여는 소급효를 인정하여야 할 것이다. 둘째, 당사자의 권리구제를 위한 구체적 타당성의 요청이 현저한 반면에 소급효를 인정하여도 법적 안정성을 침해할 우려가 없고 나아가 구법에 의하여 형성된 기득권자의 이득이 해쳐질 사안이 아닌 경우로서 소급효의 부인이 오히려 정의와 평등 등 헌법적 이념에 심히 배치되는 때에도 소급효를 인정할 수 있다. 어떤 사안이 후자와 같은 테두리에 들어가는가에 관하여는 본래적으로 규범통제를 담당하는 헌법재판소가 위헌선언을 하면서 직접 그 결정주문에서 밝혀야 할 것이나, 직접 밝힌 바 없으면 그와 같은 경우에 해당하는가의 여부는 일반법원이 구체적 사건에서 해당 법률의 연혁 · 성질 · 보호법익 등을 검토하고 제반이익을 형량해서 합리적 · 합목적적으로 정하여 대처할 수밖에 없을 것으로 본다"고 판시하고 있다(헌재 1993.5.13. 92헌가10).

(라) 형벌법규의 경우

헌법재판소법 제47조 제2항 단서에서 형벌에 관한 법률 또는 법률의 조항은 소급하여 그 효력을 상실한다고 규정하는 바 이 경우에는 소급효가 인정된다. 그러나 형벌에 관한 법률 또는 법률조항이라 하더라도 그것이 위헌으로 선언될 경우 오히려 형사처벌을 받지 않았던 자들에게 형사상의 불이익이 미치게 되는 경우에는 죄형법정주의의 정신상 소급효가 인정되지 아니한다(헌재 1997.1.16. 90헌마110).

(마) 관련 판례

* 과세처분에 따라 세금을 납부하였고 그 처분에 불가쟁력이 발생한 경우에는 과세처분의 근거법률이 나중에 위헌으로 결정되었다고 하더라도 이미 납부한 세금의 반환청구는 허용되지 않는다(헌재 2001.2.22. 99헌마605).
* 조세부과의 근거가 되었던 법률규정이 위헌으로 결정된 경우, 비록 그에 기한 과세처분이 위헌결정 전에 이루어졌고, 과세처분에 대한 제소기간이 이미 경과하여 조세채권이 확정되었으며, 조세채권의 집행을 위한 체납처분의 근거규정 자체에 대하여는 따로 위헌결정이 내려진 바 없다고 하더라도, 위와 같은 위헌결정 이후에 조세채권의 집행을 위한 새로운 체납처분에 착수하거나 이를 속행하는 것은 더 이상 허용되지 않는다(헌재 2001.2.22. 99헌마605).
* 구체적 규범통제의 실효성 보장의 견지에서 법원의 제청, 헌법소원의 청구 등을 통하여 헌법재판소에 법률의 위헌결정을 위한 계기를 부여한 당해 사건, 위헌결정이 있기 전에 이와 동종의 위헌 여부에 관하여 헌법재판소에 위헌제청을 하였거나 법원에 위헌제청신청을 한 경우의 당해 사건, 그리고 따로 위헌제청신청을 아니하였지만 당해 법률 또는 법률의 조항이 재판의 전제가 되어 법원에 계속 중인 사건은 위헌결정의 소급효가 인정된다(헌재 1993.5.13. 92헌가10).
* 위헌결정으로 인하여 형벌에 관한 법률 또는 법률조항이 소급하여 그 효력을 상실한 경우에는 당해 조항을 적용하여 공소가 제기된 피고사건은 범죄로 되지 아니한 때에 해당한다고 할 것이어서 법원은 그 피고사건에 대하여 형사소송법 제325조 전단에 따라 무죄를 선고하여야 한다(대법원 2011.9.29. 2009도12515).
* 불처벌의 특례를 규정한 법률조항이 형벌에 관한 것이기는 하지만, 위헌결정의 소급효를 인정할 경우 오히려 형사처벌을 받지 않았던 자들에게 형사상의 불이익이 미치게 되므로 위헌결정의 소급효가 인정되지 않는다(헌재 1997.1.16. 90헌마110 · 136(병합)).
* 행정처분의 집행이 이미 종료되었고 그것이 번복될 경우 법적 안정성을 크게 해치게 되는 경우에는 후에 행정처분의 근거가 된 법규가 헌법재판소에서 위헌으로 선고된다고 하더라도 그 행정처분이 당연무효가 되지는 않음이 원칙이다(헌재 1994.6.30. 92헌바23).
* 검사의 기소유예처분 이후에 그 처분의 근거가 된 형벌조항에 대하여 헌법재판소의 위헌결정이 이루어진 경우, 당해 기소유예처분 또한 위헌임을 면할 수 없다(헌재 2011.2.24. 2010헌마110).
* 형벌법규가 아니더라도 구체적 규범통제의 실효성을 보장하기 위하여 당해 사건뿐만

아니라 위헌결정이 있기 전에 이와 동종의 위헌 여부에 관하여 헌법재판소에 위헌제청을 하였거나 법원에 위헌제청신청을 한 경우의 당해 사건, 그리고 따로 위헌제청신청을 하지 않았지만 당해 법률 또는 법률의 조항이 재판의 전제가 되어 법원에 계속중인 사건에 대하여도 소급효를 인정하여야 한다(헌재 1993.5.13. 92헌가10등).

* 헌법재판소법 제47조 제2항 단서의 소급효가 인정되는 형벌에 관한 법률 또는 법률의 조항의 범위는 실체적인 형벌법규에 한정하여야 하고 형사소송절차에 관한 절차법적인 법률인 경우에는 원칙적으로 동 조항 단서가 적용되지 않는다(헌재 1992.12.24. 92헌가8).

Ⅱ. 탄핵심판권

1. 의 의

탄핵제도는 고위공직자의 직무상 중대한 위법행위에 대하여 일반적인 사법절차가 아닌 특별한 절차에 의하여 처벌하거나 파면하는 제도이다. 탄핵제도는 초기에는 반대파에 대한 숙청정책의 일환으로 자행되기도 하였으나, 오늘날 각국 헌법에서는 탄핵제도가 갖는 정치적 평화유지기능을 인정하여 널리 채택하고 있다. 그러나 탄핵제도를 통하여 공직에서 추방되는 경우는 그 요건이나 절차의 복잡성 때문에 매우 이례적이고 드물어 그 실효를 거두지 못하고 있다.

현행헌법상 탄핵소추의결은 국회에서, 탄핵심판은 헌법재판소에서 담당한다. 국회의 탄핵소추제도는 한편으로 국회에 정부와 사법부에 대한 통제기능을, 다른 한편 국가권력의 사실상 행사자인 고위공직자에 의한 헌법침해를 방지하는 기능을 수행한다.

2. 절 차

헌법 제65조 제1항은 "…국회는 탄핵의 소추를 의결할 수 있다."고 하여 국회를 탄핵소추기관으로 규정하고 있다. 국회의 의결로 탄핵소추의 의결이 이루어지면 국회 법제사법위원회의 위원장이 소추위원이 되어 소추의결서를 헌법재판소에 제출하여 청구한다. 이는 흡사 일반 형사소송에서의 검사의 공소장의 법원에의 접수와 동일하다. 소추의결서가 송달되면 그 효과로 임명권자는 피소추자의 사직서를 접수하거나 해임할 수 없다. 사직이나 해임을 통한 탄핵면탈을 방지하기 위한 것이다. 다만 파면은 탄핵의 궁극적인 목적이므로 허용된다고 볼 것이다.

탄핵사건의 심판은 변론의 전 취지와 증거조사의 결과를 종합하여 정의 및 형평의 원리에 입각하여 구두변론에 의한다. 동일한 사유로 형사소송이 진행 중일 때에는 심판절차를 정지할 수 있다. 탄핵심판에서는 헌법재판소법에 적용법률이 없는 경우 민사소송에 관한 법령을 준용하며, 이와 함께 형사소송의 법령을 준용한다. 형사소송에 관한 법령과 민사소송에 관한 법령이 저촉하는 경우에는 헌법재판소법 제40조에 따라 형사소송에 관한 규정이 우선적으로 적용된다.

3. 결정 및 결정의 효과

탄핵심판청구가 이유 있는 때에는 헌법재판소는 탄핵소추의 대상이 된 피소추인을 당해 공직에서 파면하는 결정을 선고한다. 이러한 결정을 위해서는 재판관 9인 중 6인 이상의 찬성이 있어야 한다. 탄핵결정은 피소추인의 민사상 또는 형사상의 책임에는 영향을 미치지 않는다. 탄핵결정은 징계적 성격만을 가지므로 탄핵심판과 민사나 형사재판 사이에는 일사부재리의 원칙이 적용되지 않는다. 탄핵결정에 의하여 파면된 자는 결정선고가 있는 날로부터 향후 5년간 공무담임권의 제한을 받는다(헌법재판소법 제54조).

탄핵소추안의 표결절차 (헌재 2017.3.10. 2016헌나1)

탄핵소추의 중대성에 비추어 소추의결을 하기 전에 충분한 찬반토론을 거치는 것이 바람직하다. 그러나 국회법에 탄핵소추안에 대하여 표결 전에 반드시 토론을 거쳐야 한다는 명문 규정은 없다. … 이 사건 소추의결 당시 토론을 희망한 의원이 없었기 때문에 탄핵소추안에 대한 제안 설명만 듣고 토론 없이 표결이 이루어졌을 뿐, 의장이 토론을 희망하는 의원이 있었는데도 고의로 토론을 못하게 하거나 방해한 사실은 없다.

탄핵소추사유의 판단 (헌재 2004.5.14. 2004헌나1)

탄핵소추의결서에 기재되지 아니한 소추사유를 판단의 대상으로 삼을 수 없다. 그러나 …청구인이 그 위반을 주장한 법규정 외에 다른 관련 법규정에 근거하여 탄핵의 원인이 된 사실관계를 판단할 수 있다. 또한, …소추사유를 어떠한 연관관계에서 법적으로 고려할 것인가의 문제는 …헌법재판소의 판단에 달려있다.

헌법과 법률의 위배 의미 (헌재 2004.5.14. 2004헌나1)

헌법은 탄핵사유를 "헌법이나 법률에 위배한 때"로 규정하고 있는데, '헌법'에는 명문의 헌법규정뿐만 아니라 헌법재판소의 결정에 의하여 형성되어 확립된 불문헌법도 포함된다. '법률'이란 단지 형식적 의미의 법률 및 그와 등등한 효력을 가지는 국제조약, 일반적으로 승인된 국제법규 등을 의미한다.

탄핵소추의결과 적법절차원칙 (헌재 2004.5.14. 2004헌나1)

국회의 탄핵소추절차는 국회와 대통령이라는 헌법기관 사이의 문제이고, 국회의 탄핵소추의결에 의하여 사인으로서의 대통령의 기본권이 침해되는 것이 아니라, 국가기관으로서의 대통령의 권한행사가 정지되는 것이다. 따라서 …적법절차의 원칙을 국가기관에 대하여 헌법을 수호하고자 하는 탄핵소추절차에는 직접 적용할 수 없다.

탄핵심판절차의 목적과 기능 (헌재 2004.5.14. 2004헌나1)

국민에 의하여 국가권력을 위임받은 국가기관이 그 권한을 남용하여 헌법이나 법률에 위반하는 경우에는 다시 그 권한을 박탈하는 기능을 한다. 즉, …헌법의 규범력을 확보하고자 하는 것이 바로 탄핵심판절차의 목적과 기능인 것이다.

탄핵심판 청구가 이유 있는 경우의 의미 (헌재 2017.3.10. 2016헌나1)

헌법재판소법 제53조 제1항은 '탄핵심판 청구가 이유 있는 경우' 피청구인을 파면하는 결정을 선고하도록 규정하고 있다. 대통령을 탄핵하기 위해서는 대통령의 법 위배 행위가 헌법질서에 미치는 부정적 영향과 해악이 중대하여 대통령을 파면함으로써 얻는 헌법 수호의 이익이 대통령 파면에 따르는 국가적 손실을 압도할 정도로 커야 한다. 즉, '탄핵심판청구가 이유 있는 경우'란 대통령의 파면을 정당화할 수 있을 정도로 중대한 헌법이나 법률 위배가 있는 때를 말한다.

헌법을 준수하고 수호해야 할 의무 (헌재 2004.5.14. 2004헌나1)

헌법 제66조 제2항 및 제69조에 규정된 대통령의 '헌법을 준수하고 수호해야 할 의무'는 헌법상 법치국가원리가 대통령의 직무집행과 관련하여 구체화된 헌법적 표현이다. '헌법을 준수하고 수호해야 할 의무'가 이미 법치국가원리에서 파생되는 지극히 당연한 것임에도, 헌법은 국가의 원수이자 행정부의 수반이라는 대통령의 막중한 지위를 감안하여 제66조 제2항 및 제69조에서 이를 다시 한번 강조하고 있다.

파면을 정당화할 정도로 '중대한' 법위반 (헌재 2004.5.14. 2004헌나1)

헌법재판소법 제53조 제1항의 '탄핵심판청구가 이유 있는 때'란, 모든 법위반의 경우가 아니라, 단지 공직자의 파면을 정당화할 정도로 '중대한' 법위반의 경우를 말한다.… '법위반이 중대한지' 또는 '파면이 정당화되는지'의 여부는 … '법위반이 어느 정도로 헌법질서에 부정적 영향이나 해악을 미치는지의 관점'과 '피청구인을 파면하는 경우 초래되는 효과'를 서로 형량하여 탄핵심판청구가 이유 있는지의 여부 즉, 파면 여부를 결정해야 한다.

특정정당의 지지발언 (헌재 2004.5.14. 2004헌나1)

대통령이 특정 정당을 일방적으로 지지하는 발언을 함으로써 국민의 의사형성과정에 영향을 미친다면, 정당과 후보자들에 대한 정당한 평가를 기초로 하는 국민의 자유로운 의사형성과정에 개입하여 이를 왜곡시키는 것이며, … 공정한 선거관리의 궁극적 책임을 지는 대통령이 기자회견에서 전 국민을 상대로, 대통령직의 정치적 비중과 영향력을 이용하여 특정 정당을 지지하는 발언을 한 것은, 대통령의 지위를 이용하여 선거에 대한 부당한 영향력을 행사하고 이로써 선거의 결과에 영향을 미치는 행위를 한 것이므로, 선거에서의 중립의무를 위반하였다.

공무원의 정치적 중립의무 (헌재 2004.5.14. 2004헌나1)

선거에서의 공무원의 정치적 중립의무는 '국민 전체에 대한 봉사자'로서의 공무원의 지위를 규정하는 헌법 제7조 제1항, 자유선거원칙을 규정하는 헌법 제41조 제1항 및 제67조 제1항 및 정당의 기회균등을 보장하는 헌법 제116조 제1항으로부터 나오는 헌법적 요청이다.

공선법상 공무원에 대통령 포함여부 (헌재 2004.5.14. 2004헌나1)

공선법 제9조의 '공무원'이란, …선거에서의 중립의무가 부과되어야 하는 모든 공무원 즉, 구체적으로 '자유선거원칙'과 '선거에서의 정당의 기회균등'을 위협할 수 있는 모든 공무원을 의미한다. …대통령은 행정부의 수반으로서 공정한 선거가 실시될 수 있도록 총괄·감독해야 할 의무가 있으므로, …공선법 제9조의 '공무원'에 포함된다.

탄핵소추의결서에 기재되지 아니한 소추사유 (헌재 2004.5.14. 2004헌나1)

헌법재판소는 탄핵소추의결서에 기재되지 아니한 소추사유를 판단의 대상으로 삼을 수 없다. 그러나 … 청구인이 그 위반을 주장한 법규정 외에 다른 관련 법규정에 근거하여 탄핵의 원인이 된 사실관계를 판단할 수 있다.

탄핵심판절차의 성격 (헌재 2017.3.10. 2016헌나1)

탄핵심판은 고위공직자가 권한을 남용하여 헌법이나 법률을 위반하는 경우 그 권한을 박탈함으로써 헌법질서를 지키는 헌법재판이고, 탄핵결정은 대상자를 공직으로부터 파면함에 그치고 형사상 책임을 면제하지 아니한다(헌법 제65조 제4항)는 점에서 탄핵심판절차는 형사절차나 일반 징계절차와는 성격을 달리 한다.

8인 재판관에 의한 탄핵심판 결정 가부 (헌재 2017.3.10. 2016헌나1)

헌법과 헌법재판소법은 재판관 중 결원이 발생한 경우에도 헌법재판소의 헌법 수호 기능이 중단되지 않도록 7명 이상의 재판관이 출석하면 사건을 심리하고 결정할 수 있음을 분명히 하고 있다. … 헌법재판관 1인이 결원이 되어 8인의 재판관으로 재판부가 구성되더라도 탄핵심판을 심리하고 결정하는 데 헌법과 법률상 아무런 문제가 없다.

※ **노무현 대통령 탄핵심판**(헌재 2004.5.14. 2004헌나1)

i) 대통령의 현행 선거법을 '관권선거시대의 유물' 폄하

법률의 합헌성과 정당성에 대하여 대통령의 지위에서 공개적으로 의문을 제기하는 것은 헌법과 법률을 준수해야 할 의무와 부합하지 않는다. …대통령이 국민 앞에서 현행법의 정당성과 규범력을 문제삼는 행위는 법치국가의 정신에 반하는

것이자, 헌법을 수호해야 할 의무를 위반한 것이다.

ii) 자신에 대한 재신임을 국민투표의 형태로 묻고자 하는 것

국민투표는 직접민주주의를 실현하기 위한 수단으로서 '사안에 대한 결정' 즉, 특정한 국가정책이나 법안을 그 대상으로 한다. 따라서 국민투표의 본질상 '대표자에 대한 신임'은 국민투표의 대상이 될 수 없으며, 우리 헌법에서 대표자의 선출과 그에 대한 신임은 단지 선거의 형태로써 이루어져야 한다. …대통령이 …헌법상 허용되지 않는 재신임 국민투표를 국민들에게 제안한 것은 그 자체로서 헌법 제72조에 반하는 것으로 헌법을 실현하고 수호해야 할 대통령의 의무를 위반한 것이다.

iii) 썬앤문 및 대선캠프 관련 불법정치자금 수수 등에 관한 소추사유

헌법 제65조 제1항은 '대통령…이 그 직무집행에 있어서'라고 하여, 탄핵사유의 요건을 '직무' 집행으로 한정하고 있으므로, …썬앤문 및 대선캠프 관련 불법정치자금 수수 등에 관한 소추사유들은 …대통령으로 취임하기 전에 일어난 사실에 바탕을 두고 있는 것이어서 대통령으로서의 직무집행과 무관함이 명백하므로, 탄핵사유에 해당하지 않는다.

iv) 정치적 무능력이나 정책결정상의 잘못

비록 대통령의 '성실한 직책수행의무'는 헌법적 의무에 해당하나, '헌법을 수호해야 할 의무'와는 달리, 규범적으로 그 이행이 관철될 수 있는 성격의 의무가 아니므로, 원칙적으로 사법적 판단의 대상이 될 수 없다고 할 것이다.

v) 대통령을 파면할 정도로 중대한 법위반이 어떠한 것인지

파면결정을 통하여 헌법을 수호하고 손상된 헌법질서를 다시 회복하는 것이 요청될 정도로, 대통령의 법위반행위가 헌법수호의 관점에서 중대한 의미를 가진다고 볼 수 없고, 또한 대통령에게 부여한 국민의 신임을 임기 중 다시 박탈해야 할 정도로 국민의 신임을 저버린 경우에 해당한다고도 볼 수 없으므로, 대통령에 대한 파면결정을 정당화하는 사유가 존재하지 않는다.

※ **박근혜 대통령 탄핵심판**(헌재 2017.3.10. 2016헌나1)

i) 최○원의 국정개입을 허용하고 권한을 남용한 행위가 공익실현의무에 위배되는지 여부

최○원이 추천한 인사를 다수 공직에 임명하였고 이렇게 임명된 일부 공직자는 최○원의 이권 추구를 돕는 역할을 하였다. 사기업으로부터 재원을 마련하여 재단법인 미르와 재단법인 케이스포츠(다음부터 '미르'와 '케이스포츠'라고 한다)를 설립하도록 지시하였고, 대통령의 지위와 권한을 이용하여 기업들에게 출연을 요구하였다. …그 밖에도 …피청구인의 이러한 일련의 행위는 최○원 등의 이익을 위해 대통령으로서의 지위와 권한을 남용한 것으로서 공정한 직무수행이라 할 수 없다. …헌법 제7조 제1항, 국가공무원법 제59조, 공직자윤리법 제2조의2 제3항, 부패방지권익위법 제2조 제4호 가목, 제7조를 위반하였다.

ii) 최○원의 국정개입을 허용하고 권한을 남용한 행위가 기업의 자유와 재산권을 침해하는지 여부

공권력 개입을 정당화할 수 있는 기준과 요건을 법률로 정하지 않고 대통령의 지위를 이용하여 기업으로 하여금 재단법인에 출연하도록 한 피청구인의 행위는 해당 기업의 재산권 및 기업경영의 자유를 침해한 것이다. … 그 밖에도 …아무런 법적 근거 없이 대통령의 지위를 이용하여 기업의 사적 자치 영역에 간섭한 피청구인의 행위는 해당 기업의 재산권 및 기업경영의 자유를 침해한 것이다.

iii) 최○원의 국정개입을 허용하고 권한을 남용한 행위가 비밀엄수의무에 위배되는지 여부

대통령의 지시와 묵인에 따라 최○원에게 많은 문건이 유출되었고, 여기에는 대통령의 일정·외교·인사·정책 등에 관한 내용이 포함되어 있다. 이런 정보는 대통령의 직무와 관련된 것으로, 일반에 알려질 경우 행정 목적을 해할 우려가 있고 실질적으로 비밀로 보호할 가치가 있으므로 직무상 비밀에 해당한다. 피청구인이 최○원에게 위와 같은 문건이 유출되도록 지시 또는 방치한 행위는 국가공무원법 제60조의 비밀엄수의무를 위반한 것이다.

iv) 공무원 임면권 남용 여부

대통령이 문화체육관광부 소속 공무원인 노○강과 진○수에 대하여 문책성 인

사를 하도록 지시한 이유가 …증거가 부족하고, 피청구인이 유○룡을 면직한 이유나 대통령비서실장이 1급 공무원 6인으로부터 사직서를 제출받도록 지시한 이유도 분명하지 않다.

v) 언론의 자유 침해 여부

대통령의 청와대 문건 유출에 대한 비판 발언 등을 종합하면 피청구인이 세계일보의 정○회 문건 보도에 비판적 입장을 표명하였다고 볼 수 있으나, 이러한 입장 표명만으로 세계일보의 언론의 자유를 침해하였다고 볼 수는 없고, 조○규의 대표이사직 해임에 피청구인이 관여하였다고 인정할 증거가 부족하다.

vi) 생명권 보호의무 위반 여부

대통령은 행정부의 수반으로서 국가가 국민의 생명과 신체의 안전 보호의무를 충실하게 이행할 수 있도록 권한을 행사하고 직책을 수행하여야 하는 의무를 부담한다(헌재 2017.3.10. 2016헌나1). …세월호 참사에 대한 피청구인의 대응조치에 미흡하고 부적절한 면이 있었다고 하여 곧바로 피청구인이 생명권 보호의무를 위반하였다고 인정하기는 어렵다.

vii) 불성실한 직책수행이 탄핵심판절차의 판단대상이 되는지 여부

'헌법을 수호해야 할 의무'와는 달리 규범적으로 그 이행이 관철될 수 있는 성격의 의무가 아니므로 원칙적으로 사법적 판단의 대상이 되기는 어렵다. 세월호 참사 당일 피청구인이 직책을 성실히 수행하였는지 여부는 그 자체로 소추사유가 될 수 없어, 탄핵심판절차의 판단대상이 되지 아니한다.

viii) 피청구인을 파면할 것인지 여부

대통령의 이와 같은 피청구인의 일련의 행위는 대의민주제의 원리와 법치주의의 정신을 훼손한 것으로서 대통령으로서의 공익실현의무를 중대하게 위반한 것이다. …이 사건 헌법과 법률 위배행위는 국민의 신임을 배반한 행위로서 헌법수호의 관점에서 용납될 수 없는 중대한 법 위배행위라고 보아야 한다. 그렇다면 피청구인의 법 위배행위가 헌법질서에 미치게 된 부정적 영향과 파급 효과가 중대하므로, 피청구인을 파면함으로써 얻는 헌법수호의 이익이 대통령 파면에 따르는 국가적 손실을 압도할 정도로 크다고 인정된다.

Ⅲ. 위헌정당해산심판권

헌법 제8조 제4항은 정당해산심판의 사유를 "정당의 목적이나 활동이 민주적 기본질서에 위배될 때"로 규정하고 있다. 민주적 기본질서의 '위배'란, 단순한 위반이나 저촉을 의미하는 것이 아니라, 민주사회의 불가결한 요소인 정당의 존립을 제약해야 할 만큼 그 정당의 목적이나 활동이 우리 사회의 민주적 기본질서에 대하여 실질적인 해악을 끼칠 수 있는 구체적 위험성을 초래하는 경우를 의미한다(헌재 2014.12.19. 2013헌다1).

정부는 정당의 목적이나 활동이 민주적 기본질서에 위배될 때에는 국무회의의 심의를 거쳐 헌법재판소에 그 해산을 청구할 수 있다. 이에 대해 정당이 위헌성을 인식할 것을 필요로 하지는 않는다. 정당해산심판은 구두변론주의와 공개주의(헌법재판소법 제30조, 제34조)로 진행되며, 민사소송에 관한 법령을 준용한다(동법 제40조). 헌법재판소는 신청 또는 직권으로 종국결정의 선고 시까지 피청구인의 활동을 정지하는 결정을 할 수 있다(가처분, 동법 제57조). 해산결정에는 재판관 6인 이상의 찬성이 필요하며, 해산 결정서는 정당, 국회, 정부, 중앙선거관리위원회에 송달한다(동조 제58조 제2항). 해산결정은 결정이 선고된 때부터 효력을 지니며(동조 제59조), 중앙선거관리위원회가 정당법의 규정에 따라 집행한다(동조 제60조). 사건부호는 헌다로 한다. 헌법재판소의 정당해산결정이 인용되면, 그 정당은 해산되고 그 정당소속의 국회의원은 그 직을 상실한다.

통합진보당해산사건 (헌재 2014.12.19. 2013헌다1)

북한식 사회주의를 실현하고자 하는 피청구인의 목적과 활동에 내포된 중대한 위헌성, 대한민국 체제를 파괴하려는 북한과 대치하고 있는 특수한 상황, 피청구인 구성원에 대한 개별적인 형사처벌로는 정당 자체의 위험성이 제거되지 않는 등 해산결정 외에는 피청구인의 고유한 위험성을 제거할 수 있는 다른 대안이 없는 점, 그리고 민주적 기본질서의 수호와 민주주의의 다원성 보장이라는 사회적 이익이 정당해산결정으로 인한 피청구인의 정당활동의 자유에 대한 근본적 제약이나 다원적 민주주의에 대한 일부 제한이라는 불이익에 비하여 월등히 크고 중요하다는 점을 고려하면,

피청구인에 대한 해산결정은 민주적 기본질서에 가해지는 위험성을 실효적으로 제거하기 위한 부득이한 해법으로서 비례원칙에 위배되지 아니한다. …정당해산제도의 취지 등에 비추어 볼 때 헌법재판소의 정당해산결정이 있는 경우 그 정당 소속 국회의원의 의원직은 당선 방식을 불문하고 모두 상실되어야 한다.

Ⅳ. 권한쟁의심판권

1. 의의 및 범위

(1) 의 의

국가기관 상호간 또는 국가기관과 지방자치단체 간 및 지방자치단체 상호간에 권한의 존부 또는 범위에 관하여 다툼이 있을 때에는 당해 국가기관 또는 지방자치단체는 헌법재판소에 권한쟁의심판을 청구할 수 있는데, 권한쟁의심판청구를 인용하기 위하여는 재판관 7인 이상이 심리에 출석하고 종국심리에 관여한 재판관 중 과반수의 찬성이 있어야 한다.

권한쟁의심판제도는 각 기관에게 주어진 권한을 보호함과 동시에 객관적 권한질서의 유지를 통하여 국가기능의 수행을 원활히 하고, 수평적 및 수직적 권력 상호간의 견제와 균형을 유지하려는 데 그 제도적 의의가 있다(헌재 2000.2.24. 99헌라1). 현대의 의회와 정부가 다수당에 의해 결합하는 정당국가적 경향이 가속됨에 따라 소수파가 다수파의 월권적 행위를 견제할 수 있는 장치로서 기능도 갖게 되었다(헌재 1997.7.16. 96헌라2).

(2) 범 위

1960년 헌법에서는 헌법재판소의 관장사항으로 국가기관간의 권한쟁의 심판만 규정하고 있었으나, 현행헌법 제111조 제1항 제4호에서는 국가기관 상호간, 국가기관과 지방자치단체간 및 지방자치단체 상호간의 권한쟁의에 관한 심판을 헌법재판소의 관장사항으로 규정하고 있다. 즉 현행헌법은 그 범위를 지방자치단체를 포함한 권한쟁의심판까지 확대하였다.

다만, 행정소송법은 권한쟁의심판과 중첩될 여지가 많은 기관소송과 관련하여 헌법재판소의 관장사항으로 되는 소송을 기관소송사항에서 제외하고 있다(행정소송법 제3조 제4호).

2. 종 류

(1) 국가기관 상호간의 권한쟁의

국가기관 상호간의 권한쟁의심판에 관하여 헌법재판소법은 '국회, 정부, 법원 및 중앙선거관리위원회 상호간의 권한쟁의심판'만을 규정하고 있는바(헌법재판소법 제62조 제1항 제1호), 그 당사자의 범위와 관련하여 헌법재판소는 이전에는 이를 열거규정으로 보았다가 예시규정으로 해석하는 것으로 입장을 변경하였다(헌재 1997.7.16. 96헌라2). 이 기준에 의하는 경우 국회, 국회의장 및 부의장, 국회의원, 국회의 각위원회, 국회원내교섭단체 등도 독립한 헌법기관으로서 당사자능력이 인정되며, 대통령, 국무총리, 국무회의 및 국무위원, 행정각부의 장도 독립한 헌법기관으로서 당사자능력을 가질 수 있게 되었다. 국회 상임위원회 위원장은 권한쟁의심판의 당사자능력이 인정된다(헌재 2010.12.28. 2008헌라7). 다만, 국회 소위원회 및 소위원장은 헌법에 의하여 설치된 기관이 아니므로 권한쟁의심판의 당사자능력이 인정되지 않는다(헌재 2020.5.27. 2019헌라4).

정당은 국민의 자발적 조직으로 권한쟁의심판절차의 당사자가 될 수 없다. 정당이 교섭단체가 되더라도 권한쟁의심판의 당사자능력이 인정되지 않는다(헌재 2020.5.27. 2019헌라4). 권한쟁의심판을 청구한 국회의원이 심판절차 계속 중 의원직을 상실한 경우에는 심판절차가 종료된다(헌재 2016.4.28. 2015헌라5). 국회의원은 국회를 피청구인으로 하여 법률의 제·개정 행위를 다툴 수 있다(헌재 2016.5.26. 2015헌라1).

(2) 국가기관과 지방자치단체 간 권한쟁의

헌법재판소법은 국가기관과 지방자치단체 간 권한쟁의를 1) 정부와 특별시·

광역시 · 특별자치시 · 도 또는 특별자치도 간의 권한쟁의심판, 2) 정부와 시 · 군 또는 지방자치단체인 구(이하 자치구) 간의 권한쟁의심판(헌법재판소법 제62조 제1항 제2호)으로 규정한다.

⑶ 지방자치단체 상호간의 권한쟁의

지방자치단체 상호간의 권한쟁의심판은 1) 특별시 · 광역시 · 특별자치시 · 도 또는 특별자치도 상호간의 권한쟁의심판, 2) 시 · 군 또는 자치구 상호간의 권한쟁의심판, 3) 특별시 · 광역시 · 특별자치시 · 도 또는 특별자치도와 시 · 군 또는 자치구 간의 권한쟁의심판을 의미한다(헌법재판소법 제62조 제1항 제3호). 지방자치단체 상호 간의 권한쟁의에서 당사자는 특별시, 광역시, 도, 시, 군, 자치구이며, 각 지방자치단체장이 대표한다(지방자치법 제149조). 권한쟁의가 「지방교육자치에 관한 법률」 제2조에 따른 교육 · 학예에 관한 지방자치단체의 사무에 관한 것인 경우에는 교육감이 헌법재판소법 제62조 제1항 제1호 내지 제3호의 당사자가 된다(헌법재판소법 제62조 제2항).

"지방의회 의원과 그 지방의회 의장 간의 권한쟁의는 헌법 및 헌법재판소법에 의하여 헌법재판소가 관장하는 지방자치단체 상호간의 권한쟁의심판에 해당한다고 볼 수 없으므로 부적법하다."고 판시하였다(헌재 2010.4.29. 2009헌라11).

국가사무로서의 성격을 가지고 있는 기관위임사무의 집행권한의 존부 및 범위에 관하여 지방자치단체가 청구한 권한쟁의심판 청구는 지방자치단체의 권한에 속하지 아니하는 사무에 관한 심판청구로서 그 청구가 부적법하다."고 판시하였다(헌재 2011.9.29. 2009헌라4).

3. 요 건

⑴ 당사자

(가) 권한쟁의심판의 당사자는 헌법재판소법은 제62조 제1항 및 제2항에서 규정하고 있다. 따라서 아래에 규정된 기관은 권한쟁의심판에 있어서 당사자능력을 갖는다.

1. 국가기관 상호간의 권한쟁의심판
   국회, 정부, 법원 및 중앙선거관리위원회 상호간의 권한쟁의심판
2. 국가기관과 지방자치단체 간의 권한쟁의심판
   가. 정부와 특별시·광역시·특별자치시·도 또는 특별자치도 간의 권한쟁의심판
   나. 정부와 시·군 또는 지방자치단체인 구(이하 "자치구"라 한다) 간의 권한쟁의심판
3. 지방자치단체 상호간의 권한쟁의심판
   가. 특별시·광역시·특별자치시·도 또는 특별자치도 상호간의 권한쟁의심판
   나. 시·군 또는 자치구 상호간의 권한쟁의심판
   다. 특별시·광역시·특별자치시·도 또는 특별자치도와 시·군 또는 자치구 간의 권한쟁의심판

권한쟁의가 「지방교육자치에 관한 법률」 제2조에 따른 교육·학예에 관한 지방자치단체의 사무에 관한 것인 경우에는 교육감이 제1항 제2호 및 제3호의 당사자가 된다(헌법재판소법 제62조 제1항 및 제2항).

(나) 관련 판례

* 지방자치단체의 의결기관인 지방의회를 구성하는 지방의회 의원과 그 지방의회의 대표자인 지방의회 의장 간의 권한쟁의심판은 헌법 및 헌법재판소법에 의하여 헌법재판소가 관장하는 지방자치단체 상호간의 권한쟁의심판의 범위에 속한다고 볼 수 없으므로 부적법하다(헌재 2010.4.29. 2009헌라11).
* 공유수면의 행정구역 경계에 관한 명시적인 법령상의 규정과 해상경계에 관한 불문법이 존재하지 않으면, 헌법재판소가 권한쟁의심판을 통해 지방자치단체간의 해상경계선을 획정할 수 있다(헌재 2015.7.30. 2010헌라2).
* 지방자치단체는 기관위임사무의 집행에 관한 권한의 존부 및 범위에 관한 권한분쟁을 이유로 기관위임사무를 집행하는 국가기관 또는 다른 지방자치단체의 장을 상대로 권한쟁의심판청구를 할 수 없다(헌재 2008.12.26. 2005헌라11).
* 피청구인의 부작위에 의하여 청구인의 권한이 침해당하였다고 주장하는 권한쟁의심판은 피청구인에게 헌법상 또는 법률상 유래하는 작위의무가 있음에도 불구하고 피

청구인이 그러한 의무를 다하지 아니한 경우에 허용된다(헌재 1998.7.14. 98헌라3).

* 피청구인의 장래처분을 대상으로 하는 심판청구는 원칙적으로 허용되지 아니하나, 피청구인의 장래처분이 확실하게 예정되어 있고, 피청구인의 장래처분에 의해서 청구인의 권한이 침해될 위험성이 있어서 청구인의 권한을 사전에 보호해 주어야 할 필요성이 매우 큰 예외적인 경우에는 피청구인의 장래처분에 대해서도 권한쟁의심판을 청구할 수 있다(헌재 2004.9.23. 2000헌라2).
* 법률안 심의·표결권의 주체인 국회의원 자격으로서 권한쟁의심판을 청구하였다가 그 심판계속 중 국회의원직을 상실하였다면 그 권한쟁의심판절차 또한 수계할 수 없으므로 그 심판절차가 종료된다(헌재 2010.11.25. 2009헌라12).
* 시·도의 교육·학예에 관한 집행기관인 교육감과 해당 지방자치단체 사이의 내부적 분쟁과 관련된 심판청구는 헌법재판소가 관장하는 권한쟁의심판에 속하지 아니한다(헌재 2016.6.30. 2014헌라1).
* 권한쟁의심판에 있어서의 '제3자 소송담당'은, 정부에 의한 국회의 권한침해가 이루어지더라도 다수정당이 이를 묵인할 위험성이 있어 소수정당으로 하여금 권한쟁의심판을 통하여 침해된 국회의 권한을 회복시킬 수 있도록 이를 인정할 필요성이 대두되고 있지만, 그것을 허용하는 법률의 규정이 없는 현행법체계하에서는 다수결의 원리와 의회주의의 본질에 어긋난다(헌재 2008.1.17. 2005헌라10).
* '권한쟁의심판의 다툼의 대상이 되는 권한'은 헌법뿐 아니라 법률이 부여한 것도 포함한다. 다만, 지방의회 의원과 지방의회의장 간의 권한다툼은 해당하지 않는다(헌재 2017.7.29. 2010헌라1).
* '권한쟁의심판의 대상자'의 경우는 오로지 법률에 설치근거를 둔 국가기관은 해당하지 않는다. 국회가 제정한 국가인권위원회법에 의하여 비로소 설립된 국가인권위원회는 국회의 위 법률 개정행위에 의하여 존폐 및 권한범위 등이 좌우되므로 헌법 제111조 제1항 제4호 소정의 헌법에 의하여 설치된 국가기관에 해당한다고 할 수 없다(헌재 2010.10.28. 2009헌라6).
* 헌법상 국가에게 부여된 임무 또는 의무를 수행하고 그 독립성이 보장된 국가기관이라고 하더라도 법률에 설치근거를 둔 국가기관이라면 국회의 입법행위에 의하여 존폐 및 권한범위가 결정될 수 있으므로, 권한쟁의심판의 당사자능력이 인정되지 아니한다(헌재 2010.10.28. 2009헌라6).
* 국회부의장은 국회의장의 직무를 대리하여 법률안을 가결선포할 수 있을 뿐(국회법 제12조 제1항), 법률안 가결선포행위에 따른 법적 책임을 지는 주체가 될 수 없으므로, 국회부의장에 대한 이 사건 심판청구는 피청구인 적격이 인정되지 아니한 자를 상대로 제기되어 부적법하다(헌재 2009.10.29. 2009헌라8).

* 국회부의장이 국회의장의 직무를 대리하여 법률안 가결선포행위를 한 경우, 국회의원의 법률안 심의·표결권의 침해를 이유로 청구하는 권한쟁의심판은 국회의장을 피청구인으로 하여야 한다(헌재 2009.10.29. 2009헌라8).

* 국회의원과 국회의장 사이에 위와 같은 각자 권한의 존부 및 범위와 행사를 둘러싸고 언제나 다툼이 생길 수 있고, …이와 같은 분쟁을 행정소송법상의 기관소송으로 해결할 수 없고 권한쟁의심판이외에 달리 해결할 적당한 기관이나 방법이 없으므로 국회의원과 국회의장은 헌법 제111조 제1항 제4호 소정의 권한쟁의심판의 당사자가 될 수 있다(헌재 1997.7.16. 96헌라2).

* 대통령이 국회의 조약체결·비준에 대한 동의를 받지 아니하고 조약체결을 위한 협상을 진행한 행위에 대하여, 국회의 구성원인 국회의원이 국회의 조약에 대한 체결·비준 동의권의 침해를 주장하는 권한쟁의심판을 청구할 수 없다(헌재 2007.7.26. 2005헌라8).

* 국회 상임위원회가 그 소관에 속하는 의안, 청원 등을 심사하는 권한은 법률상 부여된 위원회의 고유한 권한이므로, 국회 상임위원회 위원장이 위원회를 대표해서 의안을 심사하는 권한이 국회의장으로부터 위임된 것임을 전제로 국회의장을 상대로 권한쟁의심판을 청구하는 것은 피청구인적격이 없는 자를 상대로 한 청구로서 부적법하다(헌재 2010.12.28. 2008헌라7).

(2) 피청구인의 처분 또는 부작위

헌법재판소법 제61조 제2항은 "피청구인의 처분 또는 부작위가 헌법 또는 법률에 의하여 부여받은 청구인의 권한을 침해하였거나 침해할 위험이 있는 때에 한하여 권한쟁의심판을 할 수 있다."고 규정한다.

(가) 처 분

여기의 처분은 행정청의 행정행위로서의 처분만 해당하는 것은 아니고 행정처분의 개념보다 넓은 개념이다. 사실행위, 대내적 행위, 개별적 결정, 일반적 법규의 정립까지 포함하는 개념으로, 이에는 법률의 제·개정행위도 포함된다.

정부가 법률안을 제출하였다 하더라도 그것이 법률로 성립되기 위해서는 국회의 많은 절차를 거쳐야 하고, 법률안을 받아들일지 여부는 전적으로 헌법상 입법권을 독점하고 있는 의회의 권한이므로, 정부가 법률안을 제출하는 행위는 입법을 위한 하나의 사전 준비행위에 불과하다 할 것이어서 권한쟁의심판의 독자적 대상이 되지 못한다(헌재 2005.12.22. 2004헌라3).

(나) 부작위

피청구인의 부작위에 의하여 청구인의 권한이 침해당하였다고 주장하는 권한쟁의심판은 피청구인에게 헌법상 또는 법률상 유래하는 작위의무가 있음에도 불구하고 피청구인이 그러한 의무를 다하지 아니한 경우에 허용된다(헌재 1998.7.14. 98헌라3).

권한쟁의심판을 청구하려면 피청구인의 처분 또는 부작위가 존재하여야 하고, 여기서 '처분'이란 법적 중요성을 지닌 것에 한하므로, 청구인의 법적 지위에 구체적으로 영향을 미칠 가능성이 없는 행위는 '처분'이라 할 수 없어 이를 대상으로 하는 권한쟁의심판청구는 허용되지 않는다(헌재 2005.12.22. 2004헌라3).

(3) 권한의 존부 또는 범위에 관한 다툼의 존재

권한의 존부 및 범위 자체에 관한 청구인과 피청구인 사이의 다툼이 있어야만 권한쟁의심판이 적법하게 제기된 것으로 본다(헌재 1998.6.25. 94헌라1).

(4) 권한을 침해하였거나 침해할 현저한 위험이 있는 때

(가) 침해되는 청구인의 권한의 존재

① 법률에 의해 부여받은 권한

권한쟁의심판은 피청구인의 처분 또는 부작위가 헌법 또는 법률에 의하여 부여받은 청구인의 권한을 침해하였거나 침해할 현저한 위험이 있는 경우에만 청구할 수 있다(헌법재판소법 제61조 제2항). "헌법 또는 법률에 의하여 부여받은 청구인의 권한을 침해하거나"라고 규정하고 있으므로, 헌법뿐 아니라 법률에 의하여 부여받은 권한도 포함된다.

② 지방자치단체의 사무에 관한 권한

㉮ 기관위임사무

지방자치단체가 기관위임사무에 관하여 권한쟁의심판을 청구할 경우 기관위임사무는 지방자치단체 자체에 속하는 사무가 아니기 때문에 부적법한 청구가 된다

(헌재 1999.7.22. 98헌라4).

㉯ 단체위임사무

단체위임사무는 지방자치단체의 권한으로 위임되었고, 이에 대한 침해는 지방자치단체 권한의 침해의 문제가 될 것이기 때문에 지방자치단체 자체에 위임된 사무에 관하여 지방자치단체가 행한 권한쟁의심판청구는 적법하다.

(나) 권한을 침해하였거나 침해할 위험이 있는 때

① 문제점

헌법재판소법 제6조 제2항의 침해한 것에 해당하면 권한침해의 인정이라는 인용결정, 즉 본안결정을 한다. 따라서 권한을 침해한 것인지 여부는 본안의 문제가 아닌가 하는 점이 문제된다.

② 헌법재판소의 태도

청구요건의 문제로서의 권한침해의 문제는 침해의 가능성, 즉 일반적으로 피청구인의 문제되는 처분이 행해진 경우 침해의 가능성이 있는지 여부의 문제로 보고 구체적이고 특정한 사건에서 실제로 침해가 있었는지 여부는 본안의 문제로 보고 있다(헌재 1998.8.27. 96헌라1 등).

시흥시와 정부간의 권한쟁의사건 (헌재 1998.8.27. 96헌라1)

공공시설의 관리권한이 누구에게 있는가에 관계없이 피청구인의 부작위에 의하여 청구인의 권한이 침해되었거나 침해될 현저한 위험이 있다고 할 수 없는 사건이므로 이 사건 심판청구는 헌법재판소법 제61조 제2항 소정의 요건을 갖추지 못한 것이라고 할 것이다.

4. 청구기간

권한쟁의심판청구는 권한쟁의가 있음을 안 날로부터 60일 이내에, 권한쟁의가 있은 날로부터 180일 이내에 청구하여야 한다(헌법재판소법 제63조). 그러나 장래처분에 의한 권한침해 위험성이 있음을 이유로 예외적으로 허용되는 장래처분에 대한 권한쟁의심판청구는 아직 장래처분이 내려지지 않은 상태이므로 위와 같은 청구기간의 제한이 적용되지 않는다(헌재 2008.12.26. 2005헌라11).

5. 권리보호이익

권한쟁의심판은 주관적 권리구제뿐만 아니라 객관적인 헌법질서 보장의 기능도 겸하고 있으므로, 청구인에 대한 권한침해 상태가 이미 종료하여 이를 취소할 여지가 없어졌다 하더라도 같은 유형의 침해행위가 앞으로도 반복될 위험이 있고, 헌법질서의 수호·유지를 위하여 그에 대한 헌법적 해명이 긴요한 사항에 대하여는 심판청구의 이익을 인정할 수 있다(헌재 2003.10.30. 2002헌라1).

권한쟁의심판은 헌법적 가치질서를 수호·유지하기 위한 공익적 성격이 강하므로, 그러한 심판청구의 취하는 허용되지 아니한다(헌재 2001.5.8. 2000헌라1).

6. 효　　력

헌법재판소의 권한쟁의심판결정은 모든 국가기관과 지방자치단체를 기속한다. 그러나 국가기관 또는 지방자치단체의 처분을 취소하는 결정은 그 처분의 상대방에게 이미 생긴 효력에는 영향을 미치지 아니한다(헌법재판소법 제67조).

Ⅴ. 헌법소원심판권

1. 의　　의

(1) 개　념

헌법소원은 입법·사법(법원의 재판은 제외)·행정 등 국가의 공권력에 의해 헌법상 보장된 자유와 권리가 위법하게 침해되었다고 주장하는 국민이 헌법재판기관에 직접 권리구제를 소원訴願할 수 있는 제도를 말한다.

(2) 법적 성격

헌법소원제도는 개인의 주관적 기본권을 보장하는 기능과 위헌적인 공권력 행사를 통제함으로써 객관적인 헌법질서를 보장하는 기능을 수행한다. 이를 헌법소원제도의 이중적 기능이라 하며, 이처럼 헌법소원제도는 주관적인 기본권 보장을 위한 제도로서의 성격과 객관적인 헌법수호제도로서의 성격을 가진다(헌재 1992.1.28. 91헌마111).

2. 종 류

헌법재판소법 제68조는 헌법소원심판의 형태로 권리구제형 헌법소원(제1항)과 위헌심사형 헌법소원(제2항)을 인정하고 있다. '권리구제형 헌법소원'은 헌법소원제도의 본래적 모습으로 외국의 입법례에도 널리 인정되고 있으나, '위헌심사형 헌법소원'은 그 성격이 위헌법률심사제도인 객관적 규범통제제도로 우리나라에 특유한 것이다. 헌법재판소도 당사자의 위헌제청신청이 기각된 때에 위헌법률심판 대신 헌법소원의 통로를 인정하고 있는 위헌심사형 헌법소원은 우리나라 특유의 제도로서, 그 성질에 관하여 실질상 헌법소원심판이라기보다는 위헌법률심판이라고 본다고 해석하고 있다(헌법재판소, 헌법재판실무제요 제1개정증보판, 175쪽).

3. 요 건

(1) 청구인능력(기본권주체성)

(가) 자연인

① 국민과 외국인

기본권의 주체가 될 수 있는 자, 즉 기본권능력이 있는 자만이 헌법소원심판을 청구할 수 있다. 기본권의 주체가 아닌 자는 헌법소원을 청구할 수 없다. 국민(또는 국민과 유사한 지위에 있는 외국인과 사법인)만이 기본권의 주체이다(헌재 1994.12.29. 93헌마120).

② 사망의 경우

당사자가 사망한 경우라도 수계의 의사표시가 있는 경우에는 심판절차가 계속되고, 수계할 당사자가 없거나 수계의사가 없는 경우에는 심판절차가 종료된다(헌재 1994.12.29. 90헌바13). 다만, 수계의사표시受繼意思表示가 없는 경우에도 이미 결정을 할 수 있을 정도로 사건이 성숙되어 있고, 그 결정에 의하여 유죄판결의 흠이 제거될 수 있음이 명백한 경우 등 특별히 유죄판결을 받은 자의 이익을 위하여 결정의 필요성이 있다고 판단되는 때에 한하여 종국결정을 할 수 있다(헌재 1994.12.29. 90헌바13). 하지만, 고용계약상의 지위는 일신전속적인 것이므로 청구인의 사망에 의하여 종료되고 상속인에게 승계될 것이 아니다. 그러므로 심판절차 또한 수계될 성질의 것이 되지 못하고 청구인의 사망과 동시에 당연히 그 심판절차가 종료된다(헌재 1992.11.12. 90헌마33).

(나) 법인 및 법인 아닌 사단·재단

우리 헌법은 법인의 기본권향유능력을 인정하는 명문의 규정을 두고 있지 않지만, 본래 자연인에게 적용되는 기본권규정이라도 언론·출판의 자유, 재산권의 보장 등과 같이 성질상 법인이 누릴 수 있는 기본권을 당연히 법인에게도 적용된다. 즉 법인도 사단법인·재단법인 또는 영리법인·비영리법인을 가리지 아니하고 위 한계 내에서는 헌법상 보장된 기본권이 침해되었음을 이유로 헌법소원심판을 청구할 수 있다. 또한, 법인 아닌 사단·재단이라고 하더라도 대표자의 정함이 있고 독립된 사회적 조직체로서 활동하는 때에는 성질상 법인이 누릴 수 있는 기본권을 침해당하게 되면 그의 이름으로 헌법소원심판을 청구할 수 있다(헌재 1991.6.3. 90헌마56). 다만, "단체는 원칙적으로 단체자신의 기본권을 직접 침해당한 경우에만 그의 이름으로 헌법소원심판을 청구할 수 있을 뿐이고 그 구성원을 위하여 또는 구성원을 대신하여 헌법소원심판을 청구할 수 없다 할 것이다(헌재 1991.6.3. 90헌마56).

(다) 국가기관

국가나 국가기관 또는 국가조직의 일부나 공법인은 기본권의 '수범자Adressat'이지 기본권의 주체로서 그 '소지자Trager'가 아니고 오히려 국민의 기본권을 보호 내지 실현해야 할 '책임'과 '의무'를 지니고 있는 지위에 있을 뿐이므로, 헌법소원을 제기할 수 있는 적격이 없다(헌재 2008.1.17. 2007헌마700). 국가기관인 국회의 일부조직인 국회의 노동위원회도 기본권의 주체가 될 수 없다(헌재 1994.12.29. 93헌마120).

헌법재판소는 "검사가 발부한 형집행장에 의하여 검거된 벌금미납자의 신병에 관한 검사의 업무지휘를 받은 경찰 공무원이, 위 업무지휘는 아무런 법적 근거가 없는 위법한 명령이라고 주장하며 청구한 헌법소원은 부적법하다."고 판시한 바 있다(헌재 2009.3.24. 2009헌마118).

다만, 대통령도 국민의 한사람으로서 제한적으로나마 기본권의 주체가 될 수 있는바, 대통령은 소속 정당을 위하여 정당활동을 할 수 있는 사인으로서의 지위와 국민 모두에 대한 봉사자로서 공익실현의 의무가 있는 헌법기관으로서의 지위를 동시에 갖는데 최소한 전자의 지위와 관련하여서는 기본권 주체성을 갖는다(헌재 2008.1.17. 2007헌마700).

(라) 공법인

공법인 역시 헌법소원의 청구인능력이 인정되지 않는다(헌재 2000.11.30. 99헌마190). 다만, 국민의 기본권 실현에 이바지하고 그 조직이 국가와 독립된 경우에는 예외적으로 헌법소원의 청구인능력이 인정된다.

공법인의 헌법소원 청구인 능력 (헌재 2000.11.30. 99헌마190)

농지개량조합은 농지소유자의 조합가입이 강제되는 점, 조합원의 출자에 의하여 조합재산이 형성되는 것이 아니라 국가 등이 설치한 농업생산기반시설을 그대로 인수하는 점, 조합의 합병·분할·해산은 법정 사유로 제한되어 있는 점, 조합원은 그 자격을 상실하지 않는 한 조합에서 임의탈퇴할 수 없는 점, 탈퇴되는 경우에도 조합에 대한 지분반환청구는 허용되지 않는 점, … 등 농지개량조합의 조직, 재산의 형성·유지 및 그 목적과 활동전반에 나타나는 매우 짙은 공적인 성격을 고려하건대, 이를 공법인이라고 봄이 상당하므로 헌법소원의 청구인적격을 인정할 수 없다.

(마) 민법상 권리능력이나 민사소송법상 당사자능력이 없는 자

헌법재판소는 "청구인 남문중·상업고등학교는 교육을 위한 시설에 불과하여 우리 민법상 권리능력이나 민사소송법상 당사자능력이 없다고 할 것인바, 위 시설에 관한 권리의무의 주체로서 당사자능력이 있는 청구인 남문학원이 헌법소원을 제기하여 권리구제를 받는 절차를 밟음으로써 족하다고 할 것이고, 위 학교에 대하여 별도로 헌법소원의 당사자능력을 인정하여야 할 필요는 없다고 할 것이므로 동 학교의 이 사건 헌법소원심판청구는 부적법하다"라고 판시하여 청구인능력을 부정하고 있다(헌재 1993.7.29. 89헌마123).

(2) 공권력의 행사 또는 불행사

(가) 공권력 행사·불행사의 판단기준

① 권리·의무 내지 법적 지위에의 직접적 영향

헌법재판소는 헌법소원의 대상으로서의 공권력에 해당하는지 여부의 판단기준을 법적 구속력이 있는 작용인지 아닌지와 국민의 권리·의무 내지 법적 지위에 직접 영향을 가진 작용이냐 아니냐 하는 점에 두는 경향을 보이고 있다(헌재 1993.11.25. 92헌마293).

예산편성공통지침의 통보행위 (헌재 1993.11.25. 92헌마293)

예산편성공통지침의 통보행위는 성질상 정부의 그 투자기관에 대한 내부적 감독작용에 해당할 뿐이고 국민에 대하여 구체적으로 어떠한 권리를 설정하거나 의무를 명하는 법률적 규제작용으로서의 공권력작용에 해당한다고 볼 수 없다.

② 기본권침해의 가능성·위험성

헌법재판소는 근래에 와서 기본권 침해 가능성·위험성을 그 기준으로 제시하고 있다(헌재 1999.6.24. 97헌마315).

지적등록사항 정정신청의 번려처분 (헌재 1999.6.24. 97헌마315)

이 사건에서 지적등록사항 정정신청의 요건을 갖춘 것임에도 불구하고 이를 거부한 피청구인의 이 사건 반려처분은 청구인의 재산권을 침해할 가능성이 있는 공권력의 행사라 할 것이므로, 이를 헌법소원의 대상으로 삼아 취소를 구하는 것은 허용된다.

③ 헌법재판소의 입장

헌법재판소는 ① 법원행정처장의 민원인에 대한 법령질의회신, ② 어린이헌장의 제정·선포행위, ③ 교육위원회의 인사관리원칙, ④ 수사기관의 진정사건에 대한 내사종결처리 등은 공권력의 행사로 보지 않았다. 그러나 ① 건설교통부장관의 개발제한구역의 지정·고시, ② 군검찰관의 기소유예처분, ③ 서울대의 94년도 대학입시요강제정, ④ 국제그룹해체와 관련한 재무부장관의 제일은행에 대한 관련지시 등은 공권력의 행사라고 보았다.

(나) 공권력 주체에 의한 작용

헌법재판소법 제68조 제1항에 의하여 헌법소원의 대상이 되는 행위는 국가기관의 공권력작용에 속하여야 한다. 여기서의 국가기관은 입법·행정·사법 등의 모든 기관을 포함하며, 간접적인 국가행정, 예를 들어 공법상의 사단, 재단 등의 공법인, 국립대학교와 같은 영조물 등의 작용도 헌법소원의 대상이 된다고 할 것이다(헌재 1998.8.27. 97헌마372 등).

관할경찰서장이 옥외집회신고서를 법률상 근거 없이 반려한 행위는 주무主務 행정기관에 의한 행위로서 기본권침해 가능성이 있는 공권력의 행사에 해당한다(헌재 2008.5.29. 2007헌마712).

공권력의 행사 또는 불행사는 대한민국 국가기관의 공권력작용을 의미하고 외국이나 국제기관의 공권력작용은 이에 포함되지 아니한다(헌재 1997.9.25. 96헌마159).

행정권력의 부작위에 대한 헌법소원은 헌법상 명문으로 공권력 주체의 작위의무가 규정되어 있는 경우, 헌법의 해석상 공권력 주체의 작위의무가 도출되는 경우, 공권력 주체의 작위의무가 법령에 구체적으로 규정되어 있는 경우 등에 허용된다(헌재 2010.4.20. 2010헌마189).

유치장 수용자에 대한 신체수색은 우월적 지위에서 일방적으로 강제하는 권력적 사실행위로 「헌법재판소법」 제68조 제1항의 공권력의 행사에 포함된다(헌재 2002.7.18. 2000헌마327).

헌법은 그 전체로서 주권자인 국민의 결단 내지 국민적 합의의 결과라고 보아야 할 것으로, 헌법의 개별규정을 헌법재판소법 제68조 제1항 소정의 공권력 행사의 결과라고 볼 수 없다(헌재 1996.6.13. 94헌바20).

재판청구권에 관하여 규정한 헌법 제27조, 헌법재판소 재판관의 구성과 재판관의 국회선출 등에 관하여 규정한 헌법 제111조 제2항 및 제3항의 해석상, 국회가 선출하여 임명된 재판관 중 공석이 발생한 경우 국회는 공정한 헌법재판을 받을 권리의 보장을 위해 공석인 재판관의 후임자를 선출하여야 할 구체적 작위의무가 있다(헌재 2014.4.24. 2012헌마2).

(다) 입법작용에 대한 헌법소원

① 입법부작위

㉮ 진정입법부작위

의료인이 아닌 자도 문신시술을 업으로 행할 수 있도록 자격 및 요건을 법률로 정하지 않은 것은 진정입법부작위에 해당하나, 헌법이 명시적으로 그러한 법률을 만들어야 할 입법의무를 부여하였다고 볼 수 없고, 그러한 입법의무가 헌법해석상 도출된다고 볼 수 없다(헌재 2010.4.20. 2010헌마189).

특수형태근로종사자인 캐디의 노무조건·환경 등에 대하여 새로운 입법을 하여 달라는 것은 실질적으로 진정입법부작위를 다투는 것으로 이 사건 심판청구에서는 부적합하다(헌재 2016.11.24. 2015헌바413).

헌법에서 기본권 보장을 위해 법령에 명시적으로 입법위임을 하였음에도 불구하고 입법자가 이를 이행하지 않고 있는 경우 또는 헌법 해석상 특정인의 기본권을 보호하기 위한 국가의 입법의무가 발생하였음이 명백함에도 불구하고 입법자가 전혀 아무런 입법조치를 취하지 않고 있는 경우에 한하여 그 입법부작위가 헌법소원의 대상이 된다(헌재 1989.9.29. 89헌마13).

아무런 입법을 하지 않은 채 방치되어 있는 '진정입법부작위'가 헌법소원의 대상이 되려면 헌법에서 기본권보장을 위하여 명시적인 입법위임을 하였음에도 입법자가 이를 이행하지 않을 때, 그리고 헌법해석상 특정인에게 구체적인 기본권이 생겨 이를 보장하기 위한 국가의 행위의무 내지 보호의무가 발생하였음이 명백함에도 불구하고 입법자가 아무런 입법조치를 취하고 있지 않은 경우라야 한다(헌재 1993.3.11. 89헌마79).

입법부가 법률로써 행정부에게 특정한 사항을 위임했음에도 불구하고 행정부가 정당한 이유 없이 이를 이행하지 않는다면 권력분립의 원칙과 법치국가 내지 법치행정의 원칙에 위배되는 것으로서 위법함과 동시에 위헌적인 것이 된다(헌재 2004.2.26. 2001헌마718).

㈏ 부진정입법부작위

수사기관에서 수사 중인 사건에 대하여 징계절차를 진행하지 아니함을 징계혐의자인 지방공무원에게 통보하지 않아도 징계시효가 연장되는 것이 위헌이라는 주장은, 「지방공무원법」에서 징계시효 연장을 규정하면서 징계절차를 진행하지 아니함을 통보하지 아니한 경우에는 징계시효가 연장되지 않는다는 예외규정을 두지 아니한 부진정입법부작위의 위헌성을 다투는 것이므로 「헌법재판소법」 제68조 제2항의 헌법소원심판을 청구하는 것이 허용된다(헌재 2017.6.29. 2015헌바29).

'부진정입법부작위', 즉 결함이 있는 입법권의 행사에 대하여 재판상 다툴 경우에는 입법부작위에 대한 헌법소원심판을 청구할 것이 아니라 존재하는 불완전하거나 불충분한 법률조항 자체가 헌법위반이라는 적극적인 헌법소원심판을 청구하여야 한다(헌재 1993.3.11. 89헌마79).

㈐ 관련 판례

* 「국군포로의 송환 및 대우 등에 관한 법률」 조항이 등록포로 등의 예우의 신청, 기준, 방법 등에 필요한 사항을 대통령령으로 정한다고 규정하고 있어 대통령령을 제정할 의무가 있음에도, 그 의무가 상당기간 동안 불이행되고 있고 이를 정당화할 이유도 찾아보기 어려운 경우, 이러한 행정입법부작위는 헌법에 위반된다(헌재 2018.5.31. 2016헌마626).
* 개인별로 주민등록번호를 부여하면서 주민등록번호 변경에 관한 규정을 두고 있지

않은 주민등록법 제7조 규정은 … 개별적인 주민등록번호 변경을 허용하더라도 변경 전 주민등록번호와의 연계 시스템을 구축하여 활용한다면 개인식별기능 및 본인 동일성 증명기능에 혼란이 발생할 가능성이 없고, 일정한 요건 하에 객관성과 공정성을 갖춘 기관의 심사를 거쳐 변경할 수 있도록 한다면 주민등록번호 변경절차를 악용하려는 시도를 차단할 수 있으며, 사회적으로 큰 혼란을 불러일으키지도 않을 것이다. 따라서 주민등록번호 변경에 관한 규정을 두고 있지 않은 심판대상조항은 과잉금지원칙에 위배되어 개인정보자기결정권을 침해한다(헌재 2015.12.23. 2013헌바68).

* 「의료법」에서 치과의사로서 전문의의 자격인정 및 전문과목에 관하여 필요한 사항은 대통령령으로 위임하고 있고, 대통령령은 전문의자격시험의 방법 등 필요한 사항을 보건복지부령으로 정하도록 위임하고 있음에도 위 대통령령에 따른 시행규칙의 입법을 하지 않고 있는 것은 진정입법부작위에 해당하므로, 이 부분에 대한 「헌법재판소법」 제68조 제1항의 헌법소원심판청구는 청구기간의 제한을 받지 않는다(헌재 1998.7.16. 96헌마246).
* 분쟁해결의 절차로 나아갈 의무는 일본국에 의해 자행된 조직적이고 지속적인 불법행위에 의하여 인간의 존엄과 가치를 심각하게 훼손당한 자국민들이 배상청구권을 실현하도록 협력하고 보호하여야 할 헌법적 요청에 의한 것으로서, 그 의무의 이행이 없으면 청구인들의 기본권이 중대하게 침해될 가능성이 있으므로, 외교통상부 장관의 작위의무는 헌법에서 유래하는 작위의무로서 그것이 법령에 구체적으로 규정되어 있는 경우라고 할 것이다(헌재 1998.7.16. 96헌마246).
* 시행령에 의하여 근로자의 평균임금을 산정할 수 없는 「산업재해보상보험법」 및 「근로기준법 시행령」은 「근로기준법」과 같은 법는 경우 노동부장관으로 하여금 평균임금을 정하여 고시하도록 하고 있는데, 노동부장관은 그 취지에 따라 평균임금을 정하여 고시할 행정입법의무가 있으며, 이는 헌법적 의무라고 보아야 한다(헌재 2002.7.18. 2000헌마707).
* 행정입법의 경우에도 "부진정 입법부작위"를 대상으로 헌법소원을 제기하려면 그 입법부작위를 헌법소원의 대상으로 삼을 수는 없고, 결함이 있는 당해 입법규정 그 자체를 대상으로 하여 그것이 평등의 원칙에 위배된다는 등 헌법위반을 내세워 적극적인 헌법소원을 제기하여야 하며, 이 경우에는 법령에 의하여 직접 기본권이 침해되는 경우라고 볼 수 있으므로 헌법재판소법 제69조 제1항 소정의 청구기간을 준수하여야 한다(헌재 2009.7.14. 2009헌마349).
* 행정부가 위임입법에 따른 시행령을 제정하지 않거나 개정하지 않은 것에 대한 정당한 이유가 있음을 주장하기 위해서는 그 위임입법 자체가 헌법에 위반된다는 것이 누가 보아도 명백하거나, 위임입법에 따른 행정입법의 제정이나 개정이 당시 실시되

고 있는 전체적인 법질서 체계와 조화되지 아니하여 그 위임입법에 따른 행정입법 의무의 이행이 오히려 헌법질서를 파괴하는 결과를 가져옴이 명백할 정도는 되어야 한다(헌재 2004.2.26. 2001헌마718).

* 행정소송은 구체적 사건에 대한 법률상 분쟁을 법에 의하여 해결함으로써 법적 안정을 기하자는 것이므로, 추상적인 법령에 관한 제정의 여부 등은 부작위위법확인소송의 대상이 될 수 없다(헌재 2002.7.18. 2000헌마707).
* 상위 법령이 행정입법에 위임하고 있더라도, 하위 행정입법의 제정 없이 상위 법령의 규정만으로도 법률의 집행이 이루어질 수 있는 경우라면 하위 행정입법을 하여야 할 헌법적 작위의무는 인정되지 아니한다(헌재 2018.5.31. 2016헌마626).

② 명령 · 규칙

헌법 제107조 제2항에 따른 대법원의 명령 · 규칙에 대한 최종심사권은 구체적인 소송사건에서 명령 · 규칙의 위헌 여부가 재판의 전제가 되었을 경우 법률과는 달리 헌법재판소에 제청할 것 없이 대법원이 최종적으로 심사할 수 있다는 것을 의미하고, 명령 · 규칙 그 자체에 의하여 직접 기본권이 침해된 경우에는 헌법 제111조 제1항 제5호, 헌법재판소법 제68조 제1항에 근거하여 헌법소원심판을 청구하는 것이 허용된다(헌재 1990.10.15. 89헌마178).

③ 예 산

예산은 일종의 법규범이고 법률과 마찬가지로 국회의 의결을 거쳐 제정되지만 법률과 달리 국가기관만을 구속할 뿐 일반국민을 구속하지 않는다. 국회가 의결한 예산 또는 국회의 예산안 의결은 헌법재판소법 제68조 제1항 소정의 '공권력의 행사'에 해당하지 않고 따라서 헌법소원의 대상이 되지 아니한다(헌재 2006.4.25. 2006헌마409).

④ 조 례

조례는 지방자치단체가 그 자치입법권에 근거하여 자주적으로 지방의회의 의결을 거쳐 제정한 법규이기 때문에 조례 자체로 인하여 직접 그리고 현재 자기의 기본권을 침해받은 자는 그 권리구제의 수단으로서 조례에 대한 헌법소원을 제기할 수 있다(헌재 1995.4.20. 92헌마264,279등).

(라) 행정작용에 대한 헌법소원

① 원행정처분

원행정처분이라 함은 법원의 행정재판을 모두 거친 그 행정재판의 대상이 되었던 행정처분을 의미한다. 행정처분도 공권력 행사로서 헌법소원심판의 대상이 됨은 물론이나 헌법소원제도의 보충성의 원칙으로 인하여 먼저 행정쟁송을 제기하여야 하고 판결이 확정된 다음에는 재판소원의 금지의 원칙 때문에 그 확정판결을 헌법소원의 대상으로 삼을 수는 없으므로 결국 행정처분의 경우 헌법소원으로 구제받을 길이 없다는 문제가 발생한다. 그러나 헌법재판소법 제68조 제1항이 명문으로 행정처분을 헌법소원의 대상에서 배제하지 않고 있으므로 다른 구제절차를 거친 경우라도 그 원행정처분에 대해 헌법소원을 제기할 수는 없는지 문제된다.

법원의 재판을 거쳐서 확정된 행정처분인 원행정처분에 대하여, 법원에 행정소송을 제기하여 패소판결을 받고 그 판결이 확정된 경우에는 당사자는 그 판결의 기판력에 의한 기속을 받게 되므로, 별도의 절차에 의하여 위 판결의 기판력이 제거되지 아니하는 한, 행정처분의 위법성을 주장하는 것은 확정판결의 기판력에 어긋나므로 원행정처분은 헌법소원심판의 대상이 되지 아니한다. 뿐만 아니라 원행정처분에 대한 헌법소원심판청구를 허용하는 것은, '명령 · 규칙 또는 처분이 헌법이나 법률에 위반되는 여부가 재판의 전제가 된 경우에는 대법원은 이를 최종적으로 심사할 권한을 가진다.'고 규정한 헌법 제107조 제2항이나, 원칙적으로 헌법소원심판의 대상에서 법원의 재판을 제외하고 있는 헌법재판소법 제68조 제1항의 취지에도 어긋난다고 할 것이다(헌재 1998.5.28. 91헌마98 등).

② 행정부작위

행정권력의 부작위에 대한 헌법소원의 경우에는 공권력의 주체에게 헌법에서 유래하는 작위의무가 특별히 구체적으로 규정되어, 이에 의거하여 기본권의 주체가 행정행위를 청구할 수 있음에도 공권력의 주체가 그 의무를 해태하는 경우에 허용된다 할 것이므로 단순한 일반적인 부작위 주장만으로써는 족하지 않다(헌재 1991.9.16. 89헌마163).

③ 행정규칙

행정규칙은 일반적으로 행정조직 내부에서만 효력을 가지고 있는 것이고 대외적 구속력을 갖는 것이 아니어서 원칙적으로 헌법소원의 대상이 아니다. 다만 법령의 직접적인 위임에 따라 위임행정기관이 그 법령을 시행하는 데 필요한 구체적 사항을 정한 것이면, 그 제정형식은 비록 법규명령이 아닌 고시, 훈령, 예규 등과 같은 행정규칙이더라도 그것이 상위법령의 위임한계를 벗어나지 아니하는 한, 상위법령과 결합하여 대외적인 구속력을 갖는 법규명령으로서 기능하게 된다고 보아야 할 것인바, 청구인이 법령과 예규의 관계규정으로 말미암아 직접 기본권침해를 받았다면 이에 대하여 바로 헌법소원심판을 청구할 수 있다(헌재 1992.6.26. 91헌마25).

또한 행정규칙이 법령의 규정에 의하여 행정관청에 법령의 구체적 내용을 보충할 권한을 부여한 경우, 또는 재량권행사의 준칙인 규칙이 그 정한 바에 따라 되풀이 시행되어 행정관행이 이룩되게 되면, 평등의 원칙이나 신뢰보호의 원칙에 따라 행정기관은 그 상대방에 대한 관계에서 그 규칙에 따라야 할 자기구속을 당하게 되고, 그러한 경우에는 대외적인 구속력을 가지게 된다 할 것인바 이런 경우에도 헌법소원이 가능하다 할 것이다(헌재 1990.9.3. 90헌마13).

④ 행정계획·행정지도 등

비구속적 행정계획안이나 행정지침이라도 국민의 기본권에 직접적으로 영향을 끼치고, 앞으로 법령의 뒷받침에 의하여 그대로 실시될 것이 틀림없을 것으로 예상될 수 있을 때에는, 공권력행사로서 예외적으로 헌법소원의 대상이 된다(헌재 2000.6.1. 99헌마538).

행정지도가 이를 따르지 않을 경우 일정한 불이익조치를 예정하고 있어 사실상 상대방에게 그에 따를 의무를 부과하는 것과 다를 바 없어 단순한 행정지도로서의 한계를 넘어 규제적·구속적 성격을 상당히 강하게 갖게 되는 경우에는 이를 헌법소원의 대상이 되는 공권력의 행사로 볼 수 있다(헌재 2003.6.26. 2002헌마337).

도시계획사업의 시행자는 그 사업의 실시계획인가·고시로 인하여 수용사업

시행권한이 부여되어 일정한 절차를 거칠 것을 조건으로 일정한 내용의 수용권을 설정받는 것일 뿐 실시계획인가 · 고시에 포함된 모든 토지를 수용할 의무를 부담하는 것은 아니라고 할 것인바, 그렇다면 헌법상 보장된 재산권 등 기본권으로부터 직접 이 사건 계쟁부분에 대한 피청구인의 작위의무, 즉 수용의무가 도출된다고 볼 수는 없을 것이다(헌재 2002.5.30. 2001헌마708).

보건복지부장관이 장애인차량 엘피지 지원사업과 관련하여 보조금 지원을 중단하기로 하는 정책결정을 내리고 이에 따라 일선공무원에 대한 지침을 변경한 것은 최종적인 것이 아니며 …대외적 효력이 없는 것으로 행정기관 내부의 업무처리지침 내지 업무편람 변경에 불과하여, 직접적 · 확정적으로 청구인의 법적 지위를 변동시킨다고 할 수 없을 뿐만 아니라, 장차 법령의 뒷받침을 통하여 그대로 실시될 것이 틀림없다고 예상되는 경우도 아니므로, 헌법소원의 대상이 아니다(헌재 2007.10.25. 2006헌마1236).

서울특별시장이 수용된 토지의 원소유자들에게 그들의 토지수용법상 환매권의 행사를 확정적으로 부인하는 의사표시를 하였다면, 이는 환매권의 발생 여부 또는 그 행사의 가부에 관한 사법관계의 다툼을 둘러싸고 사전에 피청구인의 의견을 밝히고, 그 다툼의 연장인 민사소송절차에서 상대방의 주장을 부인否認하는 것에 불과하므로, 그것을 가리켜 헌법소원심판의 대상이 되는 공권력의 행사라고 볼 수는 없다(헌재 1994.2.24. 92헌마283).

수사기관에 의한 비공개 지명수배조치는 수사기관 내부의 단순한 공조 내지 의사연락에 불과할 뿐이므로 헌법소원의 대상이 되는 공권력의 행사에 해당하지 않는다(헌재 2002.9.19. 99헌마181).

검사의 불기소처분에 대한 검찰청법 소정의 항고 및 재항고는 그 피의사건의 고소인 또는 고발인만이 할 수 있을 뿐(헌재 2010.6.24. 2008헌마716) 범죄혐의가 없음이 명백한 사안을 놓고 자의적이고 타협적으로 기소유예처분을 했다면, 검사의 자의적인 기소유예처분에 대하여 형사피의자가 다툴 수 있는 사전구제절차가 없으므로 보충성의 예외에 해당하여 형사'피의자'는 직접 헌법소원심판을 청구할 수 있다(헌재 2010.6.24. 2008헌마716).

(마) 사법작용에 대한 헌법소원

헌법 제111조 제1항 제5호는 헌법재판소의 다른 관할 사항과는 달리 '법률이 정하는' 헌법소원에 관한 심판이라 하여 헌법소원제도의 구체적 형성을 입법자에게 위임하고 있다. 이에 헌법재판소법 제68조 제1항은 '법원의 재판에 대한 헌법소원을 헌법소원의 대상에서 제외'하고 있다.

헌법재판소는 "법원이 헌법재판소가 위헌으로 결정하여 그 효력을 전부 또는 일부 상실하거나 위헌으로 확인된 법률을 적용함으로써 국민의 기본권을 침해한 경우에도 법원의 재판에 대한 헌법소원이 허용되지 않는 것으로 해석한다면, 위 법률조항은 그러한 한도내에서 헌법에 위반된다."고 하여 "원칙적으로 법원의 재판은 헌법소원의 대상이 되지 못하지만, 예외적으로 위헌 결정이 내려진 법령을 적용함으로써 국민의 기본권을 침해한 재판에 대해서는 헌법소원심판을 청구할 수 있다."고 판시한다(헌재 1997.12.24. 96헌마172).

대법원 규칙은 그 자체에 의하여 직접 기본권이 침해되었음을 이유로 하는 때는 헌법소원심판의 대상이 된다(헌재 1995.2.23. 90헌마214).

(3) 청구인 적격

헌법소원심판청구를 하려면 헌법상 보장된 자기의 기본권이 직접 현재 침해되어야 한다.

(가) 침해되는 기본권의 존재

헌법소원청구는 헌법상 보장되는 기본권이 침해되었음을 요건으로 하는 것이므로 단순한 반사적 이익이 실현되지 않은 경우에는 헌법소원이 인정되지 아니한다(헌재 2000.1.27. 99헌마660). 이 때 헌법상 보장되는 기본권은 헌법에 기재된 기본권뿐만 아니라 헌법상 명시되지 않은 기본권도 포함한다.

헌법재판소법 제68조 제1항에서 말하는 "헌법상 보장된 기본권의 침해"는 헌법 제2장에 규정된 "국민의 자유와 권리"의 침해만을 의미하는 것이 아니고 기본권의 상위개념인 국민주권주의, 법치주의, 적법절차의 원리 등 헌법의 기본원리의 침해도 포함하는 것이다(헌재 1995.2.23. 90헌마125).

수혜적 법률 (헌재 2001.11.29. 99헌마494)

'수혜적 법률'의 경우에는 수혜범위에서 제외된 자가 그 법률에 의하여 평등권이 침해되었다고 주장하는 당사자에 해당되고, 당해 법률에 대한 위헌 또는 헌법불합치 결정에 따라 수혜집단과의 관계에서 평등권침해 상태가 회복될 가능성이 있다면 기본권 침해성이 인정된다.

반사적 이익 (헌재 2000.1.27. 99헌마660)

한약학과 졸업예정자인 청구인들이 한약사 면허취득에 관한 관계법령에 터잡아 이익독점을 기대하고 있었는데 한약학과 외의 학과 출신자에 대한 한약사시험 응시자격의 부여로 인해 한약사 면허취득자가 증가함으로써 그 기대가 실현되지 않게 된다고 하더라도 이는 사실상 기대되던 반사적 이익이 실현되지 않게 된 것에 불과한 것이지 어떠한 헌법상 기본권의 제한 또는 침해의 문제가 생기는 것은 아니다.

헌법소원심판이 청구되면 헌법재판소로서는 청구인의 주장에만 판단을 한정할 것이 아니라 가능한 모든 범위에서 헌법상의 기본권침해의 유무를 직권으로 심사하여야 한다(헌재 1989.9.4. 88헌마22).

(나) 기본권 침해의 자기관련성

① 자기관련성의 의의

헌법재판소법 제68조 제1항에 의하면 헌법소원심판은 '공권력의 행사 또는 불행사로 인하여 기본권을 침해받은 자'가 청구하여야 한다. 이때 '공권력의 행사 또는 불행사로 인하여 기본권의 침해를 받은 자'라 함은 공권력의 행사 또는 불행사로 인하여 자기의 기본권이 현재 그리고 직접적으로 침해받은 경우를 의미하므로, 원칙적으로 공권력의 행사 또는 불행사의 직접적인 상대방만이 이에 해당한다고 할 것이고, 공권력의 작용에 단순히 간접적, 사실적 또는 경제적인 이해관계에 있을 뿐인 제3자는 이에 해당하지 않는다. 그러므로 법률에 의한 기본권침해의 경우, 법률에 의하여 직접적으로 관련되어 기본권을 침해당하고 있는 자만이 헌법소원심판청구를 할 수 있다고 할 것이고 제3자는 특단의 사정이 없는 한 기본권침해에 직접 관련되었다고 볼 수 없다. 기본권침해의 자기관련성이란 심판대상규정에 의하여 청구인들의 기본권이 '침해될 가능성'이 있는가에 관한 것이므로, 청구인들의 기본권이 침해될 가능성이 존재하는 한 기본권이 침해의 자기 관련성이 인정됨에 아무런 영향이 없다(헌재 2000.6.29. 99헌마289; 헌재 1998.11.26. 94헌마207).

자기관련성 (헌재 2000.6.29. 99헌마289; 헌재 1998.11.26. 94헌마207)

공권력의 작용의 직접적인 상대방이 아닌 제3자라고 하더라도 공권력의 작용이 그 제3자의 기본권을 직접적이고 법적으로 침해하고 있는 경우에는 그 제3자에게 자기관련성이 있다고 할 것이다. 반대로 타인에 대한 공권력의 작용이 단지 간접적, 사실적 또는 경제적인 이해관계로만 관련되어 있는 제3자에게는 자기관련성은 인정되지 않는다.

헌법재판소는 일반법원과는 달리 일반 법률의 해석이나 사실인정의 문제를 다루는 기관이 아니라 헌법재판소가 사실문제 판단에 깊이 관여할 수 없는 헌법해석기관이며 헌법소원의 기능이 주관적 기본권보장과 객관적 헌법보장기능을 함께 가지고 있으므로 권리귀속에 대한 소명만으로써 자기관련성을 구비한 여부를 판단할 수 있다고 할 것이다(헌재 1994.12.29. 89헌마2).

② 관련 판례

* 사단법인은 일반게임제공업자를 회원으로 하고 있는 단체인데, 단체가 구성원의 권리구제를 위하여 헌법소원심판을 청구하는 것은 원칙적으로 허용되지 않으므로, 사단법인의 헌법소원심판청구는 기본권침해의 자기관련성을 인정할 수 없다(헌재 2022.5.26. 2020헌마670).
* 법률서비스 온라인 플랫폼을 운영하며 변호사등의 광고·홍보·소개 등에 관한 영업행위를 하고 있는 청구인 회사는 이 사건 규정의 직접적인 수범자인 변호사의 상대방으로서 변호사가 준수해야 하는 광고방법, 내용 등의 제약을 그대로 이어받게 된다. 이는 실질적으로는 변호사등과 거래하는 위와 같은 사업자의 광고 수주 활동을 제한하거나 해당 부문 영업을 금지하는 것과 다르지 않은 점, 이 사건 규정 개정 목적의 가장 주요한 것이 청구인 회사가 운영하는 것과 같은 온라인 플랫폼을 규제하는 것이었던 점 등에 비추어 보면, 이 사건 규정은 청구인 회사의 영업의 자유 내지 법적 이익에 불리한 영향을 주는 것이므로, 기본권침해의 자기관련성을 인정할 수 있다(헌재 2022.5.26. 2021헌마619).
* 지원배제 지시는 형식적으로는 예술위 등에 대하여 이루어진 것이었으나, 그 실질은

청구인들에 대한 문화예술 지원배제라는 일정한 목적을 관철하기 위하여 단지 예술위 등을 이용한 것에 불과하고 청구인들은 그에 따라 문화예술 지원 대상에서 제외되었으므로, 청구인들의 자기관련성이 인정된다(헌재 2020.12.23. 2017헌마416).

* 중개보조원과 중개의뢰인 사이의 직접 거래를 금지함에 따라 청구인은 자신의 중개의뢰인과 중개보조원 사이의 거래를 중개할 수 없게 되었으므로, 적어도 법인인 청구인의 직업수행의 자유(영업의 자유) 등을 제한하고 있다고 판단되고, 이러한 측면에서 직권으로 청구인에게 자기관련성을 인정할 수 있다(헌재 2019.11.28. 2016헌마188).
* 이동통신단말장치 구매 지원금 상한제에 관한 조항은 이동통신사업자, 대리점 및 판매점뿐만 아니라 이들을 통하여 이동통신단말장치를 구입하고자 하는 이용자들도 실질적 규율대상으로 삼고 있다고 할 수 있으므로, 이용자들도 자기관련성이 인정된다(헌재 2017.5.25. 2014헌마844).
* 요양급여비용의 액수를 인하하는 조치를 내용으로 하는 조항의 직접적인 수범자는 요양기관이나, 요양기관의 피고용자인 의사도 유사한 정도의 직업적 불이익을 받게된다고 볼 수 있으므로 자기관련성이 인정된다(헌재 2003.12.18. 2001헌마543).
* 언론사와 언론보도로 인한 피해자 사이의 분쟁 해결에 관한 조항, 편집권보호에 관한 조항은 언론사 그 자체를 대상으로 한다. 언론사에 소속한 신문사의 기자들은 자기관련성이 인정되지 않는다(헌재 2006.6.29. 2005헌마165).
* 정보통신망을 통하여 공개된 정보로 말미암아 사생활 등을 침해받은 자가 삭제요청을 하면 정보통신서비스 제공자는 임시조치를 하여야 한다고 정한 조항은 직접적 수범자를 정보통신서비스 제공자로 하나, 위 임시조치로 정보게재자가 게재한 정보는 접근이 차단되므로, 정보게재자에 대해서도 자기관련성이 인정된다(헌재 2012.5.31. 2010헌마88).
* 식품접객업소에서 배달 등의 경우에 합성수지 재질의 도시락 용기의 사용을 금지하는 조항의 직접적인 수범자는 식품접객업주이므로, 합성수지 도시락 용기의 생산업자들은 원칙적으로 제3자에 불과하여 자기관련성이 인정되지 않는다(헌재 2007.2.22. 2003헌마428).
* 언론인이 직무관련 여부 및 기부·후원·증여 등 그 명목에 관계없이 동일인으로부터 일정 금액을 초과하는 금품 등을 받거나 요구 또는 약속하는 것을 금지하는 「부정청탁 및 금품등 수수의 금지에 관한 법률」 조항은 자연인을 수범자로 하고 있을 뿐이어서, 사단법인 한국기자협회가 위 조항으로 인하여 자기의 기본권을 직접 침해당할 가능성은 없다. 또한 사단법인 한국기자협회는 그 구성원인 기자들을 대신하여 헌법소원심판을 청구할 수 없으므로, 기본권침해의 자기관련성을 인정할 수 없다(헌

재 2016.7.28. 2015헌마236).

* 죽음에 임박한 환자로서 무의미한 연명치료에서 벗어나 자연스럽게 죽음을 맞이할 연명치료의 중단 등에 관한 법률을 제정하지 아니한 국회의 입법부작위의 위헌성을 다투는 헌법소원에서, 환자의 자녀들은 정신적 고통을 감수하고 경제적 부담을 진다는 점에서 이해관계를 가지고 있으나, 이러한 이해관계는 간접적, 사실적 이해관계에 불과하여 위 입법부작위를 다툴 자기관련성이 인정되지 아니한다(헌재 2009.11.26. 2008헌마385).
* 신규 법무사의 수요를 충당하는 두 개의 공급원 즉, 하나는 경력공무원이고 다른 하나는 시험합격자라고 하는 두 개의 공급원을 규정하고 있으므로 이 두 개의 공급원은 어떤 형태와 어떤 정도에 의해서든 개념상 서로 상관관계를 가질 수 밖에 없다. 따라서 경력공무원에 의한 신규 법무사의 충원이 중단된다면 시험합격자에 의한 충원의 기회는 개념상 늘어날 수 밖에 없어서 청구인들의 법적 지위가 상대적으로 향상된다고 볼 여지가 있으므로, 청구인들은 이 사건 법률조항의 위헌 여부에 대하여 자기관련성을 갖는다(헌재 2001.11.29. 2000헌마84).
* 법률에 의한 기본권 침해의 경우 제3자의 자기관련성을 어떠한 경우에 인정할 수 있는가의 문제는 입법의 목적 및 실질적인 규율대상, 법규정에서의 제한이나 금지가 제3자에게 미치는 효과나 진지성의 정도 및 규범의 직접적인 수규자에 의한 헌법소원 제기의 기대가능성 등을 종합적으로 고려하여 판단하여야 한다(헌재 1997.9.25. 96헌마133).
* 수혜적 법령의 경우에는, 수혜범위에서 제외된 자가 자신이 평등원칙에 반하여 수혜대상에서 제외되었다는 주장을 하거나, 비교집단에게 혜택을 부여하는 법령이 위헌이라고 선고되어 그러한 혜택이 제거된다면 비교집단과의 관계에서 청구인의 법적 지위가 상대적으로 향상된다고 볼 여지가 있는 때에 비로소 청구인이 그 법령의 직접적인 적용을 받는 자가 아니라고 할지라도 자기관련성을 인정할 수 있다(헌재 2010.4.29. 2009헌마340).
* 정당의 당내경선에 참여하였다가 탈락한 자는 당해 정당의 대통령후보자로 등록될 수 없도록 하는 「공직선거법」 조항을 심판대상으로 하는 헌법소원심판에서, 이 조항으로 인하여 선거권자인 청구인이 자유롭게 대통령을 선택하지 못한다고 하더라도 이는 단지 간접적·사실적 이해관계일 뿐이므로 청구인에게 법적 자기관련성이 있다고 볼 수 없다(헌재 2007.9.18. 2007헌마989).
* 예술·체육 분야 특기자들에게 병역 혜택을 부여하는 조항에 대하여 행정지원업무를 행하는 공익근무요원으로 소집되어 병역의무를 수행 중인 자가 단순히 위 병역 혜택의 부당성만을 주장하며 평등권 침해를 이유로 헌법소원심판을 청구한 경우 자기관

련성이 인정되지 않는다(헌재 2010.4.29. 2009헌마340).

* 공무원에 대하여 국가 또는 지방자치단체의 정책에 대한 반대·방해 행위를 금지한 구 「국가공무원 복무규정」 및 구 「지방공무원 복무규정」에 대한 공무원노동조합총연맹의 헌법소원심판청구는 자기관련성이 없어 부적법하다(헌재 2012.5.31. 2009헌마705).
* 국가의 국립대학에 대한 재정지원행위에 대하여 사립대학의 경영주체인 학교법인이 헌법소원심판을 청구한 경우 자기관련성을 인정할 수 있다(헌재 2003.6.26. 2002헌마312).
* 변호사가 변리사등록을 하면 변리사자격을 부여하는 변리사법 조항에 대하여 변리사시험을 통해 변리사가 되고자 하는 자들이 헌법소원심판을 청구한 경우 자기관련성이 인정된다(헌재 2010.2.25. 2007헌마956).
* 단체의 구성원이 기본권을 침해당한 경우 단체가 구성원의 권리구제를 위하여 또는 그를 대신하여 헌법소원심판을 청구하는 것은 원칙적으로 허용되지 아니한다(헌재 1991.6.3. 90헌마56).
* 교육공무원의 정년을 62세로 규정한 법률조항은, 정부가 지급하는 사립학교 재정결함보조금의 영향으로 사립학교 교원의 정년이 교육공무원의 정년과 연계하여 설정되고 있다 하더라도 사립학교 교원의 기본권을 직접 침해한다고 보기 어려워 자기관련성이 인정되지 아니한다(헌재 2000.12.14. 99헌마112).
* 학교법인이 운영하는 중·고등학교에 재학 중인 학생들은 학교법인에 대한 과세처분에 관하여 단지 간접적이고 사실적이며 경제적인 이해관계가 있는 자들일 뿐, 법적인 이해관계인이 아니라 할 것이므로 그들에게는 학교법인에 대한 과세처분과 관련하여 자기관련성이 인정되지 않는다(헌재 1993.7.29. 89헌마123).
* 법령에 의한 기본권침해의 자기관련성이란 심판대상규정에 의하여 청구인의 기본권이 침해될 가능성이 있는가에 관한 것이고, 헌법소원은 주관적 기본권보장과 객관적 헌법보장 기능을 함께 가지고 있으므로 권리귀속에 대한 소명만으로써 자기관련성 구비여부를 판단할 수 있다(헌재 1994.12.29. 89헌마2).

(다) 기본권 침해의 직접성

① 직접성의 의의

헌법소원심판청구는 청구인의 기본권이 공권력에 의해 직접 침해당한 경우라야 할 수 있다. 공권력의 행사 또는 불행사가 간접적인 의미에서 청구인의 기본권에 영향을 미치는 데 지나지 않는 경우에는 헌법소원을 제기할 수 없게 되는 것이다.

② 법령에 대한 헌법소원의 경우

㉮ 원 칙

기본권 침해의 직접성이란 집행행위에 의하지 아니하고 법률 그 자체에 의하여 자유의 제한, 의무의 부과, 권리 또는 법적 지위의 박탈이 생긴 경우를 뜻하므로, 구체적인 집행행위를 통하여 비로소 당해 법률 또는 법률조항에 의한 기본권 침해의 법률효과가 발생하는 경우에는 직접성의 요건이 결여된다(헌재 1992.11.12. 91헌마192). 헌법소원심판청구에 있어서 직접성 요건의 불비는 사후에 치유될 수 없다(헌재 2009.9.24. 2006헌마1298). 법령에 근거한 구체적인 집행행위가 재량행위인 경우 기본권 침해는 집행기관의 의사에 따른 집행행위, 즉 재량권의 행사에 의하여 비로소 현실화되므로 이러한 경우에는 법령에 의한 기본권 침해의 직접성이 인정되지 않는다(헌재 2016.9.23. 2016헌마722).

㉯ 요건의 완화

다만 집행행위가 존재하는 경우라 할지라도 그 집행행위를 대상으로 구제절차가 없거나, 구제절차가 있다 하더라도 권리구제의 기대가능성이 없고 다만 청구인에게 불필요한 우회절차를 강요하는 것밖에 되지 않는 경우, 법령이 일의적이고 명백하여 집행기관의 재량의 여지없이 그 법령에 따라 일정한 집행행위를 하여야 하는 경우, 집행행위 이전에 이미 국민의 권리관계를 직접 변동시키거나 국민의 법적 지위를 결정적으로 정하는 것이어서 국민의 권리관계가 확정된 상태인 경우 등에는 직접성이 인정된다.

벌칙·과태료 조항의 전제가 되는 구성요건 조항이 벌칙·과태료 조항과 별도로 규정되어 있는 경우, 벌칙·과태료 조항에 대하여 그 법정형 또는 행정질서벌이 체계정당성에 어긋난다거나 과다하다는 등 그 자체가 위헌임을 주장하지 않는 한 직접성을 인정할 수 없다(헌재 2013.6.27. 2011헌마315).

형벌조항을 위반하여 기소되었다면, 재판과정에서 그 형벌조항이 법률인 경우에는 위헌법률심판제청신청을 할 수 있고, 명령·규칙인 경우에는 곧바로 법원에 그 위헌 여부에 관한 판단을 구할 수 있으므로, 구제절차가 없거나 있다고 하더라도 권리구제의 기대가능성이 없는 경우에 해당한다고 할 수 없다(헌재 2016.11.24. 2013헌마403).

형벌조항의 경우 국민이 그 형벌조항을 위반하기 전이라면, 그 위헌성을 다투기 위해 그 형벌조항을 실제로 위반하여 재판을 통한 형벌의 부과를 받게 되는 위험을 감수할 것을 국민에게 요구할 수 없다(헌재 1998.3.26. 97헌마194).

형법상의 법률조항은 엄밀한 의미에서 법률 그 자체에 의하여 국민의 신체의 자유를 제한하는 것이 아니라 넓은 의미의 재량행위(법관의 양형)의 하나인 형법조항의 적용행위라는 구체적인 집행행위를 통하여 비로소 국민의 기본권이 제한되는 것이지만, 국민에게 그 합헌성이 의심되는 형법조항에 대하여 위반행위를 우선 범하고 그 적용·집행행위인 법원의 판결을 기다려 헌법소원심판을 청구할 것을 요구할 수는 없다. 이러한 경우에는 예외적으로 집행행위가 재량행위임에도 불구하고 법령에 의한 기본권침해의 직접성을 인정할 수 있다(헌재 2003.7.24. 2003헌마3).

③ 관련 판례

* 법무사의 사무원 총수는 5인을 초과하지 못한다고 규정한 구 법무사법시행규칙으로 인하여 해고의 대상에 포함되어 해고의 위험을 부담하는 것이 분명한 자들은 직접적이고 법적인 침해를 받게 되므로 위 시행규칙은 기본권 침해의 직접성이 인정된다(헌재 1996.4.25. 95헌마331).
* 국회의원총선거에 참여하여 의석을 얻지 못하고 유효투표총수의 100분의 2 이상을 득표하지 못한 때 등록을 취소한다는 정당법 등록취소규정은 그 자체에 의하여 곧바로 정당이 소멸되는 것이 아니라, 중앙선거관리위원회의 심사 및 그에 이은 등록취소라는 집행행위에 의하여 비로소 정당이 소멸하게 되므로 이 법규정은 기본권침해의 직접성이 없다(헌재 2006.4.27. 2004헌마562).
* 벌칙·과태료 조항의 전제가 되는 구성요건 조항이 별도로 규정되어 있는 경우에, 벌칙·과태료 조항에 대하여는 청구인이 그 법정형이 체계정당성에 어긋난다거나 과다하다는 등 그 자체가 위헌임을 주장하고 있지 않는 한 직접성을 인정할 수 없다(헌재 2006.6.29. 2005헌마165).
* 법률규정이 그 규정의 구체화를 위하여 하위규범의 시행을 예정하고 있는 경우에 그 법률조항을 대상으로 한 헌법소원심판청구는 원칙적으로 기본권 침해의 직접성이 없다(헌재 1996.2.29. 94헌마213).

* 교도소장은 수용자의 서신을 검열할 수 있다고 규정한 법률 조항은, 교도소장의 구체적인 검열행위에 의해 비로소 기본권 침해가 발생하므로, 기본권 침해의 직접성이 인정되지 아니한다(헌재 2008.4.24. 2005헌마914).

* '대한민국과 일본국 간의 어업에 관한 협정'(1998. 11. 23. 조약 제1477호로 체결)이 새로이 발효됨으로 인하여 우리나라의 어민들이 종전에 자유로이 어로활동을 영위할 수 있었던 수역에서 더 이상 자유로운 어로활동을 할 수 없게 되었으므로 위 협정은 법령으로 말미암아 직접 기본권이 침해되는 경우에 해당한다(헌재 2001.3.21. 99헌마139).

* 법규범이 구체적인 집행행위를 기다리지 아니하고 직접 기본권을 침해한다고 할 때의 집행행위란 공권력행사로서의 집행행위를 의미하는 것이므로, 법규범이 직접 법률상 의무를 지우고 있어 직접 기본권을 침해하는 이상 법규범이 정하고 있는 법률효과가 구체적으로 발생함에 있어 법무사의 해고행위와 같이 공권력이 아닌 사인私人의 행위를 요건으로 하고 있다고 할지라도 법규범의 직접성을 부인할 수 없다(헌재 1996.4.25. 95헌마331).

* 당구장 출입문에 18세 미만자의 출입금지표시를 하도록 하는 법규정이 있을 경우, 당구장 경영자는 동 규정 위반에 따른 제재가 있기 전에라도 동 규정을 직접 헌법소원으로 다툴 수 있다(헌재 1993.5.13. 92헌마80).

* 헌법재판에 있어서의 변호사강제주의의 위헌성을 문제 삼아 스스로 심판청구 및 수행을 하고자 하는 자는, 국선대리인의 선임결정을 받아 그를 통하여 심판청구를 수행할 수 있게 되었다 하더라도 자기 자신에 의한 직접적인 심판수행권이 제한 받고 있음이 명백하므로, 권리침해의 직접성이 인정된다(헌재 1990.3.3. 89헌마120등).

* 구 지방자치법 제65조는 지방의회에 청원할 때 필요적 요건으로 지방의회의원의 소개를 얻도록 규정하고 있으므로 위 규정은 지방의회에 의한 청원서의 수리거부 또는 반려행위 등의 집행행위를 기다릴 것도 없이 확정적으로 청원할 권리를 제한한다. 이러한 경우에는 이 법률조항 자체가 헌법소원의 심판대상이 된다(헌재 1999.11.25. 97헌마54).

* 법규범이 집행행위를 예정하고 있더라도 법규범의 내용이 집행행위 이전에 이미 국민의 권리관계를 직접 변동시키는 것이라면 그 법규범에는 기본권 침해의 직접성이 인정될 수 있다(헌재 1997.7.16. 97헌마38).

* 수형자의 연령 등 사정을 참작하여 가석방을 하도록 규정한 형법조항은 가석방 처분이라는 집행행위가 매개되므로 직접 이 조항을 헌법소원으로 다툴 수 없다는 것이 판례이다(헌재 1995.3.23. 93헌마12).

* 법령에 근거한 구체적인 집행행위가 재량행위인 경우 법령은 집행관청에게 기본권침

해의 가능성만을 부여할 뿐 법령 스스로가 기본권의 침해행위를 규정하고 행정청이 이에 따르도록 구속하는 것이 아니므로, 이러한 경우에는 법령에 의한 기본권침해의 직접성이 인정되지 않음이 원칙이다(헌재 1998.4.30. 97헌마141).

(라) 기본권 침해의 현재성

① 현재성의 의의

헌법소원심판청구는 장래에 발생할 기본권의 침해가 아니라 현재에 기본권침해가 있어야 헌법소원심판 청구를 할 수 있다. 이를 기본권 침해의 현재성이라 한다. 따라서 단순히 장래 어느 시점에서 권리침해를 받을 단순한 우려가 있다는 것만으로는 현재성을 구비하였다고 할 수 없다(헌재 1989.7.21. 89헌마12).

② 현재성 요건의 완화

기본권의 침해가 장래에 발생하더라도 그 침해가 틀림없을 것으로 현재 확실히 예측된다면, 기본권구제의 실효성을 위하여 침해의 현재성을 인정한다(헌재 2002.10.8. 2002헌마599).

③ 관련 판례

* 개정된 법령이 종전에 허용하던 영업을 금지하는 규정을 신설하면서 부칙에서 유예기간을 둔 경우에, 그 법령 시행전부터 영업을 하여 오던 사람은 그 법령 시행일에 이미 유예기간 이후부터는 영업을 할 수 없도록 기간을 제한받은 것이므로 그 법령 시행일에 부칙에 의한 유예기간과 관계없이 기본권의 침해를 받은 것으로 보아야 할 것이다(헌재 1999.7.22. 98헌마480).
* 법률조항이 효력을 발생하기 전이라도 공포되어 있는 경우, 헌법소원심판청구 시점에서 그로 인하여 청구인이 불이익을 입게 될 수도 있다는 것을 충분히 예측할 수 있다면, 기본권 침해의 현재성을 인정할 수 있다(헌재 1992.10.1. 92헌마68).
* 청구인이 헌법소원을 적법하게 제기하기 위해서는 현재 기본권을 침해당한 경우라야 하나, 현재 이미 기본권의 침해가 발생한 경우에 한하여 헌법소원을 허용하는 경우 권리구제의 실효성이 문제되므로, 헌법재판소는 가까운 장래에 기본권의 침해가 확실하게 예측되는 경우에는 기본권 침해의 현재성을 인정하고 있다(헌재 1994.12.29. 94헌마201).
* 공무원연금법 제51조는 "공무원이 공무상 질병 또는 부상으로 인하여 폐질상태로 되어 퇴직한 때 또는 퇴직 후에 그 질병 또는 부상으로 인하여 폐질상태로 된 때" 장해

연금 또는 장해보상금을 지급한다고 규정하고 있는바, 아직 재직 중인 청구인의 경우 위 법조항으로 인해 그 기본권이 현재 침해당한다거나 장래 확실히 침해가 예측되는 것으로 보기는 어렵다 할 것이다. 따라서 이 사건 심판청구에서 구체적인 기본권침해가 존재하는 때는 현실적으로 퇴직 후 수급절차를 종료한 때로 보아야 하기 때문에 이 사건 심판청구는 현재성을 결여하여 부적법하다 할 것이다(헌재 2009.11.26. 2008헌마691).

⑷ 보충성의 원칙

(가) 보충성의 개념

헌법소원의 보충성이란, 헌법소원은 기본권 침해를 제거할 수 있는 다른 수단이 없거나 헌법재판소에 제소하지 아니하고서도 동일한 결과를 얻을 수 있는 법적 절차나 방법이 없을 때에 한하여 예외적으로 인정되는 기본권의 최후적 보장수단성을 말한다. 헌법재판소법 제68조 제1항 단서는 "다른 법률에 구제절차가 있는 경우에는 그 절차를 모두 마친 후가 아니면 헌법소원심판을 청구할 수 없다"라고 하여 보충성의 원칙을 채택하고 있다. 이는 헌법소원을 개인의 기본권을 구제하기 위한 예비적 최후적 구제수단으로 활용함으로써 남소 및 민중소송화를 막고자 하는 것이다.

(나) '다른 법률에 구제절차'의 의미

① 공권력 행사·불행사를 직접 대상으로 하는 구제절차

헌법재판소법 제68조 제1항 단서에서 말하는 '다른 법률에 의한 권리구제절차'라 함은 공권력의 행사 또는 불행사를 직접 대상으로 하여 그 효력을 다툴 수 있는 권리구제절차를 의미하는 것이지 사후적·보충적 구제수단을 의미하는 것이 아니다(헌재 1993.5.13. 92헌마297).

② 적법한 구제절차

다른 법률에 구제절차는 적법한 구제절차임을 전제로 한다. 왜냐하면 청구인이 일부러 부적법한 구제절차를 거침으로 인하여 부당하게 청구기간제도의 취지를 몰각시켜 버릴 염려가 있기 때문이다(헌재 1993.7.29. 91헌마47). 청구기간의 도과로 인하여 각하결정을 받은 경우에는 적법한 구제절차를 거치지 않은 것으로 헌법소원심판청구는 부적법하게 된다.

다른 법률에 의한 구제절차 (헌재 1993.7.29. 91헌마47; 헌재 1999.9.16. 98헌마265)

i) 헌법재판소법 제69조 제1항 단서의 "다른 법률에 의한 구제절차"는 적법한 구제절차임을 전제로 하는바, 그것은 만약 그렇게 보지 아니하면 청구인이 일부러 부적법한 구제절차를 거침으로써 부당하게 청구기간을 연장할 수 있게 되어 청구기간 한정의 취지를 몰각시켜 버릴 염려가 있기 때문이다.

ii) 과세처분의 취소를 구하는 행정소송을 제기하였다가 그 소송을 취하하였거나 취하 간주된 경우 그 과세처분의 취소를 구하는 헌법소원심판청구는 다른 법률에 의한 적법한 구제절차를 거쳤다고 볼 수 없어 부적법하다.

③ 청원제도에 대한 검토

청원제도도 기본권 구제수단이기는 하지만 청원은 그 성격이나 기능을 고려해 볼 때 헌법소원의 보충성원칙에서 요구하는 거쳐야 할 사전권리구제수단에 해당하지 않는다. 청원을 할 수 있다는 규정이 있다고 하더라도 청원을 거치지 않아도 헌법소원을 제기할 수 있다(헌재 1998.10.29. 98헌마4).

헌법소원에 앞서 필요한 사전권리구제절차인지 여부 (헌재 1998.10.29. 98헌마4)

기사삭제 행위에 대한 권리구제수단에 관하여 아무런 규정이 없으므로 그 삭제행위에 대해 어떠한 구제수단이 있을 것인가가 청구인으로서는 명확히 알 수 없다. 물론 이러한 행위에 대해 행형법상(제6조)의 청원의 대상이 될 수 있음은 명백해 보이나, 그러한 청원제도를 헌법소원에 앞서 필요한 사전권리구제절차라고는 보기 어렵다.

④ 국회에서의 해결

헌법재판소는 지방자치단체의 장長 선거일 불공고 위헌확인사건에서 "헌법소원의 본질에 비추어 볼 때, 고도의 정치적 성격을 지닌 사건에서는 여당과 야당이 타협과 대결을 통하여 국정을 해결하는 정치부인 국회에서 우선적으로 이 사안을 다룰 필요가 있다. 뿐만 아니라 국회가 이 문제를 해결하겠다고 나선다면, 사법기관의 일종인 헌법재판소로서는 이를 존중함이 마땅하다고 본다"고 판시하였다(헌재 1994.8.31. 92헌마184).

(다) 보충성원칙 흠결의 치유

전심절차는 헌법소원을 제기할 시점에서 반드시 다 경유하여야 하는 것은 아니고 심판계속중에, 즉 헌법재판소의 결정이 있기 전까지 절차를 거친 경우에는 그 전치요건의 흠결은 치유되고 보충성원칙이 지켜진 것으로 본다(헌재 1991.4.10. 90헌바194).

(라) 보충성의 예외

우리 헌법상 보충성의 원칙에 대한 예외를 인정할 것인지에 대해서, 헌법재판소는 헌법소원심판청구인이 그의 불이익으로 돌릴 수 없는 정당한 이유 있는 착오로 전심절차를 밟지 않은 경우 또는 전심절차로 권리가 구제될 가능성이 거의 없거나 권리구제절차가 허용되는지 여부가 객관적으로 불확실하거나 헌법소원심판청구인에게 대단히 우회적 절차를 요구하는 것밖에 되지 않는 등 전심절차이행의 기대가능성이 없는 경우를 보충성원칙의 예외가 인정되는 경우로 보고 있다(헌재 1998.10.29. 97헌마285).

장애인운동능력측정검사불합격처분취소 등 (헌재 2005.3.31. 2003헌마746)

운전적성판정을 위하여 장애인에 대하여 실시하는 운동능력측정검사에서의 불합격처분은 그 자체가 …직접 법률상의 불이익을 초래하는 행위로서 행정처분에 해당하여 그 취소를 구하는 행정소송을 제기하는 것이 가능하다고 할 것이므로 이 부분 심판청구는 헌법소원의 대상이 되지 않는 공권력 행사에 대한 청구로서 부적법하다.

불기소처분에 관한 헌법소원 (헌재 1991.4.1. 90헌마194)

동일한 피의사실에 대하여 2회 고소하고 그에 대한 검사의 각 불기소처분에 대하여 항고, 재항고를 하여, 한 사건에 대하여는 대검찰청의 재항고기각이 있었고 다른 한 사건을 대검찰청에 계류 중인 상태에서 대검찰청에 계류 중인 사건에 대한 헌법소원심판청구가 있은 경우, 헌법재판 계류 중에 대검찰청의 재항고기각결정이 있으면 동 심판청구는 전치요건흠결의 하자가 치료되어 적법하다.

변경된 대법원 판례에 의한 제소기간의 도과 (헌재 2004.6.24. 2003헌마723)

종전의 대법원 판례를 신뢰하여 헌법소원의 방법으로 권리구제를 구하던 중 대법원 판례가 변경되고, 변경된 대법원 판례에 따를 경우 제소기간의 도과로 법원에 의한 권리구제를 받을 수 없게 되는 예외적인 경우라면, 그 이전에 미리 제기된 권리구제의 요청 즉, 청구인의 헌법소원심판청구는 헌법상 보장된 실질적인 재판청구권의 형해화를 막기 위하여 허용되어야 할 것이고, …보충성의 원칙에 어긋나는 것이 아니므로 보충성 요건의 흠결이 있다고 할 수 없다.

(마) 관련 판례

* 헌법소원심판청구를 교환적으로 변경한 경우 변경에 의한 신청구는 그 청구변경서를 제출한 때에 제기한 것이라 볼 것이고 따라서 이 시점을 기준으로 청구기간의 준수 여부를 가려야 한다(헌재 1992.6.26. 91헌마134).
* 인가처분이 여성만이 진학할 수 있는 여자대학에 법학전문대학원 설치를 인가한 것은, 결국 남성들이 진학할 수 있는 법학전문대학원의 정원이 여성에 비하여 적어지는 결과를 초래하여 청구인들의 직업선택의 자유, 평등권을 침해할 가능성이 있으므로, 이 사건 인가처분의 직접적인 상대방이 아닌 제3자인 청구인들에게도 기본권 침해의 자기관련성이 인정된다(헌재 2013.5.30. 2009헌마514).
* 벌칙 · 과태료 조항의 전제가 되는 구성요건조항이 별도로 규정되어 있는 경우에, 벌칙 · 과태료 조항에 대하여는 청구인들이 그 법정형 또는 행정질서벌이 체계정당성에 어긋난다거나 과다하다는 등 그 자체가 위헌임을 주장하지 않는 한 직접성을 인정할 수 없다(헌재 2017.10.12. 2017헌마1064).
* 헌법소원심판청구 후 심판의 대상이 되었던 법령조항이 개정되어 더 이상 청구인에게 적용될 여지가 없게 된 경우에는, 특별한 사정이 없는 한 심판대상인 구법조항에 대하여 위헌결정을 받을 주관적 권리보호의 이익은 소멸하므로, 그러한 헌법소원 심판청구는 부적법하다(헌재 2009.4.30. 2007헌마103).
* 구체적 규범통제제도인 헌법재판소법 제68조 제1항에 따른 헌법소원심판청구를 통하여 법령의 기본권침해를 주장하기 위해서는 심판대상 조항과 청구인의 기본권과의 최소한의 관련성이 존재하여야 할 것이다(헌재 2006.12.28. 2004헌마229).
* 원행정처분에 대하여 법원에 행정소송을 제기하여 패소판결을 받고 그 판결이 확정된 경우에는 당사자는 그 판결의 기판력에 의한 기속을 받게 되므로, 별도의 절차에 의하여 위 판결의 기판력이 제거되지 아니하는 한, 행정처분의 위법성을 주장하는 것은 확정판결의 기판력에 어긋나므로 원행정처분은 헌법소원심판의 대상이 되지 아니

한다(헌재 1998.5.28. 91헌마98).

* 일반적으로 수혜적 법령의 경우에는 수혜범위에서 제외된 자가 자신이 평등원칙에 반하여 수혜대상에서 제외되었다는 주장을 하거나, 비교집단에게 혜택을 부여하는 법령이 위헌이라고 선고되어 그러한 혜택이 제거된다면 비교집단과의 관계에서 자신의 법적 지위가 상대적으로 향상된다고 볼 여지가 있는 때에는 자기관련성을 인정할 수 있다(헌재 2010.4.29. 2009헌마340).
* 법률 또는 법률조항 자체가 헌법소원의 대상이 될 수 있으려면 구체적인 집행행위를 기다리지 아니하고 그 법률 또는 법률조항에 의하여 직접, 현재, 자기의 기본권을 침해받아야 하는 바, … 집행행위에는 입법행위도 포함되므로 법률 규정이 그 규정의 구체화를 위하여 하위규범의 시행을 예정하고 있는 경우에는 당해 법률 규정의 직접성은 부인된다(헌재 1996.2.29. 94헌마213).
* 헌법에서 지방자치제를 제도적으로 보장하고 있고, … 주민자치제를 본질로 하는 민주적 지방자치제도가 안정적으로 뿌리내린 현 시점에서 지방자치단체의 장 선거권을 지방의회의원 선거권, 나아가 국회의원 선거권 및 대통령 선거권과 구별하여 하나는 법률상의 권리로, 나머지는 헌법상의 권리로 이원화하는 것은 허용될 수 없다. 그러므로 지방자치단체의 장 선거권 역시 다른 선거권과 마찬가지로 헌법 제24조에 의해 보호되는 기본권으로 인정하여야 한다(헌재 2016.10.27. 2014헌마797).
* 대학의 자율권은 학문의 자유의 확실한 보장수단으로 꼭 필요한 것으로서 기본적으로 대학에 부여된 기본권이나, 문제되는 사안에 따라 교수·교수회도 그 주체가 될 수 있어 「헌법재판소법」 제68조 제1항의 헌법소원심판을 청구할 수 있다(헌재 2006.4.27. 2005헌마1047).
* 국가인권위원회의 진정 기각결정은 공권력의 행사로서 헌법소원의 대상이 되고, 국가인권위원회법은 국가인권위원회의 진정 각하 또는 기각결정에 대한 불복수단으로 어떠한 구제절차도 마련해 놓고 있지 않으며, 법원의 확립된 판례에 의하면 국가인권위원회의 진정 각하 또는 기각결정의 행정처분성이 인정되고 있다고 보기도 어려우므로 보충성 요건도 충족한다(헌재 2009.2.26. 2008헌마275).
* 서신검열행위는 이른바 권력적 사실행위로서 행정심판이나 행정소송의 대상이 되는 행정처분으로 볼 수 있으나, 위 검열행위가 이미 완료되어 행정심판이나 행정소송을 제기하더라도 소의 이익이 부정될 수밖에 없으므로 헌법소원심판을 청구하는 외에 다른 효과적인 구제방법이 있다고 보기 어렵기 때문에 보충성 원칙의 예외에 해당한다(헌재 1998.8.27. 96헌마398).
* 교도소장의 수형자에 대한 출정제한행위는 권력적 사실행위로서 행정소송의 대상이 된다고 단정하기 어렵고, 가사 행정소송의 대상이 된다고 하더라도 이미 종료된 행위

로서 소의 이익이 부정되어 각하될 가능성이 높으므로, 수형자에게 그에 의한 권리구제절차를 밟을 것을 기대하기는 곤란하므로 이에 대한 헌법소원은 보충성원칙의 예외에 해당한다(헌재 2012.3.29. 2010헌마475).

* 교도소장의 이송처분에 대하여는 그 구제절차로서 행정심판 내지 행정소송으로 다툴 수 있으므로 위 구제절차를 거치지 아니한 헌법소원심판청구는 부적법하다(헌재 1992.6.19. 92헌마110).
* 현행범인으로 체포되어 경찰서 유치장에 48시간 가까이 구금되었으나 체포적부심사를 청구하지 않고 있다가 구속영장이 청구되지 않고 석방된 자가, 자신에 대한 구금은 불필요하게 장시간 계속된 것으로서 기본권을 침해하였다며 제기한 헌법소원심판청구는, 법률이 정한 구제절차인 체포적부심사를 청구하지 않고 제기된 것이어서 보충성 원칙에 위배되어 부적법하다(헌재 2010.9.30. 2008헌마628).
* 민사재판 변론기일에 출석할 때 운동화를 착용케 해달라는 수형자의 신청을 교도소장이 불허하자, 그 수형자가 부득이 교도소에서 지급되는 고무신을 신고 민사법정에 출석한 후 제기한 운동화착용불허행위에 대한 헌법소원심판청구는, 운동화착용불허행위는 이미 종료된 행위로서 헌법소원심판을 청구하는 외에는 달리 효과적인 구제방법이 있다고 보기 어려우므로 보충성 원칙에 대한 예외에 해당한다(헌재 2011.2.24. 2009헌마209).

(5) 권리보호의 이익

(가) 개 념

소송법에서 일반적으로 권리보호의 이익이 있다는 것은 구제수단이 현실적·실제적으로 구제의 기능을 할 수 있는 상황을 말한다. 헌법소원제도는 국민의 기본권 침해를 구제해 주는 제도이므로 그 제도의 목적상 권리보호의 이익이 있는 경우에 비로소 이를 제기할 수 있다(헌재 1989.4.17. 88헌마3).

헌법소원심판의 적법요건 중 하나로 권리보호이익을 요구하는 것이 재판을 받을 권리를 침해하는 것이 아니냐는 의문에 대해 헌법재판소는 "권리보호이익은 소송제도에 필연적으로 내재하는 요청으로 헌법소원제도의 목적상 필수적인 요건이라고 할 것"이어서 합헌이라고 하였다(헌재 2001.9.27. 2001헌마52).

(나) 권리보호이익의 존재 시기

권리보호의 이익은 헌법소원 제기 당시뿐 아니라 헌법재판소가 결정을 할 시점에서도 존재하여야 한다. 따라서 심판청구 당시 권리보호의 이익이 인정되더라도 심판계속 중에 생긴 사정변경 즉 사실관계 또는 법령제도의 변동으로 말미암아 권리보호의 이익이 소멸 또는 제거된 경우에는 원칙적으로 헌법소원청구는 부적법하게 된다(헌재 1997.12.24. 95헌마247).

(다) 권리보호이익의 예외적 인정

헌법소원의 대상이 된 침해행위가 이미 종료하여서 이를 취소할 여지가 없기 때문에 헌법소원이 주관적 권리구제에는 별 도움이 안 되는 경우라도 그러한 침해행위가 앞으로도 반복될 위험이 있거나 당해분쟁의 해결이 헌법질서의 수호·유지를 위하여 긴요한 사항이어서 헌법적으로 그 해명이 중대한 의미를 지니고 있는 경우에는 심판청구의 이익을 인정하여 이미 종료한 침해행위가 위헌이었음을 선언적 의미에서 확인할 필요가 있다(헌재 1992.1.28. 91헌마111). 여기서 말하는 침해의 반복 위험성이란 단순히 추상적 이론적인 가능성이 아닌 구체적 실제적인 것이어야 하고 이 점은 청구인이 입증할 책임이 있는 것이다(헌재 1997.6.26. 97헌바4).

(라) 공소시효와 권리보호이익

심판청구 당시 불기소처분의 대상이 된 피의사실에 대한 공소시효가 이미 완성된 검사의 불기소처분에 대한 헌법소원은 권리보호의 이익이 없어 부적법하다. 헌법소원이 심판에 회부되더라도 심판대상인 피의사실에 대한 공소시효는 정지되지 아니하므로, 검사의 불기소처분에 대한 헌법소원심판청구 후에 그 불기소처분의 대상이 된 피의사실에 대한 공소시효가 완성된 경우에도 그 헌법소원심판청구에 권리보호의 이익이 없다(헌재 1997.7.16. 97헌마40).

(마) 권리보호이익이 부정된 판례

* 단순위헌결정뿐만 아니라 헌법불합치결정의 경우에도 개정입법 시까지 심판의 대상인 법률조항은 법률문언의 변화없이 계속 존속하나 법률의 위헌성을 확인한 불합치결정은 당연히 기속력을 가지므로, 이미 헌법불합치결정이 선고된 이 사건 신상정보 관리 기간 조항에 대한 심판청구는 권리보호이익이 없다(헌재 2016.10.18. 2016헌마865).

* 영등포교도소의 변호인접견실에 변호인석과 재소자석을 차단하는 칸막이를 설치한 권력적 사실행위에 대한 위헌결정을 통하여 이를 제거하고자 하는 것인데, 이 칸막이가 그 후 법무부의 지시에 따라 철거된 이상 청구인이 이 사건 헌법소원을 통하여 달성하고자 하는 주관적 목적은 이미 달성되었으므로 심판대상행위의 위헌 여부를 가릴 실익이 없어졌다 할 것이다(헌재 1997.3.27. 92헌마273).
* 청구인이 이 사건 심판청구 시까지 여러 차례에 걸쳐 국가보훈처 공적심사위원회의 서훈심사기준을 공개할 것을 요구하였음에도 피청구인인 국가보훈처장이 이를 거부함으로써 청구인의 "알 권리"를 침해하였다는 것인바, 이 사건 심판청구 후에 피청구인이 구두설명과 민원회신을 통하여 공적심사위원회가 내부적 심사기준으로 삼고 있는 독립유공자에 대한 공적심사의 구체적 기준을 청구인에게 모두 알려준 이상 청구인이 주장하는 기본권의 침해가 종료됨으로써 청구인이 이 사건 헌법소원을 통하여 달성하고자 하는 주관적 목적은 이미 달성되었으므로 그 침해의 원인이 된 공권력의 행사(청구인 주장의 거부처분)를 취소할 실익이 없어졌다고 할 것이다(헌재 1997.4.24. 92헌마47).
* 검사의 불기소처분에 대한 헌법소원심판청구 후에 그 불기소처분의 대상이 된 피의사실에 대하여 공소시효가 완성된 경우에는 그 불기소처분에 대한 헌법소원심판청구는 권리보호의 이익이 없어 부적법하다.
* 농지개혁법위반 피의사실에 관한 불기소처분에 대한 헌법소원심판청구는 그 구제절차인 검찰청법에 정한 항고, 재항고 절차를 거치지 아니한 채 제기된 것으로서 부적법하다(헌재 1992.7.23. 92헌마103).

⑹ 청구기간

(가) 다른 구제절차를 거치지 않은 헌법소원의 청구기간

헌법소원심판청구는 그 사유가 있음을 안 날로부터 90일 이내에, 그 사유가 있은 날로부터 1년 이내에 청구하여야 한다(헌법재판소법 제69조). 부진정입법부작위에 대한 헌법소원은 헌법재판소법 제69조 제1항 소정의 청구기간의 적용을 받는다. 다만, 공권력의 불행사로 인한 기본권 침해는 그 불행사가 계속되는 한 기본권 침해의 부작위가 계속된다고 할 것이므로 이에 대한 헌법소원심판은 그 불행사가 계속되는 한 기간의 제약 없이 적법하게 청구할 수 있다(헌재 2002.11.19. 2002헌마688).

① 사유가 있음을 안 날

헌법소원의 제기기간으로서 “사유가 있음을 안 날로부터 90일”이라 함에 있어 “사유가 있음을 안 날”이란 적어도 공권력행사에 의한 기본권 침해의 사실관계를 특정할 수 있을 정도로 현실적으로 인식하여 심판청구가 가능해진 경우를 뜻하는 것이지 법률적으로 평가하여 위헌성 때문에 헌법소원의 대상이 됨을 안 날을 뜻하는 것은 아니다(헌재 1993.7.29. 89헌마31).

② 사유가 있은 날

사유가 있은 날이란 공권력의 행사에 의하여 기본권 침해가 발생한 날을 의미하므로 공권력의 행사로 인하여 침해되는 사실이 발생한 객관적 시점을 의미한다. 즉 헌법재판소법 제68조 제1항에 의한 헌법소원심판의 청구기간의 기산점인 ‘기본권 침해 사유가 있는 날’은 유예기간과 관계없이 그 법률조항의 시행일이다(헌재 2003.1.30. 2002헌마516).

③ 두 기간 모두를 충족할 것

헌법소원의 사유가 있음을 안 날로부터 90일 이내라는 기간과 그 사유가 있은 날로부터 1년 이내라는 두 기간은 모두 지켜져야 하고 어느 한 기간이라도 도과한 경우에는 청구요건을 갖추지 못한 부적법한 청구가 된다.

④ 청구기간의 추완

헌법재판소법 제40조 제1항에 의하여 행정소송법 제20조 제2항 단서가 헌법소원심판에 준용됨에 따라 정당한 사유가 있는 경우에는 제소기간의 도과에도 불구하고 헌법소원심판청구는 적법하다고 할 것인바, 여기의 정당한 사유라 함은 청구기간 도과의 원인 등 여러 가지 사정을 종합하여 지연된 심판청구를 허용하는 것이 사회통념상으로 보아 상당한 경우를 뜻한다(헌재 1993.7.29. 89헌마31).

⑤ 헌법재판소 발족 이전의 기본권침해에 대한 헌법소원 청구기간

헌법재판소가 발족하기 전에 있었던 공권력에 의한 기본권침해를 주장하는 헌법소원심판청구의 청구기간은 헌법재판소가 구성된 1989.9.19.부터 기산하여야 한다(헌재 1992.12.24. 90헌마174).

⑥ 상황 성숙성 이론이 적용되는 경우

헌법재판소는 제대군인지원에관한법률 제8조 제1항 등 위헌사건에서 “장래 확실히 기본권침해가 예측되어 현재관련성을 인정하는 이상 청구기간이 경과하였다고 할 수 없다. 청구기간의 준수 여부는 이미 기본권침해가 발생한 경우에 비로소 문제된다.”고 판시한 바 있다.

(나) 다른 법률에 의한 구제절차를 거친 경우

다른 법률에 의한 구제절차를 거친 경우에는 최종결정을 통지받은 날로부터 30일 이내에 청구하여야 한다(헌법재판소법 제69조 제1항 단서).

① 30일의 청구기간의 기산점

청구인이 주장하는 구제절차의 최종결정인 대법원판결의 정본이 청구인에게 송달된 날을 기준으로 한다(헌재 1992.6.26. 89헌마227). 검사의 불기소처분에 대한 소원의 경우 헌법재판소법 제69조 제1항 단서, 제68조 제1항 단서에 의하여 검찰청법 소정의 항고, 재항고 등의 구제절차를 거치고 나서 재항고 기각결정의 통지를 받은 날로부터 30일의 청구기간 내에 청구할 것을 요한다(헌재 1989.2.14. 89헌마9).

② 다른 구제절차를 부적법하게 거친 경우

다른 구제절차를 적법하게 거치지 않는 경우에는 그 청구기간은 구제절차의 최종 결정을 통지 받은 날로부터 30일의 청구기간을 적용하지 않는다(헌재 1993.7.29. 91헌마47).

다른 구제절차를 부적법하게 거친 경우 (헌재 1993.7.29. 91헌마47)

구제절차의 하나라고 할 수 있는 행정소송을 제기하였으나 행정소송사항이 아니라는 이유로 소 각하의 판결을 받은 경우는 물론, 행정소송사항에 해당하더라도 제소기간 등의 제척기간을 도과하였다는 이유로 소 각하의 판결을 받은 경우에도, 특단의 사정이 없는 한 그 각하판결을 받은 날을 기준으로 하여 헌법재판소법 제69조 제1항 단서에 정한 30일의 청구기간을 적용하여서는 아니 될 것이다.

③ 불기소처분에 대한 항고기간 경과 후 재고소로 이루어진 불기소처분에 대한 헌법소원의 청구기간

헌법재판소는 "불기소처분은 검사의 수사종결처분으로서 재판이 아니므로 불복기간이 경과하여 확정되더라도 확정력이 발생하는 것이 아니므로 형사피해자라고 주장하는 자가 고소를 제기하였다가 혐의없음의 불기소처분이 있은 후에 바로 검찰청법에 의한 항고를 제기하지 아니하고, 그 항고기간이 경과한 후에 다시 고소를 제기하고 다시 있은 불기소처분을 대상으로 하여 검찰항고를 거쳐 헌법소원심판을 청구하였더라도 헌법재판소법 제69조에 정한 청구기간 한정의 입법목적에 반하는 부적법한 심판청구라고 보기는 어렵다"고 판시하였다(헌재 1993.3.11. 92헌마142).

(다) 법령헌법소원의 청구기간

① 청구기간 적용 여부

법규정립행위(입법행위)는 그것이 국회입법이든 행정입법이든 막론하고 일종의 법률행위이므로, 그 행위의 속성상 행위자체는 한 번에 끝나는 것이고, 그러한 입법행위의 결과인 권리침해상태가 계속될 수 있을 뿐이라고 보아야 한다. 다시 말하자면, 기본권 침해의 행위가 계속되는 것이 아니라, 기본권침해의 결과가 계속 남을 수 있을 뿐인 것이다. 그렇다면 기본권 침해행위는 한 번에 끝났음에도 불구하고, 그 결과가 계속 남아 있다고 하여 청구기간의 제한을 전면적으로 배제하여야 한다는 주장은, 법적 안정성의 확보를 위한 청구기간의 설정취지에 반하는 것으로서 부당하다고 하여야 할 것이다. 따라서 이 점에 관한 청구인의 주장은 이를 쉽사리 받아들일 수 없다(헌재 1992.6.26. 91헌마25).

② 청구기간

법령에 대한 헌법소원은 그 법령의 시행과 동시에 기본권을 침해당한 자는 그 법령이 시행된 사실을 안 날로부터 60일 이내에, 그 법령이 시행된 날로부터 180일 이내에 청구하여야 할 것이나, 법령이 시행된 후 비로소 그 법령에 해당하는 사유가 발생하여 기본권의 침해를 받게 된 경우에는 그 사유가 발생하였음을 안

날로부터 60일 이내에, 그 사유가 발생한 날로부터 180일 이내에 청구하여야 한다(헌재 1996.11.28. 95헌마67).

③ 법령시행의 유예기간을 둔 경우

헌법재판소는 이전에는 "원칙적으로 법령의 시행과 동시에 그 법령에 의하여 기본권을 침해받았을 경우 청구기간의 기산점은 법령의 시행시점이다. 그러나 법령시행에 별도의 유예기간을 둔 경우의 청구기간의 기산점에 관하여 헌법재판소는 개정약사법 제37조 제4항에 대하여 동법 시행일에 부칙 제3조에 의한 유예기간과 관계없이 기본권의 침해를 받은 것으로 보아야 한다"고 하였다(헌재 1996.3.28. 93헌마198). 그러나 이후 "유예기간을 경과하기 전까지 청구인들은 이 사건 보호자동승조항에 의한 보호자동승의무를 부담하지 않는다. 이 사건 보호자동승조항이 구체적이고 현실적으로 청구인들에게 적용된 것은 유예기간을 경과한 때부터라 할 것이므로, 이때부터 청구기간을 기산함이 상당하다. 종래 이와 견해를 달리하여, 법령의 시행일 이후 일정한 유예기간을 둔 경우 이에 대한 헌법소원심판 청구기간의 기산점을 법령의 시행일이라고 판시한 우리 헌법재판소 결정들은, 이 결정의 취지와 저촉되는 범위 안에서 변경한다"고 판시하였다(헌재 2020.4.23. 2017헌마479).

(라) 입법부작위에 의한 헌법소원의 경우

① 진정 입법부작위

공권력의 불행사로 인한 기본권 침해는 그 불행사가 계속되는 한 기본권침해의 부작위가 계속되므로 그러한 공권력의 불행사가 계속되는 한 기간의 제약 없이 청구할 수 있다(헌재 1994.12.29. 89헌마2).

② 부진정 입법부작위

불완전한 입법규정 자체가 헌법에 위반이라는 적극적인 헌법소원을 제기하여야 할 것이고 이때에는 헌법재판소법 제69조 제1항 소정의 청구기간이 적용된다.

(마) 청구기간 도과여부의 판단기준

① 도달주의

청구기간이 도과하였는지는 헌법재판소에 헌법소원심판의 청구서가 접수된 날을 기준으로 하는 것이며 심판청구서를 발송한 날을 기준으로 하는 것이 아니다.

② 대리인 선임이 있는 경우

㉮ 본인 명의의 청구 후 대리인 선임이 청구서를 제출한 경우

이 경우는 본인이 청구한 시점이 기준이 된다. 청구인이 소원심판청구기간 내에 청구인 본인의 명의로 심판청구를 하였고, 대리인을 선임하라는 헌법재판소의 보정명령을 받고 청구기간 경과 후인 일자에 대리인을 선임함과 동시에 그 대리인 명의로 된 심판청구서를 다시 제출한 경우에는 그 사건 심판청구는 청구기간 내에 제기되었다고 보아야 할 것이다(헌재 1992.12.24. 92헌마186).

㉯ 국선대리인 선임신청이 있는 경우

헌법재판소법 제70조 제1항 후문이 국선대리인의 선임신청이 있는 날을 기준으로 함을 명시하고 있다. 또 동법 제70조 제3항 후문은 국선대리인 선임의 신청에 대하여 헌법재판소가 국선대리인을 선정하지 아니한다는 결정을 한 때에는 신청인이 선임신청을 한 날로부터 그 통지를 받은 날까지의 기간은 제69조의 규정에 의한 청구기간에 이를 산입하지 아니한다고 규정한다.

③ 청구의 변경·보충의 경우

청구의 변경·보충이 있는 경우에는 그 변경서·보충서를 제출한 때를 기준으로 청구기간의 도과를 가린다. 헌법재판소는 "청구인은 처음 이 사건 소원대상을 87형제13180호 사건에 관한 대전지방검찰청의 기소중지처분으로 하였다가 뒤에 청구취지 등 정정서를 내어 90형제2349호 사건에 관한 대전지방검찰청 천안지청의 기소중기처분으로 교환적 변경을 하였는데, 이처럼 심판청구를 변경하였다면 변경에 의한 신청구는 그 청구변경서를 제출한 때에 제기한 것이라 볼 것이고, 따라서 이 시점을 기준으로 하여 청구기간의 준수 여부를 가려야 할 것이다"라고 판시하였다(헌재 1992.6.26. 91헌마134).

(7) 일사부재리 원칙

헌법재판소는 이미 심판을 거친 동일한 사건에 대하여는 다시 심판할 수 없다(헌법재판소법 제39조). 헌법재판소가 이미 행한 결정에 대하여는 자기기속력이 있기 때문에 이를 취소·변경할 수 없다 할 것이며 이는 법적 안정성을 위하여 불가피한 일이다.

(가) 일사부재리에 저촉되는 경우

① 헌법재판소결정에 대한 불복신청·즉시항고

헌법재판소의 결정에 대하여는 불복신청이 허용될 수 없는 것일 뿐만 아니라, 즉시항고는 헌법재판소법상 인정되지 아니하는 것이어서 이에 대한 심판청구는 부적법하고 그 흠결을 보충할 수 없는 경우에 해당한다.

② 헌법소원심판청구 각하결정에 대한 헌법소원

청구요건을 갖추지 못하여 부적법한 것으로 헌법재판소에 의한 각하결정을 받은 뒤 그 하자가 보정이 가능하여 보정을 한 후에 다시 심판청구를 할 수는 있어도 동일한 내용의 심판청구를 되풀이 할 수는 없다.

(나) 일사부재리 원칙에 부합하는 경우

① 심판대상이 중복이라도 심판청구 유형이 상이한 경우

양자의 심판대상 법률조항이 일부 중복되기는 하나, 헌법재판소법 제68조 제1항에 의한 헌법소원심판청구사건과 같은 법 제41조 제1항에 의한 위헌법률심판제청사건은 심판청구의 유형이 상이하므로 위 두 사건이 동일한 사건이라고 할 수 없다(헌재 1997.6.26. 96헌가8 등).

② 전소에서의 위헌판단결여·청구인의 상이

전소의 심판대상 법률조항과 중복되는 후소이더라도 그 조항에 대한 위헌판단을 한 바 없고, 청구인이 동일하지 아니한 경우에는 중복청구가 아니므로 일사부재리 원칙에 반하지 않는다.

4. 위헌심사형 헌법소원(헌법재판소법 제68조 제2항의 헌법소원)

(1) 의 의

위헌심사형 헌법소원이란 헌법재판소법 제68조 제2항에 따라 법률의 위헌여부에 대한 제청신청이 법원에 의하여 기각된 경우에 그 제청신청을 한 당사자가 직접 헌법재판소에 청구하는 헌법소원을 말한다. 이 유형은 위헌법률심판제청신청인의 권리구제를 위한 제도로서의 의의와 동시에 객관적 규범통제제도로서의 의의를 가지는 특유한 헌법소원유형이다.

(2) 법적 성격

위헌심사형 헌법소원의 법적 성격에 관하여, 헌법재판소는 "당사자의 위헌제청신청이 기각된 때에 위헌법률심판 대신 헌법소원의 통로를 인정하고 있는 헌법재판소법 제68조 제2항에 따른 헌법소원은 우리나라 특유의 제도로서, 헌법재판소는 그 성질에 관하여 실질상 헌법소원심판이라기보다는 위헌법률심판이라고 본다"고 해석하고 있다(헌법재판소, 헌법재판실무제요 제1개정증보판, 175쪽).

(3) 청구요건

(가) 청구요건의 특수성

① 기본권 침해의 자기관련성·직접성·현재성의 불요

헌법소원의 적법요건으로서의 자기관련성·현재성·직접성이란 헌법재판소법 제68조 제1항에 규정한 헌법소원에서 요구되는 요건이고, 이 사건과 같이 법 제68조 제2항에 규정한 이른바 규범통제형(위헌심사형) 헌법소원에 있어서 요구되는 것이 아니다(헌재 1997.8.21. 94헌바2).

② 보충성 원칙의 불요

헌법재판소법 제68조 제2항의 헌법소원은 그 본질이 헌법소원이라기보다는 위헌법률심판이므로 헌법재판소법 제68조 제1항 소정의 헌법소원에서 요구되는 보충성의 원칙은 적용되지 아니한다(헌재 1997.7.16. 96헌바36 등).

(나) 위헌법률심판의 제청신청에 대한 기각 또는 각하

① 제청신청이 기각된 때의 의미

헌법재판소법 제68조 제2항은 법원이 당사자의 제청신청을 기각한 경우에 위헌소원심판을 청구할 수 있다고 명시하고 있으나, 헌법재판소는 "기각이 아니라 각하결정을 한 경우에도 위헌소원을 적법하게 제기할 수 있다"고 판시하였다(헌재 1994.4.28. 89헌마221).

② 제청신청에 대한 법원의 결정이 있기 전의 위헌소원심판청구

헌법재판소는 "헌법재판소법 제41조 제1항은 '법률이 헌법에 위반되는 여부가 재판의 전제가 된 때에는 당해 사건을 담당하는 법원은 직권 또는 당사자의 신청에 의한 결정으로 헌법재판소에 위헌여부의 심판을 제청한다'고 규정하고 있고, 동법 제68조 제2항은 '제41조 제1항에 의한 법률의 위헌여부심판의 제청신청이 기각된 때에는 그 신청을 한 당사자는 헌법재판소에 헌법소원심판을 청구할 수 있다'고 규정하고 있으므로, 동법 제68조 제2항에 의한 헌법소원심판의 청구는 동법 제41조 제1항에 의한 법률의 위헌여부심판의 제청신청을 법원이 각하 또는 기각한 경우에만 허용된다(헌재 1999.4.29. 98헌바29 등).

③ 동일사유를 이유로 하는 재청구

헌법재판소법 제68조 제2항 후문은 "제청신청이 기각된 때에는 당사자는 당해 사건의 소송절차에서 동일한 사유를 이유로 다시 위헌여부심판의 제청을 신청할 수 없다"고 금지하고 있다.

④ 제청신청기각결정이 없었던 법률규정에 대한 위헌소원심판청구

제청신청을 법원이 기각한 바 있는 법률규정들만 위헌소원의 대상이 된다. 따라서 제청신청에 대한 기각결정이 없었던 법률에 대한 심판청구는 부적법하다.

(다) 청구권자

법원에 위헌제청신청을 하였던 당사자가 위헌소원의 청구권자이다. 또한 행정처분에 불복하는 당사자뿐만 아니라 행정처분의 주체인 행정청도 헌법의 최고규범력에 따른 구체적 규범통제를 위하여 근거 법률의 위헌 여부에 대한 심판의 제

청을 신청할 수 있고 헌법재판소법 제68조 제2항의 헌법소원을 제기할 수 있다(헌재 2008.4.24. 2004헌바44).

(라) 심판대상

헌법재판소법 제68조 제2항의 헌법소원의 심판의 대상은 원칙적으로 형식적 의미의 법률을 의미한다. 단, 법률과 동일한 효력을 가지는 긴급명령이나 긴급재정경제명령, 그리고 조약 등은 그 대상이 될 수 있다.

관습법은 비록 형식적 의미의 법률은 아니지만 실질적으로는 법률과 같은 효력을 가지므로, 헌법소원심판의 대상이 될 수 있다(헌재 2016.4.28. 2013헌바396).

헌법재판소법 제68조 제2항에 의한 헌법소원은 '법률'의 위헌성을 적극적으로 다투는 제도이므로 '법률의 부존재' 즉 입법부작위를 다투는 것은 그 자체로 허용되지 아니하고, 다만 법률이 불완전·불충분하게 규정되었음을 근거로 법률 자체의 위헌성을 다투는 취지로 이해될 경우에는 그 법률이 당해 사건의 재판의 전제가 된다는 것을 요건으로 허용될 수 있다(헌재 2011.5.26. 2010헌바202).

폐지된 법률조항에 대한 헌법소원도 그 위헌 여부에 관하여 아직 그 해명이 이루어진 바 없고, 헌법질서의 유지·수호를 위하여 긴요한 사항으로서 헌법적으로 그 해명이 중대한 의미를 지니는 경우 가능하다(헌재 2013.3.21. 2010헌바132). 다만, 제청 당시에 공포는 되었으나 시행되지 않았고 결정당시에는 이미 폐지되어 효력이 상실된 법률은 위헌여부심판의 대상법률에서 제외되는 것으로 해석함이 상당하다(헌재 1997.9.25. 97헌가4).

(마) 재판의 전제성 관련 판례

* 재판의 전제성이란 위헌심사형 헌법소원심판청구에는 법률이 헌법에 위반되는 여부가 법원(군사법원 포함)이 담당하는 당해 사건의 재판에 전제가 되어야 한다는 것이다. 그러므로 구체적 사건에 적용할 법률이 헌법에 위반되는 여부가 재판의 전제로 되어있어야 하고, 이 경우 재판의 전제가 된다고 하려면 우선 그 법률이 당해 소송사건에 적용될 법률이어야 하고, 그 위헌여부에 따라 재판의 주문이 달라지거나 재판의 내용과 효력에 관한 법률적 의미가 달라지는 경우를 말한다(헌재 1995.7.21. 93헌바46).
* 헌법재판소법 제68조 제2항의 헌법소원은 법률이 헌법에 위반되는지 여부가 재판의

전제가 된 경우 위헌심판 제청신청을 하여 그 신청이 기각된 때에만 청구할 수 있으므로, 심판의 대상은 재판의 전제가 되는 법률이지 대법원규칙은 될 수 없다(헌재 2001.2.22. 99헌바87 · 88(병합)).

* 법원이 심판대상조항을 적용함이 없이 다른 법리를 통하여 재판을 한 경우 심판대상조항의 위헌여부는 당해 사건의 재판에 적용되거나 관련되는 것이 아니어서 재판의 전제성이 인정되지 않는다(헌재 1997.1.16. 89헌마240).
* 제1심인 당해사건에서 헌법소원심판을 청구하였는데, 당해사건의 항소심에서 항소를 취하하여 원고 패소의 원심판결이 확정된 경우 재심청구를 하여 원심판결의 주문이 달라질 수 있으므로 재판의 전제성이 인정된다(헌재 2015.10.21. 2014헌바170).
* 제1심인 당해사건에서 헌법소원심판을 청구하였는데, 당해사건의 항소심에서 당사자들 간에 임의조정이 성립되어 소송이 종결되었다면, 구체적인 사건이 법원에 계속 중인 경우라고 할 수 없으므로 재판의 전제성이 없다(헌재 2010.2.25. 2007헌바34).
* 청구인이 당해사건인 형사사건에서 무죄의 확정판결을 받은 때에는 원칙적으로 재판의 전제성이 인정되지 아니하나, 예외적으로 객관적인 헌법질서의 수호 · 유지 및 관련 당사자의 권리구제를 위하여 심판의 필요성이 인정되는 경우에는 재판의 전제성을 인정할 수 있다(헌재 2013.3.21. 2010헌바132).
* 제1심인 당해사건에서 헌법소원심판을 청구하였는데, 당해사건의 항소심에서 소를 취하하는 경우 당해사건이 종결되어 심판대상조항이 당해사건에 적용될 여지가 없으므로 재판의 전제성이 인정되지 않는다(헌재 2010.5.27. 2008헌바110).
* 당해 사건 재판에서 청구인이 승소판결을 받아 그 판결이 확정된 경우 청구인은 재심을 청구할 법률상 이익이 없고, 심판대상조항에 대하여 위헌결정이 선고되더라도 당해 사건 재판의 결론이나 주문에 영향을 미칠 수 없으므로 그 심판청구는 재판의 전제성이 인정되지 아니하나, 파기환송 전 항소심에서 승소판결을 받았다고 하더라도 그 판결이 확정되지 아니한 이상 상소절차에서 그 주문이 달라질 수 있으므로, 심판대상조항의 위헌 여부에 관한 재판의 전제성이 인정된다(헌재 2013.6.27. 2011헌바247).
* 유죄확정판결에 의하여 몰수된 재산의 반환을 구하는 민사재판에서 유죄확정판결의 근거가 된 형벌조항의 위헌성을 다툴 수 없어, 그 형벌조항은 재판의 전제성이 인정되지 않는다(헌재 1993.7.29. 92헌바34).
* 헌법재판소법 제68조 제2항은 당해 법원에 의해 위헌법률심판제청신청이 기각된 법률조항에 대해서 헌법소원심판을 청구할 수 있다고 규정하고 있는데, 당해 법원이 재판의 전제성을 각하한 조항에 해서도 위 헌법소원심판청구가 허용된다(헌재 1989.12.18. 89헌마32).

* 법원이 당해 사건에 적용되는 법률에 대하여 헌법재판소에 위헌법률심판을 제청한 경우, 헌법재판소는 제청법원의 법률적 견해를 존중해야 할 것이지만, 그 전제성에 관한 법률적 견해가 명백히 유지되지 없을 때에는 그 전제성 여부에 관하여 달리 판단하여 각하할 수 있다(헌재 1996.10.4. 96헌가6).

* 헌법소원심판의 청구인이 당해 사건에서 무죄의 확정판결을 받은 때에는 처벌조항의 위헌확인을 구하는 헌법소원이 인용되더라도 재심을 청구할 수 없어 재판의 전제성이 인정되지 않으나, 예외적으로 객관적인 헌법질서의 수호·유지 및 관련 당사자의 권리구제를 위하여 심판의 필요성을 인정하여 재판의 전제성을 인정한 사례가 있다(헌재 2013.3.21. 2010헌바132).

* 행정처분의 근거 법률이 헌법에 위반된다는 사정은 헌법재판소의 위헌결정이 있기 전에는 객관적으로 명백한 것이라고 할 수 없으므로 특별한 사정이 없는 한 그러한 하자는 행정처분의 취소사유에 해당할 뿐 당연무효사유는 아니어서, 제소기간이 경과한 뒤에는 행정처분의 근거 법률이 위헌임을 이유로 무효확인소송 등을 제기하더라도 행정처분의 효력에는 영향이 없음이 원칙이다. 따라서 행정처분의 근거가 된 법률조항은 당해 행정처분의 무효확인을 구하는 당해 사건에서 재판의 전제가 되지 않는다(헌재 2014.1.28. 2010헌바295).

* 확정된 유죄판결에서 처벌의 근거가 된 법률조항은 '재심의 청구에 대한 심판', 즉 재심의 개시 여부를 결정하는 재판에서는 재판의 전제성이 인정되지 않고, 재심의 개시 결정 이후의 '본안사건에 대한 심판'에 있어서만 재판의 전제성이 인정됨이 원칙이다. 다만 재심대상사건의 재판절차에서 그 처벌조항의 위헌성을 다툴 수 없는 규범적 장애가 있는 특수한 상황인 경우에는 예외적으로 재판의 전제성이 인정된다(헌재 2018.3.29. 2016헌바99).

* 병역의 종류를 규정한 「병역법」 조항이 대체복무제를 포함하고 있지 않다는 이유로 위헌으로 결정된다면, 양심적 병역거부자가 현역입영 또는 소집 통지서를 받은 후 3일 내에 입영하지 아니하거나 소집에 불응하더라도 대체복무의 기회를 부여받지 않는 한 당해 사건인 형사재판을 담당하는 법원이 무죄를 선고할 가능성이 있으므로, 위 「병역법」 조항은 재판의 전제성이 인정된다(헌재 2018.6.28. 2011헌바379).

(바) 한정위헌청구의 가능성

법률의 의미는 결국 개별·구체화된 법률해석에 의해 확인되는 것이므로 법률과 법률의 해석을 구분할 수는 없고, 재판의 전제가 된 법률에 대한 규범통제는 해석에 의해 구체화된 법률의 의미와 내용에 대한 헌법적 통제로서 헌법재판소의 고유권한이며, 헌법합치적 법률해석의 원칙상 법률조항 중 위헌성이 있는 부분에 한정하여 위헌결정을 하는 것은 입법권에 대한 자제와 존중으로서 당연하고 불가피한 결론이므로, 이러한 한정위헌결정을 구하는 한정위헌청구는 원칙적으로 적법하다고 보아야 한다. 다만, 재판소원을 금지하는 헌법재판소법 제68조 제1항의 취지에 비추어, 개별·구체적 사건에서 단순히 법률조항의 포섭이나 적용의 문제를 다투거나, 의미있는 헌법문제에 대한 주장없이 단지 재판결과를 다투는 헌법소원 심판청구는 여전히 허용되지 않는다(헌재 2012.12.27. 2011헌바117).

5. 심판절차

헌법소원의 심판절차는 ① 청구서접수(사건번호 및 사건명부여, 사건의 배당, 지정재판부의 사전심사, 증거조사 및 자료제출요구), ② 심판회부(서면심리원칙, 필요시 변론, 증거조사 및 자료제출요구), ③ 종국결정(각하, 기각·인용, 심판절차종료선언)의 순서로 이루어진다.

헌법재판소법 제68조 제2항에 의한 헌법소원심판은 위헌법률심판의 제청신청을 기각하는 결정을 통지받은 날부터 14일 이내에 청구하여야 하고, 제소기간은 불변기간이므로 헌법재판소는 직권으로 그 경과 여부를 조사하여야 한다(헌재 2001.4.26. 99헌바96).

헌법재판소법 제68조 제2항의 헌법소원의 경우에는, 위헌법률심판과 달리 제42조(재판의 정지)와 같은 규정을 두고 있지 않기 때문에, 당해 소송사건은 정지되지 않아 헌법재판소의 위헌결정 이전에 확정될 수 있다.

6. 인용결정

인용결정이란 당해 공권력의 행사 또는 불행사로 인하여 기본권이 침해되었음을 주장하는 청구인의 주장 내용을 이유 있다고 하여 받아들이는 것을 말한다. 헌법재판소는 공권력의 행사 또는 불행사가 위헌인 법률이나 그 조항에 기인한 것이라고 인정될 때에는 인용결정에서 당해법률이나 법률의 조항이 위헌임을 선언할 수 있으며, 이 경우 인용결정의 효력은 모든 국가기관과 지방자치단체를 기속하게 된다(헌법재판소법 제75조).

7. 헌법소원에 대한 재심

(1) 의 의

재심이란 종국판결에 절차상의 중대한 하자 등이 있는 경우에 그 판결의 취소와 이미 종결되었던 사건의 재再심판을 구하는 비상의 불복신청방법으로 확정판결의 기판력에 따른 법적 안정성과 당사자 권리구제라는 구체적 타당성을 조화시키려는 제도이다.

(2) 재심청구권자의 범위

헌법재판소법 제68조 제2항에 따른 헌법소원이 인용된 경우에 해당 헌법소원과 관련된 소송사건이 이미 확정된 때에는 당사자는 재심을 청구할 수 있다(헌법재판소법 제75조 제7항). 동조 제7항에 따른 재심에서 형사사건에 대하여는 「형사소송법」을 준용하고, 그 외의 사건에 대하여는 「민사소송법」을 준용한다.

(3) 법적 성격

어떤 사유를 재심사유로 하여 재심을 허용할 것인가 하는 것은 입법정책의 문제이며 재심청구권도 입법형성권의 행사에 의하여 비로소 창설되는 법률상의 권리일 뿐 헌법 제27조 제1항, 제37조 제1항에 의하여 직접 발생되는 기본권은 아니다(헌재 2000.6.29. 99헌바66).

(4) 당해 헌법소원과 관련된 소송사건의 의미

당해 헌법소원과 관련된 소송사건이란 당해 헌법소원의 전제가 된 당해 소송사건만을 가리킨다 할 것이다(헌재 2000.6.29. 99헌바66).

(5) 재심사유에 대한 대법원의 입장

"헌법재판소법 제75조 제7항에서 재심을 청구할 수 있는 사유로서 규정하고 있는 '헌법소원이 인용된 경우'라 함은 법원에 대하여 기속력이 있는 위헌결정이 선고된 경우를 말하는 것인바, 그 주문에서 법률조항의 해석기준을 제시함에 그치는 한정위헌결정은 법원에 전속되어 있는 법령의 해석·적용 권한에 대하여 기속력을 가질 수 없고, 따라서 소송사건이 확정된 후 그와 관련된 헌법소원에서 한정위헌결정이 선고되었다고 하여 위 재심사유가 존재한다고 할 수 없다"(대판 2001.4.27. 95재다14).

8. 헌법소원심판과 가처분

헌법재판소법은 정당해산심판과 권한쟁의심판에 대해서는 가처분에 관한 규정을 두고 있으며, 위헌법률심판(헌법재판소법 제42조 제1항)이나 탄핵심판(헌법재판소법 제50조)의 경우에는 가처분에 관한 규정이 없더라도 가처분과 유사한 효과를 가지는 규정이 있다.

헌법소원심판의 경우에는 가처분과 유사한 효과를 갖는 규정도 존재하지 않아 논의가 있었으나, 헌법재판소는 "법령의 위헌확인을 청구하는 헌법소원심판의 가처분에 관하여는 헌법재판의 성질에 반하지 아니하는 한도 내에서 민사소송법의 가처분 규정과 행정소송법의 집행정지 규정이 준용된다"고 하여 헌법소원에서의 가처분을 긍정하였다(헌재 2000.12.8. 2000헌사471).

부 록

대한민국 헌법

부 록

대한민국 헌법

전 문

유구한 역사와 전통에 빛나는 우리 대한국민은 3·1운동으로 건립된 대한민국임시정부의 법통과 불의에 항거한 4·19민주이념을 계승하고, 조국의 민주개혁과 평화적 통일의 사명에 입각하여 정의·인도와 동포애로써 민족의 단결을 공고히 하고, 모든 사회적 폐습과 불의를 타파하며, 자율과 조화를 바탕으로 자유민주적 기본질서를 더욱 확고히 하여 정치·경제·사회·문화의 모든 영역에 있어서 각인의 기회를 균등히 하고, 능력을 최고도로 발휘하게 하며, 자유와 권리에 따르는 책임과 의무를 완수하게 하여, 안으로는 국민생활의 균등한 향상을 기하고 밖으로는 항구적인 세계평화와 인류공영에 이바지함으로써 우리들과 우리들의 자손의 안전과 자유와 행복을 영원히 확보할 것을 다짐하면서 1948년 7월 12일에 제정되고 8차에 걸쳐 개정된 헌법을 이제 국회의 의결을 거쳐 국민투표에 의하여 개정한다.

1987년 10월 29일

제1장 총 강

제1조 ① 대한민국은 민주공화국이다.
② 대한민국의 주권은 국민에게 있고, 모든 권력은 국민으로부터 나온다.

제2조 ① 대한민국의 국민이 되는 요건은 법률로 정한다.
② 국가는 법률이 정하는 바에 의하여 재외국민을 보호할 의무를 진다.

제3조 대한민국의 영토는 한반도와 그 부속도서로 한다.

제4조 대한민국은 통일을 지향하며, 자유민주적 기본질서에 입각한 평화적 통일 정책을 수립하고 이를 추진한다.

제5조 ① 대한민국은 국제평화의 유지에 노력하고 침략적 전쟁을 부인한다.
② 국군은 국가의 안전보장과 국토방위의 신성한 의무를 수행함을 사명으로 하며, 그 정치적 중립성은 준수된다.

제6조 ① 헌법에 의하여 체결·공포된 조약과 일반적으로 승인된 국제법규는 국내법과 같은 효력을 가진다.
② 외국인은 국제법과 조약이 정하는 바에 의하여 그 지위가 보장된다.

제7조 ① 공무원은 국민전체에 대한 봉사자이며, 국민에 대하여 책임을 진다.
② 공무원의 신분과 정치적 중립성은 법률이 정하는 바에 의하여 보장된다.

제8조 ① 정당의 설립은 자유이며, 복수정당제는 보장된다.
② 정당은 그 목적·조직과 활동이 민주적이어야 하며, 국민의 정치적 의사형성에 참여하는데 필요한 조직을 가져야 한다.
③ 정당은 법률이 정하는 바에 의하여 국가의 보호를 받으며, 국가는 법률이 정하는 바에 의하여 정당운영에 필요한 자금을 보조할 수 있다.
④ 정당의 목적이나 활동이 민주적 기본질서에 위배될 때에는 정부는 헌법재판소에 그 해산을 제소할 수 있고, 정당은 헌법재판소의 심판에 의하여 해산된다.

제9조 국가는 전통문화의 계승·발전과 민족문화의 창달에 노력하여야 한다.

제2장 국민의 권리와 의무

제10조 모든 국민은 인간으로서의 존엄과 가치를 가지며, 행복을 추구할 권리를 가진다. 국가는 개인이 가지는 불가침의 기본적 인권을 확인하고 이를 보장할 의무를 진다.

제11조 ① 모든 국민은 법 앞에 평등하다. 누구든지 성별·종교 또는 사회적 신분에 의하여 정치적·경제적·사회적·문화적 생활의 모든 영역에 있어서 차별을 받지 아니한다.
② 사회적 특수계급의 제도는 인정되지 아니하며, 어떠한 형태로도 이를 창설할 수 없다.
③ 훈장 등의 영전은 이를 받은 자에게만 효력이 있고, 어떠한 특권도 이에 따르지 아니한다.

제12조 ① 모든 국민은 신체의 자유를 가진다. 누구든지 법률에 의하지 아니하고는 체포·구속·압수·수색 또는 심문을 받지 아니하며, 법률과 적법한 절차에 의하지 아니하고는 처벌·보안처분 또는 강제노역을 받지 아니한다.
② 모든 국민은 고문을 받지 아니하며, 형사상 자기에게 불리한 진술을 강요당하지 아니한다.
③ 체포·구속·압수 또는 수색을 할 때에는 적법한 절차에 따라 검사의 신청에 의하

여 법관이 발부한 영장을 제시하여야 한다. 다만, 현행범인인 경우와 장기 3년 이상의 형에 해당하는 죄를 범하고 도피 또는 증거인멸의 염려가 있을 때에는 사후에 영장을 청구할 수 있다.

④ 누구든지 체포 또는 구속을 당한 때에는 즉시 변호인의 조력을 받을 권리를 가진다. 다만, 형사피고인이 스스로 변호인을 구할 수 없을 때에는 법률이 정하는 바에 의하여 국가가 변호인을 붙인다.

⑤ 누구든지 체포 또는 구속의 이유와 변호인의 조력을 받을 권리가 있음을 고지받지 아니하고는 체포 또는 구속을 당하지 아니한다. 체포 또는 구속을 당한 자의 가족등 법률이 정하는 자에게는 그 이유와 일시·장소가 지체없이 통지되어야 한다.

⑥ 누구든지 체포 또는 구속을 당한 때에는 적부의 심사를 법원에 청구할 권리를 가진다.

⑦ 피고인의 자백이 고문·폭행·협박·구속의 부당한 장기화 또는 기망 기타의 방법에 의하여 자의로 진술된 것이 아니라고 인정될 때 또는 정식재판에 있어서 피고인의 자백이 그에게 불리한 유일한 증거일 때에는 이를 유죄의 증거로 삼거나 이를 이유로 처벌할 수 없다.

제13조 ① 모든 국민은 행위시의 법률에 의하여 범죄를 구성하지 아니하는 행위로 소추되지 아니하며, 동일한 범죄에 대하여 거듭 처벌받지 아니한다.

② 모든 국민은 소급입법에 의하여 참정권의 제한을 받거나 재산권을 박탈당하지 아니한다.

③ 모든 국민은 자기의 행위가 아닌 친족의 행위로 인하여 불이익한 처우를 받지 아니한다.

제14조 모든 국민은 거주·이전의 자유를 가진다.

제15조 모든 국민은 직업선택의 자유를 가진다.

제16조 모든 국민은 주거의 자유를 침해받지 아니한다. 주거에 대한 압수나 수색을 할 때에는 검사의 신청에 의하여 법관이 발부한 영장을 제시하여야 한다.

제17조 모든 국민은 사생활의 비밀과 자유를 침해받지 아니한다.

제18조 모든 국민은 통신의 비밀을 침해받지 아니한다.

제19조 모든 국민은 양심의 자유를 가진다.

제20조 ① 모든 국민은 종교의 자유를 가진다.

② 국교는 인정되지 아니하며, 종교와 정치는 분리된다.

제21조 ① 모든 국민은 언론·출판의 자유와 집회·결사의 자유를 가진다.

② 언론·출판에 대한 허가나 검열과 집회·결사에 대한 허가는 인정되지 아니한다.

③ 통신·방송의 시설기준과 신문의 기능을 보장하기 위하여 필요한 사항은 법률로 정한다.

④ 언론·출판은 타인의 명예나 권리 또는 공중도덕이나 사회윤리를 침해하여서는 아

니된다. 언론·출판이 타인의 명예나 권리를 침해한 때에는 피해자는 이에 대한 피해의 배상을 청구할 수 있다.

제22조 ① 모든 국민은 학문과 예술의 자유를 가진다.

② 저작자·발명가·과학기술자와 예술가의 권리는 법률로써 보호한다.

제23조 ① 모든 국민의 재산권은 보장된다. 그 내용과 한계는 법률로 정한다.

② 재산권의 행사는 공공복리에 적합하도록 하여야 한다.

③ 공공필요에 의한 재산권의 수용·사용 또는 제한 및 그에 대한 보상은 법률로써 하되, 정당한 보상을 지급하여야 한다.

제24조 모든 국민은 법률이 정하는 바에 의하여 선거권을 가진다.

제25조 모든 국민은 법률이 정하는 바에 의하여 공무담임권을 가진다.

제26조 ① 모든 국민은 법률이 정하는 바에 의하여 국가기관에 문서로 청원할 권리를 가진다.

② 국가는 청원에 대하여 심사할 의무를 진다.

제27조 ① 모든 국민은 헌법과 법률이 정한 법관에 의하여 법률에 의한 재판을 받을 권리를 가진다.

② 군인 또는 군무원이 아닌 국민은 대한민국의 영역안에서는 중대한 군사상 기밀·초병·초소·유독음식물공급·포로·군용물에 관한 죄중 법률이 정한 경우와 비상계엄이 선포된 경우를 제외하고는 군사법원의 재판을 받지 아니한다.

③ 모든 국민은 신속한 재판을 받을 권리를 가진다. 형사피고인은 상당한 이유가 없는 한 지체없이 공개재판을 받을 권리를 가진다.

④ 형사피고인은 유죄의 판결이 확정될 때까지는 무죄로 추정된다.

⑤ 형사피해자는 법률이 정하는 바에 의하여 당해 사건의 재판절차에서 진술할 수 있다.

제28조 형사피의자 또는 형사피고인으로서 구금되었던 자가 법률이 정하는 불기소처분을 받거나 무죄판결을 받은 때에는 법률이 정하는 바에 의하여 국가에 정당한 보상을 청구할 수 있다.

제29조 ① 공무원의 직무상 불법행위로 손해를 받은 국민은 법률이 정하는 바에 의하여 국가 또는 공공단체에 정당한 배상을 청구할 수 있다. 이 경우 공무원 자신의 책임은 면제되지 아니한다.

② 군인·군무원·경찰공무원 기타 법률이 정하는 자가 전투·훈련등 직무집행과 관련하여 받은 손해에 대하여는 법률이 정하는 보상 외에 국가 또는 공공단체에 공무원의 직무상 불법행위로 인한 배상은 청구할 수 없다.

제30조 타인의 범죄행위로 인하여 생명·신체에 대한 피해를 받은 국민은 법률이 정하는 바에 의하여 국가로부터 구조를 받을 수 있다.

제31조 ① 모든 국민은 능력에 따라 균등하게 교육을 받을 권리를 가진다.

② 모든 국민은 그 보호하는 자녀에게 적어도 초등교육과 법률이 정하는 교육을 받게 할 의무를 진다.

③ 의무교육은 무상으로 한다.

④ 교육의 자주성·전문성·정치적 중립성 및 대학의 자율성은 법률이 정하는 바에 의하여 보장된다.

⑤ 국가는 평생교육을 진흥하여야 한다.

⑥ 학교교육 및 평생교육을 포함한 교육제도와 그 운영, 교육재정 및 교원의 지위에 관한 기본적인 사항은 법률로 정한다.

第32조 ① 모든 국민은 근로의 권리를 가진다. 국가는 사회적·경제적 방법으로 근로자의 고용의 증진과 적정임금의 보장에 노력하여야 하며, 법률이 정하는 바에 의하여 최저임금제를 시행하여야 한다.

② 모든 국민은 근로의 의무를 진다. 국가는 근로의 의무의 내용과 조건을 민주주의원칙에 따라 법률로 정한다.

③ 근로조건의 기준은 인간의 존엄성을 보장하도록 법률로 정한다.

④ 여자의 근로는 특별한 보호를 받으며, 고용·임금 및 근로조건에 있어서 부당한 차별을 받지 아니한다.

⑤ 연소자의 근로는 특별한 보호를 받는다.

⑥ 국가유공자·상이군경 및 전몰군경의 유가족은 법률이 정하는 바에 의하여 우선적으로 근로의 기회를 부여받는다.

第33조 ① 근로자는 근로조건의 향상을 위하여 자주적인 단결권·단체교섭권 및 단체행동권을 가진다.

② 공무원인 근로자는 법률이 정하는 자에 한하여 단결권·단체교섭권 및 단체행동권을 가진다.

③ 법률이 정하는 주요방위산업체에 종사하는 근로자의 단체행동권은 법률이 정하는 바에 의하여 이를 제한하거나 인정하지 아니할 수 있다.

第34조 ① 모든 국민은 인간다운 생활을 할 권리를 가진다.

② 국가는 사회보장·사회복지의 증진에 노력할 의무를 진다.

③ 국가는 여자의 복지와 권익의 향상을 위하여 노력하여야 한다.

④ 국가는 노인과 청소년의 복지향상을 위한 정책을 실시할 의무를 진다.

⑤ 신체장애자 및 질병·노령 기타의 사유로 생활능력이 없는 국민은 법률이 정하는 바에 의하여 국가의 보호를 받는다.

⑥ 국가는 재해를 예방하고 그 위험으로부터 국민을 보호하기 위하여 노력하여야 한다.

第35조 ① 모든 국민은 건강하고 쾌적한 환경에서 생활할 권리를 가지며, 국가와 국민은 환경보전을 위하여 노력하여야 한다.

② 환경권의 내용과 행사에 관하여는 법률로 정한다.

③ 국가는 주택개발정책등을 통하여 모든 국민이 쾌적한 주거생활을 할 수 있도록 노력하여야 한다.

제36조 ① 혼인과 가족생활은 개인의 존엄과 양성의 평등을 기초로 성립되고 유지되어야 하며, 국가는 이를 보장한다.

② 국가는 모성의 보호를 위하여 노력하여야 한다.

③ 모든 국민은 보건에 관하여 국가의 보호를 받는다.

제37조 ① 국민의 자유와 권리는 헌법에 열거되지 아니한 이유로 경시되지 아니한다.

② 국민의 모든 자유와 권리는 국가안전보장·질서유지 또는 공공복리를 위하여 필요한 경우에 한하여 법률로써 제한할 수 있으며, 제한하는 경우에도 자유와 권리의 본질적인 내용을 침해할 수 없다.

제38조 모든 국민은 법률이 정하는 바에 의하여 납세의 의무를 진다.

제39조 ① 모든 국민은 법률이 정하는 바에 의하여 국방의 의무를 진다.

② 누구든지 병역의무의 이행으로 인하여 불이익한 처우를 받지 아니한다.

제3장 국 회

제40조 입법권은 국회에 속한다.

제41조 ① 국회는 국민의 보통·평등·직접·비밀선거에 의하여 선출된 국회의원으로 구성한다.

② 국회의원의 수는 법률로 정하되, 200인 이상으로 한다.

③ 국회의원의 선거구와 비례대표제 기타 선거에 관한 사항은 법률로 정한다.

제42조 국회의원의 임기는 4년으로 한다.

제43조 국회의원은 법률이 정하는 직을 겸할 수 없다.

제44조 ① 국회의원은 현행범인인 경우를 제외하고는 회기중 국회의 동의없이 체포 또는 구금되지 아니한다.

② 국회의원이 회기전에 체포 또는 구금된 때에는 현행범인이 아닌 한 국회의 요구가 있으면 회기중 석방된다.

제45조 국회의원은 국회에서 직무상 행한 발언과 표결에 관하여 국회외에서 책임을 지지 아니한다.

제46조 ① 국회의원은 청렴의 의무가 있다.

② 국회의원은 국가이익을 우선하여 양심에 따라 직무를 행한다.

③ 국회의원은 그 지위를 남용하여 국가·공공단체 또는 기업체와의 계약이나 그 처분에 의하여 재산상의 권리·이익 또는 직위를 취득하거나 타인을 위하여 그 취득을 알선할 수 없다.

第47조 ① 국회의 정기회는 법률이 정하는 바에 의하여 매년 1회 집회되며, 국회의 임시회는 대통령 또는 국회재적의원 4분의 1 이상의 요구에 의하여 집회된다.
② 정기회의 회기는 100일을, 임시회의 회기는 30일을 초과할 수 없다.
③ 대통령이 임시회의 집회를 요구할 때에는 기간과 집회요구의 이유를 명시하여야 한다.

第48조 국회는 의장 1인과 부의장 2인을 선출한다.

第49조 국회는 헌법 또는 법률에 특별한 규정이 없는 한 재적의원 과반수의 출석과 출석의원 과반수의 찬성으로 의결한다. 가부동수인 때에는 부결된 것으로 본다.

第50조 ① 국회의 회의는 공개한다. 다만, 출석의원 과반수의 찬성이 있거나 의장이 국가의 안전보장을 위하여 필요하다고 인정할 때에는 공개하지 아니할 수 있다.
② 공개하지 아니한 회의내용의 공표에 관하여는 법률이 정하는 바에 의한다.

第51조 국회에 제출된 법률안 기타의 의안은 회기중에 의결되지 못한 이유로 폐기되지 아니한다. 다만, 국회의원의 임기가 만료된 때에는 그러하지 아니하다.

第52조 국회의원과 정부는 법률안을 제출할 수 있다.

第53조 ① 국회에서 의결된 법률안은 정부에 이송되어 15일 이내에 대통령이 공포한다.
② 법률안에 이의가 있을 때에는 대통령은 제1항의 기간내에 이의서를 붙여 국회로 환부하고, 그 재의를 요구할 수 있다. 국회의 폐회중에도 또한 같다.
③ 대통령은 법률안의 일부에 대하여 또는 법률안을 수정하여 재의를 요구할 수 없다.
④ 재의의 요구가 있을 때에는 국회는 재의에 붙이고, 재적의원과반수의 출석과 출석의원 3분의 2 이상의 찬성으로 전과 같은 의결을 하면 그 법률안은 법률로서 확정된다.
⑤ 대통령이 제1항의 기간내에 공포나 재의의 요구를 하지 아니한 때에도 그 법률안은 법률로서 확정된다.
⑥ 대통령은 제4항과 제5항의 규정에 의하여 확정된 법률을 지체없이 공포하여야 한다. 제5항에 의하여 법률이 확정된 후 또는 제4항에 의한 확정법률이 정부에 이송된 후 5일 이내에 대통령이 공포하지 아니할 때에는 국회의장이 이를 공포한다.
⑦ 법률은 특별한 규정이 없는 한 공포한 날로부터 20일을 경과함으로써 효력을 발생한다.

第54조 ① 국회는 국가의 예산안을 심의·확정한다.
② 정부는 회계연도마다 예산안을 편성하여 회계연도 개시 90일전까지 국회에 제출하고, 국회는 회계연도 개시 30일전까지 이를 의결하여야 한다.
③ 새로운 회계연도가 개시될 때까지 예산안이 의결되지 못한 때에는 정부는 국회에서 예산안이 의결될 때까지 다음의 목적을 위한 경비는 전년도 예산에 준하여 집행할 수 있다.
1. 헌법이나 법률에 의하여 설치된 기관 또는 시설의 유지·운영
2. 법률상 지출의무의 이행

3. 이미 예산으로 승인된 사업의 계속

제55조 ① 한 회계연도를 넘어 계속하여 지출할 필요가 있을 때에는 정부는 연한을 정하여 계속비로서 국회의 의결을 얻어야 한다.

② 예비비는 총액으로 국회의 의결을 얻어야 한다. 예비비의 지출은 차기국회의 승인을 얻어야 한다.

제56조 정부는 예산에 변경을 가할 필요가 있을 때에는 추가경정예산안을 편성하여 국회에 제출할 수 있다.

제57조 국회는 정부의 동의없이 정부가 제출한 지출예산 각항의 금액을 증가하거나 새 비목을 설치할 수 없다.

제58조 국채를 모집하거나 예산외에 국가의 부담이 될 계약을 체결하려 할 때에는 정부는 미리 국회의 의결을 얻어야 한다.

제59조 조세의 종목과 세율은 법률로 정한다.

제60조 ① 국회는 상호원조 또는 안전보장에 관한 조약, 중요한 국제조직에 관한 조약, 우호통상항해조약, 주권의 제약에 관한 조약, 강화조약, 국가나 국민에게 중대한 재정적 부담을 지우는 조약 또는 입법사항에 관한 조약의 체결·비준에 대한 동의권을 가진다.

② 국회는 선전포고, 국군의 외국에의 파견 또는 외국군대의 대한민국 영역안에서의 주류에 대한 동의권을 가진다.

제61조 ① 국회는 국정을 감사하거나 특정한 국정사안에 대하여 조사할 수 있으며, 이에 필요한 서류의 제출 또는 증인의 출석과 증언이나 의견의 진술을 요구할 수 있다.

② 국정감사 및 조사에 관한 절차 기타 필요한 사항은 법률로 정한다.

제62조 ① 국무총리·국무위원 또는 정부위원은 국회나 그 위원회에 출석하여 국정처리상황을 보고하거나 의견을 진술하고 질문에 응답할 수 있다.

② 국회나 그 위원회의 요구가 있을 때에는 국무총리·국무위원 또는 정부위원은 출석·답변하여야 하며, 국무총리 또는 국무위원이 출석요구를 받은 때에는 국무위원 또는 정부위원으로 하여금 출석·답변하게 할 수 있다.

제63조 ① 국회는 국무총리 또는 국무위원의 해임을 대통령에게 건의할 수 있다.

② 제1항의 해임건의는 국회재적의원 3분의 1 이상의 발의에 의하여 국회재적의원 과반수의 찬성이 있어야 한다.

제64조 ① 국회는 법률에 저촉되지 아니하는 범위안에서 의사와 내부규율에 관한 규칙을 제정할 수 있다.

② 국회는 의원의 자격을 심사하며, 의원을 징계할 수 있다.

③ 의원을 제명하려면 국회재적의원 3분의 2 이상의 찬성이 있어야 한다.

④ 제2항과 제3항의 처분에 대하여는 법원에 제소할 수 없다.

제65조 ① 대통령·국무총리·국무위원·행정각부의 장·헌법재판소 재판관·법관·

중앙선거관리위원회 위원·감사원장·감사위원 기타 법률이 정한 공무원이 그 직무집행에 있어서 헌법이나 법률을 위배한 때에는 국회는 탄핵의 소추를 의결할 수 있다.

② 제1항의 탄핵소추는 국회재적의원 3분의 1 이상의 발의가 있어야 하며, 그 의결은 국회재적의원 과반수의 찬성이 있어야 한다. 다만, 대통령에 대한 탄핵소추는 국회재적의원 과반수의 발의와 국회재적의원 3분의 2 이상의 찬성이 있어야 한다.

③ 탄핵소추의 의결을 받은 자는 탄핵심판이 있을 때까지 그 권한행사가 정지된다.

④ 탄핵결정은 공직으로부터 파면함에 그친다. 그러나, 이에 의하여 민사상이나 형사상의 책임이 면제되지는 아니한다.

제4장 정　부

제1절 대통령

제66조 ① 대통령은 국가의 원수이며, 외국에 대하여 국가를 대표한다.

② 대통령은 국가의 독립·영토의 보전·국가의 계속성과 헌법을 수호할 책무를 진다.

③ 대통령은 조국의 평화적 통일을 위한 성실한 의무를 진다.

④ 행정권은 대통령을 수반으로 하는 정부에 속한다.

제67조 ① 대통령은 국민의 보통·평등·직접·비밀선거에 의하여 선출한다.

② 제1항의 선거에 있어서 최고득표자가 2인 이상인 때에는 국회의 재적의원 과반수가 출석한 공개회의에서 다수표를 얻은 자를 당선자로 한다.

③ 대통령후보자가 1인일 때에는 그 득표수가 선거권자 총수의 3분의 1 이상이 아니면 대통령으로 당선될 수 없다.

④ 대통령으로 선거될 수 있는 자는 국회의원의 피선거권이 있고 선거일 현재 40세에 달하여야 한다.

⑤ 대통령의 선거에 관한 사항은 법률로 정한다.

제68조 ① 대통령의 임기가 만료되는 때에는 임기만료 70일 내지 40일전에 후임자를 선거한다.

② 대통령이 궐위된 때 또는 대통령 당선자가 사망하거나 판결 기타의 사유로 그 자격을 상실한 때에는 60일 이내에 후임자를 선거한다.

제69조 대통령은 취임에 즈음하여 다음의 선서를 한다.

"나는 헌법을 준수하고 국가를 보위하며 조국의 평화적 통일과 국민의 자유와 복리의 증진 및 민족문화의 창달에 노력하여 대통령으로서의 직책을 성실히 수행할 것을 국민 앞에 엄숙히 선서합니다"

제70조 대통령의 임기는 5년으로 하며, 중임할 수 없다.

제71조 대통령이 궐위되거나 사고로 인하여 직무를 수행할 수 없을 때에는 국무총리, 법률이 정한 국무위원의 순서로 그 권한을 대행한다.

제72조 대통령은 필요하다고 인정할 때에는 외교·국방·통일 기타 국가안위에 관한 중요정책을 국민투표에 붙일 수 있다.

제73조 대통령은 조약을 체결·비준하고, 외교사절을 신임·접수 또는 파견하며, 선전포고와 강화를 한다.

제74조 ① 대통령은 헌법과 법률이 정하는 바에 의하여 국군을 통수한다.

② 국군의 조직과 편성은 법률로 정한다.

제75조 대통령은 법률에서 구체적으로 범위를 정하여 위임받은 사항과 법률을 집행하기 위하여 필요한 사항에 관하여 대통령령을 발할 수 있다.

제76조 ① 대통령은 내우·외환·천재·지변 또는 중대한 재정·경제상의 위기에 있어서 국가의 안전보장 또는 공공의 안녕질서를 유지하기 위하여 긴급한 조치가 필요하고 국회의 집회를 기다릴 여유가 없을 때에 한하여 최소한으로 필요한 재정·경제상의 처분을 하거나 이에 관하여 법률의 효력을 가지는 명령을 발할 수 있다.

② 대통령은 국가의 안위에 관계되는 중대한 교전상태에 있어서 국가를 보위하기 위하여 긴급한 조치가 필요하고 국회의 집회가 불가능한 때에 한하여 법률의 효력을 가지는 명령을 발할 수 있다.

③ 대통령은 제1항과 제2항의 처분 또는 명령을 한 때에는 지체없이 국회에 보고하여 그 승인을 얻어야 한다.

④ 제3항의 승인을 얻지 못한 때에는 그 처분 또는 명령은 그때부터 효력을 상실한다. 이 경우 그 명령에 의하여 개정 또는 폐지되었던 법률은 그 명령이 승인을 얻지 못한 때부터 당연히 효력을 회복한다.

⑤ 대통령은 제3항과 제4항의 사유를 지체없이 공포하여야 한다.

제77조 ① 대통령은 전시·사변 또는 이에 준하는 국가비상사태에 있어서 병력으로써 군사상의 필요에 응하거나 공공의 안녕질서를 유지할 필요가 있을 때에는 법률이 정하는 바에 의하여 계엄을 선포할 수 있다.

② 계엄은 비상계엄과 경비계엄으로 한다.

③ 비상계엄이 선포된 때에는 법률이 정하는 바에 의하여 영장제도, 언론·출판·집회·결사의 자유, 정부나 법원의 권한에 관하여 특별한 조치를 할 수 있다.

④ 계엄을 선포한 때에는 대통령은 지체없이 국회에 통고하여야 한다.

⑤ 국회가 재적의원 과반수의 찬성으로 계엄의 해제를 요구한 때에는 대통령은 이를 해제하여야 한다.

제78조 대통령은 헌법과 법률이 정하는 바에 의하여 공무원을 임면한다.

제79조 ① 대통령은 법률이 정하는 바에 의하여 사면·감형 또는 복권을 명할 수 있다.

② 일반사면을 명하려면 국회의 동의를 얻어야 한다.

③ 사면·감형 및 복권에 관한 사항은 법률로 정한다.

제80조 대통령은 법률이 정하는 바에 의하여 훈장 기타의 영전을 수여한다.

제81조 대통령은 국회에 출석하여 발언하거나 서한으로 의견을 표시할 수 있다.

제82조 대통령의 국법상 행위는 문서로써 하며, 이 문서에는 국무총리와 관계 국무위원이 부서한다. 군사에 관한 것도 또한 같다.

제83조 대통령은 국무총리·국무위원·행정각부의 장 기타 법률이 정하는 공사의 직을 겸할 수 없다.

제84조 대통령은 내란 또는 외환의 죄를 범한 경우를 제외하고는 재직중 형사상의 소추를 받지 아니한다.

제85조 전직대통령의 신분과 예우에 관하여는 법률로 정한다.

제2절 행 정 부

제1관 국무총리와 국무위원

제86조 ① 국무총리는 국회의 동의를 얻어 대통령이 임명한다.

② 국무총리는 대통령을 보좌하며, 행정에 관하여 대통령의 명을 받아 행정각부를 통할한다.

③ 군인은 현역을 면한 후가 아니면 국무총리로 임명될 수 없다.

제87조 ① 국무위원은 국무총리의 제청으로 대통령이 임명한다.

② 국무위원은 국정에 관하여 대통령을 보좌하며, 국무회의의 구성원으로서 국정을 심의한다.

③ 국무총리는 국무위원의 해임을 대통령에게 건의할 수 있다.

④ 군인은 현역을 면한 후가 아니면 국무위원으로 임명될 수 없다.

제2관 국무회의

제88조 ① 국무회의는 정부의 권한에 속하는 중요한 정책을 심의한다.

② 국무회의는 대통령·국무총리와 15인 이상 30인 이하의 국무위원으로 구성한다.

③ 대통령은 국무회의의 의장이 되고, 국무총리는 부의장이 된다.

제89조 다음 사항은 국무회의의 심의를 거쳐야 한다.

1. 국정의 기본계획과 정부의 일반정책
2. 선전·강화 기타 중요한 대외정책
3. 헌법개정안·국민투표안·조약안·법률안 및 대통령령안
4. 예산안·결산·국유재산처분의 기본계획·국가의 부담이 될 계약 기타 재정에 관한 중요사항

5. 대통령의 긴급명령·긴급재정경제처분 및 명령 또는 계엄과 그 해제
6. 군사에 관한 중요사항
7. 국회의 임시회 집회의 요구
8. 영전수여
9. 사면·감형과 복권
10. 행정각부간의 권한의 획정
11. 정부안의 권한의 위임 또는 배정에 관한 기본계획
12. 국정처리상황의 평가·분석
13. 행정각부의 중요한 정책의 수립과 조정
14. 정당해산의 제소
15. 정부에 제출 또는 회부된 정부의 정책에 관계되는 청원의 심사
16. 검찰총장·합동참모의장·각군참모총장·국립대학교총장·대사 기타 법률이 정한 공무원과 국영기업체관리자의 임명
17. 기타 대통령·국무총리 또는 국무위원이 제출한 사항

제90조 ① 국정의 중요한 사항에 관한 대통령의 자문에 응하기 위하여 국가원로로 구성되는 국가원로자문회의를 둘 수 있다.

② 국가원로자문회의의 의장은 직전대통령이 된다. 다만, 직전대통령이 없을 때에는 대통령이 지명한다.

③ 국가원로자문회의의 조직·직무범위 기타 필요한 사항은 법률로 정한다.

제91조 ① 국가안전보장에 관련되는 대외정책·군사정책과 국내정책의 수립에 관하여 국무회의의 심의에 앞서 대통령의 자문에 응하기 위하여 국가안전보장회의를 둔다.

② 국가안전보장회의는 대통령이 주재한다.

③ 국가안전보장회의의 조직·직무범위 기타 필요한 사항은 법률로 정한다.

제92조 ① 평화통일정책의 수립에 관한 대통령의 자문에 응하기 위하여 민주평화통일자문회의를 둘 수 있다.

② 민주평화통일자문회의의 조직·직무범위 기타 필요한 사항은 법률로 정한다.

제93조 ① 국민경제의 발전을 위한 중요정책의 수립에 관하여 대통령의 자문에 응하기 위하여 국민경제자문회의를 둘 수 있다.

② 국민경제자문회의의 조직·직무범위 기타 필요한 사항은 법률로 정한다.

제3관 행정각부

제94조 행정각부의 장은 국무위원 중에서 국무총리의 제청으로 대통령이 임명한다.

제95조 국무총리 또는 행정각부의 장은 소관사무에 관하여 법률이나 대통령령의 위임 또는 직권으로 총리령 또는 부령을 발할 수 있다.

제96조 행정각부의 설치·조직과 직무범위는 법률로 정한다.

제4관 감 사 원

제97조 국가의 세입·세출의 결산, 국가 및 법률이 정한 단체의 회계검사와 행정기관 및 공무원의 직무에 관한 감찰을 하기 위하여 대통령 소속하에 감사원을 둔다.

제98조 ① 감사원은 원장을 포함한 5인 이상 11인 이하의 감사위원으로 구성한다.

② 원장은 국회의 동의를 얻어 대통령이 임명하고, 그 임기는 4년으로 하며, 1차에 한하여 중임할 수 있다.

③ 감사위원은 원장의 제청으로 대통령이 임명하고, 그 임기는 4년으로 하며, 1차에 한하여 중임할 수 있다.

제99조 감사원은 세입·세출의 결산을 매년 검사하여 대통령과 차년도국회에 그 결과를 보고하여야 한다.

제100조 감사원의 조직·직무범위·감사위원의 자격·감사대상공무원의 범위 기타 필요한 사항은 법률로 정한다.

제5장 법 원

제101조 ① 사법권은 법관으로 구성된 법원에 속한다.

② 법원은 최고법원인 대법원과 각급법원으로 조직된다.

③ 법관의 자격은 법률로 정한다.

제102조 ① 대법원에 부를 둘 수 있다.

② 대법원에 대법관을 둔다. 다만, 법률이 정하는 바에 의하여 대법관이 아닌 법관을 둘 수 있다.

③ 대법원과 각급법원의 조직은 법률로 정한다.

제103조 법관은 헌법과 법률에 의하여 그 양심에 따라 독립하여 심판한다.

제104조 ① 대법원장은 국회의 동의를 얻어 대통령이 임명한다.

② 대법관은 대법원장의 제청으로 국회의 동의를 얻어 대통령이 임명한다.

③ 대법원장과 대법관이 아닌 법관은 대법관회의의 동의를 얻어 대법원장이 임명한다.

제105조 ① 대법원장의 임기는 6년으로 하며, 중임할 수 없다.

② 대법관의 임기는 6년으로 하며, 법률이 정하는 바에 의하여 연임할 수 있다.

③ 대법원장과 대법관이 아닌 법관의 임기는 10년으로 하며, 법률이 정하는 바에 의하여 연임할 수 있다.

④ 법관의 정년은 법률로 정한다.

제106조 ① 법관은 탄핵 또는 금고 이상의 형의 선고에 의하지 아니하고는 파면되지

아니하며, 징계처분에 의하지 아니하고는 정직·감봉 기타 불리한 처분을 받지 아니한다.

② 법관이 중대한 심신상의 장해로 직무를 수행할 수 없을 때에는 법률이 정하는 바에 의하여 퇴직하게 할 수 있다.

제107조 ① 법률이 헌법에 위반되는 여부가 재판의 전제가 된 경우에는 법원은 헌법재판소에 제청하여 그 심판에 의하여 재판한다.

② 명령·규칙 또는 처분이 헌법이나 법률에 위반되는 여부가 재판의 전제가 된 경우에는 대법원은 이를 최종적으로 심사할 권한을 가진다.

③ 재판의 전심절차로서 행정심판을 할 수 있다. 행정심판의 절차는 법률로 정하되, 사법절차가 준용되어야 한다.

제108조 대법원은 법률에서 저촉되지 아니하는 범위안에서 소송에 관한 절차, 법원의 내부규율과 사무처리에 관한 규칙을 제정할 수 있다.

제109조 재판의 심리와 판결은 공개한다. 다만, 심리는 국가의 안전보장 또는 안녕질서를 방해하거나 선량한 풍속을 해할 염려가 있을 때에는 법원의 결정으로 공개하지 아니할 수 있다.

제110조 ① 군사재판을 관할하기 위하여 특별법원으로서 군사법원을 둘 수 있다.

② 군사법원의 상고심은 대법원에서 관할한다.

③ 군사법원의 조직·권한 및 재판관의 자격은 법률로 정한다.

④ 비상계엄하의 군사재판은 군인·군무원의 범죄나 군사에 관한 간첩죄의 경우와 초병·초소·유독음식물공급·포로에 관한 죄중 법률이 정한 경우에 한하여 단심으로 할 수 있다. 다만, 사형을 선고한 경우에는 그러하지 아니하다.

제6장 헌법재판소

제111조 ① 헌법재판소는 다음 사항을 관장한다.

1. 법원의 제청에 의한 법률의 위헌여부 심판
2. 탄핵의 심판
3. 정당의 해산 심판
4. 국가기관 상호간, 국가기관과 지방자치단체간 및 지방자치단체 상호간의 권한쟁의에 관한 심판
5. 법률이 정하는 헌법소원에 관한 심판

② 헌법재판소는 법관의 자격을 가진 9인의 재판관으로 구성하며, 재판관은 대통령이 임명한다.

③ 제2항의 재판관중 3인은 국회에서 선출하는 자를, 3인은 대법원장이 지명하는 자를

임명한다.

④ 헌법재판소의 장은 국회의 동의를 얻어 재판관중에서 대통령이 임명한다.

第112조 ① 헌법재판소 재판관의 임기는 6년으로 하며, 법률이 정하는 바에 의하여 연임할 수 있다.

② 헌법재판소 재판관은 정당에 가입하거나 정치에 관여할 수 없다.

③ 헌법재판소 재판관은 탄핵 또는 금고 이상의 형의 선고에 의하지 아니하고는 파면되지 아니한다.

第113조 ① 헌법재판소에서 법률의 위헌결정, 탄핵의 결정, 정당해산의 결정 또는 헌법소원에 관한 인용결정을 할 때에는 재판관 6인 이상의 찬성이 있어야 한다.

② 헌법재판소는 법률에 저촉되지 아니하는 범위안에서 심판에 관한 절차, 내부규율과 사무처리에 관한 규칙을 제정할 수 있다.

③ 헌법재판소의 조직과 운영 기타 필요한 사항은 법률로 정한다.

제7장 선거관리

第114조 ① 선거와 국민투표의 공정한 관리 및 정당에 관한 사무를 처리하기 위하여 선거관리위원회를 둔다.

② 중앙선거관리위원회는 대통령이 임명하는 3인, 국회에서 선출하는 3인과 대법원장이 지명하는 3인의 위원으로 구성한다. 위원장은 위원중에서 호선한다.

③ 위원의 임기는 6년으로 한다.

④ 위원은 정당에 가입하거나 정치에 관여할 수 없다.

⑤ 위원은 탄핵 또는 금고 이상의 형의 선고에 의하지 아니하고는 파면되지 아니한다.

⑥ 중앙선거관리위원회는 법령의 범위안에서 선거관리·국민투표관리 또는 정당사무에 관한 규칙을 제정할 수 있으며, 법률에 저촉되지 아니하는 범위안에서 내부규율에 관한 규칙을 제정할 수 있다.

⑦ 각급 선거관리위원회의 조직·직무범위 기타 필요한 사항은 법률로 정한다.

第115조 ① 각급 선거관리위원회는 선거인명부의 작성등 선거사무와 국민투표사무에 관하여 관계 행정기관에 필요한 지시를 할 수 있다.

② 제1항의 지시를 받은 당해 행정기관은 이에 응하여야 한다.

第116조 ① 선거운동은 각급 선거관리위원회의 관리하에 법률이 정하는 범위안에서 하되, 균등한 기회가 보장되어야 한다.

② 선거에 관한 경비는 법률이 정하는 경우를 제외하고는 정당 또는 후보자에게 부담시킬 수 없다.

제8장 지방자치

제117조 ① 지방자치단체는 주민의 복리에 관한 사무를 처리하고 재산을 관리하며, 법령의 범위안에서 자치에 관한 규정을 제정할 수 있다.

② 지방자치단체의 종류는 법률로 정한다.

제118조 ① 지방자치단체에 의회를 둔다.

② 지방의회의 조직·권한·의원선거와 지방자치단체의 장의 선임방법 기타 지방자치단체의 조직과 운영에 관한 사항은 법률로 정한다.

제9장 경 제

제119조 ① 대한민국의 경제질서는 개인과 기업의 경제상의 자유와 창의를 존중함을 기본으로 한다.

② 국가는 균형있는 국민경제의 성장 및 안정과 적정한 소득의 분배를 유지하고, 시장의 지배와 경제력의 남용을 방지하며, 경제주체간의 조화를 통한 경제의 민주화를 위하여 경제에 관한 규제와 조정을 할 수 있다.

제120조 ① 광물 기타 중요한 지하자원·수산자원·수력과 경제상 이용할 수 있는 자연력은 법률이 정하는 바에 의하여 일정한 기간 그 채취·개발 또는 이용을 특허할 수 있다.

② 국토와 자원은 국가의 보호를 받으며, 국가는 그 균형있는 개발과 이용을 위하여 필요한 계획을 수립한다.

제121조 ① 국가는 농지에 관하여 경자유전의 원칙이 달성될 수 있도록 노력하여야 하며, 농지의 소작제도는 금지된다.

② 농업생산성의 제고와 농지의 합리적인 이용을 위하거나 불가피한 사정으로 발생하는 농지의 임대차와 위탁경영은 법률이 정하는 바에 의하여 인정된다.

제122조 국가는 국민 모두의 생산 및 생활의 기반이 되는 국토의 효율적이고 균형있는 이용·개발과 보전을 위하여 법률이 정하는 바에 의하여 그에 관한 필요한 제한과 의무를 과할 수 있다.

제123조 ① 국가는 농업 및 어업을 보호·육성하기 위하여 농·어촌종합개발과 그 지원등 필요한 계획을 수립·시행하여야 한다.

② 국가는 지역간의 균형있는 발전을 위하여 지역경제를 육성할 의무를 진다.

③ 국가는 중소기업을 보호·육성하여야 한다.

④ 국가는 농수산물의 수급균형과 유통구조의 개선에 노력하여 가격안정을 도모함으

로써 농·어민의 이익을 보호한다.

⑤ 국가는 농·어민과 중소기업의 자조조직을 육성하여야 하며, 그 자율적 활동과 발전을 보장한다.

第124조 국가는 건전한 소비행위를 계도하고 생산품의 품질향상을 촉구하기 위한 소비자보호운동을 법률이 정하는 바에 의하여 보장한다.

第125조 국가는 대외무역을 육성하며, 이를 규제·조정할 수 있다.

第126조 국방상 또는 국민경제상 긴절한 필요로 인하여 법률이 정하는 경우를 제외하고는, 사영기업을 국유 또는 공유로 이전하거나 그 경영을 통제 또는 관리할 수 없다.

第127조 ① 국가는 과학기술의 혁신과 정보 및 인력의 개발을 통하여 국민경제의 발전에 노력하여야 한다.

② 국가는 국가표준제도를 확립한다.

③ 대통령은 제1항의 목적을 달성하기 위하여 필요한 자문기구를 둘 수 있다.

제10장 헌법개정

第128조 ① 헌법개정은 국회재적의원 과반수 또는 대통령의 발의로 제안된다.

② 대통령의 임기연장 또는 중임변경을 위한 헌법개정은 그 헌법개정 제안 당시의 대통령에 대하여는 효력이 없다.

第129조 제안된 헌법개정안은 대통령이 20일 이상의 기간 이를 공고하여야 한다.

第130조 ① 국회는 헌법개정안이 공고된 날로부터 60일 이내에 의결하여야 하며, 국회의 의결은 재적의원 3분의 2 이상의 찬성을 얻어야 한다.

② 헌법개정안은 국회가 의결한 후 30일 이내에 국민투표에 붙여 국회의원선거권자 과반수의 투표와 투표자 과반수의 찬성을 얻어야 한다.

③ 헌법개정안이 제2항의 찬성을 얻은 때에는 헌법개정은 확정되며, 대통령은 즉시 이를 공포하여야 한다.

부 칙

第1조 이 헌법은 1988년 2월 25일부터 시행한다. 다만, 이 헌법을 시행하기 위하여 필요한 법률의 제정·개정과 이 헌법에 의한 대통령 및 국회의원의 선거 기타 이 헌법시행에 관한 준비는 이 헌법시행 전에 할 수 있다.

第2조 ① 이 헌법에 의한 최초의 대통령선거는 이 헌법시행일 40일 전까지 실시한다.

② 이 헌법에 의한 최초의 대통령의 임기는 이 헌법시행일로부터 개시한다.

제3조 ① 이 헌법에 의한 최초의 국회의원선거는 이 헌법공포일로부터 6월 이내에 실시하며, 이 헌법에 의하여 선출된 최초의 국회의원의 임기는 국회의원선거후 이 헌법에 의한 국회의 최초의 집회일로부터 개시한다.

② 이 헌법공포 당시의 국회의원의 임기는 제1항에 의한 국회의 최초의 집회일 전일까지로 한다.

제4조 ① 이 헌법시행 당시의 공무원과 정부가 임명한 기업체의 임원은 이 헌법에 의하여 임명된 것으로 본다. 다만, 이 헌법에 의하여 선임방법이나 임명권자가 변경된 공무원과 대법원장 및 감사원장은 이 헌법에 의하여 후임자가 선임될 때까지 그 직무를 행하며, 이 경우 전임자인 공무원의 임기는 후임자가 선임되는 전일까지로 한다.

② 이 헌법시행 당시의 대법원장과 대법원판사가 아닌 법관은 제1항 단서의 규정에 불구하고 이 헌법에 의하여 임명된 것으로 본다.

③ 이 헌법중 공무원의 임기 또는 중임제한에 관한 규정은 이 헌법에 의하여 그 공무원이 최초로 선출 또는 임명된 때로부터 적용한다.

제5조 이 헌법시행 당시의 법령과 조약은 이 헌법에 위배되지 아니하는 한 그 효력을 지속한다.

제6조 이 헌법시행 당시에 이 헌법에 의하여 새로 설치될 기관의 권한에 속하는 직무를 행하고 있는 기관은 이 헌법에 의하여 새로운 기관이 설치될 때까지 존속하며 그 직무를 행한다.

판례색인

[헌법재판소]

[대 법 원]

[국외판례]

사항색인

[ㅊ]

[ㅋ]

[ㅌ]

[ㅍ]

[ㅎ]

沈景秀 (심경수)

[저자 약력]

충남대학교 법과대학 및 대학원 졸업(법학박사)
한밭대학교 교수
충남대학교 법과대학 교수
미국 UC Berkeley 객원교수(1996)
미국 Indiana University 객원교수(2009)
충남대학교 법과대학장
거점 국립대학교 법과대학장협의회 회장
대청법학연구회 공동 대표
국무총리 행정심판위원회 위원
행정안전부 정보공개위원회 위원
한국헌법학회 회장
헌법재판소 헌법재판연구원 자문위원장
사법, 행정, 입법, 외무, 변호사시험 출제위원
현재 충남대학교 법학전문대학원 명예교수

[주요 저서 및 논문]

현대생활과 법(공저, 삼영사, 2003)
법여성학(공저, 형설출판사, 2003)
헌법(충남대학교 출판부, 2007)
현대사회와 법(궁미디어, 2017)
영토조항의 통일지향적 의미와 가치
헌법제정권력의 재조명
권력분립과 대통령의 임명권
미국 헌법상 인사의 본질
미국 부통령제의 재조명 외 논문 다수

헌 법 [제4판]

2018년 3월 10일 초 판 발행
2020년 3월 10일 제2판 발행
2022년 3월 5일 제3판 발행
2024년 2월 25일 제4판 1쇄 발행

저 자 심 경 수
발행인 배 효 선

발행처 도서출판 法 文 社

주 소 10881 경기도 파주시 회동길 37-29
등 록 1957년 12월 12일/제2-76호(윤)
전 화 (031)955-6500~6 FAX (031)955-6525
E-mail (영업) bms@bobmunsa.co.kr
(편집) edit66@bobmunsa.co.kr
홈페이지 http://www.bobmunsa.co.kr
조 판 법 문 사 전 산 실

정가 41,000원 ISBN 978-89-18-91484-8

Printer S/N:Printer1:227 Printer2:228
Group:
Printed On:11:21 2024-02-19
Paper:Moorim S-plus 100g 470mm 100mpm 1200x600
Copies:111 Print Range:All
Print Side:Duplex Reverse Order:No Collate:Yes Tracking number Start:238
Print Mode:Standard2 (1200x600dpi) Print Speed:100
Dryer Temperature:
Heat Roller:Printer1:90 Printer2:100
Assisting Air Dryer:Printer1:90 Printer2:100
IR:Printer1:18 Printer2:18
Flushing Pattern:Line4+Star
Line pattern option:C0
Line pattern option 2:Cross stitch
Flushing Page:Standard
Interval:0
Print Head Uniformity
K:Printer1:Moorim S-plus 100g 470mm_240122 Printer2:Moorim S-plus 100g 470mm_240122
C:Printer1:Moorim S-plus 100g 470mm_240122 Printer2:Moorim S-plus 100g 470mm_240122
M:Printer1:Moorim S-plus 100g 470mm_240122 Printer2:Moorim S-plus 100g 470mm_240122
Y:Printer1:Moorim S-plus 100g 470mm_240122 Printer2:Moorim S-plus 100g 470mm_240122
Linearize
K:Printer1:Chungsol S-plus 100g_front Printer2:chungsol Splus 100g_back
C:Printer1:Chungsol S-plus 100g_front Printer2:chungsol Splus 100g_back
M:Printer1:Chungsol S-plus 100g_front Printer2:chungsol Splus 100g_back
Y:Printer1:Chungsol S-plus 100g_front Printer2:chungsol Splus 100g_back
Head Alignment:Moorim S-plus 100g 440mm 100mpm 1200x600
K:Printer1:240110 Printer2:240110
C:Printer1:240110 Printer2:240110
M:Printer1:240110 Printer2:240110
Y:Printer1:240110 Printer2:240110
Screening
K:1200_600_HD1-b_RandotJetStd2_SC+_r001_K,1200_600_HD1-b_RandotJetStd2_SC+_r001_K
C:1200_600_HD1-b_RandotJetStd2_SC+_r001_C,1200_600_HD1-b_RandotJetStd2_SC+_r001_C
M:1200_600_HD1-b_RandotJetStd2_SC+_r001_M,1200_600_HD1-b_RandotJetStd2_SC+_r001_M
Y:1200_600_HD1-b_RandotJetStd2_SC+_r001_Y,1200_600_HD1-b_RandotJetStd2_SC+_r001_Y
Page Size:440.0, 260.0
Page Feed:260.0
Offset: Printer1:0.0, 0.0 Printer2:-0.7, 0.0
Process Job ID:pj240218-00005
Job ID:ej240214-00009
Hot Folder:174x246(440)2판260재단
Output Color Profile:Moorim SPlus 80g
(Front): ICC_Sys:Moorim S-Plus 80g AIA2 120 100mpm
(Back): ICC_Sys:Moorim S-Plus 80g AIA2 120 100mpm
DNS:Yes